CRFPA

Le droit des affaires et la procédure civile

CRFPA

Le droit des affaires et la procédure civile

Nicolas Kilgus, *Professeur des Universités à l'Université de Strasbourg et directeur du Master Ingénierie juridique et fiscale du patrimoine.*
Ariane Périn-Dureau, *Professeur des Universités à l'Université de Strasbourg et co-directrice du Master Juriste et conseil d'entreprise (DJCE).*
Sylvie Pierre-Maurice, *Maître de conférences HDR à l'Université de Strasbourg et directrice du Master Justice, procès et procédures.*
Thibault de Ravel d'Esclapon, *Maître de conférences HDR à l'Université de Strasbourg et co-directeur du Master Droit bancaire et financier.*

2025

Lefebvre Dalloz

DALLOZ

DALLOZ

ISBN 978-2-247-24055-5

SOMMAIRE

LES AUTEURS

Nicolas Kilgus, Ariane Périn-Dureau et Thibault de Ravel d'Esclapon
ont corédigé l'épreuve de « Droit des affaires ».

Sylvie Pierre-Maurice
a rédigé l'épreuve de « Procédure civile ».

LISTE DES ABRÉVIATIONS

AJDI	*Actualité juridique Droit immobilier*
ass. plén.	Assemblée plénière de la Cour de cassation
BJE	*Bulletin Joly Entreprises en difficulté*
BJS	*Bulletin Joly Sociétés*
BODACC	*Bulletin officiel des annonces civiles et commerciales*
Bull. ass plén.	*Bulletin des arrêts de l'Assemblée plénière de la Cour de cassation*
Bull. civ.	*Bulletin des arrêts des chambres civiles de la Cour de cassation*
C. civ.	Code civil
C. com.	Code de commerce
C. mon. fin.	Code monétaire et financier
C. pr. civ.	Code de procédure civile
C. pr. exéc.	Code des procédures civiles d'exécution
Civ.	chambre civile de la Cour de cassation
CJE	Contribution à la justice économique
CJUE	Cour de justice de l'Union européenne
COJ	Code de l'organisation judiciaire
Com.	chambre commerciale de la Cour de cassation
D.	*Recueil Dalloz*
Dr. soc.	*Droit social*
DACS	Direction des affaires civiles et du sceau
et s.	et suivants
Gaz. Pal.	*Gazette du Palais*
JCP	*Juris-Classeur périodique (Semaine juridique), édition générale*
JCP E	*Juris-Classeur périodique, édition Entreprise*
JCP N	*Juris-Classeur périodique, édition Notariale*
JEX	Juge de l'exécution
LPA	*Les Petites Affiches*
QPC	Question prioritaire de constitutionnalité
RCS	Registre du commerce et des sociétés
RDC	*Revue des contrats*
Rev. sociétés	*Revue des sociétés*
RID comp.	*Revue internationale de droit comparé*
RLDA	*Revue Lamy droit des affaires*
RLDC	*Revue Lamy droit civil*
RPC	*Revue des procédures collectives*
RTD civ.	*Revue trimestrielle de droit civil*
RTD com.	*Revue trimestrielle de droit commercial*
SA	Société anonyme
SARL	Société à responsabilité limitée
SAS	Société par actions simplifiée
Soc.	chambre sociale de la Cour de cassation
TAE	Tribunal des activités économiques
v.	voir

INTRODUCTION GÉNÉRALE

Depuis la réforme de l'examen publiée dans l'arrêté du 17 octobre 2016 (modifié depuis par celui du 2 octobre 2018), la tâche des candidats au CRFPA est ardue. L'examen, dont les épreuves étaient organisées par chaque IEJ, est devenu national depuis 2017. Les sujets des épreuves écrites sont communs à tout le territoire et non plus fixés par les IEJ, qui continuent cependant à organiser l'examen, à prendre en charge les corrections de copies, l'élaboration des sujets d'oraux et la nomination des jurys.

Les sujets d'examens et les directives de correction sont préparés par une commission nationale composée à parité d'avocats et d'universitaires. Bien entendu, il s'agit toujours d'un examen, et non d'un concours, il « suffit » donc d'obtenir 10/20 pour passer les étapes de l'écrit (admissibilité) et de l'oral (admission).

L'examen du CRFPA est difficile et sélectif, mais une chose est sûre : les étudiants maîtrisant à la fois les connaissances juridiques et la méthodologie des épreuves s'en sortent toujours mieux. En résumé, une préparation assidue et une forte implication personnelle seront nécessaires pour être dans les meilleurs. Pour faire la différence le jour des épreuves, il faut être capable d'allier de solides connaissances dans chaque matière et une capacité à raisonner, analyser, synthétiser et tirer parti de l'actualité.

L'objet de cet ouvrage est de proposer une préparation complète aux épreuves écrites de spécialité en droit des affaires et procédure civile (cas pratique ou consultation).
Une précision s'impose d'ores et déjà : il ne s'agit pas d'un manuel de cours mais bien d'un ouvrage d'examen, destiné à ceux qui souhaitent compléter leur formation universitaire par une préparation spécifique à leur ambition de devenir élève-avocat.
Après un rappel des épreuves auxquelles ils devront faire face, l'ouvrage leur fournit en premier lieu de précieux conseils méthodologiques visant à satisfaire les exigences du jury. Il propose ensuite des fiches de révision qui, tantôt, rappellent l'essentiel du cours, tout particulièrement dans les domaines qui ont connu ou connaissent de récents bouleversements et tantôt traitent de sujets plus transversaux qui permettront d'apprécier la capacité d'analyse du candidat le jour de l'épreuve. Enfin, ces fiches sont complétées par des annales et exercices corrigés, tous rédigés en tenant compte des nouvelles conditions de l'examen, afin de s'entraîner efficacement et de s'imprégner de l'esprit des épreuves préparées.

Les épreuves d'admissibilité

Selon l'article 5 de l'arrêté du 17 octobre 2016 *fixant le programme et les modalités de l'examen d'accès au centre régional de formation professionnelle d'avocats*, modifié par l'arrêté du 2 octobre 2018, les épreuves d'admissibilité comprennent :

1° Une note de synthèse, rédigée en cinq heures, à partir de documents relatifs aux aspects juridiques des problèmes sociaux, politiques, économiques ou culturels du monde actuel.
La note est affectée d'un coefficient 3.

2° Une épreuve en droit des obligations, d'une durée de trois heures.
La note est affectée d'un coefficient 2.

3° Une épreuve destinée à vérifier l'aptitude à résoudre un ou plusieurs cas pratiques ou à rédiger une ou plusieurs consultations, d'une durée de trois heures, au choix du candidat, exprimé lors du dépôt de son dossier d'inscription, dans l'une des matières suivantes :
- droit civil ;
- droit des affaires ;
- droit social ;
- droit pénal ;
- droit administratif ;
- droit international et européen ;
- droit fiscal.

La note est affectée d'un coefficient 2.

4° Une épreuve de procédure, destinée à vérifier l'aptitude à résoudre un ou plusieurs cas pratiques ou à rédiger une ou plusieurs consultations, d'une durée de deux heures, portant sur l'une des matières suivantes :
- procédure civile, modes amiables de résolution des différends et modes alternatifs de règlement des différends pour les candidats ayant choisi la matière droit civil, droit des affaires ou droit social au 3° ;
- procédure pénale pour les candidats ayant choisi la matière droit pénal au 3° ;
- procédure administrative et modes amiables de résolution des différends pour les candidats ayant choisi la matière droit administratif au 3° ;
- procédure civile, modes amiables de résolution des différends et modes alternatifs de règlement des différends ou procédure administrative et modes amiables de résolution des différends pour les candidats ayant choisi la matière droit international et européen ou droit fiscal au 3°.

La note est affectée d'un coefficient 2.

LE DROIT DES AFFAIRES

Épreuve de 3 heures, coefficient 2

Programme de révision

L'article 5, 3° du décret du 17 octobre 2016 prévoit une « épreuve destinée à vérifier l'aptitude à résoudre un ou plusieurs cas pratiques ou à rédiger une ou plusieurs consultations, d'une durée de trois heures, au choix du candidat, exprimé lors du dépôt de son dossier d'inscription, dans l'une des matières suivantes [...] » : nous nous intéresserons ici au droit des affaires.
La note est affectée d'un coefficient 2.
En droit des affaires, l'arrêté, dans son annexe, précise le programme, lequel n'a pas fait l'objet d'interprétations ultérieures par la Commission.

Aussi, le programme est composé des cinq chapitres suivants :

I. Commerçants et sociétés commerciales
II. Actes de commerce
III. Fonds de commerce
IV. Opérations bancaires et financières
V. Droit des procédures collectives

Les thèmes sont assez larges et l'on ne saurait que recommander à l'étudiant de se plonger dans les tables des matières des ouvrages, afin d'avoir une vision d'ensemble de ce que chaque chapitre recouvre exactement.

Bibliographie

Remarque

Tous les éditeurs offrent divers contenus en droit des affaires. Seuls ceux émanant des Éditions Dalloz seront ici listés.

I. Manuels

M.-L. Coquelet, *Entreprises en difficulté*, 8e éd., coll. « HyperCours », 2025.
A. Couret, H. Le Nabasque, M.-L. Coquelet, Th. Granier, D. Poracchia, A. Raynouard, A. Reygrobellet et D. Robine, *Droit financier*, 4e éd., coll. « Précis », 2024.
G. Decocq et A. Ballot-Léna, *Droit commercial*, 10e éd., coll. « HyperCours », 2024.
B. Dondero, *Droit des sociétés*, 8e éd., coll. « HyperCours », 2023.
Cl. Favre-Rochex et. J.-F. Barbièri, *Le droit des affaires en cas pratiques*, 2e éd., coll. « Réussir ! », 2024.
V. Forti et A. Touzain, *Instruments de paiement et de crédit – Opérations bancaires*, 1re éd., coll. « HyperCours », 2023.
D. Houtcieff, *Droit commercial*, 5e éd., coll. « Sirey Université », 2022.
M. Jeantin, P. Le Cannu et D. Robine, *Droit des entreprises en difficulté*, 10e éd., coll. « Précis », 2025.
J. Lasserre Capdeville, M. Storck, M. Mignot, J.-Ph. Kovar et N. Eréséo, *Droit bancaire*, 4e éd., coll. « Précis », 2024.
P. Le Cannu, Th. Granier et R. Routier, *Instruments de paiement et de crédit. Titrisation*, 9e éd., coll. « Précis », 2016.
P.-M. Le Corre, *Droit et pratique des procédures collectives 2025/2026*, 13e éd., coll. « Dalloz Action », 2024.
P.-M. Le Corre et E. Le Corre-Broly, *Droit des entreprises en difficulté*, 10e éd., coll. « Mémentos », 2022.
D. Legeais, *Droit commercial et des affaires 2025*, 31e éd., coll. « Sirey Université », 2024.
V. Magnier, *Droit des sociétés*, 11e éd., coll. « Cours », 2024.
Ph. Merle et A. Fauchon, *Droit commercial. Sociétés commerciales. 2024/2025*, 28e éd., coll. « Précis », 2024.
S. Moreil et F. Dekeuwer-Défossez, *Droit bancaire*, 12e éd., coll. « Mémentos », 2022.
E. Mouial Bassilana, I. Parachkévova-Racine et M. Teller, *Droit des affaires en 12 thèmes*, 1re éd., coll. « Séquences », 2022.
Ph. Neau-Leduc et A. Périn-Dureau, *Droit bancaire*, 7e éd., coll. « Cours », 2024.
M. Pédamon, H. Kenfack et S. Ringler, *Droit commercial. Commerçants et entreprises commerciales*, 5e éd., coll. « Précis », 2023.
Ph. Pétel, *Procédures collectives*, 11e éd., coll. « Cours », 2023.
S. Piedelièvre, *Droit commercial*, 14e éd., coll. « Cours », 2024.
S. Piedelièvre, *Instruments de paiement et de crédit*, 12e éd., coll. « Cours », 2022.

II. Codes

Code civil 2025, annoté par X. Henry, A. Tisserand-Martin, G. Venandet, P. Ancel, E. Naudin, N. Damas et P. Guiomard, 124e éd., 2024.
Code de commerce 2025, annoté par N. Rontchevsky, E. Chevrier et P. Pisoni, 120e éd., 2024.
Code des sociétés 2025, annoté et commenté par B. François, A. Lienhard et P. Pisoni, 41e éd., 2024.
Code des procédures collectives 2025, annoté et commenté par A. Lienhard et P. Pisoni, 23e éd., 2025.
Code monétaire et financier 2025, annoté et commenté par J. Lasserre Capdeville, M. Storck, E. Chevrier et P. Pisoni, 15e éd., 2025.

Documents autorisés lors des épreuves d'admissibilité

Pour la session 2024, la Commission nationale de l'examen d'accès au CRFPA est venue préciser les documents pouvant être utilisés par les candidats :
« Lors des épreuves d'admissibilité, les candidats peuvent utiliser les codes annotés mais non les codes commentés. Ils peuvent également utiliser les recueils (ou impressions tirées de sites Internet officiels) de textes réglementaires, législatifs et constitutionnels nationaux et de normes européennes et internationales. Les candidats dont la langue maternelle n'est pas le français peuvent utiliser un dictionnaire bilingue. Aucun autre document n'est autorisé, notamment les reproductions de circulaires, de conventions collectives et de décisions de justice.
Les documents autorisés pourront être surlignés ou soulignés, y compris sur la tranche, et plus généralement tous signes pourront y être ajoutés (accolades, flèches, croix, etc.) pourvu que ces signes n'ajoutent aucun contenu aux textes reproduits. Les onglets, marque-pages ou signets sont autorisés pourvu qu'ils soient vierges.
La calculatrice n'est autorisée pour aucune des épreuves d'admissibilité. »

Une précision est importante à l'attention des étudiants : en indiquant que « les candidats peuvent utiliser les codes annotés mais non commentés », la Commission prohibe de ce fait l'utilisation du Code des sociétés, du Code des procédures collectives et du Code monétaire et financier (ils sont commentés). Cela étant, leur utilisation peut se révéler précieuse pour les révisions. Ne peuvent donc être utilisés pour l'épreuve de droit des affaires, parmi les codes des Éditions Dalloz, que le Code de commerce et, éventuellement, le Code civil.

Selon l'article 5-3° de l'arrêté du 17 octobre 2016, précisé par la Commission pour la session 2024, « l'épreuve [de droit des affaires] destinée à vérifier l'aptitude, d'une durée de trois heures, au choix du candidat consiste, pour la session 2024, en une ou plusieurs consultations ».
Il s'agira donc de consultations, qui renvoient à la méthode du cas pratique.

Conseils spécifiques pour la réalisation du cas pratique (consultation)

Généralités. L'on ne saurait que vanter les qualités du cas pratique. L'exercice, pour un futur avocat, est passionnant, parce qu'il est au cœur du quotidien de l'homme de loi et de ce que vous serez amenés à réaliser à l'avenir. Une affaire, un dossier : voilà autant de cas pratiques qui ne sont plus virtuels comme du temps de vos études. L'examen utilise la notion de cas pratique, mais aussi de consultation ; celle-ci vous ancre plus encore dans la réalité et peut entraîner quelques légères spécificités qui justifient que la méthodologie soit adaptée.
La consultation est un exercice que l'avocat pratique régulièrement, surtout en droit des affaires. Elle est au cœur de son activité, tant de conseil que de contentieux !
S'agissant de la partie « conseil » de son activité, la consultation lui permet de formaliser, par écrit, ce qu'il pense de l'affaire de son client. Il y aura ici un travail « d'élagage » des faits exposés : au sein de ceux-ci, il faut déterminer lesquels sont pertinents et permettent de s'inscrire dans une dynamique juridique. C'est toute la difficulté et l'enjeu ici : il faut traduire, sur le terrain du droit, des désirs et des demandes (derrière telle volonté, il faut voir telle figure contractuelle ; telle demande doit se traduire sur le terrain des statuts de la société à constituer, etc.).
Tout l'intérêt de l'exercice tient au fait que la consultation peut revêtir une dimension prospective et/ou rétrospective.

La consultation avec dimension prospective

Dans ce cas, le client demande à l'avocat ce qu'il pense d'un projet qu'il a en tête (une société qu'il souhaite créer, selon des *desiderata* particuliers, par exemple dans l'organisation de la direction, une clause particulière dans un contrat de bail qu'il souhaite signer, etc.). En somme, le fait générateur juridique n'est pas encore survenu. L'avocat doit en envisager toutes les conséquences.

La consultation avec dimension rétrospective

Il s'agit de la situation dans laquelle l'avocat doit se prononcer sur une affaire déjà intervenue. Le fait générateur juridique s'est déjà produit et le rôle de l'avocat consiste alors à se prononcer sur les conséquences juridiques et les éventuelles actions en justice pouvant être exercées.

S'agissant de l'aspect « contentieux », la consultation figure au cœur de l'activité de l'avocat. Elle permet principalement deux choses. D'une part, il existe parfois un fossé entre l'histoire du client et la situation juridique. Or, le juriste doit s'en tenir au droit : au sein des faits qui vous sont exposés, il faut voir lesquels sont pertinents et permettent d'aller sur le terrain juridique. Nous y reviendrons. D'autre part, la consultation n'est pas une plaidoirie, même dans une dynamique contentieuse. Il ne s'agit pas de mobiliser uniquement les arguments en faveur du client ; il faut voir objectivement, au regard des règles de droit et des décisions jurisprudentielles ; il faut envisager les chances de succès de chaque argument. Cela permettra au client d'avoir toutes les informations nécessaires quant à l'intérêt d'une procédure. Et cela permettra à l'avocat d'affiner sa stratégie contentieuse en insistant davantage sur les arguments qui ont « des chances » de fonctionner et d'emporter la conviction du juge !

Dangers du cas pratique. Si l'exercice est intellectuellement stimulant et invite l'étudiant à se placer dans « la peau » du plaideur ou du censeur, il est également le plus dangereux, car il n'offre aucun filet de sécurité. En présence d'un commentaire d'arrêt, un visa et un motif sont offerts à l'étudiant : les bases juridiques indispensables à sa réflexion lui sont livrées. De même, dans le cadre d'une dissertation, l'étape première est de définir les termes du sujet : à partir de là, des rapprochements apparaîtront, marquant les premières étapes de la réflexion ! Dans le cas pratique, rien de tout cela. L'étudiant est mis face aux faits bruts, parfois (volontairement) exprimés dans un langage non juridique, celui-là même qu'emploient les non-juristes qu'il rencontrera plus tard dans sa carrière professionnelle !

Pas de règles générales : des recommandations. Il est difficile d'élaborer une méthodologie du cas pratique/consultation, tant les avis peuvent diverger sur la question. Chaque enseignant a ses propres conseils qui varient selon la façon que l'on a d'appréhender ce travail. Pour autant, deux choses sont sûres. Il convient de ne pas se « noyer » dans les détails. Chacun a éventuellement des préférences, mais une « bonne consultation » reste une… bonne consultation ! Si les règles de droit opportunes sont mobilisées et que la jurisprudence est citée à bon escient, le tout afin de proposer une argumentation cohérente et crédible, les exigences de l'exercice sont satisfaites ! En outre, ce qui est au cœur et constitue la règle principale de l'exercice, c'est que le cas pratique s'articule autour du raisonnement juridique par excellence : le syllogisme. Par ailleurs, l'on parvient tout de même à s'accorder sur quelques grands principes partagés par l'ensemble des enseignants.

Avant la rédaction. La première étape de la consultation – au risque d'une lapalissade – réside en une bonne lecture du sujet ! Combien d'étudiants veulent aller trop vite et ratent l'essentiel ! Lisez le sujet, relisez le sujet et relisez encore le sujet ! Lisez le sujet en entier une première fois : ne commencez pas à traiter le cas avant même d'avoir toutes les informations. Parfois, un détail essentiel n'apparaît que tardivement dans l'énoncé ! En d'autres termes, prenez le temps d'assimiler toutes les informations avant de chercher à mobiliser vos connaissances. Chacun a sa méthode, mais il est possible de lire une première fois tout le sujet, sans prendre de note ou réfléchir à la solution que l'on veut donner. À l'occasion de la seconde lecture, jetez vos premières idées au brouillon (institutions à mobiliser, points d'attention, exceptions à mettre en œuvre ou, à tout le moins, à envisager, etc.). Enfin, la troisième lecture pourra être fractionnée une fois les principaux problèmes identifiés.

En tout état de cause, durant votre réflexion et vos développements, n'hésitez pas à retourner vers l'énoncé si le moindre doute subsiste (surtout si les faits sont complexes).

Introduction et plan. Tout le monde n'accorde pas une très grande importance à l'introduction, ce d'autant plus lorsqu'il s'agit, comme les années précédentes, d'une série de petites consultations. Quoi qu'il en soit, il ne paraît pas opportun de s'appesantir trop longtemps sur cette partie qui doit rester de faible dimension. Il n'est pas nécessaire de se lancer dans une longue présentation des faits, étant donné que vous y reviendrez, par la force des choses, et sans doute plus encore dans le détail, lorsque vous vous attacherez à la résolution de chacun des cas. Ce schéma est d'ailleurs préférable, car il permet de développer un syllogisme complet : si vous rappelez tous les faits pertinents dans l'introduction, ce sera souvent un « gros morceau », indigeste, et vous vous contenterez de recopier l'énoncé ! Une telle méthode est d'autant plus critiquable que dans le cœur du cas pratique, le correcteur (et l'étudiant lorsqu'il compose) devra sans cesse revenir à l'introduction ! Notez enfin que l'introduction peut se révéler le moyen utile pour évacuer certains éléments qui n'auraient pas vraiment d'utilité pour la suite de la consultation, ou encore pour positionner l'enjeu du débat, tout en démontrant que vous avez parfaitement compris la question posée.

Sur **la question du plan**, là encore, il n'est pas nécessaire de perdre du temps, surtout si vous êtes face à une série de petites consultations. Dans ce dernier cas, vous n'aurez pas le temps de réfléchir à un plan, et la matière de votre réponse ne s'y prête pas. Il ne faut cependant pas s'y tromper. Cela ne signifie pas que vos développements ne doivent pas être organisés. Bien au contraire, ils seront soigneusement structurés pour que l'on suive aisément votre raisonnement.

Si le sujet est plus global, là encore aucune contrainte n'est imposée : il faut faire autant de parties qu'il y a de problèmes posés. Il n'est pas nécessaire de trouver deux parties et deux sous-parties ! Si le protagoniste imaginaire qui vient vous consulter rencontre trois difficultés, faites trois parties !

S'agissant des sous-parties, il n'y a pas de règles particulières sinon celle de la pédagogie. Découper son propos a une finalité, à savoir offrir à votre lecteur une démonstration claire et compréhensible. À ce titre, il faut éviter des « blocs » trop imposants en termes de taille : lorsque trop d'informations sont données en une seule fois, l'on risque de s'y perdre. À l'inverse, si le propos est découpé, le correcteur pourra suivre avec aisance les diverses étapes de votre raisonnement. Attention cependant à ne pas en faire trop ! Dès lors qu'une sous-division intervient, il convient de faire une (brève) annonce de plan et de formuler des titres. Cela n'est pas neutre quant à la gestion de votre temps et perdre de précieuses minutes pour faire des sous-parties inutiles peut se révéler contre-productif. Le critère est donc ici simple, et réside uniquement dans la taille des développements envisagés. Face à un bloc de plusieurs pages, il faut sous-diviser pour ne pas noyer le lecteur ; une sous-partie de quelques lignes est en revanche inutile !

Une dernière remarque s'impose à propos de l'organisation de votre propos. Il est important de « prendre le lecteur par la main » et de l'accompagner dans votre raisonnement. N'hésitez pas à expliciter, par une courte phrase, un choix et à multiplier les phrases d'annonce ou de transition. Si la situation pourrait faire envisager une institution, mais qu'une des conditions fondamentales fait défaut, et que cela relève de l'évidence, expliquez-le, mais brièvement !

Le rapport aux faits. Les praticiens ont déjà vécu mille fois l'expérience : leurs interlocuteurs ne parlent pas de droit ; ils racontent une histoire. Les faits sont souvent nombreux et parfois très éloignés du domaine juridique. Il y a ressentis et ressentiments.

Au sein de cette multitude de données, le premier exercice est d'extraire les « faits pertinents », c'est-à-dire ceux qui vont permettre la résolution du litige. Tout étudiant ayant dépassé le stade de la première année de droit, et le cours d'introduction au droit, sait que « juste » et « droit » ne sont pas toujours synonymes. Il est des faits qui relèvent de l'anecdote, du ressenti, de l'injustice pour laquelle le droit ne pourra rien. Et il est des éléments qui permettront d'actionner un mécanisme juridique, de rapporter la preuve d'un fait juridique, etc. Ce sont ces faits qu'il faut isoler et sur lesquels il faut se concentrer. Une obscure histoire de famille, restée au stade de la légende urbaine, n'a guère d'intérêt. En revanche, le fait qu'une assemblée générale se soit tenue sans qu'un associé y soit convoqué est primordial quant à la solution du litige.

Une fois ces faits pertinents identifiés, il sera nécessaire de réfléchir à leur qualification. Qualifier conduit à rattacher les faits à une catégorie juridique préexistante, laquelle est dotée d'un régime. Évidemment, il s'agit ici d'une étape primordiale et indispensable. Si l'étudiant envisage le mauvais fondement, le hors-sujet guette et avec lui une catastrophe annoncée en termes de notation !

Parfois (souvent), plusieurs fondements semblent pouvoir être mobilisés. Il faut alors choisir… ou ne pas choisir. Parfois, certains fondements ne seront pas pertinents (soit dans l'absolu soit au regard des faits de l'espèce). Il faudra alors se contenter d'écarter rapidement – mais peut-être quand même en se justifiant si le doute est sérieux et légitime – le fondement pour aller à l'essentiel et ne pas perdre de temps. Dans d'autres situations, deux fondements peuvent coexister. Il convient dans ce cas d'envisager les divers fondements possibles et d'évaluer la pertinence de chacun.

Deux remarques, d'inégale importance, s'imposent à ce propos.

D'une part, il peut être intéressant de tenter de se mettre, quelques instants, « à la place de l'examinateur » : par-delà l'humour de certains et l'appétence pour les jeux de mots, certains détails vont révéler une idée ou une attente. Certains détails « ne sont pas là par hasard ». Interrogez-vous : pourquoi cette précision ? Quelle importance ? Vers quelle institution cherche-t-on à m'emmener ?
D'autre part, et surtout, la finalité d'un cas pratique est de donner une solution justifiée en droit. Cette pertinence peut avoir divers fondements : chance de convaincre le juge, facilité probatoire, rapidité de la réponse au regard d'une situation d'urgence, etc.
Le rapport au droit. Cette résolution du cas se fait au regard du droit. Cela va de soi… mais cela va mieux en le disant ! Le but du cas pratique, dans le cadre d'un examen ou d'un concours, est d'évaluer l'étudiant, notamment relativement à sa connaissance du droit. Il faut démontrer, au travers de la situation qui vous est soumise, que vous maîtrisez l'environnement juridique de la matière. En droit des biens, vous allez devoir prouver que vous connaissez les principales institutions, leurs conditions d'application, leur régime, la jurisprudence qui est venue préciser tel ou tel élément !
Il ne faut pas céder aux sirènes de l'argument suivant lequel « tout est dans le Code » ! Évidemment que les codes annotés contiennent de nombreuses informations et vous évitent d'apprendre inutilement de trop nombreuses références d'arrêts. Néanmoins, si vous ne maîtrisez pas les grands axes de la matière envisagée, vous allez vous perdre dans des recherches que vous n'aurez pas le temps de mener à bout ! En outre, lorsque l'examinateur vous glisse des indices, utilise certains mots ou faits qui devraient vous mettre sur « une piste »… cela ne sera possible que si vous maîtrisez la matière suffisamment pour repérer l'indice en question !
Résoudre le cas. Ce conseil peut paraître inutile, mais il nous semble important d'insister à ce propos ! C'est l'une des principales erreurs méthodologiques que l'on voit chez les étudiants, au cours des années précédentes, lorsqu'ils sont confrontés au cas pratique. Concrètement, il est primordial de résoudre entièrement le cas pratique, avant même de commencer à rédiger la réponse. Pourquoi ? Parce que cette étape préalable et indispensable va vous permettre de mieux évaluer la construction de votre développement et de mieux organiser votre réponse. En d'autres termes, il ne faut surtout pas se lancer « tête baissée » dans la rédaction du cas. Ainsi, vous serez à même de déterminer ce sur quoi vous estimez, au vu de l'énoncé, nécessaire de passer du temps, ou encore ce que vous pouvez écarter plus rapidement dans un court chapeau introductif, ou dans une transition. C'est, par exemple, après ce travail que vous vous rendrez compte d'une difficulté qui trouve, en jurisprudence, deux séries de réponse, et qu'il vous faudra alors prendre position dans le débat. C'est ainsi que vous déterminerez s'il faut ou non détailler de manière plus approfondie certaines des parties. En d'autres termes, cette méthode vous permettra de gérer au mieux votre temps et de finir l'exercice.
L'importance du syllogisme. Dans le traitement que met en œuvre le cas, il est fondamental que l'on retrouve le syllogisme juridique classique que l'on vous enseigne habituellement depuis la première année de droit. C'est une façon de raisonner ; elle doit se voir et presque « sauter aux yeux » du lecteur. Ainsi, votre fil conducteur doit toujours répondre à ce schéma : « faits – droit – application du droit aux faits ».

– *Le rappel des faits.* Cela a déjà été mentionné, seuls les faits pertinents méritent d'être ici cités. Il existe classiquement deux écoles. Certains préconisent de faire apparaître les faits au début du cas pratique ; d'autres de les insérer, au niveau de chaque sous-partie, au fur et à mesure de la résolution du cas. À notre sens (mais cela n'a aucune incidence en termes de notation), il est préférable d'opter pour la seconde solution afin d'offrir un syllogisme « complet » en réponse à chaque difficulté. Certes, il existe un risque de quelques redites. Néanmoins, mettre tous les faits au début du cas pratique oblige, ensuite, à renvoyer vers ce qui a été dit des pages plus en avant, ce qui « casse » quelque peu le raisonnement. En outre, devoir formuler les faits pertinents à l'occasion de chaque sous-partie oblige à revenir vers le sujet et assure de ne rien oublier !

– *L'énoncé de la règle de droit.* Il convient ici de donner au correcteur l'ensemble des éléments de droit nécessaires à la résolution de la difficulté. Il n'existe pas de règle particulière en ce domaine sinon d'être le plus clair possible et d'organiser son propos (sans nécessairement le matérialiser pas des sous-divisions), c'est-à-dire de ne pas offrir au lecteur un « fourre-tout » où tout se mélange ! Classiquement, l'on présente d'abord les textes de lois, puis les interprétations jurisprudentielles ; d'abord le principe ; puis l'exception, etc.

Deux remarques peuvent encore être formulées. D'une part, lorsqu'un article du code énonce clairement la solution applicable, il ne faut pas hésiter à citer le texte (entre guillemets). Il n'est pas, dans ce cas nécessaire de perdre du temps à reformuler les choses. En revanche, lorsque le texte envisagé est trop long ou peu clair (cela arrive parfois !), il ne faut pas recopier des dizaines de lignes : outre l'aspect chronophage, cela ne démontre en rien votre compréhension de la matière au correcteur (sinon que vous savez recopier un texte, ce dont on se doute dans le cadre d'un cursus dans l'enseignement supérieur). D'autre part, lorsque la règle est précisée par la jurisprudence, il n'est pas nécessaire de citer tous les arrêts (présents dans vos codes annotés) concernés. S'il existe une subtilité ou une évolution quelque peu incertaine, il sera pertinent de détailler cette jurisprudence afin de démontrer que vous maîtrisez le sujet. En revanche, si des dizaines d'arrêts, anciens et récents, illustrent une jurisprudence constante, citez simplement l'un d'entre eux, éventuellement deux !

– *L'application de la règle de droit aux faits de l'espèce.* Une fois les faits pertinents isolés, la règle de droit idoine identifiée et présentée, il s'agit là du moment essentiel dans la résolution du cas pratique. Il convient de « confronter » la règle énoncée et les faits exposés. L'importance de l'argumentation a déjà été soulignée : ce n'est pas au correcteur de faire cette confrontation, même si elle semble évidente. C'est à l'étudiant de **démontrer** pourquoi et comment la règle de droit s'applique – ou non, ou difficilement – aux faits de l'espèce. Cette capacité à argumenter et à convaincre, cela a déjà été dit, est au cœur de l'exercice.

En vérité, les cas pratiques de moins bonne qualité, au-delà d'un éventuel manque de connaissances, sont souvent ceux qui sont affectés d'un vice dans le raisonnement parce qu'il manque une étape.

Répondre et prendre position. C'est l'objet même de la consultation : vous devez nécessairement prendre position. C'est pour cette raison que votre client vous consulte. Il veut votre avis et un avis tranché. Par exemple, si, au cours de la résolution du cas, vous vous trouvez face à une controverse jurisprudentielle entre deux chambres de la Cour de cassation, ou face à un vide législatif auquel les magistrats n'ont pas répondu, il est évidemment impossible de vous arrêter en vous en remettant à la sagesse des juges ! Aucun avocat ne répondrait ainsi. Bien au contraire, il faut exposer avec soin la difficulté (et, éventuellement, les deux positions), choisir une position tout en justifiant avec précision l'option que vous avez retenue, et continuer la résolution du cas, tout en expliquant quelles auraient été les conséquences de la position inverse.

On attend de vous que vous répondiez à la consultation, c'est-à-dire que vous donniez la solution, en droit, aux difficultés auxquelles vous êtes confronté, soit de manière prospective, soit de manière rétrospective. Le client doit repartir avec une réponse précise. Peu importe, par exemple, que celle-ci soit aléatoire quant à son résultat, en raison d'éventuelles difficultés de preuve. Dans ce cas, il convient d'alerter sur ce point, en indiquant à celui qui vous a posé la question, qu'il faudra démontrer la matérialité de certains éléments. Peut-être devrez-vous d'ailleurs lui préciser comment il doit prouver, selon quelles modalités (en fonction, notamment, du point de savoir s'il s'agit d'un fait ou un acte juridique). Mais, c'est déjà là un élément de réponse. En revanche, vous ne pouvez évidemment pas vous en remettre au pouvoir souverain dont disposent, dans certains cas, les juges du fond.

Dans le même ordre d'idée, il convient d'aller jusqu'au bout de votre raisonnement. Et de ce point de vue, l'exercice est difficile, mais il démontre que vous êtes un juriste accompli et que vous avez pensé à tout. En d'autres termes, il faut que vous envisagiez toutes les possibilités qu'implique ce que vous avancez, au regard de ce qui est suggéré dans le cas. Par exemple, l'on vous indique que la convention a été conclue il y a cinq ans. N'y a-t-il pas un problème de prescription ? Vous devez livrer une solution pratiquement applicable.

Une conclusion ? À l'issue du syllogisme, une conclusion est-elle utile ? Il faut ici faire une réponse neutre : cela dépend. Si le raisonnement mis en œuvre vous amène naturellement à une conclusion, formulez simplement cette dernière à l'issue du syllogisme. Il n'est pas, dans ce cas, nécessaire, de perdre du temps à rédiger trois ou quatre phrases pour reformuler ce que vous venez d'expliciter. En revanche, si la démonstration a été longue, complexe ou tortueuse, il sera plus clair pour le correcteur d'avoir, à son issue, une conclusion qui résume la solution applicable (ou préconisée). Celle-ci ne doit pas être trop longue : encore une fois, il ne s'agit pas de reprendre en détail ce qui a déjà été dit, mais simplement de conclure.

De même, si votre démonstration a mis en lumière la possibilité de mobiliser plusieurs institutions ou règles de droit, il est indispensable de ne pas laisser « un choix » au lecteur. Il faut conclure par une explication quant à la combinaison des diverses solutions évoquées. L'une d'entre elles offre-t-elle davantage de marge de manœuvre ou de souplesse ? L'une d'entre elles est-elle plus simple à mettre en œuvre, en termes de conditions, de preuve, etc. ? Et, si tel est le cas, il ne faut pas hésiter à conseiller une première règle à titre principal, une seconde à titre subsidiaire. Au risque d'une redite, il faut garder à l'esprit l'objectif de l'exercice, à savoir simuler un rapport avec un client ou un justiciable. Il ne s'agit dès lors pas uniquement de multiplier l'exposé des connaissances, mais de le guider, de son problème vers une solution… et ce jusqu'au bout !

Les principaux écueils du cas pratique. Il y a sans doute autant d'écueils que d'étudiants qui rédigent un cas pratique. De ce point de vue, les « perles des copies » démontrent toujours une imagination débordante en ce domaine. Pourtant, trois sont assez largement observables. Il s'agit du rapport au temps, à la jurisprudence ainsi que la forme de l'exercice.

Le temps

L'enjeu n'est pas tellement de tout dire que d'arriver à tout dire dans un temps limité. Certes, lorsque vous êtes chez vous ou en bibliothèque, préparant sérieusement le cas pratique qui figure dans la fiche de travaux dirigés, vous avez tout le temps nécessaire. Vous pouvez mettre dix heures à rédiger un cas pratique ! Cela n'est toutefois pas conseillé, car le jour de l'examen votre temps sera compté : trois heures ! En outre, abandonnez toute illusion : le cas donné, dès lors que l'examen se veut exigeant, sera « dense » et vous aurez beaucoup de choses à dire en peu de temps ! Et cela est logique dès lors que l'on veut sélectionner des juristes de qualité. Cette qualité passe par une capacité à tout voir et dire… en un temps limité. Que la métaphore automobile nous soit permise : sur un circuit automobile, la différence entre une voiture de sport et une ancienne berline familiale ne résidera pas tant dans la capacité à arriver à destination (les deux véhicules le permettent) qu'au niveau de la vitesse déployée, et donc du temps nécessaire à faire le tour de piste attendu ! La logique est la même ici, le bon juriste étant celui qui pourra rapidement mobiliser ses connaissances et offrir à son lecteur une solution complète et cohérente nonobstant le délai (bref) qui lui est offert pour ce faire.

Il est donc essentiel d'être efficace et cela peut être mis en œuvre dès la lecture du sujet. Il faut repérer les points qui ne poseront pas de difficulté ou qui n'appellent qu'une réponse courte pour se concentrer sur ce qui interpelle et interroge. Il n'y a rien de plus rageant – pour un correcteur – que de voir un bon étudiant qui traite avec perfection une des questions secondaires, mais ensuite délaisse (ou bâcle) la question principale faute de temps ! Une fois ces questions secondaires repérées, il faut leur consacrer un temps limité. Un indice peut parfois être mobilisé pour ce faire : le barème. Si celui-ci est indiqué, soyez habiles et ne consacrez pas la moitié du temps de l'épreuve à une question qui ne représente que quelques points !

Il faut donc, vous l'aurez compris, aller vite ! Pour ce faire, deux conseils peuvent être donnés.

Avant l'épreuve, entraînez-vous et ayez une parfaite maîtrise de votre cours ! Si, le jour de l'examen, vous réfléchissez quant à la structure du syllogisme, ou bien feuilletez durant de précieuses minutes votre code à la recherche d'un texte ou d'une jurisprudence, c'est autant de temps perdu. Pour chaque thème, il faut connaître les principaux textes, repérer sous quel article se situent les principales jurisprudences. Évidemment, il ne s'agit pas de tout apprendre par cœur, en particulier parce que vous avez droit au code le jour de l'épreuve. Néanmoins, il faut savoir « où chercher ». Le code est un outil dont il faut apprendre à se servir, au risque d'abandonner de précieuses minutes.

Le jour de l'épreuve, cela a déjà été dit : soyez efficaces. Ne recopiez pas (bêtement) des faits non pertinents, ne perdez pas du temps à reformuler un texte parfaitement clair et court de votre Code civil, ne recopiez pas, à l'inverse, un texte long alors que vous auriez pu le résumer en quelques lignes, etc. Si un point n'appelle pas de discussion, n'en discutez pas !

La jurisprudence

C'est un truisme que d'affirmer que la jurisprudence joue un rôle essentiel. C'est encore plus vrai en droit des affaires, car la célérité de ce monde et l'inventivité des acteurs imposent au droit de s'adapter, parfois bien plus rapidement que peut le faire le législateur ! En d'autres termes, certaines précisions, indispensables et essentielles, ont été formulées par la Cour de cassation et non par le législateur. Il faut dès lors maîtriser cette jurisprudence. Surtout que l'examinateur qui conçoit un cas pratique s'inspire souvent d'arrêts pour imaginer des faits et des situations. En d'autres termes, l'analyse sera d'autant plus pertinente si vous arrivez à repérer l'arrêt qui a été la source d'inspiration…

Là encore, seul un travail régulier permet cela. Certes, les jurisprudences sont dans vos codes annotés. Néanmoins, vous n'aurez pas le temps de lire toutes les notes le jour de l'épreuve, surtout que certains arrêts mobilisent des dizaines et des dizaines de jurisprudences. Il faut donc vous rappeler de vos enseignements : les jurisprudences citées devront être connues (à tout le moins repérées dans le code). Et puisque vos cours datent un peu, il faut en outre être à jour : il faudra consulter des chroniques d'actualité dans vos revues préférées. La forme est accessible : une fois par an, dans un article de quelques pages, vous trouverez les arrêts marquants qui ont été rendus sur la période envisagée.

Un dernier point d'attention doit encore être mentionné. Dans vos codes annotés, les jurisprudences citées sont résumées en quelques mots, une phrase au maximum ! Autant l'outil est intéressant pour retrouver une jurisprudence connue (c'est tout l'intérêt de ne pas devoir apprendre par cœur ce qui se trouve dans le code !), autant il peut se révéler dangereux de citer à tout va des arrêts jusqu'alors inconnus !

La forme

Il faut garder à l'esprit que, par-delà le contenu de vos copies, la forme est le vecteur de communication que vous allez établir avec votre correcteur. Or, n'oubliez pas que celui-ci ne va pas s'intéresser qu'à votre seule prose ! Il faut alors garder à l'esprit deux choses.

Premièrement, le temps de correction offert à votre lecteur est, lui aussi, limité. Évidemment que votre copie sera intégralement lue ! Évidemment également que les enseignants ont l'habitude de « déchiffrer » bien des écritures ! Néanmoins, à l'impossible nul n'est tenu ! Le correcteur ne va pas consacrer des heures à lire et relire ses copies afin de deviner ce qu'elles peuvent contenir. Si vous savez que vous

avez une écriture « difficile », prenez le temps d'écrire proprement et de former convenablement vos lettres ! N'oubliez pas que c'est un être humain qui vous lit : une copie propre, aérée, bien présentée et écrite lisiblement donne envie de s'y plonger ; à l'inverse, des feuilles chargées de ratures, une écriture serrée et largement illisible découragera la lecture avant même de s'y plonger !
Secondement, le droit est une discipline littéraire. De ce point de vue, il s'agit d'affirmer les choses sans hypocrisie ou « fausse bienveillance » ! Naturellement, l'on peut comprendre et excuser l'une ou l'autre « coquille » ou faute d'inattention, liées au stress de l'épreuve ! En revanche, une non-maîtrise de la langue française ou des règles élémentaires de la grammaire ou de l'orthographe sera sanctionnée ! À lire une faute toutes les trois lignes, la copie n'aura sans doute pas la moyenne, peu important la pertinence de vos développements ! Si vous connaissez vos faiblesses de ce point de vue, prenez-les en considération, car des solutions existent. En amont, vos Universités offrent souvent des outils. Le jour de l'épreuve, tentez de terminer en avance afin de consacrer de précieuses minutes à la relecture (en tout état de cause, il faut vous relire !).

Les actes accomplis pour le compte de la société en formation

Attention

Cette fiche est une fiche synthèse ; néanmoins, elle fait l'objet d'une actualité récente, avec trois arrêts de la Cour de cassation qui sont particulièrement importants, notamment parce qu'ils changent de perspective sur le contentieux.

Attention

Ce point particulier a déjà fait l'objet de questions lors de l'examen d'entrée.

En droit commun des sociétés, la question du sort des actes accomplis pour le compte d'une société en formation fait partie des grandes problématiques, notamment parce qu'elle oppose une partie de la jurisprudence des juges du fond avec la Cour de cassation qui fait preuve d'une remarquable rigueur. De surcroît, la question est éminemment pratique, le contentieux étant récurrent.

La période est complexe et incertaine pour une raison simple, laquelle part de deux données :

– En premier lieu, le contrat de société est formé dès lors que la rencontre des volontés s'est opérée et donc, à tout le moins, au moment de la signature des statuts.

– En second lieu, la personnalité morale ne s'acquiert, par application de l'article 1843 du Code civil (disposition applicable à toutes les sociétés) mais également par application de l'article L. 210-6 du Code de commerce (disposition applicable à toutes les sociétés commerciales), qu'à compter de l'immatriculation au registre du commerce et des sociétés (RCS).

De surcroît, en dépit des efforts menés par le législateur, les délais pour obtenir l'immatriculation et, corrélativement, la personnalité morale demeurent assez longs, tenant compte de l'instruction du dossier par le greffe. L'existence d'une période, qui s'étire, où la société est dite « en formation » est inévitable et le législateur a été bien inspiré de prévoir un dispositif particulier pour régir cette période elle-même particulière.

Envisageons ses bornes temporelles (I), c'est-à-dire la notion de société en formation, avant de nous intéresser au sort des actes accomplis pour le compte de la société en formation (II). Cette question soulève d'importantes difficultés pratiques qui ont déjà fait l'objet de sujets à l'examen d'entrée.

I • La notion de société en formation

A • Le point de départ

Le législateur ne définit pas le point de départ d'une société en formation ; c'est à la doctrine qu'il est revenu de procéder à cette tâche qui n'est pas simple. Généralement, on s'accorde sur la définition suivante : le point de départ de la société en formation correspond au « moment où la volonté des fondateurs de participer à une entreprise commune, manifestée clairement, se concrétise par des actes nécessaires, univoques et exceptionnels » (D. Plantamp, « Le point de départ de la période de formation des sociétés commerciales », *RTD com.* 1994. 1). En d'autres termes, il y a société en formation dès lors que « l'intention, dénuée de toute équivoque, de créer une société s'est manifestée par des actes concrets » (Y. Guyon, *Droit des affaires. Droit commercial général et sociétés*, t. 1, Economica, 2003, p. 141, n° 132). Cette définition est suivie par la rare jurisprudence consacrée à la question qui adopte, de son côté aussi, une attitude somme toute assez générale (v. par ex., Com. 7 déc. 1981, n° 80-12.310). La difficulté vient du fait que l'administration fiscale a adopté une position nettement plus restrictive, dans une instruction du 10 juin 1969. Les services fiscaux reconnaissent qu'« une société commerciale est en état de formation non seulement au cours de la période comprise entre la date de sa constitution et celle de son immatriculation, mais encore antérieurement à la signature du pacte social ». Elle précise également que « la simple intention de constituer une société et même l'engagement à cet effet de pourparlers entre les futurs associés ne suffisent pas à établir qu'un tel processus soit entamé ». Concernant le point de départ, l'administration retient « un acte opposable aux tiers et, partant, inhérent à la procédure de constitution établie par les dispositions législatives et réglementaires ». Ensuite, elle applique aux différentes sociétés ce critère :

Pour une société par actions dont la constitution est faite avec offre au public	Le jour du dépôt au greffe du tribunal de commerce du projet de statuts signé par les fondateurs et tel que prévu à l'article L. 225-2 du Code de commerce.
Pour une société par actions ne faisant pas d'offre au public et une SARL	La période de formation « ne saurait en principe remonter au-delà du dépôt des fonds provenant des souscriptions ou, en cas d'apports en nature, antérieurement à la désignation de commissaires aux apports par les futurs associés ou le président du tribunal de commerce ».
Pour une société de personne	Comme aucune formalité préalable n'est exigée lors de leur constitution, l'administration considère que la période de formation remonte à la signature des statuts. Le critère est restrictif et surtout *contra legem*, dans la mesure où une société peut être considérée comme étant en formation avant même que la signature des statuts n'intervienne (cela provient de la lecture de l'une des formalités de reprise : un état des actes annexés aux statuts).

B • La fin de la société en formation

En principe, la société en formation se finit lorsque la société est immatriculée. Elle acquiert la personnalité morale et accède à la vie juridique.

Toutefois, de manière plus épisodique, une société en formation peut s'achever parce qu'elle « se transforme » en une autre structure. C'est l'hypothèse où l'on passe de la société en formation à la

société créée de fait (F.-X. Lucas, « La société dite “créée de fait” », in *Mélanges en l'honneur de Yves Guyon. Aspects actuels du droit des affaires*, Dalloz, 2003, p. 737). Dans cette hypothèse, les associés n'ont pas eu conscience de créer une société. En revanche, leur mode opératoire traduit bien l'existence d'une structure sociale. Ce passage aura des conséquences sur la responsabilité des associés fondateurs. La société créée de fait entraîne une responsabilité collective de l'ensemble des associés de cette structure particulière. En effet, au visa des articles 1832, 1872-1 et 1873 du Code civil, ainsi que de l'article 5 de la loi du 24 juillet 1966 (devenu C. com., art. L. 210-6), la Cour de cassation énonce qu'« à défaut d'éléments attestant de l'existence d'une société créée de fait, ne sont tenues solidairement et indéfiniment des actes accomplis au nom d'une société en formation que les seules personnes qui les ont effectués » (Com. 20 nov. 1990, nº 87-12.489 ; v. égal. Com. 12 mai 2015, nº 14-13.229).
Quels sont les critères permettant de déterminer si l'on se trouve face, non plus à une société en formation, mais à une société créée de fait ? En réalité, les critères retenus par la Cour de cassation sont de deux ordres et cumulatifs. Le premier tient à la nature de l'activité par la société en formation. Dans un arrêt du 17 mai 1989, la Cour de cassation censure la cour d'appel au motif que cette dernière n'a pas constaté que « la prétendue société créée de fait avait développé de manière durable et importante une activité dépassant l'accomplissement de simples actes nécessaires à sa constitution » (Com. 17 mai 1989, nº 87-15.644). Ensuite, le second, en perte de vitesse aujourd'hui, tient à la durée. La société en formation doit avoir duré dans le temps (Com. 4 déc. 2001, nº 98-17.584).

II • Le sort des actes accomplis pour le compte d'une société en formation

Pendant cette période spécifique, des actes sont accomplis par les associés tandis que la société n'a pourtant pas la personnalité morale. Il convient de prendre garde : si l'acte est accompli par la société en formation elle-même, il est entaché de nullité (Com. 7 juill. 2020, nº 18-13.652 ; Com. 10 févr. 2021, nº 19-10.006 ; Civ. 3e, 25 mai 2023, nº 22-15.314). De ce point de vue, la jurisprudence est constante. La nullité est absolue (Com. 19 janv. 2022, nº 20-13.719).
Cela étant, un important revirement, par trois arrêts de la chambre commerciale de la Cour de cassation est intervenu. Ces décisions marquent un assouplissement de la position traditionnelle. Selon la Chambre commerciale, « en présence d'un acte dans lequel il n'est pas expressément mentionné qu'il a été souscrit au nom ou pour le compte de la société en formation, il appartient au juge d'apprécier souverainement, par un examen de l'ensemble des circonstances, tant intrinsèques à cet acte qu'extrinsèques, si la commune intention des parties n'était pas qu'il soit conclu au nom ou pour le compte de la société » (Com. 29 nov. 2023 (3 arrêts), nos 22-12.865, 22-18.295 et 22-21.623). En effet, selon la Cour de cassation, la solution pouvait « produire des effets indésirables en étant parfois utilisée par des parties souhaitant se soustraire à leurs engagements, et a paradoxalement pour conséquence de fragiliser les entreprises lors de leur démarrage sous forme sociale au lieu de les protéger, sans toujours apporter une protection adéquate aux tiers cocontractants, qui, en cas d'annulation de l'acte, se trouvent dépourvus de tout débiteur » (v. par ex., Com. 29 nov. 2023, nº 22-21.623, arrêt préc.). Cette solution a été réaffirmée depuis par la Cour de cassation (v. par ex., Com. 6 nov. 2024, nº 23-20.089 ; Com. 9 oct. 2024, nº 23-12.401), notamment par la troisième chambre civile (Civ. 3e, 17 oct. 2024, nº 22-21.616).

Les textes opèrent en deux temps. Selon l'article 1843 du Code civil, en principe, l'acte est de la responsabilité de celui qui l'a accompli, sauf s'il y a reprise par la société une fois qu'elle est régulièrement immatriculée. S'il y a reprise, on considère qu'il y a substitution rétroactive de débiteur. Par le biais d'une fiction, l'on fait comme si l'acte avait toujours été passé par la société, dès sa souscription. En pratique, le principe de la responsabilité personnelle de celui qui a agi est devenu l'exception, tandis que l'exception de la reprise est devenue le principe.

A • Conditions de la reprise

Plusieurs conditions sont prévues pour que la reprise opère utilement.
Tout d'abord, la société ne pourra naturellement reprendre que des actes accomplis pendant la période de formation (Com. 23 sept. 2008, n° 07-16.925).
Ensuite, il est traditionnellement admis que l'acte doit avoir été accompli pour le compte de la société en formation et le faire ressortir expressément (Com. 11 juin 2013, n° 11-27.356). Il est en effet essentiel que le cocontractant soit prévenu de cette situation. Il est logique que ce dernier soit informé de ce qu'une reprise peut survenir : du fait du changement, un risque peut intervenir pour sa situation et il doit être averti. Pour que la reprise opère utilement, les associés déclarent, dans l'acte litigieux, agir pour le compte de la société en formation (Com. 10 juin 2020, n° 18-16.441 ; Com. 2 févr. 2010, n° 09-13.405). Ainsi, l'acte doit avoir été accompli pour le compte de la société en formation.
Enfin, la reprise ne peut intervenir que selon des modalités qui sont clairement précisées par des textes. Elle doit impérativement s'insérer dans le cadre de l'une desdites formalités.
Schématiquement, trois modes de reprise sont prévus, auxquels il convient de se tenir.

Premier mode de reprise	Il consiste en un état annexé aux statuts. Il concerne les actes conclus pendant la période de formation de la société antérieure à la signature des statuts. Un état des actes est dressé, avec l'indication pour chacun d'entre eux de l'engagement qui en résulte pour la société. Cet état est annexé aux statuts et l'immatriculation emportera automatiquement reprise.
Deuxième mode de reprise	Il s'agit du mandat. Il concerne les actes accomplis après la signature des statuts et avant l'immatriculation. Les associés ont la possibilité de donner, dans les statuts ou par acte séparé, mandat à l'un ou plusieurs d'entre eux ou au gérant non associé d'accomplir des actes pour le compte de la société en formation. La reprise s'opère immédiatement à l'immatriculation de la société. Le mandat doit être précis et doit déterminer les modalités de l'acte à passer. Il ne saurait y avoir de mandat tacite et encore moins de mandat général. Deux arrêts ont admis la possibilité d'un mandat *a posteriori*. Les associés peuvent régulariser la situation postérieurement à la conclusion de l'engagement (Com. 14 janv. 2003, n° 00-12.556 ; Com. 1er juill. 2008, n° 07-10.676).
Troisième mode de reprise	Après l'immatriculation de la société, les associés peuvent décider de reprendre un acte accompli pour le compte de la société alors en formation. Ainsi, selon l'article 6 du décret du 3 juillet 1978, en son dernier alinéa, « la reprise des engagements souscrits pour le compte de la société en formation ne peut résulter, après l'immatriculation de la société, que d'une décision prise, sauf clause contraire des statuts, à la majorité des associés ». Si l'acte n'a pas pu être repris par l'un des deux premiers modes, cette forme de reprise est toujours possible (pourvu que les conditions déjà évoquées soient bien sûr respectées).

B • Au-delà de la reprise : la reprise implicite ?

La question est particulièrement débattue (Th. de Ravel d'Esclapon, « Pour une reprise implicite des actes accomplis pour le compte d'une société en formation », *RTD com.* 2018. 1 ; B. Saintourens, « L'acte juridique accompli pour une société en formation : le royaume des incertitudes », in *Mélanges en l'honneur du professeur Jean Hauser*, Dalloz-LexisNexis, 2012, p. 1019).
L'essentiel du contentieux ayant trait à la société en formation s'articule autour de cette question : est-il possible d'admettre qu'il y ait eu reprise alors même que l'un des modes prévus aux articles R. 210-5, R. 210-6 et R. 210-7 du Code de commerce ou à l'article 6 du décret de 1978 n'a pas été respecté ? Peut-il y avoir reprise hors des modes traditionnels ? Peut-on considérer comme valable une reprise implicite qui résulterait du comportement des associés de la société ou d'autres événements ?
La Cour de cassation, depuis des années, apporte une réponse de principe. Elle affirme qu'il n'est pas possible que la reprise puisse intervenir si les formalités prévues n'ont pas été respectées. Seul le formalisme prévaut. Aucune reprise tacite n'est envisageable : « attendu, selon le premier de ces textes, que les personnes qui ont agi au nom d'une société en formation avant qu'elle n'ait acquis la personnalité morale sont tenues solidairement et indéfiniment responsables des actes ainsi accomplis, à moins que la société ne reprenne les engagements souscrits ; qu'il résulte des deux autres textes que la reprise de tels engagements ne peut résulter que, soit, de la signature par les associés des statuts auxquels est annexé un état des actes accomplis pour le compte de la société, soit d'un mandat donné par les associés avant l'immatriculation de la société à l'un ou plusieurs des associés ou au gérant non associé, et déterminant dans leur nature, ainsi que dans leurs modalités, les engagements à prendre, soit encore après l'immatriculation, d'une décision prise à la majorité des associés » (Civ. 3e, 16 sept. 2021, no 20-17.372 ; Civ. 3e, 23 mai 2019, no 17-31.463 ; Com. 20 févr. 2019, no 17-14.242). Par exemple, l'approbation des comptes sociaux enregistrant les opérations correspondant aux actes conclus pour le compte de la société en formation n'équivaut pas à la reprise (Civ. 1re, 26 avr. 2000, no 98-10.917). De même, pour la jurisprudence, l'exécution de l'acte ne vaut pas reprise par la société (Civ. 1re, 2 oct. 2002, no 00-10.499), pas plus que si tous les associés ont participé à l'acte (Com. 6 déc. 2005, no 03-16.853). Enfin, la reprise ne peut résulter de la clause contenue dans un acte et prévoyant la reprise automatique en cas d'immatriculation. Une telle clause n'a aucun effet (Civ. 3e, 15 oct. 2015, no 15-24.355).
En dépit de la constance de la Cour de cassation dans son refus de la reprise alternative et/ou implicite, on peut relever une certaine résistance chez des juges du fond qui tiennent encore compte, notamment, du comportement de la société.

C • En l'absence de reprise

En l'absence de reprise, l'on doit alors en revenir au principe énoncé par l'article 1843 du Code civil : « Les personnes qui ont agi au nom d'une société en formation avant l'immatriculation sont tenues des obligations nées des actes ainsi accomplis, avec solidarité si la société est commerciale, sans solidarité dans les autres cas ». Seront responsables ceux qui ont agi au nom de la société en formation, et seulement eux. Il n'est donc pas possible d'exercer une action contre la société. La responsabilité est alternative.

Bibliographie

D. Plantamp, « Le point de départ de la période de formation des sociétés commerciales », *RTD com*. 1994. 1.

Th. de Ravel d'Esclapon, « Pour une reprise implicite des actes accomplis pour le compte d'une société en formation », *RTD com*. 2018. 1.

Intérêt social, raison d'être et société à mission

Intérêt social, raison d'être, société à mission : le droit français des sociétés multiplie les notions, surtout depuis l'adoption de la loi n° 2019-486 du 22 mai 2019 *relative à la croissance et à la transformation des entreprises*, dite **« Loi PACTE ». Celle-ci touche au cœur du droit des sociétés**.

Attention

Ces concepts peuvent paraître un peu flous ou théoriques, notamment dans le contexte d'un examen pratique. Néanmoins, ces notions sont très importantes, car elles sont parfois la condition de constructions jurisprudentielles d'utilisation très fréquente : il suffit ici de penser, par exemple, à l'abus de majorité, régulièrement sollicité.

La loi PACTE a modifié certaines des dispositions les plus emblématiques du droit commun, mais elle marque surtout la consécration législative d'une notion que connaissait déjà le droit français, l'intérêt social. L'intérêt social a fait son entrée dans le cœur du droit des sociétés, à l'article 1833, alinéa 2, du Code civil (I). Le contenu de l'expression est discuté ; elle n'est pourtant pas sans portée pratique. Mais il faut également tenir compte, depuis la loi du 22 mai 2019, d'une nouvelle notion, dont l'on éprouve encore quelques difficultés pour savoir ce qu'elle peut représenter : les entreprises, selon l'article 1835 du Code civil, peuvent se doter d'une raison d'être (II). Enfin, un nouveau statut est organisé pour certaines sociétés : la société à mission (III). Des sociétés importantes ont opté pour cette qualité.

I • L'intérêt social

La notion d'intérêt social est aujourd'hui régulièrement utilisée en droit des sociétés. Il faut reconnaître qu'il y a longtemps que cette notion a fait son apparition. Tout d'abord, dans les textes, on retrouve l'expression « intérêt de la société » à plusieurs reprises, notamment lorsqu'il s'agit d'évoquer les pouvoirs du dirigeant dans l'ordre interne (v. par ex., C. com., art. L. 221-4, pour les SNC, ou encore art. 1848, al. 1er, pour les sociétés civiles).
Ensuite, en jurisprudence, on sait que la caractérisation de cette notion est une condition essentielle pour la démonstration d'un abus de majorité. Il faut en effet prouver que la décision a été prise par la majorité, contrairement à l'intérêt social et dans l'unique dessein de favoriser le groupement des majoritaires au détriment des minoritaires (v. par ex., Com. 4 nov. 2020, n° 18-20.409 ; Com. 15 janv. 2020, n° 18-11.580 ; v. égal. pour un abus de minorité, Com. 9 juin 2021, n° 19-17.161). L'intérêt social est aussi parfois un critère pour apprécier la justesse du motif de révocation d'un dirigeant (Com. 14 nov. 2018, n° 17-11.103 : « qu'en se déterminant ainsi, sans rechercher, comme elle y était invitée, si cette perte de confiance était de nature à compromettre l'intérêt social de la société, la cour d'appel n'a pas donné de base légale à sa décision »). De surcroît, la conformité à l'intérêt social est une condition de

désignation d'un mandataire *ad hoc*, en application de l'article L. 225-103, II, 2° du Code de commerce (Com. 13 janv. 2021, n°s 18-24.853 et 19-11.302 P). Soulignons encore que le juge doit, quand il est saisi d'une demande en justice d'un associé de société civile de désignation d'un mandataire chargé de convoquer une assemblée générale, apprécier la conformité de cette demande à l'intérêt social (Com. 20 déc. 2023, n° 21-18.746 P). Ces différentes références à l'intérêt social sont intéressantes, car elles démontrent que les magistrats peuvent, par le biais de ce concept, porter un regard sur la marche interne de la société. Comment déterminer l'intérêt social ? Un parti pris doit être adopté.

Il est une autre évolution jurisprudentielle – parfois contestée – qui renforce cette impression d'une immixtion du juge dans la gestion. Ainsi, l'intérêt social est au centre des conditions de validité d'une sûreté hypothécaire accordée par une société à risque illimité pour la garantie de la dette d'autrui (v. not. R. Dalmau, « La nullité des sûretés consenties par les sociétés civiles en garantie des dettes d'autrui : un ouvrage encore sur le métier », *Rev. sociétés* 2018. 487 ; Th. de Ravel d'Esclapon, « Les garanties souscrites par la société au profit des associés et dirigeants », *AJ contrat* 2018. 462). Ce type de sûreté est soumis à une double condition cumulative : il faut qu'elle soit conforme à l'objet social et à l'intérêt social (v. par ex., Com. 6 janv. 2021, n° 19-15.299). Pour que la sûreté soit conforme à l'intérêt social, il ne faut pas, si elle est mise en œuvre, qu'elle compromette l'existence de la société. Si c'est le cas, il conviendra alors de vérifier que la sûreté a une contrepartie pour la société, ce qui contraint d'expliquer quelles sont les raisons de l'acte.

Soulignons également une décision récente, née dans le creuset de la jurisprudence précédente, dont il faut tenir compte. En principe la contrariété à l'intérêt social d'une délibération litigieuse n'est pas suffisante. Encore faut-il caractériser une violation aux dispositions légales s'imposant aux sociétés commerciales ou aux lois régissant les contrats ou relever l'existence d'une fraude ou d'un abus de droit commis par un ou plusieurs associés (Com. 13 janv. 2021, n° 18-21.860). Cela étant, dans le contexte d'une société civile, la Cour de cassation, a étendu la condition relative à l'intérêt social pour un prêt. Il est précisé, de manière très claire dans cet arrêt, que « les actes accomplis par le gérant d'une société civile ne peuvent engager la société si, étant de nature à compromettre son existence même, ils sont contraires à l'intérêt social, y compris lorsqu'ils entrent dans son objet statutaire » (Civ. 3e, 11 janv. 2023, n° 21-22.174). Même si elle est encore isolée, cette décision doit être prise en compte. Si une telle construction jurisprudentielle venait à s'installer, les conséquences pratiques seraient particulièrement importantes.

En définitive, dans ces différentes situations, « les juges envisagent d'ailleurs le plus souvent la contrariété à l'intérêt social sans définir précisément ce qu'est l'intérêt de la société » (D. Porrachia, « De l'intérêt social à la raison d'être des sociétés », *BJS*, juin 2019, n° 119w8, p. 40).

Attention

Comment doit-on, dans une perspective pratique, le jour de l'examen, appréhender la notion d'intérêt social ? Devra-t-on considérer qu'il faut retenir la conception doctrinale selon laquelle l'intérêt social est l'intérêt commun des actionnaires ? Ou, au contraire, opter pour une position faisant correspondre l'intérêt social à l'intérêt de l'entreprise ? Est-ce l'intérêt de la personne morale, ce qui semble s'imposer ? Les étudiants ne manqueront pas d'évoquer l'idée qu'il s'agit d'une notion dont le contenu est discuté (v. par ex., D. Schmidt, « De l'intérêt commun des associés », *JCP E* 1994, I, p. 404). Cela étant, en général, la construction jurisprudentielle qui recourt à l'intérêt social donne souvent sa définition (par exemple, en matière de sûreté consentie par une SCI pour garantir la dette d'un tiers).

L'article 1833 du Code civil, depuis la loi du 22 mai 2019, a été modifié dans un sens particulièrement novateur. On connaissait l'alinéa 1er qui dispose que « toute société doit avoir un objet licite et être constituée dans l'intérêt commun des associés ». Mais la loi PACTE a inséré un second alinéa, riche de sens, et qui suscitera probablement autant de débats intéressants, voire de perspectives pratiques : « La société est gérée dans son intérêt social, en prenant en considération les enjeux sociaux et environnementaux de son activité ». La portée de cette phrase est délicate à déterminer. Elle est pourtant très significative et prête lieu à de nombreuses interprétations possibles.

Quelques réflexions peuvent être formulées. Tout d'abord, l'intervention législative de mai 2019 est d'ampleur étant donné qu'elle affecte le droit commun, se trouvant dans un texte du Code civil concernant l'ensemble des structures sociales. L'exigence d'une gestion dans l'intérêt social s'applique à toutes les sociétés, en ce compris les SCI de détention. Ensuite, comment apprécier ce qu'implique ce texte ? Il est difficile de prédire s'il va se cantonner à un simple rôle de prescription incantatoire ou si la disposition nouvelle aura des incidences concrètes (sur ce débat, v. M. Tirel, « La réforme de l'intérêt social et la "ponctuation signifiante" », *D.* 2019. 2317 ; *adde* D. Porrachia, art. préc.). Quoi qu'il en soit, il semble bien que la société ne peut pas être gérée dans le seul intérêt des associés ; un autre intérêt doit être pris en compte, lequel est distinct du premier. Le texte de l'article 1833 du Code civil donne ainsi l'impression d'une sorte de concurrence des intérêts, dont il faut tenir compte. Par ailleurs, l'on peut éprouver quelques difficultés pour interpréter la notion de « prise en considération des enjeux sociaux et environnementaux de l'activité », notamment lorsqu'une décision qui paraît conforme à l'intérêt social a des conséquences environnementales délicates, voire préjudiciables (sur ces conflits, v. A. Lecourt, « Innover, se transformer, grandir, créer des emplois, repenser l'entreprise et sa gouvernance… un programme ambitieux », *RTD com.* 2019. 385). Sans aller jusqu'à considérer que les conséquences environnementales ou sociales doivent primer, il est important pour les organes dirigeants de parvenir à démontrer qu'ils ont pris en considération ces enjeux. Il faut donc leur conseiller d'en rapporter la preuve.

Enfin, quant aux sanctions, face aux incertitudes qui entourent la notion d'intérêt social, le législateur a fort heureusement diminué les risques que pourrait faire naître l'emploi de cette notion. La nullité est expressément écartée par la loi. À cet égard, l'article 1844-10 du Code civil a été modifié.

Attention

Un gérant pourrait probablement se voir révoqué pour juste motif s'il ne respecte pas l'intérêt social (A. Lecourt, art. préc.). Si la société n'est pas gérée dans son intérêt social, c'est une faute de ses organes dirigeants et non de la société elle-même (v. en ce sens, D. Porrachia, art. préc.).

II • Raison d'être

L'article 1835, alinéa 2, du Code civil prévoit que les statuts peuvent préciser une raison d'être. Que doit-on entendre exactement par raison d'être ? Le concept est particulièrement subjectif et presque philosophique (A. Gaudemet, « La raison d'être, une nouvelle défense anti-OPA ? » *BJS*, janv. 2019, nº 119j0, p. 1). Il semble particulièrement hostile à une définition uniforme, même si l'article 1835 a tenté d'en donner une qui prête à discussion : la raison d'être est « constituée des principes dont la société se dote et pour le respect desquels elle entend affecter des moyens dans la réalisation de son activité ». On ne peut manquer d'être dubitatif : n'est-ce pas, finalement, répondre à une question par une autre question dans la mesure où il faut alors définir ce que l'on entend par principe ? Quoi qu'il en soit, la définition d'un auteur, parmi d'autres, donne une idée de ce que la raison d'être est susceptible de viser : il s'agit de « l'affirmation des valeurs que porte la société et que celle-ci s'engage à mettre

en œuvre dans la réalisation de son activité sur le long terme » (I. Urbain-Parleani, « L'article 1835 et la raison d'être », *Rev. sociétés* 2019. 575). En vérité, « cette raison d'être ne correspond pas vraiment à la raison pour laquelle la société est constituée en plus de la réalisation de bénéfices et d'économie, mais vient plutôt préciser la manière dont la société va se comporter pour réaliser cet objectif puisque sa raison d'être est constituée de principes qu'elle déciderait de suivre, peut-on le supposer, pour agir » (D. Porrachia, art. préc.).
Formuler la raison d'être peut se révéler une tâche délicate. Les exemples dévoilés par la presse démontrent une certaine variété et l'on s'aperçoit parfois que celle-ci est plus conçue comme un slogan ou, à tout le moins, comme la seule expression de l'identité de la société, sans vraiment plus de consistance. Pour le moment, ces exemples de raison d'être n'ont guère de valeur opératoire. Mais la rédaction n'est pas sans conséquence et la raison d'être pourrait pratiquement avoir un intérêt, par exemple en matière d'OPA : « on devine que les actionnaires d'une société cotée voudront peut-être lui donner une raison d'être statutaire, telle la préservation de l'environnement ou l'amélioration de la santé humaine, afin de permettre à ses dirigeants de l'opposer ensuite à l'initiateur d'une offre publique en arguant d'une incompatibilité "existentielle" entre cet initiateur et la raison d'être statutairement adoptée » (A. Gaudemet, art. préc.). Même dans les petites structures, le libellé d'une raison d'être dans les statuts pourrait se révéler utile, par exemple pour guider le juge dans l'interprétation des statuts, même s'il n'est évidemment pas lié. Par exemple, le caractère familial d'une société pourrait être avancé dans cette raison d'être et se révéler ensuite utile lorsqu'une difficulté naît. Dans les sociétés de type SCI, la formulation d'une telle raison d'être est intéressante pour affirmer des principes de gouvernance et pourrait être opposée, par les associés, au magistrat devant prendre en compte l'intérêt social (en ce sens, v. M. Storck, Th. de Ravel d'Esclapon et S. Fagot, « La gouvernance des sociétés civiles », *JCP N* 2020, p. 1272 ; M. Storck et Th. de Ravel d'Esclapon, « De l'utilisation de la raison d'être dans les SCI », *JCP N* 2021, p. 1108). La raison d'être est une problématique importante à laquelle il faut songer au moment de la constitution de la société.

Attention

Les étudiants garderont bien à l'esprit que le non-respect de la raison d'être, par le dirigeant, peut entraîner sa révocation (il s'agit certainement d'un juste motif, par exemple), voire sa responsabilité. Méconnaître la raison d'être est, par essence, un manquement statutaire étant donné qu'elle figure dans les statuts.

III • La création des sociétés à mission

La société à mission est une des innovations remarquées, en droit des sociétés, de la loi PACTE (E. Masset, « L'introduction de nouveaux modèles », *Rev. sociétés* 2019. 581 ; « Vers la société à mission ? », *Rev. sociétés* 2018. 635). Inspirée d'exemples de structures anglo-saxonnes, la vogue de la responsabilité sociale des entreprises n'est pas étrangère à cette innovation. Trois articles, situés dans les dispositions préliminaires du livre II du Code de commerce relatif aux sociétés commerciales et aux groupements d'intérêt économique, concernent les sociétés à mission : les articles L. 210-10 à L. 210-12. Le statut a été précisé par le décret n° 2020-1 du 2 janvier 2020 *relatif aux sociétés à mission*.
Quel est l'intérêt d'opter pour le statut d'une société à mission ? C'est une question que doivent se poser les associés lorsqu'ils procéderont à la constitution de la société. La société à mission ouvre « la perspective d'accroître les engagements des parties prenantes, de s'assurer de leur fidélité, de contribuer

de manière affichée à la protection de l'environnement ou à la résolution de problèmes sociaux spécifiques » (A. Couret, « Les sociétés à mission », *D.* 2020. 432). C'est aussi le moyen « d'ajouter une meilleure capacité d'attraction d'investisseurs qui se veulent responsables » (*ibid.*). En réalité, la société à mission correspond à une sorte de message que la société veut adresser aux parties prenantes.

Il ne faut pas s'y méprendre. La société à mission ne peut être considérée comme une structure sociale nouvelle venant s'ajouter à la multitude des types sociétaires existant déjà en droit français (*ibid.*). En d'autres termes, lors de la constitution d'une société, l'on ne choisit pas d'opter pour une société à mission, à la place d'une SARL ou d'une SA. C'est une société classique, par exemple une société à responsabilité limitée, qui se décide pour cette qualification. Ainsi que l'évoque l'article L. 210-10 du Code de commerce, la société à mission est une « qualité », dont peut se prévaloir la société, « à titre complémentaire » (E. Masset, « L'introduction de nouveaux modèles », art. préc.).

L'obtention de ce label nécessite que plusieurs conditions soient remplies. Seuls les sociétés commerciales et les groupements d'intérêt économique sont concernés. Une coopérative ou une mutuelle peut également y recourir (A. Couret, art. préc.). Ensuite, les statuts qui optent pour une telle qualité devront impérativement préciser, selon l'article L. 210-10, 1°, une raison d'être, au sens de l'article 1835 du Code civil. La raison d'être est un préalable indispensable. Il faut ensuite préciser la mission. Et, selon l'article L. 210-10, 2° du Code de commerce, les statuts de la société à mission doivent indiquer un ou plusieurs objectifs sociaux et environnementaux que la société se donne pour mission de poursuivre dans le cadre de son activité. La définition de la mission n'apparaît pas simple.

La société ne pourra se prévaloir publiquement de sa qualité de société à mission que si les statuts prévoient les modalités du suivi et de l'exécution de la mission. Ces modalités ont été précisées par le décret du 2 janvier 2020. De même, pour que le statut soit accordé, il est indispensable que l'exécution des objectifs sociaux et environnementaux soit vérifiée par un organisme tiers indépendant.

Enfin, la société doit déclarer sa qualité de société à mission au greffier du tribunal de commerce, qui la publie, sous réserve de la conformité de ses statuts, aux conditions mentionnées aux 1° à 3°, au registre du commerce et des sociétés.

Le régime d'une société à mission n'est pas très fourni et il est possible de le compléter par des dispositions statutaires, si celles-ci ne sont pas contraires à l'ordre public. Le statut organisé par le Code de commerce contient une exigence fondamentale : s'assurer de ce que la mission demeure au centre de l'activité de la société et qu'un suivi est bien mis en place. Une vérification de l'exécution de la mission est organisée, par l'intermédiaire d'un comité de mission, distinct des organes sociaux et par l'intervention d'un tiers indépendant. Selon le nouvel article R. 210-21 du Code de commerce, ce tiers indépendant est désigné, pour une durée initiale ne pouvant excéder six exercices et renouvelable dans la limite d'une durée totale de douze, parmi les organismes accrédités à cet effet. Soumis aux incompatibilités s'appliquant aux commissaires aux comptes, il est nommé par les organes en charge de la gestion (les statuts peuvent toutefois aménager ce point). Il procède, au moins tous les deux ans, à la vérification de l'exécution des objectifs avancés dans la mission et peut effectuer toute vérification sur place qu'il estime utile au sein de la société. Selon l'article R. 210-21, III, « [...] l'organisme tiers indépendant rend un avis motivé qui retrace les diligences qu'il a mises en œuvre et indique si la société respecte ou non les objectifs qu'elle s'est fixés. Le cas échéant, il mentionne les raisons pour lesquelles, selon lui, les objectifs n'ont pas été atteints ou pour lesquelles il lui a été impossible de parvenir à une conclusion ».

Bibliographie

A. Couret, « Les sociétés à mission », *D.* 2020. 432.
R. Dalmau, « Les sociétés à mission. Quelle nature et quelles sanctions ? », *JCP N* 2020, p. 1165.
G. Leray, « Quelques réflexions civilistes sur la notion d'"enjeux environnementaux" dans l'article 1833 du Code civil », *RTD com.* 2021. 513.
J. Paillusseau, « Les mutations de la notion de société et l'intérêt social », *D.* 2020. 523.
D. Porrachia, « De l'intérêt social à la raison d'être des sociétés », *BJS*, juin 2019, n° 119w8, p. 40.
D. Schmidt, « La loi PACTE et l'intérêt social », *D.* 2019. 633.
A. Tadros, « Regard critique sur l'intérêt social et la raison d'être de la société dans le projet de loi PACTE », *D.* 2018. 1765.
M. Tirel, « La réforme de l'intérêt social et la "ponctuation signifiante" », *D.* 2019. 2317.
I. Urbain-Parleani, « L'article 1835 et la raison d'être », *Rev. sociétés* 2019. 575.

La responsabilité du dirigeant de société

Le dirigeant d'une société peut engager sa responsabilité civile, pénale et fiscale. Si l'on se concentre sur la première, la jurisprudence est particulièrement nourrie et le panorama illustre la variété des fautes qui peuvent lui être reprochées : fautes de gestion, manquements à une disposition d'origine statutaire ou légale, etc. Le gérant n'est pas à l'abri d'une action en justice contre lui. Il faut d'ailleurs relever, ces derniers temps, une certaine intensification du contentieux, laquelle correspond sans doute à la judiciarisation que la société contemporaine connaît. Dans ces développements, l'on vise ici toute forme de dirigeants ; il s'agit de droit commun des sociétés. Sont donc concernés : les gérants de SNC, de SARL ou encore de société civile, les différents organes dirigeants d'une SA, d'une SAS, mais également d'autres formes sociales. Précisons d'emblée, ce qui peut être utile dans le cadre d'une consultation/cas pratique, que la présence d'un dirigeant de fait, qui connaît des conséquences sur le plan juridique, n'empêche pas que le dirigeant de droit puisse être reconnu comme responsable. Soulignons ensuite, et ce point ne sera pas traité dans le cadre des présents développements, que la responsabilité civile du dirigeant obéit aux principes classiques régissant la matière : ainsi faut-il démontrer l'existence d'une faute, d'un lien de causalité et d'un préjudice. Bien sûr, diverses exigences peuvent être spécifiques dans certaines situations. Généralement, l'on considère que le dirigeant est responsable envers trois séries de personnes. Tout d'abord, le dirigeant peut être responsable des manquements qu'il commet à l'égard de la société (I). Ensuite, sa responsabilité peut être engagée à l'égard d'un associé (II), puis par un tiers (III). C'est ce que rappellent certains textes de droits spéciaux. Par exemple, en matière de SARL, l'article L. 223-22, alinéa 2, du Code de commerce, précise que « les gérants sont responsables, individuellement ou solidairement, selon le cas, envers la société ou envers les tiers, soit des infractions aux dispositions législatives ou réglementaires applicables aux sociétés à responsabilité limitée, soit des violations des statuts, soit des fautes commises dans leur gestion ». Il faut également ajouter à cette énumération la responsabilité à l'égard des associés.

Attention

La question de la responsabilité du dirigeant, en droit des sociétés, est importante à un double titre dans le cadre d'une consultation/cas pratique. Tout d'abord, elle revêt un intérêt en elle-même et peut bien sûr se révéler un sujet d'interrogations. Ensuite, il faut se souvenir de ce qu'elle peut « accompagner » un sujet portant, par exemple, sur les pouvoirs du dirigeant ou sur la raison d'être d'une société. Le dirigeant dépassant ses pouvoirs pourrait, dans certaines conditions, engager sa responsabilité, tout comme s'il méconnaît la raison d'être que s'est fixée la société, par application de l'article 1835, alinéa 2, du Code civil.

Attention

Il faut souvent penser à l'hypothèse de la responsabilité du gérant, dans le cadre d'une consultation cas pratique, avec celle de sa révocation. En pratique, il pourrait être intéressant de solliciter tout à la fois l'indemnisation de la société, par le biais d'une action *ut singuli*, et la révocation judiciaire pour cause légitime, quand celle-ci est possible (v. par ex. en matière de société civile).

I • La responsabilité du dirigeant envers la société

Un dirigeant est susceptible, par son comportement, d'engager sa responsabilité envers la société, s'il lui cause un préjudice. Pour la situation précise de la responsabilité du dirigeant en cas de dommages causés à la société, la difficulté tient surtout, en pratique, au point de savoir qui va exercer l'action. L'on peut se trouver ici face à un réel problème qui pourrait paralyser l'action sociale et assurer une forme d'impunité aux dirigeants en place. Le législateur a tenté de prévoir un mécanisme pour surmonter ce problème.

Attention

Le spectre de la responsabilité du dirigeant envers la société est un bon moyen de faire respecter la raison d'être dont se sont parfois dotées certaines sociétés. Par application de l'article 1835, les sociétés, même s'il ne s'agit pas d'une société à mission, ont la possibilité de stipuler, dans leurs statuts, une raison d'être. On a parfois dit que cette faculté n'avait pas de sanction. Tout au contraire, le dirigeant qui méconnaîtrait la raison d'être expressément stipulée pourrait engager sa responsabilité à l'égard de la société.

A • Le principe de l'action *ut singuli*

Si le ou les dirigeants ayant causé un préjudice à la société ne sont plus en fonction, la situation ne pose pas de problème majeur. Les dirigeants nouveaux, en ce qu'ils sont titulaires du pouvoir de représentation légale de la société, pourront agir contre les anciens dirigeants, ceux qui ont commis la faute. Cette action est généralement qualifiée d'action *ut universi*. Mais que faire si les dirigeants fautifs sont encore en place ? Comme ils sont les représentants légaux, eux seuls, en principe, peuvent agir au nom de la société pour obtenir réparation du préjudice qu'elle subit. Or, il va de soi qu'ils ne le feront pas, sauf à faire preuve d'un extraordinaire sens de l'abnégation ! C'est là qu'une forme d'impunité se dessine. Pour y pallier, le législateur a prévu ce que l'on dénomme l'action *ut singuli*, au profit des associés. L'article 1843-5 du Code civil précise, en son alinéa 1er, qu'« outre l'action en réparation du préjudice subi personnellement, un ou plusieurs associés peuvent intenter l'action sociale en responsabilité contre le gérant. Les demandeurs sont habilités à poursuivre la réparation du préjudice subi par la société ; en cas de condamnation, les dommages-intérêts sont alloués à la société ». En d'autres termes, un associé peut exercer, au nom de la société, une action en réparation de son préjudice. En quelque sorte, il se substitue au gérant, qui n'agit pas, étant donné qu'il est soit, lui-même fautif, soit négligent dans l'exercice de l'action. L'exercice de l'action est subsidiaire.

B • Modalités d'exercice de l'action *ut singuli*

Cette action a une grande portée. En premier lieu, tout associé – mais seulement eux, de sorte que l'usufruitier ne peut pas agir sur ce fondement – peut l'exercer. Un indivisaire pourrait exercer l'action *ut singuli* (Crim. 4 nov. 2009, n° 09-80.818). L'associé peut agir, peu important d'ailleurs que la société se décide à exercer ultérieurement cette action (Com. 27 sept. 2017, n° 15-28.835), par exemple à la faveur d'un changement de direction. L'action peut être initiée par un associé qui est, en même temps, le cogérant de la société (Com. 27 mai 2021, n° 19-17.568).

Attention

L'action *ut singuli* ne peut être exercée que contre un dirigeant, *stricto sensu*. Elle ne peut être exercée contre le liquidateur amiable de la société (Civ. 3e, 5 déc. 2019, n° 18-26.102 ; Com. 6 déc. 2017, n° 16-21.005).
En second lieu, l'action *ut singuli* ne peut pas être encadrée. L'alinéa 2 de l'article 1843-5 du Code civil précise qu'« est réputée non écrite toute clause des statuts ayant pour effet de subordonner l'exercice de l'action sociale à l'avis préalable ou à l'autorisation de l'assemblée ou qui comporterait par avance renonciation à l'exercice de cette action ». Dans le même ordre d'idées, l'on ne saurait imaginer une clause des statuts qui subordonnerait l'exercice de l'action *ut singuli* à un seuil de détention d'actions.

Attention

De ce point de vue, le quitus donné par l'assemblée n'a pas beaucoup d'intérêt pour s'opposer à l'exercice de l'action *ut singuli*. En effet, ce quitus ne saurait être considéré comme ayant un effet libératoire au profit du dirigeant (Civ. 3e, 27 mai 2021, n° 19-16.716).

Si l'action *ut singuli* prospère, le produit obtenu à l'occasion de l'instance n'ira pas directement à l'associé l'ayant exercé, mais bien à la société, étant donné que l'action a été exercée en son nom. Les dommages-intérêts ne profitent pas directement à l'associé. Ce n'est qu'indirectement, par le biais d'une distribution de dividendes, qu'il pourrait en percevoir une partie. C'est souvent pour cette raison que les associés hésitent, en pratique, à exercer une telle action, étant donné qu'elle peut finir par leur coûter un montant significatif.

Ne pas oublier :

Dans le cadre de la consultation/cas pratique, si l'hypothèse de l'action *ut singuli* est explorée par un associé, il conviendra de lui rappeler cet élément important qui peut être un critère décisif dans le déclenchement de l'action.

II • La responsabilité du dirigeant envers l'associé

Il est tout à fait possible qu'un associé se plaigne d'avoir lui-même subi un préjudice du fait du comportement fautif du dirigeant. Son action est alors personnelle. Il n'agit pas au nom de la société, mais en son nom, pour la réparation de *son* préjudice. Cette distinction est primordiale. L'action de l'associé est expressément reconnue, mais soumise à condition. Il conviendra ensuite d'envisager quelques applications pratiques.

A • Le critère du préjudice personnel et distinct

La possibilité, pour un associé d'agir directement contre le dirigeant en réparation de son préjudice, découle également de l'article 1843-5 du Code civil. Cette action personnelle, ou encore dite « individuelle », est mentionnée par ce texte qui énonce le mécanisme de l'action *ut singuli*, laquelle existe « outre l'action en réparation du préjudice subi personnellement ».
Cela étant, une condition importante est à caractériser. Encore faut-il que l'associé éprouve un préjudice qui lui est personnel et distinct de celui de la société. La jurisprudence, sur cette question, est

abondante (Com. 2 juin 2021, nº 19-23.758 ; Com. 30 mai 2017, nº 17-10.393 ; Com. 17 janv. 2018 ; Crim. 9 janv. 2018, nº 16-81.663). Il doit s'agir de son préjudice et non de celui de la société. On trouve une bonne définition, dans un arrêt de la cour d'appel de Rennes, de la notion de préjudice personnel et distinct : « le préjudice individuel réparable est celui qui affecte directement le patrimoine de l'associé sans impliquer en même temps une atteinte au patrimoine social ou un appauvrissement de ce dernier. Il ne doit pas trouver sa source dans le préjudice subi par la société et doit, par conséquent, être déconnecté d'une perte qui affecterait l'actif social » (Rennes, 5 juin 2018, nº 15/09378). Dit autrement, le préjudice allégué ne doit pas être le corollaire du préjudice social (Com. 21 juin 2016, nº 14-26.370).

Ne pas confondre !

Il ne faut pas confondre les conditions. Ainsi, pour l'action en réparation du préjudice d'un associé, seule est exigée l'existence d'un préjudice personnel et distinct. Il n'est pas nécessaire de faire la démonstration d'une faute séparable des fonctions du dirigeant (Com. 9 mars 2010, nº 08-21.547, *Bull. civ.* IV, nº 48) Cette condition vaut pour la responsabilité à l'égard des tiers.

B • Applications pratiques

En pratique, la jurisprudence a du mal à admettre l'existence d'un préjudice personnel et distinct. Lorsque l'on évoque des situations dans lesquelles un tel préjudice a été caractérisé, il s'agit généralement d'hypothèses particulièrement graves. Un exemple est régulièrement cité : le détournement, par le dirigeant, des dividendes qu'aurait normalement dû toucher un actionnaire. De même, le délit de présentation ou de publication de comptes infidèles peut causer un préjudice personnel direct aux associés d'une société (Crim. 30 janv. 2002, nº 01-84.256, *Bull. crim.*, nº 14 ; v. Com. 9 mars 2010, arrêt préc.). Dans le même ordre d'idées, la jurisprudence considère, de manière assez sévère, que l'associé ne peut se prévaloir du préjudice né de la dévalorisation de ses titres, laquelle aurait été provoquée par une faute de gestion commise par le dirigeant. Dans ce cas, il ne parvient pas à démontrer l'existence d'un préjudice personnel et distinct de la société. Pour la Cour de cassation, ce préjudice n'est que le corollaire de celui subi par la société (Com. 1er avr. 1997, nº 94-18.912). Seule la voie de l'action sociale paraît ouverte. L'idée est simple : l'associé éprouve un préjudice financier parce que la société en subit un ; les deux sont étroitement liés.
Soulignons toutefois un arrêt du 12 mai 2021 dans lequel, à propos d'un redressement fiscal causé par les manquements du dirigeant dans sa gestion, la Cour de cassation approuve la cour d'appel d'avoir considéré que l'associé avait subi un préjudice personnel « constitué par l'application des pénalités et des intérêts de retard et la nécessité de trouver rapidement une solution de financement [...] » (Civ. 3e, 12 mai 2021, nº 19-13.942).

III • La responsabilité du dirigeant envers les tiers

Enfin, le dirigeant d'une société est également responsable des conséquences dommageables de ses actes envers les tiers. La notion de tiers est ici largement entendue. Il s'agit souvent, dans le contentieux, d'un contractant.

Il existe cependant un verrou important. Après certaines évolutions en jurisprudence, il est aujourd'hui régulièrement admis que le tiers devra démontrer que le dirigeant a commis une faute séparable de ses fonctions sociales. Si la faute n'est pas séparable des fonctions du gérant, sa responsabilité personnelle ne pourra pas être recherchée. En revanche, cela ne signifie pas que le tiers n'aura droit à aucune réparation. Cela étant, il s'agira d'une faute sociale, en ce sens que c'est la société qui devra l'indemniser.

Attention

L'exigence bien connue de la faute séparable des fonctions s'applique aux organes statutairement organisés si la qualité de dirigeant leur est reconnue (Com. 20 déc. 2017, n° 16-16.015).

Qu'est-ce qu'une faute séparable des fonctions ? La réponse avancée en jurisprudence est aujourd'hui bien connue et arrêtée. La Cour de cassation en donne une définition très nette : « La responsabilité personnelle d'un dirigeant à l'égard des tiers ne peut être retenue que s'il a commis une faute séparable de ses fonctions ; [...] il en est ainsi lorsque le dirigeant commet intentionnellement une faute d'une particulière gravité incompatible avec l'exercice normal des fonctions sociales » (Com. 20 mai 2003, n° 99-17.092, *Bull. civ.* IV, n° 84 ; *adde* Com. 8 nov. 2017, n° 16-10.626 ; Com. 21 sept. 2022, n° 20-20.310).

Quelques exemples de ce qui a été considéré comme une faute séparable des fonctions, entraînant la responsabilité du dirigeant, peuvent être cités :

– Dans l'arrêt du 20 mai 2003 précité, il s'agissait d'une double mobilisation de créances.

– L'attitude d'un dirigeant engageant de multiples recours étrangers à l'objet et à l'intérêt de la société, agissant nécessairement dans un but d'enrichissement personnel (Com. 10 nov. 2015, n° 14-18.179).

– Des actes de contrefaçon commis par le dirigeant (Civ. 1re, 3 juin 2015, n° 14-14.144).

– Le détournement loyal d'informations confidentielles (Com. 7 sept. 2022, nos 20-20.404 et 20-20.538).

Bien sûr, l'appréciation de la gravité tient compte du contexte. Ainsi se fait-elle *in concreto*, en fonction des circonstances qui entourent l'acte reproché, par exemple au regard « des enjeux économiques et financiers » qui ont conduit à ce que la décision fautive incriminée soit adoptée (Com. 20 déc. 2017, arrêt préc.).

Attention

Pendant quelques années, la question de savoir si une faute pénale, par exemple dans le contexte de la non-souscription d'une assurance obligatoire, était *ipso facto* une faute séparable des fonctions, était discutée. Le débat est aujourd'hui épuisé. La faute constitutive d'une infraction intentionnelle est séparable « comme telle » des fonctions sociales du dirigeant (Civ. 1re, 17 févr. 2016, n° 15-13.402 ; Civ. 3e, 14 déc. 2017, n° 16-24.492).

IV • Considérations communes aux actions en responsabilité

Deux éléments peuvent être soulignés ici : tout d'abord, la question de la prescription doit être envisagée. Ensuite, il faut tenir compte du caractère collégial de certains organes. Comment le dirigeant peut-il alors être responsable ?

A • La prescription

S'agissant de la prescription, l'on distinguera selon qu'existe ou non un texte spécial. Dans les sociétés anonymes, les actions sociale et individuelle sont prescrites par trois ans (dix ans lorsqu'il s'agit d'un crime), à compter du fait dommageable ou, s'il a été dissimulé, de sa révélation. À propos du point de départ et dans l'hypothèse d'une dissimulation, la dissimulation du fait dommageable suppose un comportement intentionnel du gérant de la société et ne saurait se déduire du seul défaut d'information de celui qui agit en responsabilité (Com. 24 janv. 2024, n° 22-13.320). C'est l'article L. 225-254 du Code de commerce. L'article L. 227-8 du Code de commerce prévoit la même chose pour les SAS et l'article L. 223-23 pour les SARL. L'on devrait pouvoir raisonner par analogie à propos de l'action exercée par un tiers contre le dirigeant.
En revanche, dans les autres sociétés, comme il n'existe pas de dispositions spéciales, le droit commun de la prescription doit s'appliquer. Il s'agira d'une prescription quinquennale. C'est ce qu'a décidé la Cour de cassation, dans un arrêt du 14 novembre 2023 : « la cour d'appel a retenu à bon droit que l'action en responsabilité délictuelle exercée à son encontre par le liquidateur judiciaire de la société X était soumise, en l'absence de disposition dérogatoire, au délai de prescription quinquennale de droit commun prévu à l'article 2224 du Code civil » (Com. 14 nov. 2023, n° 21-19.146 B).

B • Le caractère collégial de l'organe dirigeant

Cette difficulté concerne surtout les sociétés anonymes. Certains organes dirigeants peuvent être collégiaux, et dans les deux formes d'organisation de la direction, qu'il s'agisse, par exemple, du conseil d'administration. L'article L. 225-251 précise expressément que « les administrateurs et le directeur général sont responsables individuellement ou solidairement selon le cas, envers la société ou envers les tiers, soit des infractions aux dispositions législatives ou réglementaires applicables aux sociétés anonymes, soit des violations des statuts, soit des fautes commises dans leur gestion ». Cela étant, comment articuler ces principes avec le mode collégial, lorsque la prise de décision est le résultat d'une délibération collective ?
Dans un arrêt du 30 mars 2010, la Chambre commerciale de la Cour de cassation a cependant précisé que « commet une faute individuelle chacun des membres du conseil d'administration ou du directoire d'une société anonyme qui, par son action ou son abstention, participe à la prise d'une décision fautive de cet organe, sauf à démontrer qu'il s'est comporté en administrateur prudent et diligent, notamment en s'opposant à cette décision ». Une telle décision impose à l'administrateur un certain comportement.

Attention

Pour les membres du conseil de surveillance, l'état du droit est légèrement différent en raison de l'article L. 225-257 du Code de commerce. Celui-ci dispose que « les membres du conseil de surveillance sont responsables des fautes personnelles commises dans l'exécution de leur mandat. Ils n'encourent aucune responsabilité, en raison des actes de la gestion et de leur résultat. Ils peuvent être déclarés civilement responsables des délits commis par les membres du directoire si, en ayant eu connaissance, ils ne les ont pas révélés à l'assemblée générale. »

Bibliographie

J.-B. Barbièri, « Préjudice fiscal subi par l'associé d'une société transparente : l'action individuelle est possible », *Rev. sociétés* 2022. 151, note ss. Civ. 3e, 12 mai 2021, n° 19-13.942.

A. Constantin, « Nature et régime de l'action sociale ut singuli. Articulation avec l'action sociale ut universi », *Rev. sociétés* 2001. 323, note ss. Crim. 12 déc. 2000, n° 97-83.470.

L. Godon, « L'indivisaire de parts sociales et l'action *ut singuli* », *Rev. sociétés* 2010. 379, note ss. Crim. 4 nov. 2009, n° 09-80.818.

A. Lienhard, « Responsabilité des dirigeants : la Chambre commerciale définit la faute séparable des fonctions », *D.* 2003. 1502, note ss. Com. 20 mai 2003, n° 99-17.092.

Les conventions réglementées

Le dirigeant (ou un associé majoritaire) peut, dans certains cas, représenter des personnes différentes, ayant des intérêts distincts, et il convient, alors, de prévenir tout conflit d'intérêts. Telle est notamment la situation lorsqu'il contracte, à titre individuel, avec la société. Les négociations seront naturellement biaisées puisque l'acquéreur et le vendeur (pour un contrat de vente) seront *in fine* la même personne. En qualité de représentant de la société, n'aura-t-il pas tendance à accepter des conditions très désavantageuses, et ce afin de favoriser ses propres intérêts ? Encadrer ce type de conventions – qualifiées de réglementées – est ainsi une problématique ancienne pour le législateur et un sujet sensible, tant les impératifs semblent contradictoires. Il convient de ne pas porter une atteinte excessive à la célérité des transactions et de ne pas prohiber toutes possibilités en ce domaine : on imagine, par exemple, le ridicule à imposer au dirigeant d'un groupe de supermarchés de faire ses achats auprès d'une enseigne concurrente afin d'éviter le mélange des genres ! Même lorsque les transactions feront l'objet de diverses vérifications, il convient de ne pas trop entraver la « vie des affaires ». Dans le même temps, il faut garantir un contrôle efficace lorsqu'un conflit d'intérêts semble pouvoir exister… L'équilibre est précaire !

Il convient de présenter le domaine d'application desdites conventions (I), puis les diverses conventions envisagées, ou non (II), et enfin voir la procédure applicable (III).

I • Le domaine d'application

Toutes les sociétés ne sont pas concernées par cette réglementation des conventions. Ainsi, le dispositif est principalement applicable aux sociétés anonymes (C. com., art. L. 225-38 et s. et L. 225-86 et s.). Il l'est également pour les sociétés en commandite par actions (C. com., art. L. 226-10) et un dispositif comparable est encore prévu dans les sociétés par actions simplifiées (C. com., art. L. 227-10) ou les SARL (C. com., art. L. 223-19).

À l'inverse, les sociétés en nom collectif et les sociétés civiles ne font pas l'objet d'un encadrement équivalent. Cette distinction s'explique aisément : ce sont des sociétés à responsabilité illimitée, ce qui implique que le dirigeant (s'il est associé) ou les associés n'ont pas intérêt à profiter de leur position pour conclure des contrats trop défavorables pour la société, les pertes qui en résulteraient pouvant être mises *in fine* à leur charge. La taille modeste, habituellement, de ce type de sociétés appelle à éviter de créer trop de lourdeurs de fonctionnement.

À noter

Une procédure d'approbation est encore prévue pour les personnes morales de droit privé non commerçantes ayant une activité économique et les associations, dès lors qu'elles reçoivent annuellement de l'État ou de ses établissements publics ou des collectivités locales une subvention dont le montant est supérieur à 150 000 euros (C. com., art. L. 612-5).

Outre cette première restriction quant au type de sociétés, il faut encore que la convention fasse intervenir **certaines parties**.

Pour les sociétés anonymes et les SAS, il est ainsi prévu un encadrement dès lors qu'intervient une convention, directement ou par personne interposée, entre la société et son directeur général, l'un de ses directeurs généraux délégués, l'un de ses administrateurs, l'un de ses actionnaires disposant d'une fraction des droits de vote supérieure à 10 % ou, s'il s'agit d'une société actionnaire, la société la contrôlant au sens de l'article L. 233-3. Il en est de même des conventions auxquelles une de ces personnes est indirectement intéressée. De même, seront également réglementées les conventions intervenant entre la société et une entreprise, si le directeur général, l'un des directeurs généraux délégués ou l'un des administrateurs de la société est propriétaire, associé indéfiniment responsable, gérant, administrateur, membre du conseil de surveillance ou, de façon générale, dirigeant de cette entreprise.

À noter

Un avis intéressant du comité juridique de l'Association nationale des sociétés par actions (ANSA) s'est intéressé à la situation d'une personne qui possède tout à la fois la qualité d'actionnaire et d'usufruitier. Est-elle soumise à la procédure des conventions réglementées si elle possède moins de 10 % du capital en pleine propriété mais plus de 10 % en droit de vote si l'on ajoute ses parts en usufruit ? La réponse est positive pour l'ANSA (v. S. Castagné, « Convention réglementée conclue par un actionnaire à plus de 10 % : cas de l'usufruit », *Dr. sociétés*, juill. 2021, étude 10).

Pour les SARL, au regard du faible nombre (habituel) d'associés, sont simplement visées les conventions intervenues directement ou par personnes interposées entre la société et l'un de ses gérants ou associés, mais également les conventions passées avec une société dont un associé indéfiniment responsable, gérant, administrateur, directeur général, membre du directoire ou membre du conseil de surveillance, est simultanément gérant ou associé de la société à responsabilité limitée.

II • Les conventions envisagées

Toutes les conventions conclues par les parties précitées ne sont pas concernées. La logique est simple : certaines conventions sont trop dangereuses et il convient, purement et simplement, de les prohiber ; d'autres ne présentent presque pas de risque et il ne faut pas alourdir le fonctionnement de la société.

Les conventions prohibées sont celles liées au crédit, soit celles lesquelles les administrateurs personnes physiques, les membres du conseil de surveillance, le directeur général, les directeurs généraux délégués ou encore les membres du directoire contractent des emprunts auprès de la société, se font consentir par elle un découvert ou se font cautionner ou avaliser par elle leurs engagements envers les tiers. La sanction est ici radicale : ces conventions sont nulles et de nullité absolue (Cass., ch. mixte, 10 juill. 1981, n° 77-10.794). Cette sanction s'applique également aux représentants permanents des personnes morales administrateurs, aux conjoint, ascendants et descendants des personnes visées ci-dessus, ainsi qu'à toute personne interposée (C. com., art. L. 225-43, pour les SA ; C. com., art. L. 223-21, pour les SARL).

Les conventions libres, non soumises encadrement, sont celles portant sur des opérations courantes et conclues à des conditions normales (C. com., art. L. 225-39). Pour celles-ci, aucune autorisation ne sera nécessaire, mais une information est cependant mise en œuvre. Ces conventions, sauf lorsqu'en raison de leur objet ou de leurs implications financières elles ne sont significatives pour aucune des parties, doivent être communiquées par l'intéressé au président du conseil d'administration ou du conseil de surveillance. La liste et l'objet desdites conventions doivent ensuite être communiqués par le président aux membres du conseil d'administration ou du conseil de surveillance et aux commissaires aux comptes, s'il en existe.

Remarque

La loi PACTE, ou loi n° 2019-486 du 22 mai 2019 *relative à la croissance et la transformation des entreprises*, est venue modifier, **pour les sociétés cotées** les modalités de contrôle desdites conventions « libres ». Le traitement devant leur être réservé était sujet à débats. Pour certains, « l'application de la procédure de contrôle est jugée le plus souvent lourde et inutile. C'est pourquoi [il a été] proposé d'interpréter de façon plus large les notions d'"opérations courantes" et de "conditions normales" lorsque l'on est en présence de ce type de conventions passées entre sociétés d'un même groupe » (Ph. Merle et A. Fauchon, *Droit commercial. Sociétés commerciales*, 25e éd., Dalloz, coll. « Précis », 2021, n° 451). D'autres considèrent à l'inverse que la difficulté tient justement « à ce que les parties liées soient tentées d'apprécier avec une excessive souplesse les deux caractères visés par le texte pour se soustraire délibérément à la procédure de contrôle, sans qu'il ne soit ensuite aisé sinon possible pour les actionnaires de la société de contester une telle appréciation, faute d'avoir connaissance de la conclusion même des conventions en cause » (E. Schlumberger, « Les incidences de la loi PACTE sur la procédure de contrôle des conventions réglementées », *BJS* 2019, n° 119x4, p. 56). La loi PACTE, suivant les instructions de la directive « Droit des actionnaires 2 » (directive n° 2017/828/UE du 17 mai 2017 *modifiant la directive 2007/36/CE en vue de promouvoir l'engagement à long terme des actionnaires*), a entendu résoudre le problème sans pour autant mettre en place un système trop lourd. L'article L. 22-10-12 du Code de commerce précise que, dans les sociétés cotées, « le conseil d'administration met en place une procédure permettant d'évaluer régulièrement si les conventions portant sur des opérations courantes et conclues à des conditions normales remplissent bien ces conditions ». Et « les personnes directement ou indirectement intéressées à l'une de ces conventions ne participent pas à son évaluation ». En outre, le rapport sur le gouvernement d'entreprise, visé par l'article L. 225-10-10, 6°, précise que celui-ci devra procéder à « la description de la procédure mise en place par la société » et à sa correcte « mise en œuvre ». Le défaut d'une telle procédure n'est toutefois pas sanctionné.

III • La procédure applicable

Cinq étapes peuvent, suivant les cas, être distinguées.
Premièrement, **l'information** : la personne directement ou indirectement intéressée doit informer le conseil d'administration ou le conseil de surveillance dès qu'elle a connaissance d'une convention soumise à autorisation.
Deuxièmement, **l'autorisation**. La convention sera soumise à l'autorisation préalable du conseil d'administration ou du conseil de surveillance, étant précisé que, naturellement, l'intéressé ne peut pas prendre part au vote. S'agissant de la sanction, il convient de distinguer : l'annulation de la convention litigieuse n'est envisageable que si celle-ci a eu des conséquences dommageables pour la société, l'action en nullité se prescrivant par trois ans à compter de la date de la convention. Puisqu'il s'agit d'une nullité relative, cette nullité peut être couverte par un vote de l'assemblée générale intervenant sur rapport spécial des commissaires aux comptes, s'il y en a un, exposant les raisons de cette irrégularité. En tous les cas, la responsabilité de l'intéressé peut être engagée.

À noter

Depuis la loi PACTE, pour les sociétés anonymes et les sociétés en commandite par actions, les choses ont été légèrement précisées. En effet, avant cette loi, les articles L. 225-40 et L. 225-88 du Code de commerce se contentaient d'affirmer que la personne intéressée à une convention réglementée ne peut prendre part au vote d'autorisation ou d'approbation de ladite convention. Un débat en doctrine a alors surgi quant au fait de savoir s'il fallait établir une distinction entre les personnes « directement » et « indirectement » intéressées. Sans prétendre à l'exhaustivité, d'aucuns soutenaient que la « raison d'être » de la procédure des conventions réglementées est de contrôler un éventuel conflit d'intérêts. Pour que l'objectif soit satisfait, il est nécessaire que la règle s'applique à toute personne intéressée, directement ou indirectement. À l'inverse, d'autres estimaient que la restriction au droit de vote – qui touche au droit fondamental des associés de participer aux décisions collectives lorsque la convention doit être approuvée par l'assemblée générale – est une exception qui doit, en tant que telle, être strictement interprétée (sur le débat et les arguments, v. E. Schlumberger, *op.* et *loc. cit.*). La loi PACTE veut régler la difficulté : les articles L. 225-40 et L. 225-88 du Code de commerce, qui concernent l'information du conseil d'administration ou de surveillance de la société quant à l'existence d'une convention réglementée, visent désormais « la personne directement ou indirectement intéressée à la convention ». De même, au stade du vote (pour rappel, celui-ci se fait en deux temps : d'abord par l'autorisation préalable du conseil d'administration ou de surveillance ; ensuite par l'approbation postérieure de l'assemblée générale – v. *infra*), le terme « intéressé » est remplacé par une référence à « la personne directement ou indirectement intéressée à la convention ». S'il s'agit là d'une avancée quant à la lutte contre les conflits d'intérêts, certains auteurs regrettent que la loi PACTE n'ait pas saisi l'occasion pour définir la notion de personne indirectement intéressée. Or, celle-ci est une notion aux « contours fuyants » et aux « critères incertains » (I. Parachkévova, « L'intérêt indirect dans les conventions réglementées », *BJS* 2016, n° 7-8, p. 450).

Troisièmement, **l'avis du commissaire aux comptes**. Lorsqu'il existe, le commissaire aux comptes doit se voir communiquer la convention litigieuse, par le président, aux fins d'avis, et ce dans un délai d'un mois à compter de sa conclusion.

Quatrièmement, **le rapport du commissaire aux comptes**. Lors de l'assemblée générale suivante, le commissaire aux comptes va présenter un rapport portant sur les conventions réglementées (C. com., art. L. 225-40, al. 3, et L. 225-88, al. 3). Et, en l'absence de commissaire aux comptes, c'est le président du conseil d'administration qui va présenter ce rapport.

Ne pas confondre les rapports

Lorsque la convention a été approuvée par le conseil d'administration ou de surveillance, le commissaire aux comptes présente un rapport « simple » sur ces conventions lors de l'assemblée générale. En revanche, dès lors que la convention a été passée sans autorisation préalable du conseil d'administration ou de surveillance, celui-ci devra présenter à l'assemblée générale un rapport « spécial », c'est-à-dire exposant les circonstances justifiant que ladite procédure préalable n'ait pas été suivie (en tout cas dès lors que l'assemblée envisage de couvrir la nullité desdites conventions : C. com., art. L. 225-42, al. 3, et L. 225-90, al. 3).

Cinquièmement, et enfin, **la délibération de l'assemblée**. L'assemblée générale va statuer sur les conventions réglementées et, naturellement, l'intéressé – s'il est actionnaire – ne peut pas prendre part au vote (sur cette notion, v. *supra*). En l'absence de délibération, ou en cas de refus d'approbation par l'assemblée, la convention n'est pas pour autant nulle, sauf le cas de la fraude. Elle va donc produire ses effets à l'égard des tiers. Néanmoins, si elle se révèle préjudiciable pour la société, ce préjudice peut être à la charge de l'intéressé et, éventuellement, des autres membres du conseil d'administration ou du directoire l'ayant autorisée.

Remarque

La loi PACTE est également venue apporter une modification à ce propos. Avant la réforme, les articles L. 225-40 et L. 225-88 du Code de commerce disposaient que « l'intéressé ne peut pas prendre part au vote et ses actions ne sont pas prises en compte pour le calcul du quorum et de la majorité ». Or, cette exclusion avait un effet négatif en présence d'un actionnaire majoritaire : le quorum était rarement atteint, rendant nécessaire une seconde convocation de l'assemblée. Désormais, ces textes énoncent : « La personne directement ou indirectement intéressée à la convention ne peut pas prendre part au vote. Ses actions ne sont pas prises en compte pour le calcul de la majorité. » Il en ressort un renforcement des « probabilités de vote utile de l'assemblée générale en première convocation, soit un gain de temps utile et appréciable sans entraver la lutte légitime contre les conflits d'intérêts » (E. Schlumberger, *op.* et *loc. cit.*).

Bibliographie

B. Bouloc, « Abus de biens sociaux. Absence de soumission à l'approbation d'une convention réglementée », *RTD com.* 2019. 1019.

P. Le Cannu, « L'encadrement des rémunérations des dirigeants de sociétés cotées : l'apport de la loi n° 2007-1223 du 21 août 2007 en faveur du travail, de l'emploi et du pouvoir d'achat », *Rev. sociétés* 2007. 465.

J.-J. Daigre, « La perte d'une chance d'arbitrer à bon escient l'investissement dans une société cotée », *Rev. sociétés* 2006. 825.

B. Dondero, « Le traitement juridique des conflits d'intérêts : entre droit commun et dispositifs spéciaux », *D.* 2012. 1687.

T. Girard-Gaymard, « La nullité par voie d'exception d'une convention réglementée : le droit des obligations au soutien du droit des sociétés », *Rev. sociétés* 2020. 166.

Y. Paclot et C. Malecki, « Le nouveau régime des rémunérations, indemnités et avantages, des dirigeants de sociétés cotées », *D.* 2007. 2481.

I. Parachkévova-Racine, « Les conventions réglementées dans les groupes de sociétés : appel à une réforme », *Rev. sociétés* 2021. 487.

D. Schmidt, « Essai de systématisation des conflits d'intérêts », *D.* 2013. 446.

D. Schmidt, « Dispositions relatives aux conventions réglementées dans les sociétés anonymes, Ord. n° 2014-863 du 31 juill. 2014 », *Rev. sociétés* 2014. 616.

R. Vatinet, « Les dispositions du décret du 3 mai 2002 relatives aux conventions réglementées », *Rev. sociétés* 2002. 441.

Les prérogatives politiques de l'associé en présence de droits sociaux démembrés

Lorsque des droits sociaux sont démembrés, l'articulation entre les droits de l'usufruitier et du nu-propriétaire n'est pas sans poser de difficultés. Celles-ci seront d'autant plus importantes lorsqu'une éventuelle mésentente s'installera entre les acteurs (souvent des proches lorsque l'usufruit intervient dans un cadre familial). Il est essentiel de trouver un point d'équilibre entre deux objectifs : préserver les droits de chacun et lui permettre de défendre ses prérogatives face à l'autre ; éviter que l'usufruit – et les conflits qu'il génère – ne vienne trop perturber le fonctionnement de la société et n'ait une incidence démesurée à l'égard des autres associés.
Trois points, s'agissant des prérogatives politiques de l'associé (pour les prérogatives financières, et en particulier le droit aux dividendes, v. *infra*), méritent d'être abordés : la question de la qualité d'associé I), celle du droit de participer aux décisions collectives (II) et, enfin, celle relative à la répartition du droit de vote (III).

I • La qualité d'associé

Qui de l'usufruitier ou du nu-propriétaire doit se voir reconnaître la qualité d'associé ? La question, qui semble aujourd'hui névralgique, est en réalité assez récente. Il faudra attendre 1978 pour qu'un auteur aborde directement le problème, offrant la qualité litigieuse au seul nu-propriétaire (A. Viandier, *La notion d'associé*, préf. F. Terré, LGDJ, 1978, nº 248 s.). Depuis, toutes les positions ont été soutenues (v. not., M. Cozian, « Du nu-propriétaire ou de l'usufruitier, qui a la qualité d'associé ? », *JCP E* 1994, I, p. 374 ; J. Derruppé, « Un associé méconnu : l'usufruitier de parts ou d'actions », *Defrénois* 1994, p. 1137 ; C. Regnault-Moutier, « Vers la reconnaissance de la qualité d'associé à l'usufruitier de droits sociaux », *BJS* 1994, p. 1155 ; Y. Paclot, « Remarques sur le démembrement des droits sociaux », *JCP E* 1997, p. 674 ; F.-X. Lucas, « Note sous Rennes, 27 mai 2003 », *BJS* 2003, p. 1187 ; A. Rabreau, *L'usufruit des droits sociaux*, Litec, 2006, nº 165 ; F. Auckenthaler, « L'associé usufruitier », *Dr. soc.* 2014. étude. 14 ; R. Mortier, « La jouissance de la qualité d'associé », *Mélanges en l'honneur de J.-J. Daigre*, Joly, 2017, p. 223 ; N. Kilgus, « L'usufruitier de droits sociaux : un acteur en quête de statut », *Mélanges en l'honneur de J.-P. et M. Storck*, Dalloz-Joly, 2021, p. 309). Sans prétendre à l'exhaustivité, il y a deux manières de réfléchir.
Soit l'on se concentre sur « l'acteur » au sein de la société : il faut alors admettre que l'usufruitier semble omniprésent. Il touche les dividendes, à tout le moins ceux issus de l'année précédant l'assemblée générale. Politiquement, il sera vu que le Code de commerce lui offre des prérogatives assez larges s'agissant du droit de vote. En outre, et plus largement, les statuts peuvent aller jusqu'à lui confier l'ensemble des droits de vote ! Titulaire de l'*usus* et du *fructus*, c'est lui qui, habituellement, évolue au sein de la société durant le temps de son droit. Lui reconnaître la qualité d'associé – si l'on rapproche cette notion d'« acteur » – aurait du sens.
Soit, l'on se focalise sur le titulaire du droit de propriété, considérant que l'associé est avant toute chose le propriétaire des droits sociaux. Deux hypothèses peuvent alors être défendues. Il est possible

de considérer que l'usufruit est un véritable « démembrement » de la propriété : chacun recevant un morceau de cette propriété, les deux acteurs devraient se voir reconnaître la qualité d'associé. À l'inverse, si l'on ne voit dans le terme de « démembrement » qu'une image (en ce sens, les Professeurs Terré et Simler évoquent de la sorte une « approximation commode » et relèvent « qu'elle est plus une image que l'expression d'une vérité physique », *Droit civil. Les biens*, 10e éd., Dalloz, 2018, no 771), il faut considérer que seul le nu-propriétaire est un véritable propriétaire et possède, par conséquent, la qualité d'associé. Cette dernière analyse est, peut-être, la plus conforme aux textes régissant l'usufruit. En effet, l'article 578 du Code civil dispose que « l'usufruit est le droit de jouir des choses *dont un autre a la propriété*, comme le propriétaire lui-même, mais à la charge d'en conserver la substance ». Le terme de nu-*propriétaire* renvoie à la même analyse.

Ce débat, pendant longtemps, n'a pas été tranché. Certes, le nu-propriétaire était de longue date qualifié d'associé (Com. 4 janv. 1994, no 91-20.256 ; Com. 22 févr. 2005, no 03-17.421. V. égal., Civ. 2e, 13 juill. 2005, no 02-15.904 ; Civ. 3e, 29 nov. 2006, no 05-17.009 ; Com. 21 janv. 2014, no 13-10.151). En revanche, s'agissant de l'usufruitier, rien n'était dit jusqu'à peu en droit interne (évoquant certains arrêts parfois surinterprétés, v. R. Mortier, « La Cour de cassation tranche enfin : l'usufruitier n'est pas associé », *BRDA* 2/22, p. 28, spéc. § 6).

Ce n'est que récemment que la jurisprudence lui a dénié le droit général de participer aux décisions collectives (Civ. 3e, 15 sept. 2016, no 15-15.172). Or, la lecture combinée de cette solution et de l'article 1844, al. 1er du Code civil – qui offre à tout associé ledit droit de participer aux décisions collectives – témoignerait de sa non-qualité d'associé. Toutefois, le législateur est depuis intervenu à l'occasion de la loi *Soilihi*, afin d'autoriser l'usufruitier, comme le nu-propriétaire, à participer à toutes les décisions collectives (C. civ., art. 1844, al. 3, modif. loi no 2019-744 du 19 juill. 2019). Lire l'alinéa 3 de l'article 1844 à la lumière de son alinéa 1er inviterait dorénavant à considérer que les deux protagonistes disposent de la qualité d'associé. Il n'en demeure pas moins que l'étude des travaux parlementaires démontre que cette question n'a jamais été abordée lors des discussions, seules les critiques relatives à l'absence de l'usufruitier lors des assemblées générales ayant été évoquées (N. Kilgus et Th. de Ravel d'Esclapon, « Le droit de l'usufruitier de participer aux décisions collectives : quelques interrogations au lendemain de la loi *Soilihi* du 19 juillet 2019 », *D.* 2020. 398).

C'est donc la jurisprudence qui a, finalement, tranché le débat, même si de nouvelles questions se posent désormais. Au sein d'une SCI familiale se posait alors la question des pouvoirs respectifs des acteurs en présence, les usufruitiers, sur le fondement de l'article 39 du décret no 78-704 du 3 juillet 1978, souhaitant provoquer une délibération en vue d'un changement dans la gérance. Il n'avait pas été fait suite à la demande au motif que cette faculté n'est ouverte qu'aux seuls associés. La troisième chambre civile de la Cour de cassation, saisie d'un pourvoi, a décidé de mettre en œuvre une procédure d'avis à l'égard de la chambre commerciale (C. pr. civ., art. 1015-1).

Cette dernière propose un raisonnement en deux temps. D'une part, elle affirme – pour la première fois, tout le moins aussi explicitement – que l'usufruitier de parts sociales ne peut se voir reconnaître la qualité d'associé. D'autre part, et néanmoins, celui-ci peut provoquer une délibération des associés si cette délibération est susceptible d'avoir une incidence directe sur son droit de jouissance. La troisième chambre civile reprendra exactement cette motivation (Civ. 3e, 16 févr. 2022, no 20-15.164. V. également, Com., avis, 1er déc. 2021, no 20-15.164).

Ce faisant, la Cour offre un véritable statut, mais qui n'est pas celui d'associé, à l'usufruitier. Outre son droit de vote, il se voit reconnaître des prérogatives, lesquelles font de lui un véritable acteur à part entière de la société. Si le premier point n'appelle guère de remarque, sinon qu'il tranche un débat ancien, ce « statut » appelle deux remarques.

D'une part, ce statut correspond aux dispositions de l'article 578 déjà cité : « l'usufruit est le droit de jouir des choses dont un autre a la propriété, comme le propriétaire lui-même, mais à la charge d'en conserver la substance ». Hors la limite de la conservation de la substance, il jouit « comme le propriétaire lui-même ». Partant, l'usufruitier n'a pas la qualité d'associé, mais il doit pouvoir jouir *comme* le propriétaire lui-même… c'est-à-dire *comme* un associé. Le voir évoluer au sein de la société, comme un acteur à part entière, n'a rien de surprenant. Cette logique se rencontre d'ailleurs dans d'autres domaines. Ainsi, pour les sociétés anonymes, le droit à communication de divers documents appartient, outre aux associés, « au nu-propriétaire et à l'usufruitier d'actions » (C. com., art. L. 225-118). De manière plus récente, rappelons que, depuis la loi *Soïlihi*, « le nu-propriétaire et l'usufruitier ont le droit de participer aux décisions collectives » (C. civ., art. 1844, al. 3). Voilà désormais l'usufruitier pleinement intégré au sein de la société, car titulaire d'un droit général de participation, similaire à celui offert à tout associé. Son rôle s'impose, au point d'ailleurs que d'aucuns militent afin que son entrée puisse – en contrepartie – être contrôlée, notamment en lui appliquant les clauses d'agrément, peu important le fait qu'il ne s'agisse pas d'un associé (A. Tadros, *La jouissance des titres sociaux d'autrui*, Dalloz, 2013, n° 109 ; N. Kilgus, *L'usufruit des biens incorporels. Contribution à la nature juridique de l'usufruit*, Defrénois, 2018, n° 228).

D'autre part, la Cour de cassation affirme que la délibération litigieuse était ouverte à l'usufruitier dès lors qu'elle était susceptible d'avoir une incidence directe sur son droit de jouissance. S'il est précisé que l'incidence en cause doit être directe, c'est peut-être que l'on entend exclure les situations où serait en cause une absence d'incidence ou une incidence uniquement indirecte. Ici, point d'intervention de l'usufruitier. La première hypothèse n'appelle aucune remarque : si la prérogative est sans répercussion sur l'*usus* ou le *fructus*, il n'y a pas lieu d'intervenir. Le second cas laisse davantage songeur, car il impose de différencier ce qui est *direct* et ce qui est *indirect*. Or, le pouvoir envisagé en l'espèce – la faculté de provoquer la réunion d'une assemblée générale et de soumettre au vote la révocation du gérant – est source d'interrogations. Dénier à l'usufruitier cette faculté ne modifie pas, directement, sa situation. Il conserve ses droits de vote tels que définis par les statuts et continuera à percevoir les dividendes versés par la société. Certes, il pourrait être soutenu que le remplacement d'un gérant entraîne des conséquences majeures quant au fonctionnement de la société : une bonne gestion impliquera certainement une augmentation des bénéfices de la personne morale et donc, potentiellement, des dividendes supplémentaires. Mais ces changements ne sont-ils pas uniquement *indirects* ? En retenant la position inverse, un changement d'importance semble se dessiner. S'il y a une « incidence *directe* » sur le droit de jouissance de l'usufruitier dès lors que la performance économique, les rapports de force, voire plus largement « l'ambiance » de la société sont en cause, sa sphère d'intervention risque d'être très largement étendue…

Ces interrogations relatives aux pouvoirs politiques de l'usufruitier sont d'autant plus sensibles que, récemment, la Cour de cassation est venue souligner des considérations d'ordre public. Il ne suffit pas de tout prévoir dans les statuts ! En effet, dans une espèce, lesdits statuts envisageaient un droit pour l'usufruitier d'agir en justice, calqué sur son droit de vote. En d'autres termes, s'agissant des décisions pour lesquelles il n'était pas investi du droit de vote, il se voyait privé du droit de les contester. Or, la jurisprudence censure ce raisonnement : une cour d'appel est censurée, notamment au visa de l'article 6 § 1 de la Conv. EDH, pour avoir refusé de rechercher si les décisions contestées étaient susceptibles d'avoir une incidence indirecte sur le droit de jouissance des usufruitiers (Com. 31 mars 2004, n° 03-16.694).

Il est certain que la portée de cet arrêt interroge : est-il désormais prohibé aux statuts de dénier à l'usufruitier la moindre prérogative, dès lors qu'elle est en lien (direct) avec son droit de jouissance ? Ou faut-il voir cet ordre public de manière plus restreinte, cantonné à des domaines « sensibles », tel le droit d'agir en justice (protégé par la Conv. EDH) ? Il convient assurément d'attendre d'autres arrêts sur cette question pour esquisser une réponse !

II • Le droit de participer aux décisions collectives

De manière ancienne, s'agissant du nu-propriétaire, il a été jugé que les statuts peuvent déroger à la règle selon laquelle le droit de vote lui appartient, à condition qu'il ne soit pas dérogé à son droit de *participer* aux décisions collectives (Com. 22 févr. 2005, n° 03-17.421 ; Com. 2 déc. 2008, n° 08-13.185. V. également, Com. 4 janv. 1994, n° 91-20.256). Il faut donc distinguer entre vote et participation : si le nu-propriétaire peut être privé de son droit de vote, il n'est pas possible de le priver de son droit de participer aux décisions collectives, expression de sa qualité d'associé (C. civ., art. 1844, al. 1er).
En 2016, la Cour de cassation a cependant refusé de retenir la même solution en faveur de l'usufruitier : celui-ci ne dispose pas d'un droit général de participer aux décisions collectives (Civ. 3e, 15 sept. 2016, n° 15-15.172). Il ne participe que lorsqu'il vote ! Cette solution a été critiquée pour trois raisons :

– D'abord, dans bien des hypothèses, l'usufruitier n'est rien d'autre que le créateur de la société. Il aura, notamment pour des raisons fiscales, fait le choix d'une donation de ses titres en nue-propriété. En sa qualité d'initiateur de l'aventure sociétaire, il connaît mieux que quiconque l'entreprise, ses forces, ses faiblesses et son histoire. À n'en pas douter, et même pour les résolutions sur lesquelles il ne vote pas, son avis et ses conseils seront précieux.

– Ensuite, la société demeure un tout. Sa bonne gestion suppose que les votants disposent tous du maximum d'informations et s'expriment au regard de sa situation globale. Autoriser l'usufruitier à être présent, même lorsqu'il ne vote pas, permet d'espérer peut-être davantage de cohérence dans le processus décisionnel.

– Enfin, sur le terrain du droit des biens, l'accès offert à l'usufruitier à toutes les assemblées générales permettra d'« éviter que le nu-propriétaire prenne des décisions qui altèrent les droits de l'usufruitier, sans qu'il en soit informé » (R. Gentilhomme, « La nouvelle répartition des droits entre l'usufruitier et le nu-propriétaire de parts sociales », *Defrénois*, 10 oct. 2019, p. 25).

La loi du 19 juillet 2019 a entendu ces critiques et désormais l'article 1844, al. 3, du Code civil dispose : « Si une part est grevée d'un usufruit, le nu-propriétaire et l'usufruitier ont le droit de participer aux décisions collectives ». Ce texte est d'ordre public et s'applique à toutes les sociétés tant civiles que commerciales.
Un regret peut toutefois être formulé à l'égard du texte dans sa nouvelle rédaction (pour une analyse complète du texte, v. notamment N. Kilgus et Th. de Ravel d'Esclapon, « Le droit de l'usufruitier de participer aux décisions collectives : quelques interrogations au lendemain de la loi Soilihi du 19 juillet 2019 », *D.* 2020. 398). Si, désormais, tous les acteurs disposent du droit de participer aux décisions collectives, cette participation n'est pas définie. Si l'on suit le rapporteur du texte, « quel que soit le titulaire du droit de vote pour les décisions collectives des associés, le nu-propriétaire comme l'usufruitier pourront échanger lors des débats précédant ces décisions, et éventuellement influencer ces dernières » (A. Reichardt, *Rapport au nom de la commission des lois*, doc. n° 657, Sénat, 1er juin 2016, p. 38). Participer, ce n'est donc pas seulement être présent. C'est pouvoir prendre la parole, poser des questions, faire des remarques, etc.

III • Le droit de vote

La question étant névralgique, le législateur l'a tranchée de manière ancienne. Ainsi, le Code civil (art. 1844, al. 3) énonce que si une part est grevée d'un usufruit, « le droit de vote appartient au nu-propriétaire, sauf pour les décisions concernant l'affectation des bénéfices, où il est réservé à l'usufruitier ». Dans le Code de commerce (art. L. 225-110, al. 1er), il est affirmé que « le droit de vote attaché à l'action appartient à l'usufruitier dans les assemblées générales ordinaires et au nu-propriétaire dans les assemblées générales extraordinaires ».

Attention

La répartition légale est donc différente selon qu'il s'agisse d'une société commerciale ou d'une société civile.

Dans les deux cas, la ventilation proposée n'est cependant que supplétive de volonté, les statuts pouvant élargir ou restreindre les prérogatives en présence. La Cour de cassation est alors venue préciser dans quelle mesure.

Elle considère que la clause réservant au nu-propriétaire le droit de vote aux assemblées tant ordinaires qu'extraordinaires ou spéciales est nulle en ce qu'elle ne permet pas à l'usufruitier de voter les décisions concernant les bénéfices. Et la justification est la suivante : le droit d'user de la chose et d'en percevoir les fruits est une prérogative essentielle que l'article 578 du Code civil attache à l'usufruit (Com. 31 mars 2004, n° 03-16.694).

À l'inverse, s'agissant du nu-propriétaire, les statuts peuvent déroger à la règle selon laquelle le droit de vote lui appartient, à condition qu'il ne soit pas dérogé à son droit de participer aux décisions collectives (Com. 22 févr. 2005, n° 03-17.421 ; Com. 2 déc. 2008, n° 08-13.185. V. également, Com. 4 janv. 1994, n° 91-20.256). En d'autres termes, le nu-propriétaire peut être privé de tout droit de vote, dès lors qu'est sauf son droit de participer aux décisions collectives.

Remarque

Un débat demeure, à savoir si l'usufruitier peut voter des décisions venant altérer la substance du bien, par exemple la décision de dissolution de la société. À notre sens, il convient de distinguer les sphères en présence. Du point de vue du droit des sociétés, si les statuts offrent à l'usufruitier tous les droits de vote, le suffrage est régulier et la décision de l'assemblée générale valable. En revanche, sur le terrain du droit des biens, la responsabilité de l'usufruitier peut être recherchée, le nu-propriétaire pouvant aller jusqu'à demander qu'il soit déchu de son droit d'usufruit (C. civ., art 618).

Bibliographie

J.-J. Daigre, « L'usufruitier est un associé… », *D.* 2022. 223.

D. Fiorina, « L'usufruit d'un portefeuille de valeurs mobilières », *RTD civ.* 1995. 43.

L. Godon, « Un associé insolite : le nu-propriétaire de droits sociaux », *Rev. sociétés* 2010. 143.

L. Godon, « Fin de la controverse : l'usufruitier n'est pas associé », *Rev. sociétés* 2022. 135.

M. Grimaldi et J.-F. Roux, « La donation de valeurs mobilières avec réserve de quasi-usufruit », *D.* 1994. 219.

N. Kilgus et Th. de Ravel d'Esclapon, « Le droit de l'usufruitier de participer aux décisions collectives : quelques interrogations au lendemain de la loi *Soilihi* du 19 juillet 2019 », *D.* 2020. 398.

J. Le Calvez, « L'usufruit des valeurs mobilières de capitalisation (ou les lois taillis du XXe siècle ?) », *D.* 1994. 125.

Q. Némoz-Rajot, « La réforme de l'article 1844 du Code civil par la loi du 19 juillet 2019 (II) », *AJ contrat* 2019. 530.

C. Serlooten, « L'intérêt commun, fondement de l'usufruit des droits sociaux », *Rev. sociétés* 2013. 7.

F. Zenati, « Usufruit des droits sociaux », *Répertoire droit des sociétés*, janv. 2003.

Le sort des dividendes en présence de droits sociaux démembrés

Outre les pouvoirs politiques, les pouvoirs financiers sont souvent sources de tensions au sein des sociétés. Une problématique mobilise ainsi doctrine et jurisprudence depuis des années, à savoir le sort des dividendes lorsque les titres sociaux à leur origine font l'objet d'un démembrement. Si la solution est simple s'agissant des dividendes « ordinaires », soit ceux prélevés sur le bénéfice distribuable (I), les choses sont plus complexes en présence de dividendes « particuliers » (II).

I • Le sort des dividendes « ordinaires »

Parmi les prérogatives afférentes à l'usufruit figure le *fructus*. Selon l'article 582 du Code civil, « l'usufruitier a le droit de jouir de toute espèce de fruits, soit naturels, soit industriels, soit civils, que peut produire l'objet dont il a l'usufruit ». En d'autres termes, il devient plein propriétaire des fruits émanant de la chose.

Méthodologie

Lorsque le bien produit des revenus – ce qui est le cas de droits sociaux conduisant à l'octroi de dividendes – dont la qualification est discutée, il faut raisonner en deux temps. D'abord, il faut s'interroger si l'on est en présence de fruits (revenant à l'usufruitier) ou bien de produits (dont la propriété est attribuée au nu-propriétaire) Ensuite seulement, le « type » de fruit sera évoqué.

La première distinction à opérer est celle entre *fruits* et *produits*. Il s'agit là d'une distinction majeure en droit des biens : le fruit est issu de la chose et doit pouvoir en être détaché sans en altérer la substance, tandis que le produit, pour sa part, porte atteinte à cette substance. En d'autres termes, les revenus qui épuisent le bien au fur et à mesure de leur perception, qualifiés de produits, ne peuvent échoir à l'usufruitier à défaut de quoi les droits du nu-propriétaire seraient petit à petit épuisés. À l'inverse, ceux que le bien peut produire sans que sa capacité de production ne soit atteinte, les fruits, reviennent à l'usufruitier en pleine propriété.

Cette distinction appelle cependant, parfois, des distinctions et interrogations subtiles. En droit des sociétés, peut-on considérer que les dividendes distribués viennent épuiser la substance des droits sociaux ? En outre, la volonté des parties peut parfois avoir une incidence sur ces qualifications. Ainsi en est-il du minerai ou des pierres extraits des mines et carrières. Dans l'absolu, il s'agit de produits puisque leur perception épuise la chose au fur et à mesure. La mine ou la carrière n'aura plus d'utilité une fois l'ensemble du minerai ou des pierres extraites. Toutefois, l'article 598 prévoit que l'usufruitier « jouit aussi, de la même manière que le propriétaire, des mines et carrières qui sont en exploitation à l'ouverture de l'usufruit ». Ce qui est, par nature, un produit devient ici un fruit sous réserve que l'exploitation du bien soit organisée avant l'ouverture de l'usufruit. D'aucuns soutiennent ainsi parfois que les dividendes – puisque ces dividendes sont qualifiés comme tels par l'assemblée générale décidant de procéder à une distribution – sont nécessairement des fruits, peu important leur « origine ».

Une fois cette première qualification fruit / produit opérée, et en présence d'un fruit, il faut opérer une seconde distinction, à savoir quel type de fruit est envisagé. L'article 583, alinéa 1er, du Code civil énonce que « les fruits naturels sont ceux qui sont le produit spontané de la terre. Le produit et le croît des animaux sont aussi des fruits naturels ». L'alinéa second précise que « les fruits industriels d'un fonds sont ceux qu'on obtient par la culture » et l'article 584 ajoute : « Les fruits civils sont les loyers des maisons, les intérêts des sommes exigibles, les arrérages des rentes. Les prix des baux à ferme sont aussi rangés dans la classe des fruits civils ». Et cette distinction est essentielle s'agissant du mode de perception des fruits. En effet, les fruits naturels et industriels s'acquièrent par perception (C. civ., art. 585). Cela signifie que l'usufruitier les fait siens dès la perception, mais uniquement à ce moment-là. Les fruits civils, pour leur part, sont réputés s'acquérir au *prorata temporis* (C. civ., art. 586).

On le voit, la question est loin d'être théorique en droit des sociétés : si l'usufruit commence ou cesse au cours d'un exercice, faut-il considérer que les dividendes distribués au terme de celui-ci reviennent en totalité à l'acteur titulaire du droit d'usufruit lors de l'assemblée générale ou bien, à l'inverse que ces dividendes doivent être partagés au *prorata temporis* entre les acteurs concernés ?

S'agissant des dividendes distribués par une société à partir de ses bénéfices, soit les dividendes « ordinaires », la Cour de cassation est venue préciser que c'est la décision de l'assemblée générale de distribuer tout ou partie des bénéfices réalisés au cours de l'exercice sous forme de dividendes qui confère à ceux-ci l'existence juridique (Com. 23 oct. 1990, n° 89-13.999). Et elle ajoute que les bénéfices distribuables ont la nature de fruits, mais non de fruits civils (Com. 5 oct. 1999, n° 97-17.377. V. également, Com. 28 nov. 2006, n° 04-17.486 ; Com. 10 févr. 2009, n° 07-21.806).

Attention

Ne pas confondre « bénéfices » et « dividendes ». Les bénéfices sont les sommes correspondant à l'enrichissement de la société au terme d'un exercice. Ces sommes figurent donc dans le seul patrimoine de la personne morale. Les associés n'ont pas de droit dessus. En revanche, les dividendes sont issus d'une décision de distribution des bénéfices : ces sommes vont quitter le patrimoine de la société afin d'intégrer le patrimoine (personnel) des associés.

La jurisprudence affirme donc sans ambiguïté que les dividendes distribués par une société à partir de ses bénéfices sont des fruits (même si la nature de ces fruits n'est pas précisée), devant revenir en tant que tels à l'usufruitier en pleine propriété.

II • Le sort des dividendes « particuliers »

La situation est toutefois différente s'agissant des dividendes « particuliers », et notamment ceux prélevés sur les réserves de la société.

Rappelons que trois sortes de « réserves » existent :

– Celles d'origine légale : imposées par la loi, par exemple dans le cadre de l'article L. 232-10 du Code de commerce qui dispose que, « à peine de nullité de toute délibération contraire, dans les sociétés à responsabilité limitée et les sociétés par actions, il est fait sur le bénéfice de l'exercice, diminué, le cas échéant, des pertes antérieures, un prélèvement d'un vingtième au moins affecté à la formation d'un fonds de réserve dit « réserve légale ». Ce prélèvement cesse d'être obligatoire, lorsque la réserve atteint le dixième du capital social », ces réserves ne peuvent être distribuées.

– Celles prévues par les statuts. Dans ce cas, si la société souhaite distribuer ces sommes aux associés sous la forme de dividendes, il faudra naturellement, d'abord, modifier les statuts pour prévoir des réserves statutaires moins importantes.

– Celles que l'on qualifie de « volontaires ». Lors de l'assemblée générale, en présence d'un bénéfice, les associés peuvent faire le choix de ne pas distribuer, mais de placer ces sommes en réserve (par exemple, pour faire face à des dépenses ou des projets futurs). De manière parallèle, lorsque les associés vont considérer que cette « épargne » n'a plus de raison d'être, ils peuvent voter la distribution de ces sommes. Se pose alors la question de leur bénéficiaire en présence d'un démembrement.

L'enjeu est d'importance et suscite des débats, tant au regard d'un « sentiment de justice » qu'au regard des sommes considérées. En effet, il faut imaginer une société avec d'importantes réserves volontaires dont les parts font l'objet d'un usufruit. Un jour, il est décidé de distribuer ces sommes sous forme de dividendes.

Plusieurs raisonnements auraient pu voir le jour (sans prétendre à l'exhaustivité) :

– Il aurait pu être soutenu que la volonté « fait le fruit ». Ces sommes ayant été distribuées au titre des dividendes, il s'agit de fruits revenant à l'usufruitier en pleine propriété.

– Pour certains, les réserves sont simplement des dividendes « épargnés » (au lieu de distribuer les sommes à T 0, et donc de donner naissance à des fruits, ces sommes sont mises en réserve et distribuées plus tard, à T + 10 par exemple). Il n'y aurait pas lieu de changer la nature des choses selon que ces sommes soient mises, ou non, en réserve. Le fruit à T 0 doit rester fruits à T + 10.

– Il aurait également pu être pris en considération l'acteur en présence au moment de la mise en réserve. Cela peut en effet paraître « injuste » qu'un usufruitier (imaginons qu'il soit majoritaire au sein de la société) qui décide de mettre en réserve durant des années – ce qui signifie que, pour les besoins de la société, il se prive de fonds qui auraient pu lui revenir en pleine propriété – soit privé de ces sommes lorsque, quelque temps plus tard, celles-ci sont finalement distribuées.

La jurisprudence est venue apporter d'utiles précisions en 2015 et 2016.

La première chambre civile de la Cour de cassation est venue préciser que, si l'usufruitier a droit aux bénéfices distribués, il n'a aucun droit sur les bénéfices mis en réserve, lesquels constituent l'accroissement de l'actif social et reviennent en tant que tel au nu-propriétaire. La Cour en a déduit que les fonds provenant de la distribution des réserves, bénéficiant aux seuls nus-propriétaires, doivent figurer à l'actif de l'indivision successorale (Civ. 1re, 22 juin 2016, nº 15-19.471).

La chambre commerciale de la Cour de cassation considère, pour sa part, que, dans le cas où la collectivité des associés décide de distribuer un dividende par prélèvement sur les réserves, le droit de jouissance de l'usufruitier de droits sociaux s'exerce, sauf convention contraire entre celui-ci et le nu-propriétaire, sous la forme d'un quasi-usufruit, sur le produit de cette distribution revenant aux parts sociales grevées d'usufruit, de sorte que l'usufruitier se trouve tenu, en application de l'article 587 du Code civil, d'une dette de restitution exigible au terme de l'usufruit et qui, prenant sa source dans la loi, est déductible de l'actif successoral lorsque l'usufruit s'éteint par la mort de l'usufruitier (Com. 27 mai 2015, nº 14-16.246 ; Com. 24 mai 2016, nº 15-17.788).

Dans les deux solutions, un point commun existe donc : les dividendes prélevés sur les réserves sont qualifiés de produits et non de fruits (sinon, ces sommes reviendraient en pleine propriété à l'usufruitier, ce qui n'est pas le cas ici).

En revanche, une distinction existe quant aux droits de l'usufruitier. Tandis que, pour la première chambre civile, l'usufruitier ne dispose d'aucun droit sur ces sommes qui reviennent en pleine propriété au nu-propriétaire, la chambre commerciale accorde à l'usufruitier un droit de jouissance sur celles-ci. Les sommes ne lui appartiennent pas, mais il a sur elle un quasi-usufruit. En d'autres termes, les sommes lui seront remises, mais pas en pleine propriété : il devra les restituer à l'issue de son droit.

Remarque

À côté de l'usufruit « classique », il existe effectivement une figure particulière : le quasi-usufruit. Son existence se justifie par le constat que certains biens ne peuvent être utilisés sans détruire la substance de la chose (je ne peux utiliser une pomme sans la manger, ce qui entraîne sa destruction). Partant, s'agissant des choses consomptibles (comme l'argent), l'article 587 précise que l'usufruitier a le droit de s'en servir, mais à la charge de rendre, à l'issue du droit, soit des choses de même quantité et qualité soit leur valeur estimée à la date de la restitution. Dans cette hypothèse, il convient d'être attentif quant à la sauvegarde des droits du nu-propriétaire. D'une certaine manière, le droit réel est remplacé par une simple créance de restitution, dont le recouvrement sera mis à mal en cas d'insolvabilité de son débiteur.

Au regard de cette divergence de jurisprudence, certains auteurs considèrent que la Cour de cassation va devoir trancher entre les deux positions : soit une chambre s'alignera sur l'autre ; soit une chambre mixte sera réunie. D'autres tempèrent la divergence, soulignant que la 1re chambre civile s'est prononcée dans un contexte successoral : l'usufruitier étant d'ores et déjà décédé, l'évocation d'un quasi-usufruit à son profit n'avais pas ici de sens.

Plus largement, certains auteurs critiquent la solution, notamment en ce qu'elle n'incite pas l'usufruitier à voter une mise en réserve des bénéfices. Une fois cette mise en réserve intervenue, les sommes lui échappent définitivement (tout le moins s'agissant de leur pleine propriété). Bon nombre d'usufruitiers – surtout s'ils sont majoritaires dans la société – vont sans doute voter, année après année, la distribution de tous les bénéfices distribuables pour être certains de récupérer ces fonds. Et tant pis si l'époque invitait à être plus prudent.

Une autre problématique concerne, pour sa part, les dividendes issus de la vente d'un actif de la société. Dans un arrêt récent, il était ainsi question d'une SCI ayant vendu l'unique immeuble qu'elle possédait, le prix de la vente ayant ensuite été distribué sous forme de dividendes. Il faut remarquer, de surcroît, que l'usufruitier était investi du droit de vote s'agissant de cette décision.

Selon la Cour de cassation, lorsqu'une société décide la distribution, sous forme de dividendes, du produit de la vente de la totalité de ses actifs immobiliers, ce dividende revient, sauf convention contraire entre les acteurs, au nu-propriétaire, le droit de jouissance de l'usufruitier s'exerçant alors sous la forme d'un quasi-usufruit sur la somme distribuée. Cette décision, lorsque l'usufruitier y prend part, ne peut par ailleurs être constitutive d'un abus d'usufruit. La solution appelle deux remarques.

D'une part, c'est donc la qualification de produit qui est ici retenue. Celle-ci semble cohérente, car la vente de tous les actifs d'une société risque de faire de la personne morale une « coquille vide », portant ainsi atteinte à la substance de la chose (C. civ., art. 578). Il est en effet certain que dans le cadre d'une SCI, dont l'activité est indissociable de l'exploitation de biens immobiliers, la vente de tous ses actifs va obérer – durablement et définitivement – son fonctionnement.

Remarque

Si la présente décision faisait intervenir une décision radicale de vendre tous les actifs de la société, il est certain que la qualification à retenir serait plus sensible dans d'autres hypothèses. *Quid*, ainsi, d'une cession uniquement partielle des actifs d'une société. Le principe, à notre sens, demeurerait pareillement une qualification de produit. Les actifs participent du fonctionnement d'une société et leur cession a, nécessairement, une incidence sur ledit fonctionnement.

Une telle analyse mériterait cependant d'être tempérée dans un certain nombre de situations, car il convient de revenir à ce qui, fondamentalement, permet d'opérer la distinction entre fruits et produits, à savoir l'atteinte à la substance de la société. Partant, c'est au cas par cas, en fonction de l'ampleur des actifs cédés, des schémas au sein desquels la cession intervient et de l'incidence de cette cession sur le fonctionnement de la personne morale, que l'opération de qualification pourra être réalisée. Sans prétendre à l'exhaustivité, il est possible d'imaginer la vente d'un actif de faible valeur, ayant par exemple déjà fait l'objet d'un amortissement, et n'étant guère plus utile à la société. En présence d'une distribution, le dividende correspondant devrait être un fruit. De même, dans le domaine immobilier, il est loisible d'imaginer qu'une SCI, disposant de plusieurs biens, cède l'un d'entre eux et distribue uniquement la partie du prix correspondant à la plus-value réalisée lors de la cession. Là aussi, cette somme devrait revenir en pleine propriété à l'usufruitier. Il pourrait en aller de même si la société a de très nombreux biens et que les opérations d'achat/vente suivent une logique cyclique. Il est néanmoins sûr que, pour éviter l'insécurité juridique liée à une telle casuistique, il faut conseiller d'envisager ces situations en amont dans les statuts.

D'autre part, il a été vu que la Cour de cassation écarte, par principe, l'existence d'un abus de jouissance dès lors que les sommes litigieuses ne font l'objet que d'un quasi-usufruit. En d'autres termes, puisque les dividendes n'échoient pas, en pleine propriété, à l'usufruitier, qui n'a sur eux qu'un droit de jouissance (temporaire), il ne peut commettre d'abus en décidant de leur distribution. Cette analyse est plus contestable au regard de l'obligation faite à l'usufruitier de conserver la substance de la chose : distribuer les sommes issues de la vente des actifs d'une société est une décision lourde de conséquences, par-delà la qualification des dividendes qui en découlent. Ces sommes auraient pu, par exemple, être réinvesties pour l'achat d'un nouvel immeuble. La poursuite de l'activité de la société aurait pris un tout autre tournant. Partant, là encore, c'est un raisonnement casuistique qui doit l'emporter, à défaut d'anticipation statutaire. La décision doit être appréciée, de manière autonome, au regard de ses conséquences sur la substance des parts sociales, et donc de la société.

Bibliographie

S. Fagot et N. Kilgus, « Usufruit de droits sociaux et distribution de réserves », *Actes prat. et ingénierie sociétaire*, 01-02/2017, 17.

F. Zenati, « Usufruit des droits sociaux », *Répertoire droit des sociétés*, janv. 2003.

V. également la bibliographie citée dans la fiche relative aux prérogatives politiques de l'associé en présence de droits sociaux démembrés.

La révocation des dirigeants de sociétés

Le dirigeant de société est considéré comme le mandataire de la société et peut, à ce titre, être révoqué. La révocation du dirigeant, comme l'arrivée du terme du mandat, met fin à ses fonctions.

Attention

1. La révocation est traditionnellement considérée, dans les manuels de droit des sociétés, comme une question relevant du droit commun des sociétés commerciales. Cela étant, elle est généralement réglée par des dispositions spécifiques à chacune des sociétés, parce que les dirigeants ne sont pas les mêmes en fonction des structures sociales. Il existe néanmoins, au-delà de quelques particularités qui transcendent d'ailleurs les catégories sociales, des principes communs, notamment s'agissant de l'indemnisation des dirigeants révoqués.
2. Les étudiants prendront bien soin de conserver à l'esprit que la révocation est une question qui peut être mobilisée dans de nombreuses hypothèses, et parfois de manière accessoire au sujet principal. Elle peut, dans certains cas, se révéler une ressource supplémentaire à laquelle penseront les étudiants qui veulent être complets. Prenons l'exemple d'un cas pratique qui traite de la responsabilité d'un dirigeant, encore en place, recherché par la voie d'une action *ut singuli*. Admettons que l'étudiant, dans sa copie, démontre que le dirigeant a commis une faute, comme l'y invite le sujet. Il pourrait être intéressant de conclure en évoquant, par une courte phrase, la possibilité d'une révocation.

Toute décision affectant le dirigeant n'est pas forcément une révocation. Ainsi, la décision du conseil d'administration d'une SA de confier à son président la direction générale de la société a pour effet de mettre fin aux fonctions jusqu'alors exercées par le directeur général. Elle ne constitue cependant pas une révocation de ce directeur général, sauf si celui-ci démontre que la décision a été prise dans le but de l'évincer de son mandat social (Com. 4 avr. 2024, n° 22-19.991 P).
L'on rappellera quelques principes à connaître à propos des modalités de la révocation (I), avant de préciser les règles applicables en matière de révocation abusive (II).

I • Les modalités de la révocation

En principe, la révocation est décidée par les associés, selon des modalités spécifiques à chaque société. Cependant, dans certaines structures sociales, au-delà de la société civile (C. civ., art. 1851, al. 2), il existe des hypothèses dans lesquelles la révocation judiciaire est possible, c'est-à-dire par décision de justice. C'est le cas par exemple en matière de SARL. En effet, l'article L. 223-25, alinéa 2, du Code de commerce précise qu'« en outre, les gérant est révocable par les tribunaux pour cause légitime, à la demande de tout associé ». Selon la Cour de cassation, il importe peu que les faits reprochés au dirigeant aient des conséquences limitées pour envisager sa révocation (v. Com. 25 janv. 2023, n° 21-18.985, à propos d'anomalies comptables qui avaient été jugées insuffisantes pour justifier la révocation judiciaire du dirigeant).

Attention

Cette possibilité de révocation judiciaire est importante dans un cas pratique, car elle permet parfois de se sortir d'une situation de blocage, notamment quand le gérant est majoritaire. Cela étant, les étudiants veilleront à ne pas l'étendre aux situations dans lesquelles elle n'est pas prévue (à noter : elle existe aussi dans les sociétés en commandite par actions - C. com., art. L. 226-2).

En dehors de cette première remarque, pour ce qui concerne le droit commun des sociétés commerciales, il faut distinguer deux familles de sociétés au regard de la révocation du gérant. Dans une première catégorie de situations, la révocation est soumise à la règle du juste motif (A). Dans une seconde catégorie de situation, la révocation est soumise à la règle de la révocabilité *ad nutum* (B).

A • La révocation pour justes motifs

La révocation pour justes motifs concerne les dirigeants suivants, limitativement désignés :
– le gérant de société à responsabilité limitée (C. com., art. L. 223-25, al. 1er) ;
– les gérants de société en nom collectif (C. com., art. L. 221-12, al. 4) ;
– les gérants de sociétés en commandite simple (par renvoi, C. com., art. L. 222-2) ;
– le directeur général d'une société anonyme, s'il n'est pas, en même temps, le président du conseil d'administration (C. com., art. L. 225-55, al. 1er) ;
– les membres du directoire d'une société anonyme (C. com., art. L. 225-61, al. 1er) ;
– les gérants de sociétés civiles (C. civ., art. 1851, al. 1er).
Il ne faut pas se méprendre, en pratique, sur la portée de cette règle majeure. Elle ne signifie pas qu'il est impossible de révoquer un gérant de SARL, par exemple, si les associés ne sont pas en mesure de rapporter la preuve d'un juste motif. En revanche, s'ils ne parviennent pas à caractériser cette preuve d'un juste motif, des dommages-intérêts devront être versés au profit du dirigeant révoqué. En d'autres termes, si les associés et la société sont d'accord pour payer des dommages-intérêts, libre à eux de révoquer le gérant sans juste motif. C'est une règle d'indemnisation et non de validité de la révocation.
Qu'est-ce ce que le juste motif, en pratique, qui pourrait permettre une révocation sans indemnisation ?
– Une méconnaissance des dispositions législatives et réglementaires : on pense aux dirigeants qui ne respecteraient pas les obligations de déclarations fiscales et sociales, ou qui omettraient de souscrire une assurance obligatoire.
– Une méconnaissance des dispositions statutaires : par exemple, le gérant qui ne respecterait pas une clause limitative de pouvoirs pourrait être révoqué, juste motif à l'appui. Mais il en irait de même du gérant qui ne respecterait pas la raison d'être. Il s'agit probablement d'un juste motif.
– Une faute de gestion est un juste motif (Com. 6 nov. 2012, nº 11-20.582), laquelle peut d'ailleurs consister en une action mais aussi une abstention, quand bien même celle-ci ne serait pas intentionnelle.

Exemple

Un exemple intéressant peut être tiré de la jurisprudence : ainsi, s'abstenir de mettre en place un système de contrôle permettant de vérifier la régularité des factures présentées au dirigeant et correspondant aux opérations les plus importantes peut être analysé comme une faute de gestion (Com. 9 févr. 2022, n° 20-14.476).
Peut-on imaginer une révocation pour juste motif, même lorsqu'aucune faute n'est démontrée ? Par exemple, lorsqu'il y a une mésentente ? Selon la Cour de cassation, la révocation est justifiée « même en l'absence de faute démontrée, par l'existence, entre les associés et le gérant, d'une mésentente de nature à compromettre l'intérêt social » (Com. 4 févr. 2014, n° 13-10.77). Il en va de même pour la perte de confiance : si celle-ci est de nature à compromettre l'intérêt social, elle peut constituer un juste motif au soutien de la révocation du dirigeant (Com. 14 févr. 2018, n° 17-11.103). Il a aussi été considéré que la volonté de mettre en place une nouvelle gouvernance peut être constitutive d'un juste motif dès lors qu'elle est justifiée par la nécessaire préservation de l'intérêt social (Com. 30 mars 2022, n° 20-16.168).

Attention

Pour l'examen, les étudiants conserveront en tête qu'il ne faut pas nécessairement connecter la notion de juste motif à celle de faute. La faute que commet le dirigeant est évidemment un juste motif, mais un juste motif n'est pas toujours une faute. De ce point de vue, l'intérêt social, qu'il faut préserver, doit être pris en considération. C'est pour cette raison que des révocations fondées sur la mésentente, la divergence de vues ou encore la perte de confiance peuvent s'envisager.

B • La révocation *ad nutum*

Le champ d'application de la révocation *ad nutum* est plus restreint que celui de la révocation pour justes motifs. Ce n'est pas très étonnant, étant donné qu'elle se révèle beaucoup moins protectrice pour le dirigeant qui est visé par cette règle.
Sont concernés par la règle de la révocabilité *ad nutum* les dirigeants suivants :
– le directeur général d'une société anonyme lorsqu'il est, en même temps, le président du conseil d'administration (C. com., art. L. 225-55, al. 1er) ;
– le président du conseil d'administration d'une société anonyme (C. com., art. L. 225-18, al. 2) ;
– les administrateurs d'une société anonyme (C. com., art. L. 225-18, al. 2) ;
– les membres du conseil de surveillance (C. com., art. L. 225-75, al. 2).
Pour les dirigeants de SAS, le droit applicable à cette structure sociale ne prévoit aucune disposition spécifique. Il faut donc considérer que le dirigeant est révocable selon la règle de la révocation *ad nutum*. En revanche, selon la Cour de cassation, il est tout à fait possible de prévoir, dans les statuts, une clause insérant l'exigence d'un juste motif (Com. 9 mars 2022, n° 19-25.795).
Les contours de la règle de la révocation ad nutum s'énoncent simplement. Quatre caractéristiques en découlent habituellement :
– la révocation du dirigeant concerné peut intervenir à tout moment ;
– la révocation du dirigeant concerné peut intervenir sans préavis à respecter ;
– la révocation du dirigeant concerné peut intervenir sans motif ;
– la révocation du dirigeant concerné peut intervenir sans indemnisation.
Le dirigeant concerné n'est pas spécialement protégé par la règle de la révocation *ad nutum*. C'est néanmoins tout le sens de cette modalité particulière. Elle doit pouvoir intervenir à la discrétion totale de ceux qui ont le pouvoir de révoquer le dirigeant, c'est-à-dire les associés.

Il est un point très important, qui exerce une incidence en pratique. La règle de la révocabilité *ad nutum*, dans les sociétés dans lesquelles elles s'appliquent, est considérée comme d'ordre public. Les stipulations statutaires, tout comme celles se trouvant dans des pactes d'actionnaires, ne pourront pas l'écarter. La formule de la Cour de cassation est claire : « est illicite toute stipulation ayant pour objet ou pour effet de porter atteinte à la libre révocabilité de l'administrateur d'une société anonyme » (Com. 17 mars 2021, n° 19-10.350 ; Com. 26 avr. 2017, n° 15-12.888 ; Com. 14 mai 2013, n° 11-22.845).

Attention

Certaines stipulations et/ou conventions peuvent se révéler piégeuses pour les étudiants et ne donnent pas toujours l'impression de remettre en cause la règle de la révocation *ad nutum*. Ainsi en va-t-il quand la difficulté provient, non pas de l'objet (ce qui est rare), mais de l'effet de la convention. Les étudiants devront donc se poser la question : est-ce qu'elle aboutit à entraver et/ou bloquer le droit de révoquer des associés ? C'est le cas, par exemple, pour un pacte d'actionnaires qui prévoyait une répartition des postes à parité, entre groupes d'actionnaires, dans un conseil d'administration (Com. 26 avr. 2017, n° 15-12.888).

En pratique, une question importante se pose : c'est celle de la compatibilité de ce que l'on dénomme les « parachutes dorés » (plus connus sous leur nom anglo-saxon de *golden parachute*) et la règle de la révocabilité *ad nutum*. Qu'est-ce qu'un parachute doré ? Il s'agit de la somme allouée à un dirigeant social lorsqu'il est révoqué de ses fonctions. L'indemnité peut être particulièrement élevée dans les cas les plus médiatiques. En effet, cette perspective est souvent, pour le gérant, un argument qui le conduit à signer et à accepter les fonctions qu'on lui propose. Ne pourrait-on considérer, quand la somme est trop forte, que les associés sont dissuadés de faire usage du droit de révoquer le dirigeant parce qu'ils n'auront pas, dans certains cas, les moyens financiers d'assumer le paiement de l'indemnité ?

La réponse se décline en deux temps.

Dans les sociétés cotées, des règles spéciales existent.

Pour les autres sociétés, la Cour de cassation a fixé une règle permettant d'analyser ces conventions au regard de la libre révocabilité. Ainsi, il convient de vérifier si la convention souscrite au profit du dirigeant ne revient pas, en accordant une indemnisation, à dissuader la société d'exercer son libre choix de révoquer (Com. 26 mai 2004, n° 01-03.569).

Un arrêt intéressant permet de souligner qu'il ne faut pas s'intéresser aux conséquences financières importantes que peut entraîner la convention de parachute doré pour la seule société. En effet, est aussi « illicite la convention qui a pour objet ou pour effet de restreindre ou d'entraver la révocation *ad nutum* du directeur général d'une société anonyme par les conséquences financières qu'elle entraîne pour un tiers qui peut exercer une influence sur la décision de révocation » (Com. 4 juin 1996, n° 94-15.238).

Attention

Les étudiants devront faire attention (comme le démontrera d'ailleurs l'un des cas pratiques proposés) à ce que peut déclencher la révocation. En effet, dans l'hypothèse particulière de la révocation d'un gérant de SNC, quand tous les associés sont gérants ou lorsqu'il s'agit d'un gérant associé statutairement désigné, celui-ci dispose alors d'un droit de retrait, sans conditions, sans avoir à démontrer l'existence d'un juste motif. L'article L. 221-12, al. 1er du Code de commerce prévoit en effet que « le gérant révoqué peut alors décider de se retirer de la société en demandant le remboursement de ses droits sociaux ». Dans ce cas précis, si le gérant utilise son droit de retrait, il faudra que le gérant se fasse rembourser ses droits sociaux, ce qui peut, dans un contexte contentieux, poser un problème de valorisation des parts.

II • La révocation abusive

La question de la révocation abusive d'un dirigeant de société est devenue centrale dans le contentieux. Elle obéit à certaines règles de droit commun, en ce que celles-ci s'appliquent à toutes les sociétés. Dans ces conditions, les règles qui suivent concernent les dirigeants concernés par la règle du juste motif, mais aussi les sociétés dans lesquelles le dirigeant est soumis à la règle de la révocabilité *ad nutum*. En principe, on considère que la révocation donne lieu à dommages-intérêts, dans deux séries de cas, peu important la forme sociale de la société en cas : quand le dirigeant a été révoqué dans des conditions abusives et/ou vexatoires (A) et quand le dirigeant a été révoqué en méconnaissance du principe du contradictoire (B), c'est-à-dire, selon la conception qu'en retient le droit des sociétés, sans avoir été mis en mesure de présenter ses observations face à la révocation envisagée.

A • Les circonstances entourant la révocation

Le gérant peut obtenir l'allocation de dommages-intérêts si sa mise à l'écart intervient dans des circonstances vexatoires ou abusives (Com. 14 mai 2013, n° 11-22.845). Le contexte de la révocation est donc essentiel et doit être analysé avec attention. La jurisprudence se livre à une appréciation *in concreto*. Par exemple, la révocation est abusive quand le gérant, qui exerçant ses fonctions depuis dix ans, avait dû, dès l'issue de l'assemblée générale ayant voté sa révocation, remettre l'ensemble des clefs en sa possession donnant accès à l'entreprise (Com. 9 nov. 2010, n° 09-71.284). En revanche, les circonstances n'ont pas été considérées comme vexatoires, car inhérentes à la cessation des fonctions dans le contexte suivant : perte d'accès du dirigeant à son serveur et à son adresse électronique, demande de restitution du téléphone ainsi que l'interruption de la ligne, obligation de quitter le logement de fonction dans le délai d'un mois (Com. 25 mai 2017, n° 15-21.633).

B • Le principe du contradictoire

La révocation du dirigeant peut aussi donner lieu à indemnisation quand le principe du contradictoire n'a pas été respecté dans le processus de mise à l'écart. Cette exigence, qui découle de l'obligation de loyauté à l'égard du dirigeant, signifie concrètement que le dirigeant doit pouvoir s'expliquer à propos de la mesure de révocation envisagée à son encontre. Ainsi faut-il qu'il puisse présenter ses observations (Com. 31 janv. 2010, n° 10-26.329 ; Com. 22 oct. 2014, n° 12-24.162), peu importe que la révocation soit intervenue pour faute lourde (Com. 11 oct. 2023, n° 22-12.361). À défaut, le dirigeant peut obtenir l'allocation de dommages-intérêts.

Il ne faut pas trop étirer l'exigence du contradictoire. Ainsi, si le dirigeant a été informé des motifs de sa révocation et a été en mesure de défendre sa position lors de la réunion du conseil d'administration avant le vote sur la révocation, le contradictoire n'est pas méconnu. La règle n'exige pas un délai minimum entre l'annonce de la mesure de révocation et le moment où celle-ci est effective, pas plus qu'elle ne permet à l'associé de venir avec son avocat. Il s'agit simplement de permettre au dirigeant de pouvoir s'exprimer (Com. 14 oct. 2020, n° 18-12.183).

Bibliographie

T. Gérard, « Le sort du mandat social en cas de changement des modalités de gouvernance de la société : entre révocation et caducité », *D.* 2024. 1109.

J. El Ahdab, « Les parachutes dorés et autres indemnités conventionnelles de départ des dirigeants : approche pluridisciplinaire et comparée », *Rev. sociétés*, 2004. 18

La prorogation des sociétés

En droit des sociétés, à tout le moins pour celles dotées de la personnalité morale, le contrat à durée indéterminée n'est pas envisageable. Lors de la rédaction des statuts, il convient de prévoir un terme à la société, 99 ans maximum (C. civ., art. 1833). L'exigence se comprend aisément : dès lors que notre droit prohibe les engagements perpétuels, le contrat à durée indéterminée déroge au principe du *mutuus dissensus*. Dans ce cadre, tout contractant peut décider, unilatéralement, de mettre fin à la convention. Il est certain que cette règle serait venue fragiliser la pérennité d'une structure sociale, justement imaginée pour offrir un cadre et une stabilité à une personne morale nouvellement créée. En imposant un terme au contrat de société, l'on assure sa stabilité durant cette durée. De ce point de vue, rappelons que la faculté de retrait – possibilité de « sortie » en cours de vie sociale sans cession – est limitée et encadrée (v. la fiche sur ce thème).
Dès lors que la société est limitée dans le temps, une fois le terme échu, la dissolution intervient de plein droit (C. civ., art. 1844-7, 1°). Le seul moyen d'échapper à ce funeste sort réside dans la faculté pour les associés d'être consultés et de décider d'une prorogation (I). Pourtant, il est des hypothèses où cette faculté ne sera pas mise en œuvre, par négligence ou oubli, entraînant de graves conséquences (II). Le égislateur a alors prévu la possibilité d'une régularisation (III).

I • La possibilité de proroger

Le terme imposé aux sociétés – 99 années maximum – n'est pas inéluctable. Il demeure possible pour les associés de proroger la société. En ce sens, l'article 1844-6 du Code civil dispose en effet que « la prorogation de la société est décidée à l'unanimité des associés, ou, si les statuts le prévoient, à la majorité prévue pour la modification de ceux-ci ». Il convient d'emblée de remarquer que, par principe, l'unanimité trouve à s'appliquer et cela se justifie doublement.
D'une part, la durée d'existence de la société est fixée dans les statuts. Partant, la prorogation vient, d'une certaine manière, modifier cette stipulation statutaire. Or, s'agissant de la modification des statuts, l'unanimité est, par principe, de mise. Ce n'est que si les associés ont admis qu'une majorité plus faible puisse suffire à modifier lesdits statuts que cette majorité pourra trouver ici à s'appliquer.
D'autre part, il a déjà été rappeler le principe de prohibition des engagements perpétuels. Or, si la majorité (par exemple simple) des associés pouvait imposer la prorogation aux minoritaires, ceux-ci se retrouveraient « prisonniers » d'une société dont ils ne peuvent sortir. Si tous ont décidé de s'engager pour 99 ans, sans autre précision statutaire, chacun – même minoritaire – doit pouvoir faire valoir ce terme et s'opposer à la prorogation.
Le Code civil précise ensuite les modalités de cette prorogation : « un an au moins avant la date d'expiration de la société, les associés doivent être consultés à l'effet de décider si la société doit être prorogée » (C. civ., art. 1844-6, al. 2). Le législateur favorise de la sorte une démarche active du dirigeant qui doit prendre l'initiative de traiter ce sujet « dans les temps », et ce afin d'éviter toute précipitation qui pourrait se révéler dangereuse.

À noter

Le délai d'un an est sans incidence sur la validité de la prorogation. Il est admis que la prorogation décidée *in extremis* est parfaitement régulière (Com. 30 juin 2015, n° 14-17.649). En revanche, cette inaction constitue une faute pouvant fonder, par exemple, une révocation du dirigeant ou l'engagement de sa responsabilité si un préjudice en découle.

En cas d'inaction du dirigeant, il est certain que la prorogation ne doit pas être subie. Ainsi, « à défaut [de consultation des associés un an auparavant], tout associé peut demander au président du tribunal, statuant sur requête, la désignation d'un mandataire de justice chargé de provoquer la consultation prévue au deuxième alinéa » (C. civ., art. 1844-6, al. 3).

II • L'oubli de proroger

Au sein d'une entreprise qui ne rencontre pas de difficulté, les dates d'anniversaire peuvent aisément être oubliées. Le résultat est préjudiciable. Du point de vue de la société, le défaut de prorogation et la dissolution subséquente sont contraires à ses intérêts. Sur le plan socio-économique, faire involontairement disparaître des fournisseurs d'emploi, des contribuables et des cotisants n'est assurément pas une situation heureuse (P. Le Cannu, « Note sous Civ. 1re, 13 déc. 2005 », *BJS* 2006, p. 565, n° 4. V. également, R. Bouvier, « Question n° 25195 », *JO Sénat*, 19 sept. 1985. 1764).

Jusqu'alors, une fois la « durée de vie » de la société écoulée, la disparition de la personne morale semblait jusqu'à présent inéluctable, la Cour de cassation jugeant de manière constante que toute décision des associés intervenant *après* le terme est inefficace (V. notamment, Com. 13 sept. 2017, n° 16-12.479). Certes, la société survit pour les besoins de sa liquidation (C. civ., art. 1844-8, al. 3. V. également, C. com. art. L. 237-2, al. 2), mais cette survie pose bien des difficultés.

En effet, lorsque l'échéance du terme statutaire est, simplement, oubliée par les associés, il est fréquent que l'activité sociétaire se poursuive et que de nombreux actes soient faits au nom de la société. Le sort de ceux-ci interroge doctrine et praticiens depuis de nombreuses années. Il serait en effet préjudiciable de considérer qu'ils sont annulables, faute d'existence de l'une des parties. Deux explications sont habituellement avancées pour analyser leur validité.

Une première consiste à rappeler que la dissolution de la société entraîne, par principe, sa liquidation. Et cette dernière n'entraîne la disparition de la personne morale qu'au moment de la publication de sa clôture. La personnalité juridique se poursuivant, les actes effectués pourraient être considérés comme valables. C'est oublier que la survie s'inscrit dans une finalité, soit « les besoins de la liquidation ». Il s'agit de réaliser l'actif de la société afin de liquider son passif (E. Boronad-Lesoin, « La survie de la personne morale dissoute », *RTD com.* 2003. 1, n° 8 et 9). Or, il est évidemment que la plupart des actes litigieux, quand l'échéance est oubliée, ne poursuivent pas une telle finalité mais s'inscrivent plutôt dans l'exploitation normale d'une société bien « vivante ».

Une seconde justification s'appuie, pour sa part, sur une construction prétorienne. La Cour de cassation considère, en présence d'associés poursuivant l'activité après le terme statutaire et du maintien d'un *affectio societatis*, que la société se transforme en une société « devenue de fait ». Elle en déduit que les statuts continuent à régir les rapports entre associés. En revanche, rien n'est dit s'agissant des rapports externes. Si d'aucuns considèrent que les actes conclus pourraient être valables en application de la théorie de l'apparence (M. Zolomian, « Les sociétés devenues de fait », *Rev. sociétés* 2016. 407, n° 19. Et les rapports entre les créanciers de la société et les associés seraient justifiés par l'existence d'une indivision : *ibid.*, n° 24), l'analyse n'est pas unanimement partagée. Pour un autre auteur, il conviendrait de considérer qu'une société en participation se « superpose » à la personne morale entrée en phase de liquidation (J.-Ph. Dom, « La société après son terme statutaire », in *Mélanges P. Serlooten*, Dalloz, 2015, n° 21). En tout état de cause, et sans prétendre trancher le débat, il faut bien admettre que la figure proposée par la jurisprudence demeure une « troublante énigme » (P. Le Cannu, « Note sous Civ. 1re, 13 déc. 2005 », *BJS* 2006, p. 565, n° 4) dont les actes « semblent pouvoir être contestés à l'infini » (J.-Ph. Dom, art. préc., n° 16).

III • La prorogation *a posteriori*

De manière ancienne, la possibilité de proroger la société par-delà l'éventuel oubli de son échéance était défendue. Ainsi, la Cour d'appel de Paris a pu juger que le maintien d'une activité postérieure à l'échéance témoignerait de la volonté des associés de proroger (Paris, 12 févr. 2015, n° 14/19257). Si l'intention était louable, elle n'en demeure pas moins critiquable : l'activité de la société est souvent davantage le fait des dirigeants que des associés (notamment des minoritaires). Déduire de cette poursuite d'activité une volonté commune – et unanime – des associés de proroger la durée de la société est peut-être excessif. Cette position des juges du fond a été en tout état de cause censurée par un arrêt du 13 septembre 2017 (Com. 13 sept. 2017, n° 16-12.479). Pour les magistrats du quai de l'Horloge, « en l'absence de toute prorogation expresse, décidée dans les formes légales ou statutaires, un groupement agricole d'exploitation en commun est dissous de plein droit par la survenance du terme ».

Remarque

Certains auteurs font cependant valoir que la décision ne recouvre pas l'hypothèse où existerait, dans les statuts, une clause de tacite reconduction (B. Dondero, « Note sous Com., 13 sept. 2017 », *JCP* 2017, p. 1259). Celle-ci est expresse, la dimension tacite n'intervenant qu'au niveau des modalités de la prorogation (pour une analyse globale, v. N. Kilgus, « Les modalités de prorogation de la société. Réflexions autour de l'exprès, du tacite et de l'implicite », *RTD com.* 2019. 313). Il n'en demeure pas moins que la division de la doctrine à ce propos et l'absence de certitude en jurisprudence participent d'une insécurité juridique.

Au regard de ces difficultés, une proposition de loi de simplification, de clarification et d'actualisation du Code de commerce, déposée au Sénat le 4 août 2014, évoquait la possibilité de proroger après l'échéance du terme. Elle visait à introduire un délai de trois mois, après l'échéance statutaire, permettant à tout associé de solliciter du président du tribunal qu'il constate « l'intention des associés de proroger la société » et autorise leur consultation (*Proposition de loi* n° *790 de simplification, de clarification et d'actualisation du Code de commerce*, 4 août 2014, art. 9). À l'occasion des travaux parlementaires relatifs à la loi dite « Sapin II », une formulation similaire fut suggérée (*Projet de loi n° 14 rect. relatif à la transparence, à la lutte contre la corruption et à la modernisation de la vie économique*, 3 nov. 2016, art. 41 *bis*). La proposition a été adoptée par le Sénat et transmise à l'Assemblée nationale, le 8 mars 2018. Madame Degois, rapporteur, faisait ainsi valoir qu'un oubli de bonne foi quant à la prorogation pouvait entraîner « une insécurité juridique préjudiciable aux intérêts de la société et des tiers concernés par son activité » (T. Degois, *Rapport n° 1771* (Assemblée nationale), 20 mars 2019, p. 27). Il avait toutefois été demandé de porter le délai de régularisation, initialement fixé à trois mois, à un an (*ibid.*, p. 28).

La loi n° 2019-744 du 19 juillet 2019 de simplification, de clarification et d'actualisation du droit des sociétés consacre la modification. L'article 1844-6, alinéa 4, du Code civil dispose désormais que, « lorsque la consultation [des associés relativement à la prorogation] n'a pas eu lieu, le président du tribunal, statuant sur requête à la demande de tout associé dans l'année suivant la date d'expiration de la société, peut constater l'intention des associés de proroger la société et autoriser la consultation à titre de régularisation dans un délai de trois mois, le cas échéant en désignant un mandataire de justice chargé de la provoquer ». Le texte ajoute : « Si la société est prorogée, les actes conformes à la loi et aux statuts antérieurs à la prorogation sont réputés réguliers et avoir été accomplis par la société ainsi prorogée. »

Rappel

En droit commun des contrats, la prorogation suppose toujours une manifestation de volonté intervenant avant l'arrivée du terme (C. civ., art. 1213).

Trois remarques, critiques, peuvent toutefois être formulées à l'encontre de cette louable intention du législateur.

Premièrement, la tenue d'un vote de « régularisation » en vue de la prorogation de la société n'est pas sans perturber la sécurité juridique des tiers relativement à l'existence même de la personne morale. En effet, durant l'année en cause, l'ambiguïté est de mise : la société est officiellement arrivée au terme de son existence, tandis qu'une résurrection – dont la décision appartient aux associés – demeure toujours possible.

Deuxièmement, une fois la prorogation décidée, une nouvelle difficulté survient, relativement aux actes qui pourront être réputés réguliers et avoir été accomplis par la société. Ceux-ci devront être « conformes à la loi et aux statuts antérieurs à la prorogation » énonce le texte. La seconde condition interroge, car le texte vise les « statuts », sans autre précision. Or, pour les SNC, les SCS ou les sociétés civiles, les dirigeants sociaux engagent la personne morale uniquement par les actes se rattachant à l'objet social (C. com., art. L. 221-5 et L. 222-2 ; C. civ., art. 1849). Pour les SARL et les sociétés par actions, le représentant légal peut, par principe, engager la société par des actes ne relevant pas de l'objet social (V. C. com., L. 223-18, al. 5, L. 225-56, I, L. 225-64, al. 2, L. 226-7, al. 2 et L. 227-6, al. 2). Par conséquent, et de manière surprenante, le dirigeant pourra ignorer une restriction statutaire de ses pouvoirs, voire l'objet social, lorsque la société n'est pas échue. Mais, après l'échéance, de tels actes ne seront pas réputés avoir été accomplis par la société prorogée. À nouveau, la sécurité juridique du tiers qui, habituellement, n'aura guère à se soucier des clauses statutaires, ni pour certaines formes sociales de l'objet social, se trouve menacée. Et la menace dure une année.

Troisièmement, lors des débats parlementaires ayant abouti à l'adoption de la loi du 19 juillet 2019, deux rapports faisaient valoir qu'il était nécessaire que les associés puissent intervenir durant l'année suivant l'échéance, et non uniquement pendant trois mois. Il fallait « préserver l'effet utile de cette nouvelle procédure » (T. Degois, *Rapport préc.*, p. 28), car « les associés, en pratique, se rendaient souvent compte de cette omission bien plus tard » (A. Reichardt, *Rapport* n° *657* [Sénat], 1er juin 2016, p. 41). Le délai d'un an semblait plus cohérent puisqu'il correspond fréquemment au rythme de convocation des assemblées générales. Ce délai apparaît toutefois encore trop bref s'il s'agit de réparer un oubli. La réunion de l'assemblée générale ne donne pas nécessairement lieu à une lecture exhaustive des statuts. La découverte de l'échéance interviendra souvent bien des années trop tard. À l'inverse, les remarques précédentes relatives à l'insécurité juridique créée par une possibilité de régularisation *ex post* de la personne morale invitent à ne pas la prolonger davantage. L'année semble ici déjà trop longue. Il en résulte assurément une difficulté : quelle que soit la durée retenue, celle-ci sera nécessairement inadaptée suivant l'objectif poursuivi – réparer l'oubli ou assurer la sécurité juridique.

Bibliographie

N. Kilgus, « Les modalités de prorogation de la société. Réflexions autour de l'exprès, du tacite et de l'implicite », *RTD com.* 2019. 313.

N. Kilgus, « Proroger par-delà l'expiration de la société : propos critiques », *D.* 2019. 1899.

R. Libchaber, « Réflexions sur les engagements perpétuels et la durée des sociétés », *Rev. sociétés* 1995. 437.

Le droit de revendication de parts sociales financées à l'aide de deniers communs

Dans le cadre de l'apprentissage du droit, il est classique (et pédagogique) d'initier les étudiants matière après matière. Ceux-ci ont, dès lors, une vision séquencée du droit ; en permettant aux candidats de choisir leur « matière de spécialité », l'examen d'entrée au CRFPA s'inscrit dans la même démarche. Pourtant, dans une pratique professionnelle, il est évidemment des sujets qui touchent à plusieurs domaines et des questions qui imposent d'explorer plusieurs champs disciplinaires. Le droit de revendication de parts sociales financées à l'aide de deniers communs s'inscrit dans cette dynamique, même si la présente fiche va l'envisager sous l'angle principalement du droit des affaires.

L'enjeu est assez aisé à comprendre : lorsqu'un couple est marié sous un régime de communauté, une masse de biens est qualifiée de commune, car ceux-ci appartiennent aux deux époux. Si, à l'aide de ces biens communs – en mature ou en numéraire – un époux fait un apport en société ou acquiert des droits sociaux, il convient de rechercher un point d'équilibre. D'une part, il faut garder à l'esprit, d'une manière ou d'une autre, l'aspect « commun » et permettre à l'autre conjoint d'intervenir ou d'avoir des droits sur les droits sociaux ainsi obtenus ou acquis. D'autre part, il faut préserver le fonctionnement de la société : donner à la qualité d'associé, automatiquement, à l'époux non-apporteur ou non-acquéreur, au prétexte que les deniers employés étaient communs, n'a guère de sens. Devenir associé implique une démarche volitive !

Le législateur s'est saisi de cette question et envisage ledit équilibre à l'article 1832-2 du Code civil, s'agissant **des parts sociales non négociables**. Il envisage un mécanisme en trois temps qui implique information (I), revendication (II) et, éventuellement, mise en œuvre d'un agrément (III).

I • L'information

L'article 1832-2 du Code civil dispose qu'« un époux ne peut, sous la sanction prévue à l'article 1427, employer des biens communs pour faire un apport à une société ou acquérir des parts sociales non négociables sans que son conjoint en ait été averti et sans qu'il en soit justifié dans l'acte ». Trois remarques peuvent être formulées.

D'abord, il faut constater que la sanction est la seule inopposabilité de l'acte au conjoint non-informé et non la nullité de l'apport ou de la souscription. Cette sanction se justifie au regard du droit des sociétés et du besoin d'équilibre précité. Il est important de protéger l'autre époux et l'obligation d'information doit être sanctionnée. Toutefois, cette sanction ne doit pas venir perturber le fonctionnement de la société, ce qui aurait été le cas si une nullité avait été édictée : l'inopposabilité permet à la sanction de se déployer entre les seuls époux !

Ensuite, cette exigence est bienvenue et donne du sens à la suite du texte, car nous verrons que l'époux non-apporteur ou non-souscripteur peut revendiquer la moitié des parts sociales concernées. Pour revendiquer, encore faut-il savoir qu'un apport ou une souscription a été réalisé. En revanche, aucune exigence de forme n'est imposée quant à cet avertissement. Si, dans la plupart des cas, l'on proposera

à l'autre époux d'intervenir à l'acte d'apport ou de cession, l'on pourrait également imaginer une information délivrée par commissaire de justice !
Enfin, et ce point est sensible pour les rédacteurs d'actes de cession ou d'apport, il est indispensable de justifier dans l'acte que cette information a été délivrée.

II • La revendication

Sous réserve de la parfaite information précitée, le Code civil dispose que « la qualité d'associé est reconnue à celui des époux qui fait l'apport ou réalise l'acquisition ». Cette règle assure le bon fonctionnement de la société qui, par principe, ne va fonctionner qu'avec l'époux désireux de devenir associé. Par exception, toutefois, poursuit le texte : « la qualité d'associé est également reconnue, pour la moitié des parts souscrites ou acquises, au conjoint qui a notifié à la société son intention d'être personnellement associé ». Ce droit à revendication peut être diversement apprécié.

Remarque

Ce droit, visant à la protection de l'époux, peut faire l'objet d'une renonciation, laquelle sera parfaitement valable si elle est faite une fois le droit acquis (par ex., Com. 12 janv. 1993, n° 90-21.126). Elle peut, notamment, prendre la forme d'une intervention de l'époux à l'acte d'apport ou d'acquisition. La jurisprudence est, par ailleurs, venue préciser ses modalités, énonçant que « la renonciation à un droit peut être tacite dès lors que les circonstances établissent, de façon non équivoque, la volonté de renoncer » (Com. 21 sept. 2022, n° 19-26.203, § 12).
À noter toutefois que cette renonciation peut ne pas être définitive. Ainsi, il a été jugé que, dès lors qu'un époux, même sans qu'il ne soit fait référence à l'article 1832-2 du Code civil, renonce clairement et sans réserve, au moment de la constitution de la société, à revendiquer la qualité d'associé, il ne peut revenir ultérieurement sur cette décision. En revanche, une cour d'appel prive sa décision de base légale en retenant qu'une telle renonciation prohibe aux associés de manifester, ultérieurement, leur consentement unanime à l'entrée dudit conjoint dans le groupement (Com. 19 juin 2024, n° 22-15.851). Il convient donc de distinguer les « regrets » en matière de renonciation. L'époux qui renonce ne peut, naturellement, revenir unilatéralement sur cette décision et vouloir entrer dans la société. C'est l'expression du respect de la parole donnée et de la sécurité juridique recherchée par les parties ! En revanche, si tous (l'époux, son conjoint et les autres associés) sont d'accord à ce que le renonçant accède finalement à la qualité d'associé, rien ne doit pouvoir s'y opposer !
Une question demeure néanmoins : dans le cas présent, l'accord était unanime, de la part de tous les associés (dans les GAEC, comme en l'espèce, celle-ci est d'ailleurs de principe : C. civ., art. 1861 ; C. rur., art. R. 323-38). *Quid* si certains s'y opposent ? À notre sens, il faut combiner les raisonnements issus du droit des régimes matrimoniaux et du droit des sociétés. Si, parmi les opposants, figure le conjoint apporteur ou souscripteur, la renonciation de l'autre époux doit demeurer en tout état de cause définitive : dans leurs rapports, celle-ci correspond certainement à la recherche d'un équilibre (en termes de préservation d'une autonomie professionnelle par exemple). Il ne serait pas admissible qu'il conspire avec les autres associés pour finalement revenir sur la parole donnée. À l'inverse, si le conjoint apporteur ou souscripteur souhaite finalement autoriser l'arrivée de l'autre, c'est la logique classique de l'agrément (des tiers) qui doit être poursuivie. S'il existe une clause d'agrément qui n'envisage pas une unanimité, chacun des associés accepte dès l'origine qu'un tiers devienne associé, nonobstant l'opposition des minoritaires. Que ce nouvel arrivant soit le mari ou la femme d'un associé déjà présent ne change pas cet état de fait et ne lui cause aucun tort. Enfin, à défaut de processus d'agrément, seul le raisonnement précité issu du droit des régimes matrimoniaux est pertinent. Si la société se veut « ouverte », elle doit l'être également au profit des époux des associés.

Positivement, il est possible d'y voir un équilibre : dès lors que les deniers (ou les biens) employés appartiennent à la communauté, l'autre époux peut souhaiter vouloir participer à l'aventure sociétaire qu'il aura – par le truchement du droit des régimes matrimoniaux – financée ! Lorsque le couple se sépare, la revendication peut également avoir du sens. D'une part, la qualité d'associé permet de continuer de profiter des avantages de la société (notamment les dividendes) même une fois le divorce prononcé. Dans le cas contraire, l'époux non-apporteur ou non-souscripteur aurait simplement droit à la moitié de la valeur des parts. D'autre part, justement dans le cadre d'un divorce, la revendication permet parfois d'obtenir des informations (avantages en nature offerts par la société que l'époux garde sous silence lors du calcul de la prestation compensatoire par ex.).

À noter

Il ne faut cependant pas offrir à cet argument une faveur trop importante, car d'autres armes existent entre les mains du conjoint, même s'il demeure non associé. L'on songe ainsi à l'obligation, faite par le juge du divorce, de communiquer certaines pièces. Ou encore au fait que certains documents sont librement consultables, car publiés au RNE. En outre, la dissimulation volontaire de certains avoirs peut être sanctionnée sur le terrain du recel.

En outre, il convient de souligner que les dettes sociales, lorsque les parts sont communes, relèvent de l'article 1413 du Code civil : elles peuvent donc conduire à une saisie éventuelle des biens communs. En permettant au conjoint de devenir associé, l'article 1832-2 lui offre une certaine maîtrise de la société, laquelle lui permet de protéger, indirectement, la masse commune.
Négativement, le texte appelle plusieurs remarques.
Premièrement, c'est l'immixtion dans la vie de la société, par l'autre époux, qui est souvent dénoncée. Sur le terrain du droit des régimes matrimoniaux, un auteur a pu relever une potentielle difficulté relative à l'autonomie professionnelle des époux (v. not., E. Naudin, « Rapport du comité juridique de la FNDP. Champ d'application de l'article 1832-2 du Code civil : pour une approche restrictive », *JCP N*, 30 oct. 2015, p. 44). Plus largement, sur le terrain du droit des affaires, c'est également l'immixtion du conjoint ainsi opérée qui est critiquable. Le voilà qui dispose, dans certains cas, de la possibilité de s'imposer au sein de la société. Surtout, lorsque le couple va divorcer, c'est ce conflit qui risque en réalité d'être « importé » au sein de la société.

À savoir

Cette immixtion est d'autant plus dangereuse que la Cour de cassation refuse de faire de l'*affectio societatis* une condition de la mise en œuvre de la revendication de l'article 1832-2. Elle juge en effet : « L'*affectio societatis* n'est pas une condition requise pour la revendication, par un époux, de la qualité d'associé sur le fondement de l'article 1832-2 du Code civil » (Com. 21 sept. 2022, n° 19-26.203, § 8). En d'autres termes, un époux pourrait intégrer la société sans volonté aucune de participer à l'aventure sociétaire, par exemple – ce fut le cas dans l'arrêt du 21 septembre 2022 – pour obtenir divers documents ! Il convient cependant, peut-être, de ne pas être trop critique avec cette solution : l'*affectio societatis* est un concept critiqué (v. notamment, N. Reboul, « Remarques sur une notion conceptuelle et fonctionnelle : l'*affectio societatis* », *Rev. sociétés* 2000. 433 ; F.-X. Lucas, « Les actionnaires ont-ils tous la qualité d'associé ? Brefs propos discursifs autour du thème de l'associé et de l'investisseur », *RDBF* 2002, p. 216 ; S. Lacroix-De Sousa, « Le rayonnement de l'*affectio societatis* », *Rev. sociétés* 2016. 499), parfois qualifié de « fuyant » (M. Despax, *L'entreprise et le droit*, LGDJ, 1957, n° 319) ou réduit à la simple volonté de créer ou d'intégrer une société afin d'en retirer un avantage (v. notamment, Com. 10 févr. 2015, n° 14-10.110). Subordonner le droit de revendiquer des parts sociales financées à l'aide de deniers communs à la démonstration d'un tel *affectio societatis* risque de générer de l'insécurité juridique.

Deuxièmement, le moment de la mise en œuvre de la revendication est également critiqué. Il a de la sorte été jugé que, si l'époux concerné ne fait pas la demande immédiatement, il peut la faire par la suite, aucun délai n'étant prévu, sauf bien évidemment le prononcé du divorce. Une revendication postérieure ne saurait être admise (Com. 18 nov. 1997, n° 95-16.371). En d'autres termes, un époux peut revendiquer la propriété des parts des années après l'apport ou la souscription concerné (v. notamment, Paris, 18 févr. 2020, n° 17/08258). Cette possibilité accentue la crique précitée : lorsque l'époux se manifeste des années plus tard, par exemple lors de la procédure de divorce, son entrée dans la société va sans doute se faire pour « de mauvaises raisons » et venir perturber son fonctionnement. Rappelons simplement ici que la mésentente grave, conduisant à la paralysie de la société, peut conduire à sa dissolution !

Troisièmement, c'est la distinction entre les diverses sociétés qui est parfois remise en cause : seules sont concernées les sociétés de personnes puisque le texte ne vise que **les parts sociales non négociables.** Or, cette distinction suivant le type de société se justifiait historiquement : ces sociétés de personnes étaient appréhendées telles des entreprises – et constituaient souvent un actif important du couple – et, par conséquent, la place du conjoint y avait un sens. À l'inverse, les sociétés par actions étaient davantage perçues comme des placements. On peut, sans doute, aujourd'hui remettre en cause cette analyse. Les SAS, parce qu'elles offrent une grande liberté, sont souvent choisies pour accueillir l'activité de petites entreprises.

À noter

Cela dépasse le programme de droit des affaires, mais une remarque similaire peut être formulée sur le fondement du droit de la famille. Cette faculté de revendication n'existe que pour les couples mariés. Rien n'est dit pour les partenaires de PACS (voire les concubins), lesquels peuvent également faire des apports ou souscrire des droits sociaux à l'aide de biens ou deniers indivis.

Quatrièmement, et plus largement, c'est l'équilibre global de cette distinction qui est critiquée. Même sans revendiquer des parts, l'autre époux est protégé du point de vue patrimonial par la distinction « titre / finance ». L'application de ce mécanisme, au moment de la liquidation du régime matrimonial, permet de verser une soulte de la moitié de la valeur à l'époux qui, sans être associé, n'est pas moins propriétaire commun des parts. Or, pour les sociétés par actions, la Cour de cassation refuse dans ce cas d'appliquer cette distinction titre / finance, jugeant notamment que les actions se retrouvent en nature dans l'indivision postcommunautaire (Civ. 1re, 7 oct. 2015, n° 14-22.224). La protection des intérêts de la société, dans ce dernier cas, mériterait que l'on y prête attention !

III • Les clauses d'agrément

Ce mécanisme de la revendication va devoir, enfin, être concilié avec la possibilité dont disposent les associés de restreindre l'accès à la société *via* des clauses d'agrément. Là aussi, il convient de trouver un équilibre. Le législateur a imaginé un mécanisme distinct suivant le moment de la revendication.

Si la revendication se fait *ab initio*, lors de la souscription ou de l'acquisition envisagée, l'article 1832-2 du Code civil dispose : « Lorsqu'il notifie son intention lors de l'apport ou de l'acquisition, l'acceptation ou l'agrément des associés vaut pour les deux époux ». La solution est logique : la société ne peut ignorer le couple, l'origine commune des deniers et la volonté de l'autre époux de se voir également

attribuer des parts sociales et la qualité d'associé attachée ; elle ne peut choisir l'un des époux au détriment de l'autre. Autrement dit, soit elle accepte les deux, soit elle repousse les deux.
En revanche, « si cette notification est postérieure à l'apport ou à l'acquisition, les clauses d'agrément prévues à cet effet par les statuts sont opposables au conjoint ; lors de la délibération sur l'agrément, l'époux associé ne participe pas au vote et ses parts ne sont pas prises en compte pour le calcul du quorum et de la majorité ». La recherche d'équilibre est ici visible. En effet, il ne saurait être question d'imposer l'entrée de l'autre conjoint, en tout état de cause, à la société. De même, le refus d'agrément ne peut conduire à exclure le conjoint initialement associé et présent parfois depuis des années : le sort des deux époux doit ici être distingué. Et pour préserver la neutralité du vote, le conjoint déjà associé ne prend pas part au suffrage.
Une difficulté pratique est rencontrée à ce propos : des statuts trop rapidement (mal !) rédigés n'envisagent parfois l'agrément qu'en cas de cession de parts. Or, une revendication n'est pas une cession entre époux. La Cour de cassation a cependant récemment fait preuve de « souplesse » en présence d'un agrément légal en SNC. Elle a jugé qu'il résulte de la combinaison des articles 1832-2, al. 3, du Code civil et L. 221-13 du Code de commerce que la revendication de la qualité d'associé par le conjoint d'un associé en nom, bien que ne constituant pas une cession, est subordonnée au consentement unanime des autres associés, qui répondent indéfiniment et solidairement des dettes sociales (Com. 18 nov. 2020, n° 18-21.797). Cet arrêt assimile donc, en violant la lettre de la loi au nom de son esprit, cession de parts et revendication. De nombreux commentateurs s'interrogent toutefois sur la portée de cette décision : la Cour visait l'article L. 221-13 du Code de commerce, applicable aux seules sociétés en nom collectif et d'ordre public. En outre, l'arrêt justifie sa position en faisant référence au fait que les associés sont tenus indéfiniment et solidairement des dettes sociales ! Partant, d'aucuns ont pu considérer que la solution pourrait être différente en présence d'un agrément statutaire, et non légal, intervenant patr exemple dans le cadre d'une SARL ! La maîtrise de la rédaction des clauses d'agrément est certainement le meilleur moyen d'éviter de tels débats !

Bibliographie

Cl. Farge, N. Jullian, N. Kilgus et R. Mortier, « Parts sociales non négociables : les dangers de l'article 1832-2 du Code civil », *JCP N* 2022, n° 1244, p. 35.

A. Rabreau, « Plaidoyer pour la suppression de l'article 1832-2 du Code civil », *Mélanges en l'honneur du Professeur Michel Germain*, LexisNexis-Lextenso, 2015, p. 697.

F. Vialla, « Autonomie professionnelle en régime communautaire et droit des sociétés : des conflits d'intérêts ? », *RTD civ.* 1996. 841.

Crises et difficultés au sein d'une société

En principe, les associés d'une structure sociale ont vocation à rester ensemble, inscrivant leurs relations dans la perspective d'une durée. Au début de l'aventure, ils sont liés par l'*affectio societatis*, qui constitue une condition du contrat de société tout autant que le ferment de sa longévité. Dans certains cas, les vicissitudes des relations économiques, mais également celles de nature personnelle et familiale, quand les associés se connaissent bien, peuvent aboutir à des situations extrêmement tendues. Ces situations sont parfois graves et sont susceptibles de conduire à la dissolution de société. Cette extrémité est fâcheuse, car il existe des configurations dans lesquelles la société est pourtant financièrement prospère même si les rapports sont tendus. Ainsi va-t-on se trouver avec le risque de dissolution d'une société tandis que celle-ci fonctionne parfaitement, ce qui est pratiquement malvenu. Pour éviter cet inconvénient majeur, il est possible de solliciter l'intervention de tiers extérieurs à la société qui permettront de favoriser le règlement de certaines difficultés. Deux séries d'intervenants peuvent être désignées, en fonction de la gravité des circonstances entourant leur nomination : le mandataire *ad hoc* et l'administrateur provisoire. Envisageons tout d'abord ces deux premiers mécanismes qui sont susceptibles de se révéler très avantageux pour les associés et pour la pérennité de la société (I). Parfois, les relations sont complexes parce que des soupçons naissent, notamment sur la gestion. Un associé veut en savoir plus et cherche à obtenir des informations. Les éléments qui lui sont fournis permettront peut-être à la crise qui s'élève dans la société de se résorber (II).

I • Faire intervenir un tiers

A • Le risque de la dissolution

L'un des objectifs essentiels de l'intervention d'un tiers est de permettre de résoudre une difficulté pour éviter la dissolution. Si la mésentente entre les associés conduit à une paralysie avérée du fonctionnement de la société, la dissolution pour justes motifs, sur le fondement de l'article 1844-7, 5°, du Code civil, est parfaitement envisageable. Pour éviter cette solution grave, et qui règle de manière radicale la situation, la nomination d'un administrateur provisoire ou d'un mandataire *ad hoc* est une bonne solution.

En pratique

Faire intervenir un tiers, pour aider au règlement d'une difficulté au sein de la société est une ressource fructueuse et utile en pratique. En effet, par exemple, dans une consultation/cas pratique, les étudiants pourront conseiller cette solution, car elle permet d'éviter une dissolution, en déminant le conflit. C'est une bonne solution alternative qui montre que l'étudiant réfléchit à toutes les conséquences qu'implique sa solution. En revanche, il faudra songer à former la demande expressément au magistrat, celui-ci ne pouvant l'octroyer s'il n'a pas été sollicité à cet effet. En décider autrement revient à statuer *ultra petita*.

B • Le mandataire *ad hoc*

Dans la galerie des possibles intervenants susceptibles d'aider au règlement d'une crise, c'est la version la plus allégée, tant en termes de conditions que de pouvoir. Aussi, n'est-il guère étonnant qu'il soit demandé dans des situations où les difficultés ne sont pas encore trop graves et lorsqu'une solution est parfaitement envisageable.

Attention ! Ne pas confondre

La notion de mandataire *ad hoc* est très présente en droit des sociétés, dans des circonstances différentes. Elle l'est encore plus si on élargit le spectre à tout le droit des affaires, par exemple au droit des entreprises en difficulté où le mandat *ad hoc* est reconnu, comme une technique de prévention. L'article L. 611-3 du Code de commerce précise que « le président du tribunal peut, à la demande d'un débiteur, désigner un mandataire *ad hoc* dont il détermine la mission ». En droit des sociétés, un mandataire *ad hoc* peut être nommé, par exemple lorsqu'il s'agit de tenir compte des possibles conflits d'intérêts à la constitution de la société, entre parents et enfants mineurs. Dans certains cas, l'assemblée générale peut être convoquée par un mandataire *ad hoc* (souvent désigné sous le nom de « mandataire de justice » : v. C. civ., art. 1844-6, al. 3 et 4).

1 • Conditions de nomination du mandataire *ad hoc*

Les conditions de nomination sont particulièrement souples, bien loin de celles qui prévalent pour le mandataire *ad hoc*. Il suffit d'une « difficulté » pour que la désignation du mandataire puisse être envisagée. Il n'est pas nécessaire de rechercher s'il existe des circonstances rendant impossible le fonctionnement normal de la société et la menaçant d'un péril imminent. Deux exemples, le premier issu de la troisième chambre civile, le second de la chambre commerciale, permettent de s'en convaincre.

Dans la première décision, qui date du 21 juin 2018 (Civ. 3e, 21 juin 2018, nº 17-13.212, *Bull. civ.* III, nº 74), il existait une mésentente entre les associés et aucune assemblée générale n'avait été tenue malgré les demandes formulées en ce sens par l'un des associés, ce d'autant que cette dernière n'avait pas eu accès aux documents comptables. Pour la Cour de cassation, ces éléments, qui d'ailleurs ne caractérisaient pas forcément une grave mésentente, suffisaient à permettre la désignation d'un mandataire qui avait pour mission, « pour une durée de six mois », « de se faire communiquer les livres et documents sociaux pour les exercices clos de 2004 à 2015, d'établir, pour chacun de ces exercices, un rapport écrit mentionnant l'indication des bénéfices réalisés et des pertes encourues, de réunir une assemblée générale en charge de statuer sur les exercices clos couvrant la période de 2004 à 2015, d'approuver lesdits exercices et de se prononcer sur l'affectation des résultats ». La troisième chambre civile prend soin de préciser que la recherche relative aux circonstances rendant impossible le fonctionnement normal de la société et la menaçant d'un péril imminent est inopérante. Il s'agit, dans le contexte du mandataire *ad hoc*, d'une condition qui n'est pas nécessaire.

Ensuite, dans la seconde décision, était en jeu la nomination d'un mandataire *ad hoc*, dont la désignation s'imposait, pour certains associés, afin de voter aux assemblées générales. La cour d'appel avait refusé la nomination, motif pris de ce que « la désignation d'un mandataire *ad hoc* est une mesure exceptionnelle qui suppose rapportée la preuve de circonstances rendant impossible le fonctionnement normal de la société et la menaçant d'un péril imminent ». Ce faisant, la cour d'appel a ajouté aux conditions prévues par la loi (Com. 21 sept. 2022, nº 20-21.416 B).

En jurisprudence, hormis ces deux décisions, les exemples sont légion. L'on remarque cependant que le mandataire *ad hoc* peut être intéressant pour régler les mésententes dans une situation conjugale. L'avantage est qu'il permet d'intervenir en amont, ce qui offre une excellente occasion de déminer les éventuelles difficultés à venir.

2 • Mission du mandataire *ad hoc*

Comme les conditions sont souples, il est logique que la mission du mandataire *ad hoc* soit elle-même moins intense, dans ses conséquences, que celle de l'administrateur provisoire, qui correspond à des cas plus graves. Ainsi, les organes sociaux ne vont pas être dessaisis par la nomination du mandataire. Gérant et tiers extérieur coexisteront au sein de la structure pour la durée du mandat de ce dernier. Dans un arrêt du 15 mars 2017, à propos d'un mandataire nommé pour représenter la société assignée en paiement, la Cour de cassation a eu l'occasion de préciser que « la nomination d'un mandataire *ad hoc* n'a pas pour effet de dessaisir les organes sociaux, de sorte que le gérant ultérieurement nommé par décision des associés en remplacement du gérant décédé avait seul qualité pour engager la société et exercer une voie de recours » (Com. 15 mars 2017, n° 15-12.742 B). Au-delà de cette question importante, les pouvoirs du mandataire *ad hoc* sont bornés par les limites de sa mission ponctuelle.

En pratique

La nomination d'un mandataire *ad hoc* est parfois mieux perçue et plus facilement acceptable, pour la collectivité des associés, que celle d'un administrateur provisoire, notamment parce que ses pouvoirs sont élevés et parce qu'il ne perturbe pas le jeu de la représentation légale en remplaçant les organes sociaux.

Attention

Généralement, la mission du mandataire est ponctuelle, limitée à quelques missions précises : par exemple, convoquer une assemblée générale, procéder à l'établissement de comptes, etc. La demande formulée en justice devra faire état des diligences précises que l'on entend confier au mandataire.

C • L'administrateur provisoire

L'administrateur provisoire intervient dans un contexte plus complexe que le mandataire *ad hoc* ; il s'agit de l'échelon supérieur. Les tensions sont vives ; les relations se sont distendues. L'on est proche de la mésentente paralysante, sans pour autant y être pleinement, sinon la dissolution serait encourue. Dans ces conditions, il dispose de pouvoirs plus forts et il est logique que les conditions soient plus sévères pour obtenir sa nomination. Aussi, lorsque l'on décide d'y avoir recours, et donc de le conseiller dans le cadre d'une consultation/cas pratique, il convient de bien prendre conscience des conséquences d'une telle demande.

1 • Conditions de nomination

Les conditions sont plus strictes que le mandataire *ad hoc*. Il ne suffit pas d'une simple difficulté. Comme l'a récemment rappelé la Cour de cassation, « la désignation judiciaire d'un administrateur provisoire est une mesure exceptionnelle qui suppose rapportée la preuve de circonstances rendant impossible le fonctionnement normal de la société et la menaçant d'un péril imminent » (Civ. 3e, 12 oct. 2022, n° 21-18.348 B). Avant cette décision, les expressions employées par la jurisprudence étaient quelque peu variées, mais elles étaient toujours liées à l'idée du caractère exceptionnel de la mesure. Aussi, l'état du droit est bien fixé et la désignation est subordonnée à une double condition, dont la caractérisation est cumulative : des circonstances rendant impossible le fonctionnement normal de la société, d'une part, et la menaçant d'un péril imminent, d'autre part. En conseillant cette solution, il convient donc de bien prendre soin de vérifier que les deux éléments sont rapportés. Par exemple, dans l'arrêt du 12 octobre 2022, la Cour de cassation a reproché à la cour d'appel de ne pas avoir démontré si les circonstances menaçaient la société d'un péril imminent. La vacance de la gérance ne justifie pas à elle seule la nomination d'un administrateur provisoire et il conviendrait de vérifier si les sociétés ne peuvent pas fonctionner en dépit de la vacance de droit de la gérance (Civ. 3e, 16 nov. 2017, no 16-23.685). Dans la pratique, le contexte factuel est donc très important. Citons ici un exemple justifiant la nomination d'un administrateur provisoire, issu d'un arrêt de la Chambre commerciale de la Cour de cassation, rendu le 8 février 2017 (Com. 8 févr. 2017, no 15-19.897) : la reddition des comptes n'était pas assurée, le cogérant ne pouvait pas exercer effectivement son mandat, le gérant n'avait pas répondu à la demande de communication de certains documents, et la liste des mouvements bancaires faisait apparaître des virements au profit du gérant. En l'état de ces divers éléments, la SCI ne pouvait pas fonctionner normalement et était exposée à un péril imminent, ce qui justifiait la désignation d'un administrateur provisoire.

Il semblerait que toute personne ayant un intérêt à agir puisse exercer l'action en justice afin d'obtenir la nomination d'un administrateur provisoire. Sont bien sûr concernés les associés, mais également, étant donné qu'ils ont cette qualité, les propriétaires indivis d'une part sociale. La Cour de cassation a expressément consacré cette solution : « ayant constaté que Mme Patricia X, nue-propriétaire indivise de droits sociaux, avait la qualité d'associée, la cour d'appel en a déduit à bon droit qu'elle était recevable à agir en désignation d'un administrateur provisoire » (Civ. 3e, 17 janv. 2019, no 17-26.695). Et l'usufruitier, même si l'on sait qu'il n'est pas associé, peut probablement solliciter la nomination d'un administrateur provisoire.

2 • Missions de l'administrateur provisoire

L'administrateur provisoire a une mission plus étendue que le mandataire *ad hoc* ; c'est d'ailleurs pour cette raison que les conditions de sa nomination sont sans doute plus sévères et qu'il est moins facile de l'obtenir.

La première des conséquences, quant à ses pouvoirs, est d'importance. La désignation d'un administrateur provisoire exerce un impact sur les règles de la représentation légale, étant donné qu'elle emporte dessaisissement des dirigeants sociaux. L'administrateur va se substituer complètement aux organes sociaux en place. À cet égard, le 5 septembre 2018, la Cour de cassation a eu l'occasion de préciser que l'administrateur provisoire désigné pour diriger une société a seul qualité pour la représenter et agir en justice en son nom. Dès lors, l'appel interjeté par le gérant est irrecevable (Com. 5 sept. 2018, no 17-14.758).

La mission de l'administrateur est généralement définie dans l'ordonnance le désignant. Cela étant, à propos d'un administrateur ayant été désigné sans que sa mission ni la durée de celle-ci ne soient fixées, la troisième chambre civile, dans un arrêt rendu le 12 octobre 2017, a indiqué qu'« en l'absence de précision dans la décision le désignant, l'administrateur provisoire dispose d'une mission d'administration courante de la société, prenant fin par décision judiciaire lorsque les motifs ayant justifié cette désignation ont cessé » (Civ. 3e, 12 oct. 2017, no 16-13.025). La mission de l'administrateur peut ainsi être très générale et si rien n'est précisé, celle-ci concernera alors la gestion de la société, ce qui n'est pas sans incidences. Les parties, désireuses de voir cette mission encadrée, prendront soin de délimiter avec beaucoup de soin les pouvoirs qu'elles entendent voir conférer à l'administrateur dans leur demande.

Pour rappel

À chaque situation son tiers : en effet, en fonction de la situation et de la gravité qui l'affecte, les associés utiliseront la ressource pratique adéquate. Si les difficultés ne sont pas trop graves, et si les associés veulent intervenir en anticipant le plus possible, la voie du mandataire *ad hoc* est indiquée. Si les difficultés sont plus graves, c'est-à-dire que le fonctionnement normal de la société est impossible et que celle-ci se trouve menacée d'un péril imminent, l'administrateur provisoire s'impose. Ces deux voies permettront d'éviter une dissolution et peuvent, en pratique, être proposées lorsqu'une difficulté plus ou moins grave s'élève.

Mandat ad hoc ou administration ?
Laquelle de ces solutions doit-on privilégier en pratique ?

Une difficulté entre associés (mésentente, désaccord., problème de fonctionnement, etc.)	Une situation grave (circonstances rendant anormal le fonctionnement d'une société et la menaçant d'un péril imminent)
Mandataire *ad hoc*	Administrateur provisoire

II • L'expertise comme moyen de sortie d'une crise

Dans certains cas, les difficultés ou la crise susceptible d'intervenir au sein de la société tiennent surtout au manque d'information. Un associé a des doutes et réfléchit à l'éventualité d'une action, soit pour sauvegarder ses droits (action personnelle), soit pour préserver ceux de la société (action *ut singuli*). Le droit spécial offre des mécanismes pour permettre d'obtenir ces informations et à cet égard un expert de gestion peut être nommé. Cela étant, seules certaines sociétés sont concernées. Il existe toujours la ressource de l'expertise *in futurum*.

A • L'expertise de gestion

Il faut souligner la présence, dans certaines structures sociales spécifiques, d'un mécanisme : l'expertise de gestion. Celle-ci se distingue de l'expertise *in futurum*. D'abord, son champ d'application n'est pas général. Elle ne concerne que les seules sociétés dans lesquelles le mécanisme est prévu. Ensuite, il s'agit de demander à un tiers de faire, en quelque sorte, audit des difficultés que rencontre la société. Ainsi en va-t-il de la SARL. Dans ce cas, « un ou plusieurs associés représentant au moins le dixième du capital social peuvent, soit individuellement, soit en se groupant sous quelque forme que ce soit, demander en justice la désignation d'un ou plusieurs experts chargés de présenter un rapport sur une ou plusieurs opérations de gestion ». Le ministère public, tout comme le comité d'entreprise, est habilité à agir aux mêmes fins. La décision de justice déterminera l'étendue de la mission ainsi que celle des pouvoirs des experts, les honoraires étant à la charge de la société. L'expert établit un rapport, qui est adressé au demandeur, au ministère et au comité d'entreprise, au commissaire aux comptes, ainsi qu'au gérant. Le rapport ainsi établi devra être annexé à celui que dresse le commissaire aux comptes en vue de la prochaine assemblée générale.

Attention

La Cour de cassation, sur le fondement de l'article L. 223-37 du Code de commerce, a rappelé que « la juridiction saisie d'une demande d'expertise de gestion est tenue de l'ordonner dès lors qu'elle relève des présomptions d'irrégularités affectant une ou plusieurs opérations de gestion déterminées, indépendamment de leur montant » (Com. 16 déc. 2020, nº 18-25.630 ; v. aussi, Com. 5 avr. 2023, nº 21-23.289).

On retrouve le même type de dispositions pour les sociétés anonymes, à l'article L. 225-231, alinéas 3 à 5, du Code de commerce. Ainsi, le ministère public et le comité social et économique de l'entreprise (CSE) peuvent également demander en référé la désignation d'un ou plusieurs experts chargés de présenter un rapport sur une ou plusieurs opérations de gestion. Dans les mêmes conditions que pour la SARL, le juge qui fait droit à la demande déterminera l'étendue de la mission et les pouvoirs des experts, les honoraires étant à la charge de la société. Le rapport est adressé au demandeur, au ministère public, au CSE, au commissaire aux comptes et, selon le cas, au conseil d'administration ou au directoire et au conseil de surveillance. Ce rapport doit, en outre, être annexé à celui établi par les commissaires aux comptes, s'il en existe, en vue de la prochaine assemblée générale. Il recevra la même publicité.

Attention

Selon une jurisprudence récente, il semblerait que si l'on est dans le domaine de l'expertise de gestion, l'expertise *in futurum* ne puisse être envisagée. Face à une cour d'appel qui avait admis une expertise *in futurum* sur le fondement de l'article 145 du Code de procédure civile, la Cour de cassation a estimé qu'« en statuant ainsi, alors que les mesures ordonnées ne visaient, en réalité, qu'à fournir aux actionnaires minoritaires demandeurs des informations sur des opérations de gestion, relevant comme telles du mécanisme prévu à l'article L. 225-31 du Code de commerce, et non à conserver ou établir la preuve de faits dont pourrait dépendre la solution d'un litige, la cour d'appel a violé, par fausse application, le texte susvisé » (Com. 11 sept. 2024, n° 22-24.160). À chacune son domaine ? La portée n'est pas totalement certaine. Néanmoins, les étudiants prendront garde d'utiliser l'expertise de gestion quand celle-ci est possible. Or, celle-ci n'est pas ouverte dans toutes les sociétés.

B • L'expertise *in futurum*

Il est toujours possible de solliciter le prononcé d'une mesure fondée sur l'article 145 du Code de procédure civile. Selon ce texte, « s'il existe un motif légitime de conserver ou d'établir avant tout procès la preuve de faits dont pourrait dépendre la solution d'un litige, les mesures d'instruction légalement admissibles peuvent être ordonnées à la demande de tout intéressé, sur requête ou en référé ».

Ce texte n'obéit pas à la même logique que les deux possibilités déjà exposées : administrateur provisoire et mandat *ad hoc*. *Stricto sensu*, un tiers n'intervient pas dans la société. Il s'agit plutôt de préparer un procès en sollicitant une mesure permettant, par exemple, d'obtenir des informations sur la gestion de la société. On évoque parfois, dans d'autres domaines, la notion de « référé préventif » ou d'« expertise préventive ». Comme il s'agit d'un texte de procédure civile de droit commun, l'action est ouverte à toutes les sociétés et il n'y a aucune condition d'urgence en tant que tel. Ce qu'il faut démontrer, c'est l'existence d'un « motif légitime ».

En pratique

Dans le cadre d'une consultation/cas pratique, il peut être intéressant de proposer, au-delà de la solution au problème identifié, l'exercice d'une action en expertise de gestion ou *in futurum*, selon l'article 145 du Code de procédure civile, en respectant les conditions de chacune.

Bibliographie

Th. de Ravel d'Esclapon, « Retour sur les éléments déclencheurs de l'expertise de gestion dans les SARL » : note ss. Com. 16 déc. 2020, n° 18-25.630, *Rev. sociétés* 2021. 321.

Th. de Ravel d'Esclapon, « Indivision et société : de la possibilité de solliciter la nomination d'un administrateur provisoire » : note ss. Civ. 3e, 17 janv. 2019, n° 17-26.695, *D.* 2019. 623.

B. Lecourt, « Désignation d'un administrateur provisoire et vacance de la direction » : Civ. 3e, 16 nov. 2017, n° 16-23.684 ; *Rev. sociétés* 2018. 372.

La dissolution des sociétés

La dissolution d'une société n'est pas anecdotique. Il s'agit de mettre fin à un groupement doté de la personnalité morale. La société a pu acquérir un patrimoine, se trouvant avec un actif important à partager, nouer des relations avec des tiers et notamment des contrats. Bien souvent, elle existe depuis longtemps, ce qui augmente les liens qui se sont créés. En effet, elle est généralement prévue pour un maximum de 99 ans, selon l'article 1838 du Code civil. Ainsi faut-il régler ces différentes questions, ce qui prend un certain temps. Pour cette raison, lorsque la société est dissoute, pour plusieurs motifs très différents (I), le Code civil a mis en place une procédure dite de liquidation (II).

Attention

La dissolution des sociétés appartient au droit commun : le droit applicable se trouve dans le Code civil, aux articles 1844-7 à 1844-9 du Code civil. Certaines règles sont complétées par le décret n° 78-9 du 4 janvier 1978 modifiant le titre IX du livre III du Code civil. Toutefois, les sociétés commerciales connaissent certaines dispositions spécifiques qui s'appliquent à elles. Il s'agit des articles L. 237-1 à L. 237-31 du Code de commerce.

I • Les causes de la dissolution

Les causes de la dissolution sont multiples. Pour l'essentiel, elles sont précisées à l'article 1844-7 du Code civil et s'appliquent à toutes les sociétés. Il existe cependant quelques hypothèses de dissolution spécifique, par exemple en matière de société civile. Ces causes peuvent être classées en quatre catégories.

A • Dissolution décidée par les associés

L'article 1844-7, 4°, du Code civil précise que la société peut prendre fin « par la dissolution anticipée décidée par les associés ». Cette cause de dissolution reflète bien l'idée que la société est un contrat. Ce que les associés peuvent faire, ils peuvent tout à fait le défaire. En somme, pour différentes raisons (désaccords persistants entre membres du groupement, société devenue inutile, etc.), les associés vont tomber d'accord pour mettre un terme à la société. Cette dissolution doit bien sûr résulter d'une décision expresse (Com. 9 janv. 2019, n° 17-17.141, à propos d'une société civile de moyens) que les associés vont adopter en assemblée générale.

Attention

Réduction de la durée et dissolution anticipée ne sont pas similaires et n'emportent pas les mêmes effets. La décision optant pour une réduction de la durée de la société ne revient pas à décider de sa dissolution anticipée : « la réduction de la durée d'une société n'a pas pour conséquence d'entraîner sa dissolution anticipée » (Com. 28 nov. 2018, n° 16-29.053).

En pratique, et c'est sur ce point que la situation peut diverger en fonction des structures, la question de la majorité est importante. En principe, la majorité exigée pour voter la dissolution est celle prévue pour la modification des statuts. Par exemple, pour les sociétés anonymes, l'article L. 225-246 du Code de commerce prévoit que « la dissolution anticipée de la société est prononcée par l'assemblée générale extraordinaire ». Or, selon l'article L. 225-97, alinéa 3, du Code de commerce, celle-ci statue « à la majorité des deux tiers des voix exprimées par les actionnaires présents ou représentés ». Et même dans les sociétés où les textes prévoient l'unanimité, il est possible d'assouplir statutairement cette exigence (par ex., pour les SNC, v. C. com., art. L. 221-6., et pour les sociétés civiles, v. C. civ., art. 1853). Dès lors, en principe, l'unanimité n'est pas nécessairement requise.

Attention

Si la dissolution peut être décidée par la majorité renforcée, cela signifie que le groupe majoritaire est à même d'imposer une dissolution aux minoritaires. Cette situation est susceptible de causer un préjudice à ces derniers. Si les conditions sont remplies (une décision contraire à l'intérêt social et prise dans l'unique dessein de favoriser le groupe des majoritaires au détriment des minoritaires), l'abus de majorité peut être une ressource utile (Com. 8 févr. 2011, n° 10-11.788). Toutefois, dans certaines hypothèses, une décision de dissolution peut être conforme à l'intérêt social (Com. 7 mars 2018, n° 16-10.727).

B • Dissolution de plein droit

Le Code civil prévoit certaines dispositions envisageant une dissolution de plein droit. Au-delà de l'annulation du contrat de société (C. civ., art. 1844-7, 3°).
La première d'entre elles est importante : il s'agit de **l'arrivée du terme**. Selon l'article 1844-7, 1°, du Code civil, la société prend fin « par l'expiration du temps pour lequel elle a été constituée, sauf prorogation effectuée conformément à l'article 1844-6 ». En effet, en droit français, sauf de très rares exceptions, il n'existe pas de société à durée indéterminée. L'article 1838 du Code civil précise que « la durée de la société ne peut excéder quatre-vingt-dix-neuf ans ». Lorsque le terme survient, la société est automatiquement et immédiatement dissoute, sans qu'il soit besoin de faire constater cet état par une décision judiciaire. Elle est alors en liquidation (Com. 12 nov. 1992, n° 91-10.303).
Avant le terme, les associés ont la possibilité de proroger. C'est même une nécessité étant donné qu'une fois celui-ci survenu, il n'est pas possible de « réparer » la situation, en dehors d'une hypothèse récente et spécifique. L'article 1844-6, alinéa 2, encadre cette prorogation en prévoyant qu'« un an au moins avant la date d'expiration de la société, les associés doivent être consultés à l'effet de décider si la société doit être prorogée ». Bien sûr, la prorogation peut être décidée avant ce délai d'un an. En revanche, elle ne peut pas être adoptée après le terme. L'article 1844-6, alinéa 1er du Code civil, prévoit que « la prorogation de la société est décidée à l'unanimité des associés, ou, si les statuts le prévoient, à la majorité prévue pour la modification de ceux-ci ». L'unanimité peut donc être modulée. Si le gérant ne provoque pas cette consultation, les associés disposent de la possibilité de saisir le tribunal. Dans le contexte d'une société civile, mais la solution est applicable aux autres sociétés, la Cour de cassation a eu l'occasion de considérer que le refus de prorogation du terme de la société était susceptible de constituer un abus de minorité, lorsque le vote de l'associé minoritaire était contraire à l'intérêt général de la société et avait pour unique dessein de favoriser ses propres intérêts au détriment de ceux de l'ensemble des autres associés (Civ. 3e, 7 déc. 2023, n° 22-18.665).
La loi n° 2019-744 du 19 juillet 2019 de simplification des sociétés a mis en place un mécanisme de régularisation, pour tenir compte des situations dans lesquelles les associés ont, par exemple, omis de proroger. Ainsi, aux termes de l'article 1844-6, alinéa 4 lorsque la consultation n'a pas eu lieu, le président du tribunal, statuant sur requête à la demande de tout associé dans l'année suivant la date

d'expiration de la société, peut constater l'intention des associés de proroger la société et autoriser la consultation à titre de régularisation dans un délai de trois mois, le cas échéant en désignant un mandataire de justice. Si la société est prorogée, les actes conformes à la loi et aux statuts antérieurs à la prorogation sont réputés réguliers et avoir été accomplis par la société ainsi prorogée.

Pour information

La Cour de cassation a rendu son premier arrêt à propos de ce mécanisme nouveau (Com. 30 août 2023, n° 22-12.084 B). Tout d'abord, la Cour précise que ce mécanisme de régularisation opère quelle que soit la raison pour laquelle la consultation des associés à l'effet de décider si la société doit être prorogée n'a pas eu lieu. Ensuite, l'unanimité n'est pas exigée. Lorsque les statuts de la société prévoient que la prorogation peut être décidée à la majorité qu'ils fixent, il suffit au président de constater que des associés représentant au moins cette majorité ont l'intention de proroger la société. En conséquence, l'unanimité n'est pas une obligation.

L'objet social peut exercer un impact en matière de dissolution. En effet, selon l'article 1844-7, 2°, du Code civil, « la société prend fin [...] par la réalisation ou l'extinction de son objet ». L'extinction survient lorsque l'objet social est impossible à réaliser. Encore faut-il que la société soit complètement empêchée dans son fonctionnement. Ainsi, la dissolution de plein droit d'une société par extinction de son objet social, de nature à entraîner, après sa liquidation la perte de sa personnalité morale, ne peut résulter, en soi, ni de la cession d'un fonds de commerce ni de la cessation de son exploitation (Civ. 2e, 27 juin 2019, n° 18-18.453). La réalisation de l'objet social, quant à elle, correspond à la situation dans laquelle la société a réalisé son objet, c'est-à-dire ce pour quoi elle a été constituée. Dès lors, il faut prendre garde aux conséquences d'un objet social rédigé très strictement. L'extinction ou la réalisation entraîneront automatiquement la dissolution de la société.

Attention

Que se passe-t-il si la société continue d'exercer son activité sociale, tandis qu'une cause de dissolution (objet social, terme) est survenue ? La société sera considérée comme une « société devenue de fait » tandis que les statuts de la société dissoute continuent de régir les rapports entre associés (Civ. 1re, 13 déc. 2005, n° 02-16.605).

C • Dissolution statutaire

Cette cause de dissolution est prévue par l'article 1844-7, 8°, du Code civil, lequel évoque que la dissolution peut intervenir pour toute autre cause prévue par les statuts. Cette hypothèse spécifique de dissolution est délicate à manier en pratique dans la mesure où elle revient à mettre en place une cause de dissolution de plein droit qui n'est pas prévue par la loi, multipliant ainsi les risques de dissolution intempestive. Peut-être est-il plus judicieux de prévoir, dans les statuts, une clause organisant un vote autour de l'évènement envisagé afin de savoir si les associés entendent ou non continuer.

D • Dissolution en justice

Plusieurs causes de dissolution passent par le prononcé d'une décision de justice. Ainsi, la décision n'est pas automatique ; un magistrat doit se prononcer.
En droit spécial, il existe une cause spécifique aux sociétés civiles en cas de vacance de la gérance. L'article 1846, alinéa 5, du Code civil, prévoit que « si, pour quelque cause que ce soit, la société se

trouve dépourvue de gérant, tout associé peut réunir les associés ou, à défaut, demander au président du tribunal statuant sur requête la désignation d'un mandataire chargé de le faire, à seule fin de nommer un gérant ». Il s'agira du tribunal judiciaire, étant donné que l'on se trouve face à une société civile.
En droit commun, deux grandes catégories de dissolution par voie de justice peuvent être identifiées. Il s'agira tout d'abord de la réunion des parts en une seule main. Il existe des hypothèses dans lesquelles une société initialement pluripersonnelle devient, par la force des choses, unipersonnelle. Ce n'est pas une dissolution de plein droit, étant donné que l'article 1844-5 du Code civil dispose que « la réunion de toutes les parts sociales en une seule main n'entraîne pas la dissolution de plein droit de la société ». Cela étant, la dissolution peut être sollicitée en justice. Et le même article précise que « tout intéressé peut demander cette dissolution si la situation n'a pas été régularisée dans le délai d'un an », ce que reprend, dans son principe, l'article 1844-7, 6e, du Code civil. Par exemple, un créancier peut être considéré comme « intéressé » au sens de ce texte (Civ. 3e, 3 déc. 2013, n° 12-23.787). Le tribunal peut cependant accorder un délai maximal de six mois pour régulariser la situation, par exemple en cédant une part. De même, le juge ne pourra prononcer la dissolution « si, au jour où il statue sur le fond, cette régularisation a eu lieu ».
Ensuite, l'article 1844-7, 5°, du Code civil dispose que la société prend fin « par la dissolution anticipée prononcée par le tribunal à la demande d'un associé pour justes motifs, notamment en cas d'inexécution de ses obligations par un associé, ou de mésentente entre associés paralysant le fonctionnement de la société ». La dissolution pour justes motifs nourrit un contentieux abondant. Ainsi, l'article 1844-7 prévoit deux séries de justes motifs, sans que cette courte liste ne soit exhaustive.
En premier lieu, concernant l'inexécution par un associé de ses obligations, ce motif n'était, jusqu'à une certaine époque, que peu caractérisé. Depuis quelques années, la jurisprudence est plus fournie. Des exemples de déloyauté d'un associé peuvent être cités. Dans un arrêt rendu par la chambre commerciale, le 3 mai 2018, il faut relever le cas d'un associé ayant manœuvré pour que la société procède à l'acquisition de son fonds libéral à un prix n'étant pas du tout avantageux, manifestement surévalué (Com. 3 mai 2018, n° 15-23.456). Par ailleurs, une simple inexécution ne saurait entraîner la dissolution. Encore faut-il qu'elle soit affectée d'une certaine gravité, en ce sens qu'elle doit conduire à la paralysie du fonctionnement de la société (Com. 3 mai 2018, arrêt préc.).
En second lieu, le contentieux se concentre sur l'autre exemple avancé par l'article 1844-7, 5°, du Code civil, la mésentente paralysant le fonctionnement de la société. Ce cas est assimilé à la disparition de l'*affectio societatis* (Civ. 1re, 24 mars 1998, n° 95-20.350 et 95-17.801). En raison, de la mésentente, la société est bloquée. Elle ne peut plus exercer normalement son activité sociale. Il est donc important de rapporter la preuve de deux éléments qui vont permettre de déterminer si la dissolution peut ou non être encourue : il faut, d'une part, une mésentente et, d'autre part, une paralysie du fonctionnement.

Attention

La Cour de cassation accorde un soin tout particulier à l'exigence de paralysie. Si la société n'est pas paralysée dans son fonctionnement, par exemple parce que le statut d'un associé (existence d'une voix prépondérante en assemblée générale) permet de continuer, la dissolution n'est pas encourue (Civ. 1re, 18 janv. 2023, n° 19-24.671). La preuve du caractère paralysant de la mésentente doit être démontrée (Civ. 3e, 17 nov. 2021, n° 13-20.044). Si les décisions peuvent continuer d'être adoptée par les associés, en assemblée, l'on aura tendance à considérer que la société n'est pas paralysée.

Cette action peut être exercée par tous les associés. Il n'existe aucun seuil de détention en capital conditionnant son exercice. L'action est d'ordre public et ne peut être écartée par la voie d'une disposition statutaire, ni même aménagée dans des conditions qui reviendraient à ne pas en permettre l'exercice. En revanche, l'action est réservée aux associés, même si celui qui en fait la demande est à l'origine de la mésentente. Sur le plan de la recevabilité, l'action est parfaitement envisageable (Com. 16 sept. 2014, n° 13-20.083).

Attention

Soulignons également, parmi d'autres exemples, que les sociétés en participation connaissent également une cause de dissolution spécifique. Ainsi, l'article 1872-2, du Code civil dispose que « lorsque la société en participation est à durée indéterminée, sa dissolution peut résulter à tout moment d'une notification adressée par l'un d'eux à tous les associés, pourvu que cette notification soit de bonne foi, et non faite à contretemps » (v. pour ex. récent, Com. 14 avr. 2021, nº 19-12.808).

II • Les conséquences de la dissolution

La première conséquence de la dissolution tient à sa publicité. Celle-ci est tout d'abord ponctuelle, en ce sens que la dissolution est publiée, d'ailleurs distinctement de la clôture de la liquidation. L'article 1844-5 du Code civil indique que la dissolution n'a d'effet à l'égard des tiers qu'après sa publication. Et l'article L. 237-2, alinéa 3, du Code de commerce précise que « la dissolution d'une société ne produit ses effets à l'égard des tiers qu'à compter de la date à laquelle elle est publiée au registre du commerce et des sociétés ». Mais il faut également tenir compte ensuite d'une publicité permanente. En effet, la liquidation n'est pas immédiate et la société va subsister pendant un temps, avec la possibilité d'interagir avec des tiers. Dès lors, comme la personnalité morale est diminuée dans les conditions que nous développerons, il convient d'avertir les tiers. La société devrait faire figurer sur les actes et documents qui émanent d'elle la mention « société en liquidation ».

A • Le principe de la liquidation

Il est un principe fondamental : la dissolution entraîne toujours une liquidation, sauf dans de très rares exceptions. Selon la Cour de cassation, « il n'est pas au pouvoir de la volonté des associés, fût-elle unanime, de décider qu'il n'y a pas lieu de procéder à la liquidation et au partage d'une société dissoute non plus qu'à la désignation d'un liquidateur, seul habilité à représenter la société jusqu'à la clôture de la liquidation » (Com. 24 oct. 1989, nº 88-12.713). La dissolution ouvre une période de liquidation pendant laquelle la société conserve sa personnalité morale, dans certaines limites. Un liquidateur amiable est nommé. Il conviendra, pendant cette période, de régler les affaires sociales.

B • Le maintien de la personnalité morale

La dissolution ne signe pas la disparition de la personnalité morale. Elle subsiste tout le long de la liquidation, à certaines conditions, jusqu'à la clôture de la liquidation. Ce qui signifie que la société, pendant cette période, dispose encore d'un patrimoine propre et pourrait, au moins au théoriquement, faire l'objet d'une procédure collective. Elle peut également agir en justice et conservera son siège social qui continuera de déterminer les règles de compétence juridictionnelle et territoriale. De même, l'obligation de vaines et préalables poursuites contre la société, que les créanciers sociaux doivent respecter, continue de s'appliquer pendant la période de liquidation de la société (Com. 30 sept. 2020, nº 18-26.044).

Pour information

Autre exemple important de ce maintien de la personnalité morale : « la personnalité morale d'une société subsistant pour les besoins de sa liquidation, les parts ou actions des associés conservent, jusqu'à la clôture de celle-ci, leur caractère mobilier, et peuvent être cédées » (Com. 3 oct. 2006, n° 04-14.611).

Cela étant, il ne s'agit pas d'une personnalité morale sans limite. Elle connaît un fort tempérament étant donné qu'elle ne subsiste que pour les besoins de la personnalité morale. Ce maintien conditionné de la personnalité morale est d'ordre public et il n'est pas possible de moduler statutairement la capacité d'une personne morale en liquidation. Cette limite conditionnera les pouvoirs du liquidateur. Il ne peut évoluer que dans ce cadre précis et restreint. Il s'agira de régler les affaires sociales : réaliser les actifs, payer les dettes, etc. Peu importe que les associés lui donnent l'autorisation ; il ne doit pas engager d'affaires nouvelles, borné, dans son action, par les besoins de la liquidation. Dans une perspective pratique, il faut noter que ce n'est pas l'ampleur de l'opération qui sera un critère discriminant. Un acte peut avoir des conséquences financières significatives tout en étant tout de même réalisé pour les besoins de la liquidation.

C • Le liquidateur amiable

Pour mener à bien les opérations de liquidation, un liquidateur amiable est nommé, conformément aux dispositions des statuts, selon l'article 1844-8, alinéa 2, du Code civil. La nomination, qui doit être publiée, peut toutefois intervenir par décision de justice si les associés ne parviennent pas à s'entendre (art. 9 du décret du 3 juillet. 1978).

Pour information

Les associés ont une liberté de choix pour désigner le liquidateur amiable qui peut être l'un d'entre eux, ou un tiers. Ce peut également être une personne morale comme une personne physique. Plusieurs liquidateurs peuvent être nommés.

Le liquidateur, qui peut être rémunéré, a la charge de la conduite des opérations liquidatives et est investi à cet effet de pouvoirs étendus. Sa mission peut être organisée dans les statuts. En tout état de cause, il pèse sur le liquidateur une obligation de reddition des comptes (art. 9 du décret du 3 juill. 1978), qui fait l'objet d'un encadrement beaucoup plus strict dans les sociétés commerciales.
Si l'action *ut singuli* n'est pas applicable à l'encontre du liquidateur (Civ. 3e, 5 déc. 2019, n° 18-26.102), ce dernier peut engager sa responsabilité au titre des diligences dans le cadre de la liquidation. Cela étant, il n'est pas nécessaire de caractériser une faute séparable des fonctions pour engager sa responsabilité (Com. 11 juin 2013, n° 12-18.853). L'omission d'une créance est, par exemple, un comportement susceptible d'engager sa responsabilité, si elle procède d'une négligence de sa part.
Enfin, le liquidateur peut être révoqué.

Pour information

La personnalité morale peut subsister très longtemps, après la fin des fonctions du liquidateur. Selon la Cour de cassation, il résulte de l'article L. 237-2 du Code de commerce que la personnalité morale d'une société dissoute subsiste aussi longtemps que ses droits et obligations à caractère social ne sont pas liquidés. Ainsi, la radiation au RCS est ici indifférente (Com. 20 sept 2023, n° 21-14.252 et 22-21.718 B).

Bibliographie

N. Kilgus, « Proroger par-delà l'expiration statutaire : propos critiques », *D.* 2019. 1899.

N. Kilgus, « Les modalités de prorogation de la société. Réflexions autour de l'exprès, du tacite et de l'implicite », *RTD com.* 2019. 313.

Entrepreneur individuel et renonciation à la scission des patrimoines

La loi n° 2022-172 du 14 février 2022 en faveur de l'activité professionnelle indépendante est venue bouleverser la conception classique du patrimoine et de son unicité. En effet, une séparation est désormais envisagée de plein droit : « les biens, droits, obligations et sûretés dont [l'individu] est titulaire et qui sont utiles à son activité ou à ses activités professionnelles indépendantes constituent le patrimoine professionnel de l'entrepreneur individuel. [...] Les éléments du patrimoine de l'entrepreneur individuel non compris dans le patrimoine professionnel constituent son patrimoine personnel ». Partant, « l'entrepreneur individuel n'est tenu de remplir son engagement à l'égard de ses créanciers dont les droits sont nés à l'occasion de son exercice professionnel que sur son seul patrimoine professionnel » et, par ailleurs, « seul le patrimoine personnel de l'entrepreneur individuel constitue le gage général des créanciers dont les droits ne sont pas nés à l'occasion de son exercice professionnel » (C. com., art. L. 526-22, al. 2, 4 et 6).
Il n'en demeure pas moins que le législateur est demeuré sensible à l'accès au crédit de ces entrepreneurs. La séparation envisagée ne pouvait venir trop obérer le gage des créanciers professionnels. Surtout que l'idée d'un cautionnement « entre patrimoines » a été écartée (C. com., art. L. 526-22, al. 3). En revanche, la possibilité a été envisagée, pour l'entrepreneur individuel, de renoncer à la séparation de ses patrimoines, en faveur du créancier professionnel. Celui-ci retrouve ainsi, pour une dette donnée, son gage « traditionnel », soit l'ensemble du patrimoine de la personne concernée (sous réserve des biens et droits insaisissables, notamment sa résidence principale qui ne peut être visée par l'acte de renonciation).
Pour comprendre au mieux cette possibilité, il convient d'envisager le formalisme de la renonciation, tant par rapport à l'identification de l'engagement (I) qu'à la protection du débiteur (II).

I • L'identification de l'engagement

Afin de protéger au mieux l'entrepreneur, le législateur a souhaité limiter la renonciation à des dettes particulières, estimant qu'il s'agit là d'« une grande avancée par rapport au statut actuel de l'EIRL, qui ne permettait pas une renonciation spécifique » (M.-Ch. Verdier-Jouclas, *Rapport du Sénat* n° *4811*, 14 déc. 2021, p. 104). Ainsi, l'article L. 526-25, al. 1er, du Code de commerce dispose que l'entrepreneur individuel peut renoncer « pour un engagement spécifique dont il doit rappeler le terme et le montant, qui doit être déterminé ou déterminable », la démarche ne pouvant d'ailleurs, en tant que telle, remettre en cause le principe de l'insaisissabilité de la résidence principale et des déclarations notariales d'insaisissabilité.
Partant, l'acte de renonciation doit, notamment, contenir la date de l'engagement et son objet (C. com., art. D. 526-28-II, 1° et 2°). Il doit également mentionner « la date d'échéance de l'engagement, c'est-à-dire la date contractuelle prévue pour le remboursement total des sommes dues au titre de l'engagement, étant précisé que celle-ci peut être prorogée soit par un accord des parties soit par une décision

judiciaire », ainsi que « le montant de l'engagement ou les éléments permettant de le déterminer ; ces éléments, une fois spécifiés dans l'acte de renonciation fixent définitivement le plafond pour lequel une même renonciation vaut » (C. com., art. D. 526-28-II, 3° à 4°). Deux difficultés découlent de ces exigences.

D'abord, il est certain que différentes dettes peuvent faire l'objet d'une renonciation et, partant, des biens non-professionnels pourront servir de gage à plusieurs créanciers professionnels. Il s'en déduit un « déficit d'informations quant au contenu du droit de gage qui découle du simple exercice d'une activité indépendante » (Q. Némoz-Rajot, « Une protection patrimoniale renforcée et simplifiée », *RLDC* avr. 2022, p. 31). Assurément, les obligations d'information et de bonne foi sauront ici être mobilisées avec intérêt. Plus largement, des clauses « anti-concours » pourront être intégrées dans l'acte de renonciation : un prêteur, jaloux de l'extension de son gage, aura par exemple intérêt à obtenir de son débiteur un engagement quant au caractère exclusif de la renonciation envisagée.

Ensuite, une seconde difficulté concerne la figure bien connue de la facilité de caisse. En effet, pour de faibles montants, il n'est pas rare que les établissements bancaires préfèrent une telle souplesse plutôt que de formaliser un prêt « classique ». Certes, le caractère déterminable de la dette est satisfait, sous réserve que les parties aient recours à des « éléments permettant de [la] déterminer ». Pour un compte courant, il faudra indiquer avec soin le compte concerné, la convention de compte précisant les modalités de calcul des pénalités et intérêts dus en cas de position débitrice. Deux problèmes apparaissent malgré cela. Lorsqu'un compte courant est autorisé à fonctionner en position débitrice, il n'existe pas *stricto sensu* de date d'échéance de la dette puisque son exigibilité correspondant à la date de clôture du compte. Et cette date n'est que rarement définie à l'avance. Partant, il conviendra, dans ces cas, d'être vigilant et de faire évoluer la pratique en ce que le découvert autorisé ne peut être concédé que pour un temps limité (par exemple, sur le modèle du droit de la consommation où une régularisation doit intervenir lorsque le découvert est supérieur à 90 jours : C. consom., art. L. 312-93). Même dans ce cas, le solde ne sera toutefois dû qu'au jour de la clôture du compte. C'est à cette date, et non au moment où le découvert autorisé temporaire prend fin, que le débiteur pourra être poursuivi. Partant, une interrogation bien connue en droit du cautionnement se pose : comment appréhender l'éventuelle différence entre le solde du compte au jour de la date d'échéance de l'engagement et le solde exigible au jour de la clôture du compte ? En droit du cautionnement, par faveur pour la caution, la Cour de cassation juge depuis l'arrêt *Bard* que celle-ci ne doit que la plus faible des deux sommes entre le solde provisoire, au jour de l'échéance, et le solde définitif, lors de la clôture (Com. 22 nov. 1972, n° 71-10.745). Sans prétendre prédire l'avenir, il faut remarquer que, en droit du cautionnement, les clauses contraires à ce système de « double plafond » ont été considérées comme licites (v. S. Bernheim-Desvaux, « La clause de résiliation à effet limitée du cautionnement d'un compte courant », *CCC* mars 2013, form. 4).

Outre l'identification de la dette concernée, ce sont également les parties qu'il faut envisager avec précision. S'agissant du renonçant, il faut indiquer « les nom de naissance, nom d'usage, prénoms, nationalité, date et lieu de naissance et domicile de l'entrepreneur individuel », « l'activité ou les activités professionnelles et, s'il en est utilisé, le nom commercial et l'enseigne ainsi que les numéros et codes caractérisant l'activité ou les activités [...] », « l'adresse de l'établissement principal où est exercée l'activité professionnelle, ou, à défaut d'établissement, l'adresse du local d'habitation où l'entreprise est fixée » et enfin « le numéro unique d'identification de l'entreprise, délivré conformément à l'article D. 123-235 si l'entrepreneur est déjà immatriculé, ou, lorsqu'elle est antérieure à la date d'immatriculation, la date déclarée du début d'activité » (C. com., art. D. 526-28, I, 1°, a à d). Concernant le bénéficiaire de la renonciation, s'il s'agit d'une personne physique, il convient d'indiquer « les nom de naissance, nom d'usage, prénoms, date, lieu de naissance et domicile du bénéficiaire de la renonciation », « le cas échéant, l'activité ou les activités professionnelles exercées, l'adresse de l'établissement principal où est exercée l'activité professionnelle, ou, à défaut d'établissement, l'adresse du local

d'habitation où l'entreprise est fixée et, s'il en est utilisé, le nom commercial et l'enseigne ainsi que les numéros et codes caractérisant l'activité ou les activités […] et le numéro unique d'identification de l'entreprise […] ». S'il s'agit d'une personne morale, il faudra faire figurer dans l'acte « la raison sociale ou la dénomination sociale, suivie, le cas échéant, du sigle et de la forme », « l'adresse du siège social ou de l'établissement, ou, à défaut, l'adresse du local d'habitation où l'entreprise est fixée », « le numéro unique d'identification de l'entreprise, […] » et, enfin, « l'indication que le bénéficiaire de la renonciation est un établissement de crédit ou une société de financement au sens de l'article L. 511-1 du Code monétaire et financier » (C. com., art. D. 526-28, I, 2°, a et b).
Cette longue liste à la Prévert peut paraître indigeste ! Il convient néanmoins d'être extrêmement prudents quant à ce contenu., car l'ensemble de ces mentions est imposé à peine de nullité !

Remarque

Le formalisme relatif à l'identification du débiteur et du créancier soulève une autre question, à savoir l'éventuelle circulation de la renonciation. *Quid*, en effet, du créancier qui cède sa créance à un tiers, voire qui l'apporte à une personne morale ? Le cessionnaire ou la personne morale constituée pourraient-ils se prévaloir de la renonciation afin d'étendre leur droit de gage sur le patrimoine personnel du débiteur ? En d'autres termes, la renonciation doit-elle s'entendre comme un engagement teinté d'un fort *intuitu personœ* ou, à l'inverse, n'est-elle que l'accessoire de la créance ? Si l'on y voit un cautionnement « innommé » (Th. Revet, « La désubjectivation du patrimoine », *D.* 2022. 469, n° 28), un régime (complet et équilibré) pourrait servir de modèle. Les travaux parlementaires n'évoquent pas cette thématique et il serait illusoire de prétendre deviner le sens qu'empruntera la jurisprudence. Un conseil peut cependant être formulé, car aucun enjeu d'ordre public ne semble ici en cause. Partant, rien ne devrait interdire aux parties d'organiser une éventuelle circulation de la renonciation et de définir les modalités de celle-ci. Tout est alors envisageable, sous réserve que les clauses soient rédigées avec clarté : circulation de la renonciation pure et simple, possibilité de circulation limitée à certains acteurs envisagés par avance, nécessaire information, voire accord du débiteur, etc.

II • La protection du débiteur

Outre une identification de la dette et des acteurs en présence, le législateur a également souhaité que le renonçant ait une pleine conscience quant à la gravité de ses actes.
Une première exigence en ce sens impose à ce que « le bénéficiaire de la renonciation informe l'entrepreneur individuel des conséquences de celle-ci sur ses patrimoines » (C. com., art. D. 526-28, III). Et rappelons que, suivant le droit commun, c'est à celui qui est tenu d'une telle obligation de rapporter la preuve de son exécution. Il ne faut toutefois, sans doute, pas aller trop loin : l'obligation d'information est moins contraignante qu'une obligation de mise en garde, voire de conseil. Il s'agira ici, uniquement, d'évoquer les incidences et conséquences d'une renonciation. En aucun cas, il ne faudra apprécier le bien-fondé ou la pertinence d'une telle renonciation.

À noter

Le III de l'article D. 526-28 du Code de commerce ne dit rien à propos de la sanction de cette exigence. À notre sens, et de manière classique en matière d'obligation d'information, c'est un préjudice de perte de chance qui pourrait être invoqué.

Une seconde exigence, permettant de s'assurer du caractère éclairé du consentement en cause, vise des délais de réflexion. Ainsi, « la renonciation ne peut intervenir avant l'échéance d'un délai de réflexion de sept jours francs à compter de la réception de la demande de renonciation ».
En outre, et afin que ce délai ne bloque pas les projets les plus urgents de l'entrepreneur, il a encore été prévu que, « si l'entrepreneur individuel fait précéder sa signature [d'une mention manuscrite] et uniquement de celle-ci, le délai de réflexion est réduit à trois jours francs » (C. com., art. L. 526-25, al. 2). Et un décret n° 2022-799 du 12 mai 2022 précise le contenu de cette mention : « Je déclare par la présente renoncer au bénéfice du délai de réflexion de sept jours francs, fixé conformément aux dispositions de l'article L. 526-25 du Code de commerce. En conséquence, ledit délai est réduit à trois jours francs » (C. com., art. D. 526-28, IV).
Deux remarques peuvent être formulées. Premièrement, un doute subsiste quant à la sanction de ces délais, la nullité étant uniquement évoquée relativement au formalisme de l'acte (C. com., art. L. 526-25, al. 1er). À notre sens, les termes employés – « cette renonciation *ne peut* intervenir » (nous soulignons) – invitent pourtant à une nullité. Deuxièmement, un regret. Au regard des turpitudes qu'a pu connaître la mention manuscrite en droit du cautionnement avant la réforme, lorsque le contenu de celle-ci était imposé, l'on ne peut que regretter que le législateur ait choisi cette voie dans le cadre d'une renonciation dictée par l'urgence !

Pour aller plus loin

Même si le propos dépasse le cadre du présent ouvrage et du programme de droit des affaires, une interrogation est soulevée par la doctrine – aux conséquences pratiques importantes – et concerne l'articulation de ce mécanisme avec le droit des régimes matrimoniaux. En effet, lorsque l'entrepreneur individuel est marié sous un régime de communauté, il est certain qu'une double démarche de qualification des biens en présence devra intervenir. Les biens pourront être propres ou communs, professionnels ou non-professionnels, ce qui n'est pas sans poser quelques difficultés (v. notamment, Q. Guiguet-Schielé, « L'articulation du nouveau patrimoine professionnel de l'entrepreneur avec son régime matrimonial », *Gaz. Pal.* 12 avr. 2022, n° 12, p. 44 ; V. Avena-Robardet et J. Casey, « Attention au nouveau statut de l'entrepreneur individuel marié », *AJ famille* 2022, p. 169). Le législateur n'apporte guère de réponse puisqu'il se contente d'affirmer que « la présente section s'entend sans préjudice des pouvoirs reconnus aux époux pour administrer leurs biens communs et en disposer » (C. com., art. L. 526-26). Deux niveaux d'analyse doivent être distingués. S'agissant du pouvoir de l'époux entrepreneur quant à l'acte de renonciation, celui-ci ne saurait être appréhendé tel un acte, entre vifs, à titre gratuit, soumis à cogestion (C. civ., art. 1422). Il s'agit dès lors d'une faculté relevant de la gestion concurrente. En revanche, un débat peut avoir lieu s'agissant du gage des créanciers. La renonciation relève-t-elle de l'article 1413 ou de l'article 1415 du Code civil ? Dans le second cas, le gage des créanciers professionnels du renonçant serait réduit, sauf consentement de l'autre époux, aux biens propres et revenus (extraprofessionnels) de l'entrepreneur.

Bibliographie

B. Dondero, « Place à l'entrepreneur individuel à deux patrimoines (EI2P) ! », *Rev. sociétés* 2022. 199.

B. Dondero, « Nouveau statut de l'entrepreneur individuel : textes réglementaires », *Rev. sociétés* 2022. 335.

N. Kilgus, « La renonciation, par l'entrepreneur individuel, à la séparation de ses patrimoines », *SNH* 29 sept. 2022. 14.

Th. Revet, « La désubjectivation du patrimoine », *D.* 2022. 469.

B. Saintourens, « Le statut de l'entrepreneur individuel après la loi du 14 février 2022 », *RTD com.* 2022. 447.

Bail commercial : la déspécialisation

En droit des baux commerciaux, la déspécialisation est un droit organisé au profit du locataire et qui lui permet, au cours de l'exécution du bail, d'obtenir une modification de la destination des locaux loués, telle qu'elle résulte normalement de la convention. Cette prérogative offerte au locataire découle des articles L. 145-47 à L. 145-55 du Code de commerce et se trouve très minutieusement encadrée.

Encadré

Pour bien comprendre la déspécialisation en droit des baux commerciaux, il faut partir du constat de l'une des obligations du locataire. Le preneur à bail doit respecter la destination contractuellement définie dans le bail. Cette obligation découle du droit commun, telle qu'elle est énoncée à l'article 1728, 1°, du Code civil : « le preneur est tenu de deux obligations principales : 1° D'user de la chose louée raisonnablement, et suivant la destination qui lui a été donnée, ou suivant celle présumée d'après les circonstances, à défaut de convention ». Dès lors, il paraît freiné dans les velléités qu'il pourrait avoir de modifier son activité. Pour cette raison, la déspécialisation a été mise en place, afin d'offrir, autant que faire se peut et dans le respect de chacune des parties, une certaine forme de flexibilité.

Le Code de commerce donne une double dimension à la déspécialisation : celle-ci peut être tout à la fois simple ou partielle (I) ou plénière (II).

I • Déspécialisation simple ou partielle

A • Mise en œuvre de la déspécialisation

L'article L. 145-47 du Code de commerce prévoit que le locataire peut adjoindre à l'activité prévue au bail des activités connexes ou complémentaires.

À noter

Cette disposition est d'ordre public : il n'est pas possible de prévoir, dans la convention de bail commercial, une clause privant le preneur de ce droit.

Pour ce faire, une procédure doit être respectée (sur l'absence de respect des délais, v. Civ. 3e, 1er mars 1995, n° 93-16.062, *Bull. civ.* III, n° 64). Le preneur doit faire connaître son intention au propriétaire des locaux soit par acte extrajudiciaire, soit par lettre recommandée avec demande d'avis de réception. Il conviendra d'indiquer les activités dont l'exercice est envisagé par le preneur. Cette formalité, précise le texte, vaut mise en demeure du propriétaire de faire connaître dans un délai de deux mois, à peine de déchéance, s'il conteste le caractère connexe ou complémentaire de ces activités. Dans l'éventualité d'une contestation, le tribunal judiciaire est saisi par la partie la plus diligente. Il se prononce en fonction notamment de l'évolution des usages commerciaux. Il résulte de cette procédure que la notification est préalable à l'adjonction (Civ. 3e, 3 juill. 1985, no 84-11.807, *Bull. civ.* III, no 107). Dans l'hypothèse où le bailleur ne répond pas, l'on considère qu'il a accepté la déspécialisation même si elle n'est pas connexe ou complémentaire (Civ. 3e, 1er mars 1995, arrêt préc.). Quant au preneur, s'il ne respecte pas l'information du bailleur, il s'expose à des sanctions. Ainsi encourt-il notamment le risque d'une résiliation.

Attention : ne pas confondre

L'on comprend que l'adjonction d'activités nouvelles n'est pas un droit. Elle ne le devient et n'est possible que si elle concerne des activités connexes ou complémentaires. Et dans ce cas, le bailleur a la possibilité de contester la connexité ou la complémentarité de l'activité. En revanche, s'il s'agit bien de ce type d'activité, il ne s'agit pas d'une autorisation, mais d'une information du bailleur. La seule façon dont dispose le bailleur pour contester est de remettre en cause le caractère connexe ou complémentaire.

Une évolution du loyer peut être prévue. Elle n'est toutefois pas immédiate. À l'occasion de la première révision triennale suivant la notification de l'adjonction d'une activité de caractère connexe ou complémentaire, il peut être tenu compte, pour la fixation du loyer, des activités commerciales adjointes, si celles-ci ont entraîné par elles-mêmes une modification de la valeur locative des lieux loués.

B • Qu'est-ce qu'une activité connexe ou complémentaire ?

Au-delà même du caractère connexe ou complémentaire, précisons d'emblée que certaines activités sont incluses dans le contrat. Ainsi, « la vente de billets d'accès au château de Versailles [est] un service offert à leur clientèle par l'ensemble des bars restaurants situés à proximité et [...] cette activité [offre] un service de proximité correspondant à l'évolution des usages locaux commerciaux aux abords du château », de sorte que « la cour d'appel a pu en déduire que cette activité devait être considérée comme incluse dans le bail » (Civ. 3e, 16 sept. 2015, no 14-18.708). L'activité de piano-bar et de karaoké est complémentaire de celle d'un hôtel meublé et bar (Civ. 3e, 17 juill. 1996, no 94-19.784). En revanche, il semblerait que l'activité de restaurant n'est pas connexe ni même complémentaire de celle d'un bar (Civ. 3e, 28 mai 1997, no 95-17.869 : il s'agissait d'« une activité de restauration caractérisée par l'élaboration de plats complets servis chauds ou froids à de nombreux clients » au regard d'une activité de cafetier).
Une activité de restauration rapide pourrait être adjointe à un bar. En effet, « [...] ayant, par motifs propres et adoptés, souverainement retenu que, si une activité de "restauration normale" n'avait pas en principe un caractère connexe ou complémentaire de l'activité de café-bar, en revanche une activité de "restauration rapide" présentait un tel caractère dans la mesure où elle ne nécessitait pas d'aménagements importants et visait la même clientèle qu'elle tendait à fixer par l'apport de ce service supplémentaire [...] » (Civ. 3e, 19 juill. 2000, no 99-11.904). La jurisprudence émane le plus souvent de juges du fond et les décisions de cours d'appel sont particulièrement nombreuses.

Attention

Peu importe que l'activité connexe ou complémentaire soit prépondérante ou non au regard de l'activité à laquelle elle vient s'ajouter ; cette circonstance est indifférente et n'exclut pas le caractère complémentaire (Civ. 3e, 4 févr. 1997, no 95-14.462).

II • La déspécialisation plénière

Il existe une autre forme de déspécialisation : la déspécialisation plénière. Cette procédure vise la réalisation, au sein des locaux loués, d'une activité différente, qui n'est pas connexe ou complémentaire. Par principe, elle n'est donc pas conforme aux stipulations du contrat de bail. La déspécialisation peut être totale. Pour cette raison, une procédure encadre très minutieusement ce type de déspécialisation. Ainsi, selon l'article L. 145-48 du Code de commerce, le locataire peut, sur sa demande, être autorisé à exercer dans les lieux loués une ou plusieurs activités différentes de celles prévues au bail, eu égard à la conjoncture économique et aux nécessités de l'organisation rationnelle de la distribution. Il s'agit d'éléments d'appréciation cumulatifs. La rentabilité du commerce initial est parfois prise en compte. Ainsi, « après avoir relevé que le commerce de cartes géographiques était peu rentable, sinon déficitaire, dans les lieux loués, et qu'en période de mutation et d'instabilité de la distribution, la plus grande souplesse était nécessaire, la cour d'appel [...] a retenu souverainement que l'exploitation d'un commerce non alimentaire obéissait tant aux nécessités de la conjoncture économique qu'à celles de l'organisation rationnelle de la distribution » (Civ. 3e, 8 juin, 1995, no 93-12.219, *Bull. civ.* III, no 140 ; v. égal. Civ. 3e, 4 mars 1992, no 90-20.323, *Bull. civ.* III, no 69). La jurisprudence prend parfois soin de regarder l'environnement général pour autoriser ou refuser la déspécialisation. Ainsi, pour ne pas permettre la transformation, une cour d'appel retient « qu'il existait déjà dans le secteur concerné dix agences immobilières dont l'une faisait l'objet d'une liquidation judiciaire et une autre d'une procédure de redressement judiciaire et que l'implantation d'une nouvelle agence immobilière ne répondait pas aux nécessités » (Civ. 3e, 4 nov. 1992, no 91-11.170). Signalons encore un arrêt du 24 juin 1992 : « [...] après avoir relevé qu'eu égard aux résultats financiers du pressing et à l'évolution du commerce de nettoyage à sec et de sa distribution dans le quartier, ainsi qu'à la spécificité du commerce de restauration envisagé dans un quartier touristique où sont implantés plusieurs hôtels, la déspécialisation était justifiée par la conjoncture économique et les nécessités rationnelles de la distribution [...] » (Civ. 3e, 24 juin 1992, no 91-10.607, *Bull. civ.* III, no 221). En somme, l'idée du mécanisme n'est pas de transformer un commerce parfaitement rentable ce afin d'opter pour une activité totalement nouvelle.
Encore faut-il que ces activités soient compatibles avec la destination, les caractères et la situation de l'immeuble ou de l'ensemble immobilier.

Attention

Dans certaines situations, la déspécialisation plénière n'est pas possible : ainsi, l'article L. 145-48, alinéa 2, prévoit que « [...] le premier locataire d'un local compris dans un ensemble constituant une unité commerciale définie par un programme de construction ne peut se prévaloir de cette faculté pendant un délai de neuf ans à compter de la date de son entrée en jouissance ».

A • Procédure

Une procédure est organisée, encore plus minutieuse que pour la déspécialisation simple. Elle est en partie prévue par l'article L. 145-49 du Code de commerce. La demande est faite au bailleur. Elle doit, à peine de nullité, comporter l'indication des activités dont l'exercice est envisagé. La demande est formée par acte extrajudiciaire ou par lettre recommandée avec demande d'avis de réception. Comme il est important d'avertir les créanciers, car le changement d'activité peut avoir une incidence sur la solvabilité du débiteur, la demande est également dénoncée, dans les mêmes formes, aux créanciers inscrits

sur le fonds de commerce. Dans cette logique, les créanciers pourront demander que le changement d'activité soit subordonné aux conditions de nature à sauvegarder leurs intérêts.
Une fois qu'il reçoit la demande, le bailleur doit, dans le mois qui suit, aviser, là aussi dans les mêmes formes, ceux de ses locataires envers lesquels il se serait obligé à ne pas louer en vue de l'exercice d'activités similaires à celles visées dans la demande. Dans le mois de la notification, ils devront, à peine de forclusion, faire connaître leur attitude.
Le bailleur a alors trois solutions. Tout d'abord, s'il ne répond pas, c'est-à-dire, s'il n'a pas, dans les trois mois de la demande, notifié son refus, son accord ou encore les conditions auxquelles il subordonne son accord, l'article L. 145-49, alinéa 3, considère qu'il est réputé avoir acquiescé à la demande. Ensuite, il peut refuser l'exercice d'activité nouvelle. Enfin, il peut l'accepter.

B • Paiement d'une indemnité et augmentation du loyer

La déspécialisation plénière peut avoir des conséquences financières. Dans certains cas, il est possible que le locataire soit amené à s'acquitter d'une certaine somme. En effet, le changement d'activité peut, selon l'article L. 145-50 du Code de commerce, motiver le paiement, à la charge du locataire, d'une indemnité égale au montant du préjudice dont le bailleur établirait l'existence. La charge de la preuve incombe donc au bailleur et il devra chiffrer précisément le préjudice qu'il subit tout en l'étayant avec rigueur.
Ensuite, le loyer est amené à évoluer et selon des conditions plutôt favorables pour le bailleur. En effet, l'article L. 145-50, alinéa 2, prévoit qu'il peut en outre, en contrepartie de l'avantage procuré, demander au moment de la transformation, la modification du prix du bail sans qu'il y ait lieu d'appliquer les dispositions des articles L. 145-37 à L. 145-39 du Code de commerce. Cette faculté revient à ne pas attendre l'échéance triennale (Civ. 3e, 24 juin 1992, nº 91-10.607, arrêt préc.) et à ne pas être astreint au respect du plafond. La révision n'est toutefois possible que si la procédure a été respectée.
Soulignons que les créanciers seront concernés par la déspécialisation. À cet égard, le dernier alinéa de l'article L. 145-50 du Code de commerce prévoit que les droits des créanciers inscrits s'exercent avec leur rang antérieur, sur le fond transformé.

C • Quand le bailleur n'est pas d'accord

Si le bailleur refuse, le tribunal judiciaire peut quand même autoriser la transformation totale ou partielle malgré le refus du bailleur, sauf si ce refus est justifié par un motif grave et légitime, conformément à l'article L. 145-51 du Code de commerce. Si le différend porte seulement sur le prix du bail, il est alors fixé selon les dispositions réglementaires prévues pour la fixation du prix des baux révisés. À défaut, il reviendra aux tribunaux de connaître de l'affaire.
Toutefois, selon l'article L. 145-53, le refus de transformation est suffisamment motivé si le bailleur justifie qu'il entend reprendre les lieux à l'expiration de la période triennale en cours, soit en application des articles L. 145-18 à L. 145-24, soit en vue d'exécuter des travaux prescrits ou autorisés dans le cadre d'une opération de rénovation urbaine ou de restauration immobilière. De plus, le bailleur qui aurait faussement invoqué l'un des motifs précédemment évoqués ou qui n'a pas satisfait aux conditions ayant motivé le rejet de la demande du locataire ne peut s'opposer à une nouvelle demande de transformation d'activité, sauf pour motifs gaves et légitimes, à moins que le défaut d'exécution ne lui soit imputable. Il peut, en outre, être condamné à verser au locataire une indemnité à raison du préjudice subi par ce dernier.

Attention

Bien sûr, selon l'article L. 145-48, il n'est pas tenu compte de la plus-value conférée par la déspécialisation, lorsque l'immeuble dans lequel est exploité le fonds doit être démoli ou restauré, ou lorsque le fonds doit être exproprié dans le cadre d'une opération de rénovation ou de restauration immobilière décidée moins de trois ans après la demande notifiée de changement.

D • Le droit de revenir en arrière

Le locataire dispose d'un droit de retour en arrière, ce qui lui permet de renoncer à sa demande. À tout moment et jusqu'à l'expiration d'un délai de quinze jours à compter de la date à laquelle la décision est passée en force de chose jugée (il s'agit de la décision statuant sur la contestation), le locataire peut y renoncer. Pour ce faire, il doit notifier au bailleur son souhait par acte extrajudiciaire ou par lettre recommandée avec demande d'avis de réception et, dans ce cas, il supporte tous les frais de l'instance.

E • Un cas particulier de déspécialisation

L'article L. 145-51 met en place une hypothèse spécifique de déspécialisation. Ainsi, quand le locataire ayant fait valoir ses droits à la retraite – ou ayant été admis au bénéfice d'une pension d'invalidité – a signifié à son propriétaire et aux créanciers inscrits sur le fonds de commerce son intention de céder son bail en précisant la nature des activités dont l'exercice est envisagé ainsi que le prix proposé, le bailleur a, dans un délai de deux mois, une priorité de rachat aux conditions fixées dans la signification. À défaut d'usage de ce droit par le bailleur, son accord est réputé acquis si, dans le même délai de deux mois, il n'a pas saisi le tribunal judiciaire.

Bibliographie

Ph. Brault, « La destination des lieux et la déspécialisation » : *AJDI* 1992. 190.

J. Monéger, « La déspécialisation et les difficultés économiques du locataire » : *AJDI* 2018. 268.

M.-P. Dumont, « La déspécialisation et ses conséquences en matière de révision du loyer » : *AJDI* 2005. 30, note ss. Civ. 3e, 19 mai 2004, no 03-11.303.

L'indemnité d'éviction

En matière de baux commerciaux, il est parfois fait référence à l'existence d'une « propriété commerciale » au profit du locataire. Le terme est naturellement un abus de langage : il n'existe à son profit aucun droit réel, le contrat de bail offre au locataire un simple droit personnel. L'expression souligne toutefois une réalité, à savoir que le locataire est particulièrement bien protégé. L'objectif est de lui garantir une certaine stabilité : s'il ne voit pas son bail renouvelé, il a l'assurance – dans la plupart des cas – d'obtenir une somme (assez élevée) lui permettant de se réinstaller ailleurs et d'être indemnisé de la « perte » de la clientèle liée à son déménagement. Cette somme est qualifiée d'indemnité d'éviction.

Il faut comprendre sa raison d'être. Le but premier n'est pas d'entraver les droits du propriétaire des locaux et de restreindre sa libre disposition du bien. C'est pour lutter contre les spéculations « malhonnêtes » et offrir au commerçant une certaine stabilité que l'indemnité d'éviction a été imaginée (en lien avec la durée minimale du bail, la procédure révision des loyers, etc.). La clientèle est un élément essentiel quant à la composition du fonds de commerce (pour rappel, sur le débat pour déterminer si la clientèle est un élément du fonds de commerce, ou bien l'essence même dudit fonds, v. not., P. Didier, « À quoi sert le concept de clientèle ? », in *Mélanges Calais-Auloy*, Dalloz, 2004, p. 338 ; O. Savary et E. Dubuisson, « Faut-il supprimer le critère de clientèle ? », *LPA*, 30 avr. 2009, p. 74 ; J.-M. Leloup, « La place de la clientèle aujourd'hui », *Gal. Pal.* 2009, p. 1801). Or, il est certain que l'emplacement du fonds est un élément essentiel pour conserver ladite clientèle : on imagine facilement que le commerçant ayant réussi à « fidéliser » une clientèle devra tout recommencer s'il est obligé de déménager à des kilomètres de son emplacement initial ! C'est cette réalité que cherche à prendre en considération l'indemnité d'éviction. Le propriétaire peut changer de locataire, mais il devra alors l'indemniser de cette perte : l'importance de la somme va souvent le faire réfléchir et évitera le non-renouvellement du bail motivé par la volonté de fixer un nouveau loyer quelques euros plus cher.

Il faut envisager les cas dans lesquels l'indemnité d'éviction est due (I), son mode de calcul (II) et enfin son débiteur (III).

I • Les cas dans lesquels l'indemnité d'éviction est due

Au terme du bail, lorsque le locataire remplit les conditions spécifiques lui ouvrant droit au renouvellement (v. C. com., art. L. 145-8 s.), le non-renouvellement implique par principe le paiement d'une indemnité d'éviction par le bailleur.

Le Code de commerce prévoit cependant diverses exceptions. Le bailleur peut ainsi refuser le renouvellement du bail sans être tenu au paiement d'aucune indemnité :

– S'il justifie d'un motif grave et légitime à l'encontre du locataire sortant (C. com., art. L. 145-17, I, 1°). On imagine ici surtout les hypothèses de non-paiement des loyers, le fait d'exercer une activité non conforme à la destination du bien ou encore la non-exploitation du fonds. À noter cependant que l'infraction commise par le preneur ne peut être invoquée que si elle s'est poursuivie ou renouvelée plus d'un mois après mise en demeure du bailleur d'avoir à la faire cesser.

– S'il est établi que l'immeuble doit être totalement ou partiellement démoli comme étant en état d'insalubrité reconnue par l'autorité administrative ou s'il est établi qu'il ne peut plus être occupé sans danger en raison de son état (C. com., art. L. 145-17, I, 1°). En cas de reconstruction par le propriétaire ou son ayant droit d'un nouvel immeuble comprenant des locaux commerciaux, le locataire a cependant droit de priorité pour louer dans l'immeuble reconstruit (C. com., art. L. 145-17, II). En revanche, si le bailleur souhaite reconstruire l'immeuble, hors le cas précédent de ruine ou d'insalubrité, il faut verser l'indemnité d'éviction, sauf s'il offre « au locataire évincé un local correspondant à ses besoins et possibilités, situé à un emplacement équivalent » (C. com., art. L. 145-18, al. 3).

– Lorsque les locaux sont « mixtes », c'est-à-dire qu'ils comportent – outre le fonds de commerce – des locaux d'habitation, un refus de renouvellement exclusivement sur ces derniers est possible, sans devoir verser l'indemnité d'éviction. Les conditions de cette reprise partielle pour habiter sont toutefois strictes. L'objectif doit notamment être d'« habiter lui-même ceux-ci ou les faire habiter par son conjoint, ses ascendants, ses descendants ou ceux de son conjoint, à condition que le bénéficiaire de la reprise ne dispose pas d'une habitation correspondant à ses besoins normaux et à ceux des membres de sa famille vivant habituellement ou domiciliés avec lui ». De même, « la reprise ne peut être exercée lorsque le locataire établit que la privation de jouissance des locaux d'habitation apporte un trouble grave à l'exploitation du fonds ou lorsque les locaux commerciaux et les locaux d'habitation forment un tout indivisible » (C. com., art. L. 145-22).

– Suivant une logique similaire, le bailleur peut également, à l'expiration d'une période triennale, et au moins six mois à l'avance, reprendre les locaux d'habitation loués accessoirement aux locaux commerciaux s'ils ne sont pas affectés à cet usage d'habitation. Là aussi les conditions sont strictes : la reprise ne peut être exercée que si, après un délai de six mois suivant le congé délivré à cet effet, les locaux ne sont pas utilisés à usage d'habitation (C. com., art. L. 145-23-1).

II • Le mode de calcul de l'indemnité d'éviction

Le calcul de l'indemnité d'éviction est une question névralgique et souvent contentieuse au regard de l'importance des sommes envisagées. Le législateur est d'ailleurs relativement succinct à ce propos puisqu'il se contente d'affirmer : « Le bailleur peut refuser le renouvellement du bail. Toutefois, le bailleur doit [...] payer au locataire évincé une indemnité dite d'éviction égale au préjudice causé par le défaut de renouvellement ». Et le texte ajoute : « Cette indemnité comprend notamment la valeur marchande du fonds de commerce, déterminée suivant les usages de la profession, augmentée éventuellement des frais normaux de déménagement et de réinstallation, ainsi que des frais et droits de mutation à payer pour un fonds de même valeur, sauf dans le cas où le propriétaire fait la preuve que le préjudice est moindre » (C. com., art. L. 145-14). Ce sont donc les juges du fond qui apprécient souverainement ce préjudice (Civ. 3e, 15 oct. 2008, no 07-17.727), étant précisé qu'ils doivent se placer au plus proche de la date de la réalisation du préjudice (c'est-à-dire à la date à laquelle ils statuent lorsque l'éviction n'est pas encore réalisée : Civ. 3e, 24 nov. 2004, no 03-14.620).
La référence à la valeur marchande du fonds, visée par le texte, ne doit pas tromper : ce que cherche à compenser l'indemnité d'éviction c'est *la perte de jouissance du bien*. Comme le remarque un auteur, « l'indemnité versée au locataire est destinée à compenser le préjudice causé par l'éviction. Il ne s'agit pas de sanctionner le bailleur, qui ne fait qu'user du droit qu'il tient de la loi en refusant le renouvellement du bail » (J. Lafond, « Fasc. 500 : Bail commercial. – Indemnité d'éviction. – Régime juridique », *JCP N*, 15 janv. 2019, no 41). La Cour de cassation n'affirme guère autre chose dans un arrêt récent

lorsqu'elle énonce que « l'indemnité d'éviction […] a pour objet de compenser le préjudice causé au preneur par le défaut de renouvellement du bail » (Civ. 3e, 19 déc. 2019, no 18-26.162). Or, le défaut de renouvellement correspond à la perte de jouissance des locaux envisagés.

Pour fixer concrètement la valeur de l'indemnité d'éviction, il faut donc essentiellement se focaliser sur la jouissance perdue de la chose, par-delà la formulation retenue par le législateur. Certes, il évoque « la valeur marchande du fonds de commerce, déterminée suivant les usages de la profession, augmentée éventuellement des frais normaux de déménagement et de réinstallation, ainsi que des frais et droits de mutation à payer pour un fonds de même valeur » (C. com., art. L. 145-14, al. 2). Cette référence donne le sentiment qu'il s'agit de compenser la valeur du fonds en tant que telle. Il faut néanmoins garder à l'esprit la nature indemnitaire qui est ici en cause et que la jurisprudence rappelle fréquemment. En l'absence de préjudice réellement éprouvé par le locataire du fait du non-renouvellement du bail, il ne saurait ainsi prétendre à une indemnité d'éviction (Civ. 3e, 6 nov. 2001, no 00-12.946 ; Civ. 3e, 10 févr. 1999, no 97-16.134. A ainsi été censurée la cour d'appel qui a indemnisé le preneur sortant des frais de déménagement des locaux loués par la sous-locataire, des frais de réinstallation qui comprenaient des frais de communication de la sous-locataire et du double loyer qui était en partie supporté par la sous-locataire : Civ. 3e, 10 oct. 2019, no 18-19.662). Plus généralement, le bailleur peut toujours rapporter la preuve que le préjudice du preneur est moindre que la valeur du fonds perdu (C. com., art. L. 145-14, al. 2) ou bien tenter de limiter ce préjudice, notamment en offrant un local de remplacement (Com. 16 mai 1960 : *Bull. civ. III*, no 178).

La logique est donc simple : il faut indemniser le locataire quant à la perte de jouissance du local loué. Si cette perte l'oblige à « tout recommencer », c'est-à-dire à devoir retrouver une clientèle, la valeur du fonds sera naturellement un élément essentiel à prendre en compte pour fixer le montant de l'indemnité d'éviction. La clientèle fidélisée étant « perdue », c'est le fonds de commerce qui disparaît définitivement ! En revanche, lorsque l'activité commerciale ne souffre pas ou peu du changement de lieu, l'indemnité sera réduite. Il est possible d'imaginer, dans l'hypothèse où aucune perte de clientèle ne serait à déplorer (par exemple si un autre local – équivalent et à même coût – est disponible à quelques mètres de l'ancien), limiter celle-ci aux seuls frais engendrés par le déménagement (coût du déménagement en tant que tel, frais de réinstallation, pas-de-porte à verser pour obtenir les nouveaux locaux, etc. En ce sens, il a pu être affirmé que, par « frais de réinstallation », on doit entendre ceux que supporte le locataire pour mettre en place, dans son nouveau fonds, des aménagements semblables à ceux qu'il perd : Civ. 3e, 6 nov. 1969, no 68-10.325. V. également, Com. 30 mai 1961, no 57-12.544 ; Civ. 3e, 21 mars 2007, no 06-10.780. Peu important d'ailleurs l'existence d'une clause d'accession sans indemnité stipulée au profit du bailleur : Civ. 3e, 13 sept. 2018, no 16-26.049).

La jurisprudence illustre bien ladite logique : l'indemnité due au locataire commerçant évincé ne doit comprendre la valeur marchande du fonds que si l'éviction entraîne la perte de ce fonds (Civ. 3e, 19 mai 1981, no 79-15.529. Indemnisant une perte partielle de clientèle, v. Civ. 3e, 2 oct. 2012, no 11-13.483). De même, le preneur ayant continué à exploiter sa clientèle ne peut prétendre avoir perdu son fonds du fait de la résiliation du bail, quand bien même il subit incontestablement un préjudice (Civ. 3e, 28 avr. 2009, no 08-12.046).

III • Le débiteur de l'indemnité d'éviction

De manière générale, la jurisprudence considère que c'est à celui qui a donné à bail des locaux commerciaux qu'il appartient de payer l'indemnité d'éviction, quels que soient ses droits sur les lieux loués (Civ. 3e, 15 janv. 1974, no 72-13.749). Ainsi, il a été jugé que la vente d'un immeuble et la notification de celle-ci au preneur ne déchargent pas l'ancien propriétaire de son obligation de payer l'indemnité due en raison du refus du renouvellement intervenu avant la vente (Civ. 3e, 10 déc. 1997, no 96-13.616). De même, en cas d'annulation de la vente, suite à l'annulation du droit de préemption de la commune, l'indemnité d'éviction est due par le bailleur, censé ne pas avoir perdu sa qualité de propriétaire (Civ. 1re, 5 mai 2004, no 00-22.902). Le raisonnement, dans des hypothèses complexes, est donc simple : il faut se focaliser sur la seule personne du bailleur – même lorsque la qualité visée est déconnectée de celle de propriétaire.

Récemment, la question a été posée en cas de démembrement. En effet, les choses sont plus floues dans ce cas, car le droit des biens impose à l'usufruitier, lorsqu'il veut consentir un bail commercial, d'obtenir l'accord du nu-propriétaire (C. civ., art. 595, al. 4). En cas de refus de renouvellement, lequel des deux acteurs sera dès lors tenu du paiement de l'indemnité d'éviction ? Selon la Cour de cassation, l'usufruitier « ayant, seul, la qualité de bailleur dont il assume toutes les obligations à l'égard du preneur, l'indemnité d'éviction due en application de l'article L. 145-14 du Code de commerce, qui a pour objet de compenser le préjudice causé au preneur par le défaut de renouvellement du bail, est à sa charge » (Civ. 3e, 19 déc. 2019 : *op.* et *loc. cit.*).

La solution se justifie aisément si l'on revient sur la raison d'être de cette restriction. Comme le remarque un auteur, « il convient alors de convenablement comprendre le rôle que joue parfois le nu-propriétaire lors de la conclusion de certains baux. Celui-ci est privé du droit de jouir de la chose, d'où sa qualification de propriétaire "nu". Il ne peut par conséquent s'agir de deux cotitulaires de l'*usus* qui s'entendent en vue de le confier à un tiers. Le nu-propriétaire n'intervient jamais quant à la jouissance du bien ! Son action relève d'un autre fondement, à savoir la sauvegarde de ses propres droits. En effet, ceux-ci ne peuvent se comprendre qu'à l'aune de la restitution à venir du bien, autrement dit de sa vocation à la pleine propriété » (N. Kilgus, « L'usufruitier est seul débiteur de l'indemnité d'éviction due pour défaut de renouvellement du bail commercial. Note sous Civ. 3e, 19 déc. 2019 » : *JCP* 2020, p. 402). Le nu-propriétaire n'est en aucun cas co-bailleur : son autorisation ne sert qu'à sauvegarder ses droits (ce qui justifie qu'il intervienne lors du renouvellement ou en cas de repentir, car dans ces cas un nouveau bail va courir : Civ. 3e, 24 mars 1999, no 97-16.856 ; Civ. 3e, 31 mai 2012, no 11-17.534). Mais seul l'usufruitier est contractant au bail. Il est le seul bailleur en présence (v. par ex., Civ. 3e, 28 juin 2006, no 05-15.563). Le processus d'éviction du locataire en témoigne également : seul l'usufruitier est en droit de donner congé au locataire (Civ. 3e, 29 janv. 1974, no 72-13.968 ; Civ. 3e, 8 mai 1979, no 77-15.885) ou de décider du non-renouvellement (Civ. 3e, 9 déc. 2009, no 08-20.512). Partant, puisque l'usufruitier est ici le seul bailleur, il est seul titulaire de l'indemnité d'éviction.

Bibliographie

J.-D. Barbier, « De certains effets néfastes, pour le preneur, du maintien dans les lieux », *AJDI* 1999. 1211.

E. Bloy, « L'évaluation des fonds de commerce : critique des méthodes existantes et proposition d'une alternative », *AJDI* 1991. 826.

S. Frérault, « Comment s'apprécient les valeurs du droit au bail ? », *AJDI* 1996. 676.

A. Jacquin, « Le temps de la réflexion et la fiscalité omniprésente », *AJDI* 1999. 1222.

L. Lévy, « Le droit au bail dans le contentieux de l'indemnité d'éviction », *AJDI* 1991. 490.

F. Maigné-Gaborit, « Refus de renouvellement du bail commercial : les paradoxes du chiffrage de l'indemnité d'éviction », *AJDI* 2023. 409.

Le droit au compte

La question de la nature juridique de la convention de compte liant le banquier et son client a longtemps pu interroger la doctrine. De nombreux auteurs relèvent désormais qu'il s'agit en réalité d'un contrat-cadre de services bancaires. Partant, l'idée est simple : la finalité « commerciale » du rapport de clientèle se traduit sur le terrain du but de la convention de compte, lequel « réside principalement dans les services que peut rendre un établissement de crédit à ses clients » (v. not. Th. Bonneau, *Droit bancaire*, 14e éd., LGDJ, 2021, nº 492, 2), p. 358). Or, il est classique d'affirmer qu'un établissement de crédit peut toujours refuser ses services à un client (F. Grua, *Contrats bancaires*, tome I, *Contrats de services*, Economica, 1990, nº 55, p. 58).

Un enjeu apparaît dès lors immédiatement, soit l'inclusion bancaire des plus fragiles. En effet, une certaine clientèle n'inspire assurément pas la confiance de la banque : très faibles revenus, surendettement, incapacité à gérer convenablement ses avoirs, etc., sont autant d'hypothèses où le banquier serait susceptible de refuser son concours, à tout le moins s'agissant de prestations bancaires. Pourtant, au sein d'un environnement où la monnaie fiduciaire circule de moins en moins, en tous les cas comme moyen de paiement, cette absence de service bancaire peut rapidement se révéler une cause d'exclusion sociale. Sans carte bancaire ou possibilité d'opérer des virements, il est presque impossible aujourd'hui de souscrire à un abonnement Internet ou de téléphonie mobile, de régler ses factures d'eau, d'électricité, voire de s'acquitter de ses impôts (v. C. mon. fin., art. L. 112-6).

Le législateur a dû envisager cette difficulté et trouver un équilibre. Il ne saurait s'agir d'imposer aux banques, sociétés commerciales de droit privé, d'accueillir tout le monde et de fournir, si le client le désire, de multiples outils lui permettant le cas échéant de s'endetter (découvert autorisé, carte bancaire permettant de placer le compte en position débitrice, etc.). Et cela se comprend dès lors qu'il existe un risque financier : le client qui procède à des achats en usant de son découvert en compte pourrait se retrouver dans l'incapacité définitive de rembourser sa banque. Et il est certain que ce n'est pas la saisie – qui a également un coût – de quelques appareils électroniques d'occasion qui va venir modifier cet état de fait. En outre, les interventions de son conseiller ne sont pas neutres puisqu'elles impliquent d'y consacrer du temps de travail. Pour autant, le monopole bancaire conféré aux établissements de crédit impose qu'ils ne soient pas totalement insensibles à cette problématique : certaines populations, fragiles, ne peuvent être totalement exclues d'un système, aujourd'hui indispensable aux besoins de la vie courante. C'est tout le sens du droit au compte et aux services bancaires de base.

Les évolutions de ce droit au compte démontrent pourtant que cette recherche d'un équilibre est loin d'être évidente. Le propos peut être abordé en deux temps, suivant en cela la « vie » du compte : il convient tout d'abord d'ouvrir un compte (I), ensuite de pouvoir le faire fonctionner (II) ; enfin, il faut offrir quelques garanties pour éviter que le banquier ne mette un terme à la relation bancaire, presser de se débarrasser d'un client indésirable (III).

I • L'ouverture du compte

Il est certain que le principe suivant lequel un établissement bancaire est tenu d'ouvrir un compte à un client dont il ne veut pas ne va pas de soi ! La logique de liberté – et hors l'hypothèse d'un abus de droit ou d'un refus fondé sur des motifs discriminatoires – est encore, d'une certaine manière, à l'œuvre, puisque le droit au compte n'intervient toujours que dans un second temps : après un refus opéré par un établissement bancaire. La première étape, même pour celui qui est en difficulté financière, reste de prendre contact avec une banque et d'espérer trouver un terrain d'entente hors de toute injonction de la Banque de France. Ce n'est qu'en cas de refus que cette dernière va intervenir.
L'article 58 de la loi du 24 janvier 1984 disposait ainsi que « toute personne qui s'est vu refuser l'ouverture d'un compte de dépôt par plusieurs établissements de crédit et qui, de ce fait, ne dispose d'aucun compte, peut demander à la Banque de France de lui désigner un établissement de crédit [...] auprès duquel elle pourra ouvrir un tel compte ». Depuis, le texte a évolué. Sa portée a été élargie et son efficacité demeure au cœur des préoccupations du législateur.
En effet, l'article L. 312-1 du Code monétaire et financier précise désormais son champ d'application. Sont concernées, et ont donc droit à l'ouverture d'un compte de dépôt, sous réserve d'être dépourvu d'un tel compte en France, « toute personne physique ou morale domiciliée en France » et « toute personne physique résidant légalement sur le territoire d'un autre État membre de l'Union européenne n'agissant pas pour des besoins professionnels ainsi que toute personne physique de nationalité française résidant hors de France » (C. mon. fin., art. L. 312-1, I).

À noter

Un ajout a été réalisé par la loi n° 2021-1774 du 24 décembre 2021 visant à accélérer l'égalité économique et professionnelle : afin de venir en aide, notamment, aux victimes de violences conjugales, il est précisé que la détention d'un compte joint (par exemple avec le conjoint violent) ne fait pas obstacle à ce droit au compte.

S'agissant de la procédure, l'article L. 312-1 précité dispose qu'« en cas de refus de la part de l'établissement choisi d'ouvrir un tel compte à l'une des personnes mentionnées [ci-dessus], celle-ci peut saisir la Banque de France afin qu'elle lui désigne un établissement de crédit situé à proximité de son domicile ou d'un autre lieu de son choix, en prenant en considération les parts de marché de chaque établissement concerné, dans un délai d'un jour ouvré à compter de la réception des pièces requises définies par arrêté » (C. mon. fin., art. L. 312-1, III, al. 1er).
S'il n'est plus nécessaire de subir le refus de plusieurs établissements bancaires, le refus de la banque était encore, jusqu'à peu, au cœur du raisonnement. Il en était le point de départ puisque ce refus devait être formalisé par une attestation. Et la loi n° 2013-672 du 26 juillet 2013 de séparation et de régulation des activités bancaires est venue ajouter que cette attestation devait être remise systématiquement au demandeur, gratuitement et sans délai, sur support papier, et sur un autre support durable lorsque celui-ci en fait la demande expresse (C. mon. fin., art. L. 312-1, III, al. 2). Ce n'était qu'avec cette attestation que le demandeur pouvait saisir la Banque de France.
Un auteur avait pu, il y a quelques années, critiquer cette exigence d'une attestation de refus. L'idylle se confronte parfois à la réalité et certaines banques « ne jouent pas le jeu » ! En effet, pour éviter la saisine de la Banque de France, il suffisait de ne jamais formaliser le refus : « certaines agences pourraient être tentées d'éviter de donner rendez-vous afin de ne pas délivrer l'attestation de refus. Plus généralement, comment le client peut-il prouver qu'il a demandé à la banque un compte et que celle-ci refuse,

si l'établissement ne le reçoit pas physiquement, s'il ne répond pas à ces sollicitations ? La condition d'un refus est encore un verrou matériel » (Th. de Ravel d'Esclapon, « L'élargissement régulier du droit au compte », *RDBF*, nº 1, janv. 2019, doss. 3, nº 19).

Cette difficulté a été récemment prise en considération par le décret nº 2022-347 du 11 mars 2022 relatif à la procédure du droit au compte. Désormais, l'article R. 312-6-1 du Code monétaire et financier dispose que le demandeur peut saisir la Banque de France, afin d'initier la procédure du droit au compte, en l'absence de réponse de la banque dans un délai de 15 jours « à compter de la date de réception de l'avis de réception de sa demande par lettre recommandée ou de la preuve de son dépôt en main propre ». En d'autres termes, le refus peut être implicite et intervenir du fait d'un silence conservé durant 15 jours.

Cette possibilité – qui cherche à rendre plus effectif ce droit au compte – ne dispense pas pour autant la banque de devoir rendre des comptes. D'une part, le II° de l'article L. 312-1 impose toujours, à l'égard du demandeur, de lui communiquer le motif du refus. D'autre part, un nouvel article prévoit que la Banque de France doit être informée « dans les meilleurs délais par l'établissement de crédit des motifs du refus d'ouverture de compte en application de la procédure prévue au III de l'article L. 312-1 » (C. mon. fin., art. R. 312-8-1).

S'agissant de cette information, deux remarques peuvent toutefois être formulées. D'abord, à propos du demandeur, il est cependant à craindre que le motif de refus ne soit jamais communiqué : la banque pourrait considérer qu'elle n'a jamais formalisé de refus (par exemple par suite d'une « difficulté » récurrente à fixer un rendez-vous avec le futur client ; le demandeur, une fois titulaire d'un compte grâce à l'entremise de la Banque de France, risque de ne pas insister). Ensuite, s'agissant de l'information de la Banque de France, elle va rester lettre morte si l'établissement de crédit considère qu'il n'a jamais formalisé de refus. Il faudrait en réalité une démarche proactive de la Banque de France : dès lors qu'elle est saisie à la suite du silence d'une banque durant plus de 15 jours, il conviendrait de lui demander des explications. Plus largement, aura-t-elle les moyens humains d'étudier ces listes de refus communiquées par les banques ? Cela rejoint assurément une problématique plus vaste, à savoir les sanctions qu'encourent les banques lorsqu'elles ne « jouent pas le jeu » de l'inclusion bancaire et multiplient les lenteurs, voire une certaine mauvaise foi, notamment lorsqu'elles sont saisies d'une demande d'ouverture de compte.

Une dernière difficulté a été appréhendée à ce propos par le décret du 11 mars 2022, soit le sort des demandes de pièces justificatives. En effet, s'il est prévu que les établissements désignés par la Banque de France « procèdent à l'ouverture du compte de dépôt dans les trois jours ouvrés à compter de la réception de l'ensemble des pièces qui lui sont nécessaires à cet effet » (C. mon. fin., art. L. 312-1, III, al. 4), ils pouvaient en réalité « faire traîner » les choses par ce biais, en sollicitant sans cesse de nouveaux documents justificatifs. Le décret souhaite que les choses soient clarifiées *ab initio* pour éviter toute perte de temps : l'établissement de crédit « notifie au demandeur, dans les trois jours ouvrés à compter de la réception de la décision de désignation, sur support papier ou sur un autre support durable lorsque celui-ci en fait la demande expresse, une liste des pièces nécessaires à l'ouverture du compte ainsi que le nom et les coordonnées de l'agence concernée » (C. mon. fin., art. R. 312-7, al. 1er). Certes, « des pièces complémentaires peuvent, en cas de besoin, être demandées après ce délai par l'établissement de crédit » (C. mon. fin., art. R. 312-7, al. 2), mais il nous semble que ces demandes ne peuvent justifier d'un retard quant à l'ouverture du compte. À nouveau, l'on peut constater cette volonté d'accélérer, autant que possible, la procédure de l'ouverture du compte. Cela se justifie, car il faut garder à l'esprit que la personne, durant ce délai d'ouverture, est sans compte bancaire, avec toutes les difficultés – et parfois l'exclusion – que cela engendre. À noter d'ailleurs que le décret impose aussi la célérité du point de vue du client : il doit agir dans un délai de 6 mois une fois une banque désignée, à défaut de quoi la désignation deviendra caduque (C. mon. fin., art. R. 312-7-1).

II • Le fonctionnement du compte

S'agissant du fonctionnement du compte, ouvert au terme de la procédure précitée, aucune modification récente ne peut être mentionnée. Trois remarques peuvent être formulées.
Premièrement, et cela a déjà été mentionné, le droit au compte comporte – outre son aspect tenu de compte – un accès à des services bancaires de base (v. C. mon. fin., art. D. 312-5).

Attention

Même si les logiques d'inclusion mises en œuvre sont proches, il ne faut pas confondre le droit au compte avec les « services bancaires minimums ». En effet, pour les personnes physiques n'agissant pas pour des besoins professionnels, les établissements de crédit doivent disposer, dans leur gamme de services, de prestations de base, aujourd'hui définies par l'article D. 312-5 du Code monétaire et financier (dont le contenu est issu du décret n° 2016-1811 du 22 décembre 2016).

Initié par la loi n° 98-657 du 29 juillet 1998 d'orientation *relative à la lutte contre les exclusions*, l'accès à des services bancaires de base voit son contenu désormais précisé par l'article D. 312-5-1 du Code monétaire et financier. L'on y trouve deux catégories de prestations : celles relatives au fonctionnement même du compte et à sa tenue (notamment, la délivrance de relevés d'identité bancaire, la domiciliation de virements bancaires, l'encaissement de chèques et de virements bancaires ou encore des moyens de consultation à distance du solde du compte) et celles permettant au client d'effectuer des paiements.
Deuxièmement, s'agissant de ces dernières, sont envisagés des « paiements par prélèvements SEPA, titre interbancaire de paiement SEPA ou par virement bancaire SEPA », « des retraits d'espèces au guichet de l'organisme teneur de compte », mais également la mise à disposition d'une « carte de paiement dont chaque utilisation est autorisée par l'établissement de crédit qui l'a émise permettant notamment le paiement d'opération sur Internet et le retrait d'espèces dans l'Union européenne » et « deux formules de chèques de banque par mois ou moyens de paiement équivalents offrant les mêmes services ». L'idée est simple : si le client doit pouvoir utiliser son compte pour effectuer des paiements, il ne doit pas pouvoir se mettre en difficulté. En d'autres termes, l'on cherche à le protéger contre lui-même. Les virements SEPA ne sont réalisés que sous réserve d'un solde suffisant, les chèques de banque impliquent un blocage de la provision, tout comme les paiements avec une carte de débit à autorisation préalable suppose une consultation préalable du solde disponible.

À noter

Toujours dans une logique de protection du client, l'article D. 312-6 du Code monétaire et financier prévoit la gratuité de ces services.

Troisièmement, si ces services sont aujourd'hui largement considérés comme satisfaisants, une critique peut néanmoins être formulée et concerne l'utilisation de la carte de débit à autorisation préalable. Il est parfois remarqué que ces cartes – que l'on retrouve également dans d'autres offres bancaires, notamment à destination des plus jeunes – ne sont pas toujours pleinement admises chez tous les commerçants et, surtout, elles ne fonctionnent pas sur tous les automates de paiement, notamment sur certains péages d'autoroutes, caisses de parking, stations-essence ou encore distributeurs de billets régionaux SNCF. Puisqu'il s'agit là de dépenses de « la vie courante », l'inclusion bancaire a encore une marge de progression, même s'il est vrai que le défi ne concerne pas ici les banques !

III • La clôture du compte

Une fois le client doté d'un compte bancaire et de ses services bancaires de base, il convient désormais de s'assurer que la banque – qui a été contrainte de l'accueillir – ne se « débarrasse » pas trop aisément de lui. À défaut, voilà notre personne en situation de vulnérabilité en quête permanente d'une banque !
De ce point de vue, l'avancée majeure est le fait de l'ordonnance n° 2016-1808 du 22 décembre 2016 relative à l'accès à un compte de paiement assorti de prestations de base, laquelle transpose la directive n° 2014/92/UE du 23 juillet 2014 sur la comparabilité des frais liés aux comptes de paiement, le changement de compte de paiement et l'accès à un compte de paiement assorti de prestations de base. Avant cette date, un formalisme était simplement imposé : une notification écrite et motivée devait être adressée au client et à la Banque de France pour information, un délai de préavis de deux mois minimum devant également être respecté. Comme le remarquait un auteur, « en pratique, certains établissements [décidaient] de clôturer systématiquement, en respectant le formalisme précité, des comptes bancaires au simple motif que ces derniers étaient inactifs » (J. Lasserre Capdeville, « Nouvelles évolutions du droit au compte », *LPA* 2017, n° 186, p. 7).
Depuis l'ordonnance précitée, l'objectif est d'assurer que le droit au compte s'inscrive dans le temps, sauf cas particulier. Ainsi, six motifs sont envisagés pour clore un compte à l'initiative de la banque (C. mon. fin., art. L. 312-1, IV). Certains touchent aux conditions du droit au compte (par exemple, le client ne répond plus aux conditions de domicile ou de résidence ou bien il a ultérieurement ouvert un deuxième compte de dépôt en France qui lui permet d'utiliser les services bancaires de base). D'autres correspondent à une sanction du client, par exemple s'il a « délibérément utilisé son compte de dépôt pour des opérations que l'organisme a des raisons de soupçonner comme poursuivant des fins illégales », s'il a fourni des informations inexactes ou encore s'il « a fait preuve d'incivilités répétées envers le personnel de l'établissement de crédit ». Ces dernières hypothèses mériteraient néanmoins de faire l'objet d'une réflexion renouvelée : lesdits comportements n'interdisent ni ne limitent la faculté de solliciter, sur le fondement du droit au compte, l'ouverture d'un autre compte, éventuellement auprès du même établissement. En présence, par exemple, d'un client systématiquement violent, il est certain que cette course à la fermeture / ouverture de comptes n'est guère satisfaisante !
Le décret n° 2022-347 du 11 mars 2022 entend à ce propos également renforcer l'information de la Banque de la France. Jusqu'alors, il suffisait à l'établissement de communiquer le motif au client. Désormais, l'article R. 312-8-1 du Code monétaire et financier envisage une information de la Banque de France s'agissant des motifs de résiliation des comptes de dépôt ouverts sur le fondement de la procédure du droit au compte.
Enfin, sur cette thématique de la clôture du compte, le législateur est également intervenu pour protéger les autres titulaires de compte, c'est-à-dire ceux pouvant aisément voir leur compte clôturé par leur banque. En effet, jusqu'alors, si un client reçoit un préavis quant à la clôture de son compte, il devait attendre que cette clôture soit effective afin d'être, réellement, sans compte bancaire. Ce n'est qu'à ce moment que l'intervention de la Banque de France était envisageable. Or, il a été souhaité de « garantir la continuité bancaire et d'éviter les situations de rupture de droits » (ministère de l'Économie, des Finances et de la Relance, *Simplification du dispositif d'accès à un compte bancaire*, 14 mars 2022). En ce sens, le décret n° 2022-347 du 11 mars 2022 a fait évoluer le droit : le nouvel article R. 312-6 du Code monétaire et financier dispose que les personnes disposant d'un unique compte de dépôt, dont la convention est résiliée par la banque, « sont considérées comme étant dépourvues d'un compte de dépôt, au sens du I de l'article L. 312-1, à compter de la date de réception de la décision de résiliation ». En d'autres termes, il n'est plus nécessaire d'attendre la clôture effective : dès réception de la décision de résiliation, la personne peut entamer des démarches, soit se rapprocher d'un autre établissement bancaire et, en cas de refus ou de silence de celui-ci, faire intervenir la Banque de France.

Bibliographie

C. Hugon, « Le droit au compte », in *Mélanges Michel Cabrillac*, Dalloz-Litec, 1999, p. 483.

J. Lasserre Capdeville, « Première décision de la Cour de cassation sur la clôture d'un compte ouvert grâce à la procédure du "droit au compte" », *D.* 2021. 1657.

Les instruments de paiement (1/2) : le chèque

Le chèque est un titre par lequel une personne, dénommée le tireur, donne l'ordre à un banquier, dénommé tiré (C. mon. fin., art. L. 131-1), de payer à vue une somme déterminée à une troisième personne, appelée bénéficiaire.

I • L'émission du chèque

Le chèque ne peut être tiré que sur un établissement de crédit ou un établissement assimilé (C. mon. fin., art. L. 131-4). Tout établissement de crédit peut refuser à son client le droit d'émettre des chèques (C. mon. fin., art. L. 131-4). La délivrance de chèque demeure toutefois un service gratuit (C. mon. fin., art. L. 131-71).

A • La création du chèque

1 • Conditions de forme

Mentions obligatoires. L'article L. 131-2 du Code monétaire et financier rend obligatoires : la dénomination de chèque ; le mandat pur et simple de payer une somme déterminée ; le nom du banquier tiré ; le lieu du paiement ; le lieu et la date de création du chèque ; et enfin la signature du tireur.
La mention de la somme peut être portée en chiffres et en lettres, sans que cette pratique ne soit impérative (Com. 17 oct. 1995, n° 94-11.664, *RTD com.* 1996. 92, obs. M. Cabrillac). En cas de contradiction entre ces deux mentions, celle en lettres doit être privilégiée (C. mon. fin., art. L. 131-10).
À défaut d'une seule de ces mentions, le titre ne vaut pas comme chèque, mais commencement de preuve par écrit (C. mon. fin., art. L. 131-3). Le texte prévoit toutefois certaines mentions supplétives concernant le lieu de création et de paiement du chèque.
Mentions facultatives. La mention du bénéficiaire n'est pas impérative : le chèque peut être émis au profit d'une personne dénommée ou simplement au porteur, le chèque sans indication de bénéficiaire valant chèque au porteur (C. mon. fin., art. L. 131-6).
Le nom et le domicile du tireur ne sont pas exigés à peine de nullité du titre, seule sa signature étant obligatoire. L'article L. 131-70 du Code monétaire et financier contraint toutefois le banquier tiré à préciser le nom du tireur sur la formule de chèque sous peine d'une amende de 7,50 euros par formule.
L'article L. 131-71 du Code monétaire et financier invite les établissements de crédit et assimilés à délivrer des formules de chèques comportant deux clauses :

– la clause non endossable qui interdit la transmission du chèque à une personne autre qu'un établissement de crédit ou assimilé ; cette clause n'a d'efficacité que si le chèque comporte un bénéficiaire dénommé ;

– le barrement du chèque qui oblige le tiré à procéder au paiement entre les mains d'un autre établissement de crédit ou d'un établissement assimilé. Cette clause interdit au porteur d'obtenir règlement du chèque en espèces auprès du tiré directement.
L'article L. 131-71 du Code monétaire et financier oblige le banquier qui fournit des formules sans la mention de non-endos ou le barrement à communiquer l'adresse des bénéficiaires de ces formules à l'administration fiscale et à prélever au profit du Trésor un droit de timbre de 1,50 euro par formule.
Mentions interdites. Le chèque est un instrument de paiement et non de crédit : son bénéficiaire a donc droit au paiement du chèque dès sa présentation et le titre ne peut comporter ni échéance ni condition au paiement (C. mon. fin., art. L. 131-31). De même, il ne peut comporter aucune mention d'intérêts (C. mon. fin., art. L. 131-8). Sont également interdites l'acceptation du tiré, définie comme l'engagement de la banque de régler le montant du chèque alors même que la provision ne serait pas constituée (C. mon. fin., art. L. 131-5), de même que la clause de non-garantie du tireur (C. mon. fin., art. L. 131-13). Toute clause contraire est réputée non écrite.

2 • Conditions de fond

L'émission d'un chèque vaut mandat de payer : à ce titre, le chèque suppose la capacité et le consentement du tireur (C. civ., art. 1128).
Capacité et pouvoir. La législation sur le chèque ne contenant aucune règle spéciale, la capacité du tireur est déterminée par les règles du droit commun. Les mineurs et les majeurs sous tutelle ne peuvent émettre des chèques.
En outre, le tireur doit être doté du pouvoir de faire fonctionner le compte sur lequel le chèque est émis. Afin d'assurer la sécurité du titre, l'article L. 131-12 du Code monétaire et financier indique que celui qui appose sa signature sur un chèque, comme représentant d'une personne pour laquelle il n'avait pas le pouvoir d'agir ou en ayant outrepassé ses pouvoirs, est obligé lui-même en vertu du chèque.
Chèque contrefait (faux). Le chèque contrefait, ou faux chèque, est celui qui n'est pas émis par le tireur apparent et comporte une fausse signature. Le chèque contrefait ne répond pas aux exigences de l'article L. 131-2 du Code monétaire et financier et ne vaut pas comme chèque. L'obligation de restitution du dépositaire étant une obligation de résultat (C. civ., art. 1937), le banquier tiré qui se dessaisit des sommes sur présentation d'un chèque contrefait engage sa responsabilité contractuelle et ce, alors même que le faux était indécelable et qu'il n'a commis aucune faute (Com. 2 juill. 2002, n° 00-10.121) : le tiré a donc, en principe, l'obligation de restituer à son client les sommes payées à un tiers sur présentation d'un chèque contrefait. Il revient toutefois au titulaire du compte de rapporter la preuve que le chèque était contrefait (Com. 9 juill. 1996, n° 94-17.119, réc. rappelé par Com. 6 sept. 2017, n° 16-17.230).
Cependant, la faute de la victime ou de l'un de ses préposés permet une exonération du banquier tiré : celui-ci peut donc opposer au tireur sa négligence dans la surveillance des formules de chèque et des relevés de comptes. L'exonération du banquier sera totale lorsque la faute de la victime est la cause exclusive de son dommage (Com. 22 mai 2013, n° 12-15.672, note C. Houin-Bressand, *Gaz. Pal.* 2013, n° 186, p. 11), c'est-à-dire lorsque le banquier n'a, quant à lui, commis aucune faute (Com. 12 juill. 2017, n° 16-13.576). La faute du banquier conduira à un simple partage de responsabilité entre le tiré et son client : tel sera le cas en cas de négligence du banquier tiré dans le contrôle du titre n'ayant pas permis de déceler une anomalie apparente (Com. 9 juill. 1996, n° 94-17.119).
Chèque falsifié. Le chèque falsifié est celui régulièrement émis par le tireur, mais ayant subi une modification de son montant ou du nom de son bénéficiaire. Le banquier ne sera responsable qu'en cas de négligence fautive (Com. 13 févr. 1996, n° 93-18.593). Celle-ci sera établie s'il n'a procédé à aucun contrôle du titre ou si l'irrégularité était apparente, c'est-à-dire aisément décelable par un examen

sommaire d'un employé normalement diligent, que cette anomalie soit purement matérielle (falsification formellement apparente : Com. 3 déc. 2002, n° 00-20.566) ou encore intellectuelle (montant manifestement disproportionné du chèque : Com. 4 mars 2008, n° 06-14.1409). La faute du client pourra, là encore, conduire à un partage de responsabilités entre la banque et le client.

B • Le transfert de la provision

Caractère préalable de la provision. La provision se définit comme le droit du tireur à l'égard du banquier tiré de disposer des fonds. L'article L. 131-4 du Code monétaire et financier prévoit que le chèque ne peut être tiré que sur un établissement de crédit ou assimilé « *ayant au moment de la création du titre, des fonds à la disposition du tireur et conformément à une convention expresse ou tacite d'après laquelle le tireur a le droit de disposer de ces fonds par chèque* ». Si la provision ne constitue pas une condition de validité du chèque, elle doit néanmoins être constituée dès l'émission du chèque. Toutefois, le défaut de provision ne sera sanctionné que si celle-ci fait défaut lors de la présentation du chèque (v. *infra*) et peut donc donner lieu à régularisation entre l'émission et le paiement du chèque.

Transfert de la provision. L'émission d'un chèque, entendue comme sa remise au bénéficiaire, entraîne le transfert de la propriété de la provision au profit de son bénéficiaire. Cette solution se déduit de l'article L. 131-20 du Code monétaire et financier qui dispose que : « *L'endossement transmet tous les droits résultant du chèque et notamment la propriété de la provision.* »

Dès l'émission du chèque, la provision quitte définitivement le patrimoine du tireur et ce, quelle que soit la date de mise à l'encaissement (Civ. 3e, 4 janv. 1967, *RTD com.* 1967. 831, obs. M. Cabrillac et J.-L. Rives-Lange). Le décès du tireur après l'émission du chèque ou son incapacité sont donc sans influence sur les droits du bénéficiaire ou du porteur (C. mon. fin., art. L. 131-36). De même, les chèques émis avant l'ouverture d'une procédure collective échappent à l'interdiction de paiement des créances antérieures, alors même qu'ils seraient présentés au paiement postérieurement au jugement d'ouverture de la procédure (Com. 18 déc. 1990, n° 89-12.532, *RTD com.* 1992. 423, obs. M. Cabrillac et B. Teyssié).

Irrévocabilité de la provision. Dès l'émission du chèque, le tireur n'a plus de droit sur la provision : il ne peut donc retirer la provision, ni faire opposition au paiement, hors les hypothèses de l'article L. 135-35 du Code monétaire et financier. À défaut, il encourt les sanctions pénales de l'article L. 163-2 du Code monétaire et financier, soit 375 000 euros d'amende et 5 ans d'emprisonnement (sur le caractère intentionnel du délit, v. Crim. 18 déc. 2019, n° 18-85.535, obs. Ph. Conte, *Dr. pénal* n° 3, mars 2020, comm. 47). Le banquier tiré n'a, quant à lui, aucune obligation de bloquer la provision.

C • La circulation du chèque

1 • Modes de circulation du chèque

Le chèque est un instrument de paiement particulier en ce que le titre incorpore une créance, la créance de provision à l'égard du banquier tiré. Cette créance est amenée à circuler en même temps que le titre (C. mon. fin., art. L. 131-16 à L. 131-27).

Lorsque le chèque ne comporte pas de bénéficiaire déterminé, le chèque circule par simple tradition au porteur. Lorsque le chèque est émis au profit d'un bénéficiaire déterminé, le chèque est transmissible par la voie de l'endossement, lequel se matérialise par une signature au dos du chèque (C. mon. fin.,

art. L. 131-16). L'endos peut être fait au profit d'une personne déterminée, appelée endossataire (C. mon. fin., art. L. 131-19), ou en blanc, auquel cas le titre circulera ensuite par simple remise du titre (C. mon. fin., art. L. 131-18).
En pratique, la circulation du chèque est toutefois limitée en raison de la clause dite non-endos qui interdit l'endossement du chèque à toute autre personne qu'un établissement de crédit (v. *supra*). Le chèque sera uniquement endossé au profit de la banque du bénéficiaire du chèque, pour que celle-ci procède au recouvrement du chèque.

2 • Effets de la circulation du chèque

Par principe, l'endossement transmet tous les droits résultant du chèque et notamment la propriété de la provision (C. mon. fin., art. L. 131-20) : c'est donc le dernier endossataire, considéré comme porteur légitime, qui a droit au paiement du chèque. Cependant, l'endossement peut être réalisé à titre de simple procuration : l'endossataire est alors chargé de recouvrer le paiement pour le compte de l'endosseur, mais ne devient pas propriétaire de la provision (C. mon. fin., art. L. 131-26).
L'endossement rend l'endosseur garant du paiement du chèque au même titre que le tireur (C. mon. fin., art. L. 131-21).

II • Le paiement du chèque

A • La mise en paiement

1 • Présentation au paiement

La clause de barrement, devenue systématique (v. *supra*), impose que le chèque soit présenté au paiement par un établissement de crédit et non par le bénéficiaire lui-même. Le bénéficiaire du chèque va ainsi endosser le titre au profit de l'établissement de crédit teneur de son compte, lequel établissement de crédit va ensuite présenter le paiement du chèque auprès du banquier tiré.
Délai de présentation. Le chèque étant un instrument payable à vue, la mention d'une date postérieure à la création du chèque est sans incidence sur la possibilité d'une présentation immédiate du chèque aux fins de paiement (C. mon. fin., art. L. 131-31). En revanche, la date mentionnée sur le titre demeure opposable au tireur et marque le point de départ de l'action en prescription du chèque (C. mon. fin., art. L. 131-32).
La jurisprudence admet également la validité d'un chèque non daté, dès lors que cette absence de datation résulte d'un accord non équivoque et qu'en portant le chèque à l'encaissement après avoir complété sa date, le bénéficiaire n'a fait que lui conférer l'usage de chèque de garantie convenu par les parties (Com. 22 sept. 2015, n° 14-17.901). Le bénéficiaire fautif peut, si la somme n'est pas réellement due, être actionné par le tireur en répétition de l'indu (Com. 17 nov. 1998, *JCP* 1999, I, p. 158, n° 12, obs. Ph. Delebecque et Ph. Simler ; *RTD civ.* 1999. 156, obs. P. Crocq ; *RTD com.* 1999. 165, obs. M. Cabrillac).
Le chèque doit être présenté au paiement dans les 8 jours de sa création (C. mon. fin., art. L. 131-32). À défaut, le porteur est considéré comme négligent et perd ses recours cambiaires (v. *infra*). Le chèque présenté hors délai doit néanmoins être payé (C. mon. fin., art. L. 131-35), l'action du porteur contre le tiré se prescrivant par un an à compter de l'expiration du délai de présentation (C. mon. fin., art. L. 131-59, al. 2).

Date d'encaissement. La jurisprudence impose au banquier endossataire de procéder immédiatement au crédit du compte dès l'endossement du chèque et ce, au titre d'un usage bancaire. En contrepartie, le banquier a le droit de contre-passer l'écriture dès lors que le chèque est impayé, le bénéficiaire étant garant du paiement en sa qualité d'endosseur. Cette contre-passation doit toutefois intervenir dans un délai raisonnable (Com. 13 mai 2014, nº 13-15.881). Cet usage demeure supplétif de volonté et la jurisprudence reconnaît au banquier le droit de ne pas créditer immédiatement le compte du client, à condition d'en avertir ce dernier (Com. 19 juin 2012, nº 11-17.061, note D. Martin, H. Synvet, *D.* 2013, nº 36, p. 2420 ; N. Mathey, *JCP E* 2012, nº 43).
L'article L. 131-1-1 du Code monétaire et financier indique que la date de valeur d'une opération de paiement par chèque libellé en euros ne peut différer de plus d'un jour ouvré de la date retenue pour sa comptabilisation sur un compte de dépôt ou sur un compte de paiement.

2 • Obligations du banquier tiré

Vérification du titre. Le banquier tiré a l'obligation de vérifier la régularité apparente du titre, l'article L. 131-70 du Code monétaire et financier lui faisant obligation d'honorer « *les chèques régulièrement assignés* » uniquement. L'absence ou la négligence dans le contrôle du titre constitue une faute engageant sa responsabilité en cas de chèque contrefait ou falsifié (v. *supra*).
Obligation de paiement. Sauf hypothèse d'une opposition licite (C. mon. fin., art. L. 131-35), le banquier tiré a l'obligation de payer le chèque régulier en la forme dès lors que la provision est constituée (C. mon. fin., art. L. 131-70). En revanche, le défaut de provision autorise le banquier tiré à refuser de procéder au paiement du chèque (C. mon. fin., art. L. 131-71), sauf deux exceptions dans lesquelles l'obligation de paiement demeure :

– lorsque le chèque est d'un montant inférieur à 15 euros (C. mon. fin., art. L. 131-82) ; corrélativement, le fait d'exiger ou de provoquer le fractionnement d'un paiement d'un montant supérieur à 15 euros en un ou plusieurs chèques d'un montant inférieur ou égal à 15 euros est puni d'une amende de 1 500 euros (C. mon. fin., art. R. 163-1) ;

– lorsque le banquier a délivré une formule de chèques ou n'en a pas demandé la restitution à un client en situation d'interdit bancaire (C. mon. fin., art. L. 131-35).

En cas de pluralité de comptes du tireur au sein de l'établissement de crédit tiré, la provision doit être constituée sur le compte sur lequel le chèque est émis, sauf l'existence d'une convention d'unité de compte entre le tireur et le tiré.
La provision peut être constituée au titre d'une simple avance de fonds en vertu d'une convention de crédit conclue antérieurement avec le banquier tiré. Aussi, la révocation de l'autorisation de découvert entre l'émission du chèque et sa présentation au paiement n'est pas opposable au tireur ni au bénéficiaire du chèque (Com. 30 mai 2000, nº 96-20.423).
En revanche, une simple tolérance passée quant au dépassement de découvert autorisé ne suffit pas à caractériser une ouverture de crédit permettant au client d'émettre des chèques à découvert (Com. 4 mars 1986, nº 84-16.880).
Paiement à défaut de provision. En cas de défaut de provision, le banquier a toujours la faculté de procéder au paiement du chèque. Le chèque sans provision vaut demande implicite de crédit qui peut être accordée : aussi, le paiement d'un chèque sans provision ne constitue pas, en tant que tel, une faute et le banquier tiré pourra demander remboursement des sommes au tireur (Com. 30 mars 2010, nº 09-65.949).

B • Les incidents de paiement

1 • L'opposition

Cas d'opposition. L'opposition au paiement est une interdiction de payer adressée par le tireur au tiré. Contraire au principe d'irrévocabilité de la provision, l'opposition n'est possible que dans les cas suivants (C. mon. fin., art. L. 131-35, al. 2) :

– la perte ou le vol du titre ; le dessaisissement du chèque sous la contrainte ou la violence est assimilé au vol (Com. 26 juin 1979, *Bull. civ.* 1979, IV, n° 215 ; *D.* 1980, inf. rap. p. 314, obs. M. Cabrillac) ;

– l'ouverture d'une procédure collective du bénéficiaire ou du porteur ;

– l'utilisation frauduleuse du chèque. Ce cas d'opposition recouvre l'hypothèse d'un chèque contrefait ou falsifié, mais également l'utilisation de manœuvres frauduleuses dans l'obtention du chèque (Com. 24 oct. 2000, n° 97-21.233). Toutefois, l'encaissement d'un chèque de garantie avant la réalisation de la condition ne procède pas d'une utilisation frauduleuse du chèque : le chèque étant un instrument payable à vue, la condition est réputée non écrite, ce qui autorise son encaissement (Com. 24 oct. 2000, n° 97-21.710). Le tireur pourra uniquement agir en répétition de l'indu contre le bénéficiaire dès lors que le paiement n'était pas causé (Com. 22 juin 1993, n° 90-16.998, *D.* 1993. Somm. 315, obs. M. Cabrillac ; Com. 17 nov. 1998, n° 96-14.296, *D.* 1999. Somm. 148, obs. M. Cabrillac).

Police de l'opposition. Le banquier doit vérifier la licéité apparente de l'opposition. Si le banquier reçoit une opposition illicite, c'est-à-dire fondée sur un motif non prévu par la loi, il a l'obligation de passer outre cette opposition et de procéder au règlement du chèque régulièrement provisionné sous peine d'une amende de 6 000 euros (C. mon. fin., art. L. 163-1).

En revanche, le banquier n'a pas à vérifier la réalité du motif allégué par le client. En cas d'opposition formellement licite, c'est-à-dire justifiée par un des cas précités, le banquier peut valablement refuser de régler le titre et ce, alors même que le motif allégué serait mensonger (Com. 8 oct. 2002, n° 00-12.174). Le banquier n'a pas non plus la possibilité de passer outre cette opposition formellement licite alors même qu'il sait que l'opposition est mensongère : le paiement effectué outre une opposition formellement licite est considéré comme fautif et prive le banquier de la possibilité de demander le remboursement des sommes au tireur (Civ. 1re, 19 mars 2015, n° 14-10.075).

2 • Le défaut de provision

a) Sanction du tireur

Interdiction d'émettre des chèques. Le défaut de provision autorise le banquier à enclencher la procédure dite d'interdit bancaire (C. mon. fin., art. L. 131-73). La loi lui fait toutefois obligation d'informer le tireur des conséquences du défaut de provision, afin qu'il puisse régulariser sa situation (C. mon. fin., art L. 131-73). À défaut, le tiré engage sa responsabilité à l'égard du tireur, le préjudice subi par celui-ci résidant dans la perte de chance d'échapper à la procédure d'interdit bancaire (Com. 14 juin 2016, n° 14-19.742).

Le banquier tiré informe sans délai la Banque de France de cet incident et adresse au tireur une injonction valant interdiction d'émettre des chèques et obligation de restituer l'ensemble des formules de chèque en sa possession. L'interdiction d'émettre des chèques n'est levée que lorsque le titulaire du compte a réglé le montant du chèque impayé ou constitué une provision suffisante pour le règlement du chèque ; à défaut, l'interdiction est levée à l'issue d'un délai de cinq ans qui commence à courir à compter de la date de l'injonction.

Sanctions pénales. L'émission d'un chèque sans provision n'est plus sanctionnée pénalement. Cependant, la violation de l'interdiction d'émettre des chèques, de même que le retrait de la provision ensuite de l'émission du chèque sont sanctionnés par une peine de 375 000 euros d'amende et 5 ans d'emprisonnement (C. mon. fin., art. L. 163-1).

b) Recours en paiement

Recours cambiaires. Le chèque est un titre cambiaire. Garants du paiement, le tireur et l'ensemble des endosseurs – soit, en pratique, le bénéficiaire ayant endossé le chèque aux fins d'encaissement – sont solidairement tenus à l'égard du porteur. À ce titre, le porteur est protégé par la règle dite de l'inopposabilité des exceptions nées de la relation fondamentale : le tireur, et les co-obligés devront paiement au porteur de bonne foi sans pouvoir exciper de l'absence de cause du paiement (C. mon. fin., art. L. 131-25). Le garant qui a dû payer le chèque dispose à son tour d'un recours contre les signataires qui l'ont précédé.

Ces recours cambiaires sont soumis à de strictes conditions (C. mon. fin., art. L. 131-47). Tout d'abord, le titre doit avoir été présenté au paiement dans les 8 jours de son émission. Ensuite, et sauf clause contraire (clause sans protêt ou clause de retour sans frais), le porteur du chèque impayé (en pratique, le banquier endossataire du titre ou, plus souvent, le bénéficiaire à qui le banquier endossataire aura restitué le titre ensuite de la contrepassation) doit faire dresser protêt (acte d'huissier) afin de pouvoir mettre en œuvre les recours cambiaires. L'irrespect de ces conditions entraîne déchéance des recours cambiaires, à l'exception de ceux contre le tireur n'ayant pas fait provision (C. mon. fin., art. L. 131-59).

Certificat de non-paiement. L'article L. 131-73 du Code monétaire et financier prévoit une procédure spécifique pour l'exercice du recours. Si le tireur n'a pas régularisé son incident dans les trente jours qui suivent la première présentation du chèque, le porteur peut demander au banquier tiré la délivrance d'un certificat de non-paiement. Dès lors, la notification effective ou, à défaut, la signification au tireur de ce certificat de non-paiement par voie d'huissier vaut commandement de payer. L'huissier de justice qui n'a pas reçu justification du paiement dans un délai de quinze jours à compter de la réception de la notification ou de la signification délivre, alors, sans autre acte de procédure ni frais, un titre exécutoire qui permet toute mesure d'exécution.

Prescription. Les recours du porteur contre le tireur et les endosseurs se prescrivent par six mois à partir de l'expiration du délai de présentation. Les actions en recours des divers obligés les uns contre les autres se prescrivent par six mois à partir du jour où l'obligé a remboursé le chèque ou du jour où il a été lui-même actionné (C. mon. fin., art. L. 131-59). Ces délais ne visent que les actions cambiaires, c'est-à-dire les actions exercées contre un signataire par le porteur ou un co-obligé pris en ces qualités.

Recours fondamentaux. La déchéance et la prescription des recours cambiaires ne portent pas atteinte aux recours fondamentaux. Le chèque est un instrument de paiement ayant vocation à éteindre la créance fondamentale de celui à qui le titre est remis. La remise du titre ne vaut pas paiement et laisse subsister cette créance tant que le chèque n'est pas payé (C. mon. fin., art. L. 131-67).

Le porteur impayé dispose ainsi d'un recours contre le tireur au titre de la créance fondamentale. Le tireur pourra alors lui opposer l'ensemble des exceptions nées de la relation fondamentale pour s'opposer au paiement (nullité du contrat, inexécution, compensation…).

Le porteur impayé dispose également d'un recours fondamental contre le tiré du fait du transfert de la provision. Cette action du porteur contre le tiré se prescrit par un an à compter de l'expiration du délai légal de présentation du chèque de 8 jours (C. mon. fin., art. L. 131-59). Toutefois, le tiré pourra lui opposer toutes les exceptions qu'il pouvait opposer au tireur et, notamment, le défaut de provision. Le recours demeure toutefois d'une utilité certaine en cas de décès, d'incapacité ou d'ouverture d'une procédure collective du tireur.

c) Garanties de la provision

Le visa. Par le visa, le banquier tiré constate l'existence de la provision au moment de l'émission du chèque, sans avoir l'obligation de la bloquer au profit du bénéficiaire du chèque (C. mon. fin., art. L. 135-5, al. 2). Sauf encaissement immédiat du chèque dès son émission, le bénéficiaire ne dispose donc d'aucune garantie d'être payé.

La certification. La certification consiste, pour le banquier tiré, à constater l'existence de la provision et à la bloquer au profit du bénéficiaire durant le délai légal de présentation du chèque, soit 8 jours à compter de son émission (C. mon. fin., art. L. 131-14). La certification du chèque peut être demandée soit par le tireur, soit par le bénéficiaire, sachant que le tiré ne peut la refuser. Le bénéficiaire a donc la garantie d'être payé à condition toutefois de présenter le chèque dans le délai de 8 jours.

Le chèque de banque. Le chèque de banque est un chèque tiré par un établissement de crédit sur ses propres comptes au profit d'un bénéficiaire déterminé, qui a ainsi la certitude d'être payé (C. mon. fin., art. L. 131-7, al. 3). Sur demande de son client, l'établissement de crédit va émettre le chèque sur ses propres comptes, à condition que ce client dispose des fonds suffisants, et en débitant immédiatement le compte du client donneur d'ordre du montant du chèque de banque. Contrairement aux chèques, la délivrance de deux chèques de banque par mois est incluse dans les services bancaires de base dans le cadre du droit au compte (C. mon. fin., art. D. 312-5-1, 4e) et des services proposés aux personnes physiques non professionnelles en situation particulière de fragilité (C. mon. fin., art. L. 312-1-3).

Textes législatifs essentiels

Textes essentiels : Code monétaire et financier (C. mon. fin.), article L. 131-1 à L. 131-87.

Bibliographie

J. Lasserre Capdeville, M. Storck, M. Mignot, J.-Ph. Kovar et N. Éréséo, *Droit bancaire*, 4e éd., Dalloz, coll. « Précis », 2024, p. 493 à 600.

Ph. Neau-Leduc et A. Périn-Dureau, *Droit bancaire*, 7e éd., Dalloz, coll. « Cours », 2024, p. 222 à 239.

Répertoire de droit commercial – Chèque, R. Bonhomme.

Les instruments de paiement (2/2) : les paiements dématérialisés

Évolution de la réglementation. Les services de paiement sont traditionnellement au cœur de l'activité bancaire. À l'exception du chèque, qui constitue un service bancaire de paiement, les services de paiement ne relèvent plus du monopole bancaire mais d'un monopole partagé avec les autres prestataires de service de paiement que sont : les établissements de paiement, les établissements de monnaie électronique et les prestataires de services d'information sur les comptes (C. mon. fin., art. L. 521-1 et L. 521-2).
Sont considérés comme des moyens de paiement tous les instruments qui permettent à toute personne de transférer des fonds, quel que soit le support ou le procédé technique utilisé (C. mon. fin., art. L. 311-3). Le principe de liberté contractuelle a conduit les banques à imaginer de nouveaux procédés de paiement qui, contrairement au chèque, ne sont pas gratuits. Si l'on songe immédiatement au paiement par carte bancaire, au prélèvement et au virement, le développement des nouvelles technologies a permis d'enrichir considérablement les techniques de paiement dématérialisées.
Ces paiements ne supposent plus la remise de l'instrument au créancier et reposent uniquement sur un ordre du débiteur donné au prestataire de service de paiement, teneur de son compte, de procéder au transfert des fonds au profit de son créancier, bénéficiaire du paiement. Hormis quelques dispositions relatives à la carte bancaire et au virement, ces processus ont longtemps été ignorés par le législateur. Le régime juridique de ces moyens de paiement a donc été largement élaboré par la jurisprudence sur le fondement des dispositions applicables aux contrats de dépôt et de mandat.
Le régime juridique de ces opérations a été profondément renouvelé par la directive services de paiement n° 2007/64/CE du 13 novembre 2007, dite « DSP ». Cette directive a été transposée par une ordonnance n° 2009-866 du 15 juillet 2009, entrée en vigueur le 1er novembre 2009. La « DSP » a été abrogée et remplacée par la directive n° 2015/2366/UE du 25 novembre 2015, dite « DSP 2 ». La « DSP 2 » a été transposée par l'ordonnance n° 2017-1252 du 9 août 2017, dont les dispositions sont entrées en vigueur le 13 janvier 2018. Le régime de ces opérations de paiement est prévu par les articles L. 133-1 et suivants du Code monétaire et financier.
Définitions. L'article L. 133-3 du Code monétaire et financier définit les opérations de paiement, autres que le chèque et les effets de commerce, comme « *toute action consistant à verser, transférer ou retirer des fonds, indépendamment de toute obligation sous-jacente entre le payeur et le bénéficiaire, sur ordre du payeur ou du bénéficiaire* ». La notion d'instrument de paiement, quant à elle, est définie comme tout dispositif personnalisé ou procédure convenue entre l'utilisateur de services de paiement et le prestataire de services de paiement permettant de donner un ordre de paiement (C. mon. fin., art. L. 133-4, c).
Ces formules accueillantes permettent d'envisager l'ensemble des paiements sur ordre que la pratique peut imaginer grâce à l'évolution des moyens technologiques. La réglementation n'aborde pas distinctement les différents moyens de paiement mais élabore un régime juridique commun à l'ensemble des moyens de paiement dématérialisés, sauf dispositions ponctuelles. Certaines dispositions peuvent toutefois être conventionnellement écartées lorsque le client est une personne morale ou une personne physique agissant pour des besoins professionnels (C. mon. fin., art. L. 133-2).
Statut de la monnaie électronique. Les activités d'émission et de gestion de monnaie électronique relèvent de la mise à disposition et de la gestion de moyens de paiement (C. mon. fin., art. L. 311-3, al. 2). La monnaie électronique est une valeur monétaire stockée sous une forme électronique

représentant une créance sur l'émetteur, qui est émise contre la remise de fonds aux fins d'opérations de paiement définies à l'article L. 133-3 et qui est acceptée par une personne physique ou morale autre que l'émetteur de monnaie électronique (C. mon. fin., art. L. 315-1). L'émission et la gestion de monnaie électronique sont soumises aux dispositions relatives aux instruments de paiement autres que le chèque, la lettre de change et le billet à ordre (C. mon. fin., art. L. 133-1, IV).

I • L'autorisation de l'opération de paiement

A • Le consentement du payeur

Notion. L'opération ne peut être autorisée qu'avec le consentement du payeur (C. mon. fin., art. L. 133-6), étant précisé que le consentement peut être donné pour une opération ou pour une série d'opérations (virement permanent ou prélèvement périodique, par exemple). Le consentement peut être postérieur à l'exécution de l'opération, à condition toutefois que la convention entre le payeur et son prestataire de service de paiement le prévoit.

Ce consentement peut être retiré tant que l'ordre de paiement n'est pas irrévocable ; le consentement donné pour une série d'opérations peut cependant être retiré pour les opérations postérieures (C. mon. fin., art. L. 133-7).

Forme. Le consentement doit être donné selon la forme convenue entre le payeur et le prestataire de services de paiement (C. mon. fin., art. L. 133-7) et ce à peine de nullité (C. mon. fin., art. L. 133-7, al. 3). En pratique, le consentement se manifeste par l'utilisation régulière de l'instrument de paiement. L'instrument de paiement peut être accompagné d'un dispositif de données de sécurité personnalisées, fourni à l'utilisateur par le prestataire de services de paiement aux fins d'authentification (C. mon. fin., art. L. 133-4, *a*) ; il peut s'agir, par exemple, du code confidentiel de la carte bancaire ou encore du code d'accès à l'espace de paiement en ligne. Cette authentification du client permet au prestataire de services de paiement de vérifier l'identité de l'utilisateur et le caractère régulier de l'utilisation d'un instrument de paiement (C. mon. fin., art. L. 133-4, *e*).

Le prestataire de service de paiement doit veiller à l'efficacité des données de sécurité personnalisées de l'instrument de paiement qu'il délivre (C. mon. fin., art. L. 133-15, I).

Authentification forte. Les exigences de sécurité sont renforcées pour certaines opérations. Une procédure d'authentification forte est ainsi requise lorsque l'utilisateur accède à son compte de paiement en ligne ; initie une opération de paiement électronique ; ou, enfin, exécute une opération par le biais d'un moyen de communication à distance, susceptible de comporter un risque de fraude en matière de paiement ou de toute autre utilisation frauduleuse, cette dernière notion étant encore particulièrement vague (C. mon. fin., L. 133-44, I).

L'authentification forte du client « s'entend d'une authentification reposant sur l'utilisation de deux éléments ou plus appartenant aux catégories "connaissance" (quelque chose que seul l'utilisateur connaît), "possession" (quelque chose que seul l'utilisateur possède) et "inhérence" (quelque chose que l'utilisateur est) et indépendants en ce sens que la compromission de l'un ne remet pas en question la fiabilité des autres, et qui est conçue de manière à protéger la confidentialité des données d'authentification » (C. mon. fin., art. L. 133-4, *f*). Pour les opérations de paiement électronique à distance, le code d'authentification forte du client comporte des éléments qui établissent un lien dynamique entre l'opération, le montant et le bénéficiaire donnés (C. mon. fin., art. L. 133-44, II).

B • L'ordre de paiement

Notion. L'ordre de paiement doit être transmis selon les formes convenues entre le payeur et le prestataire de paiement. L'article L. 133-3, II, du Code monétaire et financier distingue trois types d'opérations de paiement sur ordre, renvoyant aux trois figures traditionnelles que sont le virement, le paiement par carte bancaire ou, enfin, le prélèvement, sans que ces techniques n'épuisent la notion d'ordre de paiement.

L'ordre peut être donné par le payeur directement : il en est ainsi, par exemple, du virement.

L'ordre peut être donné par le payeur par l'intermédiaire du bénéficiaire de paiement qui va alors transmettre l'ordre de paiement au prestataire de paiement du payeur ; ce procédé renvoie classiquement au paiement par carte bancaire.

L'ordre de paiement peut être donné directement par le bénéficiaire pour le compte du payeur et ce, grâce à un mandat préalable de ce dernier. Cette technique est celle utilisée dans le cadre du prélèvement.

Irrévocabilité de l'ordre de paiement. Dès sa réception par le prestataire de paiement du payeur (v. *infra*), l'ordre de paiement ne peut plus être révoqué (C. mon. fin., art. L. 133-8, I). Lorsqu'il est transmis par le bénéficiaire du paiement ou par son intermédiaire, l'ordre est irrévocable dès sa réception par le bénéficiaire (C. mon. fin., art. L. 133-8, II).

Toutefois, l'utilisateur qui a ordonné l'opération de paiement, payeur ou bénéficiaire selon les cas, peut également révoquer l'ordre de paiement au plus tard à la fin du jour ouvrable précédant le jour convenu pour l'exécution de l'ordre (C. mon. fin., art. L. 133-8, III).

II • La réalisation de l'opération de paiement

A • L'exécution de l'ordre de paiement

Les opérations de paiement sur ordre sont des instruments de monnaie scripturale. Leur exécution suppose donc l'intervention du prestataire de paiement du payeur comme celle du prestataire de paiement du bénéficiaire du paiement.

Transfert des fonds. Dès la réception de l'ordre de paiement, le prestataire de service de paiement du payeur doit se dessaisir des fonds au profit du prestataire de service de paiement du bénéficiaire. Les sommes doivent être portées au crédit du prestataire de service de paiement du bénéficiaire le jour suivant la réception de l'ordre de paiement au plus tard (C. mon. fin., art. L. 133-13, I). Ce délai peut être prolongé d'un jour ouvrable supplémentaire pour les opérations de paiement ordonnées sur support papier. La date de réception de l'ordre de paiement s'entend de la réception matérielle de l'ordre ou du jour ouvrable suivant si cette date ne correspond pas à un jour ouvrable (C. mon. fin., art. L. 133-9, al. 1 et al. 3). Toutefois, le payeur et le prestataire de paiement peuvent convenir de fixer la date de réception de l'ordre à une date déterminée, à l'issue d'un certain délai à compter de la réception matérielle ou, enfin, au jour où les fonds sont mis à disposition du prestataire (C. mon. fin., art. 133-9, al. 2).

Le prestataire de paiement du bénéficiaire doit, dès le crédit de son propre compte, transmettre les fonds à son client, bénéficiaire du paiement (C. mon. fin., art. L. 133-14, I, al. 2).

Date de valeur. La date de valeur de l'opération portée au débit du compte de paiement du payeur ne peut être antérieure à la date à laquelle l'opération est débitée de ce compte (C. mon. fin., art. L. 133-14, al. 3). La date de valeur de l'opération portée au crédit du compte du bénéficiaire ne peut

être postérieure à la date à laquelle l'opération est portée au crédit du compte du prestataire de services de paiement du bénéficiaire (C. mon. fin., art. L. 133-14, I, al. 1).
Retard d'exécution. Tout retard dans l'exécution de l'opération de paiement est susceptible d'engager la responsabilité du prestataire de paiement du payeur comme de celui du bénéficiaire (C. mon. fin., art. L. 133-22, I).

B • Les incidents liés aux opérations de paiement

1 • L'opposition à l'instrument de paiement

L'utilisateur doit prendre toute mesure raisonnable pour préserver la sécurité des dispositifs de données personnalisées accompagnant l'instrument de paiement (C. mon. fin., art. L. 133-16). Dès qu'il a connaissance de la perte, du vol, du détournement ou de toute utilisation non autorisée de son instrument de paiement ou des données qui lui sont liées, l'utilisateur de services de paiement en informe sans tarder son prestataire de services de paiement aux fins de blocage de l'instrument (C. mon. fin., art. L. 133-17, I). L'opposition ne vaut pas révocation des ordres passés mais uniquement blocage de l'instrument.
Lorsque le paiement est effectué au moyen d'une carte de paiement, il peut être fait opposition au paiement en cas de procédure de redressement ou de liquidation judiciaires du bénéficiaire tant que le compte du prestataire de services de paiement du bénéficiaire n'a pas été crédité du montant de l'opération de paiement (C. mon. fin., art. L. 133-17, II).

2 • Le refus d'exécution de l'ordre par le prestataire

L'article L. 133-10 du Code monétaire et financier envisage le refus d'exécution par le prestataire de paiement du payeur. L'ordre de paiement est alors réputé non reçu (C. mon. fin., art. L. 133-10, al. 3).
Délai. Ce refus doit être notifié au payeur dès que possible et en tout état de cause au plus tard à la fin du premier jour ouvrable suivant la réception de l'ordre de paiement (C. mon. fin., art. L. 133-10, al. 1).
Motivation. Le texte ne soumet ce refus à aucune condition de fond, exigeant uniquement, si possible et à moins d'une interdiction en vertu d'une autre disposition du droit de l'Union ou de droit national pertinente, que le prestataire de paiement du payeur lui notifie les motifs du refus.
Toutefois, en tant que dépositaire des fonds du payeur, le prestataire de paiement a l'obligation de restituer les fonds au client ou à toute personne désignée par lui (C. civ., art. 1927) sur simple demande du client (C. civ., art. 1944). Le refus d'exécution de l'opération de paiement s'analyse en un refus de restitution des fonds et devrait être justifié par un motif légitime, sauf à constituer une faute du prestataire de paiement susceptible d'engager sa responsabilité dans les conditions de droit commun (v. not. S. Torck, « L'exécution et la contestation des opérations de paiement », *JCP E* 2010, n° 2, étude 1033). Le caractère exclusif du régime de responsabilité prévu par la directive pourrait toutefois remettre en cause cette analyse, la responsabilité du prestataire de paiement pour faute dans l'exécution du contrat de dépôt ne pouvant *a priori* être recherchée (CJUE 2 sept. 2021, aff. C-337/20 ; Com. 9 févr. 2022, n° 17-19.441)
Le refus peut être légitimement fondé sur une erreur matérielle dans la transmission de l'ordre, hypothèse envisagée par l'article L. 133-9 du Code monétaire et financier : en cette hypothèse, en effet, l'opération doit être considérée comme non autorisée. Le refus peut encore être justifié par le défaut de provision, le banquier n'ayant alors aucune obligation de restitution au titre du contrat de dépôt (v. not. Com. 19 déc. 2000, n° 97-15.394). Enfin, le refus peut être fondé sur la convention de parties tenant aux limites de dépenses pour les opérations de paiement exécutées (C. mon. fin., art. D. 133-1, al. 1).

III • La contestation des opérations de paiement

Délai de contestation. L'article L. 133-24 du Code monétaire et financier indique que l'utilisateur d'un instrument de paiement doit signaler sans tarder à son prestataire toute opération non autorisée ou mal exécutée. Cette opération doit être contestée au plus tard dans les treize mois suivant la date de débit, sous peine de forclusion. Les parties peuvent convenir d'un délai différent dans l'intérêt du prestataire sauf lorsque l'utilisateur de service de paiement est une personne physique n'agissant pas pour des besoins professionnels (C. mon. fin., art. L. 133-2).
Charge de la preuve. En cas de contestation d'une opération par l'utilisateur, il incombe au prestataire du payeur de prouver que l'opération en question a été authentifiée, dûment enregistrée et comptabilisée et qu'elle n'a pas été affectée par une déficience technique ou d'une autre nature (C. mon. fin., art. L. 133-23). L'utilisation de l'instrument de paiement ne suffit pas, en tant que telle, à prouver que l'opération a été autorisée par le payeur ou que celle-ci n'a pas satisfait intentionnellement ou par négligence grave aux obligations lui incombant en la matière.
Cette règle écarte donc, pour les opérations de paiement réalisées depuis le 1er novembre 2009, la jurisprudence classique selon laquelle la réception des relevés de compte sans contestation dans le mois suivant leur réception vaut présomption d'acceptation pour les opérations passées (Com. 3 nov. 2004, nº 01-16.238). Cette règle peut toutefois être écartée en ce qui concerne les contrats conclus avec un professionnel : la convention conclue entre l'utilisateur et le prestataire de services de paiement pourra prévoir que la réception sans protestation des relevés vaut présomption d'acceptation des opérations (C. mon. fin., art. L. 133-2).
La Cour de justice de l'Union européenne considère que ce régime est exclusif de tout régime national de responsabilité civile contractuelle, sans préjudice toutefois des droits des tiers à l'opération de paiement, telle la caution, lesquels peuvent engager la responsabilité du prestataire dans les conditions de droit commun (CJUE 2 sept. 2021, aff. C-337/20 ; Com. 9 févr. 2022, nº 17-19.441).

A • Opération non autorisée

L'opération non autorisée est celle pour laquelle l'utilisateur n'a pas donné son consentement (opération initiée par le prestataire sans ordre du client, par une personne en possession de l'instrument de paiement autre que le payeur ou, enfin, par une personne en possession d'un instrument de paiement contrefait).
Notion d'opération non autorisée. L'autorisation doit porter sur le montant et le bénéficiaire de l'opération. Dès lors, un ordre de virement régulier lors de sa rédaction mais dont le numéro IBAN du compte destinataire a été ultérieurement modifié par un tiers à l'insu du donneur d'ordre ne constitue pas une opération autorisée (Com. 1er juin 2023, nº 21-19.289). Il en est de même du retrait d'espèces effectué à un distributeur automatique de billets en fraude des droits du porteur de la carte après composition du code confidentiel par ce dernier (Com. 30 nov. 2022, nº 21-17.614).
Principe de responsabilité de plein droit du prestataire. L'article L. 133-18 du Code monétaire et financier dispose que le prestataire de service de paiement doit rembourser immédiatement au payeur le montant de l'opération non autorisée.
Instrument de paiement doté d'un dispositif de données de sécurité personnalisées. La responsabilité de plein droit du prestataire de service de paiement est atténuée lorsque l'instrument de paiement était doté d'un dispositif de données de sécurité personnalisées.

Opposition. Une fois l'opposition réalisée, le payeur ne supporte aucune conséquence financière résultant de l'utilisation de son instrument de paiement ou des données qui lui sont liées, sauf agissement frauduleux de sa part (C. mon. fin., art. L. 133-20).

Opérations réalisées antérieurement à l'opposition. Le principe retenu est celui d'un partage de responsabilité entre l'utilisateur et le prestataire de service de paiement. L'utilisateur devra supporter tout ou partie des conséquences financières de l'opération non autorisée dans la limite d'un plafond de 50 euros (C. mon. fin., art. L. 133-19, I ; à noter que le seuil a été rabaissé de 150 à 50 euros à compter du 13 janvier 2018 par l'ordonnance du 9 août 2017). Au-delà, il revient au prestataire de paiement du payeur d'assumer les conséquences financières de l'opération.

Responsabilité exclusive du prestataire de paiement. L'utilisateur du service de paiement ne supporte aucune perte dans les cas suivants :

– opérations de paiement non autorisées sans utilisation des données de sécurité personnalisées ; depuis le 13 janvier 2018, la responsabilité de l'utilisateur est également écartée en cas de perte ou de vol d'un instrument de paiement ne pouvant être détecté par le payeur avant le paiement ou de perte due à des actes ou à une carence d'un salarié, d'un agent ou d'une succursale d'un prestataire de services de paiement ou d'une entité vers laquelle ses activités ont été externalisées (C. mon. fin., art. L. 133-19, I) ;

– opération effectuée en détournant l'instrument de paiement ou les données qui lui sont liées, à l'insu du payeur (C. mon. fin., art. L. 133-19, II, al. 1er). Cette hypothèse doit toutefois être distinguée du vol, hypothèse dans laquelle l'utilisateur demeure, sauf exception, tenu des conséquences financières de l'opération dans la limite de 50 euros ;

– contrefaçon de l'instrument de paiement tandis que l'utilisateur était en possession de son instrument lors de l'opération (C. mon. fin., art. L. 133-19, II, al. 2) ;

– lorsque le prestataire n'a pas fourni au payeur les moyens de faire opposition (C. mon. fin., art. L. 133-19, III) ;

– lorsque l'opération a été effectuée sans authentification forte alors qu'elle était obligatoire (C. mon. fin., art. L. 133-19, V).

Responsabilité exclusive de l'utilisateur. L'utilisateur assume au contraire toutes les conséquences financières de l'opération non autorisée en cas d'agissements frauduleux ; ou lorsque, intentionnellement ou par négligence grave, l'utilisateur n'a pas préservé la sécurité de ses données de sécurité personnalisées, ni fait opposition (C. mon. fin., art. L. 133-19, IV). Tel sera le cas, notamment, lorsque l'utilisateur aura laissé son code personnel à proximité de sa carte de retrait dans un lieu sans surveillance (Com. 16 oct. 2012, nº 11-19.911).

Il revient à la banque de démontrer la négligence grave du client dans la préservation de la sécurité des données personnalisées (Com. 18 janv. 2017, nº 15-18.102). Cette preuve ne peut se déduire du seul fait que l'instrument de paiement ou les données personnelles qui lui sont liées ont été effectivement utilisés (Com. 21 nov. 2018, nº 17-18.888).

De même, le seul fait d'avoir transmis les données de sécurité liées à l'instrument à la suite d'un procédé de *phishing* ne caractérise pas une négligence grave dès lors qu'il n'est pas établi que l'utilisateur avait ou aurait dû avoir conscience que le mail était frauduleux (Com. 25 oct. 2017, nº 16-11.644). Cependant, la négligence de l'utilisateur sera reconnue dès lors que le mail contenait des indices permettant à un utilisateur normalement attentif de douter de sa provenance et ce, peu importe que celui-ci soit ou non avisé des risques « d'hameçonnage » (Com. 28 mars 2018, nº 16-20.018).

Ordre de paiement sans montant. L'article L. 133-25 du Code monétaire et financier envisage spécifiquement les opérations de paiement ordonnées par le bénéficiaire ou par son intermédiaire (paiement par carte bancaire et prélèvement) pour lesquelles l'autorisation du payeur ne comportait pas le montant exact de l'opération. L'hypothèse vise en pratique le paiement de réservations à distance

(logement ou moyens de transport), ainsi que les contrats de fourniture d'énergie ou de service de télécommunications. Le texte prévoit que le payeur a droit au remboursement par son prestataire, dès lors que le montant de l'opération dépasse le montant auquel le payeur peut raisonnablement s'attendre au regard, notamment de ses dépenses passées, des conditions prévues par son contrat-cadre et des circonstances propres à l'opération.
Le payeur dispose ici d'un délai de 8 semaines à compter du débit pour présenter sa demande de remboursement. Le prestataire de services de paiement doit, dans un délai de dix jours ouvrables, rembourser le montant total de l'opération de paiement ou, à défaut, justifier son refus (C. mon. fin., art. L. 133-25, III). Dans ce dernier cas, il doit indiquer au payeur la possibilité de recourir à la procédure de médiation bancaire.

B • Opération mal exécutée

Notion. La notion d'opération mal exécutée recouvre l'hypothèse d'une erreur ou d'un retard dans l'exécution de l'opération. Les prestataires de services de paiement du payeur et du bénéficiaire sont responsables de l'ensemble des conséquences financières résultant de la mauvaise exécution de l'opération vis-à-vis de leurs clients respectifs (C. mon. fin., art. L. 133-22, IV).
À noter toutefois que lorsque l'identifiant unique, permettant d'identifier le bénéficiaire du paiement, fourni par l'utilisateur du service de paiement est inexact (numéro IBAN erroné par exemple), le prestataire de services de paiement n'est pas responsable de la mauvaise exécution ou de la non-exécution de l'opération de paiement. Le prestataire de services de paiement du payeur doit seulement s'efforcer de récupérer les fonds engagés ; le prestataire de services de paiement du bénéficiaire doit quant à lui communiquer au prestataire de services de paiement du payeur toutes les informations utiles pour récupérer les fonds (C. mon. fin., art. L. 133-21).
Ce principe ne vaut que lorsque l'opération est exécutée conformément au numéro d'IBAN renseigné par le payeur. Lorsque le numéro d'IBAN a été falsifié postérieurement à l'ordre de paiement, l'opération doit être considérée comme non autorisée et le principe de responsabilité de plein droit du prestataire de l'article L. 133-18 du Code monétaire et financier trouve à s'appliquer (Com. 1er juin 2023, nº 21-19.289). En revanche, lorsque l'erreur concernant l'IBAN a été provoquée par la fraude d'un tiers mais que ce numéro erroné a été saisi par l'utilisateur, le banquier n'a aucune obligation de restituer les sommes, conformément à l'article L. 133-21 du Code monétaire et financier. Le principe d'application exclusive du régime de responsabilité du prestataire de paiement prévu par la directive s'oppose au demeurant à ce que la responsabilité du banquier pour manquement à son devoir de vigilance soit recherchée (Com. 23 mai 2024, nº 22-19.098).
Responsabilité du prestataire de service de paiement du payeur. Le prestataire de services de paiement du payeur est responsable de la bonne exécution de l'opération de paiement, jusqu'au moment où les sommes sont portées au crédit du compte du prestataire de services de paiement du bénéficiaire.
Lorsque le prestataire de services de paiement du payeur est responsable, il doit immédiatement restituer les sommes au payeur ainsi, le cas échéant, que les agios et commissions prélevés. La date de valeur à laquelle le compte de paiement du payeur est crédité ne peut pas être postérieure à la date à laquelle il a été débité (C. mon. fin., art. L. 133-22, I, al. 1).
Responsabilité du prestataire de service de paiement du bénéficiaire. Le prestataire de services de paiement du bénéficiaire est quant à lui responsable de la bonne exécution de l'opération de paiement à l'égard du bénéficiaire, dès lors que les sommes auront été portées au crédit de son compte par le prestataire du payeur.

Lorsque le prestataire de services de paiement du bénéficiaire est responsable, il doit immédiatement créditer son compte du montant correspondant. La date de valeur à laquelle le compte de paiement du bénéficiaire a été crédité ne peut être postérieure à la date de valeur qui lui aurait été attribuée si l'opération avait été correctement exécutée (C. mon. fin., art. L. 133-22, I, al. 2 et 3). Il doit également assumer les conséquences de la mauvaise exécution du paiement (C. mon. fin., art. L. 133-22, IV). Enfin, en cas d'ordre donné par le bénéficiaire ou par son intermédiaire, le prestataire de service de paiement du bénéficiaire est responsable à l'égard de celui-ci de la bonne transmission de l'ordre de paiement au prestataire du payeur (C. mon. fin., art. L. 133-22, II). Celle-ci doit intervenir dans les délais convenus entre le bénéficiaire et son prestataire de services de paiement lesquels doivent permettre le règlement des prélèvements à la date convenue (C. mon. fin., art. L. 133-13, II).

Textes législatifs essentiels

Code monétaire et financier (C. mon. fin.), articles L. 133-1 à L. 133-45.

Bibliographie

J. Lasserre Capdeville, M. Storck, M. Mignot, J.-Ph. Kovar et N. Éréséo, *Droit bancaire*, 4e éd., Dalloz, coll. « Précis », 2024, p. 601 à 671.

Ph. Neau-Leduc et A. Périn-Dureau, Droit bancaire, 7e éd., Dalloz, coll. « Cours », 2024, p. 204 à 218.

S. Piedelièvre, *Instruments de paiement et de crédit*, 12e éd., Dalloz, coll. « Cours », 2022, p. 379 à 424.

L'authentification forte en matière de paiement en ligne

En matière de fraude au paiement en ligne, le rapport entre les acteurs en présence apparaît de prime abord déséquilibré tant l'établissement de crédit focalise toutes les attentions. D'une part, il est à l'initiative des systèmes de paiement. Lorsque ceux-ci révèlent une défaillance, il a pu sembler cohérent de considérer que ce « risque technologique » lui incombe. L'objectif, notamment affiché par la directive 2015/2366/UE du 25 novembre 2015 concernant les services de paiement dans le marché intérieur, dite « DSP 2 », est d'inciter le prestataire de services de paiement (PSP) à garantir un niveau de sécurité élevé dont il sera responsable (cons. 85). D'autre part, le schéma même de la cyberdélinquance fait du PSP un acteur incontournable : l'auteur de l'infraction est assez rarement identifiable. Pour la victime, sa banque apparaît *de facto* comme l'unique interlocuteur. La confiance des utilisateurs dans les moyens de paiement dématérialisés suppose alors que, dans bien des hypothèses, ce PSP prenne en charge la majeure partie des pertes liées à l'agissement frauduleux. Ainsi, hors hypothèses particulières, et avant l'opposition, seule une franchise de 50 euros reste à la charge de l'utilisateur (C. mon. fin., art. L. 133-19, I). L'utilisateur d'un instrument de paiement n'est cependant pas déchargé de toute responsabilité : il assume une responsabilité en cas de faute. En effet, celui-ci supporte toutes les pertes résultant « d'un agissement frauduleux de sa part ou s'il n'a pas satisfait intentionnellement ou par négligence grave » à son obligation de faire opposition en cas de perte, de vol ou d'utilisation frauduleuse de l'instrument de paiement et à celle de prendre « toute mesure raisonnable pour préserver la sécurité de ses données de sécurité personnalisées » (C. mon. fin., art. L. 133-19, IV).
Afin de préserver un haut niveau de sécurité quant à l'utilisation des instruments de paiement, la DSP 2 impose en outre un processus d'authentification dite « forte » (*Strong customer authentication*). Après en avoir évoqué le contenu (I), il conviendra d'étudier sa sanction (II).

I • Le contenu de l'authentification forte

Pour comprendre au mieux l'enjeu probatoire relatif à l'authentification forte, il convient certainement d'en rappeler le contenu. Si la DSP 2 l'impose largement s'agissant des paiements en ligne (C. mon. fin., art. L. 133-44, I), elle ne définit pas ses exigences, celles-ci figurant dans un règlement délégué (Règl. délégué 2018/389/UE du 27 nov. 2017 complétant la dir. [UE] 2015/2366 du Parlement européen et du Conseil par des normes techniques de réglementation relatives à l'authentification forte du client et à des normes ouvertes communes et sécurisées de communication : *JOUE*, n° L 69, 13 mars 2018, p. 23).
Cette authentification repose de la sorte sur l'utilisation de **deux** éléments ou plus appartenant aux catégories suivantes (C. mon. fin., art. L. 133-4, f) :

– « connaissance » : quelque chose que seul l'utilisateur connaît (un mot de passe par exemple) ;

– « possession » : quelque chose que seul l'utilisateur possède (un téléphone ou un ordinateur qui permettra de réceptionner un SMS, un mail, etc.) ;

– « inhérence » : quelque chose que l'utilisateur est (par exemple, une empreinte digitale ou son visage *via* une reconnaissance faciale).

La compatibilité de cette exigence avec le protocole *3D Secure* (version 1) s'est naturellement posée. Il a été considéré que ce protocole – qui implique que le client soit destinataire d'un code unique par SMS (*one time password*) – était insuffisant. En effet, ledit code est moins rattaché à la catégorie « connaissance » qu'à celle de « possession » : ce n'est pas une donnée mémorisée, mais reçue sur un objet lui appartenant. En outre, les informations figurant sur la carte bancaire ne peuvent être considérées comme un élément de possession, car « il doit exister un moyen fiable de confirmer la possession par la génération ou la réception d'un élément de validation dynamique sur le dispositif » (Autorité bancaire européenne, *Opinion of the European Banking Authority on the implementation of the RTS on SCA and CSC*, 13 juin 2018, n° 35).

Une évolution des protocoles d'authentification a donc été rendue nécessaire, ce qui n'a pas été aisé. Sans prétendre à l'exhaustivité, de nombreuses banques optent désormais pour une authentification centrée sur l'utilisation d'un smartphone et les possibilités que cet instrument permet.

Ainsi, et sans prétendre à l'exhaustivité, l'on peut par exemple songer aux combinaisons suivantes :

– demander au client de se connecter à l'application mobile de sa banque, ce qui suppose qu'il ait accès à son smartphone, et de renseigner un mot de passe (facteurs « possession » et « connaissance ») ;

– demander au client de se connecter à son application mobile et valider l'opération à l'aide de ses données biométriques, mobilisant la caméra ou le lecteur d'empreintes de son smartphone (facteurs « possession » et « inhérence ») ;

– fournir au client une carte de codes. Sur son application mobile ou *via* Internet – il lui faudra son mot de passe pour se connecter – on va lui demander de surcroît de renseigner le code figurant sur sa carte, par exemple dans la case A4 (facteurs « connaissance » et « possession ») ;

– fournir au client un boîtier, lequel – souvent en lien avec sa carte bancaire – permet de générer un code à usage unique qu'il faudra renseigner sur l'application mobile ou *via* Internet sur le site de la banque (facteurs « possession » et « connaissance »).

Du point de vue de la sécurité du processus d'authentification, cette évolution des protocoles interroge dès lors quant à la preuve de la négligence de l'utilisateur. À imaginer qu'un cyberdélinquant « clone » (duplique) le téléphone de sa victime, il lui faudra satisfaire au second facteur, « connaissance » ou « inhérence ». Cette possibilité est difficile à imaginer, ce d'autant qu'un strict hermétisme entre les différents facteurs est imposé (v. notamment, M. Griguer et D. Scemama, « Les règles de sécurité prévues par la directive sur les services de paiement dans le marché intérieur », *Cahiers du dr. de l'entr.*, sept. 2020, prat. 25). Sauf à suggérer peut-être – tout le moins pour le facteur « connaissance » – que l'utilisateur ait transmis ces informations par négligence.

II • La sanction de l'authentification forte

Lorsqu'une fraude surgit, il convient d'envisager la manière dont cette authentification forte est sanctionnée. Il faut l'envisager du point de vue du PSP et de l'utilisateur.

Du point de vue du PSP, les choses sont très claires depuis un arrêt récent (Com. 30 août 2023, n° 22-11.707). Les faits étaient classiques : en réponse à un appel téléphonique et à un message, un client avait communiqué à un tiers, qu'il pensait être un employé de sa banque, le code à six chiffres reçu dans le cadre d'une authentification dite « 3D Secure ». Par suite de cette transmission, un paiement, non autorisé par l'intéressé, a été effectué. Le client a alors demandé le remboursement de cette

fraude à sa banque, laquelle a refusé en faisant valoir que celui-ci avait commis une négligence grave en communiquant volontairement à un tiers un code de sécurité validant une opération financière. Les juges du fond avaient rejeté l'intégralité des demandes du client, faisant notamment valoir que le caractère frauduleux de l'appel téléphonique était aisément détectable. Un pourvoi en cassation a été formé. Aux termes de l'arrêt du 30 août 2023, la Cour de cassation juge que, « en se déterminant ainsi, sans rechercher, comme il lui incombait, si l'opération de paiement litigieuse avait été exécutée sans que la banque exige l'authentification forte du payeur, la cour d'appel n'a pas donné de base légale à sa décision ».
La logique est donc simple : lorsqu'elle est tenue de mettre en place une authentification forte et qu'elle ne le fait pas, la banque supporte l'ensemble des pertes, peu important l'éventuelle négligence grave de l'utilisateur.

À noter

Une critique peut toutefois être formulée relativement à la date de l'opération litigieuse (le paiement litigieux a été effectué le 27 janvier 2020). Pour la Cour, cette obligation de mettre en place l'authentification forte existait depuis le 14 septembre 2019, soit dix-huit mois après l'entrée en vigueur du règlement délégué UE 2018/389 de la Commission du 27 novembre 2017. Il s'agit ici de la date initialement prévue par les textes. Or, face aux difficultés de mise en place de cette exigence, l'Autorité bancaire européenne (ABE) avait décidé de repousser son entrée en vigueur au 15 mai 2021. Comme l'énonce un auteur : « Voilà des prestataires de services de paiement à qui l'ABE a donné un délai et qui se voient reprocher par le juge de l'avoir pris... Il serait dès lors heureux que la juridiction de renvoi "ajuste" la solution dégagée en faisant débuter la période depuis laquelle les PSP doivent effectivement utiliser l'authentification forte, soit le 15 mai 2021 » (J. Lasserre Capdeville, « Sanction à l'absence de mise en œuvre "dans les temps" de l'authentification forte », *D.* 2023. 2124).

Du point de vue de l'utilisateur, se pose cependant – lorsque l'authentification forte est mise en œuvre – la question de sa négligence grave. Rappelons, en effet, que l'utilisateur de services de paiement prend, dès qu'il reçoit un instrument de paiement, « toute mesure raisonnable pour préserver la sécurité de ses données de sécurité personnalisées » (C. mon. fin., art. L. 133-16, al. 1er). Néanmoins, les modalités de cette « conservation » relèvent de sa vie privée. Le banquier ne saurait devenir intrusif au point de savoir si celui-ci conserve son mot de passe, annoté sur un *Post-it*, à côté de son ordinateur. En cas de paiement frauduleux, et sauf l'aveu de la victime quant à sa négligence, la seule information dont dispose le PSP est l'utilisation des données de sécurité personnalisées et la preuve de l'intégrité de son système informatique. Une présomption pourrait alors aisément être imaginée : si le fraudeur dispose d'informations confidentielles, c'est que l'utilisateur a nécessairement été négligent. De manière ancienne, la Cour de cassation refuse pourtant une telle analyse, jugeant que le seul fait qu'une carte bancaire ait été utilisée par un tiers, avec composition du code confidentiel, ne suffit pas à constituer la preuve d'une faute de son utilisateur quant à la conservation dudit code (v. par exemple, Com. 2 oct. 2007, n° 05-19.899 ; Civ. 1re, 28 mars 2008, n° 07-10.186 ; Com. 21 sept. 2010, n° 09-16.534 ; Paris, 18 juill. 2013, n° 12/00610 ; Com. 1er mars 2016, n° 14-22.946).
Les textes issus de la transposition de la DSP 1 avaient pu susciter un certain trouble en énonçant que l'utilisation de l'instrument de paiement « ne suffit pas *nécessairement* en tant que telle à prouver que l'opération a été autorisée par le payeur ou que celui-ci n'a pas satisfait intentionnellement ou par négligence grave aux obligations lui incombant en la matière » (C. mon. fin., art. L. 133-23, al. 2). Si cette utilisation ne suffit pas *nécessairement* à prouver la négligence, cela signifierait qu'il est des hypothèses où elle pourrait suffire (v. en ce sens, Th Samin et S. Torck, « Obs. sous Com. 18 janv. 2017 », *RDBF* 2017, comm. 44). Les modifications apportées par la DSP 2 n'apportent guère d'indications

supplémentaires. Il est ajouté que c'est au PSP de fournir « des éléments afin de prouver la fraude ou la négligence grave commise par l'utilisateur de services de paiement » (C. mon. fin., art. L. 133-23, al. 2. V. DSP 2, art. 72, 2°). Deux lectures peuvent être faites de cet ajout. Soit ces « éléments » peuvent, dans certains cas, se limiter à l'utilisation de l'instrument : la modification préciserait uniquement une répartition de la charge de la preuve déjà connue. Soit, à l'inverse, le texte signifie que le prestataire doit rapporter des éléments *autres* que la seule utilisation de l'instrument. La seconde analyse semble l'emporter, car des arrêts (bien que rendus au visa des dispositions issues de l'ordonnance de 2009) ont pu juger que la faute de l'utilisateur « ne peut se déduire du seul fait que l'instrument de paiement ou les données personnelles qui lui sont liées ont été effectivement utilisés » (Com. 18 janv. 2017, n° 15-18.102. V. également, Com. 21 nov. 2018, n° 17-18.888).
Cette analyse se justifie certainement, car il faut rappeler que l'enjeu est la confiance des clients dans ces nouvelles modalités de paiement en ligne. L'impression de leur absence de fiabilité – et le fait que la défaillance soit supportée par l'utilisateur puisque le piratage ferait présumer de sa négligence – aurait un coût bien plus élevé pour les banques et l'économie, en termes de vitalité du *e-commerce*, que la prise en charge de quelques fraudes nonobstant l'attitude gravement négligente du client.
Il n'en demeure pas moins que certains auteurs évoquent l'existence ici d'une *probatio diabolica* à la charge de la banque PSP : sauf l'hypothèse d'un aveu de la victime quant à sa légèreté blâmable, le PSP n'a souvent aucun autre élément de preuve à sa disposition, sinon justement l'utilisation de l'instrument et de ses données de sécurité personnalisées.

Bibliographie

J. Lasserre Capdeville, « Sanction à l'absence de mise en œuvre « dans les temps » de l'authentification forte », *D.* 2023. 2124.

D. Legeais, « Droit des services de paiement », *RTD com.* 2017. 959.

Prévention : mandat *ad hoc* et conciliation

La grande réforme du droit des procédures collectives, intervenue avec la loi n° 2006-845 du 26 juillet 2005 de sauvegarde des entreprises, avait insisté sur la prévention des difficultés que pouvaient connaître les acteurs économiques. En créant une procédure entièrement nouvelle, la sauvegarde, le législateur a entendu affirmer clairement l'idée selon laquelle il était important d'intervenir le plus tôt possible. C'est en effet à cette condition qu'une solution pour l'avenir est envisageable et qu'elle peut revêtir un caractère pérenne. Or, la viabilité de la solution est l'objectif ultime du droit des entreprises en difficulté. Pour autant, le texte ne s'était pas limité à prévoir une procédure collective venant s'ajouter à l'arsenal déjà existant. La prévention au sens strict, c'est-à-dire les divers mécanismes susceptibles d'intervenir très largement en amont, a été remodelée.
Deux institutions de la prévention ont été affectées par la réforme : le mandat *ad hoc* (I) et la conciliation (II), laquelle est l'héritière du règlement amiable. Des considérations communes, notamment relatives à la confidentialité (III), peuvent être identifiées.

I • Le mandat *ad hoc*

Le mandat *ad hoc* est né de la pratique. C'est d'ailleurs probablement ce qui lui confère sa très forte légitimité pratique et sa meilleure acceptation par les acteurs du monde économique. À l'occasion de la crise immobilière des années 1990, différents tribunaux de commerce, dont celui de Paris, ont mis en place cette solution souple et offerte aux entreprises soucieuses de trouver une solution à l'amiable, sans passer par une procédure trop encadrée et contraignante, notamment quant à la réduction des pouvoirs des dirigeants. Envisageons la question du prononcé du mandat *ad hoc*, avant celle de la mission du mandataire.

A • Le prononcé du mandat *ad hoc*

La désignation d'un mandataire *ad hoc* est sollicitée par le débiteur (C. com., art. L. 611-3, al. 1er). Ni le ministère public, ni un créancier ne peuvent demander la désignation d'un tel mandataire. La décision, qui doit, le cas échéant, être communiquée au commissaire aux comptes, est prise par le président du tribunal de commerce, si le débiteur exerce une activité commerciale ou artisanale, ou par le président du tribunal judiciaire, dans les autres cas, par exemple dans l'hypothèse d'une société civile.

Attention

Pour des raisons pratiques, le débiteur a la possibilité de proposer le nom d'un mandataire, étant entendu que le tribunal a toute latitude pour suivre cette proposition. Cette faculté est importante, car elle permet une meilleure anticipation. Ainsi, le débiteur peut aller très tôt voir l'interlocuteur qu'il pressent pour évoquer ses difficultés. De surcroît, le prononcé est encore mieux accepté.

L'aspect principal du mandat *ad hoc* est sa souplesse. Aussi, lorsque le législateur a pris le parti de l'intégrer dans le Code de commerce, la décision a été adoptée de n'y consacrer que quelques rares dispositions, ce afin de ne pas trop contraindre la pratique par un carcan législatif précis. Dès lors, seuls quelques textes s'y intéressent et leur objectif n'est pas d'astreindre les parties à un formalisme trop sévère. Dans ces conditions, l'article R. 611-8 du Code de commerce prévoit que la demande de désignation, présentée par le représentant légal de la personne morale ou par le débiteur personne physique, intervient par écrit et doit exposer les raisons qui la motivent. Le président convoque le débiteur afin de recueillir ses observations (C. com., art. R. 611-19). En cas de refus de désignation d'un mandataire, le débiteur peut interjeter appel de la décision.

Attention

Notons que la désignation d'un mandataire *ad hoc* n'obéit pas à des conditions spécifiques, de l'ordre de celles qui prévalent en matière de conciliation ou pour la procédure de sauvegarde. Cela étant, il convient que le débiteur rencontre une difficulté susceptible de justifier une telle mesure. De surcroît, même si rien n'est précisé à cet égard, le mandat *ad hoc* est incompatible avec un état de cessation des paiements.

B • La mission du mandataire *ad hoc*

Selon l'article L. 611-3 du Code de commerce, le président du tribunal détermine, dans son ordonnance de désignation, la mission du mandataire. Celle-ci est particulièrement variée et n'est pas aussi encadrée que dans une procédure de conciliation. Bien sûr, il peut s'agir de parvenir à un accord entre le débiteur et ses principaux créanciers. En pratique, c'est d'ailleurs souvent le cas. Mais la palette est beaucoup plus large. La mission peut consister en l'assistance des dirigeants, par exemple lorsqu'ils sont confrontés à un conflit avec un fournisseur ou un client important, ou encore procéder à une mesure de cession d'un actif important. Elle peut donc être ponctuelle, par exemple lorsqu'elle consiste en la réalisation d'une action précise. Parfois, le mandat *ad hoc* est utilisé pour précéder une conciliation, notamment parce que la durée de cette dernière est encadrée (un maximum de cinq mois, v. C. com., art. L. 611-6, hors application des dispositions prises en conséquence de l'épidémie de Covid-19, v. ord. n° 2020-1443 du 27 nov. 2020). Quoi qu'il en soit, en droit des procédures collectives comme dans l'hypothèse d'une société *in bonis*, le mandataire *ad hoc* ne remplace jamais les dirigeants et n'exerce, en aucun cas, les pouvoirs normalement dévolus au représentant légal ès qualités.
La mission du mandataire prend fin par une ordonnance du président du tribunal.
En définitive, le mandat *ad hoc* se caractérise par une grande souplesse, une remarquable confidentialité, dans la mesure où la désignation intervient par voie d'ordonnance, et un caractère éminemment contractuel, reposant sur la volonté des créanciers d'y participer.

II • La conciliation

La conciliation est nettement plus encadrée que le mandat *ad hoc*. Elle est l'héritière de l'ancien règlement amiable, lequel trouve encore à s'appliquer en matière agricole (v. C. rur., art. L. 351-1 à L. 351-7). Selon l'article L. 611-4 du Code de commerce, « il est institué, devant le tribunal de commerce, une procédure de conciliation ». L'on s'intéressera, en premier lieu, à ses modalités avant d'étudier, en second lieu, l'accord de conciliation.

A • Les modalités de la conciliation

La procédure de conciliation s'adresse aux débiteurs exerçant une activité commerciale ou artisanale (C. com., art. L. 611-4), ainsi qu'aux personnes morales de droit privé et aux personnes physiques exerçant une activité professionnelle indépendante, y compris une profession libérale soumise à un statut législatif ou réglementaire ou dont le titre est protégé (C. com., art. L. 611-5). Dans ce dernier cas, le président du tribunal judiciaire est alors compétent.
À la différence du mandat *ad hoc*, une condition d'ouverture est expressément prévue. Le débiteur doit éprouver une difficulté juridique, économique ou financière, avérée ou prévisible. De plus, il ne doit pas être en état de cessation des paiements depuis plus de quarante-cinq jours. Sous cette condition temporelle, il est donc encore possible de solliciter l'ouverture d'une procédure de conciliation lorsque l'on se trouve en cessation des paiements. Pour apprécier la situation, le président du tribunal est saisi par une requête du débiteur exposant sa situation économique, financière, sociale et patrimoniale, ses besoins de financement, ainsi que, le cas échéant, les moyens d'y faire face. Là encore, le débiteur a le loisir de proposer le nom d'un conciliateur.

Remarque

Lorsque le délai de quarante-cinq jours prévu pour demander l'ouverture d'une procédure de redressement quand le débiteur est en cessation des paiements expire au cours de la procédure de conciliation, le débiteur est dispensé d'exécuter son obligation de demander une telle ouverture. En revanche, à l'expiration de la procédure de conciliation, le débiteur est tenu d'exécuter cette obligation sans délai (Com. 20 nov. 2024, n° 23-12.297 P).

La mission du conciliateur est encadrée par le Code de commerce. Ainsi, doit-il principalement favoriser la conclusion entre le débiteur et ses principaux créanciers ainsi que, le cas échéant, ses cocontractants habituels, d'un accord amiable destiné à mettre fin aux difficultés de l'entreprise. Le conciliateur peut également présenter toute proposition se rapportant à la sauvegarde de l'entreprise, à la poursuite de l'activité économique et au maintien de l'emploi. La suspension des poursuites individuelles est possible sous certaines conditions. Depuis l'ordonnance du 15 septembre 2021, elle est facilitée étant donné qu'il n'est pas nécessaire d'attendre qu'un créancier poursuive le débiteur (ou le mette en demeure) pour solliciter des délais sur le fondement de l'article 1343-5 du Code civil. L'article L. 611-10-2 du Code de commerce prévoit que les personnes coobligées ou ayant consenti une sûreté personnelle ou ayant affecté ou cédé un bien en garantie peuvent se prévaloir des mesures accordées au débiteur.

Attention

La durée de la conciliation est soigneusement encadrée (c'est en partie pour cette raison que le débiteur recourt parfois préalablement au mandat *ad hoc*, afin de multiplier les périodes au cours desquelles il peut réfléchir à une solution). Ainsi, en principe, le conciliateur est désigné pour une période n'excédant pas quatre mois. Toutefois, par une décision motivée, ladite période peut être prolongée, mais pour une durée n'excédant pas cinq mois.

La conciliation n'entraîne pas, en principe, la suspension des poursuites individuelles. Cela étant, le débiteur mis en demeure ou poursuivi par un créancier peut demander au juge de bénéficier de délais de paiement, ou d'une suspension, dans les conditions de l'article 1343-5 du Code civil. Dans ce cas, le juge statue selon la procédure accélérée au fond, laquelle est prévue à l'article 481-1 du Code de procédure civile (Com. 25 oct. 2023, n° 22-15.776 B). Pendant la période de la crise sanitaire, le débiteur n'est pas contraint d'attendre d'être mis en demeure pour effectuer cette demande (ord. nº 2020-341 du 20 mai 2020, art. 2 ; d'autres possibilités de suspension sont envisagées). Cette mesure est désormais entérinée depuis l'ordonnance du 15 septembre 2021.

B • L'accord de conciliation

Les négociations auxquelles se livre le conciliateur aboutissent, si la conciliation réussit, à un accord. Celui-ci peut être soit simplement constaté, soit homologué par le tribunal (C. com., art. L. 611-8). Dans les deux cas, l'accord interrompt ou interdit toute action en justice et arrête ou interdit toute poursuite individuelle, tant sur les meubles que les immeubles du débiteur, dans le but d'obtenir le paiement des créances qui en font l'objet (pour celles qui ne sont pas comprises dans l'accord, il est possible de faire application de l'article 1343-5 du Code civil, v. C. com., art. L. 610-10-1). Dans les deux cas encore, un mandataire à l'exécution de l'accord peut être nommé. Enfin, les personnes coobligées ou ayant consenti une sûreté personnelle ou ayant affecté ou cédé un bien en garantie peuvent se prévaloir des dispositions de l'accord constaté ou homologué (C. com., art. L. 610-10-2).
L'accord simplement constaté n'est pas publié, pas plus qu'il n'est susceptible de recours. Cette décision met fin à la procédure de conciliation.
L'homologation, qui fait l'objet d'une publication, est soumise à la réunion des trois conditions suivantes : le débiteur n'est pas en cessation des paiements ou l'accord conclu y met fin, les termes de l'accord sont de nature à assurer la pérennité de l'activité de l'entreprise, et cet accord ne porte pas atteinte aux intérêts des créanciers non-signataires. Au-delà de ceux déjà évoqués et qui sont communs avec la constatation, l'homologation emporte des effets qui peuvent se révéler intéressants. Est ainsi levée de plein droit toute interdiction d'émettre des chèques (lorsqu'elle vise un chèque émis avant l'ouverture de la procédure de conciliation). Mais surtout, les personnes ayant consenti, dans le cadre d'une procédure de conciliation ayant donné lieu à un accord homologué, un nouvel apport en trésorerie ou fourni un nouveau bien ou service, en vue d'assurer la poursuite d'activité de l'entreprise et sa pérennité, bénéficient d'un privilège de paiement particulièrement attractif (C. com., art. L. 611-11).

Attention

L'ouverture d'une procédure de sauvegarde de redressement ou de liquidation judiciaire du débiteur met fin de plein droit à un accord de conciliation constaté ou homologué (C. com., art. L. 611-12). Dans ce cas, le créancier, qui a consenti au débiteur, des délais ou des remises de dettes dans le cadre de l'accord de conciliation, recouvre l'intégralité de ses créances et des sûretés qui les garantissaient. Il ne conserve cependant pas le bénéfice des nouvelles sûretés obtenues dans le cadre de l'accord en contrepartie ou de ces abandons de créances (Com. 26 oct. 2022, nº 21-12.085 B).

III • La confidentialité du mandat *ad hoc* et de la conciliation

C'est autour de la question de la confidentialité que la jurisprudence s'est surtout focalisée ces derniers temps. Envisageons le principe, puis son application.

A • Le principe

L'article L. 611-15 du Code de commerce dispose que : « Toute personne qui est appelée à la procédure de conciliation ou à un mandat *ad hoc* ou qui, par ses fonctions, en a connaissance est tenue à la confidentialité ». Cette exigence est essentielle, dans la mesure où le succès d'une conciliation et / ou d'un mandat *ad hoc* repose sur une réelle discrétion. En effet, la publicité autour de difficultés, qui n'en sont peut-être pas encore, pourrait accroître l'intensité des problèmes que rencontre la société et précipiter cette dernière dans un état de cessation des paiements qu'elle aurait pu éviter si le secret avait été conservé. Le préjudice né d'une rupture de la confidentialité est donc assez simple à mesurer. Aussi n'est-on guère étonné qu'en pratique le conciliateur prenne soin de doubler cette disposition d'un engagement de confidentialité, signé par les participants à la conciliation (créanciers et débiteur).

B • L'application

La jurisprudence confère une grande force à l'exigence de confidentialité en matière de mandat *ad hoc* et de conciliation. La confidentialité de la procédure de conciliation couvre tant la décision d'ouverture de cette procédure et son existence que son contenu (Com. 3 juill. 2024, n° 22-24.068 P). Ainsi, l'article L. 611-15 est opposable à l'expert du comité du groupe en raison de la discrétion nécessaire sur la situation de l'entreprise et sur les éventuelles négociations entre dirigeants, actionnaires, créanciers et garants de celle-ci (Soc. 9 oct. 2019, n° 18-15.305 B).
La question de la confrontation de la confidentialité avec la liberté de la presse s'est également posée. D'un côté, l'information du public, dans une société démocratique, est cruciale. De l'autre, on a vu que l'exigence de discrétion est une des conditions de la réussite de la conciliation. Il semble que la Cour de cassation ait trouvé un point d'équilibre, au visa des articles 10, § 2, de la Convention de sauvegarde des droits de l'homme et des libertés fondamentales et L. 611-15 du Code de commerce. Tout d'abord, la chambre commerciale rappelle que des restrictions à la liberté d'expression peuvent être prévues par la loi, dans la mesure de ce qui est nécessaire dans une société démocratique, pour protéger les droits d'autrui et empêcher la divulgation d'informations confidentielles. Ensuite, le caractère confidentiel des procédures de prévention, destiné à protéger les droits et libertés des entreprises recourant à ces procédures, fait obstacle à leur diffusion par voie de presse, à moins qu'elles ne contribuent à la nécessité d'informer le public sur une question d'intérêt général. Il convenait de caractériser si l'information diffusée relevait d'un débat d'intérêt général (Com. 15 déc. 2015, n° 14-11.500 B). En d'autres termes, l'article L. 611-15 du Code de commerce est opposable aux journalistes, sauf si l'information qu'il diffuse relève d'un débat d'intérêt général (Com. 13 juin 2019, n° 18-10.688 B). Cette notion n'est pas simple à définir.

Attention

Il faut tenir compte de la possibilité dont dispose le tribunal, lorsqu'il est saisi d'une demande d'ouverture d'une procédure de redressement judiciaire à l'égard d'un débiteur qui bénéficie ou a bénéficié d'un mandat *ad hoc* ou d'une procédure de conciliation dans les dix-huit mois qui précèdent. Ainsi peut-il, d'office ou à la demande du ministère public, obtenir communication des pièces et actes relatifs au mandat *ad hoc* ou à la conciliation. Pour la Cour de cassation, cette possibilité ne contrevient pas à la confidentialité telle qu'elle est organisée par l'article L. 611-15 du Code de commerce (Com. 22 nov. 2023, n° 22-17.798 B).

Bibliographie

N. Borga, A. Niogret et M. Vuillermet, « Mandat *ad hoc* et conciliation : trouver le point d'équilibre », *RLDA*, 2018/135, 6413, p. 19.

Ch. Delattre, « La prévention des difficultés des entreprises : aspects pratiques », *RPC* 2016, n° 2, étude 6, p. 3.

Th. Montéran, « La conciliation et la sauvegarde accélérée dans les ordonnances Covid-19 », *Gaz. Pal.* 13 juill. 2020, n° 382v4, p. 68.

J. Théron, N. Borga, O. Buisine, D. Falih et L. Granel, « Dispositions Covid : quelles mesures pérenniser ? La prévention », *BJE*, janv. 2021, n° 118k4, p. 57.

Actualité autour de la déclaration de créance

Attention

En droit des procédures collectives, la déclaration de créance est un bon sujet pour un cas pratique, dans la mesure où elle suscite un contentieux fréquent. Les problèmes ne sont pas forcément si difficiles, mais ils sont nombreux ! Il peut donc être intéressant de maîtriser l'actualité en vue de la préparation à l'examen.

La sauvegarde, le redressement ou la liquidation d'une entreprise suppose une connaissance fine du passif du débiteur en difficulté. À cette fin, un mécanisme de déclaration des créances a été mis en place à l'article L. 622-24 du Code de commerce, lequel énonce qu'« à partir de la publication du jugement, tous les créanciers dont la créance est née antérieurement au jugement d'ouverture, à l'exception des salariés, adressent la déclaration de leurs créances au mandataire judiciaire » dans le délai de deux mois à compter de la publication du jugement d'ouverture au *BODACC*. Pour ce qui concerne les créanciers titulaires d'une sûreté publiée ou liés au débiteur par un contrat publié, ceux-ci sont avertis personnellement. Dans ce cas, le délai de déclaration court à compter de la notification de cet avertissement.
Les créances postérieures sont aussi soumises à l'obligation de déclaration. L'article L. 622-24, alinéa 6, du Code de commerce vise ainsi : « Les créances nées régulièrement après le jugement d'ouverture, autres que celles mentionnées au I de l'article L. 622-17 ».
En matière de procédures collectives, la déclaration des créances antérieures fournit un contentieux très nourri, sans nul doute l'un des plus importants de la matière, au moins en termes numériques (v. P.-M. Le Corre, « L'ordonnance du 12 mars 2014 et les modifications affectant la déclaration et la vérification des créances », *Gaz. Pal.*, 8 avr. 2014, n° 174c6). Il faut dire qu'elle est essentielle pour la procédure. En effet, « la déclaration est l'acte par lequel un créancier manifeste son intention d'obtenir, dans le cadre de la procédure, le paiement de ce qui lui est dû » (P. Le Cannu et D. Robine, *Droit des entreprises en difficulté*, 9e éd., Dalloz, coll. « Précis », 2022, n° 786, p. 532). On comprend donc que l'actualité autour de ladite déclaration est particulièrement fournie. Un passage en revue de cette dernière s'impose (I), qui démontre le nombre de « pièges » que la procédure peut comporter, avant de se concentrer sur la problématique particulière de la déclaration par le débiteur pour le compte du créancier (II).

I • Florilège autour de la déclaration de créance

A • Autour de la créance de prestation compensatoire

Le domaine de la déclaration des créances suscite beaucoup de discussions et de contestations. On sait, par exemple, que les créances salariales sont exclues du mode de déclaration de droit commun. Les créances alimentaires connaissent également un régime particulier (C. com., art. L. 622-24 *in fine*). Cela étant, la situation du créancier, au titre d'une prestation compensatoire, est complexe en raison de la double nature de sa créance : à la fois indemnitaire et alimentaire. Aussi, en principe, en raison de la dimension alimentaire, elle n'a pas à être déclarée (Com. 8 oct. 2003, n° 99-21.682 : « la créance née de la prestation compensatoire, qui présente pour partie un caractère alimentaire, n'a pas à être déclarée au passif du débiteur soumis à une procédure collective et échappe ainsi à l'extinction faute de déclaration »). Toutefois, si le créancier entend participer aux répartitions des fonds de la procédure collective, encore faut-il qu'il ait déclaré sa créance. C'est ce qu'affirme la Cour de cassation dans un arrêt du 13 juin 2019 (Com. 13 juin 2019, n° 17-24.587) qui livre un mode d'emploi intéressant sur cette délicate question :

– tout d'abord, la Cour rappelle que « la créance née d'une prestation compensatoire, [...] présente, pour partie, un caractère alimentaire » ;

– ensuite, il est indiqué que « si elle échappe à la règle de l'interdiction des paiements, [elle] demeure soumise à celle de l'interdiction des poursuites ».

Conséquence : « en cas de liquidation judiciaire de son débiteur, [la créance] doit, en principe, être payée hors procédure collective, c'est-à-dire sur les revenus dont celui-ci conserve la libre disposition, ou être recouvrée par la voie de la procédure de paiement direct ou de recouvrement public des pensions alimentaires, sans que son règlement puisse intervenir sur les fonds disponibles dans la procédure ».

Il reste que le créancier peut préférer être payé sur les fonds de la procédure collective. C'est ce que rappelle la chambre commerciale : « le créancier d'une prestation compensatoire peut cependant, et en outre, être admis aux répartitions, mais à la condition qu'il ait déclaré sa créance, comme il en a la faculté, la participation d'un créancier à la distribution de sommes par le liquidateur étant subordonnée à la déclaration de sa créance, sauf dérogation légale expresse, laquelle ne résulte pas de la simple absence de soumission des créances alimentaires aux dispositions de l'article L. 622-24 du Code de commerce prévues par le dernier alinéa de ce texte, ce dernier n'ayant ni pour objet ni pour effet de permettre à leur titulaire de concourir aux répartitions sans déclaration de créance ». En d'autres termes et d'un point de vue pratique, participer aux répartitions suppose de déclarer. On le comprend, « selon cette analyse très précise de la situation et de la stratégie du créancier d'une prestation compensatoire, la fausse manœuvre consistant à délaisser la déclaration pour former une demande en paiement était ce qu'il ne fallait surtout pas faire dans la liquidation judiciaire du débiteur. L'interdiction des poursuites faisait immédiatement barrage à la demande » (A. Martin-Serf, « Déclaration et vérification des créances. Domaine d'application. Faculté de déclarer une créance née d'une prestation compensatoire soumise à l'arrêt des poursuites individuelles », *RTD com.* 2019. 985).

B • Discussion de la créance

L'opération de vérification qu'implique la connaissance fine du passif suppose qu'une créance peut être discutée et contestée. C'est l'une des tâches du représentant des créanciers et la discussion obéit à quelques règles auxquelles il convient de prendre garde. Selon l'article L. 622-27 du Code de commerce, s'il y a discussion sur tout ou partie d'une créance, autre que celles résultant d'un contrat de

travail, le mandataire judiciaire en avise le créancier en l'invitant à faire connaître ses explications. Le débiteur ne peut manquer de répondre. En effet, selon l'alinéa 2, « le défaut de réponse dans le délai de trente jours interdit toute contestation ultérieure de la proposition du mandataire judiciaire, à moins que la discussion ne porte sur la régularité de la déclaration de créances ».
Soulignons avant tout qu'« en application de l'article L. 624-2 du Code de commerce, le juge de l'exécution n'est pas compétent pour statuer sur la régularité d'une déclaration de créance effectuée à l'occasion d'une procédure collective, laquelle ressortit à la compétence exclusive du juge-commissaire » (Civ. 2e, 2 mars 2023, no 21-10.465). Un arrêt du 29 mai 2019 donne quelques précisions sur cette discussion (Com. 29 mai 2019, no 18-14.991). Tout d'abord, pour la Cour de cassation, il n'y a discussion de la créance, au sens de l'article L. 622-27, que « lorsque la créance déclarée est contestée dans son existence, son montant ou sa nature, appréciés au jour du jugement d'ouverture ». Ensuite, la position du mandataire, dans le débat, peut évoluer. Certes, l'article R. 624-1 du Code de commerce prévoit, si une créance est discutée, que le mandataire en avise le créancier, selon des formes précises, en indiquant l'objet de la discussion et le montant de la créance dont l'inscription est proposée. Mais, l'arrêt précise qu'« il n'est pas interdit au mandataire judiciaire, organe de la procédure collective chargé de la vérification du passif, de soutenir devant le juge-commissaire une autre proposition et de relever appel de toute décision de celui-ci rendu en matière d'admission des créances ». Enfin, pour la Cour de cassation, « […] le débiteur en redressement judiciaire peut exercer un recours contre la décision du juge-commissaire statuant sur la créance qu'il a contestée, peu important l'objet de cette contestation » (Com. 29 mars 2023, no 21-21.258 B). Soulignons également que « […] le juge-commissaire, ou la cour d'appel statuant à sa suite sur l'admission des créances, ne peut renvoyer les parties à mieux se pourvoir et inviter l'une d'entre elles à saisir la juridiction compétente qu'en cas de contestation sérieuse de la créance déclarée » (Com. 29 mars 2023, no 21-20.452 B).

C • Créance contre créance

Il convient de bien prendre garde lorsque des créances, entre créancier et débiteur, se « chevauchent ». Dans un arrêt du 9 octobre 2019 (Com. 9 oct. 2019, no 18-17.730), la Cour rappelle une première vérité : « la déclaration d'une créance au passif d'un débiteur soumis à une procédure collective ne tend qu'à la constatation de l'existence, de la nature et du montant de la créance déclarée, appréciés au jour de l'ouverture de la procédure ». C'est là où il ne faut pas se tromper. En effet, « la contestation de cette créance, au cours de la procédure de vérification du passif » (qui tend à remettre en cause *cette* créance) « n'a pas le même objet que la demande en paiement d'une somme d'argent formée contre le créancier déclarant ». Contester une créance et solliciter le paiement d'une créance, ce n'est pas la même chose. Dans ces conditions, la demande en paiement de cette créance, formée ultérieurement, ne se heurte pas à l'autorité de la chose jugée dans le cadre de la vérification des créances.

II • La déclaration pour le compte du créancier par le débiteur

Le contentieux lié à la déclaration des créances est complexe et parfois mal ressenti, notamment parce qu'il revient à écarter, pour des raisons de délai et de procédure, certains créanciers. L'idée s'est donc installée d'offrir une opportunité nouvelle au créancier en s'efforçant de revaloriser sa position (P.-M. Le Corre, « Déclaration et vérification des créances : quels changements ? », *Gaz. Pal.*, 3 janv. 2015, nº 203d8) avec l'ordonnance nº 2014-326 du 12 mars 2014 qui constitue « un nouveau printemps pour les créanciers » (F. Macorig-Venier, « Les créanciers antérieurs hors comité après l'ordonnance du 12 mars 2014 : un vent de simplification en faveur de la reconnaissance de leur droit de créance », *BJE*, mai 2014, nº 111c5). Aujourd'hui, la régularisation d'une déclaration est plus facile et se révèle moins piégeuse. L'article L. 622-24, alinéa 3, *in fine*, stipule que « le créancier peut ratifier la déclaration faite en son nom jusqu'à ce que le juge statue sur l'admission de la créance » (v. par ex., Com. 14 juin 2023, nº 21-25.204 B). De surcroît, L'article L. 622-24, alinéa 3, a en effet été imaginé comme facilitant la tâche du créancier, étant donné que le débiteur peut déclarer pour le compte du créancier. Selon ce texte, « lorsque le débiteur a porté une créance à la connaissance du mandataire judiciaire, il est présumé avoir agi pour le compte du créancier tant que celui-ci n'a pas adressé la déclaration de créances prévue au premier alinéa ». D'un point de vue pratique, l'idée est simple : il s'agit de permettre au créancier, s'il omet de déclarer, de trouver une ressource dans ce que le débiteur a déjà pu transmettre au mandataire. Et plus prosaïquement, le texte a souhaité donner un effet à la liste des créances que transmet le débiteur au mandataire, en début de procédure, conformément à l'article L. 622-6 du Code de commerce.

L'application pratique de ce texte n'est pas aisée, comme en témoignent plusieurs arrêts. Le premier est du 5 septembre 2018 (Com. 5 sept. 2018, nº 17-18.516). Un créancier, qui s'était réveillé un jour trop tard, entendait se prévaloir de la liste remise par le débiteur (ainsi que des énonciations du jugement d'ouverture). L'on y trouve déjà quelques précisions attendues sur ce curieux mécanisme qui œuvre comme une sorte de session de rattrapage.

Avec l'article L. 622-24, alinéa 3, du Code de commerce, les choses peuvent être distinguées en deux temps. Dans un premier temps, le débiteur transmet des éléments au mandataire, ce qui vaut, à certaines conditions que rappelle cet arrêt, déclaration, en attendant que le créancier déclare lui-même. C'est là qu'intervient le second temps : le créancier dispose bien évidemment de la possibilité d'amender ce qu'aura indiqué le débiteur.

Il reste que la présomption de déclaration ne vaut que si certaines conditions sont remplies. Ainsi, la Cour de cassation rappelle que « les créances portées à la connaissance du mandataire judiciaire dans le délai fixé à l'article R. 622-24 du même code font présumer de la déclaration de sa créance par son titulaire, mais seulement dans la limite du contenu de l'information fournie au mandataire judiciaire ». En l'espèce, l'assimilation n'était pas possible dans la mesure où la liste ne comprenait que l'identité du créancier, sans même faire référence au montant de la créance. Ce faisant, la chambre commerciale applique l'article R. 622-5 du Code de commerce, selon lequel « pour l'application du troisième alinéa de l'article L. 622-24, toute déclaration faite par le débiteur, dans un délai fixé par le premier alinéa de l'article L. 622-24, doit comporter les éléments prévus aux deux premiers alinéas de l'article L. 622-25 et, le cas échéant, ceux prévus par le 2° de l'article R. 622-23 ». Or, parmi ces énonciations obligatoires figure « le montant de la créance due au jour du jugement d'ouverture avec indication des sommes à échoir et de la date de leurs échéances ». Sans indication de ce montant, la déclaration faite par le débiteur ne peut donc être considérée comme ayant été régulièrement effectuée pour le compte du créancier.

Pour ce qui concerne les mentions du jugement d'ouverture, dont avait excipé le déclarant, elles ne peuvent pas prospérer. C'est ce que rappelle la Cour dans cet arrêt. Mais il en irait certainement de même pour la déclaration de cessation des paiements, tout comme pour les documents comptables qui y sont joints. On voit bien que, si le législateur a peut-être visé l'expression de « toute déclaration », c'est bien la liste remise qu'avaient à l'esprit les auteurs de ce texte, ladite liste devant être la plus précise possible pour valoir déclaration de la créance.

Le deuxième arrêt est du 8 février 2023 (Com. 8 févr. 2023, nº 21-19.330 B). Cette décision prolonge les enseignements déjà évoqués. Après avoir rappelé qu'il résulte du texte précité que « la créance portée à la connaissance du mandataire judiciaire par le débiteur, dans le délai fixé à l'article R. 622-24 du Code de commerce, fait présumer de la déclaration de sa créance par son titulaire, mais seulement dans la limite du contenu de l'information fournie au mandataire judiciaire par le débiteur », la Cour précise que la liste des créanciers remise au mandataire judiciaire comportait le nom du créancier ainsi que le montant de cette dernière. Ceci, pour la Chambre commerciale, valait déclaration de créance effectuée par le débiteur pour le compte du créancier, dans la limite de ces informations.

Le troisième arrêt s'inscrit dans le prolongement de ce qui a été énoncé. La Cour de cassation rappelle que lorsque le débiteur n'a pas mentionné une créance sur la liste qu'il a remise au mandataire judiciaire dans le délai prévu, mais qu'il l'a portée à sa connaissance ultérieurement dans le délai de déclaration des créances, le débiteur est présumé avoir agi pour le compte du créancier tant que celui-ci n'a pas encore adressé sa déclaration de créance. Dans cette hypothèse, le créancier, s'il estime que la créance portée à la connaissance du mandataire judiciaire par le débiteur l'a été pour un montant inférieur à la créance qu'il soutient détenir, peut demander à être relevé de la forclusion pour déclarer le montant supplémentaire qu'il prétend lui être dû, à la condition d'établir que sa défaillance n'est pas due à son fait (Com. 27 mars 2024, nº 22-21.016 P).

Enfin, un quatrième arrêt précise que la déclaration pour le compte du créancier par le débiteur ne vaut pas reconnaissance par le débiteur du bien-fondé de cette créance, de sorte que ce dernier peut ultérieurement la contester (Com. 23 mai 2024, nº 23-12.134 P).

Bibliographie

P.-M. Le Corre, « L'ordonnance du 12 mars 2014 et les modifications affectant la déclaration et la vérification des créances », *Gaz. Pal.* 8 avr. 2014, nº 174c6.

J. Levy et Th. de Ravel d'Esclapon, « Déclaration pour le compte du créancier : nom et montant suffisent », *D.* 2023. 1252, note ss. Com. 8 févr. 2023, nº 21-19.330 ; « Être ou ne pas être sur la liste du débiteur. Réflexions autour de l'article L. 622-24, alinéa 3, du Code de commerce », *BJE*, janv. 2018, nº 115n2, p. 63.

F.-X. Lucas et P. Cagnoli, « Droit des entreprises en difficulté. Panorama », *D.* 2019. 1903.

Les nullités de la période suspecte

Lorsqu'une procédure collective est ouverte, la recherche d'une solution de nature à favoriser la poursuite d'activité et le paiement des créanciers antérieurs passe par la connaissance du passif du débiteur, mais aussi par la reconstitution de son actif. Certains actes ont pu être souscrits, lors d'une période proche de son « entrée » en procédure, à un moment où il connaissait des difficultés. Or, ces opérations sont susceptibles d'avoir appauvri son patrimoine. En somme, ces actes peuvent être considérés comme suspects et ils doivent être scrutés avec attention. Si ces opérations sont annulées, l'actif ainsi transféré réintégrera l'assiette de la procédure collectivement, augmentant d'autant. C'est dans cette optique qu'a été institué le régime dit « des nullités de la période suspecte ». Il s'agit, comme le souligne l'article L. 632-4 du Code de commerce, de « reconstituer l'actif du débiteur ». Autrement formulé, avec l'action qu'offre le Code de commerce aux articles L. 632-1 et suivants, l'objectif est d'annuler des actes qui n'auraient pas dû être passés et qui ont appauvri le débiteur.

Attention

Les actions en nullité de la période suspecte ne concernent pas toutes les procédures collectives. La sauvegarde n'est pas visée par les textes et seules les procédures fondées sur la cessation des paiements (liquidation judiciaire et redressement judiciaire) permettent l'exercice de cette action.

Le système que propose le Code de commerce est simple. Il est possible, pour reconstituer l'actif du débiteur, d'agir en nullité de certains actes qui paraissent suspects. Envisageons quelques éléments quant au régime de cette action (I). Ensuite, il conviendra de lister les cas dans lesquels la nullité est encourue. Tantôt celle-ci est de droit (II), tantôt elle est facultative (III).

Attention

Qu'est-ce la période suspecte ? En pratique, on évoque régulièrement la notion de période suspecte, même si celle-ci n'est pas spécifiquement visée par les textes concernant la reconstitution de l'actif. Il s'agit de la période allant de la date de la cessation des paiements à celle du jugement d'ouverture. Un écart est possible étant donné que le tribunal peut déplacer la date de la cessation des paiements, sans aller au-delà de dix-huit mois avant le jugement d'ouverture (C. com., art. L. 631-8, al. 2)

I • Éléments de régime

L'action en nullité devra être exercée devant le tribunal de commerce en charge de la procédure collective, étant donné qu'il s'agit d'une action qui concerne directement la procédure, conformément aux principes de l'article R. 662-3 du Code de commerce. Les titulaires de l'action en nullité sont limitativement énumérés par la loi : l'action peut être exercée par le mandataire judiciaire (et donc le liquidateur judiciaire : Com. 1er avr. 2014, nº 13-14.086), le commissaire à l'exécution du plan et par le ministère public. Il s'agit bien sûr des seuls mandataires désignés dans la procédure collective. La demande d'un seul d'entre eux suffit ; ils n'ont pas tous besoin d'être d'accord pour agir en justice.

Attention

Si l'action a été engagée par le commissaire à l'exécution du plan désigné à ces fonctions et que sa mission a ensuite pris fin tandis que l'action n'est pas finie, il faut alors désigner un mandataire *ad hoc* qui pourra la poursuivre (Com. 12 juin 2001, n° 98-18.284).

Il est important de souligner que cette liste est limitative : le débiteur ne peut agir en nullité, pas plus qu'il ne peut faire appel de la décision ayant statué sur ce point (Com. 8 mars 2017, n° 15-18.495). La caution n'a pas plus le droit d'agir en nullité sur ce fondement (Com. 25 févr. 2004, n° 01-17.599). Les représentants des salariés n'auront pas le droit d'exercer l'action. En principe, les contrôleurs ne disposent également pas de cette prérogative. Cela étant, en cas de carence, comme ils peuvent agir dans l'intérêt collectif des créanciers, par application de l'article L. 622-20 du Code de commerce, il faudrait leur reconnaître ce droit. Sur le plan procédural, la demande doit être introduite par voie d'assignation contre la personne ayant conclu l'opération avec le débiteur. Aucun délai n'encadre la demande ; celle-ci doit évidemment intervenir avant que la procédure ne soit clôturée. Le demandeur devra rapporter la preuve de ce que les conditions de la nullité sont remplies.

Attention

Dans le cadre de cette action en nullité, et hormis les hypothèses où la connaissance de la cessation des paiements est exigée, la bonne foi n'est pas une condition pour apprécier le caractère régulier de l'acte. L'appréciation reste très objective et les tiers de bonne foi qui ont cru au caractère régulier de l'acte ou du paiement demeurent exposés à son annulation (Com. 30 juin 2004, n° 02-13.465).

Quels seront les effets de la nullité si celle-ci est prononcée ? S'agissant d'une action en nullité, en conséquence l'acte sera rétroactivement anéanti. Il ne s'agit donc pas d'une inopposabilité. L'objectif est de revenir à l'état dans lequel était le patrimoine du débiteur avant que l'acte ne soit passé. La nullité est opposable à tous, même aux tiers de bonne foi. S'il faut restituer une somme d'argent, des intérêts de retard seront dus.

Attention

Si le créancier se trouve devenir, par suite de l'annulation, créancier du débiteur, il devra déclarer sa créance au passif du débiteur (Com. 28 janv. 2004, n° 00-22.905). Le problème devient alors celui du délai de déclaration qui est, par hypothèse, dépassé, le temps que l'action en nullité prospère. Sitôt né, le créancier deviendrait forclos ? Une ressource pourrait être, pour le créancier, de demander à être relevé de sa forclusion.

Attention

La question de l'articulation entre l'action en nullité de la période suspecte et l'action paulienne, qui vise à remettre en cause, une opération réalisée en fraude des droits du créancier et lui portant préjudice, s'est posée. Comment combiner l'article L. 632-1 du Code de commerce et l'article 1341-2 du Code civil ? L'action paulienne, même dans le contexte d'une procédure collective, est envisageable, notamment lorsqu'elle est exercée par le liquidateur ou par un créancier, en dépit du monopole dont bénéficie le mandataire judiciaire pour agir au nom de ces derniers. Encore faut-il cependant que les conditions soient réunies.

II • Nullités de droit

Dans ces hypothèses, le tribunal est tenu de prononcer la nullité si les conditions légales sont remplies, sans égard à la preuve de la connaissance de la cessation des paiements. Les actes, qui sont limitativement énumérés, entraînent automatiquement la nullité (C. com., art. L. 632-1, I).

A • Actes à titre gratuit translatifs de propriété mobilière ou immobilière

Ce cas de nullité de droit se comprend aisément : il vise à sanctionner les actes de pur appauvrissement, sans réelle rationalité économique étant donné qu'ils sont sans contrepartie. Sont ainsi visées, par exemple, les donations, et bien sûr lorsqu'elles sont déguisées, ainsi que les constitutions de droits à titre gratuit. Dans cette veine, les remises de dettes sont concernées par l'action en annulation.

B • Contrats commutatifs déséquilibrés

L'article L. 632-1, 2°, du Code de commerce vise « tout contrat commutatif dans lequel les obligations du débiteur excèdent notablement celles de l'autre partie ». Selon l'article 1108 du Code civil, « le contrat est commutatif lorsque chacune des parties s'engage à procurer à l'autre un avantage qui est regardé comme l'équivalent de celui qu'elle reçoit ». La disproportion entre les prestations des parties doit être « notable », selon le texte, ce qui devra être caractérisé. Elle s'apprécie au moment de sa conclusion. Sur ce fondement, un contrat de travail peut, par exemple, être annulé lorsqu'il est conclu en période suspecte et si la rémunération est excessive et inhabituelle.

C • Paiements de certaines dettes

Le paiement de dettes non échues au jour du paiement est visé par l'action en nullité, quel qu'en ait été le mode (C. com., art. L. 632-1, I, 3°). Il s'agit de fustiger les paiements réalisés trop rapidement, pour avantager un créancier. Les paiements faits par un tiers ne sont pas concernés.

Sont également visés, selon l'article L. 631-1, I, 4°, les paiements de dettes échues, faits autrement qu'en espèces, effets de commerce, virements, bordereaux de cession Dailly ou tout autre mode de paiement communément admis dans les relations d'affaires. Par exemple, une dation en paiement peut être considérée comme un paiement anormal susceptible d'être annulé sur ce fondement (v. par ex. Com. 14 nov. 1989, n° 87-19.928 : pour une dation de matériel pour paiement d'un loyer). De même, une compensation, laquelle dissimule une dation en paiement, peut être annulée (Com. 16 mars 1982, n° 79-13.537). Citons également, comme dernier exemple parmi de nombreux autres, le paiement du coût de travaux au moyen de la vente d'emplacements de stationnement dans l'immeuble (Com. 13 mars 2007, n° 06-15.619).

D • Autres cas de nullité de droit

L'article L. 632-1, I, du Code de commerce prévoit d'autres cas de nullité de droit, que l'on se bornera ici à citer, sauf pour quelques-uns où l'une ou l'autre observations s'imposent :

– Tout dépôt et toute consignation de sommes effectués en application de l'article 2075-1 du Code civil, à défaut d'une décision de justice ayant acquis force de chose jugée.

– Toute hypothèque conventionnelle, toute hypothèque judiciaire ainsi que l'hypothèque légale des époux et tout droit de nantissement ou de gage constitués sur les biens du débiteur pour dettes antérieurement contractées. Ici, l'on comprend pleinement le but de cette disposition. Il s'agit d'éviter qu'un débiteur soit contraint de consentir une sûreté pour dette antérieure. L'hypothèque est nulle, dès lors qu'elle est consentie pour une dette antérieure, en période suspecte, et même si une promesse d'hypothèque avait été déjà été signée concomitamment à la date de la dette (Com. 3 mai 1988, n° 86-10.655, *Bull. civ.* IV, n° 145 ; Com. 12 nov. 1997, n° 95-14.900). L'annulation aboutira à redonner au créancier un rang chirographaire.

À noter

Pour la Cour de cassation, il suffit, pour fonder la nullité, que la créance soit antérieure à la constitution de l'hypothèque et non à la cessation des paiements du débiteur (Com. 5 avr. 2016, n° 14-18.403).

– Toute mesure conservatoire, à moins que l'inscription ou l'acte de saisie ne soit antérieur à la date de cessation de paiement.

– Toute autorisation et levée d'options définies aux articles L. 225-177 et suivants du présent Code : il s'agit notamment ici des fameuses *stock-options* qui ont, à l'époque, fait couler beaucoup d'encre.

– Tout transfert de biens ou de droits dans un patrimoine fiduciaire, à moins que ce transfert ne soit intervenu à titre de garantie d'une dette concomitamment contractée.

– Tout avenant à un contrat de fiducie affectant des droits ou biens déjà transférés dans un patrimoine fiduciaire à la garantie de dettes contractées antérieurement à cet avenant.

– Lorsque le débiteur est un entrepreneur individuel à responsabilité limitée, toute affectation ou modification dans l'affectation d'un bien, sous réserve du versement des revenus mentionnés à l'article L. 526-18 du Code de commerce, dont il est résulté un appauvrissement du patrimoine visé par la procédure au bénéfice d'un autre patrimoine de cet entrepreneur.

– La déclaration d'insaisissabilité faite par le débiteur en application de l'article L. 526-1 du Code de commerce : l'objectif, lorsque ce cas a été inséré dans la liste de l'article L. 632-1, I, du Code de commerce, était d'éviter qu'une déclaration d'insaisissabilité ne vienne, en pleine période suspecte, « vider » le patrimoine du débiteur. Bien sûr, aujourd'hui, avec la diffusion généralisée de l'entreprise individuelle, nombreux sont les éléments qui échapperont à la procédure sans qu'une telle déclaration soit nécessaire.

III • Nullités facultatives

Dans cette hypothèse le tribunal dispose d'un pouvoir d'appréciation. Il est libre d'annuler ou non l'acte querellé. Deux hypothèses doivent être soigneusement distinguées.

Tout d'abord, selon l'article L. 632-1, II, du Code de commerce, peuvent être annulés, « les actes à titre gratuit visés au 1° du I et la déclaration visée au 12° faits dans les six mois précédant la date de cessation

des paiements ». Pour ces deux types d'actes – actes à titre gratuit et déclaration d'insaisissabilité – le législateur permet d'aller temporellement plus loin pour les annuler éventuellement. En effet, ces actes sont particulièrement suspects, ce qui justifie ce pouvoir. Cela étant, la nullité n'est que facultative et le juge peut refuser une telle demande.
Ensuite, certains actes, autres que ceux listés dans les nullités de droit, peuvent faire l'objet d'une annulation. Ces nullités sont facultatives car le juge dispose d'une marge d'appréciation et son pouvoir échappe au contrôle de la Cour de cassation (Com. 30 oct. 2000, n° 97-21.987). Les cas sont listés à l'article L. 632-2 du Code de commerce, lequel dispose, en son alinéa 1er, : « les paiements pour dettes échues effectués à compter de la date de cessation des paiements et les actes à titres onéreux accomplis à compter de cette même date peuvent être annulés si ceux qui ont traité avec le débiteur ont eu connaissance de la cessation des paiements ». Et l'alinéa 2 de poursuivre, « tout avis à tiers détenteur, toute saisie attribution ou toute opposition peut également être annulé lorsqu'il a été délivré ou pratiqué par un créancier à compter de la date de cessation des paiements et en connaissance de celle-ci ». Ainsi, même si le libellé de l'article L. 632-2 est plus général, l'on voit bien que trois séries d'actes sont visées, tandis que la nullité, d'essence facultative, est soumise à conditions.

A • Les paiements pour dettes échues

La formule est large. Mais dans ce cas, la suspicion vient de ce que l'acte est conclu dans des circonstances curieuses. L'acte doit avoir été passé après la date de cessation des paiements.

À noter

Un contentieux est intéressant : il s'agit des remises que fait le débiteur sur son compte bancaire lorsque celui-ci est débiteur. Celles-ci paraissent régulières. Mais il s'agit du paiement d'une dette échue étant donné qu'elle vient diminuer le solde, la créance y correspondant étant éteinte à due concurrence. Si le banquier était au courant de la cessation des paiements de son débiteur et s'il ressort que ces paiements ont simplement servi à assurer au créancier/banquier une simple position privilégiée, l'annulation est envisageable (Com. 25 févr. 2004, n° 00-16.676 : « [...] les remises d'effets ou de chèques émis par des tiers, effectuées par le débiteur sur son compte courant après la date de cessation des paiements, peuvent être annulées [...] »).

B • Les actes à titre onéreux

Là aussi, le libellé est large, étant donné que tous les actes à titre onéreux sont accomplis après la date de cessation des paiements (achats, ventes, etc.). Le magistrat se prononcera en fonction du contexte.

1 • Avis à tiers détenteur, saisie attribution ou opposition

Il s'agit du dernier cas de nullité facultative. Il vise les mesures d'exécution forcée.

2 • Conditions

Tout d'abord, rappelons que l'acte doit avoir été accompli pendant la période suspecte, c'est-à-dire entre la date de cessation des paiements et le jugement d'ouverture. Bien sûr, la charge de la preuve, qui peut intervenir par tout moyen, pèse sur le demandeur.

Ensuite, et c'est la condition la plus importante des nullités facultatives, il faut que le contractant du débiteur (ou le saisissant) ait eu connaissance de la cessation des paiements, ce qui ne manque pas de traduire une certaine mauvaise foi.

À ne pas confondre

Cela étant, la connaissance n'est pas nécessairement synonyme de mauvaise foi ou de fraude et celles-ci ne sont pas requises pour que l'action puisse prospérer. Il s'agit d'une condition objective.

La jurisprudence exige une connaissance personnelle de la part du tiers (Com. 6 mars 2019, nº 17-17. 686) et à la date de l'acte (peu importe que le tiers en ait eu ensuite connaissance). Les juges du fond vont apprécier souverainement cette condition, dont la caractérisation doit être établie par le demandeur à l'action en nullité. Cette preuve n'est pas nécessairement évidente. Généralement, on considère que la condition est satisfaite lorsque le créancier a déjà assigné son débiteur en redressement judiciaire, avant de passer l'acte. En effet, l'ouverture du redressement judiciaire est fondée sur la constatation de l'état de cessation des paiements. Selon la Cour de cassation, ce n'est pas parce qu'un créancier avait accepté de réduire sa créance dans le cadre d'un mandat *ad hoc* qu'il connaissait l'état de cessation des paiements du débiteur (Com. 12 juin 2024, nº 22-24.212). En revanche, la durée et l'ampleur des impayés peuvent permettre de déduire la connaissance personnelle par le bailleur de l'état de cessation des paiements de son locataire à la date de la saisie-attribution pratiquée (Com. 7 févr. 2024, nº 22-22.557).

Attention

Comment prouver autrement ? Une banque ayant des relations d'affaires permanentes et suivies avec son client pourrait être considérée comme ayant connaissance de l'état de cessation des paiements. Des liens étroits entre le tiers et la société débitrice peuvent justifier la connaissance de l'état de cessation des paiements. Ce sera, par exemple, le cas lorsque le contrat discuté est passé avec un associé dirigeant (Com. 29 mai 2021, nº 98-16.142). En revanche, le fait que le contractant soit le père du gérant n'a pas permis de démontrer la connaissance de l'état de cessation des paiements (Com. 14 juin 2017, nº 15-25.698).

Soulignons qu'il n'est pas nécessaire de caractériser l'existence d'un préjudice pour que la nullité facultative puisse être prononcée. En effet, comme le constate la Cour de cassation, les juges du fond, pour prononcer la nullité prévue à l'article L. 632-2 du Code de commerce, ne sont pas tenus de constater l'existence d'un préjudice subi par le débiteur ou par ses créanciers (Com. 9 janv. 1996, nº 93-14.933).

Attention

Il faut noter quelques exclusions de principe. Selon l'article L. 513-18 du Code monétaire et financier, « les dispositions de l'article L. 632-2 du Code de commerce ne sont pas applicables aux contrats conclus par ou avec une société de crédit foncier, ni aux actes juridiques accomplis par une société de crédit foncier ou à son profit, dès lors que ces contrats ou ces actes sont directement relatifs aux opérations prévues à l'article L. 513-2. Selon une logique propre au droit des marchés financiers. Les contrats de garantie financière sont également exclus. Enfin, l'article L. 631-3 du Code de commerce prévoit que les dispositions relatives aux nullités de la période suspecte « ne portent pas atteinte à la validité du paiement d'une lettre de change, d'un billet à ordre ou d'un chèque ».

Bibliographie

L.-C. Henry, « La période suspecte, du report de la date de cessation des paiements aux nullités », *Rev. sociétés* 2014. 203, note ss. Com. 28 janv. 2014, nº 13-11.509 et Com. 19 nov. 2013, nºs 12-25.925 et 12-20.020.

A. Lienhard, « Nullité de l'acte de délégation de loyers conclu en période suspecte », *D.* 2005. 2591, note ss. Com. 4 oct. 2005, nº 04-14.722.

E. Mouial-Bassilana, « L'articulation de la période suspecte et des différentes procédures après la loi de sauvegarde du 26 juillet 2005 », *D.* 2006. 1959.

La responsabilité pour insuffisance d'actif

L'article L. 651-2 du Code de commerce prévoit, à l'encontre des dirigeants, une mesure originale. Selon ce texte, « lorsque la liquidation judiciaire d'une personne morale fait apparaître une insuffisance d'actif, le tribunal peut, en cas de faute de gestion ayant contribué à cette insuffisance d'actif, décider que le montant de cette insuffisance d'actif sera supporté, en tout ou partie, par tous les dirigeants de droit ou de fait, ou par certains d'entre eux, ayant contribué à la faute de gestion. En cas de pluralité de dirigeants, le tribunal peut, par décision motivée, les déclarer solidairement responsables. Toutefois, en cas de simple négligence du dirigeant de droit ou de fait dans la gestion de la personne morale, sa responsabilité au titre de l'insuffisance d'actif ne peut être engagée ». La mesure se rapproche d'une sanction, c'est en tout cas ainsi qu'elle est traditionnellement perçue, mais elle est aussi non loin d'une hypothèse de responsabilité civile. En effet, les conditions que pose le texte évoquent, à certains égards, le droit commun, notamment lorsqu'il faut caractériser une faute de gestion et un lien de causalité. Cela étant, certains éléments s'en écartent très largement, telle la possibilité de ne mettre à la charge du dirigeant qu'une partie du préjudice.
Envisageons les conditions de la responsabilité pour insuffisance d'actif (I), puis sa mise en œuvre (II).

I • Les conditions de la responsabilité pour insuffisance d'actif

A • Conditions tenant aux personnes

La responsabilité pour insuffisance d'actif ne peut être retenue que si la société fait l'objet d'une liquidation judiciaire et si celle-ci est encore en cours (Civ. 2e, 8 janv. 2015, n° 13-28.113). Sont visées les personnes morales de droit privé, de sorte qu'une société en participation est exclue du dispositif tout comme une société de fait ou une société qui n'est pas encore immatriculée comme une société en cours de formation. Partant de là, les dirigeants de l'ensemble des structures sociales sont visés (SA, SAS, SARL, SC, SNC, SCS, SCA, etc.), ainsi que ceux des associations.

Attention

La loi n° 2022-172 du 14 février 2022 est venue tenir compte de la création du statut particulier de l'entrepreneur individuel. L'entrepreneur peut être condamné selon le même mécanisme. Ainsi, l'article L. 651-2, alinéa 2, du Code de commerce précise que lorsque la liquidation judiciaire a été ouverte ou prononcée à l'égard d'un entrepreneur individuel relevant du statut issu de la loi du 14 février 2022, le tribunal peut également, dans les mêmes conditions, condamner cet entrepreneur à payer tout ou partie de l'insuffisance d'actif. Dans ce cas, la somme mise à sa charge s'impute sur son patrimoine personnel.

Tous les dirigeants sont visés, qu'il s'agisse d'un dirigeant personne physique ou d'un dirigeant personne morale. Le représentant permanent d'une personne morale dirigeante de la société en liquidation peut lui-même voir sa responsabilité engagée au titre de l'insuffisance d'actif. Il n'est cependant pas nécessaire d'établir d'abord la responsabilité de la personne morale dirigeante (Com. 19 nov. 2013, nº 12-16.099). Un directeur général délégué, dans une SA, ayant la qualité de dirigeant de droit, est également concerné (Com. 5 mai 2021, nº 19-23.575). En revanche, un commissaire aux comptes ne saurait être visé par l'action.

Attention

Dans une société anonyme, nombreux sont ceux qui sont concernés : le président du conseil d'administration, les directeurs généraux, le directeur général adjoint, les administrateurs, membres du conseil d'administration (Com. 31 mai 2011, nº 09-13.975, *Bull. civ.* IV, nº 87 ; Com. 9 sept. 2020, nº 18-12.444). Si la société a opté pour une structure dualiste, les directeurs seront également visés. En revanche, les membres du conseil de surveillance ne peuvent engager leur responsabilité au titre de l'éventuelle insuffisance d'actif dans la mesure où ils exercent une fonction de contrôle et non de gestion.

Même un dirigeant de fait peut être concerné. Ainsi que le précise la Cour de cassation, en application de l'article L. 651-2 du Code de commerce, peut être condamné au titre de la responsabilité pour insuffisance d'actif, celui qui, accomplissant en toute indépendance une activité positive de gestion et direction de la société débitrice, en est le dirigeant de fait (Com. 9 juin 2022, nº 19-24.026). Dès lors, un dirigeant irrégulièrement nommé pourrait être concerné étant donné qu'il peut s'agir d'un dirigeant de fait (Com. 8 juill. 2003, nº 00-18.250). Concernant la gestion de fait, il faut, selon les termes de l'arrêt du 9 juin 2022 précité, une activité positive et concrète de direction et de gestion. En d'autres termes, une immixtion dans la gestion est le critère déterminant. Il est essentiel que la personne concernée ait exercé le pouvoir dans l'entreprise et que ses interventions ne se soient pas limitées à un acte isolé ou à quelques décisions sans importance. Il faut une succession d'opérations pour que la gestion de fait soit reconnue. La preuve de la direction de fait incombe au liquidateur qui exerce l'action en responsabilité pour insuffisance d'actif. Elle peut intervenir par tout moyen, par exemple par des indices concordants. Un actionnaire pourrait éventuellement être considéré comme un dirigeant de fait et voir sa responsabilité engagée sur le fondement de l'article L. 651-2 du Code de commerce. Cela étant, la gestion de fait ne saurait se déduire de cette seule qualité. Dans une hypothèse où l'associé majoritaire avait exercé de façon continue et régulière, depuis l'origine de la société, créée à son initiative, une activité positive de gestion et de direction en toute liberté, le dirigeant a pu être considéré comme « de fait », ce d'autant qu'il a conclu le bail du siège de la société et qu'il avait, entre autres éléments, négocié auprès des fournisseurs les achats de marchandises destinés à la société (Com. 25 janv. 1994, nº 91-20.007). Notons qu'un franchiseur pourrait être considéré comme dirigeant de fait (Com. 9 nov. 1993, nº 91-18.351). Les situations de groupe de société peuvent également fournir des occasions de dirigeants de fait, étant entendu que l'existence d'un groupe ne fait pas présumer que la société-mère était dirigeante de fait de la filiale (Com. 19 nov. 2013, nº 12-28.367).

Remarque

Quand la personne morale placée en liquidation judiciaire est une SAS dirigée par une personne morale, la responsabilité pour insuffisance d'actif est encourue non seulement par cette personne morale, dirigeant de droit, mais aussi par le représentant légal de cette dernière, en l'absence d'obligation légale ou statutaire de désigner un représentant permanent de la personne morale dirigeant au sein d'une SAS (Com. 13 déc. 2023, nº 21-14.579).

B • La nécessité d'une insuffisance d'actif

S'agissant d'une forme particulière d'action en responsabilité, au titre des conditions, il faut un préjudice : il s'agit de l'insuffisance d'actif. L'expression est différente de l'état de cessation des paiements et elle ne résulte pas de cette seule situation (Com. 24 mai 2018, n° 17-10.117). Ainsi, cette notion revient à dire qu'il faut que la société ne puisse pas payer intégralement ses créanciers. Selon la Cour de cassation, l'insuffisance d'actif, qui doit être certaine (Com. 5 mai 2021, n° 19-23.575 ; Com. 27 juin 2006, n° 05-11.690 ; Com. 7 juin 2005, n° 04-13.262), est « égale à la différence entre le montant du passif admis et le montant de l'actif réalisé » (Com. 24 mai 2018, n° 16-29.116). Il faut donc confronter ces deux éléments que sont l'actif et le passif ce afin de déterminer s'il y a insuffisance. Celle-ci peut d'ailleurs être constatée sans forcément que les créances ne soient définitivement arrêtées.

Attention

Mentionnons deux solutions pratiques qu'il faut garder à l'esprit lorsque l'on apprécie l'insuffisance d'actif. Tout d'abord, l'adoption d'un plan de continuation ne fait pas obstacle à ce que l'insuffisance d'actif relevée par la procédure collective soit mise en tout ou partie à la charge du dirigeant (Com. 21 nov. 2006, n° 02-20.443). Ensuite, seul le passif de la personne morale dirigée par la personne condamnée devra être pris en considération, de sorte que le passif d'autres personnes morales auxquelles la procédure collective a été étendue sera exclu (Com. 30 oct. 2007, n° 06-14.672).

Quant à la date qu'il convient de retenir pour l'insuffisance d'actif, il s'agit de la période antérieure au jugement d'ouverture ; dès lors, l'on ne peut prendre en compte que les seules dettes existant avant le jugement d'ouverture pour déterminer l'insuffisance d'actif (Com. 18 mars 2018, n° 02-21.616 ; pour une exclusion des dettes postérieures, v. Com. 23 oct. 2024, n° 23-15365 ; Com. 28 févr. 1995, n° 92-18.572). Par exemple, les sommes que pourrait devoir la société au titre d'indemnités de licenciement, et qui sont nées postérieurement au jugement d'ouverture, n'ont pas à être prises en compte dans le calcul (Com. 18 mars 2008, n° 02-21.616). Si le dirigeant a depuis cessé ses fonctions, l'insuffisance d'actif doit exister à la date à laquelle le dirigeant a cessé ses fonctions (Com. 12 janv. 2022, n° 20-19.494 ; Com. 24 mars 2021, n° 20-10.677 ; Com. 5 mai 2021, n° 19-18.207). Dans le même ordre d'idées, la démission du dirigeant, même non publiée, empêche d'engager sa responsabilité pour insuffisance d'actif pour des faits postérieurs à la cessation de ses fonctions, à la condition toutefois que le dirigeant puisse prouver la date à laquelle les fonctions ont pris fin (Com. 16 juin 2021, n° 20-15.399).

Attention

Pour apprécier le montant de l'insuffisance d'actif, il ne faut pas se tromper de date : certes, il convient de prendre en compte la période antérieure au jugement d'ouverture pour apprécier l'insuffisance. Mais le juge doit se placer au moment où il statue sur l'action en responsabilité et non au jour de l'ouverture de la procédure collective (Com. 27 juin 2006, n° 05-11.690).

C • La nécessité d'une faute de gestion

L'action en responsabilité pour insuffisance d'actif n'est susceptible de prospérer que si le magistrat caractérise une faute de gestion ayant contribué à ladite insuffisance. Il s'agit d'une notion entendue largement. Seule une faute du dirigeant antérieure au jugement d'ouverture peut entraîner une condamnation sur le fondement de l'article L. 651-2 du Code de commerce (Com. 8 janv. 2002, nº 98-22.077 ; *adde* Com. 14 juin 2017, nº 15-29.412 ; Com. 22 janv. 2020, nº 18-17.030 B).

Attention

Il s'agit d'une faute purement objective qui ne nécessite pas nécessairement un comportement égoïste du dirigeant. Ainsi, « [...] la condamnation au paiement de l'insuffisance d'actif en application de l'article L. 651-2 du Code de commerce n'est pas subordonnée à la démonstration de la poursuite par le dirigeant de la satisfaction d'un intérêt personnel » (Com. 27 mai 2014, nº 13-12.319).

Cela étant, on note un assouplissement et tous les comportements du gérant ne peuvent donner lieu à une condamnation. Ainsi, l'article L. 651-2 du Code de commerce précise qu'« en cas de simple négligence du dirigeant de droit ou de fait dans la gestion de la société, sa responsabilité au titre de l'insuffisance d'actif ne peut être engagée ». Dans ces conditions, le demandeur à l'action devra établir la gravité du manquement reproché. Cette règle s'applique immédiatement aux procédures collectives et aux actions en cours (Com. 5 sept. 2018, nº 17-15.031 ; Com. 17 juin 2020, nº 18-18.321).

Attention

Même la faute intentionnelle peut être qualifiée de négligence et, partant, échapper à l'application de la responsabilité pour insuffisance d'actif. Pour la Cour de cassation, le texte écarte la faculté issue de l'article L. 651-2 « en cas de simple négligence du dirigeant dans la gestion de la société, sans réduire l'existence d'une simple négligence à l'hypothèse dans laquelle le dirigeant a pu ignorer les circonstances ou la situation ayant entouré sa commission » (Com. 3 févr. 2021, nº 19-20.004). Toutefois, le simple manque de vigilance ne permet, à lui seul, à caractériser la simple négligence (Com. 13 avr. 2022, nº 20-20.137 B).

En pratique, en quoi pourrait consister une faute de gestion ? Par exemple, peut être considéré comme telle le remboursement d'un compte courant d'associé intervenu au détriment de la société en difficulté financière (Com. 24 mai 2018, nº 17-10.119). Mais les manquements aux obligations légales et la non-déclaration de la cessation des paiements sont sans doute deux des exemples les plus fréquents, tout comme l'absence ou l'irrégularité de la comptabilité. Ainsi ont été considérées comme une faute de gestion, par exemple, les manœuvres qui ont fait perdre à la comptabilité tout caractère de crédibilité et de fiabilité, trompant ainsi l'opinion que les établissements de crédit pouvaient se forger sur la situation (Com. 18 janv. 2000, nº 96-18.512 ; v. égal. à propos de l'absence de tenue d'une comptabilité régulière et conforme aux dispositions légales : Com., 6 mars 2019, nº 17-26.495). De plus, la conclusion d'un contrat de travail, stipulant une indemnité de licenciement d'un montant disproportionné peut également être analysée comme une faute de gestion (Com. 28 juin 2016, nº 14-22.534). D'ailleurs, le fait d'avoir perçu une rémunération élevée sans avoir exercé l'activité correspondante a été considéré comme une faute engageant la responsabilité du gérant sur le fondement du texte (Com. 24 sept. 2003, nº 02-14.343). La poursuite d'une activité déficitaire est aussi analysée à travers le prisme d'une faute de gestion (Com. 8 déc. 1998, nº 96-16.339), sans que celle-ci ne puisse résulter du seul constat d'une augmentation du montant des dettes (Com. 11 déc. 2024, nº 23-19.807).

Attention

Les choix du début, effectués au moment de la création de la société, peuvent plus tard être reprochés au dirigeant lorsque la société est en liquidation judiciaire. Ainsi, peut constituer une faute de gestion ayant contribué à l'insuffisance d'actif, le choix lors de la création d'une entreprise d'investissements inadaptés ou excessifs compte tenu de leurs conditions prévisibles de financement (Com. 19 mars 1996, n° 94-12.004). L'insuffisance de fonds propres, au moment de la création, est parfois perçue comme une faute de gestion (Com. 23 nov. 1999, n° 97-12.834).

Attention

La jurisprudence démontre que le dirigeant doit faire attention à son comportement, dans la marche générale de la société. Le désintérêt du dirigeant pour la société excède la simple négligence (Com. 8 avr. 2021, n° 19-25.802).

D • La faute de gestion et son incidence sur l'insuffisance d'actif

Cet élément pourrait correspondre à l'exigence d'un lien de causalité. Il est cependant entendu très largement. En effet, il faut que la faute de gestion ait contribué à l'insuffisance d'actif et c'est sur ce seul point que porte le contrôle de la Cour de cassation (Com. 14 mai 1991, n° 89-19.081, *Bull. civ.* IV, n° 164). Ainsi, l'action peut prospérer même si cette faute n'est qu'en partie à l'origine de l'insuffisance d'actif (Com. 30 nov. 1993, n° 91-20.554), sans forcément que le liquidateur ait à déterminer quelle est l'ampleur exacte de la part contributive (Com. 2 juin 2004, n° 01-17.756). Pour la Cour de cassation, la faute de gestion reprochée doit « simplement avoir contribué à l'insuffisance d'actif sans que le liquidateur n'ait à établir dans quelle proportion ni à limiter sa demande [...] » (Com. 14 sept. 2022, n° 21-15.381).

Attention

L'appréciation assez libérale du lien de causalité, dans le cadre de l'action en responsabilité pour insuffisance d'actif, ne permet pas toutes les libertés : le jugement qui condamne le dirigeant d'une personne morale à supporter tout ou partie de l'insuffisance d'actif de celle-ci doit préciser en quoi chaque faute retenue a contribué à l'insuffisance d'actif (Com. 17 juin 2020, n° 18-11.737 B).

II • Mise en œuvre

Le tribunal compétent pour connaître de l'action exercée sur le fondement de l'article L. 651-2 du Code de commerce est celui ayant prononcé la liquidation judiciaire de la personne morale.
En principe, l'article L. 651-3 du Code de commerce précise que le tribunal est saisi par le liquidateur ou le ministère public. Dès lors, un actionnaire ne peut pas poursuivre un dirigeant. Les créanciers ne peuvent directement agir en cette seule qualité. Cependant, dans l'intérêt collectif des créanciers, le tribunal peut

être saisi par la majorité des créanciers nommés contrôleurs lorsque le liquidateur n'a pas engagé cette action, après une mise en demeure restée infructueuse au-delà d'un certain délai. Dans ces conditions, l'action d'un seul contrôleur n'est pas recevable (Com. 30 janv. 2018, nº 17-20.763).

S'agissant d'une sanction, les dirigeants seront entendus. Le tribunal statue au terme d'une audience publique. Il dispose d'une réelle faculté. Ainsi « peut-il » condamner les dirigeants lorsqu'il est saisi à cet effet, sans aucune obligation. Le magistrat est totalement libre du montant (v. par ex., Com. 9 mai 2018, nº 16-26.684) et il peut arbitrer selon divers paramètres qu'il juge opportuns. Bien sûr, la condamnation ne peut pas aller au-delà du montant de l'insuffisance d'actif (Com. 11 déc. 2019, nº 17-20.283). Du reste, il pourrait fixer le montant de la condamnation d'un dirigeant à un quantum très largement inférieur à l'insuffisance constatée (Com. 26 mai 1999, nº 95-21.252). Ceci étant, comme le souligne la Cour, « si le montant de la condamnation prononcée relève de l'appréciation souveraine des juges du fond dès lors qu'il n'excède pas l'insuffisance d'actif, il importe, lorsque plusieurs fautes de gestion ayant contribué à cette insuffisance d'actif, sont retenues, que chacune d'entre elles soit légalement justifiée » (Com. 15 déc. 2009, nº 08-21.906, *Bull. civ.* IV, nº 166). De même, le tribunal peut condamner tout ou partie des dirigeants, là encore en fonction de paramètres qu'il estime nécessaires. Par exemple, pour ne pas prononcer de sanction pécuniaire à l'égard d'un dirigeant, le magistrat peut prendre en compte le fait que le gérant avait fourni des efforts personnels importants pour tenter de sauver son entreprise, notamment par des apports de fonds personnels et par de multiples démarches accomplies avant de déclarer l'état de cessation des paiements (Com. 12 mars 2013, nºs 11-26.135 et 12-15.034).

Soulignons également qu'en cas de pluralité de dirigeants, le tribunal peut, par décision motivée, les déclarer solidairement responsables. Il n'est cependant nullement obligé, même si la société considérée est de nature commerciale.

Enfin, l'action, exercée sur le fondement de l'article L. 651-2 du Code de commerce se prescrit par trois ans à compter du jugement qui prononce la liquidation judiciaire. L'alinéa 5 de ce texte précise que les sommes versées par les dirigeants ou l'entrepreneur individuel à responsabilité limitée entrent dans le patrimoine du débiteur. Elles sont réparties au marc le franc entre tous les créanciers. Les dirigeants ou l'entrepreneur individuel à responsabilité limitée ne peuvent pas participer aux répartitions à concurrence des sommes au versement desquelles ils ont été condamnés.

Selon l'article L. 651-3, alinéa 3, du Code de commerce, les dépens et frais irrépétibles auxquels a été condamné le dirigeant, l'entrepreneur individuel à responsabilité limitée ou l'entrepreneur individuel relevant du statut défini par la loi du 14 février 2022 sont payés par priorité sur les sommes versées pour combler le passif.

Attention

Pour permettre l'application des dispositions de l'article L. 651-2 du Code de commerce, l'article L. 651-4 du Code de commerce offre quelques prérogatives. Ainsi, le président du tribunal peut charger le juge-commissaire ou, à défaut, un membre de la juridiction qu'il désigne d'obtenir, nonobstant toute disposition législative contraire, communication de tout document ou information sur la situation patrimoniale des dirigeants, de la part de divers organismes, dont, par exemple, les établissements bancaires. Des mesures conservatoires peuvent également être ordonnées.

Bibliographie

L.-C. Henry, « De l'encadrement de l'action en responsabilité pour insuffisance d'actif... », *Rev. sociétés* 2015. 406, note ss. Com. 10 mars 2015, n°s 12-15.505 et 12-16.856 et ss. Com. 8 avr. 2015, n° 13-28.512.

F. Reille, « Responsabilité pour insuffisance d'actif du dirigeant et négligence », *Rev. sociétés* 2021. 127, note ss. Com. 17 juin 2020, n° 18-18.321.

M. Rakotavahiny, « Responsabilité pour insuffisance d'actif : réaffirmation d'une stricte appréciation », *Rev. sociétés* 2021. 327, note ss. Com. 1er juill. 2020, n° 19-11.824.

L'extension d'une procédure collective

L'article L. 621-2 du Code de commerce prévoit un mécanisme original permettant l'ouverture d'une procédure collective à l'encontre d'une personne qui pourtant se trouve *in bonis*. C'est l'éventualité de l'extension d'une procédure, qui fait l'objet d'une jurisprudence remarquablement fournie. Le principe est simple. La procédure ouverte à l'encontre d'une première société est étendue à une autre société, voire à d'autres. En d'autres termes, « l'extension de procédure consiste, comme son nom l'indique, à appliquer la procédure ouverte à une autre personne que le débiteur défaillant » (P. Le Cannu et D. Robine, *Droit des entreprises en difficulté*, 9e éd., Dalloz, coll. « Précis », 2022, p. 272, n° 367).
On comprend les raisons qui peuvent pousser les organes de la procédure collective à solliciter son extension. Cette possibilité intéressante, qui permet d'étoffer l'assiette des actifs de la procédure initiale en y additionnant les actifs des autres sociétés à laquelle la procédure est étendue, permet de favoriser un meilleur paiement des créanciers. En effet, elle augmente la masse qu'ils pourront, au moins théoriquement, se partager. D'origine prétorienne, l'extension a été consacrée par la loi de sauvegarde des entreprises du 26 juillet 2005.
Envisageons le régime de l'extension (I), puis les critères de cette dernière (II).

I • Régime de l'extension de procédure

L'extension vaut pour les trois procédures collectives de règlement des difficultés des entreprises :
- sauvegarde ;
- redressement judiciaire ;
- liquidation judiciaire.

La procédure initiale peut être étendue à la demande de l'administrateur judiciaire, du mandataire judiciaire (et donc du liquidateur judiciaire), du débiteur (depuis l'ordonnance du 12 mars 2014, c'est une faculté que certains ont pu juger étonnante, v. P. Le Cannu et D. Robine, *Droit des entreprises en difficulté, op. cit.*, p. 281, n° 377 ; sur ce point, v. L. Firley, « L'extension de procédure à la demande du débiteur instaurée par l'ordonnance du 12 mars 2014 : une réforme à la portée limitée », *RPC* 2014. Étude 13) ou du ministère public. Il s'agit d'une action attitrée, étant donné qu'elle est réservée à un certain nombre de personnes. Un créancier peut-il agir en extension ? En principe, cette action n'est pas possible et ne leur est pas ouverte (Com. 15 mai 2021, n° 98-14.560, *Bull. civ.* IV, n° 91). Mais la Cour de cassation, dans un avis du 3 juin 2013, a toutefois répondu par l'affirmative, mais dans une hypothèse particulière. En effet, selon la Cour « l'article L. 622-20 du Code de commerce confère au créancier nommé contrôleur, en cas de carence du mandataire judiciaire, qualité pour agir en extension d'une procédure collective sur le fondement de la confusion des patrimoines ou de la fictivité de la personne morale » (Cass., avis, 3 juin 2013, n° 13-70.003, *Bull. avis*, n° 9).
Le tribunal ayant eu à statuer sur la procédure initiale est compétent pour statuer sur la demande d'extension. Le jugement d'extension sera alors publié. Le débiteur soumis à la procédure dont l'extension

a été prononcée est recevable, en vertu de son droit propre, distinct des droits dont le liquidateur assure l'exercice, à relever appel du jugement d'extension (Com. 27 sept. 2016, n° 14-25.893). Une fois l'extension prononcée, le tribunal initialement saisi demeure compétent (Com. 4 janv. 2000, n° 97-11.712, *Bull. civ.* IV, n° 3), quelle que soit l'entreprise concernée par la demande, même si elle dépasse un certain seuil, faisant ainsi partie de celles qui auraient entraîné la compétence du tribunal de commerce spécialisé (Com. 11 mars 2020, n°s 18-22.960 et 18-22.962). Si, « lorsque la procédure collective d'une personne physique ou morale a été prononcée par extension de la procédure collective d'une autre en raison de la confusion des patrimoines, il en résulte une procédure unique, le jugement la prononçant ne rétroagit pas au jour du jugement initial d'ouverture » (Com. 28 sept. 2004, n° 02-12.552, *Bull. civ.* IV, n° 170).

Pour ce qui concerne les conséquences de l'extension de procédure, celles-ci sont simples. Si « l'extension de procédure ne fait pas disparaître la personnalité juridique des personnes concernées » (P. Le Cannu et D. Robine, *Droit des entreprises en difficulté, op. cit.*, p. 283, n° 381), l'on aboutit au résultat pratique d'avoir un patrimoine unique et un ensemble d'actifs globalisé pour apurer le passif : « il y a donc constitution d'une masse patrimoniale unique conduisant à ce que l'ensemble des actifs des personnes en cause répondent de l'ensemble de leur passif » (*ibid.*, p. 283, n° 381).

L'extension n'est pas sans conséquences à un autre niveau, celui des sanctions. Au visa de l'article L. 651-2, la Cour de cassation retient une conception là aussi globalisante. « Si une même personne a été le dirigeant de plusieurs personnes morales, l'insuffisance d'actif que ce texte permet, aux conditions qu'il prévoit, de mettre à sa charge doit comprendre celle de l'ensemble des personnes morales dont cette personne a été le dirigeant et auxquelles la procédure de liquidation judiciaire a été étendue sur le fondement d'une confusion de patrimoine » (Com. 8 mars 2017, n° 15-22.337).

II • Critères de l'extension de procédure

Deux hypothèses pratiques justifient l'extension de la procédure collective d'une société à une autre société : la confusion de patrimoine et la fictivité de la personne morale.

A • Confusion de patrimoine

Cette hypothèse est fréquente dans le contexte d'une SCI propriétaire des locaux dans lesquels une société commerciale exploite son activité. Bien souvent, l'extension est alors caractérisée. C'est également le cas dans les petits groupes de sociétés commerciales.

La confusion de patrimoine est caractérisée par une appréciation *in concreto* que mettront en œuvre les juges. Notons tout d'abord que la simple identité de dirigeants ou d'associés entre les structures sociales, de même que l'appartenance à un groupe de sociétés, n'est pas suffisante pour caractériser l'existence de relations financières anormales. Il faut des circonstances supplémentaires. Ainsi, encore faut-il « caractériser en quoi, dans un groupe de sociétés, une convention de trésorerie, des activités communes, des contributions financières au profit de la société mère et le fait de présenter une demande de conciliation au niveau du groupe démontreraient la confusion des patrimoines et des sociétés ou la fictivité de certaines d'entre elles [...] » (Com. 16 déc. 2014, n° 13-24.161, *Bull. civ.* IV, n° 190).

À cet égard, l'existence de flux financiers anormaux contribue à définir ce qu'est la notion de confusion de patrimoines. La Cour de cassation utilise aujourd'hui l'expression de « relations financières

anormales » (Com. 16 juin 2015, nº 14-10.187). La notion de relation est d'ailleurs beaucoup plus générale et large que celle de flux, dans la mesure où cette dernière implique un transfert, ce que ne manifeste pas l'expression de « relation ».
Pour bien comprendre la notion, l'analyse jurisprudentielle ne peut que résulter d'une approche empirique, de sorte que l'analyse de diverses espèces s'impose. Ont, par exemple, été considérées comme des relations financières anormales, constitutives d'une confusion de patrimoine, les hypothèses suivantes :

– ***L'existence d'un bail très défavorable et d'impayés récurrents*** : le loyer effectivement perçu par la SCI propriétaire des locaux d'une clinique, d'un montant de 30 000 euros par mois, au lieu de celui de 40 000 euros par an prévu par l'offre de reprise, était, par son caractère exorbitant, incompatible avec la survie de l'activité de clinique, ce que le dirigeant commun des deux sociétés ne pouvait ignorer ; le bail n'offrait la possibilité de donner congé à l'issue de chaque période triennale qu'au seul bailleur ; tous les travaux nécessaires, de réparation, de transformation ou de mise en conformité incombaient au preneur, sans recours contre le bailleur, qui en devenait propriétaire en fin de bail. De plus, la SCI, après avoir récupéré en neuf mois le montant de son investissement immobilier, ce qui était le seul but du repreneur, avait laissé les loyers impayés s'accumuler dans la période précédant la déclaration de cessation des paiements sans réagir, ni mettre en œuvre la clause résolutoire insérée dans le bail (Com. 16 sept. 2014, nº 13-19.127).

– ***Une comptabilité défectueuse (cavalerie, sommes perçues non vérifiables)*** : une confusion existait entre les comptes professionnels et personnels de M. X..., qui s'était livré à des opérations de cavalerie bancaire ; la comptabilité de la société avait été faussée par la recherche de crédits frauduleux ; les sommes perçues en trois fois à concurrence de 19 100 euros entre le 1er juillet et le 8 août 2008, à titre de remboursements d'avances qui auraient été consenties à la débitrice par M. X..., ne sont pas vérifiables, et le virement d'une somme de 4 000 euros n'est pas causé en comptabilité (Com. 16 sept. 2014, nº 13-19.127).

– ***Des dettes locatives impayées importantes sans contrepartie*** : la SARL n'avait pas versé les loyers pendant une période de près de sept années consécutives ; elle était redevable au jour de l'ouverture de sa liquidation judiciaire d'une dette de loyers de 346 664 euros ; la SCI n'avait entrepris aucune démarche pour recouvrer sa créance ou obtenir la résiliation du bail. L'arrêt d'appel retient qu'une telle abstention procède d'une volonté réitérée et systématique (Com. 8 janv. 2013, nº 11-30.640).

– ***Des travaux importants d'aménagement à la charge du preneur*** : une société, dépassant la seule obligation qui lui était imposée par le bail, d'effectuer les grosses réparations au sens de l'article 606 du Code civil, a supporté, en plus du loyer, la charge d'importants travaux d'aménagement, intérieur et extérieur, de l'immeuble loué pour un coût équivalent à six années de loyers, qu'elle a dû partiellement financer par le recours à l'emprunt, tandis que la SCI, au terme du bail, devenait, sans aucune indemnité, propriétaire de tous les aménagements (Com. 13 sept. 2011, nº 10-24.536).

Cela étant, la Cour de cassation considère que « la seule constatation du défaut de paiement des loyers permettant la prise en charge par la locataire de travaux d'aménagement du local loué nécessaires à son exploitation, si elle révélait la poursuite d'un intérêt commun, n'était pas de nature à établir l'imbrication des éléments d'actif et de passif composant les patrimoines des deux personnes morales » (Com. 19 févr. 2013, nºs 12-11.546 et 12-20.935).
On comprend que la présence d'une contrepartie pour la société est encore le meilleur indice pour déterminer si les relations financières sont anormales et en conséquence constitutives d'une confusion de patrimoine. Plus généralement, sur le terrain de la preuve, la Cour de cassation considère qu'un défaut de paiement des loyers, dépourvu de contrepartie, caractérise l'existence de relations financières anormales, dès lors qu'est rapporté un ensemble d'indices concordants (Com. 1er juill. 2020, nº 19-10.916).
À cet égard, un arrêt du 13 septembre 2023, rendu au visa de l'article L. 621-2 du Code de commerce, est intéressant dans le contexte du compte courant d'associé. La cour d'appel avait rejeté la demande

d'extension. Selon elle, certes, il y avait eu des retraits d'espèces et des virements au profit d'un associé. Mais ceux-ci avaient été inscrits à son compte courant d'associé. Or, si l'existence d'un compte courant débiteur est pénalement sanctionnée, cette situation ne permet pas d'établir une confusion de patrimoine. La Cour de cassation censure. Ainsi précise-t-elle que l'inscription au compte courant d'associé des virements et retraits d'espèce n'était, en l'absence de toute caractérisation d'une contrepartie les justifiant, pas de nature à en exclure l'anormalité. La cour d'appel s'était donc fondée sur des motifs impropres à établir l'absence de relations financières anormales constitutives d'une confusion des patrimoines (Civ. 3e, 13 sept. 2023, n° 21-21.693).
La présence d'une certification des comptes ne change rien pour la Cour de cassation. En effet, selon la chambre commerciale, « l'établissement d'une comptabilité certifiée et approuvée ne permet pas d'établir l'absence de confusion des patrimoines entre le bailleur et son locataire, dès lors qu'elle révèle l'existence de relations financières incompatibles avec des obligations contractuelles réciproques normales » (Com. 27 sept. 2016, n° 14-29.278).

B • Extension à l'étranger d'une procédure collective ouverte en France

Peut-on étendre une procédure d'insolvabilité, ouverte en France, à une entité localisée sur le territoire d'un autre État membre de l'Union ? Selon la Cour de cassation, rappelant une décision de la Cour de justice (CJUE, 1re ch., 15 déc. 2011, *Rastelli*, C-191/10), à propos de l'extension d'une procédure ouverte à l'encontre d'une société située dans un état A et que l'on veut étendre à une société située dans un état B, « la seule constatation de la confusion des patrimoines de ces sociétés ne suffit pas à démontrer que le centre des intérêts principaux de la société visée par ladite action se trouve également dans ce dernier État. Il est nécessaire, pour renverser la présomption selon laquelle ce centre se trouve au lieu du siège statutaire, qu'une appréciation globale de l'ensemble des éléments pertinents permette d'établir que, de manière vérifiable par les tiers, le centre effectif de direction et de contrôle de la société visée par l'action aux fins d'extension se situe dans l'État membre où a été ouverte la procédure d'insolvabilité initiale » (Com. 16 sept. 2023, n° 22-12.855 B).

C • Fictivité

C'est le second cas d'extension de la procédure. Si une société est fictive, la procédure collective peut être étendue à la personne qui se trouve derrière cette société. Dans cette éventualité, l'action en extension dévoile son aspect sanction. La fictivité est moins facilement caractérisée que la confusion des patrimoines, car, le plus souvent, la fictivité masque également une situation de relations financières anormales. Dès lors, dans la plupart des hypothèses, les critiques formulées par les pourvois sur ce terrain sont surabondantes, dans la mesure où la confusion est déjà caractérisée (Com. 7 janv. 2003, n° 00-13.192). L'appréciation des juges du fond est souveraine (Com. 22 janv. 2020, n° 18-19.930).

Bibliographie

G. C. Giorgini, « Règlement insolvabilité et extension de la procédure collective ouverte en France », *D. actu.* 9 oct. 2023, obs. ss. Com. 13 sept. 2023, nº 22-12.855.

J.-L. Vallens, « Les finalités incertaines de l'extension d'une procédure collective », *D.* 2020. 2416 ; « De la nature de l'extension d'une procédure collective », *RTD com*. 2014. 193.

La responsabilité du banquier en matière de crédit

Principes. Les établissements de crédit bénéficient d'un monopole en matière d'octroi de distribution de crédit réalisé à titre onéreux, monopole partagé avec les sociétés de financements. En contrepartie de ce monopole, le banquier dispensateur de crédit est soumis à une responsabilité particulière en matière d'octroi comme de rupture de crédit.
Le banquier engage sa responsabilité à l'égard de l'emprunteur comme à l'égard des tiers. Il en est ainsi de la caution et des créanciers. En ce sens, les fautes commises dans la relation avec l'emprunteur pouvant caractériser une faute de nature délictuelle à leur endroit, obligeant le banquier à réparation du préjudice subi.
Outre la réglementation de l'intérêt, de nombreuses obligations pèsent sur le banquier dispensateur de crédit et la responsabilité du banquier peut être recherchée du fait de l'octroi (I) comme de la rupture de crédit (II).

I • La responsabilité du fait de l'octroi de crédit

Le devoir de vigilance comme celui de loyauté ont conduit la jurisprudence à reconnaître le caractère fautif du crédit, soit du fait des conditions qui entourent son octroi (A), soit en raison des caractéristiques du crédit lui-même (B).

A • Le manquement à l'obligation de mise en garde

Alors que le principe de non-immixtion a fait naître des incertitudes quant à l'existence d'un devoir de conseil pesant sur le banquier, la jurisprudence a mis à la charge du banquier dispensateur de crédit une obligation de mise en garde quant aux risques d'endettement nés des prêts. Cette obligation est reconnue tant à l'égard de l'emprunteur non averti (1) qu'à l'égard de la caution non avertie (2).

1 • Mise en garde de l'emprunteur

Évolution. Par quatre décisions rendues le 12 juillet 2005, la première chambre civile de la Cour de cassation est venue reconnaître une obligation de mise en garde à l'égard du client profane (Civ. 1re, 12 juill. 2005, nos 02-13.155, 03-10.921, 03-10.115 et 03-10.770). Cette obligation de mise en garde peut être considérée comme une obligation d'information renforcée ou encore un devoir de conseil négatif à l'égard du client non averti. Il appartient ainsi au banquier de se renseigner sur les connaissances et les compétences de ses clients pour adapter la qualité et la teneur de son information.
La chambre commerciale de la Cour de cassation s'est ralliée à la position de la première chambre civile par trois arrêts en date du 3 mai 2006 (Com. 3 mai 2006, nº 04-19.315 ; v. aussi. Com. 3 mai 2006, nos 02-11.211 et 04-15.517) avant de confirmer cette solution par un arrêt du 20 juin 2006 (Com. 20 juin 2006, nº 04-14.114).

Domaine. Cette obligation de mise en garde est toutefois réservée à l'emprunteur dit non averti. La qualité de client non averti ne se confond pas avec celle de non-professionnel, la Cour de cassation jugeant que la finalité professionnelle d'un prêt n'exclut pas, en tant que telle, la qualité d'emprunteur non averti (Cass., ch. mixte, 29 juin 2007, n° 05-21.104). La qualité d'emprunteur non averti s'apprécie *in concreto* eu égard aux compétences et connaissances de l'emprunteur en matière de contrat de crédit (Cass., ch. mixte, 29 juin 2007, n° 06-11.673).

Portée. La première chambre civile de la Cour de cassation a rapidement élargi le contenu de cette obligation de mise en garde en faisant peser sur le banquier un devoir spécifique permettant de s'assurer que l'emprunteur est bien éclairé sur les risques qu'il prend. Le banquier est tenu de façon cumulative des devoirs de s'informer, de consentir un crédit adapté et, enfin, d'alerter personnellement l'emprunteur sur les risques nés des prêts.

Le contenu de l'obligation de mise en garde s'analyse en fonction des capacités financières de l'emprunteur et des risques d'endettement nés de l'octroi des prêts. Le banquier doit donc se renseigner sur les capacités financières de son client pour l'informer sur les risques de l'endettement envisagé (Civ. 1re, 6 déc. 2007, n° 06-15.258). À cet égard, la clause-type mentionnant que l'emprunteur reconnaît avoir été effectivement mis en garde par le banquier sur les risques du crédit est considérée comme abusive (Commission clauses abusives, avis 13/01, 6 juin 2013).

Existence d'un risque particulier d'endettement. La qualité de l'emprunteur n'est pas, à elle seule, déterminante de l'existence d'une obligation de mise en garde. Celle-ci suppose encore que le crédit consenti fasse naître un risque particulier d'endettement. À l'inverse, lorsque le prêt apparaît parfaitement adapté aux capacités financières de l'emprunteur, la banque n'est tenue d'aucun devoir de mise en garde même à l'égard de l'emprunteur non averti (Com. 7 juill. 2009, n° 08-13.536). Il revient à l'emprunteur de démontrer l'existence du risque lié à l'endettement (Civ. 1re, 18 févr. 2009, n° 08-11.221).

L'adaptation du prêt aux capacités financières de l'emprunteur ne s'apprécie pas uniquement au regard des revenus de l'emprunteur mais également par rapport à son patrimoine (Com. 13 mai 2014, n° 13-13.843). Enfin, la Cour de cassation a précisé que l'emprunteur ayant communiqué des informations erronées sur sa situation ne peut se prévaloir d'un manquement au devoir de mise en garde, dont l'existence s'apprécie au regard de la situation de l'emprunteur (Com. 23 sept. 2014, nos 13-20.874, 13-22.188, 13-25.483 et 13-25.484).

Sanction. La faute ne réside pas directement dans l'octroi d'un crédit considéré comme excessif mais dans le défaut d'alerte de l'emprunteur sur un crédit particulièrement risqué. En conséquence, le préjudice de l'emprunteur consiste uniquement dans la perte de chance d'éviter la conclusion du contrat (Com. 20 oct. 2009, n° 08-20.274). La responsabilité du banquier ne dispense donc pas l'emprunteur de procéder au remboursement du capital restant dû et peut être limitée au remboursement des frais financiers, intérêts et pénalités (Civ. 1re, 1er juill. 2010, n° 09-16.474).

Devoir d'explication en matière de crédits consentis à des consommateurs. Cette obligation de mise en garde a fait l'objet d'une forme de reconnaissance par la directive n° 2008/48/CE du 23 avril 2008 relative aux contrats de crédit aux consommateurs, transposée par la loi n° 2010-737 du 1er juillet 2010 portant réforme du crédit à la consommation. L'article L. 312-14 du Code de la consommation impose au prêteur de fournir à l'emprunteur des explications lui permettant de déterminer si le contrat de crédit proposé est adapté à ses besoins et à sa situation financière. Il doit également attirer l'attention de l'emprunteur sur les conséquences que ces crédits peuvent avoir sur sa situation financière, y compris en cas de défaut de paiement. L'article L. 312-16 du Code de la consommation oblige quant à lui le prêteur à vérifier la solvabilité de l'emprunteur. La directive n° 2014/17/UE du 17 février 2014 portant sur les contrats de crédit aux consommateurs relatifs aux biens immobiliers à usage résidentiel, transposée par l'ordonnance n° 2016-351 du 25 mars 2016, a étendu ce devoir d'explication aux crédits immobiliers consentis à des consommateurs.

Si les textes évoquent également la question de l'adaptation du crédit aux capacités financières de l'emprunteur et aux conséquences du crédit sur sa situation, le devoir d'explication ne se confond pas avec l'obligation de mise en garde. En ce sens, la nouvelle réglementation relative aux crédits immobiliers consentis à des consommateurs impose distinctement au prêteur le respect de ce devoir d'explication (C. consom., art. L. 313-11) et d'une obligation de mise en garde de l'emprunteur lorsque le contrat de crédit peut induire des risques spécifiques pour lui compte tenu de sa situation financière (C. consom., art. L. 313-12).

2 • Mise en garde de la caution

Principes. La caution est tenue d'une obligation accessoire à celle du débiteur principal qui n'en demeure pas moins fondée sur le contrat de cautionnement conclu directement par la caution avec le banquier dispensateur de crédit. Dès lors, la caution pourra rechercher la responsabilité contractuelle du banquier au titre du contrat de caution lui-même.

À cet égard, la caution personne physique fait l'objet d'une protection particulière et la Cour de cassation a rapidement étendu l'obligation de mise en garde au bénéfice de la caution non avertie, laquelle mérite, à l'instar du débiteur principal, d'être alertée sur les risques nés de son propre engagement (Com. 3 mai 2006, nº 04-19.315). Ici encore, la qualité de caution avertie ne peut se déduire du seul statut de dirigeant de la caution et s'apprécie *in concreto* au regard des connaissances de la caution (Com. 27 nov. 2012, nº 11-25.967).

Risques justifiant la mise en garde. Comme pour l'emprunteur, la qualité de caution non avertie ne suffit pas à déclencher l'obligation de mise en garde du banquier : celle-ci suppose encore que la caution soit exposée à un risque particulier d'endettement.

La portée de l'obligation de mise en garde à l'égard de la caution non avertie a soulevé des difficultés. Dans un premier temps, la Cour de cassation a imposé la mise en garde de la caution à raison des risques d'endettement liés à ses propres capacités financières (Com. 3 mai 2006, nº 04-19.315), rendant délicate la distinction entre obligation de mise en garde et exigence de proportionnalité de la caution (v. *infra*). Aussi, la sûreté réelle consentie pour garantir la dette d'un tiers – laquelle n'emporte aucun engagement personnel du constituant – apparaît nécessairement adaptée aux capacités financières de ce dernier et aux risques d'endettement nés de l'octroi de ce crédit : en conséquence, la Cour de cassation a refusé de reconnaître l'existence d'une obligation de mise en garde à l'égard du constituant d'une sûreté réelle pour autrui (Com. 24 mars 2009, nº 08-13.034).

La Cour de cassation a ensuite imposé une mise en garde de la caution non avertie à l'égard du risque de non-remboursement des prêts par le débiteur principal eu égard aux capacités financières de ce dernier (Civ. 1re, 19 mai 2021, nº 19-20.568). Le caractère excessif du crédit principal accroît, en effet, le risque pour la caution d'être appelée en garantie et justifie une mise en garde particulière.

Consécration législative. L'ordonnance nº 2015-1192 du 15 septembre 2021 portant réforme du droit des sûretés confirme cette évolution, tout en clarifiant la frontière entre exigence de proportionnalité et devoir de mise en garde de la caution. L'article 2299 du Code civil, applicable aux cautionnements souscrits depuis le 1er janvier 2022, indique que : « Le créancier professionnel est tenu de mettre en garde la caution personne physique lorsque l'engagement du débiteur principal est inadapté aux capacités financières de ce dernier. » Le domaine du devoir de mise en garde est doublement modifié : d'abord, en ce que le devoir de mise en garde est ainsi reconnu à toute personne physique souscrivant un engagement de caution à l'égard de tout créancier professionnel et non simplement aux cautions non averties ; ensuite, en ce que seul le caractère excessif de l'engagement du débiteur principal eu égard à ses propres capacités financières justifie une mise en garde particulière de la caution.

Sanction. La sanction du défaut de mise en garde de la caution résidait traditionnellement dans la mise en œuvre de la responsabilité du banquier et l'indemnisation du préjudice subi par la caution, soit la perte de chance d'éviter son engagement (Com. 20 oct. 2009, n° 08-20.274). L'ordonnance du 15 septembre 2021 précise la sanction de ce devoir de mise en garde : l'article 2299 du Code civil envisage ainsi la déchéance des droits du créancier contre la caution à hauteur du préjudice subi par celle-ci. Les principes ne devraient donc pas être substantiellement modifiés.

Distinction de l'exigence de proportionnalité de la caution. La loi du 1er août 2003 est venue imposer le principe de proportionnalité pour tout contrat de cautionnement souscrit par une personne physique à l'égard d'un créancier professionnel (C. consom., art. L. 341-4 anc., devenu art. L. 332-1). L'article L. 332-1 du Code de la consommation, applicable aux contrats de cautionnement souscrits à compter du 7 août 2003, précisait qu'« un créancier professionnel ne peut se prévaloir d'un contrat de cautionnement conclu par une personne physique dont l'engagement était, lors de sa conclusion, manifestement disproportionné à ses biens et revenus, à moins que le patrimoine de cette caution, au moment où celle-ci est appelée, ne lui permette de faire face à son obligation ». La disproportion de l'engagement de caution était alors sanctionnée par la déchéance pure et simple des droits du créancier, sauf retour à meilleure fortune de la caution.

En imposant une alerte particulière de la caution non avertie sur le risque d'endettement eu égard à ses propres capacités financières, la Cour de cassation a paru étendre le bénéfice de la protection légale aux contrats conclus avant l'entrée en vigueur de la loi du 1er août 2003 par le truchement de l'obligation de mise en garde (Com. 2 oct. 2012, n° 11-28.33). Depuis l'ordonnance n° 2021-1192 du 15 septembre 2021 portant réforme du droit des sûretés, l'exigence de proportionnalité de la caution au regard de ses propres capacités financières est prévue par l'article 2300 nouveau du Code civil, le domaine de la protection demeurant limité aux cautions personnes physiques ayant souscrit un engagement de caution à l'égard d'un créancier professionnel.

La réforme a sensiblement modifié la portée de l'exigence de proportionnalité de la caution en supprimant la clause de retour à meilleure fortune pour les cautionnements souscrits à compter du 1er janvier 2022. Corrélativement, la sanction de la disproportion est aménagée, le cautionnement disproportionné étant seulement réduit au montant à hauteur duquel elle pouvait s'engager à cette date. La sanction de la disproportion de la caution ne réside donc plus dans l'inefficacité pure et simple du cautionnement mais dans la réduction de l'engagement de la caution.

B • L'octroi d'un crédit abusif

La responsabilité du banquier pourra encore être recherchée à raison des caractéristiques même du crédit consenti, la jurisprudence venant sanctionner le soutien abusif (1) ainsi que le crédit ruineux (2).

1 • Le soutien abusif

Notion. Alors que la responsabilité du banquier pourra être recherchée pour rupture abusive de crédit (v. *infra*), la jurisprudence reconnaît encore la faute du banquier à consentir un crédit parfaitement inutile pour l'emprunteur. Le soutien abusif sanctionne le soutien sans discernement au profit d'un client dont la santé financière aurait justifié une rupture précoce des relations ou l'absence même de crédit.

Domaine. L'article L. 313-12 du Code monétaire et financier autorise le banquier à rompre le crédit sans préavis en cas de situation irrémédiablement compromise du débiteur. De cette faculté légale de rompre le crédit sans préavis, la jurisprudence a déduit une obligation prétorienne d'interrompre ou refuser tout crédit à une entreprise dont la situation s'avère irrémédiablement compromise, la prolongation d'une activité au-delà du raisonnable s'avérant fautive en raison de l'apparence de crédit qu'elle entretient à l'égard des tiers (Com. 25 mars 2003, n° 01-01.690). La responsabilité du banquier pour soutien abusif ne s'épanouit, pour l'heure, qu'en matière de crédit consenti à une entreprise.

Situation irrémédiablement compromise de l'emprunteur. La responsabilité du banquier suppose de démontrer que la situation du client était irrémédiablement compromise au moment de l'octroi, du renouvellement ou du maintien des concours (Com. 18 févr. 1997, n° 95-10.840) et que le banquier avait connaissance de la situation ou l'ignorait de manière fautive (Com. 11 mai 1999, n° 96-16.088). À l'inverse, la responsabilité du banquier ne pourra être recherchée dès lors qu'une analyse financière pouvait soutenir sa décision (Com. 15 juin 1993) : le banquier ne peut, en effet, être tenu responsable de la mauvaise gestion de son client.

Sanction. Le préjudice causé par un soutien abusif réside dans le retard dans l'ouverture de la procédure collective et dans l'aggravation du passif du débiteur. Le banquier sera alors condamné à supporter, non l'insuffisance d'actif dans son intégralité, mais uniquement l'aggravation de l'insuffisance d'actif constatée entre la date de l'octroi de crédit et la date d'ouverture de la procédure collective (Com. 22 mars 2016, n° 14-10.066). La responsabilité du banquier peut être recherchée tant par le débiteur principal que par les créanciers et la caution. La mise en œuvre de la responsabilité du banquier est cependant limitée par le principe d'irresponsabilité des créanciers d'une entreprise en difficulté à raison des concours consentis de l'article L. 650-1 du Code de commerce (v. *infra*).

Exonération. La connaissance par le débiteur principal de sa situation est de nature à exonérer le banquier de sa responsabilité pour soutien abusif. Lorsque l'emprunteur connaissait ou aurait dû avoir connaissance de sa situation, celui-ci sera lui-même considéré fautif : le crédit ayant été sollicité par l'emprunteur lui-même, le banquier sera exonéré de toute responsabilité, la faute de l'emprunteur pouvant être considérée comme la cause exclusive de son dommage.

La faute de l'emprunteur demeure toutefois sans incidence sur la responsabilité du banquier à l'égard des tiers et, notamment des créanciers. Concernant la responsabilité du banquier à l'égard de la caution, la connaissance de sa situation par l'emprunteur n'est pas de nature à exonérer le banquier dispensateur de crédit. En revanche, la circonstance que la caution connaissait ou aurait dû connaître la situation de l'emprunteur est également de nature à permettre l'exonération du banquier à son endroit. À cet égard, la Cour de cassation estime que la caution dirigeante ou associée est présumée connaître la situation de l'emprunteur (Com. 24 juin 2003, n° 00-12.566).

2 • Le crédit ruineux

Notion. Le crédit peut encore être considéré comme fautif lorsqu'il a, du fait de son ampleur et de son coût, précipité la ruine du débiteur (Com. 10 oct. 2000, n° 97-20.614). La responsabilité du banquier peut être engagée pour octroi de crédit ruineux, défini comme le concours provoquant une croissance continue et insurmontable des charges financières au point de rendre inéluctable la défaillance de l'entreprise eu égard à ses facultés de remboursement et à ses perspectives d'avenir (Com. 25 avr. 2006, n° 04-17.642). Régulièrement invoqué en matière de crédit consenti à une entreprise, le principe s'épanouit également en matière de crédit consenti à des non-professionnels, la Cour de cassation reconnaissant la responsabilité du banquier pour octroi de crédit dit excessif (Civ. 1re, 4 juill. 1995, n° 93-16.822).

Sanction. Le crédit ruineux est considéré comme fautif en ce qu'il provoque la ruine du débiteur et précipite l'ouverture d'une procédure de liquidation judiciaire. En conséquence, le préjudice subi par l'emprunteur comme par les tiers réside dans l'insuffisance d'actif de l'emprunteur et non simplement dans l'aggravation de l'insuffisance d'actif entre l'octroi des crédits et l'ouverture de la procédure collective (not. Com. 10 janv. 2018, n° 16-10.824). Là encore, la responsabilité du banquier est atténuée par le principe d'irresponsabilité des créanciers d'une entreprise en difficulté à raison des concours consentis de l'article L. 650-1 du Code de commerce (v. *infra*).

Absence de cause exonératoire. Le caractère fautif du crédit ruineux se déduit de ce que le banquier a provoqué la ruine du débiteur en lui octroyant un crédit inadapté à sa situation financière. Le préjudice est ainsi exclusivement imputable au comportement du banquier prêteur et il n'existe aucune cause d'exonération du banquier.
Obligation de refuser le crédit. Les sanctions qu'encourt le banquier pour soutien abusif et crédit ruineux révèlent peu à peu une obligation du banquier de ne pas octroyer le crédit dans ces situations extrêmes, obligation fondée sur le devoir de vigilance du banquier. Le développement de la jurisprudence relative à l'obligation de mise en garde conduit toutefois à nuancer cette analyse. La mise en garde suppose d'établir que le prêt accordé n'était pas adapté aux capacités financières de l'emprunteur et, donc, générateur d'un risque particulier d'endettement qui justifie une mise en garde spécifique de l'emprunteur non averti. Une gradation de la faute du banquier à l'occasion de l'octroi de crédit se dessine ainsi, la situation de l'emprunteur justifiant selon les cas une réponse allant de la mise en garde à l'obligation de refuser le crédit.

C • La limitation de la responsabilité du banquier dispensateur de crédit

Évolution. La mise en œuvre de la responsabilité du banquier à raison de l'octroi de crédit est régulièrement critiquée en ce qu'elle freine l'octroi de crédit aux entreprises et, notamment aux petites et moyennes entreprises. Forte de la nécessité d'encourager le crédit aux entreprises, la loi de sauvegarde des entreprises n° 2005-845 du 26 juillet 2005 est venue consacrer le principe d'irresponsabilité des créanciers, dont le banquier dispensateur de crédit, à raison des concours consentis.
L'article L. 650-1 du Code de commerce, applicable à l'ensemble des procédures collectives ouvertes depuis le 1er janvier 2006, indique que « les créanciers ne peuvent être tenus pour responsables des préjudices subis du fait des concours consentis, sauf les cas de fraude, d'immixtion caractérisée dans la gestion du débiteur ou si les garanties prises en contrepartie de ces concours sont disproportionnées à ceux-ci ».
L'objectif de sauvegarde des entreprises vient au soutien du principe d'irresponsabilité des banquiers dans le cadre des procédures collectives (1). Ce principe cède toutefois dans les cas de faute les plus graves (2).

1 • Principe d'irresponsabilité du banquier à raison des concours consentis à une entreprise en difficulté

Domaine. Le principe d'irresponsabilité du banquier à raison des concours consentis suppose l'ouverture d'une procédure collective à l'encontre du débiteur et, plus exactement d'une procédure de sauvegarde, de redressement ou de liquidation judiciaires. La limitation de la responsabilité du créancier est ainsi conçue comme une forme de contrepartie à la discipline collective qu'impose la procédure ouverte à l'encontre du débiteur.
Ce principe n'a pas été étendu aux procédures de surendettement des particuliers, l'article L. 331-7 du Code de la consommation précisant seulement que la commission doit prendre en compte, lors de l'adoption des mesures nécessaires à l'apurement de la situation du débiteur, la connaissance que pouvait avoir chacun des créanciers, lors de la conclusion des différents contrats, de la situation d'endettement du débiteur.
Hors l'ouverture d'une procédure collective, la responsabilité du banquier peut être engagée dans les conditions de droit commun. Tel est le cas, notamment, lorsque le débiteur aura demandé l'ouverture d'une procédure de conciliation, d'un mandat *ad hoc* ou, enfin, lorsque la caution ou le co-emprunteur sont actionnés en dehors de toute procédure collective du débiteur.
Indifférence de la forme des concours. Le texte concerne l'ensemble des concours consentis, sous quelque forme que ce soit. Il pourra s'agir d'un prêt, d'un escompte, d'un découvert, ou enfin, de

simples délais de paiement. La date des concours est également parfaitement indifférente, seule la date d'ouverture de la procédure collective étant déterminante de l'application du texte.

Portée du principe. Le principe d'irresponsabilité du banquier à raison des concours consentis ne comporte aucune restriction quant aux personnes auquel il peut être opposé. L'irresponsabilité du banquier dispensateur de crédit vaut tant à l'égard de l'emprunteur qu'à l'égard des autres créanciers, de la caution ou, enfin, du co-emprunteur *in bonis* (Com. 17 sept. 2013, n° 12-21.871).

Toutefois, seul l'octroi de crédit bénéficie du principe d'irresponsabilité des créanciers à raison des concours consentis. À l'inverse, le texte ne prévoit aucune exception à la responsabilité du banquier en raison des circonstances qui entourent l'octroi comme la rupture du crédit. La responsabilité du banquier pour manquement à l'obligation de mise en garde (Com. 20 juin 2018, n° 16-27.693 ; Com. 12 juill. 2017, n° 16-10.793) de même que pour rupture abusive de crédit (Com. 23 sept. 2020, n° 18-23.221 : v. *infra*) pourra être recherchée sans que celui-ci ne puisse invoquer le bénéfice de l'article L. 650-1 du Code de commerce.

2 • Levée du principe d'irresponsabilité du banquier à raison des concours consentis

Principe. L'article L. 650-1 du Code de commerce n'interdit pas purement et simplement la mise en œuvre de la responsabilité des créanciers, dont le banquier, à raison des concours consentis, mais vient simplement restreindre les hypothèses dans lesquelles leur responsabilité peut être recherchée. Le texte indique, en effet, que « les créanciers ne peuvent être tenus pour responsables des préjudices subis du fait des concours consentis, sauf les cas de fraude, d'immixtion caractérisée dans la gestion du débiteur ou si les garanties prises en contrepartie de ces concours sont disproportionnées à ceux-ci ». Ces exceptions au principe d'irresponsabilité des créanciers à raison des concours consentis permettent d'assurer la conformité du dispositif à l'article 4 de la Déclaration des droits de l'homme et du citoyen (Cons. const. 22 juill. 2005, n° 2005-522 DC).

Portée. Si le texte vient restreindre les possibilités de mise en jeu de la responsabilité du banquier à raison de l'octroi de crédit aux hypothèses de fraude, immixtion caractérisée ou prise de garanties disproportionnées, ces hypothèses caractérisent seulement les cas d'ouverture de l'action en responsabilité et non le fait générateur de responsabilité lui-même.

La mise en œuvre de la responsabilité du banquier suppose ensuite de démontrer le soutien abusif ou l'octroi d'un crédit ruineux (Com. 27 mars 2012, n° 10-20.077). Aussi le raisonnement est-il parfois inversé, la Cour de cassation admettant, pour exclure la responsabilité du banquier, d'examiner le caractère fautif du crédit sans vérifier au préalable les cas d'ouverture de l'action en responsabilité (V. not. Com. 1er juill. 2020, n° 18-26.350 ; Com. 4 mai 2017, n° 15-18.259 ; Com. 10 janv. 2018, n° 16-10.824).

Fraude. La Cour de cassation a donné son plein effet au principe d'irresponsabilité du banquier en interprétant strictement la notion de fraude. Celle-ci s'entend « d'un acte qui a été réalisé en utilisant des moyens déloyaux destinés à surprendre un consentement, à obtenir un avantage matériel ou moral indu ou réalisé avec l'intention d'échapper à l'application d'une loi impérative ou prohibitive » (Com. 16 oct. 2012, n° 11-22.993 ; v. aussi Com. 13 déc. 2017, n° 16-21.498). À l'instar de la faute pénale, la fraude suppose la réunion d'un élément matériel et d'un élément intentionnel.

Immixtion caractérisée. La définition de l'immixtion caractérisée au sens de l'article L. 650-1 du Code de commerce est proche de celle traditionnellement retenue pour reconnaître la qualité de dirigeant de fait en droit des sociétés et droit des procédures collectives. L'immixtion caractérisée suppose la preuve d'actes positifs de direction ou l'exercice d'une influence décisive sur la gestion du débiteur (Com. 21 nov. 2018, n° 17-21.025).

Garanties disproportionnées. La prise de garanties disproportionnées révèle que le banquier a certainement conscience du risque inéluctable de défaillance du débiteur et justifie la perte de l'immunité à raison des concours consentis. Le texte invite à apprécier le caractère disproportionné des garanties compte tenu du montant des concours consentis et non au regard des capacités financières du débiteur ou de la caution. En ce sens, la Cour de cassation a conclu à la nécessaire proportionnalité de la caution en raison de son caractère accessoire à la dette principale (Com. 18 mai 2017, n° 15-12.338). Toutefois, les juges ont retenu le caractère proportionné de la garantie qu'après avoir relevé que la caution constituait l'unique garantie prise par le prêteur : le cumul de garanties, isolément proportionnées au crédit consenti, pourrait à l'inverse caractériser la disproportion (Com. 13 janv. 2015, n° 13-25.360).

II • La responsabilité du fait de la rupture de crédit

Fondement. La première source des obligations du banquier en matière de rupture du crédit à l'emprunteur réside dans le contrat lui-même. Sous réserve d'une faute de l'emprunteur justifiant, le cas échéant, la rupture du contrat de crédit, le banquier a l'obligation de respecter le terme du contrat ou, à défaut, de respecter un préavis suffisant avant de rompre son concours (C. civ., art. 1211 et 1212).
La nature particulière du contrat de crédit a conduit le législateur à encadrer plus spécifiquement cette question en matière de crédit consenti à une entreprise en venant exiger le respect d'un préavis écrit (A). Le texte prévoit toutefois des hypothèses de dispense du préavis en raison soit de la faute soit de la situation de l'emprunteur (B).

A • Exigence d'un préavis écrit

Principes. L'article L. 313-12 du Code monétaire et financier. Le texte indique que : « Tout concours à durée indéterminée, autre qu'occasionnel, qu'un établissement de crédit ou une société de financement consent à une entreprise, ne peut être réduit ou interrompu que sur notification écrite et à l'expiration d'un délai de préavis fixé lors de l'octroi du concours. Ce délai ne peut, sous peine de nullité de la rupture du concours, être inférieur à soixante jours. Dans le respect des dispositions légales applicables, l'établissement de crédit ou la société de financement fournit, sur demande de l'entreprise concernée, les raisons de cette réduction ou interruption, qui ne peuvent être demandées par un tiers, ni lui être communiquées. L'établissement de crédit ou la société de financement ne peut être tenu pour responsable des préjudices financiers éventuellement subis par d'autres créanciers du fait du maintien de son engagement durant ce délai. »
Domaine. Le dispositif organise la rupture du crédit entre le banquier et son client professionnel dans des conditions autorisant le banquier à se retirer tout en permettant au client de prendre les dispositions nécessaires pour surmonter la disparition d'un partenaire essentiel pour son entreprise. L'équilibre est assuré par la notification écrite de la rupture et l'octroi d'un préavis.
L'article L. 313-12 du Code monétaire et financier ne vise que les concours bancaires accordés aux entreprises. Sont visés l'ensemble des concours qu'il s'agisse d'un contrat de prêt, d'un découvert en compte ou encore de cession Dailly.
Exclusions. Les concours occasionnels sont toutefois exclus du dispositif. En outre, le texte ne concerne que les concours consentis pour une durée indéterminée, les autres étant soumis au *mutuus disensus* de l'article 1193 du Code civil (Com. 21 sept. 2004, n° 03-11.528). Le dispositif repose ainsi sur un encadrement – et non une interdiction – de la faculté de résiliation unilatérale des conventions à durée indéterminée par des conditions de forme (la notification écrite) et de temps (le respect d'un préavis).

Enfin, le dispositif ne concerne que les concours consentis à une entreprise, personne physique ou personne morale, à l'exclusion des concours consentis à un non-professionnel.

Notification de la rupture. La décision de rompre unilatéralement le concours octroyé doit être notifiée par écrit au client de l'établissement de crédit dans des termes aussi explicites que possible. Cette notification écrite doit faire référence au préavis imposé par la loi au terme duquel la rupture sera effectivement consommée.

Toutefois, le texte poursuit en indiquant que l'établissement soumis à cette durée de préavis ne saurait être tenu des préjudices éventuellement subis par d'autres créanciers du fait du maintien de son engagement durant ce délai.

Le texte n'exige pas que le banquier précise les motifs de la rupture sauf demande du débiteur en ce sens.

Sanction. L'irrespect de ces obligations est sanctionné par la nullité de la rupture du crédit (C. mon. fin., art. L. 313-12, *in fine*). Le débiteur principal peut donc demander le maintien forcé des concours. Plus fréquemment, la responsabilité du banquier sera recherchée pour rupture abusive de crédit. Comme en matière de crédit ruineux, la rupture abusive de crédit pourra conduire à précipiter la ruine du débiteur et l'ouverture d'une procédure collective. La responsabilité du banquier sera toutefois écartée lorsqu'il est établi que l'ouverture de la procédure collective était inéluctable compte tenu de la situation du débiteur.

Lorsque le lien de causalité entre la rupture abusive de crédit et l'ouverture de la procédure collective est établi, il n'existe aucune cause exonératoire du banquier. Le texte envisage toutefois les hypothèses dans lesquelles le banquier est dispensé du respect d'un délai de préavis – seule subsistant l'exigence d'une notification écrite.

B • Dispense de préavis et du terme

Aux termes de l'article L. 313-12, alinéa 2 du Code monétaire et financier, l'établissement de crédit n'est pas tenu de respecter un délai de préavis, que l'ouverture de crédit soit à durée indéterminée ou déterminée, en cas de comportement gravement répréhensible du bénéficiaire du crédit (i) ou au cas où la situation de ce dernier s'avérerait irrémédiablement compromise (ii). Le texte dispense l'établissement bancaire du respect de tout préavis, la notification écrite de la rupture demeurant toutefois nécessaire.

Cette faculté concerne aussi bien les ouvertures de crédit à durée indéterminée que celles à durée déterminée, le concours pouvant alors être rompu avant l'arrivée du terme. La prérogative accordée au banquier explique la rigueur avec laquelle la jurisprudence apprécie les conditions de mise en œuvre de la dispense de terme et de préavis, dont la preuve incombe au banquier dispensateur de crédit.

Comportement gravement répréhensible du débiteur. La première dispense de préavis concerne le comportement gravement répréhensible du bénéficiaire du crédit. Le client doit être, dans cette hypothèse, gravement fautif. Il en est ainsi lorsqu'une entreprise tente de masquer ses difficultés financières en présentant des documents comptables falsifiés (Com. 20 juin 2006, n° 04-16.238) ou en cas d'émission d'effets de complaisance ou de cavalerie (Com. 14 févr. 2006, n° 04-16.464). De même, les dépassements importants et répétés des découverts autorisés malgré de nombreuses mises en garde du banquier caractérisent un comportement gravement répréhensible du client justifiant la dispense de préavis comme du terme (Com. 2 nov. 1994, n° 92-15.920).

Situation irrémédiablement compromise du débiteur. La seconde dispense de préavis vise la « situation irrémédiablement compromise » du client. La notion ne doit pas être confondue avec celle de cessation de paiement connue du droit des procédures collectives. La cessation de paiement justifie, en principe, l'ouverture d'une procédure de redressement judiciaire laquelle atteste d'une chance de redressement pour l'entreprise. En ce sens, l'article L. 622-13 du Code de commerce impose expressément le principe de continuation des contrats en cours en cas d'ouverture d'un redressement judiciaire, solution incompatible avec la faculté de rupture immédiate et anticipée prévue à l'article L. 313-12 du Code monétaire et financier. La notion de situation irrémédiablement compromise suppose, pour le banquier, de démontrer l'insolvabilité de son client et l'impossibilité définitive pour lui de se redresser (v. *supra*).

Textes législatifs essentiels

C. consom., art. L. 312-14 et L. 312-16 ; art. L. 313-11 et L. 313-12.
C. civ., art. 2299 et 2300.
C. mon. fin., art. L. 313-12.
C. com., art. L. 650-1.

Bibliographie

J. Lasserre Capdeville (dir.), *Droit bancaire*, 4e éd., Dalloz, coll. « Précis », 2024, pp. 1021-1039 (devoir de mise en garde) ; pp. 1003-1019 (soutien abusif et crédit ruineux) ; pp. 881-897 (rupture abusive de crédit).

Ph. Neau-Leduc et A. Périn-Dureau, *Droit bancaire*, 7e éd., Dalloz, coll. « Cours », 2024, nos 710 à 735, pp. 373-388.

F. Pérochon (dir.), *Entreprises en difficulté*, 12e éd., 2024, nos 3092 à 3108, p. 1279-1288.

LE DROIT DES AFFAIRES

Exercices corrigés

Consultation

SUJET

Monsieur Pierre Durand est, avec ses deux frères, associé d'une société en nom collectif, la SNC *Durand & Cie* dont il dispose de 60 % des parts. Chacun de ses frères, Paul et Stéphane, dispose de 20 %. Pierre, Paul et Stéphane sont cogérants. La SNC a pour objet social l'exploitation de la quincaillerie familiale, laquelle existe depuis deux générations dans la famille. La quincaillerie est en fait composée de trois établissements dans la ville, dont l'un est situé sur un emplacement parfait, au centre de la place principale. Les trois frères ne sont pas propriétaires de ce local ; leur bailleur n'a jamais voulu leur vendre. Aussi, la société dispose d'un bail commercial, lequel a été renouvelé, il y a à peine deux ans, pour l'exploitation d'un commerce de quincaillerie. Cela étant, les affaires ne sont plus au beau fixe, sans doute à cause de la popularité que rencontrent la vente à distance et les grandes surfaces, qui parviennent à pratiquer des prix moins chers que la SNC *Durand & Cie*. Des choix doivent être effectués et les associés commencent à se disputer, en dépit du fait qu'ils sont frères ! Paul voudrait adjoindre une activité de vente de sandwichs à emporter, dans l'un des coins du magasin bien situé, pour profiter justement de cet emplacement et parce qu'il donne immédiatement sur la place. Pour le moment, la société, à la pérennité de laquelle Pierre est très attaché, continue de fonctionner, parce qu'il n'y a guère que Paul qui pose réellement des problèmes et qui refuse de voter dans le même sens que les autres. C'est un peu ennuyeux si une décision doit être prise à l'unanimité.
Mais, depuis le mois dernier, les choses ont changé. Paul a trouvé un acquéreur ! Il veut vendre ses parts. Pour Pierre, il en est hors de question. Cela revient à trahir l'esprit familial de la société et il ne dispose pas des fonds pour racheter les parts de Paul (ni Stéphane d'ailleurs). Pierre s'interroge. Peut-il s'opposer à la vente projetée par Paul ? Et dans ce cas que pourrait faire Paul ? Et Pierre réfléchit. S'il fallait accéder à la demande de Paul pour adjoindre ce petit commerce de sandwicherie ? Peut-il le faire ? Il vient vous demander conseil. Envisagez toutes les possibilités.
Enfin, Pierre Durand est inquiet à propos d'un autre problème. L'un de ses fournisseurs principaux est tombé en liquidation judiciaire il y a quelques mois. Or, il devait à la SNC de l'argent. Monsieur Durand n'avait pas déclaré de créances, car son fournisseur, quelques jours avant de voir la liquidation prononcée, lui avait donné en paiement un chariot rempli d'outils, dont le prix correspondait au montant de ce qu'il devait à la SNC *Durand & Cie*. Pierre et ses frères se sont estimés quittes. Pour autant, il vient de voir que le liquidateur de son fournisseur a tenté de le joindre. Celui-ci peut-il faire quelque chose contre la SNC ?

ENJEUX ET DIFFICULTÉS DU SUJET : COMMENT L'APPRÉHENDER ?

Comme le démontrent les exemples des années précédentes, les sujets donnés à l'examen d'entrée alternent deux types d'exercices. Il s'agit parfois de petites consultations courtes, centrées sur une question précise. Dans d'autres hypothèses, il s'agit d'un cas pratique plus fouillé, avec des ramifications plus complexes. Dans cette situation, comme nous l'évoquions en introduction, plus que jamais, les étudiants devront tenter de résoudre le cas avant d'entreprendre la rédaction de leur copie, ce afin d'être certains de terminer, mais surtout d'éviter d'omettre des éléments de complexité du sujet.

Une fois que les faits sont pleinement assimilés, les étudiants vont s'apercevoir que le cas pratique tourne autour de trois séries de difficultés, correspondant à trois domaines du droit des affaires : droit des sociétés, droit des baux commerciaux et droit des procédures collectives. Mieux vaut respecter cette distinction dans la présentation de la copie ; un plan différent aurait pour effet d'embrouiller le correcteur ; ce d'autant plus que le corrigé dont dispose le correcteur est probablement articulé autour de cette division simple. Rappelez-vous : l'objectif est de tout dire et de résoudre les difficultés, pas de faire un plan d'idées qui serait nécessairement, compte tenu de la nature de l'épreuve, totalement artificiel !

Les étudiants ne devront pas oublier qu'ils interviennent pour Monsieur Pierre Durand. Cette circonstance, qui doit toujours rester à l'esprit, peut dicter la teneur de la réponse. Par exemple, dans le premier point (*sur la volonté de Paul de quitter la société*), en faisant varier le point de vue adopté (celui de Paul ou de Pierre), l'on s'oppose – ou non – au départ de la SNC.

ÉLÉMENTS DE CORRECTION

Attention

Nous avons choisi ici de proposer un modèle de correction faisant « apparaître » le raisonnement, pour des raisons pédagogiques, afin de montrer comment opère le syllogisme judiciaire. Il faudra ensuite que les étudiants « confectionnent », à partir des éléments de correction proposés une réponse rédigée.

Les difficultés de Monsieur Durand sont de trois ordres. Tout d'abord, il convient de le conseiller quant au projet de Paul de quitter la SNC (I – *droit des sociétés*). Ensuite, se pose la question de l'adjonction d'une activité de vente à emporter dans le commerce de quincaillerie qu'il exploite (II – *droit des baux commerciaux*). Enfin, il faudra lui répondre : le liquidateur de son fournisseur peut-il remettre en cause le stock qu'il a reçu en paiement de la créance (III – *droit des procédures collectives*) ?

I • Le projet de Paul de quitter la SNC

Rappel des faits pertinents pour la résolution :

– La société en cause est une société en nom collectif : elle exploite une quincaillerie.

– Pierre est l'associé majoritaire de la société (60 %).

– Ses deux frères, Paul et Stéphane, sont les autres associés : chacun à 20 %. Ils sont donc minoritaires.

– Tous sont gérants (C'est un cas de figure assez classique dans les SNC).

– Paul suscite des difficultés : les avis divergent sur le futur de la société. Néanmoins, la société continue de fonctionner, en dépit des dissensions.

– Paul a trouvé un acquéreur et souhaite céder ses parts.

– Pierre s'y oppose et se demande que faire.

Problématique : Pierre peut-il s'opposer à la cession, par Paul, de ses parts de la société ? S'il le peut, que pourrait alors faire Paul pour tenter de sortir de la société ? Comme nous consultons pour Pierre, il faut essayer d'anticiper les éléments que Paul pourrait avancer.

Plan : Il faut distinguer la résolution du cas en deux parties correspondant à ces deux questions. Est-ce que Pierre peut s'opposer à la vente ? Et dans l'éventualité où la réponse est positive, que peut faire éventuellement Paul pour contrecarrer le refus de son frère ?

A • L'opposition de Pierre au projet de cession

Texte :

Article L. 221-13 du Code de commerce : « Les parts sociales ne peuvent être représentées par des titres négociables. Toute émission réalisée en méconnaissance de cette règle est sanctionnée dans les conditions prévues au premier alinéa de l'article L. 411-1 du Code monétaire et financier.
Les parts sociales ne peuvent être cédées qu'avec le consentement de tous les associés. Toute clause contraire aux dispositions du présent article est réputée non écrite ».

Application :

– La question de droit se règle ici très simplement : l'on doit appliquer le droit relatif aux sociétés en nom collectif.

– L'article L. 221-13, alinéa 2, du Code de commerce prévoit que la cession ne peut intervenir que si tous les associés sont d'accord. Il faut donc l'unanimité pour que la cession puisse être envisagée (et toute clause contraire est réputée non écrite).

– Dès lors, si Pierre s'y oppose, Paul ne pourra pas vendre : Pierre dispose de la possibilité de s'opposer à la vente projetée par son frère.

Conclusion :

Pierre peut s'opposer au départ de Paul par la cession.

Remarque

Pensez à tout, mais ne vous trompez pas ! Comme la société ne fonctionne pas très bien et que Paul est aussi le gérant, peut-être faudrait-il songer à le révoquer ? Nous consultons pour Pierre ; la solution pourrait être intéressante pour lui. En effet, Pierre se trouverait seul avec Stéphane. Mais, attention, cette possibilité pourrait bien se retourner contre Pierre. Et là, il faut faire très attention.
Selon l'article L. 221-12 du Code de commerce, « Si tous les associés sont gérants ou si un ou plusieurs gérants choisis parmi les associés sont désignés dans les statuts, la révocation de l'un d'eux de ses fonctions ne peut être décidée qu'à l'unanimité des autres associés. Elle entraîne la dissolution de la société, à moins que sa continuation ne soit prévue par les statuts ou que les autres associés ne la décident à l'unanimité. Le gérant révoqué peut alors décider de se retirer de la société en demandant le remboursement de ses droits sociaux... ».
Pierre pourra vraisemblablement obtenir la révocation de Paul (sans doute l'unanimité des autres associés pourrait être obtenue, puis la continuation de la société : ces décisions sont prises à l'unanimité des autres associés). Mais cela pourrait se retourner contre lui. Dans ces conditions, la révocation du gérant associé lui ouvre une faculté de retrait automatique, ce qui permettrait à Paul de quitter la société. Or, c'est précisément ce que Pierre ne veut pas.
Dans ce cas, l'étudiant qui souhaite démontrer sa maîtrise du droit des sociétés pourrait, au passage, préciser que : « la solution de la révocation de Paul comme gérant n'est pas opportune car elle ouvrirait, directement au profit de ce dernier, une faculté de retrait automatique, conformément à l'article L. 221-12 du Code de commerce ».

B • Les possibilités dont dispose Paul en réponse

Remarque

1. Ici, il faut faire très attention. À la différence du A, où le cas est très simple et se règle en peu de temps, le B est très ouvert. Il s'agit d'imaginer ce que Paul peut faire face au refus de son frère. Il faut prévenir Pierre, qui est celui que vous conseillez (les étudiants ne doivent pas oublier, on ne le répétera jamais assez, qui ils conseillent dans le cas ! La réponse doit être orientée ainsi), et adopter une réponse très large : moyen de s'opposer, responsabilité, possibilité de s'en sortir autrement, etc.
2. Il faut également tenir compte du fait que certains éléments se sont glissés dans le cas, et qui peuvent dicter le sens de la réponse : par exemple, le fait que la société continue de bien fonctionner, en dépit des difficultés (ces difficultés peuvent faire penser à la mésentente qui peut faire penser à la dissolution), le fait que Pierre soit attaché à la pérennité de l'entreprise. Il s'agit là d'indications pour votre cas qu'il faut bien repérer.

Texte et jurisprudence :

Un arrêt est important (certains sujets de l'examen proviennent parfois directement d'arrêts) :

– *Com. 6 févr. 2019, n° 17-20.112* : « Mais attendu, en premier lieu, qu'après avoir relevé que M. Y… avait informé, le 31 mars 2009, son associé de son intention de céder sa participation au sein de la société et du mandat confié à une société chargée de lui trouver un acquéreur, l'arrêt constate que M. X… a reçu de ce mandataire, par lettres du 26 mai 2009, des 6, 29 septembre 2011 et 3 janvier 2012, plusieurs propositions de cessionnaires, qu'il avait la possibilité de rencontrer ; qu'il relève encore que, tout en réitérant, par lettre du 20 mai 2011, adressée à son associé, son intention de céder ses parts, M. Y… lui a offert de les racheter prioritairement, sous un certain délai ; qu'il ajoute que M. Y… lui a fait part, par lettres des 8 août et 9 octobre 2012, d'autres propositions, en lui précisant les modalités et le délai pour y répondre ; qu'il relève que M. X… n'a répondu à aucune de ces lettres et que, selon des attestations établies par des candidats cessionnaires, ces derniers n'ont pas pu, malgré leurs démarches, présenter leur projet à M. X…, compte tenu de son silence ou de son refus d'évoquer la cession, de sorte qu'ils ont dû abandonner leur projet d'acquisition ; qu'il retient qu'ainsi, M. X… s'est abstenu de répondre à toutes les propositions, en gardant le silence sans motif valable, et relève que ce n'est qu'au cours de la procédure d'appel, en 2015, soit six ans après la première notification faite par son associé de sa volonté de céder ses parts, qu'il a fait connaître son intention de se porter acquéreur de celles-ci, avec deux propositions successives présentées en 2015 et 2016, à la suite desquelles il a finalement acquis la totalité des parts sociales de la société ; qu'en l'état de ces constatations et appréciations, faisant ressortir que M. X… s'était fautivement abstenu d'exercer son droit d'agrément, la cour d'appel a pu retenir qu'il avait engagé sa responsabilité à l'égard de son associé ».

– *Article 1844-7 du Code civil* :

« La société prend fin :

[…]

5° Par la dissolution anticipée prononcée par le tribunal à la demande d'un associé pour justes motifs, notamment en cas d'inexécution de ses obligations par un associé, ou de mésentente entre associés paralysant le fonctionnement de la société. »

Application :

Déçu par l'attitude récalcitrante de Pierre, Paul pourrait être tenté de s'orienter vers deux voies :

– Tout d'abord, agir en responsabilité contre Pierre : dans un arrêt du 6 février 2019, la Cour de cassation a approuvé une cour d'appel d'avoir retenu que le comportement d'un associé, qui refusait de donner son accord à la cession, pouvait constituer une faute, susceptible d'engager sa responsabilité. En effet, la Cour a reconnu que l'on puisse s'abstenir fautivement d'exercer son droit d'agrément.

Cela étant, deux difficultés existent :

★ Dans cette espèce, l'associé s'est abstenu d'exercer son droit d'agrément : il ne répondait pas. Dans notre cas pratique, Pierre est tout à fait prêt à exercer son droit d'agrément, mais il entend refuser. Il n'est pas sûr que la voie de la responsabilité, telle qu'elle est exposée dans cette décision, fonctionne.

★ Par ailleurs, engager la responsabilité ne permettra pas à Paul de céder ses parts, mais simplement d'obtenir une indemnisation, ce qui n'est pas forcément le résultat espéré.

– Ensuite, solliciter la dissolution de la société pour justes motifs : l'article 1844-7, 5° du Code civil permet à tout associé de demander en justice la dissolution pour justes motifs. C'est une option que Paul pourrait choisir et qui serait particulièrement préjudiciable à Pierre qui tient beaucoup à la pérennité de la société.
Il y a deux catégories de justes motifs :

– Mésentente conduisant à la paralysie de la société (celle-ci est assimilée à une perte de l'*affectio societatis*).

– Inexécution par un associé de ses obligations : si celle-ci conduit aussi à une paralysie de la société, « l'inexécution de ses obligations par un associé ne permet, en application de l'article 1844-7, 5°, du Code civil, le prononcé judiciaire de la dissolution anticipée de la société pour juste motif qu'à la condition qu'elle paralyse le fonctionnement de la société » (Com. 3 mai 2018, n° 15-23.456).
En l'espèce, la mésentente pourrait éventuellement être invoquée : mais elle présente peu de chances de succès, dans la mesure où Pierre indique que la société continue de fonctionner : ce qui signifie qu'il n'y a pas de paralysie. Or, la paralysie avérée est un élément essentiel qui doit nécessairement être caractérisé. Ainsi, si le fonctionnement de la société n'est pas paralysé, par exemple parce que le statut d'un associé (existence d'une voix prépondérante en assemblée générale) permet de continuer, la dissolution ne devrait pas être admise (Civ. 1re, 18 janv. 2023, n° 19-24.671). La preuve du caractère paralysant de la mésentente doit être démontrée (Civ. 3e, 17 nov. 2021, n° 13-20.044). Si les décisions peuvent continuer d'être prises par les associés, en assemblée, l'on aura tendance à considérer que la société n'est pas paralysée.
En définitive, peu d'options semblent s'offrir à Paul, et Pierre devrait pouvoir s'opposer à la cession de ses parts.

II • L'adjonction d'une activité de sandwicherie

Rappel des faits pour la résolution du cas :
Paul (mais aussi Pierre : sur ce point, les intérêts convergent) se pose la question de savoir s'il est possible d'ajouter à l'activité de quincaillerie une activité de vente de sandwichs à emporter, dans un coin du magasin particulièrement bien situé.
Les lieux sont détenus en vertu d'un bail commercial.

Problématique : Le locataire, en application des stipulations d'un bail commercial, peut-il développer une autre activité que celle visée au bail ? C'est tout le problème de la déspécialisation.

Textes et jurisprudences :

– *Article L. 145-47 du Code de commerce* : « Le locataire peut adjoindre à l'activité prévue au bail des activités connexes ou complémentaires.
À cette fin, il doit faire connaître son intention au propriétaire par acte ou par lettre recommandée avec demande d'avis de réception, en indiquant les activités dont l'exercice est envisagé. Cette formalité vaut mise en demeure du propriétaire de faire connaître dans un délai de deux mois, à peine de déchéance, s'il conteste le caractère connexe ou complémentaire de ces activités. En cas de contestation, le tribunal

judiciaire, saisi par la partie la plus diligente, se prononce en fonction notamment de l'évolution des usages commerciaux.
Lors de la première révision triennale suivant la notification visée à l'alinéa précédent, il peut, par dérogation aux dispositions de l'article L. 145-38, être tenu compte, pour la fixation du loyer, des activités commerciales adjointes, si celles-ci ont entraîné par elles-mêmes une modification de la valeur locative des lieux loués. »

– *Article L. 145-48 du Code de commerce* : « Le locataire peut, sur sa demande, être autorisé à exercer dans les lieux loués une ou plusieurs activités différentes de celles prévues au bail, eu égard à la conjoncture économique et aux nécessités de l'organisation rationnelle de la distribution, lorsque ces activités sont compatibles avec la destination, les caractères et la situation de l'immeuble ou de l'ensemble immobilier.
Toutefois, le premier locataire d'un local compris dans un ensemble constituant une unité commerciale définie par un programme de construction ne peut se prévaloir de cette faculté pendant un délai de neuf ans à compter de la date de son entrée en jouissance. »

– *Article L. 145-49 du Code de commerce* : « La demande faite au bailleur doit, à peine de nullité, comporter l'indication des activités dont l'exercice est envisagé. Elle est formée par acte extrajudiciaire ou par lettre recommandée avec demande d'avis de réception et dénoncée, en la même forme, aux créanciers inscrits sur le fonds de commerce. Ces derniers peuvent demander que le changement d'activité soit subordonné aux conditions de nature à sauvegarder leurs intérêts.
Le bailleur doit, dans le mois de cette demande, en aviser, dans la même forme, ceux de ses locataires envers lesquels il se serait obligé à ne pas louer en vue de l'exercice d'activités similaires à celles visées dans la demande. Ceux-ci doivent, à peine de forclusion, faire connaître leur attitude dans le mois de cette notification.
À défaut par le bailleur d'avoir, dans les trois mois de la demande, notifié son refus, son acceptation ou encore les conditions auxquelles il subordonne son accord, il est réputé avoir acquiescé à la demande. Cet acquiescement ne fait pas obstacle à l'exercice des droits prévus à l'article L. 145-50. »

– *Article L. 145-52 du Code de commerce* : « Le tribunal judiciaire peut autoriser la transformation totale ou partielle malgré le refus du bailleur, si ce refus n'est point justifié par un motif grave et légitime.
Si le différend porte seulement sur le prix du bail, celui-ci est fixé conformément aux dispositions réglementaires prévues pour la fixation du prix des baux révisés. Dans les autres cas, l'affaire est portée devant le tribunal. »

Soulignons également quelques arrêts qui peuvent être utiles à la résolution du cas :

– *Civ. 3e, 3 avr. 1996, nº 94-13.789* : « la vente de sandwichs et de boissons rafraîchissantes entr[e] dans l'activité du commerce de boulangerie-pâtisserie ».

– *Civ. 3e, 28 mai 1997, nº 95-17.869* : « Mais attendu qu'ayant constaté qu'il était stipulé dans le bail notarié que le preneur s'engageait à utiliser les locaux loués pour le commerce de cafetier, qu'il résultait des divers constats d'huissier de justice que Mme X… avait exercé dans les locaux une activité de restauration caractérisée par l'élaboration de plats complets servis chauds ou froids à de nombreux clients et qu'il ne pouvait être soutenu que cette activité présentait un caractère connexe ou complémentaire à celle de cafetier dont elle est totalement différente puisqu'elle nécessite un équipement professionnel spécialisé distinct et des aménagements totalement différents, et retenu que Mme X… n'était pas en droit d'invoquer un accord tacite des époux Y… qui ne pouvait résulter d'une simple attitude passive des propriétaires, ceux-ci ayant au contraire montré leur opposition au comportement de leur locataire dès qu'ils avaient pu en prendre connaissance, la cour d'appel a, répondant aux conclusions, légalement justifié sa décision ».

– *Civ. 3e, 4 mars 1992, nº 90-20.323* : « Est justifié l'arrêt qui, pour autoriser un locataire à adjoindre à son activité de vente et toilettage d'animaux de compagnie, prévue par le bail, celle de vente d'accessoires, cadeaux et petits objets, après avoir pris en considération la conjoncture économique en constatant que la profession de toiletteur était peu rentable dans un marché presque saturé, retient que la vente d'accessoires, cadeaux et petits objets ne met pas en cause l'organisation rationnelle de la distribution et que cette activité est compatible avec la destination, les caractères et la situation de l'immeuble ».

Application :

– Ici, il s'agit donc de savoir si l'adjonction d'une activité de sandwicherie à celle de quincaillerie (visée par le bail) doit être soumise au régime de ce que l'on appelle la déspécialisation partielle (C. com., art. L. 145-47) ou de la déspécialisation plénière (C. com., art. L. 145-48).

– L'intérêt est grand. S'il s'agit d'une déspécialisation plénière, il faudra l'autorisation du bailleur. Mais encore faut-il que le locataire prouve que cette adjonction intervient en raison de la conjoncture économique et des nécessités de l'organisation rationnelle de la distribution, et que ces activités sont compatibles avec la destination, les caractères et la situation de l'immeuble ou de l'ensemble immobilier. En revanche, s'il s'agit d'une déspécialisation partielle, le bailleur est simplement informé, avec possibilité pour lui de contester.

– Le critère est celui de la nature de l'activité : il s'agit d'une déspécialisation partielle si l'activité annexée est connexe ou complémentaire.

* S'agit-il d'une activité connexe ou complémentaire ? La jurisprudence précitée démontre qu'il s'agit plutôt d'une déspécialisation plénière, car l'activité n'est pas complémentaire et/ou connexe.

*Dès lors, il lui faut demander l'autorisation du bailleur pour adjoindre l'activité de vente de sandwichs. Il lui faudra démontrer que cette activité nouvelle intervient en raison de la conjoncture économique (la profession de quincaillier n'est plus aussi rentable qu'auparavant) et des nécessités rationnelles de la distribution (celle-ci est évidemment plus difficile à prouver). Par ailleurs, il conviendra de démontrer que l'activité est compatible avec la destination, les caractères et la situation de l'immeuble ou de l'ensemble immobilier.

En définitive, s'il veut adjoindre ce nouveau commerce :

– Pierre devra demander l'autorisation du bailleur.

– Pierre devra démontrer que les conditions sont remplies : ce qui n'est pas certain en l'espèce.

– Enfin, à défaut d'accord du bailleur, Pierre pourra saisir le tribunal compétent.

III • Le transfert de stock en paiement d'une créance

Rappel des faits pertinents pour la résolution :

– Un fournisseur de Pierre lui doit de l'argent.

– Ce fournisseur fait l'objet d'une mesure de liquidation judiciaire.

– Pierre n'a pas déclaré sa créance.

– En effet, le fournisseur, quelques jours avant le prononcé de la liquidation, lui avait donné en paiement un lot d'outils dont le prix correspond à la somme qui lui était due.

– Pierre s'estimait réglé.

– Le liquidateur l'a contacté.

Problématique : Le liquidateur judiciaire du fournisseur peut-il remettre en cause le paiement ainsi effectué sur le fondement des nullités de la période suspecte ?

Texte et jurisprudence :

– *Article L. 632-1 du Code de commerce* : « I. – Sont nuls, lorsqu'ils sont intervenus depuis la date de cessation des paiements, les actes suivants :

1° Tous les actes à titre gratuit translatifs de propriété mobilière ou immobilière ;

2° Tout contrat commutatif dans lequel les obligations du débiteur excèdent notablement celles de l'autre partie ;

3° Tout paiement, quel qu'en ait été le mode, pour dettes non échues au jour du paiement ;

4° Tout paiement pour dettes échues, fait autrement qu'en espèces, effets de commerce, virements, bordereaux de cession visés par la loi n° 81-1 du 2 janvier 1981 facilitant le crédit aux entreprises ou tout autre mode de paiement communément admis dans les relations d'affaires ;

5° Tout dépôt et toute consignation de sommes effectués en application de l'article 2075-1 du Code civil, à défaut d'une décision de justice ayant acquis force de chose jugée ;

6° Toute hypothèque conventionnelle, toute hypothèque judiciaire ainsi que l'hypothèque légale des époux et tout droit de nantissement ou de gage constitués sur les biens du débiteur pour dettes antérieurement contractées ;

7° Toute mesure conservatoire, à moins que l'inscription ou l'acte de saisie ne soit antérieur à la date de cessation de paiement ;

8° Toute autorisation et levée d'options définies aux articles L. 225-177 et suivants du présent code ;

9° Tout transfert de biens ou de droits dans un patrimoine fiduciaire, à moins que ce transfert ne soit intervenu à titre de garantie d'une dette concomitamment contractée ;

10° Tout avenant à un contrat de fiducie affectant des droits ou biens déjà transférés dans un patrimoine fiduciaire à la garantie de dettes contractées antérieurement à cet avenant ;

11° Lorsque le débiteur est un entrepreneur individuel à responsabilité limitée, toute affectation ou modification dans l'affectation d'un bien, sous réserve du versement des revenus mentionnés à l'article L. 526-18, dont il est résulté un appauvrissement du patrimoine visé par la procédure au bénéfice d'un autre patrimoine de cet entrepreneur ;

12° La déclaration d'insaisissabilité faite par le débiteur en application de l'article L. 526-1.

II. – Le tribunal peut, en outre, annuler les actes à titre gratuit visés au 1° du I et la déclaration visée au 12° faits dans les six mois précédant la date de cessation des paiements. »

– Com. 1er févr. 2000, n° 96-15.408 : « Mais attendu qu'en retenant que la livraison par la société *Montvaux Caravanes* à M. X… d'un matériel autre que celui prévu contractuellement, soit des équipements nautiques divers au lieu d'un bateau, constitue une dation en paiement, intervenue pendant la période suspecte et prohibée en tant que telle par l'article 107 de la loi du 25 janvier 1985, l'arrêt qualifie les faits litigieux ; que le moyen n'est pas fondé. »

Application :

– Est nul, selon le texte, le paiement d'une dette échue qui n'est pas fait en espèces, par effets de commerce, virement, bordereau Dailly ou par tout autre mode de paiement communément admis dans les relations d'affaires.

– En l'espèce : le paiement n'a pas été fait par l'un de ces modes : espèces, effets de commerce, virement ou bordereau Dailly, mais par la dation d'un stock d'outils.

– Peut-on considérer qu'il s'agit alors d'un « mode de paiement communément admis dans les relations d'affaires » ?

– La dation en paiement est rarement admise par la jurisprudence. Pierre pourrait toujours prétexter la particularité de cette dernière qui a consisté en des outils nécessaires à son commerce.

En conclusion, Pierre encourt le risque de voir remise en cause la dation en paiement de stock.

Consultation

SUJET

Monsieur Birotteau, retraité depuis une quinzaine d'années, est un passionné des parfums, élaborant lui-même de nombreuses essences. Il a décidé d'en retirer quelques revenus pour compléter sa maigre pension. Rapidement, un an après sa retraite, ce dernier s'est lancé dans ce projet et s'est mis à commercialiser l'ensemble de ses compositions, comme aujourd'hui cette « Pâte des Sultanes », très renommée, ou encore la non moins célèbre « Eau Carminative », dans le petit local situé au rez-de-chaussée de sa maison. Et c'est ainsi qu'est née *La Reine des Roses*, magasin spécialisé en parfumerie artisanale. Non seulement Monsieur Birotteau vend ses propres parfums, mais également ceux qu'il repère et achète sur catalogue. Et depuis maintenant douze ans, sur place au magasin, comme par correspondance, les affaires de Monsieur Birotteau prospèrent, celui-ci engrangeant de substantiels bénéfices. Il faut dire qu'il n'y a qu'une seule parfumerie dans un rayon de vingt kilomètres. C'est toutefois également grâce à l'aide de son épouse qui s'investit tout autant que lui dans le commerce. Cette dernière traite avec les fournisseurs, disposant pour ce faire d'une procuration sur le compte bancaire du magasin, afin de faciliter les échanges.

Il reste que si Monsieur et Madame Birotteau s'avèrent d'excellents commerçants, leurs connaissances en droit commercial sont bien minces. Et si Monsieur Birotteau s'est inscrit immédiatement au registre du commerce et des sociétés (RCS), son épouse n'y figure à aucun titre. Pour autant, une difficulté survient avec un fournisseur, la société *Le Comptoir des Agrumes*. Il y a un an, Monsieur Birotteau, avait commandé 2 000 flacons. De plus, Madame Birotteau aurait en effet elle-même commandé un lot de 3 000 flacons d'essence de vanille, il y a maintenant trois ans. Le fournisseur prétend que ces deux factures ne lui ont jamais été acquittées. Récemment contacté par téléphone, Monsieur Dutilleul, le directeur du contentieux de ladite société, exige d'être payé, insistant sur le fait qu'il n'aurait aucun état d'âme à se retourner également contre Madame Birotteau, pour la commande qu'elle a passée directement auprès du fournisseur. Pourtant le couple de parfumeurs est certain d'avoir déjà réglé ces deux factures, leurs livres de comptabilité, le prouvant aisément, au moins selon eux. Ils aimeraient pouvoir ainsi les lui opposer. Mais de son côté Monsieur Dutilleul prétend lui-même qu'il peut prouver le contraire. Les époux Birotteau s'interrogent.

Mais les difficultés de Monsieur Birotteau ne s'arrêtent pas là.

Monsieur Birotteau a loué, il y a cinq ans, un petit espace d'exposition situé dans un grand centre commercial. Il s'agit d'une simple vitrine où il expose ses compositions, l'adresse du magasin, à cinq kilomètres de là, étant précisée derrière les produits, afin que les potentiels clients puissent s'y rendre. Sans vraiment y réfléchir, il avait signé une convention dite « convention d'occupation de brève durée », pour 12 mois. La convention a toujours été renouvelée. Aujourd'hui, le propriétaire du centre commercial lui a signifié son intention de reprendre l'espace au terme de la convention en cours. Monsieur Birotteau est consterné, l'afflux de clients provenant du centre commercial était très important. Il se demande si, après tout, il n'aurait pas droit à un quelconque renouvellement de la location signée.

Conseillez-les.

ENJEUX ET DIFFICULTÉS DU SUJET : COMMENT L'APPRÉHENDER ?

Il s'agit d'un sujet que l'on pourrait qualifier de « fouillé ». Il faut donc prendre tout particulièrement le temps de lire les faits, avec beaucoup d'attention, tout en retenant les éléments les plus saillants parmi les très nombreuses informations qui sont fournies.
Les thèmes de la consultation proposée touchent au droit commercial. Il s'agit du droit des actes de commerce, tout d'abord, puis du droit des baux commerciaux. Il ne faut donc pas prendre de risques, là encore, quant au plan, et privilégier une distinction difficulté par difficulté.
L'on relèvera que le sujet, en lui-même n'est pas très difficile. Il n'y a guère qu'un « piège » dans la première difficulté. Le reste tient surtout à de l'exposé de connaissances. La principale caractéristique de ce sujet tient surtout à sa dimension très complète, laquelle suppose une certaine exhaustivité de connaissances. De surcroît, le sujet est assez inégal, dans ses deux parties, ce que les étudiants devront impérativement identifier, afin de ne pas perdre de temps sur ce qui n'en nécessite pas beaucoup (dans ce cas précis, il s'agit de la première partie, par rapport à la seconde).

ÉLÉMENTS DE CORRECTION

Attention

L'on a ici privilégié une rédaction linéaire, à titre d'exemple, entièrement rédigée pour les étudiants. Cela étant, pour faciliter la compréhension, des remarques et rappels sont intégrés dans le corps du développement.

La situation de Monsieur Birotteau et de son épouse pose deux séries de difficultés. Tout d'abord, ils se trouvent confrontés à un fournisseur se prétendant impayé au titre de deux factures émises (**I**). Par ailleurs, ils craignent d'être délogés de la petite vitrine d'exposition qu'ils louent au sein d'un centre commercial (**II**). Pour la prospérité de leur commerce, celle-ci est importante.

Pour rappel

Une introduction courte est recommandée : elle doit se contenter d'exposer les difficultés que vous allez progressivement résoudre.

I • Le sort des factures prétendument impayées

Monsieur Birotteau a commandé divers flacons, il y a un an. Quant à elle, Madame Birotteau, qui aide au commerce de son mari, avait commandé, il y a maintenant trois ans, un lot de 3 000 flacons d'essence de vanille, auprès d'un fournisseur, la société *Le Comptoir des Agrumes*. Or, aujourd'hui, les époux Birotteau sont particulièrement surpris lorsqu'ils reçoivent un appel téléphonique émanant du directeur du contentieux de ladite société, prétendant que les factures n'ont jamais été acquittées. Naturellement, bien que les parfumeurs s'estiment de bonne foi, le fournisseur entend en réclamer le paiement, tant à l'encontre de Monsieur Birotteau qu'à celle de son épouse.

Remarque

De la même façon qu'ici, l'annonce du plan peut permettre de rappeler de manière très concise les seuls faits nécessaires à la compréhension de la résolution de la consultation.

Il convient dès lors d'envisager, dans un premier temps, les poursuites possibles à l'encontre de Monsieur Birotteau (A). En second lieu, c'est la situation de Madame Birotteau qu'il nous faudra envisager, au regard de sa propre commande (B).

Remarque

Les indications chronologiques sont ici « un piège » et il faut veiller à ne pas en faire un problème qui s'avère ne pas en être un !
Toutefois, d'un point de vue liminaire, une réflexion générale relative à la prescription s'impose. Les actions que pourrait être tenté d'intenter le fournisseur contre Monsieur Birotteau et Madame Birotteau ne sont pas prescrites. En effet, que l'on se place du point de vue du droit commercial (C. com., art. L. 110-4) ou sur le plan civil (C. civ., art. 2224), le délai est de cinq ans. Or, pour Monsieur Birotteau, la commande aurait été passée il y a un an, et pour Madame Birotteau, il y a trois ans. Dès lors, pour le fournisseur, il est encore temps d'agir et les Birotteau n'ont pas d'argument à opposer sur le terrain de la prescription.

A • Les poursuites à l'encontre de Monsieur Birotteau

Monsieur Dutilleul tente de se retourner contre Monsieur Birotteau. C'est lui qui a, de prime abord, la qualité de commerçant, et il est inscrit à ce titre au registre du commerce et des sociétés. Il avait d'ailleurs souscrit à cette formalité légale dès le début de son activité.
Mais comment prouver qu'il s'est bien acquitté de son obligation ?
Deux textes viennent à l'esprit. Tout d'abord, en vertu de l'article L. 110-3 du Code de commerce, « À l'égard des commerçants, les actes de commerce peuvent se prouver par tous moyens, à moins qu'il n'en soit autrement disposé par la loi ». Ensuite, Monsieur Birotteau pourrait se servir de ses livres de comptabilité en faisant appel à l'article L. 123-23 qui énonce que : « La comptabilité régulièrement tenue peut être admise en justice pour faire preuve entre commerçants pour faits de commerce ».
Monsieur Birotteau pourra prouver par tous moyens contre Monsieur Dutilleul ; sa qualité de commerçant n'est pas discutée.
En revanche, Monsieur Dutilleul pourra-t-il prouver par tous moyens contre Monsieur Birotteau ? Et Monsieur Birotteau pourra-t-il utiliser ses livres de comptabilité ? La réponse à ces deux questions suppose qu'il soit considéré comme commerçant.

Remarque

Les étudiants veilleront à ne pas trop perdre de temps avec cette partie de la consultation qui, en elle-même, ne pose pas véritablement de problème. Elle est nécessaire pour que la résolution soit complète ; mais il ne faut pas s'appesantir dessus.

Reprenons rapidement les conditions. Assurément, l'obligation est née à raison du commerce des deux intervenants. Mais est-on en présence de commerçants ? Là aussi, la situation ne présente pas réellement de difficultés. Pour la société *Le comptoir des Agrumes*, l'on ne peut pas en douter, bien qu'il n'y ait pas

d'informations sur sa forme. S'agissant de Monsieur Birotteau, il figure au registre du commerce et des sociétés en cette qualité. Et dès lors, il bénéficie de cette présomption que confère une telle inscription. Toutefois, compte tenu du fait qu'il s'agit d'une présomption simple, il importe de vérifier la qualité du parfumeur, dans l'éventualité où Monsieur Dutilleul souhaiterait contester une telle qualité (*mais quel intérêt aurait-il à le faire ?*). Et rapidement, on constatera que Monsieur Birotteau remplit les conditions de l'article L. 121-1 qui considère que « sont commerçants ceux qui exercent des actes de commerce et en font leur profession habituelle ». Le parfumeur réalise des actes de commerce. Vendre des parfums qu'il élabore lui-même à partir d'essences qu'il achète, ou encore vendre directement ceux qu'il repère sur catalogue : ce sont là des « achats de biens meubles pour les revendre, soit en nature, soit après les avoir travaillés et mis en œuvre ». Il s'agit d'actes de commerce parmi ceux listés à l'article L. 110-1. Et c'est bien à titre de profession habituelle qu'il exerce lesdits actes, de même qu'il le fait de manière indépendante.
Dès lors, nous sommes bien face à un commerçant, de surcroît, immatriculé au registre du commerce et des sociétés. Si Monsieur Dutilleul peut prouver contre Monsieur Birotteau par tous moyens, ce dernier pourra se prévaloir de l'article L. 123-23 du Code de commerce, étant donné que l'on est entre commerçants.
Les choses sont plus complexes pour Madame Birotteau.

B • Les poursuites à l'encontre de Madame Birotteau

Lors de leur conversation téléphonique, Monsieur Dutilleul a effectivement précisé sa volonté de poursuivre Madame Birotteau au titre du paiement de la facture. En effet, bien que celle-ci ne soit pas déclarée en tant que tel au RCS, le fournisseur a pu croire qu'il contractait avec un commerçant. C'est bien elle qui, à l'époque, avait conclu la vente des 3 000 flacons.
Il s'agit ici, pour l'essentiel, de déterminer si l'épouse du parfumeur peut ou non revêtir la qualité de commerçante.

Remarque

Les étudiants veilleront à préciser rapidement l'enjeu de cette difficulté, ce afin de faire démontrer qu'ils ont bien compris (et de faciliter le travail du correcteur !).

À première vue, on serait tenté de répondre, par un raisonnement *a contrario*, qu'une telle qualité doit lui être déniée. L'article L. 121-3 dispose que : « Le conjoint d'un commerçant n'est réputé lui-même commerçant que s'il exerce une activité commerciale séparée de celle de son époux. » C'est toutefois sans compter sur la jurisprudence de la Cour de cassation qui considère que le conjoint d'un commerçant pourra lui-même être considéré comme commerçant, s'il exerce des actes de commerce à titre de profession habituelle et de manière indépendante (Com. 15 oct. 1991, n° 89-19.281, *Bull. civ.* IV, n° 286). Dans cette affaire, le conjoint a été reconnu comme tel à l'aide des indices suivants : il entretenait avec les clients du magasin de son épouse des relations suivies et fréquentes ; il disposait d'une procuration sur le compte bancaire du magasin ; il avait conclu le contrat d'assurance ; et son nom figurait sur la publicité du magasin (la Cour insiste sur ces deux derniers éléments). En somme, il donnait l'apparence d'être commerçant, et donc d'effectuer des actes de commerce à titre de profession habituelle. Cependant, la jurisprudence considère qu'il n'est pas possible de déduire la qualité de commerçant du conjoint à partir de sa simple immixtion dans la gestion du fonds (Com. 27 mai 1986, n° 85-12.110, *Bull. civ.* IV, n° 101).
Qu'en est-il dès lors de la situation de Madame Birotteau ? Peut-on raisonner par analogie avec l'arrêt du 15 octobre 1991, ou est-on dans la simple immixtion ? Plusieurs arguments militent dans le sens d'une solution similaire à celle de 1991. Les faits sont particulièrement semblables.

En l'espèce, Madame Birotteau s'investit dans cette petite parfumerie qu'est *La Reine des Roses* à égalité, semble-t-il, avec son époux. Bien plus, il est précisé que l'épouse du parfumeur retraité est l'interlocutrice privilégiée des fournisseurs, disposant, en vue de faciliter les échanges avec ces derniers, d'une procuration sur le compte bancaire du magasin. Au vu de ces différents éléments, il apparaît particulièrement évident que Madame Birotteau devrait se voir reconnaître le statut de commerçante.

Remarque

Les étudiants ne doivent pas hésiter à raisonner à partir d'une solution jurisprudentielle, et à opérer un rapprochement avec des décisions si celles-ci ont des faits similaires à ceux de la consultation (il n'est d'ailleurs pas rare que les sujets prennent appui sur des arrêts antérieurs).

Madame Birotteau est donc commerçante. Il reste qu'elle est une commerçante de fait. En effet, l'article L. 123-8 prescrit à tout commerçant de s'inscrire au RCS, dans un délai de 15 jours à compter du début d'activité. Or, en l'espèce, il est bien précisé que rien n'a été fait en ce sens. Et le même article prévoit qu'un régime bien particulier leur est appliqué : si le commerçant de fait ne peut échapper aux inconvénients du statut de commerçant, il ne peut bénéficier des avantages.

Sont ici au cœur du raisonnement les articles L. 110-3 et L. 123-23 qui énoncent que « la comptabilité régulièrement tenue peut être admise en justice pour faire preuve entre commerçants pour faits de commerce ».

La première certitude est que Madame Birotteau pourra prouver par tous moyens contre Monsieur Dutilleul. En effet, elle prouve contre un commerçant. Or, le jeu de l'article L. 110-3 ne dépend pas de la personne qui doit prouver, mais de la personne contre qui l'on prouve. Il ne s'agit pas d'un avantage lié à la qualité de commerçant.

Pourra-t-elle pour autant utiliser les livres de comptabilité ? L'on doit ici répondre par la négative. En effet, utiliser ces livres de comptabilité est un avantage lié à la qualité de commerçant, qui déroge à la règle selon laquelle « Nul ne peut se faire preuve à soi-même » (v. estimant que le droit de la preuve ne réprouve pas le procédé unilatéral par principe : C. Mouly-Guillemaud, « Nul ne peut se constituer de titre à soi-même… C'est-à-dire ? », *RTD civ.* 2018. 45 ; v. égal. du même auteur, « La sentence "nul ne peut se constituer de preuve à soi-même" ou le droit de la preuve à l'épreuve de l'unilatéralisme », *RTD civ.* 2007. 253). Dès lors, compte tenu du fait qu'elle n'est pas immatriculée et qu'elle est une commerçante de fait, cette faculté sera interdite à Madame Birotteau.

En résumé, si Madame Birotteau peut prouver par tous moyens, elle ne peut utiliser ses livres de comptabilité. Sa situation est plus précaire que celle de son mari.

Qu'en est-il désormais des locaux dont dispose Monsieur Birotteau et pour lesquels il semble connaître des difficultés à obtenir le renouvellement ?

II • La vitrine d'exposition située dans le centre commercial

Il y a maintenant près de cinq ans, Monsieur Birotteau a loué une petite vitrine d'exposition dans un centre commercial situé à cinq kilomètres de chez lui. La location avait été effectuée en vertu d'un contrat dit « convention d'occupation de brève durée », et ce pour 12 mois. Le bail avait toujours été renouvelé jusqu'alors.

Cette vitrine revêtait une importance cruciale pour Monsieur Birotteau, dans la mesure où il y exposait ses propres compositions. De même, y était indiquée l'adresse de son magasin, situé non loin de là, afin que les clients potentiels puissent s'y rendre.

Pourtant, alors que l'expiration de la convention approche, Monsieur Birotteau s'oppose au refus du propriétaire de la renouveler. Le parfumeur s'interroge sur l'éventualité d'un quelconque droit au renouvellement qui pourrait contraindre le propriétaire récalcitrant à lui louer de nouveau l'espace.

C'est dès lors la question de l'application du statut des baux commerciaux à la situation de Monsieur Birotteau qui doit ici être envisagée. La pièce maîtresse dudit statut, c'est le droit au renouvellement qu'il confère. À supposer que l'on soit dans le statut, si le propriétaire refuse de renouveler le bail, il devra alors, sauf rares exceptions, s'acquitter d'une indemnité d'éviction, dont le montant bien souvent élevé sera dissuasif.

Monsieur Birotteau peut-il espérer voir le statut des baux commerciaux, dont le contenu est édicté aux articles L. 145-1 et suivants du Code de commerce, s'appliquer à cette petite vitrine d'exposition ?

Remarque

Lorsque cela est possible, il est toujours pertinent d'essayer de résumer en une phrase l'enjeu de la consultation. Cela démontre la bonne compréhension des étudiants.

À lire l'article L. 145-1 du Code de commerce, qui énonce les conditions d'application dudit statut, il semble bien qu'une réponse négative doive être apportée : « Les dispositions du présent chapitre s'appliquent aux baux des immeubles ou locaux dans lesquels un fonds est exploité, que ce fonds appartienne, soit à un commerçant ou à un industriel immatriculé au registre du commerce et des sociétés, soit à un chef d'une entreprise immatriculée au répertoire des métiers, accomplissant ou non des actes de commerce [...] ».

La première condition fait immanquablement défaut. On sait que, par local, la jurisprudence s'intéresse surtout aux surfaces closes et couvertes. Mais, il n'en reste pas moins qu'elle exclut de cette notion les constructions mobiles (Civ. 3e, 24 oct. 1969, *D.* 1970. 64), les comptoirs de vente à l'intérieur d'un grand magasin (Civ. 3e, 7 oct. 1987, *D.* 1987. IR. 203) ou encore les vitrines permettant seulement l'exposition de marchandises, à l'exclusion de toute opération avec la clientèle (Civ. 3e, 2 déc. 1987, *JCP* 1988, IV, p. 41). Cet arrêt de la Cour de cassation, rendu le 2 décembre 1987, correspond ainsi exactement aux faits de l'espèce. La vitrine de Monsieur Birotteau n'a pour seule utilisation que l'exposition.

Dès lors, il ne peut s'agir d'un local susceptible d'être soumis au statut des baux commerciaux, sans qu'il ne soit besoin de vérifier les autres conditions. En conséquence, Monsieur Birotteau ne pourra obtenir le renouvellement de son bail, ni même le versement d'une quelconque indemnité d'éviction.

Remarque

Compte tenu de la façon dont le cas est rédigé, les étudiants percevront bien que la difficulté tient à la nature du local et non aux autres conditions du statut des baux commerciaux. Dès lors, il ne saurait leur être fait grief de ne pas avoir développé ce point, surtout si la première des conditions n'est pas caractérisée.

Consultation

SUJET

Atticus Finch est un avocat. Son voisin, Arthur Radley le consulte à propos de difficultés qu'il rencontre depuis plusieurs jours. Monsieur Radley est un homme d'affaires avisé, multipliant les investissements dans de nombreuses sociétés. Fort logiquement, il est confronté au droit des affaires dans lequel excelle Atticus.

Deux des sociétés dans lesquelles Monsieur Radley a une participation sont au cœur du rendez-vous d'aujourd'hui.

Tout d'abord, il est associé, avec trois amis à lui, dans une société exploitant un restaurant. La forme sociale choisie est une société à responsabilité limitée (SARL). Il ne dispose que de 20 % des parts, tandis que ses deux amis ont le reste, dans les proportions suivantes : 60 % pour l'un et 20 % pour l'autre. Or, celui qui dispose des 60 % est le gérant. Les choses fonctionnaient plutôt bien, mais des difficultés ont surgi. Le temps a fait son œuvre et Monsieur Radley ne s'entend plus, comme avant, avec ses associés. Le problème vient surtout du gérant, dont la gestion est très critiquable. Pire, elle est désespérante. Le gérant ne prend plus soin de la société et s'en désintéresse totalement. Le chiffre d'affaires s'en ressent. Que peut faire Monsieur Radley ? Dans les statuts, une clause est ainsi rédigée : « La révocation judiciaire du gérant n'est possible que dans les cas suivants : violation de la clause de non-concurrence, absence de réunion des assemblées générales, inexécution des obligations fiscales et sociales pesant sur la société ».

Mais surtout une opération l'inquiète. Le gérant a loué un immeuble, au nom de la société, pour y placer, au rez-de-chaussée, le nouveau siège du restaurant. Or, le contrat a été passé avec une société civile immobilière, propriétaire de l'immeuble, dont le gérant de la SARL est aussi l'associé majoritaire, à près de 99 %, la part restante étant à l'un de ses enfants. Or, Monsieur Radley a appris que les conditions financières sont certes classiques et en rapport avec le marché (le loyer ne lui paraît pas surélevé). En revanche, le bail a été conclu pour un an et le propriétaire disposerait d'un droit de résiliation du bail à chaque échéance. C'est ennuyeux pour l'activité du restaurant ! Le problème, c'est notamment que Monsieur Radley n'a pas connaissance exacte des conditions du bail. Là encore, que peut-il faire face à ce problème ?

Enfin, la dernière question que se pose Monsieur Radley concerne l'une des sociétés civiles immobilières, dont il est l'associé. Celle-ci possède de nombreux immeubles de rapport, tous loués. Le problème vient de l'un de leurs locataires, particulièrement querelleur. Il y a un an, le gérant, Monsieur Peck, avait fait délivrer un congé pour vente à ce locataire. Pourtant, celui-ci n'a pas l'intention de quitter l'appartement. Il prétend que Monsieur Peck n'avait pas le pouvoir de délivrer un congé pour vente sans l'accord unanime des associés réunis en assemblée générale. C'est vrai qu'une telle clause existe dans les statuts. Le locataire dit-il vrai ? L'absence d'autorisation peut-elle avoir un effet ?

Sur tous ces points, conseillez Monsieur Radley.

ENJEUX ET DIFFICULTÉS DU SUJET : COMMENT L'APPRÉHENDER ?

Ce sujet est long ! Il faut que les étudiants, en l'abordant, prennent, là encore grand soin de ne pas se perdre dans un luxe de détails qui ne sont pas intéressants pour la résolution du cas. En revanche,

il présente un intérêt pour les étudiants, il ne sort pas du droit des sociétés (ce qui est plutôt rare !). Pour l'heure, les sujets ont régulièrement convoqué toutes les matières du droit des affaires. Néanmoins, l'on ne saurait être à l'abri d'une conception différente, de sorte que les étudiants devront se préparer à un sujet que l'on pourrait qualifier de mono disciplinaire.
Pour le plan, s'agissant de la résolution des difficultés présentées, les étudiants devront se cantonner à une distinction entre les sociétés. Celle-ci s'impose d'autant plus que le droit applicable aux SARL et aux sociétés, au moins pour les problèmes de la présente consultation, est assez différent.
Les étudiants ne doivent pas être déconcertés par le fait qu'une partie (celle relative à la SARL) sera plus longue que l'autre (celle relative à la SCI). Tout au contraire, cette répartition a été pensée ainsi par le correcteur. Cela étant, il faut en tenir compte dans la rédaction de la réponse et, en amont, dans la période préparatoire.

ÉLÉMENTS DE CORRECTION

Nous envisagerons successivement les problèmes de Monsieur Radley, en s'intéressant à chacune de ses sociétés : les difficultés survenues dans la SARL (I), puis celles intervenues au sein de la société civile dont il est l'associé (II).

I • Les difficultés au sein de la SARL

Monsieur Radley, avec d'autres, est associé dans une SARL exploitant un restaurant. Dans cette structure, il est minoritaire, à hauteur de 20 %, tandis que le gérant majoritaire, qui se désintéresse totalement de la gestion, dispose de 60 %. Quant au dernier associé, il possède 20 % du capital.
Dans cette situation, Monsieur Radley se pose deux séries de questions : que peut-il faire face à la gestion du gérant (A) ? Quelle attitude adopter compte tenu de la conclusion du contrat de bail (B) ?

A • La mauvaise gestion du gérant

Le désintérêt et la mauvaise gestion sont la source de problèmes pour la société. Le chiffre d'affaires est affecté par cette situation. Monsieur Radley aimerait tenter d'y remédier. À cet égard, la révocation du gérant est une solution (1) ; sa responsabilité en est une autre (2).

Remarque

Dans le sujet, la question posée en A est volontairement générale. Cela étant, les étudiants ne manqueront pas d'apporter une réponse précise. Révocation et responsabilité sont des réponses classiques dans ce genre de situation. Dans ce cas, une nouvelle subdivision, pour apporter de la clarté au propos est intéressante.

1 • La révocation du gérant

Monsieur Radley devrait songer à révoquer le gérant, étant donné qu'il ne remplit pas correctement sa mission (mauvaise gestion, désintérêt, etc.). Cela étant, l'article L. 223-25 du Code de commerce prévoit que le gérant d'une SARL peut être révoqué par décision des associés dans les conditions de l'article L. 223-29, lesquelles exigent qu'une telle décision soit adoptée par un ou plusieurs associés représentant plus de la moitié des parts sociales.

Compte tenu du nombre de parts dont le gérant dispose, et en dépit de ce que le client d'Atticus peut se prévaloir d'un juste motif, il semble bien que le premier soit particulièrement protégé. De ce point de vue, Monsieur Radley ne peut rien faire, étant donné qu'il ne dispose pas de la moitié.

La question se pose alors de déterminer dans quelles conditions est-il possible, pour Monsieur Radley, de se sortir de cette situation délicate.

Une première solution pourrait être de démontrer que le refus, par le gérant, de voter sa propre révocation serait constitutif d'un abus de majorité. Encore faudrait-il alors satisfaire aux conditions de l'abus de majorité, lesquelles sont au nombre de deux. D'une part, il convient de rapporter la preuve de ce que la décision est contraire à l'intérêt social et, d'autre part, qu'elle est prise dans l'unique dessein de favoriser le groupe majoritaire au détriment des minoritaires. Une telle possibilité peut se concevoir ; néanmoins, la réparation consisterait en des dommages-intérêts (une autre sanction est l'annulation de la décision ; mais elle n'équivaudra pas pour autant à l'adoption de la résolution portant révocation).

Attention

Il ne faut surtout pas perdre de temps sur la question de l'abus de majorité. Il suffit seulement de l'évoquer, démontrant l'exhaustivité de l'étudiant dans la maîtrise des connaissances en droit des sociétés.

Une seconde solution tient à la révocation judiciaire. En effet, l'article L. 223-25, alinéa 2, du Code de commerce précise qu'« en outre, le gérant est révocable par les tribunaux pour cause légitime, à la demande de tout associé ». Cette possibilité est spécifique aux sociétés civiles et aux sociétés à responsabilité limitée. C'est une option dont pourrait éventuellement se prévaloir Monsieur Radley. Cependant, il faut alors tenir compte de la clause statutaire évoquée et selon laquelle « la révocation judiciaire du gérant n'est possible que dans les cas suivants : violation de la clause de non-concurrence, absence de réunion des assemblées générales, inexécution des obligations fiscales et sociales pesant sur la société ». *Stricto sensu*, à lire cette clause, Monsieur Radley ne pourrait pas obtenir la révocation du dirigeant peu précautionneux, dans la mesure où la situation ne semble pas correspondre aux cas prévus par la clause.

Se pose alors la question de la validité de cette dernière. Il semble que l'on peut considérer que la faculté offerte à l'associé par l'article L. 223-25, alinéa 2, du Code civil, est d'ordre public. L'objectif est évidemment d'éviter que le gérant ne soit inamovible par la force des choses, s'il est majoritaire. Une telle situation est particulièrement gênante dans les sociétés où la considération de la personne est importante. Dès lors, une clause contraire devrait être réputée non écrite. Dans ces conditions, Monsieur Radley pourrait considérer que la clause ne s'applique pas à sa situation et solliciter du magistrat qu'il révoque le gérant désintéressé.

Attention

Compte tenu de l'enchaînement des difficultés, il faut impérativement adopter un raisonnement progressif, ce qui permet de faciliter la lecture de la réponse à la consultation.

Encore faut-il rapporter la preuve d'une cause légitime. L'on considère généralement que celle-ci s'apprécie au regard de l'intérêt de la société. Ainsi, la conclusion d'une convention interdite ne constitue une cause légitime de révocation judiciaire du gérant que dans la mesure où elle affecte de manière significative la situation de la société (Com. 10 juill. 2007, n° 06-13.520). De même, la jurisprudence

considère qu'en empêchant tout contrôle de la gestion de la société, le gérant a caractérisé une cause légitime justifiant sa révocation (Civ. 3e, 29 janv. 2014, nº 12-29.972). Or, en l'espèce, c'est bien la situation de la société qui est affectée, étant donné que le gérant s'en désintéresse totalement et qu'une telle attitude lui est très préjudiciable.
Dans ces conditions, l'on ne saurait que conseiller à Monsieur Radley d'agir en justice sur le fondement de la révocation judiciaire : ses chances sont sérieuses.

2 • La responsabilité du gérant

La mauvaise gestion passée du gérant de la SARL s'est assurément révélée la source d'un préjudice. Dès lors, celui-ci pourrait être tenu à réparation. Classiquement, l'on sait que le gérant est potentiellement responsable de ses agissements envers trois séries de personnes : les tiers, la société et les associés. La question de la responsabilité du gérant à l'égard des tiers ne se pose pas en l'espèce.
En revanche, Monsieur Radley peut se poser la question de la responsabilité du gérant dans les deux autres éventualités, c'est-à-dire en sa qualité d'associé, mais également à l'égard de la société.
a) En sa qualité d'associé, le succès n'est pas assuré. En effet, il est aujourd'hui constant en jurisprudence qu'un associé ne peut agir en responsabilité à l'encontre du dirigeant que s'il peut se prévaloir d'un préjudice personnel et distinct de celui subi par la société (Com. 17 janv. 2018, nº 16-10.266). À cette exigence s'ajoutent les conditions habituelles du droit de la responsabilité civile. Or, cette condition est appréciée restrictivement par la jurisprudence, de telle sorte qu'elle est bien peu souvent admise. Ainsi, Monsieur Radley ne peut pas se prévaloir du dommage qu'il subit du fait de la dévalorisation de ses parts. Il faut relever une certaine tendance des juridictions à considérer que la dévalorisation des titres et/ou parts sociales provoquée par une faute de gestion (laquelle n'est pas difficile à caractériser en l'espèce) n'est pas un préjudice personnel et distinct de celui éprouvé par la société (Com. 1er avr. 1997, nº 94-18.912). De ce point de vue, l'action est difficile à envisager.
b) Au nom de la société, Monsieur Radley pourrait plus sûrement exercer une action en responsabilité contre le dirigeant sur le fondement de l'article 1843-5 du Code civil. Selon cette disposition, « outre l'action en réparation du préjudice subi, un ou plusieurs associés peuvent intenter l'action sociale en responsabilité contre les gérants. Les demandeurs sont habilités à poursuivre la réparation du préjudice subi par la société ; en cas de condamnation, les dommages-intérêts sont alloués à la société » (pour un exemple d'application, v. Civ. 3e, 12 mars 2020, nº 19-10.458 ; Com. 5 déc. 2019, nº 18-26.102 P). La disposition est reprise, pour les SARL, par l'article L. 223-22, alinéa 3, du Code de commerce. Cette action sociale, dite *ut singuli*, réservée aux associés (Com. 24 juin 2020, nº 18-17.338), permettra à Monsieur Radley d'engager la responsabilité du gérant négligent. Il importe peu que la société exerce ultérieurement elle-même une action en responsabilité (Com. 27 sept. 2017, nº 15-28.385). Cette voie paraît la plus judicieuse pour Monsieur Radley, même si le résultat ne lui profite pas directement.

Attention

Les étudiants ne doivent pas oublier qu'ils interviennent pour le compte de Monsieur Radley. Dans ces conditions, si l'action *ut singuli* est une bonne idée, il ne faut pas oublier de mentionner que celle-ci ne lui profite pas directement, sur le plan économique.

B • La conclusion du bail

Une opération inquiète Monsieur Radley : la conclusion du bail. Celle-ci est intervenue à des conditions inhabituelles : d'abord, parce que le gérant de la SCI propriétaire de l'immeuble est aussi le gérant de la SARL preneuse. Ensuite, les conditions financières sont certes classiques, mais Monsieur Radley a appris que le propriétaire dispose d'un droit annuel de résiliation. Pour autant, Monsieur Radley n'a guère d'informations à propos de ce bail.
Envisageons tout d'abord les moyens d'obtenir une information (1), avant d'analyser le sort du bail ainsi souscrit (2).

Remarque

Dans ce cas, une subdivision est intéressante, car elle favorise la clarté du propos, notamment en isolant les conséquences de l'acte souscrit et dont Monsieur Radley se plaint.

1 • L'obtention d'informations supplémentaires

Monsieur Radley dispose de peu d'informations sur le bail, ce d'autant qu'il n'est pas le gérant de la SARL. Quelles actions peut-il exercer afin de tenter de pallier cette insuffisance ?
L'on songe bien sûr à la possibilité d'une action de droit commun, sur le fondement de l'article 145 du Code de procédure civile (« s'il existe un motif légitime de conserver ou d'établir avant tout procès la preuve de faits dont pourrait dépendre la solution d'un litige, les mesures d'instruction légalement admissibles peuvent être ordonnées à la demande de tout intéressé, sur requête ou en référé »), dont l'on sait qu'il est applicable en droit des sociétés.
L'article L. 223-37 du Code de commerce offre une ressource intéressante pour Monsieur Radley. Selon cette disposition, en son alinéa 1er, « un ou plusieurs associés représentant au moins le dixième du capital social peuvent, soit individuellement, soit en se groupant sous quelque forme que ce soit, demander en justice la désignation d'un ou plusieurs experts chargés de présenter un rapport sur une ou plusieurs opérations de gestion ».
En l'espèce, Monsieur Radley dispose du dixième du capital et l'on peut considérer que la souscription d'un bail est une opération de gestion. Dès lors, l'expertise devrait être ordonnée. Le rapport que devra établir l'expert, à propos de cette opération spécifique, se révélera une précieuse source d'informations pour un éventuel contentieux ultérieur.

2 • Le sort du bail souscrit

Le contexte de souscription fait immédiatement songer aux conventions réglementées.
Selon l'article L. 223-19 du Code de commerce, le gérant (ou l'éventuel commissaire aux comptes) présente à l'assemblée un rapport sur les conventions intervenues directement ou par personnes interposées entre la société et l'un de ses gérants ou associés, étant entendu que ce même gérant « intéressé » ne peut alors prendre part au vote et ses parts ne sont pas prises en compte pour le calcul du quorum et de la majorité.
La situation du bail est justiciable de ce texte. L'on peut considérer que la convention est intervenue entre la SARL et l'un de ses gérants, par la personne interposée de la SCI (du reste, l'intervention est quasiment directe étant donné qu'il dispose de 99 % des parts). Quoi qu'il en soit, l'alinéa 6 du même texte précise que « les dispositions du présent article s'étendent aux conventions passées avec une société dont un associé indéfiniment responsable, gérant, administrateur, directeur général, membre

du directoire ou membre du conseil de surveillance, est simultanément gérant ou associé de la société à responsabilité limitée ». C'est le cas dans notre situation.

Dès lors, la procédure aurait dû s'appliquer : l'assemblée aurait dû statuer sur la convention, sans la présence du gérant. Si la convention n'avait pas été approuvée, elle aurait néanmoins produit ses effets (C. com., art. L. 223-19, al. 5), à charge pour le gérant de supporter les conséquences du contrat préjudiciables à la société (ici le droit de résiliation annuelle qui ne favorise pas la stabilité du commerce).

Le gérant pourrait-il opposer, en défense, l'article L. 223-20 du Code de commerce ? Il y est expressément indiqué que les règles précédemment évoquées ne sont pas applicables aux conventions portant sur des opérations courantes et conclues à des conditions normales.

Attention

Cette question est importante et ne peut pas être éludée trop rapidement. Il y a trop de détails, dans le libellé du sujet, qui démontrent que son rédacteur y accordait de l'intérêt.

Toute la question est de savoir si le bail peut être considéré comme une opération courante conclue à des conditions normales. Sans doute s'agit-il d'une opération courante, encore que ce qualificatif pourrait être discuté à propos du bail portant sur le lieu principal d'exploitation de l'activité. A-t-il été conclu à des conditions normales ? Rien n'est moins sûr. Certes, les conditions financières étaient classiques. Mais la convention prévoit un droit de résiliation annuelle au profit du bailleur. Or, cette modalité est très inhabituelle. D'une part, elle est contraire au statut des baux commerciaux. Certes, il semble que celui-ci ne s'applique pas ici, dans la mesure où le bail est lui-même d'une durée d'un an. Il demeure que la situation est curieuse. D'autre part, elle risque de causer un fort préjudice à la société qui, rappelons-le, exerce une activité de restauration. Celle-ci ne saurait s'accommoder de l'absence éventuelle de fixité géographique dépendant d'une telle faculté. Quoi qu'il en soit, le rapport de l'expert, nommé par application de l'article L. 223-37, se révélera une précieuse source d'informations sur ce sujet.

Dans ces conditions, l'article L. 223-20 du Code de commerce ne pourrait être invoqué. La procédure précédemment exposée aurait dû être suivie.

II • Les pouvoirs du gérant dans la SCI

Monsieur Radley s'interroge à propos du sort d'un acte accompli par Monsieur Peck, le gérant de l'une des SCI dans laquelle il a pris récemment une participation, laquelle est spécialisée dans l'investissement locatif. Le locataire destinataire du congé délivré par Monsieur Peck est plutôt querelleur et il y a fort à parier qu'il tentera tout ce qu'il peut.

À cette seconde difficulté, l'on répondra plus rapidement.

La question est de savoir si le locataire – un tiers – peut se prévaloir d'une clause statutaire limitative des pouvoirs du gérant d'une société civile. Le gérant de la SCI, Monsieur Peck, n'a pas respecté la procédure statutaire prévue qui imposait, préalablement à la notification du congé, l'accord unanime des associés.

Dans une société civile, les pouvoirs du gérant à l'égard des tiers sont envisagés par l'article 1849 du Code civil. L'alinéa 1er précise que « dans les rapports avec les tiers, le gérant engage la société par les actes entrant dans l'objet social ». De ce point de vue, le congé ne suscite pas de difficultés. En revanche, l'alinéa 3 dispose que « les clauses statutaires limitant les pouvoirs des gérants sont inopposables aux tiers », peu important que le tiers en ait ou non connaissance (Civ. 3e, 24 janv. 2001, n° 99-12.841, *Bull. civ.* III, n° 10). Dans ces conditions, la société ne peut pas se prévaloir du défaut d'autorisation préalable pour délivrer un congé. Cela étant, là n'est pas exactement la question.

Le locataire peut-il s'en prévaloir ? L'on pourrait raisonnablement supposer qu'une réponse négative est envisageable. Si la clause est inopposable au tiers, sans doute celui-ci ne peut-il en tirer argument pour se dégager d'un acte conclu au mépris de cette clause. Et pourtant la jurisprudence est en sens contraire, ce qui peut paraître bien curieux. En effet, dans un arrêt du 23 octobre 1985, la Cour de cassation a estimé que « la disposition […] qui déclare inopposable aux tiers les dispositions des statuts limitant les pouvoirs du président du conseil d'administration d'une SA n'interdit pas aux tiers de s'en prévaloir pour justifier du défaut de pouvoir de ce président à figurer comme représentant de la société » (Civ. 2e, 23 oct. 1985, n° 83-12.007). Cette position a été réaffirmée à plusieurs reprises (Com. 14 févr. 2018, n° 16-21.077), notamment dans une hypothèse similaire (Civ. 3e, 14 juin 2018, n° 16-28.672 P). Dans cette dernière hypothèse, la Cour de cassation précise bien que « les tiers à un groupement foncier agricole peuvent se prévaloir des statuts du groupement pour invoquer le dépassement de pouvoir de celui-ci ». Un tiers peut se prévaloir de l'inobservation d'une clause statutaire limitative de pouvoirs. Un tel manquement étant intervenu en l'espèce, le congé pourrait être remis en cause par le locataire.

Monsieur Radley peut-il se retourner contre le gérant, Monsieur Peck ? Celui-ci n'a pas respecté la procédure statutaire. Il s'agit d'une faute. Dès lors, celle-ci est constitutive d'un juste motif susceptible d'entraîner sa révocation et probablement également une faute de nature à engager sa responsabilité à l'égard de la société, par le biais d'une action *ut singuli*.

Consultation

SUJET

I. Madame Birotteau est associée dans une société civile immobilière, la SCI « Balzac & Cie » avec son époux, Monsieur Birotteau et leur fille majeure, Césarine. Madame Birotteau dispose de 40 % des parts de la SCI, comme son mari. Césarine dispose des 20 % qui restent, étant donné que toutes les parts sont détenues en pleine propriété. La société a pour activité principale la location de biens immeubles situés dans le centre de Paris. La gérante est Madame Birotteau. Depuis que la société a été constituée, au moment de la majorité de Césarine, c'est-à-dire il y a dix ans, les affaires fonctionnent très bien. La SCI est désormais à la tête d'un joli patrimoine : une quinzaine d'appartements, estimés, pour le total, à hauteur de 8 millions d'euros. Bien évidemment, compte tenu de ce patrimoine, la SCI est en relation d'affaires avec de nombreux entrepreneurs.
L'un d'entre eux, la SAS « Fenêtres, à votre service ! », lui pose de très sérieux problèmes. Cette société a été créée il y a trois ans. Madame Birotteau avait commandé deux lots de fenêtres, pour refaire l'ensemble dans deux immeubles, aux termes de deux contrats. Elle avait d'ailleurs signé les deux devis, puis les deux bons de commande. Une date pour le début des travaux avait même été fixée. Cependant, cette date est sans cesse repoussée, en dépit des appels de Madame Birotteau. Le gérant de la SAS, Monsieur Fernand Dutilleul, prétend ne plus s'exécuter, opposant une argumentation que Madame Birotteau trouve un peu fallacieuse ! Selon lui, il n'est pas engagé. Les bons de commande et les contrats auraient été établis pendant la période de formation de cette société, par le frère de Monsieur Dutilleul, François, un temps pressenti pour être gérant, mais qui n'a finalement pas participé à l'aventure « Fenêtres, à votre service ! », ne devenant jamais associé. Selon Fernand Dutilleul, les factures n'ont jamais été reprises par la société. Aujourd'hui, Madame Birotteau a compris les raisons de son refus. Le marché n'est pas du tout avantageux pour lui depuis le renchérissement récent des coûts de construction. Voilà les informations que Madame Birotteau peut vous donner. Le premier contrat a été souscrit au nom de « La société en formation "Fenêtres à votre service !", représentée par son gérant M. François Dutilleul ». Le second, toujours du côté de la SAS, a été libellé ainsi : « M. François Dutilleul, agissant pour le compte de la société en cours de constitution "Fenêtres, à votre service !", et dont l'immatriculation est en cours auprès du greffe de Paris ». Le problème, c'est que Fernand Dutilleul prétend qu'il peut prouver que ces contrats n'ont jamais été expressément repris par la société. Cela étant, Madame Birotteau vous affirme que la SAS avait vraiment montré sa volonté d'exécuter le contrat, effectuant plusieurs visites et mesurages.
Ensuite, Madame Birotteau s'apprête à vendre un studio, situé au sein de l'un des immeubles de la société. L'opération est intéressante, car elle permettrait d'encaisser une plus-value très substantielle. Mais, son époux, avec qui les relations sont extrêmement tendues, prétend qu'elle ne peut pas vendre seule ce bien. Elle doit, selon lui, demander l'accord de tous les associés. L'objet social de la société est ainsi libellé, à l'article 3 : « la propriété, la possession, la jouissance, l'administration, l'aménagement, la transformation et l'exploitation par bail, location ou autrement des terrains et immeubles ». Qu'en pensez-vous ? Existe-t-il un risque de remise en cause de la vente par Monsieur Birotteau si son épouse se décide quand même à vendre le studio ?
Enfin, Madame Birotteau s'est portée caution, au nom de la SCI, pour garantir une dette de la fille issue du premier mariage de Monsieur Birotteau, Constance, laquelle n'est pas associée. La SCI a donc affecté hypothécairement un de ses biens (en l'occurrence un studio d'une valeur de 380 000 euros) pour

garantir le prêt personnel contracté par Constance, à hauteur de 360 000 euros, pour acheter un appartement. Les statuts prévoient la faculté de cautionner au profit d'un membre de la famille, et surtout tout le monde était d'accord à l'époque. Cela avait même été voté en assemblée générale. Mais Constance ne paie plus ses dettes et la banque menace d'exécuter sur la SCI. Que peut faire Madame Birotteau ?

II. Madame Birotteau vous entretient d'un autre problème, à propos d'une société – il s'agit d'une SARL – de construction dont elle est aussi gérante : la SARL « Construction rapide ! » Une société qui devait de l'argent à la SARL a été placée en liquidation judiciaire, il y a maintenant sept mois. Madame Birotteau n'était pas au courant ; elle n'avait pas été prévenue. Aussi n'a-t-elle pas pu déclarer sa créance. Elle s'en plaint auprès de son débiteur qui lui assure qu'elle ne devrait pas s'inquiéter. Il a indiqué son nom et le montant de sa créance au liquidateur.

Madame Birotteau doit-elle effectivement s'inquiéter ?

III. Enfin, Madame Birotteau s'inquiète à propos d'un tout autre sujet. Elle vous avoue qu'elle est très intéressée par les cryptomonnaies ! Aussi a-t-elle investi des sommes importantes dans des fonds spécialisés dans ce type d'investissements. Elle a opéré près de 15 virements (toujours avec le même libellé : « investissement »), pour un montant de 800 000 euros, sur des comptes au nom de ces fonds et ouverts dans des banques domiciliées au Royaume-Uni. Malheureusement, l'ensemble s'est révélé une vaste escroquerie. L'argent et les cryptomonnaies se sont évanouis. Madame Birotteau est certes très fortunée et connaît bien le monde des affaires. Néanmoins, elle n'entend pas en rester là ! Aussi, elle s'interroge. Peut-elle se retourner contre sa banque ?

ENJEUX ET DIFFICULTÉS DU SUJET : COMMENT L'APPRÉHENDER ?

Ce sujet est encore très long ! Il faut donc, comme pour les autres, être rapidement capable de déterminer, avec soin, ce qui est important pour la résolution du cas. Et ce qui fait la difficulté du sujet est qu'il y a peu d'éléments, dans l'exposé des problèmes, qui ne sont pas nécessaires. Par exemple, le fait que la SARL, qui cherche à ne pas payer ses factures, ait été constituée il y a deux ans, revêt un intérêt crucial. Cela signifie qu'en tout état de cause, dans ce cas, la question de la prescription ne se pose pas. Autre exemple, l'on pourrait croire que la circonstance que la SCI soit fortunée est indifférente à la résolution du cas. En effet, le droit applicable ne saurait évidemment dépendre du patrimoine immobilier d'une société ! Et pourtant, il n'en est rien : être propriétaire de plusieurs immeubles (dans cette consultation, ils sont nombreux) permet d'apprécier différemment la condition relative à l'intérêt social, dont dépend la validité de la sûreté. Dès lors, il faut faire preuve d'une certaine rapidité. Ensuite, le sujet est très éclectique et passe d'un thème à l'autre sans vraiment de lien autre que la difficulté qui conduit à ce que l'on vienne consulter le candidat. Pas moins de trois matières sont mobilisées : le droit des sociétés, le droit des procédures collectives et le droit bancaire. Comment faut-il, dans ces conditions, appréhender un tel sujet ? Il est impératif de le lire en entier et de repérer ce qui peut prendre du temps et ce qui est susceptible de moins occuper les étudiants. Du reste, la construction du sujet est un bon indice. Dans ce sujet, il n'y a pas de doute : le premier point occupera une grosse partie des développements. Les détails sont très nombreux, tout comme les informations données. Ce « repérage temporel » est essentiel. D'abord, parce qu'il permet de ne pas s'appesantir sur ce qui ne le mérite pas (et de finir le sujet !). Ensuite, parce que le candidat, en rédigeant sa réponse, pourra déterminer ce par quoi il est plus opportun de commencer.

Ensuite, comme le corrigé le révélera, ce sujet s'appuie sur l'actualité jurisprudentielle. En conséquence, il est très important que celle-ci soit maîtrisée. Ce sont bien souvent des arrêts remarqués, de sorte que les étudiants ayant bien révisé la matière ne devraient pas trop nourrir d'inquiétudes. Par

exemple, les trois arrêts ayant assoupli, dans une certaine dimension, le formalisme prévalant dans le domaine de la société en formation, ont été largement commentés ! Personne n'a pu passer à côté en travaillant le droit des sociétés. Pour cette raison, il est très important, pour les candidats à l'examen d'entrée, de travailler à partir de l'actualité.
Enfin, les étudiants ne doivent pas hésiter à prendre position à partir d'une évolution, en exprimant un avis. Bien sûr, il faut mentionner qu'il s'agit d'une conjecture et non d'une solution bien établie. Néanmoins, il faut bien trouver une solution et la proposer au client. Par exemple, en dépit des trois arrêts remarqués du 29 novembre 2023 (Com. 29 nov. 2023, n°s 22-12.865, 22-18.295 et 22.21.623 B), on sait que la Cour de cassation fait encore une appréciation très rigoureuse à propos de l'éventuelle reprise implicite d'un acte. Celle-ci est régulièrement refusée. Mais ne faut-il pas voir dans les arrêts précités l'amorce d'une évolution future ? Il est parfaitement légitime de poser la question. En tout cas, l'argument doit être utilisé !

ÉLÉMENTS DE CORRECTION

Madame Birotteau rencontre trois séries de difficultés. Tout d'abord, la société civile immobilière « Balzac et Cie », dont elle est associée-gérante, traverse une période de contestations qui ne manquent pas de susciter son lot de questions (I). Dans une SARL dont elle est également associée et gérante, l'un de ses débiteurs se trouve en difficulté, à tel point qu'il est placé en liquidation judiciaire (II). Enfin, l'un des investissements personnels de Madame Birotteau lui a fait perdre beaucoup d'argent ; elle aimerait se retourner contre son banquier (III).

I • Les difficultés de la SCI « Balzac & Cie »

Trois problèmes peuvent être identifiés : la question des contrats de fourniture et d'installation des nouvelles fenêtres (A), le problème de l'éventuelle cession d'un appartement par Madame Birotteau (B) et l'hypothèque en garantie de la dette de la fille de Monsieur Birotteau (C).

A • La fourniture et l'installation des nouvelles fenêtres

Attention

Dans la présente consultation, la complexité peut provenir du fait que deux contrats sont visés, chacun libellé de façon différente. Cette différence est importante ; il faut l'exploiter dans la réponse. Néanmoins, après quelques réflexions générales, il vaut mieux privilégier une réponse progressive, c'est-à-dire contrat par contrat. Procéder autrement conduirait à des redites et à perdre du temps.

La question est ici simple : Madame Birotteau peut-elle contraindre la SAS « Fenêtres – à votre service ! » à exécuter les contrats de livraison et d'installation des fenêtres ? En principe, deux contrats ont été signés, de sorte que la SAS est engagée, peu important l'augmentation du coût pour elle. Cela étant, ces contrats ont été signés alors que la société dont Monsieur Dutilleul est le gérant était en formation. Or, cette période appelle des aménagements spécifiques, tenant principalement au fait que la société n'est pas encore immatriculée.

L'article 1842 du Code civil, dans son alinéa 1er, précise que « les sociétés autres que les sociétés en participation visées au chapitre III jouissent de la personnalité morale à compter de leur immatriculation ». Et selon l'article 1843 du Code civil, « les personnes qui ont agi au nom d'une société en formation avant l'immatriculation sont tenues des obligations nées des actes ainsi accomplis, avec solidarité si la société est commerciale, sans solidarité dans les autres cas. La société régulièrement immatriculée peut reprendre les engagements souscrits, qui sont alors réputés avoir été dès l'origine contractés par celle-ci ». En attendant l'immatriculation, la société ne jouit pas de la personnalité juridique et tout acte qui serait directement passé par elle doit être considéré comme entaché de nullité absolue, étant donné qu'il a été souscrit par une personne dépourvue de capacité (v. par ex., Com. 19 janv. 2022, nº 20-13.719). En conséquence, pour que l'acte soit valable, et qu'il puisse ensuite permettre une reprise, encore faut-il qu'il ait été souscrit pour le compte de la société en formation et non par la société elle-même. Or, s'agissant du premier contrat, celui-ci pose un problème, il a été signé par « la société en formation "Fenêtre à votre service", représentée par son gérant M. François Dutilleul ». Ce libellé ne peut convenir, car la société en formation n'a pas d'existence juridique.

Attention

Sur le plan de la progression des idées, on aurait pu imaginer ne pas « isoler », au moins formellement, les décisions du 29 novembre 2023. Cela étant, comme celles-ci sont récentes et particulièrement importantes, il peut être opportun, ce afin de bien montrer au correcteur que l'étudiant rédacteur maîtrise l'actualité, de les évoquer ainsi.

C'est cependant sans compter le prononcé de trois arrêts récents du 29 novembre 2023, rendus par la chambre commerciale de la Cour de cassation. Ceux-ci marquent un assouplissement très net sur ce point. Désormais, selon la Cour : « l'exigence selon laquelle l'acte doit, expressément et à peine de nullité, mentionner qu'il est passé « au nom » ou « pour le compte » de la société en formation ne résultant pas explicitement des textes régissant le sort des actes passés au cours de la période de formation, il apparaît possible et souhaitable de reconnaître désormais au juge le pouvoir d'apprécier souverainement, par un examen de l'ensemble des circonstances, tant intrinsèques à l'acte qu'extrinsèques, si la commune intention des parties n'était pas que l'acte fût conclu au nom ou pour le compte de la société en formation et que cette société puisse ensuite, après avoir acquis la personnalité juridique, décider de reprendre les engagements souscrits ». En l'espèce, cette condition est remplie et il faudra démontrer qu'il était de la commune intention des parties de conclure l'acte au nom de la société et de permettre une reprise. Ce n'est qu'*a posteriori*, une fois qu'il a compris que l'exécution allait coûter plus cher que ce qui était initialement prévu que Monsieur Dutilleul a changé d'avis.

Sur ce point, la validité du contrat semble difficile à contester, au regard de l'évolution jurisprudentielle récente.

S'agissant du second contrat, l'acte est, de toute façon, valable au regard de sa rédaction, sans qu'il soit besoin de passer par la ressource désormais offerte par les arrêts du 29 novembre 2023. Il est ainsi libellé : « M. François Dutilleul, agissant pour le compte de la société en cours de constitution "Fenêtre – à votre service" ».

Si les deux actes ont été souscrits, encore faut-il prouver ensuite qu'ils ont été repris par la société régulièrement immatriculée. Si c'est le cas, l'acte sera automatiquement transféré à la SAS. À défaut, seul sera responsable le frère de Monsieur Dutilleul, ce qui n'arrangera pas forcément les affaires de Madame Birotteau. Sur ce point, Madame Birotteau ne donne pas beaucoup d'informations. L'on sait que Fernand Dutilleul affirme pouvoir prouver que les actes n'ont pas été repris, tandis que Madame Birotteau indique que la société, une fois immatriculée, avait déjà entrepris des premières mesures d'exécution (mesurage, etc.).

C'est là toute la question de la reprise implicite. Peut-on imaginer, si les trois modes de reprise prévus par les textes (état annexé aux statuts, mandat, délibération postérieure) n'ont pas été respectés, une reprise implicite, par exemple parce que le contractant a exécuté l'acte ? Si c'est le cas, Madame Birotteau pourrait prétendre que l'acte est à la charge de la société. Mais la jurisprudence oppose une formulation de principe en adoptant une réponse négative (v. par ex. Civ. 3e, 30 mars 2023, nº 21-25.920 ; Civ. 3e, 16 sept. 2021, nº 20-17.372 ; Com. 20 févr. 2019, nº 17-14.242). Aucune reprise implicite n'est envisageable. Cela étant, il pourrait être tentant de voir dans les arrêts du 29 novembre 2023 l'amorce d'une évolution vers un assouplissement de ce mouvement jurisprudentiel. C'est un argument que devrait faire valoir Madame Birotteau.

B • La cession d'un appartement par Madame Birotteau

L'un des associés, qui est aussi son époux, reproche à la gérante de s'apprêter à céder seule un bien immobilier appartenant à la SCI : un studio. Selon lui, elle devrait recueillir l'assentiment de tous les associés.

Pour répondre aux interrogations de Madame Birotteau, il faut revenir aux textes régissant les pouvoirs du gérant de société civile. L'article 1849 du Code civil précise, en son alinéa 1er, que « dans les rapports avec les tiers, le gérant engage la société par les actes entrant dans l'objet social ». Et l'article 1852 prévoit que les « décisions qui excèdent les pouvoirs reconnus aux gérants sont prises selon les dispositions statutaires ou, en l'absence de telles dispositions, à l'unanimité des associés ». En d'autres termes, le gérant a toute latitude pour agir dès lors qu'il ne dépasse pas l'objet social. S'il dépasse l'objet social, il lui faudra effectivement l'accord de tous les associés.

Dans ces conditions, toute la question est de savoir si la cession d'un immeuble entre ou non dans l'objet social de la SCI. Pour répondre à cette question, il faut consulter l'article 3 des statuts selon lequel l'objet société « Balzac et Cie » est « la propriété, la possession, la jouissance, l'administration, l'aménagement, la transformation et l'exploitation par bail, location ou autrement des terrains et immeubles ». Or, la cession n'est pas directement visée. Faut-il considérer que la notion de « propriété » pourrait englober la cession, étant donné que la propriété est, selon l'article 544 du Code civil, « le droit de jouir et de disposer des choses de la manière la plus absolue, pourvu qu'on n'en fasse pas un usage prohibé par les lois ou par les règlements ». Cela étant, il résulte de la jurisprudence que cette expression ne vise pas la cession (Civ. 3e, 5 nov. 2020, nº 19-21.214) qui doit être expressément prévue dans l'objet social pour que le gérant puisse céder seul l'immeuble. Dans un arrêt encore plus récent, la Cour de cassation a semblé faire preuve de plus de souplesse (Civ. 3e, 11 mai 2022, nº 21-15.387), sans pour autant que l'on puisse considérer qu'il s'agit d'un réel renversement de la jurisprudence évoquée.

Dans ces conditions, compte tenu des incertitudes évoquées, il vaut mieux conseiller à Madame Birotteau de ne pas céder le bien seul. La sécurité de l'opération ne serait pas totalement assurée.

Attention

Les étudiants ne doivent pas hésiter à prendre position lorsqu'il existe une incertitude. Ainsi, il n'est pas possible de se contenter de faire observer que la jurisprudence est partagée quant à l'analyse de l'expression « propriété » : il faut évoquer cette incertitude et en tirer des conséquences : ici, par exemple, ne pas agir comme Madame Birotteau escomptait le faire !

C • La garantie accordée par la SCI

Madame Birotteau, en qualité de gérante, a affecté hypothécairement l'un des immeubles appartenant à la société, en garantie de la dette de la fille, issue d'un premier mariage, de Monsieur Birotteau. À l'époque, tous les associés étaient d'accord. Aujourd'hui, Constance ne paie plus ses dettes. Madame Birotteau peut-elle trouver une parade efficace aux menaces de la banque quant à l'exécution de la sûreté dont elle dispose sur l'un des immeubles de la société ?

Madame Birotteau pourrait être tentée d'exciper de la nullité de la sûreté ainsi consentie. La garantie hypothécaire consentie par une société civile pour la dette d'un tiers est soumise à des conditions de validité qui si elles ne sont pas respectées font peser un risque important sur la sûreté.

Tout d'abord, la sûreté doit être conforme à l'objet social. Pour qu'une garantie soit conforme à l'objet social, il faut que l'une des trois conditions soit alternativement remplie : soit les statuts de la société prévoient la faculté de cautionner, soit l'ensemble des associés ont donné leur accord, soit il existe une communauté d'intérêts entre la société caution et le débiteur cautionné (v. encore réc. Civ. 1re, 11 janv. 2023, nº 21-16.839). En l'espèce, les statuts prévoyaient cette faculté de cautionner au profit d'un tiers. Dès lors, de ce point de vue, la validité de la sûreté ne saurait être remise en cause par Madame Birotteau.

Ensuite, la sûreté doit être conforme à l'intérêt social. Cette condition, de création relativement récente, s'est récemment imposée. Ainsi, « la sûreté donnée par une société doit, pour être valable, non seulement résulter du consentement unanime des associés, mais également être conforme à son intérêt social » (Com. 8 nov. 2011, nº 10-24.438 ; Com. 23 sept. 2014, nº 13-17.347, *Bull. civ.* IV, nº 142 ; Civ. 3e, 13 avr. 2023, nº 21-24.196). Si la sûreté n'est pas conforme à l'intérêt social, la sanction est celle de la nullité absolue, de sorte que même le garant est fondé à s'en prévaloir. Dans ces conditions, Madame Birotteau pourrait être tentée de se servir de cet argument. Cela étant, la définition de la contrariété à l'intérêt social ne laisse pas vraiment d'espoir face à ces chances de succès. En principe, pour être contraire à l'intérêt social, il faut que la sûreté, lorsqu'elle est mise en œuvre, comporte un risque pour l'existence même de la société (Civ. 3e, 12 sept. 2012, nº 11-17.948). Tout dépend du montant de l'actif mis en garantie, par rapport au montant de la dette mais également du patrimoine de la société. Si la société risque de disparaître, en raison de la mise en œuvre de la garantie, la sûreté doit être considérée comme contraire à l'intérêt social. Ainsi en irait-il lorsque la société n'a pas d'autre actif que celui mis en garantie (Com. 23 sept. 2014, arrêt préc.) et que la valeur de l'immeuble est équivalente à celle de la dette garantie (Civ. 3e, 20 déc. 2018, nº 17-26.216). En revanche, si la société possède d'autres biens que celui affecté en garantie, la contrariété à l'intérêt social n'est pas caractérisée (Civ. 3e, 27 avr. 2017, nº 16-12.388).

Au regard des éléments qui précèdent, la sûreté consentie par Madame Birotteau ne saurait être considérée comme contraire à l'intérêt social. La SCI « Balzac et Cie » dispose de nombreux appartements, de sorte que l'exécution sur l'un seul d'entre eux, comme le laisse supposer l'absence de paiement du débiteur, ne compromettra pas son existence.

En conclusion, comme la sûreté est tout à la fois conforme à l'intérêt social et à l'objet social, Madame Birotteau n'a pas beaucoup d'espoir pour parvenir à la remettre en cause.

II • Les déboires du débiteur de la SARL

Attention

Pour les deux dernières difficultés, compte tenu de la longueur des premiers développements, il est recommandé aux étudiants de ne pas se perdre dans des raisonnements trop longs et de rester concis. Ces deux dernières questions sont construites – rédigées – de telle façon qu'elles n'ont pas de ramifications.

L'un des débiteurs d'une SARL de construction, dont Madame Birotteau est aussi la gérante, a été placé en liquidation judiciaire, il y a sept mois, sans que Madame Birotteau soit au courant et qu'elle n'ait pu déclarer sa créance. Le débiteur lui précise avoir pourtant indiqué son nom et le montant de sa créance. Cette circonstance pourrait bien être favorable pour Madame Birotteau.
Depuis 2014, selon l'article L. 622-24, alinéa 3, du Code de commerce, « lorsque le débiteur a porté une créance à la connaissance du mandataire judiciaire il est présumé avoir agi pour le compte du créancier tant que celui-ci n'a pas adressé la déclaration de créances […] ». Le créancier bénéficie d'une session de rattrapage qui lui permet de se prévaloir des déclarations qu'aurait pu faire le débiteur dans la liste de l'article L. 622-6 du Code de commerce qu'il doit remettre au mandataire judiciaire dans de brefs délais.
Tout n'est pas perdu pour Madame Birotteau. Il semblerait cependant que le débiteur de Madame Birotteau n'ait indiqué que le nom de sa société et le montant de la créance. Mais cela suffit, pour la Cour de cassation, pour que la créance puisse être considérée comme déclarée pour compte (Com. 8 févr. 2023, n° 21-19.330).

III • Les investissements de Madame Birotteau

Un dernier problème occupe Madame Birotteau, cette fois-ci à titre privé. Elle a investi dans des cryptomonnaies, par l'intermédiaire de virements effectués au profit d'établissements bancaires situés au Royaume-Uni. Le tout s'est révélé être une vaste escroquerie, son argent s'est évaporé. Peut-elle se retourner contre sa banque ?
Une voie susceptible d'être explorée est celle de la méconnaissance, par le banquier, de son obligation de vigilance. Ne pourrait-on considérer qu'il a failli à son obligation en laissant s'opérer de tels virements, sans avertir Madame Birotteau des risques qu'elle encourait ?
Il semblerait cependant qu'une telle argumentation ne puisse prospérer, surtout à la lumière d'un arrêt du 21 septembre 2022 (Com. 21 sept. 2022, n° 21-12.335) ? La Cour de cassation approuve une cour d'appel d'avoir considéré qu'il n'y avait eu, dans un contexte similaire, aucun manquement à son obligation de vigilance. Dans cette affaire, aucune des opérations de virements n'est affectée d'une anomalie matérielle et le montant des virements n'était pas constitutif d'une anomalie. C'était également le cas pour Madame Birotteau qui disposait d'un patrimoine important et effectuait ses virements à destination du Royaume-Uni. Dans ces conditions, la banque n'avait commis aucun manquement à son obligation de vigilance et, en l'état actuel de la jurisprudence, Madame Birotteau n'a guère de possibilités pour assigner l'établissement de crédit teneur de son compte.

Consultation

SUJET

Depuis tout petit, Monsieur Tartempion est persuadé d'avoir le sens du commerce ! Il a envie d'être à la tête de multiples sociétés et devenir président-directeur général (PDG) est un rêve d'enfance.

Il a ainsi créé, en 2010, une société à responsabilité limitée – *Dépan'vite SARL* – à laquelle il a apporté la jouissance d'un local commercial, évaluée à 6 000 euros, du matériel informatique pour 12 000 euros et un apport en numéraire de 2 000 euros, en contrepartie de quoi il détient 2 000 parts de la société. Ophélie, une amie, a fait un apport en numéraire de 2 000 euros et détient 200 parts.

Paul, le cousin de Monsieur Tartempion, a fait un apport de 8 000 euros en numéraire : il détient 800 parts.

L'entreprise s'est toutefois développée depuis sa création : des projets sont dans l'air. Aussi, Monsieur Tartempion souhaite voir évoluer les statuts : il désirerait que l'on prenne en compte le fait qu'Ophélie exerce dans la société des activités de secrétariat et de comptabilité. Il veut qu'elle soit rémunérée pour ce faire et s'interroge quant aux possibilités qui s'offrent à lui.

Monsieur Tartempion a été informé, il y a quelques jours, que son cousin Paul a été victime d'un accident mortel. Il laisse pour lui succéder son fils âgé de 17 ans, Bryan, qui a toujours désiré entrer dans la société. Or, les statuts contiennent une clause aux termes de laquelle « un conjoint, un ascendant, un héritier ne peut devenir associé que s'il a reçu l'agrément de la majorité des associés représentant au moins la moitié des parts sociales ». Monsieur Tartempion et Ophélie ont un doute sur les capacités de travail de Bryan : ils sont défavorables à son entrée dans la société.

Quelques années plus tard, en mai 2017, ayant appris que le dirigeant d'une SARL ne pouvait recevoir la dénomination de « PDG », il a créé une deuxième société : *Dépan'online SA*. Son idée était de devenir le leader mondial du dépannage informatique à distance, *via* Internet.

La société est composée de cinq associés : Monsieur Tartempion, Aristide, Bernard, Chloé et Denis. Chacun a fait un apport de 10 000 euros en numéraire et, pour l'heure, 30 000 euros ont déjà été libérés. Monsieur Tartempion, Aristide et Denis sont membres du conseil d'administration et Monsieur Tartempion – conformément à son rêve d'enfance – est président du conseil d'administration et directeur général de la société.

Malheureusement, les « affaires » ne se passent pas aussi bien que cela. Le dépannage à distance ne convainc guère les clients et les dissensions se multiplient au sein de la société. Les sujets de discordes sont nombreux. Monsieur Tartempion, qui fait actuellement l'objet d'un contrôle fiscal, manque de liquidités. Or, Chloé voudrait bien qu'il réclame aux associés le reste du capital non libéré. Pour l'heure il résiste, mais le pourra-t-il encore longtemps ? De plus, dans un an, les mandats d'administrateurs de Monsieur Tartempion et d'Aristide vont arriver à leur terme. Ils voudraient se présenter à nouveau. Néanmoins, Chloé est furieuse depuis qu'elle a appris leur intention : « Et les femmes dans tout cela ? ! ». Enfin, et de manière plus pressante, Monsieur Tartempion a peur que, lors de la prochaine assemblée générale, la semaine prochaine, ses associés cherchent à le révoquer de son mandat d'administrateur. Perdrait-il alors sa précieuse qualité de PDG ? Il se dit qu'il n'aura qu'à être absent à cette réunion et rien ne pourra se faire !

La situation financière de Monsieur Tartempion est d'autant plus délicate en ce moment qu'il est également associé et membre du conseil d'administration de la société *Maurice Club Night SA*. La société, dont le capital est de 35 000 000 euros (intégralement libéré), est composée de plus de 700 associés. Monsieur Tartempion dispose de 2 % des parts : il avait à l'époque fait un apport en nature d'un immeuble évalué à 700 000 euros.

Il est inquiet depuis quelque temps des décisions prises par la société. Celle-ci a pour objet l'acquisition et la gestion de boîtes de nuit. Or, il y a une semaine, le président du conseil d'administration, par ailleurs directeur général, a signé un contrat en vue de l'acquisition d'un jet privé. La décision a été approuvée par le conseil d'administration, conformément aux statuts de la société. À l'époque, il avait adressé de nombreux courriels aux autres membres du conseil pour les inviter à voter contre le projet. Néanmoins, le jour du vote du conseil, un imprévu de dernière minute (le décès de son cousin) l'avait empêché de se rendre à la réunion : il n'a donc pas voté contre la résolution !

ÉLÉMENTS DE CORRECTION

Monsieur Tartempion semble rencontrer des difficultés et des interrogations à propos de ses sociétés *Dépan'vite SARL* (I), *Dépan'online SA* (II) et *Maurice Club Night SA* (III).

I • La société *Dépan'vite SARL*

Rappel des faits : Monsieur Tartempion est associé et gérant d'une SARL créée en 2010. Il dispose de 2 000 parts. Ophélie en a 200 et Paul 800. Il souhaite « rémunérer » l'une des associés par rapport au travail qu'elle réalise dans le cadre sociétaire. En outre, suite au décès récent de Paul, il souhaite – ainsi qu'Ophélie – s'opposer à l'entrée dans la société de Bryan, âgé de 17 ans, le fils de Paul. Or, une clause des statuts prévoit que : « un conjoint, un ascendant, un héritier ne peut devenir associé que s'il a reçu l'agrément de la majorité des associés représentant au moins la moitié des parts sociales ».
Deux points semblent ici poser difficulté : la rémunération d'Ophélie (A) et le décès de Paul et l'arrivée de son fils (B).

A • La rémunération d'Ophélie

Problématique : Monsieur Tartempion souhaite rémunérer Ophélie et s'interroge quant aux modalités possibles.
Deux « voies » méritent d'être explorées : faire d'Ophélie une salariée de la SARL ou bien lui accorder des parts sociales supplémentaires au titre d'un apport en industrie.

1 • Le contrat de travail d'Ophélie

Jurisprudence :
Alors que dans le cadre de la société anonyme, la question de l'exercice couplé d'un mandat social et d'une activité salariée fait l'objet de dispositions textuelles spécifiques, le Code de commerce ne se prononce pas à propos de l'associé de SARL. Ce vide juridique est comblé par la jurisprudence qui admet la validité d'un tel cumul au sein d'une même société, à condition que le contrat de travail corresponde à un emploi effectif, séparé du mandat social et pour lequel l'intéressé reçoit une rémunération distincte. L'activité salariée doit de plus être accomplie dans un état de subordination vis-à-vis de la société (par ex., Soc. 18 mai 1983, n° 81-40.059).

Application :
En l'espèce, il convient de remarquer qu'Ophélie n'est pas gérante. Partant, il sera très facile de remplir les conditions précitées. D'abord, si elle fait des tâches comptables et de secrétariat, il s'agira bien d'une activité effective, sans lien avec ses fonctions d'associé. Ensuite, puisqu'elle n'est ni gérante, ni associée majoritaire, le lien de subordination ne posera pas de problème.

2 • L'apport en industrie d'Ophélie

Textes :
– L'apport en industrie est traditionnellement interdit dans la SA et dans la SARL. Mais, depuis la loi du 15 mai 2001, ces restrictions ont disparu.

– *Article L. 223-7, al. 2, du Code de commerce* : « Le cas échéant, les statuts déterminent les modalités selon lesquelles peuvent être souscrites des parts sociales en industrie. »

– *Article L. 223-30, al. 2, 3 et 5, du Code de commerce* : « Toutes autres modifications des statuts sont décidées par les associés représentant au moins les trois quarts des parts sociales. Toute clause exigeant une majorité plus élevée est réputée non écrite.

Toutefois, pour les modifications statutaires des sociétés à responsabilité limitée constituées après la publication de la loi nº 2005-882 du 2 août 2005 en faveur des petites et moyennes entreprises, l'assemblée ne délibère valablement que si les associés présents ou représentés possèdent au moins, sur première convocation, le quart des parts et, sur deuxième convocation, le cinquième de celles-ci. À défaut de ce quorum, la deuxième assemblée peut être prorogée à une date postérieure de deux mois au plus à celle à laquelle elle avait été convoquée. Dans l'un ou l'autre de ces deux cas, les modifications sont décidées à la majorité des deux tiers des parts détenues par les associés présents ou représentés, à l'exception du déplacement du siège social, décidé par un ou plusieurs associés représentant plus de la moitié des parts. Les statuts peuvent prévoir des quorums ou une majorité plus élevés, sans pouvoir, pour cette dernière, exiger l'unanimité des associés. […]

La majorité ne peut en aucun cas obliger un associé à augmenter son engagement social ».

Application :
– Pour qu'Ophélie puisse profiter de parts en industrie, les statuts doivent le permettre. En l'espèce, rien n'est dit, donc on peut supposer que cela n'est pas le cas.

– Il faudra donc modifier les statuts, ce qui suppose la réunion d'une assemblée générale extraordinaire. En présence d'une SARL constituée après la loi du 4 août 2005 sur les petites et moyennes entreprises (notre SARL a été constituée en 2010), les décisions sont prises à la majorité des deux tiers des parts détenues par les associés présents ou représentés. Le quorum nécessaire est d'un quart des parts sociales sur première convocation.

– L'octroi des parts sociales rémunérant un apport en industrie n'est pas une augmentation des engagements des associés.

– Monsieur Tartempion et Ophélie ont 2 200 parts sur les 3 000 que compte la société. Si Monsieur Tartempion, gérant, convoque une assemblée générale extraordinaire et qu'Ophélie est présente (ce qui semble évident au regard des circonstances), tant le quorum d'1/4 que la majorité des 2/3 seront satisfaits.

– L'octroi de parts sociales à Ophélie au titre d'un apport en industrie pourra être décidé. Rappelons que ces parts sociales n'intègrent pas le capital social.

– Il appartiendra aux rédacteurs de préciser, dans les statuts modifiés, les modalités de cet apport, soit, par exemple, la nature des prestations dues par Ophélie, le temps qu'elle devra y consacrer, le nombre de parts reçues en contrepartie, les droits pécuniaires (partage des bénéfices, du *boni* de liquidation le cas échéant), les contributions aux pertes, le droit de vote, voire éventuellement une clause de non-concurrence (utile lorsque la prestation fournie est caractéristique : ici, elle a accès à la comptabilité de la société, c'est-à-dire une donnée sensible).

Remarque

Les deux solutions présentent des avantages et des inconvénients qu'il est possible d'expliquer en quelques mots. Le contrat de travail offre une rémunération stable et un statut protecteur (sécurité sociale, protection contre le licenciement, etc.). En revanche, du point de vue de la société, il est une charge supplémentaire (le salaire mensuel et les charges afférentes). L'apport en industrie permet à son bénéficiaire de participer aux bénéfices (sans obliger donc la société à payer un salaire les années où ses bénéfices seraient faibles).

B • Le décès de Paul et l'arrivée de son fils Bryan

Problématique : Quelle est l'incidence du décès de l'un des associés et dans quelle mesure son héritier peut devenir associé en présence d'une clause d'agrément ?

1 • L'incidence du décès

Texte :

– *Article L. 223-41, al. 2, du Code de commerce* : « [La SARL] n'est pas non plus dissoute par le décès d'un associé, sauf stipulation contraire des statuts ».

Application :

Aucune clause statutaire ne semble faire référence au décès comme cause de dissolution. Le décès de Paul n'aura pas d'incidence sur la continuité de la société.

2 • Le sort de Bryan

Remarque préalable

Il n'y a pas de texte spécifique s'agissant de la capacité des associés en SARL : il n'est pas nécessaire qu'ils aient la capacité requise pour être commerçant ou pour faire un acte de commerce. Un mineur, même non émancipé, tel Bryan, peut devenir associé de SARL.

Textes et jurisprudence :

– *Article L. 223-13, al. 1er, du Code de commerce* : « Les parts sociales sont librement transmissibles par voie de succession ou en cas de liquidation de communauté de biens entre époux et librement cessibles entre conjoints, ascendants et descendants. »

Al. 2 du même texte (et art. L. 223-16) : Les statuts peuvent ainsi contenir une clause d'agrément aussi bien à l'égard du conjoint ou de l'héritier que de l'associé. Dans ce cas, le conjoint ou l'héritier devra être agréé dans des conditions de délai et de majorité qui ne peuvent excéder celles prévues à l'article L. 223-14.

– *Article L. 223-14 du Code de commerce* : « Les parts sociales ne peuvent être cédées à des tiers étrangers à la société qu'avec le consentement de la majorité des associés représentant au moins la moitié des parts sociales, à moins que les statuts prévoient une majorité plus forte. »

– *Com. 28 oct. 1974, n° 73-12.368* : À noter que la jurisprudence écarte ces clauses lorsque le conjoint ou l'héritier est déjà associé au moment du décès de son auteur.

Application :

– La clause d'agrément est ici valide puisqu'elle vise, comme l'énonce l'article L. 223-14 précité, « l'agrément de la majorité des associés représentant au moins la moitié des parts sociales ».

– Bryan n'est pas d'ores et déjà associé, donc la clause ne saurait être écartée.

– En l'espèce, Monsieur Tartempion et Ophélie disposent (avant la modification des statuts relative à l'apport en industrie) de 2 200 parts sur 3 000, soit 73 %. En outre, par tête, ils sont deux associés sur trois.

– Monsieur Tartempion et Ophélie peuvent valablement s'opposer à l'entrée de Bryan dans la société.

– Conséquence du refus d'agrément : la société est tenue d'acquérir ou de faire acquérir les parts, conformément aux alinéas 3 et 4 de l'article L. 223-14 sur renvoi de l'article 223-13 du Code de commerce. Il faudra rembourser à l'héritier la valeur de ses parts. Attention, toutefois, la société dispose d'un délai de trois mois à compter du refus d'agrément pour acheter les parts ou les faire acquérir par ses associés ou un tiers. Si aucune de ces mesures n'a été arrêtée à l'expiration de ce délai, l'agrément est réputé acquis.

Remarque

Bien que la question ne se pose pas en l'espèce, la Cour de cassation a eu à connaître de l'hypothèse où, du fait du décès, les majorités visées n'étaient pas atteintes.

Dans un arrêt du 5 février 1991, la chambre commerciale de la Cour de cassation a reproché à la cour d'appel de Pau d'avoir écarté la clause d'agrément, alors que l'associé survivant d'une société, constituée à parts égales par lui et l'associé décédé, n'atteignait pas la majorité de 3/4 exigée pour les SARL constituées avant le 3 août 2005, en se référant au principe légal de l'article L. 223-13, al. 1er, à savoir la libre cessibilité des parts sociales. En suivant ce raisonnement, l'héritier devait donc être automatiquement associé.

Sous le visa de l'article 1134 du Code civil, la Cour de cassation censure la cour d'appel pour avoir méconnu les termes clairs et précis de la clause d'agrément, alors que l'assemblée générale, composée de l'associé survivant, s'était opposée à cet agrément (Com. 5 févr. 1991, n° 89-16.844).

La clause doit donc produire ses effets, alors même que l'associé survivant ne dispose pas de la majorité requise, et l'héritier ne peut pas devenir associé ! Pour la doctrine, la décision s'explique plus par la prise en considération de l'*intuitu personae* qui anime la SARL que par les règles relatives aux délibérations d'assemblée.

II • La société *Dépan'online SA*

Rappel des faits : Monsieur Tartempion est associé, administrateur et président du conseil d'administration au sein de la société *Dépan'online SA*, fondée en mai 2017. Celle-ci est en outre composée de Aristide, Denis (les deux étant également membres du conseil d'administration), Bernard et Chloé. Chacun a fait un apport en numéraire de 10 000 euros. 30 000 euros ont d'ores et déjà été libérés. Les mandats de Monsieur Tartempion et d'Aristide vont en outre arriver à leur terme.

Trois questions sont ici posées : le sort du capital non libéré (A), les prétentions de Chloé comme membre du conseil d'administration (B) et la révocation de Monsieur Tartempion et ses conséquences (C).

A • Le sort du capital non libéré

Problématique : Monsieur Tartempion ne souhaite pas voir libérer l'intégralité du capital de sa société et veut savoir s'il peut s'y opposer.

Texte :

– *Article L. 225-3, al. 1er et 2, du Code de commerce* : « Le capital doit être intégralement souscrit.

Les actions de numéraire sont libérées, lors de la souscription, de la moitié au moins de leur valeur nominale. La libération du surplus intervient en une ou plusieurs fois sur décision du conseil d'administration ou du directoire selon le cas, dans un délai qui ne peut excéder cinq ans à compter de l'immatriculation de la société au registre du commerce et des sociétés. »

Application :

– Si le capital social a été intégralement souscrit lors de la constitution de la société, il n'a pas été intégralement libéré.

Remarque

La distinction entre souscription et libération des apports est essentielle et doit impérativement être maîtrisée.

- Les actions de numéraires devaient être libérées pour moitié au minimum, ce qui est ici le cas (30 000 euros sur 50 000).
- La libération du surplus intervient sur décision du conseil d'administration. Or, Chloé n'étant pas membre dudit conseil, elle ne pourra pas « forcer » la libération.
- En revanche, la libération totale doit intervenir dans les cinq ans suivant l'immatriculation. Ici, le sujet ne donne guère d'indications précises : la société a été fondée en mai 2017. Si cette date correspond à son immatriculation, les 20 000 euros restant à libérer devront l'être avant mai 2022. Si Monsieur Tartempion peut encore attendre, il devra malgré tout songer à régulariser la situation dans un futur plutôt proche.

B • Les prétentions de Chloé comme membre du conseil d'administration

Problématique : Monsieur Tartempion et Aristide voient leurs mandats d'administrateur se terminer dans peu de temps et souhaitent se représenter, nonobstant que le conseil d'administration ne comporte pour l'heure aucune femme. Cette situation peut-elle durer ?

Textes :

– Principe général (applicable à toutes les sociétés) : le conseil d'administration doit être composé en recherchant une représentation équilibrée des femmes et des hommes (C. com., art. L. 225-17, al. 2). Ce texte n'est assorti d'aucune sanction.

– En revanche, depuis la loi n° 2011-103 du 27 janvier 2011, la mixité est imposée dans les sociétés dont les actions sont admises aux négociations sur un marché réglementé et, progressivement, dans les sociétés qui répondent à certains critères de chiffre d'affaires et de nombre de salariés.

– Dans les sociétés dont les actions sont admises aux négociations sur un marché réglementé, la proportion des administrateurs de chaque sexe doit être d'au moins 40 %. Et, en présence d'un conseil constitué au plus de huit membres, l'écart entre le nombre de femmes et d'hommes ne peut pas être supérieur à deux (art. L. 225-18-1, al. 1).

– Pour les sociétés non cotées, l'obligation s'applique aussi, à l'issue de la prochaine assemblée qui a à statuer sur des nominations, dans les sociétés qui, pour le troisième exercice consécutif, remplissent les deux conditions suivantes : employer un nombre moyen d'au moins 250 salariés permanents ; réaliser au moins 50 millions d'euros nets de chiffre d'affaires ou présenter un total de bilan supérieur ou égal à cette somme. Pour les sociétés employant 500 salariés ou plus, l'obligation est entrée en vigueur le 1er janvier 2017, le décompte des trois exercices devant s'effectuer à partir de 2014. Pour les sociétés dont l'effectif est compris entre 250 et 499 salariés, l'obligation prend effet le 1er janvier 2020, le décompte des trois exercices s'effectuant à partir de 2017.

Application :

– En l'espèce, la SA *Dépan'online* n'est pas une société cotée. S'agissant des seuils, le sujet ne donne guère d'indication sauf que la société comporte cinq associés et que sa situation n'est guère florissante. L'on peut présumer qu'elle n'emploie pas 250 salariés et qu'elle ne dispose pas de 50 millions d'euros nets de chiffre d'affaires, ni ne présente un total de bilan supérieur ou égal à cette somme. Aucune obligation ne pèse donc sur la société.

– Certes, l'article L. 225-17, al. 2, du Code de commerce impose que le conseil d'administration soit composé en recherchant une représentation équilibrée des femmes et des hommes. Néanmoins, il ne s'agit là que d'une affirmation de principe, non sanctionnée dans les petites et moyennes sociétés.

– En définitive, Chloé ne pourra se plaindre de l'absence de femme dans le conseil d'administration. Monsieur Tartempion et Aristide pourront se représenter.

C • La révocation de Monsieur Tartempion et ses conséquences

Problématique : Monsieur Tartempion a le sentiment que la prochaine assemblée générale souhaite le révoquer de son mandat d'administrateur et s'interroge quant à la manière dont cette révocation peut intervenir et ses conséquences s'agissant de son poste de président du conseil d'administration.

Textes et jurisprudences :

– *Article L. 225-18, al. 2, du Code de commerce* : « [Les administrateurs] peuvent être révoqués à tout moment par l'assemblée générale ordinaire ». Toute disposition contraire à cette libre révocation est réputée non écrite (art. L. 225-47, al. 3 ; Com. 14 mai 2013, nº 11-22.845).

– Cette décision de révocation est prise par l'assemblée générale ordinaire, à une majorité simple. Elle n'a pas besoin d'être motivée : on parle de révocation *ad nutum*.

– L'assemblée peut d'ailleurs prendre cette décision, même si la question ne figure pas à son ordre du jour (**Paris, 31 mai 2011, nº 10/16540**). Et les juges du fond précisent encore que le défaut d'inscription de la révocation d'un dirigeant, en l'occurrence un administrateur, à l'ordre du jour ne suffit pas à rendre celle-ci abusive, dès lors qu'il a été convoqué et ne s'est pas rendu à la réunion ; il s'est alors lui-même exclu des débats (**Paris, 28 avr. 2011, nº 10/09789**). De même, jugeant que « M. X… s'est abstenu de se rendre tant au conseil d'administration ayant précédé l'assemblée générale au cours de laquelle son éviction a été décidée qu'à cette dernière, et qu'il s'est ainsi de lui-même exclu des débats, [il] ne peut dès lors se plaindre d'une violation de ses droits » (Com. 10 juill. 2012, nº 11-23.280).

– Le dirigeant victime d'une révocation peut néanmoins réclamer des dommages-intérêts à la société, voire aux associés, en cas d'abus. Et la révocation est abusive lorsqu'elle est accompagnée de circonstances portant atteinte à la réputation ou à l'honneur du dirigeant ou lorsqu'elle a été décidée brutalement, sans respecter l'obligation de loyauté dans l'exercice du droit de révocation (**Com. 14 mai 2013, nº 11-22.845 ; Com. 25 nov. 2014, nº 13-21.460**).

– *Article L. 225-47, al. 1er, du Code de commerce* : le président doit être choisi parmi les membres du conseil d'administration.

Application :

– Du fait de la révocabilité *ad nutum* des administrateurs, ceux-ci peuvent être révoqués à tout moment et sans juste motif. Cette révocation interviendra en assemblée générale, même s'il n'est pas nécessaire que ce point figure à l'ordre du jour (c'est la théorie des « incidents de séance »).

– Monsieur Tartempion pourra être révoqué par la prochaine assemblée générale si une majorité d'associés le souhaitent, peu important l'ordre du jour de la réunion. Il ne pourra solliciter de dommages et intérêts du fait de cette révocation, aucun juste motif ne devant être avancé.

– Une seule limite existe toutefois à ce principe : l'abus dans la révocation. Les associés doivent permettre à Monsieur Tartempion de s'expliquer et ne pas être injurieux. À défaut, il pourra solliciter une indemnisation (mais la décision de révocation reste valable).

– Le seul fait, pour Monsieur Tartempion, de ne pas se rendre à la réunion ne saurait suffire à caractériser un abus dans le droit de le révoquer. Partant, son absence ne va en aucun cas « bloquer » le processus de la révocation. Il a tout intérêt à se rendre à la réunion et à profiter de ses « droits de la défense » pour tenter de convaincre les associés qu'il est un bon administrateur.

– Enfin, s'il est révoqué de son mandat d'administrateur, il va également perdre sa qualité de président du conseil d'administrateur, puisqu'il faut impérativement être administrateur pour être président du conseil d'administration.

III • La société *Maurice Club Night SA*

Rappel des faits : Monsieur Tartempion est associé et administrateur de la société *Maurice Club Night SA*. Or, récemment, la société – qui a pour objet l'acquisition et la gestion de boîtes de nuit – a signé, par le biais de son président directeur général, un contrat en vue de l'acquisition d'un jet privé. La décision a été approuvée par le conseil d'administration conformément aux statuts de la société. Si Monsieur Tartempion avait adressé de nombreux courriels aux autres membres du conseil pour les inviter à voter contre le projet, il était au final absent lors de la réunion visée.
Deux points doivent être vus : la validité du contrat conclu (**A**) et l'éventuelle responsabilité de Monsieur Tartempion en sa qualité d'administrateur (**B**).

A • La validité du contrat conclu

Problématique : Monsieur Tartempion s'interroge sur le fait de savoir si le contrat conclu en violation de l'objet social est valable et si la société est ainsi tenue.

Texte et jurisprudence :

– *Article L. 225-35, al. 2, du Code de commerce* : « Dans les rapports avec les tiers, la société est engagée même par les actes du conseil d'administration qui ne relèvent pas de l'objet social, à moins qu'elle ne prouve que le tiers savait que l'acte dépassait cet objet ou qu'il ne pouvait l'ignorer compte tenu des circonstances, étant exclu que la seule publication des statuts suffise à constituer cette preuve. »

– *Paris, 15 déc. 1999, n° 1996/86379* : la société est engagée alors même que l'acte du président excède l'objet social, à moins que le tiers eût connaissance de ce dépassement.

Application :
En l'espèce, il semble évident que l'achat d'un jet est contraire à l'objet social, soit l'acquisition et la gestion de boîtes de nuit. Néanmoins, rien n'est dit quant à la société venderesse du jet : rien ne permet d'affirmer qu'elle pouvait connaître ledit dépassement. La société sera donc tout de même engagée par l'acte passé par le président-directeur général : l'achat du jet devra être honoré.

B • La responsabilité de Monsieur Tartempion

Texte et jurisprudences :

– *Article L. 225-251, al. 1er, du Code de commerce* : « Les administrateurs et le directeur général sont responsables individuellement ou solidairement selon le cas, envers la société ou envers les tiers, soit des infractions aux dispositions législatives ou réglementaires applicables aux sociétés anonymes, soit des violations des statuts, soit des fautes commises dans leur gestion. »

– À l'égard des tiers non-actionnaires, la responsabilité des administrateurs ne peut être engagée que s'ils ont commis une faute séparable de leurs fonctions et qui leur soit imputable personnellement (par ex., Com. 20 mai 2003, nº 99-17.092).

– La responsabilité des administrateurs est « solidaire » dès lors que la faute est commune ou collective, soit lorsqu'elle est l'œuvre collective du conseil d'administration (par ex., Limoges, 17 janv. 2013, RG nº 11/01356), soit lorsque chaque administrateur est présumé avoir commis une faute individuelle. Celui-ci peut cependant écarter cette responsabilité collective en établissant qu'il s'est comporté en administrateur prudent et diligent, notamment en s'opposant à la décision prise par le conseil (Com. 30 mars 2010, nº 08-17.841).

Application :

– S'agissant de la responsabilité à l'égard des tiers, Monsieur Tartempion peut se rassurer : une absence lors d'un conseil d'administration ne saurait être considérée comme une faute grave détachable de ses fonctions.

– À propos de sa responsabilité à l'égard de la société, les choses sont plus complexes. Il faut ici raisonner en trois temps.

• *La décision est-elle critiquable en tant que telle ?* En l'espèce, la réponse est assurément positive : le conseil d'administration a validé la conclusion d'un contrat directement contraire à l'objet social, soit l'acquisition et la gestion de boîtes de nuit. Or, il semble délicat d'affirmer que l'achat d'un jet participe d'un tel objet. Le conseil d'administration n'aurait jamais dû « valider » l'achat, ce d'autant plus que la société est désormais engagée.

• *L'administrateur est-il responsable de cette décision ?* Certes, Monsieur Tartempion était absent le jour du vote litigieux. Néanmoins, la jurisprudence considère que la seule absence ne suffit pas à écarter la responsabilité de l'administrateur. Les décisions du conseil d'administration étant collégiales, chacun est réputé donc avoir commis une faute individuelle.

• *Une cause d'exonération peut-elle être mise en œuvre ?* La jurisprudence permet de renverser la présomption précitée en établissant que l'intéressé s'est comporté en administrateur prudent et diligent, notamment en s'opposant à la décision prise par le conseil. C'est *a priori* le cas de Monsieur Tartempion : s'il était absent le jour du vote, qui plus est pour une raison valable – le décès de son cousin –, il n'a eu de cesse d'alerter les autres membres du conseil d'administration sur le fait qu'il fallait s'opposer à l'achat du jet. L'on peut y voir un comportement prudent et diligent.

– En définitive, Monsieur Tartempion ne pourra pas voir sa responsabilité civile engagée en sa qualité d'administrateur de la société *Maurice Club Night SA* par rapport à l'achat du jet.

PROCÉDURE CIVILE, MODES AMIABLES DE RÉSOLUTION DES DIFFÉRENDS ET MODES ALTERNATIFS DE RÈGLEMENT DES DIFFÉRENDS

Épreuve de 2 heures, coefficient 2

Programme

I. Procédure civile.
II. Modes amiables de résolution des différends.
III. Arbitrage.
IV. Procédures civiles d'exécution.

Bibliographie

S. Amrani-Mekki et Y. Strickler, *Procédure civile*, PUF, coll. « Thémis droit », 2014.
S. Amrani-Mekki, *Guide des modes alternatifs de règlement des litiges*, 2e éd., LexisNexis, coll. « Les guides », 2022.
C. Brenner, *Procédures civiles d'exécution*, 12e éd., Dalloz, coll. « Cours », 2024.
L. Cadiet et E. Jeuland, *Droit judiciaire privé*, 12e éd., LexisNexis, coll. « Manuels », 2023.
L. Cadiet et Th. Clay, *Les modes alternatifs de règlement des conflits*, 4e éd., Dalloz, coll. « Connaissance du droit », 2025.
N. Cayrol, *Procédure civile*, 4e éd., Dalloz, coll. « Cours », 2022.
G. Couchez et X. Lagarde, *Procédure civile*, 18e éd., Sirey, coll. « Université », 2025.
H. Croze, R. Laher, *Procédure civile, Technique procédurale civile*, 8e éd., LexisNexis, coll. « Objectif droit », 2024.
A. Damiens, N. Hoffschir, L. Llahi, et S. Mauclair, *Procédure civile*, 6e éd., Enrick B., coll. « CRFPA », 2024.
M. Donnier et J.-B. Donnier, *Voies d'exécution et procédures de distribution*, 10e éd., LexisNexis, coll. « Manuels », 2020.
N. Fricero, *Procédure civile*, 21e éd., Gualino, coll. « Mémentos LMD », 2024.
N. Fricero, *Procédures civiles d'exécution*, 11e éd., Gualino, coll. « Mémentos LMD », 2022.
N. Fricero, *L'essentiel de la procédure civile*, 20e éd., Gualino, coll. « Carrés Rouge », 2023.
N. Fricero, *L'essentiel des procédures civiles d'exécution*, 11e éd., Gualino, coll. « Carrés Rouge », 2022.
N. Fricero et Ch. Butruille-Cardew, *Le guide des modes amiables de résolution des différends*, 3e éd., Dalloz, coll. « Guides Dalloz », 2017.
N. Fricero et P. Julien, *Procédure civile*, 5e éd., LGDJ, coll. « Manuel », 2014.
N. Fricero, T. Goujon-Bethan, *Les institutions judiciaires*, 12e éd., Gualino, coll. « Mémentos LMD », 2023.
N. Fricero, T. Goujon-Bethan, *L'essentiel des institutions judiciaires*, 13e éd., Gualino, coll. « Carrés Rouge », 2022.
M.-L. Guinamant, S. Aparisi, S. Hafi, *La procédure civile et les procédures civiles d'exécution en cas pratiques*, Dalloz, coll. « Réussir ! », 2023.
S. Guinchard, C. Chainais, F. Ferrand et L. Mayer, *Procédure civile. Droit interne et droit de l'Union européenne*, 37e éd., Dalloz, coll. « Précis », 2024.
S. Guinchard, C. Chainais, F. Ferrand, et L. Mayer, *Procédure civile*, 8e éd., Dalloz, coll. « HyperCours », 2023.
J. Héron, Th. Le Bars et K. Salhi, *Droit judiciaire privé*, 7e éd., LGDJ, coll. « Précis Domat », 2019.
Ph. Hoonakker, S. Hazoug, N. Pierre, S. Pierre-Maurice, *Procédures civiles d'exécution*, 13e éd., Bruylant, coll. « Paradigme – Manuels », 2024.
E. Jeuland, L. Veyre, *Institutions juridictionnelles*, PUF, coll. « Thémis droit », 2021.
A. Leborgne, *Droit de l'exécution*, 3e éd., Dalloz, coll. « Précis », 2019.
S. Pierre-Maurice, *Les épreuves de procédure civile au CRFPA et à l'ENM*, Ellipses, 2015.
S. Pierre-Maurice, *Leçons de Procédure civile*, Ellipses, 2011.
S. Piédelièvre, *Procédures civiles d'exécution*, Economica, coll. « Corpus droit privé », 2016.
J.-B. Racine, *Droit de l'arbitrage*, PUF, coll. « Thémis droit », 2016.
C. Seraglini et J. Ortscheidt, *Droit de l'arbitrage interne et international*, 2e éd., LGDJ, coll. « Précis Domat », 2019.
Y. Strickler, A. Varnek, *Procédure civile*, 13e éd., Larcier, 2023.

I • Contenu de l'épreuve

L'épreuve de procédure dure deux heures, durée plutôt inhabituelle pour les étudiants, qui disposent, en temps normal, de trois heures pour composer en cette matière. Il est donc important – comme cela a été préconisé pour le droit des obligations, mais avec une importance accrue, compte tenu de la durée de l'épreuve de procédure – de : se préparer sérieusement et connaître parfaitement son cours pour ne pas perdre de temps dans la rédaction ; s'entraîner à composer dans un temps limité pour ne pas être dépassé le jour de l'épreuve ; se rappeler que le mieux est l'ennemi du bien, et qu'il vaut mieux achever un devoir honnête que ne pas l'achever parce qu'on a voulu atteindre la perfection.

Quant au type de sujet à traiter, l'article 5 de l'arrêté du 17 octobre 2016, fixant le programme et les modalités de l'examen d'accès au centre régional de formation professionnelle d'avocats, précise que l'épreuve de procédure est « destinée à vérifier l'aptitude à résoudre un ou plusieurs cas pratiques ou à rédiger une ou plusieurs consultations ». La distinction entre les notions de « consultation » et de « cas pratique » ne fait pas l'unanimité, mais ne doit pas inquiéter. À peu de chose près, il s'agira de réaliser un cas pratique selon la méthode enseignée traditionnellement à l'Université.

II • Philosophie de l'épreuve : répondre aux questions de façon exacte, méthodique et motivée

Il s'agit pour l'étudiant, au terme d'un raisonnement rigoureux et grâce à une connaissance et une maîtrise des règles de procédure, de répondre aux questions posées, directement ou indirectement par le cas, de façon exacte, méthodique et motivée.

Donner des réponses exactes quant au fond suppose une bonne connaissance de l'intégralité du cours de procédure civile, à travers les différents cours suivis dans le cursus de l'étudiant. Une veille des actualités législatives et jurisprudentielles quant au programme de l'examen est également très vivement recommandée et souvent payante car certaines questions sont souvent inspirées par l'actualité. Par exemple, dans le sujet 2023 (non reproduit ici), 6 points étaient consacrés au préalable de MARD de l'article 750-1 du Code de procédure civile alors que l'article venait d'être annulé en 2022 puis réécrit en 2023 (v. fiche 27, spéc. II). L'étudiant qui a bien réussi avait nécessairement suivi les tribulations de cet article. Tout candidat à l'examen sera également bien inspiré de ne pas négliger les règles d'application dans le temps des réformes récentes. Beaucoup de questions sont relatives à l'application de la loi dans le temps (v. not. les sujets donnés en 2022 et 2023).

On signalera en outre que la fin d'année 2023, l'année 2024 et le début d'année 2025 sont charnières, correspondant pour la plupart à la date d'entrée en vigueur de nouveaux textes procéduraux :

– 1er octobre 2023 : entrée en vigueur du décret nº 2023-357 du 11 mai 2023 *relatif à la tentative préalable obligatoire de médiation, de conciliation ou de procédure participative en matière civile*, ressuscitant l'article 750-1 du Code de procédure civile (v. fiche 27, spéc. II).

– 1er novembre 2023 : entrée en vigueur du décret nº 2023-686 du 29 juillet 2023 portant mesures favorisant le règlement amiable des litiges devant le tribunal judiciaire, créant les MARD d'ARA et de césure (v. fiche 27, spéc. III).

– 1er janvier 2024 : entrée en vigueur du décret no 2023-1077 du 23 novembre 2023, créant les pôles spécialisés en matière de violences intrafamiliales (v. fiche 25).

– 1er septembre 2024 : entrée en vigueur du décret no 2023-1391 du 29 décembre 2023, *portant simplification de la procédure d'appel en matière civile* (v. fiches 28 et 29).

– 1er décembre 2024, date butoir donnée par le Conseil constitutionnel pour repousser l'annulation partielle de l'article L. 213-6 al. 1 du Code de l'organisation judiciaire (v. Cons. const. 17 nov. 2023, no 2023-1068 QPC, point 14, fiche 35).

– 1er janvier 2025 : entrée en vigueur du décret no 2024-1049 du 21 novembre 2024 portant diverses mesures relatives aux professions judiciaires ou juridiques (aménageant les dispositions d'application de la loi no 2023-1059 du 20 novembre 2023 d'orientation et de programmation du ministère de la justice 2023-2027 relatives au rehaussement du niveau de diplôme de bac + 4 à bac + 5 pour accéder à la profession d'avocat) et de l'arrêté du 31 décembre 2024, fixant la liste des diplômes équivalents au master 1 pour passer l'examen d'entrée dans une école d'avocat (CRFPA) et au master 2 pour obtenir le certificat d'aptitude à la profession d'avocat (CAPA) : v. fiche 25.

– 1er janvier 2025 : début de l'expérimentation du TAE pour douze tribunaux de commerce renommés TAE (v. fiche 25).

– au plus tard le 1er juillet 2025, entrée en vigueur de la loi no 2023-1059 du 20 novembre 2023 *d'orientation et de programmation du ministère de la justice 2023-2027*, réformant la saisie des rémunérations (v. fiche 25).

Le cas pratique sanctionne avant tout la mobilisation de ces connaissances. Les rappels de cours gratuits et sans lien avec le cas sont évidemment à exclure, tout comme les réponses floues, les réponses « de normand » ne sont pas satisfaisantes.

Après chaque analyse des conditions, l'étudiant doit conclure, c'est-à-dire apporter une réponse claire et synthétique à la question.

Une réponse nette, claire et précise se formule de façon catégorique au présent de l'indicatif. Sont donc impérativement à exclure les formules déclinées au conditionnel ou au futur de l'indicatif accompagnées de l'adverbe « peut-être », qui marquent le scepticisme de l'étudiant quant à ses propres réponses.

Ne pas apporter du tout de réponse s'avère plus pénalisant encore que le fait de rester vague et de manquer d'assurance. L'étudiant, juge d'un jour, commet alors un déni de justice. L'erreur la plus souvent commise par les étudiants consiste à prétexter le pouvoir souverain des juges du fond pour ne pas apprécier une condition posée par un texte. Ce comportement est perçu comme une esquive par le correcteur, qui se voit implicitement délivrer le message suivant : « Voici la règle et son application jurisprudentielle. Il appartiendra aux juges du fond de trancher ce point. Débrouillez-vous avec eux ! »

Si l'on prolonge l'analogie, l'étudiant, investi du rôle de juge pour la durée éphémère de l'épreuve, doit statuer sur le litige conformément à l'article 5 du Code de procédure civile : il doit se prononcer « sur tout ce qui est demandé et seulement sur ce qui est demandé ». La réponse apportée, en plus d'être claire et ferme doit être complète. L'étudiant doit donc trancher *omnia petita* les points de droit dont il a été saisi par l'auteur du cas : ni *infra petita* (il ne doit pas oublier un problème que le cas suggérerait, il ne doit pas se retrancher derrière le pouvoir souverain des juges du fond afin de ne pas avancer de réponse), ni *ultra petita*. L'étudiant doit ainsi s'abstenir d'inventer des problèmes qui n'ont pas lieu d'être, autrement dit de faire du hors sujet. En cas d'imprécision sur un point mineur qui ne conditionne pas la solution d'un problème, l'étudiant doit s'en tenir à la plus forte vraisemblance ou, si le sujet s'y prête, distinguer deux hypothèses. Il y a déjà suffisamment de questions à traiter pour ne pas en créer d'autres !

III • Le travail préparatoire pendant l'épreuve (30 min)

A • Une lecture attentive du sujet s'impose (5 min)

Il ne faut pas confondre vitesse et précipitation. Il ne s'agit pas en effet de foncer tête baissée vers la rédaction du devoir, une fois l'énoncé lu. La première étape de lecture est primordiale : l'étudiant doit souligner les éléments importants du cas, les dates utiles, et doit cibler les différents problèmes. Pour cela, après avoir évacué le stress de la première lecture, une relecture posée et active est préconisée.

B • Elle sera suivie de la confection d'une chronologie pour matérialiser au brouillon les faits (5 min)

À ce stade, l'étudiant doit séparer les faits pertinents de ceux qui ne le sont pas et ne conserver que les premiers sur sa chronologie.

Cette étape est doublement importante. Elle sera exploitée lors de l'introduction (cf. *infra*). Elle permet d'ores et déjà à l'étudiant d'avoir les idées claires, de pouvoir se consacrer uniquement à l'étude de faits qui auront une incidence sur la résolution du cas. C'est ici un effort de synthèse et de sélection des faits qui est opéré.

Il devra s'appliquer notamment :

– aux dates (exemple : quelle importance de préciser la date du mariage en vue d'obtenir une mesure d'urgence en référé ou sur requête fondée sur l'article 220-1 du Code civil et 1290 du Code de procédure civile alors que la durée du mariage n'est absolument pas une condition de cette action ?) ;

– à l'âge des parties ;

– à leur profession ;

– à leur domicile.

Souvent, ces éléments sont anecdotiques et leur énonciation n'a pour fonction que de donner un aspect vivant et réel au cas imaginé.

Mais, ces différents éléments peuvent avoir, dans certains cas, leur importance.

Étant en matière de procédure, qui n'est autre que l'enchaînement de formalités dans le temps, la date aura, dans certaines hypothèses, une importance capitale si le cas conduit à :

– effectuer un calcul de délai : notamment de prescription, de péremption de l'instance ou de l'action, de délai de voies de recours, de délai pour exécuter un jugement sous peine de caducité, de délai de dépôt des mémoires (C. pr. civ., art. 717 al. 2 et 907 al. 2) ;

– ou constater l'antériorité d'un événement par rapport à un autre (antériorité de la formulation d'une exception de procédure par rapport aux conclusions au fond ; antériorité du litige par rapport à la renonciation à l'appel ; antériorité du désistement par rapport à l'appel incident).

L'âge des parties doit également être noté lorsqu'est précisée expressément dans le cas la minorité du demandeur à l'action qui signifie en principe l'incapacité d'ester en justice, sauf en matière de référé et d'ordonnance sur requête.

La profession est parfois importante à noter pour apprécier la validité d'une clause attributive de compétence territoriale ou celle d'une clause compromissoire.

Le domicile peut être important à relever pour deux questions :

– **pour la question de la compétence territoriale.** L'on tiendra compte du domicile du défendeur pour la détermination de principe de la compétence territoriale et de celui du demandeur pour l'application des options de compétence ;

– **pour la question du délai des voies de recours.** Il s'agira en effet d'appliquer les délais de distance posés aux articles 643 et 644 du Code de procédure civile. Ainsi aux termes du premier article : « Lorsque la demande est portée devant une juridiction qui a son siège en France métropolitaine, les délais de comparution, d'appel, d'opposition, de recours en révision et de pourvoi en cassation sont augmentés de : un mois pour les personnes qui demeurent dans un département d'outre-mer ou dans un territoire d'outre-mer ; deux mois pour celles qui demeurent à l'étranger ».

C • La qualification juridique des faits pertinents (10 min)

Une fois trouvés, les faits pertinents doivent être transformés en données juridiques.
Exemple 1 : La société anonyme *Grandmaire*, importatrice de téléviseurs et la société en nom collectif *Bonjean*, fournisseur en fibres électroniques, sont liées par un contrat de distribution depuis 1995, lequel stipule à l'article 10 « qu'en cas de litige entre les deux sociétés, ce dernier sera résolu par un arbitre, désigné en commun accord par les cocontractants dans les conditions prévues à l'article 13 du contrat ». Cette clause doit être qualifiée de clause compromissoire et cette notion doit être immédiatement définie.
Exemple 2 : Si, dans un cas pratique, il s'agit d'obtenir rapidement une mesure probatoire, il faut penser immédiatement aux procédures d'urgence que sont le référé et la procédure sur requête (v. Consultation 1).

D • Identifier et poser les problèmes juridiques (10 mn)

C'est peut-être la phase la plus délicate du travail. Il ne faut ni inventer ni oublier des problèmes. De cette phase va découler la structure du devoir et la logique amorcée pour répondre aux problèmes soulevés par le cas.
Le travail préliminaire à la rédaction du cas pratique est donc une valse à trois temps composée de la qualification des faits, de la détection du ou des problèmes juridiques et enfin de leur résolution méthodique.

IV • La méthode de résolution du cas pratique (30 min)

Fluidité, logique et rigueur du raisonnement sont les maîtres mots du cas pratique qui dominent tant les règles de base de l'exercice que celles liées à des difficultés particulières.

A • Les règles de base de résolution du problème juridique en cas pratique

Trois étapes logiques se détachent pour aboutir à la résolution du cas, issues du syllogisme judiciaire.

1re étape : l'énonciation de la règle de droit applicable au problème

Il convient d'énoncer de façon complète la règle, condition qui se dédouble avec l'énonciation du principe et celle de son éventuelle exception.
En premier lieu doivent figurer l'indication du principe et son fondement juridique.

S'agit-il d'un article de loi ou de règlement (C. pr. civ. ou autre) ? S'agit-il d'une décision de jurisprudence ? En ce cas, précisez s'il s'agit d'une jurisprudence constante ou si vous vous prévalez d'une décision isolée, dont l'exploitation méritera quelques explications et soulèvera quelques réserves puisque la portée de la décision est à nuancer. S'il s'agit d'une jurisprudence constante acquise il y a longtemps, il n'est pas nécessaire de citer un arrêt en particulier. En revanche, pour les décisions de principe adoptées récemment, il convient de retracer brièvement l'évolution jurisprudentielle et de citer l'arrêt majeur de revirement.
En énonçant le principe, l'étudiant pose les différentes conditions que la règle exige et définit les termes juridiques utilisés dans la présentation des conditions.
En second lieu, l'exception éventuelle au principe doit être exposée avec, là encore, la justification de son origine (loi, règlement, jurisprudence, thèse doctrinale entérinée par l'étudiant à la suite d'un raisonnement logique…).

2e étape : l'application de la règle de droit à l'espèce

Il s'agit de préciser si les faits de l'espèce relèvent du principe ou de l'exception. Tout passe par l'appréciation des conditions posées par le Code de procédure civile ou la jurisprudence.
– Il est recommandé, en cas de pluralité de mécanismes procéduraux à envisager, d'exclure immédiatement ceux qui paraissent d'emblée inapplicables en l'espèce pour se consacrer, ensuite, aux mécanismes qui se prêtent à l'espèce afin de davantage les développer.
– De même, il est préférable de commencer l'examen des conditions par celles qui posent le moins de problèmes d'appréciation pour terminer par les plus délicates, qui doivent faire appel à une motivation particulièrement soignée.
– Il est évident qu'en cas de conditions cumulatives, le défaut d'une seule des conditions entraîne l'échec de l'action ou l'impossibilité d'appliquer le mécanisme envisagé. Aussi, afin de maintenir une certaine logique au raisonnement tout en embrassant l'intégralité des conditions et montrer au correcteur que l'étudiant les connaissait, il est judicieux de rappeler brièvement celles qui sont remplies pour finir par celles qui ne le sont pas, en indiquant dès le début de la démonstration que, comme une condition fait défaut, la condition posée par le texte ne peut s'appliquer (v. sur cette façon de faire, *infra*, V, A).
– Pour plus de lisibilité et de clarté du devoir, lorsque plusieurs conditions sont à envisager et sont remplies, il est recommandé de regrouper les étapes 1 et 2 lors de l'étude de chaque condition.
L'étudiant commencera ainsi par rappeler brièvement les différentes conditions posées par le texte et les envisagera les unes après les autres, en ayant défini les termes, précisé l'appréciation jurisprudentielle de ces conditions et en ayant appliqué les conditions à l'espèce.

Exemple : schéma de résolution d'un cas relatif à l'obtention d'une mesure d'instruction *in futurum* demandée en référé

- Fondement de la demande sur l'article 145 du Code de procédure civile.
- Précision des trois conditions exigées : à savoir, le motif légitime, les mesures légalement admissibles et l'absence de procès engagé au fond.

Étude détaillée du motif légitime comprenant :
  La notion (utilité et pertinence de la mesure probatoire demandée)
  L'appréciation jurisprudentielle
  L'application à l'espèce

Étude détaillée des mesures légalement admissibles comprenant :
  La notion
  L'appréciation jurisprudentielle
  L'application à l'espèce

Exemple : schéma de résolution d'un cas relatif à l'obtention d'une mesure d'instruction *in futurum* demandée en référé

Étude détaillée l'absence de procès engagé au fond comprenant :
La notion
L'appréciation jurisprudentielle
L'application à l'espèce
Conclusion générale

Cette façon de procéder doit être préférée à une autre, moins claire et entraînant des redites, qui se présenterait de la façon suivante :
- Fondement de la demande sur l'article 145 du Code de procédure civile
- Énonciation des différentes conditions exigées, leur définition et leur appréciation jurisprudentielle :
Notion, appréciation jurisprudentielle du motif légitime
Notion, appréciation jurisprudentielle des mesures légalement admissibles
Notion, appréciation jurisprudentielle de l'absence de procès engagé au fond
- Application à l'espèce de la condition du motif légitime
- Application à l'espèce de la condition des mesures légalement admissibles
- Application à l'espèce de la condition de l'absence de procès engagé au fond
- Conclusion générale

Il faut impérativement motiver la solution donnée en exploitant les faits pertinents du cas pratique. L'étudiant ne doit pas se contenter de dire « effectivement, cette condition est remplie » sans autre explication. Il doit puiser dans les faits la réponse et l'ordonner logiquement.

3e étape : la conclusion

Le cas pratique étant une réponse apportée à un problème, il convient de conclure en apportant cette réponse, sinon le travail reste inabouti. Il faut livrer le résultat du raisonnement effectué.

Exemples

- Le jugement rendu par le tribunal judiciaire de Lyon est régulier en la forme. Seul le fond pourra être contesté par le biais de l'appel.
- M. X a le choix d'assigner son adversaire entre le tribunal de Nancy et de Brest. Il préférera certainement le tribunal de Brest pour sa proximité avec son propre domicile (Nantes) et la réduction de frais que cela permet.

B • Les difficultés susceptibles d'être rencontrées

Une difficulté peut apparaître lorsque le libellé est imprécis sur des éléments essentiels à la résolution du cas

Exemple : Il s'agit de savoir si le juge des référés a pouvoir pour ordonner une mesure provisoire malgré la stipulation par les litigants d'une clause compromissoire. Or, le cas passe sous silence l'existence de la saisine du tribunal arbitral ou sa constitution.
Exemple : Le libellé du sujet ne précise pas le contenu des conclusions, donnée nécessaire pour vérifier si les conclusions sont bien qualificatives et conclusives, conformément aux exigences du Code de procédure civile.

Comment résoudre cette difficulté ?
Soit, même si rien n'est précisé expressément, une solution apparaît la plus vraisemblable : c'est celle-ci que l'étudiant doit retenir après avoir justifié son choix.
– Exemple : le sujet n'indique pas précisément que M. C. va agir en même qualité sur la même question : il mentionne simplement que ce dernier souhaite remettre en cause la décision qui lui est défavorable sans passer par les voies de recours. Tout porte à croire qu'il agira avec la même qualité, ce qui permet de considérer comme acquise la condition d'identité des qualités déterminant, au soutien d'autres conditions, l'autorité de chose jugée d'une décision.
Soit, aucun indice n'apparaît : il faut alors envisager les deux hypothèses et trancher pour chacune.
– Exemple : Pour apprécier la validité d'une clause attributive de compétence territoriale (art. 48, C. pr. civ.), le cas ne précise rien quant à l'activité professionnelle des parties et leur qualité de commerçant. Il convient, afin de ne pas laisser le problème sans réponse, d'envisager deux cas de figure : validité de la clause si les deux litigants sont commerçants, clause réputée non écrite si un seul ou aucun n'est commerçant.

Une autre difficulté est ressentie par l'étudiant qui doit apporter une réponse à une question alors que la solution n'est pas certaine en droit positif

L'hypothèse peut se présenter en cas de silence de la loi ou de loi récente à la portée incertaine (v. la portée à donner à l'arrêt *Cesareo* entre concentration des moyens et demandes : v. fiche 27 ; v. certaines sanctions non précisées dans le décret n° 2023-1391 du 29 déc. 2023, *portant simplification de la procédure d'appel en matière civile* : fiches 28 et 29 ; v. sur l'incertitude concernant la compétence du juge de l'exécution après le 1er décembre 2024, fiche 35) ou encore en cas de silence ou de division de la jurisprudence.
Dans un premier temps, l'étudiant doit énoncer cette difficulté et ne pas la masquer. Dans un second temps, il devra trancher en s'appuyant soit sur son raisonnement personnel, soit sur les théories doctrinales, soit en exploitant les deux données.
Si l'étudiant constate une divergence de la jurisprudence sur le sujet à traiter, il doit en faire part, exposer ses tenants et ses aboutissants, il doit également évaluer objectivement la portée respective de ces solutions contradictoires (si les juges du fond s'opposent à la Cour de cassation, c'est la solution de la cour qui doit être préférée ; en revanche, si deux chambres de la Cour s'opposent, le problème est plus délicat) et enfin, trancher malgré les incertitudes existantes, sous peine de commettre un déni de justice. Il doit indiquer pourquoi tel courant jurisprudentiel a sa préférence avec des arguments solides, qui peuvent être empruntés à la doctrine.
Si le candidat constate un silence tant législatif que jurisprudentiel sur la question à traiter, il doit faire appel à la doctrine, qui aurait pu, en visionnaire du droit, repérer ce vide juridique et tenter de le pallier, ainsi qu'à ses capacités de raisonnement pour formuler une réponse cohérente.

V • La rédaction du cas pratique (1 h)

A • Généralités

Comme tout exercice juridique écrit, le cas pratique doit être exposé en un langage correct. L'étudiant doit maîtriser la langue française, la grammaire et l'orthographe. On conseillera les phrases courtes

pour éviter les lourdeurs de style et bien sûr la relecture en fin de séance (3 min) pour gommer toutes les imperfections du langage.
Le correcteur doit sentir dans la copie du candidat à l'examen du barreau une logique et une fluidité du raisonnement et un effort de structure des différents problèmes. La progression vers la solution doit être nette, sans retour en arrière et épurée de tout hors sujet.
Le correcteur doit toujours être guidé dans sa lecture, ne jamais être perdu dans un flot de développements mal annoncés ou dont la place ne se justifie pas. Il doit être prévenu dès l'introduction de l'orientation des solutions du candidat. Il est donc assez malvenu de maintenir tout au long du devoir un suspense haletant sur la possibilité ou non d'exercer telle action. Ne commencez pas votre démonstration par ces annonces : « On se demandera si les conditions sont réunies » ou « Il va s'agir de démontrer l'existence d'un trouble manifestement illicite » pour ne donner votre solution qu'au terme des vingt lignes d'examen des conditions. Présentez d'ores et déjà la solution que vous avez dégagée au brouillon dans l'intitulé du plan (sur ce dernier, v. *infra*, C) ou au début de la démonstration pour ensuite la motiver dans les développements.

Exemples

– Il apparaît, à l'examen des conditions que le tribunal matériellement compétent est le tribunal judiciaire. En effet,... (et s'ensuivent les explications).
– À la question relative au pouvoir du juge des requêtes d'ordonner unilatéralement la mesure d'expulsion des nomades occupant illicitement un terrain communal, il faut répondre par l'affirmative. En effet, toutes les conditions sont réunies. Première condition exigée par l'article 845, alinéa 2, l'urgence est en l'espèce constatée car... (et s'ensuivent les explications).

Pensez également à dynamiser votre rédaction, à être démonstratif et clair dans l'exposé des conditions et de leur appréciation. Surtout, liez les problèmes entre eux.

B • Une introduction est-elle nécessaire ?

Même en cas pratique, une introduction s'impose afin de ne pas présenter trop brutalement la solution, laquelle ne se comprendrait pas sans un rappel minimum des faits de l'espèce. L'étudiant confronté à un cas pratique est tour à tour investi du rôle de juge, lorsqu'il s'agit de traiter un contentieux, et de celui d'avocat, lorsqu'il s'agit de prodiguer, par le biais d'une consultation, des conseils de procédure. Or, a-t-on vu un arrêt qui ne présenterait pas les faits de l'espèce ? Imaginerait-on un avocat, qui, au début de ses conclusions, ne consacre pas quelques lignes à exposer les éléments factuels litigieux ?
Si cette exigence de principe d'une introduction est fort bien assimilée par les étudiants, il n'en va pas de même du contenu de l'introduction. Comme pour tout exercice juridique, elle doit être soignée car la première impression marque l'esprit du correcteur. Elle doit démontrer des qualités analytiques et de synthèse. Contrairement à l'introduction de la dissertation, qui représente un tiers du devoir, l'introduction du cas pratique doit être courte. Il s'agit en introduction de rappeler brièvement les faits pertinents, de qualifier ces derniers et de présenter les problèmes juridiques posés ou suggérés par le cas. L'introduction est un véritable travail de fond. Elle constitue l'amorce de la réponse juridique. Elle doit nécessairement apporter quelque chose par rapport à la simple lecture du sujet : l'étudiant ne doit pas paraphraser le libellé ou se contenter de recopier les faits bruts mais doit leur conférer une certaine valeur ajoutée en sélectionnant les faits pertinents, en épurant le rappel des faits des données parasites et en les qualifiant (v. *supra*).

L'introduction du cas pratique se rédige en dernier, lorsque l'étudiant a dégagé les problèmes juridiques mais aussi les solutions du cas, lorsqu'il sait où il va et qu'il a acquis une hauteur de vue sur l'exercice. L'introduction, à travers l'annonce du plan doit en effet refléter le résumé des solutions trouvées.
Comme il ne s'agit pas d'une étude théorique, il n'est pas nécessaire de faire une phrase d'accroche. Il suffit d'énoncer les thèmes sur lesquels porte le cas pratique et d'enchaîner sur la présentation sélective des faits, suivie de leur qualification et de la présentation des problèmes juridiques.

C • Un plan est-il nécessaire ?

Il est certain qu'il faut présenter la réponse à la question posée de façon structurée, logique et progressive en détachant formellement chacun des différents problèmes. Cette progression logique doit-elle obligatoirement se matérialiser dans un plan composé de grandes parties et de sous-parties ? C'est ici affaire de goût.
Un plan apparent a certes l'avantage de permettre de visualiser facilement et rapidement les points qui seront développés par l'étudiant, mais a peut-être l'inconvénient de scinder les problèmes en les rendant en apparence hermétiques les uns aux autres, alors qu'ils sont en réalité enchevêtrés. Afin de conserver la fluidité du raisonnement, il est conseillé de se ménager des chapeaux et des transitions entre chaque sous-partie. On conseillera le plan, pour plus de clarté.
Si un plan apparent est adopté, ce dernier doit rester clair, tendu vers le but pratique assigné à l'exercice, qui est de répondre à une question. Il ne doit pas procéder à des regroupements thématiques trop savants, académiques et alambiqués qui brouillent la solution à retenir. Il doit être commandé par les différents problèmes posés. Si le bipolarisme (plan idéal en deux parties, deux sous-parties) est de rigueur en dissertation, il ne s'impose pas en cas pratique. Trois problèmes juridiques distincts méritent ainsi d'être traités dans un plan en trois parties.
Si l'étudiant a choisi de matérialiser son raisonnement dans un plan apparent, les intitulés de ce dernier doivent obéir à une exigence de clarté et doivent indiquer la solution finale qui est adoptée pour le problème. Ils doivent contenir dans un groupe nominal assez bref et le problème posé et sa solution dans les grandes lignes. L'élégance du parallélisme de structure de l'intitulé choisi par l'étudiant, même si elle n'est pas la qualité première exigée du cas pratique, sera appréciée du correcteur.

Exemples

Le premier plan, plus précis, est préféré au second, trop général dans ses intitulés.
I. La possibilité d'agir en injonction de payer de M. X. / II. L'irrecevabilité de la demande de M. X. en récusation du témoin
I. Le problème de l'injonction de payer / II. Le problème de la récusation du témoin

Le volet civil de la loi nº 2023-1059 du 20 novembre 2023 *d'orientation et de programmation du ministère de la Justice 2023-2027*

Recrutement de 10 000 nouveaux agents, de 1 500 magistrats et 1 800 greffiers, la loi nº 2023-1059 du 20 novembre 2023 *d'orientation et de programmation du ministère de la Justice* prévoit une hausse du budget de la justice qui atteindra près de 11 milliards d'euros en 2027. Elle contient aussi plusieurs mesures de simplification de la procédure pénale et de la justice civile et commerciale.

Ce qui touchera peut-être plus directement les étudiants en droit candidats à l'examen du CRFPA, c'est l'article 49 II de cette loi, rehaussant les prérequis pour passer l'examen d'entrée au CRFPA du master 1 au master 2, ceci afin de se mettre en conformité avec la réforme LMD et d'égaliser le niveau exigé pour l'accès aux professions judiciaires (commissaires de justice, notaires…). Cette disposition a été complétée afin d'autoriser les titulaires d'un master 1 à entrer dans une école d'avocats tout en passant leurs derniers modules de master 2. Les étudiants en droit d'un niveau bac + 4 pourront ainsi continuer de passer l'examen du CRFPA. Le décret nº 2024-1049 du 21 novembre 2024 portant diverses mesures relatives aux professions judiciaires ou juridiques aménage les dispositions d'application de la loi nº 2023-1059 du 20 novembre 2023 d'orientation et de programmation du ministère de la justice 2023-2027 relatives au rehaussement du niveau de diplôme de bac + 4 à bac + 5 pour accéder à la profession d'avocat. Il modifie ainsi les articles 52, 68 et 70 du décret du 27 novembre 1991. Il supprime la condition de diplôme (maîtrise en droit ou diplôme équivalent) pour se présenter à l'examen d'accès à une école d'avocat (CRFPA), qui est désormais inscrite à l'article 12 de la loi nº 71-1130 du 31 décembre 1971. Il introduit en revanche une nouvelle condition de diplôme (master en droit ou diplôme équivalent) pour se présenter à l'examen du certificat d'aptitude à la profession d'avocat (CAPA). Il prévoit également le traitement de l'élève-avocat qui n'est toujours pas titulaire du master à l'issue de sa scolarité. Ce dernier est alors admis à se présenter à l'une des deux prochaines sessions de l'examen du CAPA et garde le bénéfice de ses notes de contrôle continu. Ces dispositions sont entrées en vigueur au 1er janvier 2025 mais ne sont pas applicables aux personnes qui, à cette date, sont déjà titulaires de l'examen du CRFPA. L'arrêté du 31 décembre 2024 fixe la liste des diplômes équivalents au master 1 pour passer l'examen d'entrée dans une école d'avocat (CRFPA) et au master 2 pour obtenir le certificat d'aptitude à la profession d'avocat (CAPA). L'arrêté est entré en vigueur le 1er janvier 2025 mais prévoit des dispositions transitoires. Par exemple, il prévoit que les élèves avocats ayant terminé leur formation à l'école sans être titulaires du master 2 leur permettant de valider leur CAPA devront obtenir ce diplôme d'ici la session de l'année 2028 incluse.

Plus généralement, le texte du projet de loi avait été présenté au Conseil des ministres du 3 mai 2023 par le ministre de la Justice, Éric Dupond-Moretti, en parallèle avec un projet de loi organique réformant le statut de la magistrature et intitulé *Ouverture, modernisation et responsabilité du corps judiciaire.* Mettant en œuvre pour le corps des magistrats judiciaires les préconisations du comité des États généraux de la justice, la loi organique nº 2023-1058 du 20 novembre 2023 vise à répondre à trois objectifs principaux : l'ouverture du corps judiciaire sur l'extérieur, la modernisation de l'institution judiciaire tant dans sa structuration que dans son fonctionnement, et enfin la protection et la responsabilisation accrue des magistrats dans le cadre de leur exercice professionnel. Ainsi, la loi organique entend, à travers 12 articles, apporter une réforme structurelle du statut de la magistrature dans le contexte d'une augmentation importante des effectifs des magistrats, prévue par la loi de programmation, en réformant les voies d'accès à la magistrature et en améliorant leur déroulé de carrière. Le texte redéfinit notamment la structure hiérarchique du corps judiciaire, avec la création d'un troisième grade qui remplace et reconfigure l'actuelle liste des emplois dits « hors hiérarchie » fixée par l'article 3 de l'ordonnance n° 58-1270 du 22 décembre 1958 modifiée, *portant loi organique relative au statut de la magistrature*. L'ordre actuel des deux grades est ainsi renommé pour faire de l'actuel deuxième grade qui est le grade plancher, le premier grade tandis que l'actuel premier grade devient le deuxième grade. Outre les actuels emplois classés « hors hiérarchie », le nouveau troisième grade intègre des emplois actuellement classés au nouveau deuxième grade, qui correspondent à des fonctions d'encadrement et des fonctions juridictionnelles. En outre, une nouvelle voie est ouverte au recrutement de magistrats en service extraordinaire, qui exercent leurs fonctions à titre provisoire, dans la limite de 10 % des effectifs des magistrats de la juridiction à laquelle ils sont nommés : ils pourront être intégrés définitivement après trois ans d'exercice mais sous réserve d'un avis conforme d'un jury, comme peuvent l'être les fonctionnaires de niveau comparable accueillis en détachement dans le corps judiciaire. De plus, un nouveau concours professionnel est créé pour remplacer les voies d'accès sur titres, tout en maintenant les trois concours ouverts au recrutement des auditeurs de justice (externe, interne et troisième concours). Enfin, la loi organique du 20 novembre 2023 comporte un volet relatif au développement de la responsabilisation des magistrats et de leur protection et ce, en prévoyant notamment la création d'une évaluation dite « élargie » des chefs de juridiction portant sur l'aptitude à l'administration, à la gestion et au pilotage des juridictions.

Rappelons que le gouvernement avait engagé la procédure accélérée sur les deux textes. La loi ordinaire a été adoptée en première lecture, avec modifications, par le Sénat le 13 juin 2023, puis par l'Assemblée nationale le 18 juillet 2023. Après accord trouvé en commission mixte paritaire le 5 octobre, l'Assemblée nationale a adopté la version finale du projet de loi le 10 octobre 2023. Le Sénat avait définitivement voté le texte le 11 octobre 2023. Le texte de la loi d'orientation a été soumis au Conseil constitutionnel le 16 octobre par 60 parlementaires, celui de la loi organique par la Première ministre et le Conseil a rendu ses décisions (n°s 2023-855 et 2023-856 DC) le 16 novembre 2023. La loi d'orientation et la loi organique ont été promulguées le 20 novembre 2023 et publiées au *JO* le lendemain.

Les deux décisions du Conseil constitutionnel sont des décisions de censure partielles accompagnées de réserves.

Relatif à l'impossibilité matérielle de la venue dans une juridiction située en outre-mer ou en Corse d'un magistrat délégué, permettant à ce magistrat de participer par visioconférence à l'audience et au délibéré, l'article 6 de la loi organique est censuré pour ne pas avoir déterminé « précisément les circonstances exceptionnelles permettant d'y recourir, les procédures concernées et les conditions permettant d'assurer la confidentialité des échanges, ainsi que la sécurité et la qualité des communications » (pt 63).

Concernant la loi de programmation, la censure du Conseil constitutionnel a surtout porté sur les aspects de procédure pénale, notamment sur l'activation à distance d'appareils électroniques afin de capter des sons et des images. Le Conseil constitutionnel envisage le but de cette captation. Si cette dernière est effectuée sans même qu'il soit nécessaire pour les enquêteurs d'accéder physiquement à des lieux privés en vue de la mise en place de dispositifs de sonorisation et de captation, la captation est de nature à porter une atteinte particulièrement importante au droit

au respect de la vie privée. Elle permet l'enregistrement, dans tout lieu où l'appareil connecté détenu par une personne privée peut se trouver, y compris des lieux d'habitation, de paroles et d'images concernant aussi bien les personnes visées par les investigations que des tiers. Dès lors, en permettant de recourir à cette activation à distance non seulement pour les infractions les plus graves mais pour l'ensemble de celles relevant de la criminalité organisée, le législateur a permis qu'il soit porté au droit au respect de la vie privée une atteinte qui ne peut être regardée comme proportionnée au but poursuivi. Il censure en conséquence le 46° du paragraphe I de l'article 6 de la loi *d'orientation et de programmation du ministère de la Justice 2023-2027*, ainsi que le 47° du même paragraphe I, qui en est inséparable.
Sur le volet civil, la censure, opérée d'ailleurs d'office, concerne la création d'un *legal privilege* à la française, considéré par le Conseil constitutionnel comme un cavalier législatif, contraire à l'article 45 de la Constitution. Au point 147, le Conseil constitutionnel affirme que l'article « ne présente pas de lien, même indirect, avec les dispositions de l'article 19 du projet de loi initial, relatif au diplôme requis pour accéder à la profession d'avocat. Il ne présente pas non plus de lien, même indirect, avec aucune autre des dispositions qui figuraient dans le projet de loi déposé sur le bureau du Sénat ». Initialement, l'idée ne figurait pas dans le projet de loi d'orientation sur la justice. C'est le fruit d'un amendement déposé au Sénat. Dans le dernier état du processus législatif, le *legal privilege* était accordé au « juriste d'entreprise ou (le) membre de son équipe placé sous son autorité et titulaire d'un master en droit ou d'un diplôme équivalent français ou étranger » qui « justifie du suivi de formations initiale et continue en déontologie ». Les documents protégés sont « les consultations juridiques rédigées par un juriste d'entreprise ou, à sa demande et sous son contrôle, par un membre de son équipe placé sous son autorité, au profit de son employeur ». Elles doivent être « destinées exclusivement au représentant légal, à son délégataire, à tout autre organe de direction, d'administration ou de surveillance de l'entreprise qui l'emploie » ; « elles portent la mention "confidentiel – consultation juridique – juriste d'entreprise" ; et elles font l'objet d'une identification et d'une traçabilité particulières dans les dossiers de l'entreprise ». Le *privilege* consiste en une confidentialité de ces documents, qui n'est toutefois pas opposable dans le cadre d'une procédure pénale ou fiscale. Ainsi, les documents couverts par la confidentialité n'auraient pu « dans le cadre d'une procédure ou d'un litige en matière civile, commerciale ou administrative, faire l'objet d'une saisie ou d'une obligation de remise à un tiers, y compris à une autorité administrative française ou étrangère » ou « être opposés à l'entreprise qui emploie le juriste d'entreprise ou aux entreprises du groupe auquel elle appartient ».
Il aurait été possible de contester cette confidentialité dans un délai de quinze jours, devant le juge des libertés et de la détention. La confidentialité aurait pu être levée si les documents avaient « eu pour finalité d'inciter ou de faciliter la commission des manquements aux règles applicables qui peuvent faire l'objet d'une sanction au titre de la procédure administrative concernée ». S'il veut retenir ce régime, le législateur devra réintégrer le *privilege* dans une loi *ad hoc*.
Expurgée de ses dispositions non-conformes à la Constitution, la loi n° 2023-859 contient, on l'a dit, un important volet pénal, sur lequel nous ne reviendrons pas, sinon pour mentionner certaines innovations comme l'extension de la possibilité de recourir aux perquisitions de nuit en cas de risques graves, la réforme du statut du témoin assisté, la limitation de la détention provisoire si elle peut être évitée, le choix laissé au procureur d'ouvrir ou non une information judiciaire, le placement sous bracelet électronique en cas de détention provisoire irrégulière, des dispositions favorisant la peine de travail d'intérêt général.
C'est au volet « justice civile et commerciale » que nous consacrerons les développements suivants. La loi d'orientation modèle un nouveau paysage des juridictions et des compétences judiciaires (I), poursuit l'œuvre de dématérialisation et de déjudiciarisation de la justice (II) et réorganise le travail du juge grâce à l'équipe autour du magistrat (III).

I • Nouveau paysage de l'organisation judiciaire

L'expérimentation du tribunal des activités économiques (TAE), nouvelle juridiction créée en parallèle du tribunal de commerce, constitue certainement le coup le plus éclatant porté au paysage traditionnel de l'ordre judiciaire (A). Sans créer de nouvelles juridictions, le législateur y imprime toutefois une nouvelle marque en se contentant de transférer de façon marquée des compétences, ainsi des compétences civiles du juge des libertés et de la détention (B). Il convient enfin de signaler l'institution de pôles spécialisés en matière de violences intrafamiliales au sein des tribunaux judiciaires et des cours d'appel (C). Bien que cette création soit issue d'un décret autonome (le décret nº 2023-1077 du 23 novembre 2023) et non *stricto sensu* de la loi d'orientation, nous l'inscrivons ici pour deux raisons : elle participe tout d'abord de cette idée plus globale de réorganisation du paysage judiciaire français ; ensuite, elle avait été décidée par le biais d'un amendement au rapport annexé à la loi d'orientation.

A • La création expérimentale des tribunaux des activités économiques (TAE)

Soucieuse de l'efficacité de la justice civile et commerciale, la loi d'orientation remodèle le paysage judiciaire en créant le tribunal des activités économiques (TAE). Consacrant l'une des préconisations du rapport du comité Sauvé des États généraux de la justice, l'article 26 de la loi consacre la création à titre expérimental pour quatre ans des tribunaux des activités économiques (TAE) dans douze tribunaux de commerce. Il s'agit, aux termes de la présentation de la loi (v. point 2.4.2.2. du rapport précédant la loi), « d'accélérer et d'adapter la justice commerciale », laquelle « doit faire l'objet de certaines innovations permettant d'en assurer la lisibilité pour le justiciable et ses différents acteurs et d'en renforcer la centralité en matière de régulation économique, afin d'assurer une prise en compte optimale des spécificités du contentieux commercial, et dans un souci de bonne administration de la justice ».

Prévue par l'article 26 de la loi nº 2023-1059 du 20 novembre 2023, l'expérimentation des tribunaux des activités économiques (TAE) a été précisée par quatre textes : le décret nº 2024-674 du 3 juillet 2024, deux arrêtés du garde des Sceaux des 5 et 25 juillet 2024 et le décret nº 2024-1225 du 30 décembre 2024 relatif à l'expérimentation de la contribution pour la justice économique. Cette expérimentation s'appliquera pendant quatre ans à compter du 1er janvier 2025 à douze tribunaux de commerce renommés TAE.

L'existence même de ce tribunal consacre un double changement de paradigme de justice, évoluant tout d'abord d'une justice gratuite (avec néanmoins la rémunération des greffiers des tribunaux de commerce, exception au principe de gratuité de la justice) vers une justice payante ; partant ensuite d'une justice commerciale pour s'élargir à une justice économique, plus inclusive. En effet, ces tribunaux, visés aux articles 26 et 27 de la loi, auront une compétence matérielle étendue pour traiter toutes les procédures amiables et collectives engagées par les acteurs économiques, sauf pour celles concernant les professions du droit réglementées. Une contribution financière sera instaurée pour assurer leur fonctionnement. Cette dernière sera remboursée lorsque les parties au litige parviendront à un accord amiable.

Le dispositif prévoit que, six mois au moins avant le terme de l'expérimentation, le gouvernement remette au parlement un rapport d'évaluation. Le décret nº 2024-674 du 3 juillet 2024, relatif à l'expérimentation du tribunal des activités économiques a précisé les modalités d'application des articles 26 et 27 de la loi et notamment les conditions de participation des greffiers des tribunaux de commerce ainsi que les modalités de conduite et d'évaluation de l'expérimentation. Ce décret indique en son article 3 que l'évaluation de l'expérimentation est assurée par un comité dont elle précise les membres. En outre, l'arrêté du 5 juillet 2024 a désigné les douze TAE choisis pour l'expérimentation : il s'agit des tribunaux de Marseille, Le Mans, Limoges, Lyon, Nancy, Avignon, Auxerre, Saint-Brieuc, Le Havre, Paris, Nanterre et Versailles.

1 • Une compétence élargie en droit des entreprises en difficulté

L'originalité du dispositif est de créer un tribunal unique, quel que soit le statut des personnes en difficulté, pour connaître, à compter du 1er janvier 2025, de toutes les procédures amiables et collectives. Les personnes attraites devant le TAE sont, en plus des commerçants et des artisans, toutes les personnes physiques ou morales qui relèvent actuellement du tribunal judiciaire (agriculteurs, associations, sociétés civiles immobilières et les professionnels libéraux, à l'exception des professions d'avocat, de notaire, de commissaire de justice, de commissaire-priseur judiciaire, de greffier de tribunal de commerce, d'administrateur judiciaire et de mandataire judiciaire, qui en demeurent exclues). La compétence des TAE est également élargie aux baux commerciaux pour les actions et les contestations nées d'une procédure collective ou présentant avec celle-ci « des liens de connexité suffisants » (Loi nº 2023-1059 du 20 nov. 2023, art. 26, II, al. 6)

Le TAE devra disposer d'assesseurs agriculteurs, dont il est prévu le mode de désignation à l'article 26 de la loi. L'arrêté du garde des Sceaux du 25 juillet 2024 est venu préciser le nombre d'assesseurs exploitants agricoles par TAE. En application des alinéas 2 à 10 de l'article 26 de la loi nº 2023-1059 du 20 novembre 2023 et de l'article 5 du décret nº 2024-674 du 3 juillet 2024, le statut d'assesseur conféré aux exploitants agricoles est spécifique. Tout d'abord, ils ne sont pas élus mais nommés par le ministre de la Justice, et choisis sur une liste établie par le premier président de la cour d'appel sur proposition de la chambre d'agriculture départementale. Ensuite, les assesseurs exploitants agricoles peuvent assister, « avec voix consultative », aux assemblées générales du TAE et ne peuvent pas, par exemple, voter lors de l'élection du président du TAE (C. com., art. L. 722-11, al. 2). Enfin, ils ne peuvent eux-mêmes être président du tribunal.

Pour l'essentiel, le TAE suit les règles de procédure du tribunal de commerce actuel. Notamment, s'agissant de l'obligation de constituer avocat, les parties en seront dispensées « lorsque la demande porte sur un montant inférieur ou égal à 10 000 euros ou qu'elle a pour origine l'exécution d'une obligation dont le montant n'excède pas 10 000 euros ». La composition échevine figurant initialement dans le projet de loi où, siégeait, en plus des juges consulaires, un magistrat du siège assesseur désigné par le président du tribunal judiciaire chaque année, après avis du président du TAE, a été rapidement abandonnée dans le processus législatif.

Le président du tribunal des activités économiques connaît de la procédure d'alerte et des procédures amiables, quels que soient le statut et l'activité de la personne physique ou morale qui éprouve des difficultés, à l'exception des professions mentionnées.

2 • La contribution pour la justice économique versée par la partie demanderesse

À titre expérimental, par dérogation aux articles 1089, A et B, du Code général des impôts, pour chaque instance introduite devant le tribunal des activités économiques, une contribution pour la justice économique est versée par la partie demanderesse, à peine d'irrecevabilité que le juge peut prononcer d'office (loi d'orientation, art. 27).

Aux termes de la loi, le montant de la contribution pour la justice économique est fixé par un barème défini par décret en Conseil d'État, dans la limite de 5 % du montant des demandes cumulées au stade de l'acte introductif d'instance et pour un montant maximal de 100 000 euros. Ce barème tient compte du montant des demandes initiales, de la nature du litige, de la capacité contributive de la partie demanderesse, appréciée en fonction de son chiffre d'affaires annuel moyen sur les trois dernières années, de ses bénéfices ou de son revenu fiscal de référence, et de sa qualité de personne physique ou morale.
La vérification et le recouvrement de cette contribution sont assurés gratuitement par les greffiers des tribunaux de commerce, le cas échéant, par voie électronique. En cas de contestation, le président de la juridiction ou le magistrat délégué à cet effet statue par ordonnance. En cas de recours à un mode amiable de règlement du différend emportant extinction de l'instance et de l'action ou en cas de désistement, la contribution est remboursée.
Une dispense de paiement est accordée aux demandeurs à l'ouverture d'une procédure amiable ou collective à l'État, les collectivités territoriales et leurs groupements, les personnes physiques et les personnes morales de droit privé employant moins de 250 salariés (loi d'orientation, art. 27, al. 3).
Le décret nº 2024-1225 du 30 décembre 2024 relatif à l'expérimentation de la contribution pour la justice économique (V. M. Barba, « Ainsi naquit la contribution pour la justice économique », *D. actu.* 21 janv. 2025) apporte des précisions sur le point de départ de l'expérimentation de la contribution pour la justice économique (CJE), les personnes assujetties à la CJE ainsi que sur certaines exclusions, sur le montant de la CJE et sur la sanction du non-paiement.
Tout d'abord, l'expérimentation de la CJE démarre au 1er janvier 2025, seules étant concernées les instances postérieurement introduites. Ensuite, aux termes de l'article 1er du décret du 30 décembre 2024, seul l'auteur de la demande initiale en justice peut être obligé à verser la CJE. Et encore, le décret prend soin de préciser que ne sont pas des demandes initiales la « demande tendant à la modification, la rétraction ou la contestation d'une ordonnance rendue sur requête » (art. 1, II, 2°) ; ou « la demande tendant à l'interprétation, la rectification ou le complément d'une précédente décision, en application des articles 461 à 463 du Code de procédure civile » (art. 1, II, 3°) ou encore l'acte de saisine du TAE en tant que juridiction de renvoi après cassation (art. 1, II, 4°).
A contrario, les demandes incidentes (addition, reconvention, intervention) en sont exclues.
S'agissant des demandes initiales, la CJE n'est due que lorsque la « valeur totale des prétentions qui y sont contenues est supérieure à un montant de 50 000 € » (art. 1, I), les sommes demandées au titre des frais de procédure non compris dans les dépens n'entrant pas dans ce plafond. Le décret précise également au même article qu'en cas de pluralité de demandeurs, la CJE est due par chacun d'eux, et la valeur totale des prétentions est appréciée séparément pour chacun.
La CJE n'est pas due lorsque la demande est formée par le ministère public, par l'État, une collectivité territoriale ou un organisme public de coopération mentionné à l'article L. 5111-1 du Code général des collectivités territoriales ou encore par une personne physique ou morale de droit privé employant moins de 250 salariés (art. 2, I).
La CJE n'est pas davantage due pour une demande ayant pour objet l'ouverture d'une procédure amiable ou collective (art. 2, II, 1°), une homologation d'un accord issu d'un mode amiable de règlement des différends ou d'une transaction (art. 2, II, 2°) ; une demande ayant donné lieu à une précédente instance éteinte à titre principal par l'effet de la péremption ou de la caducité de la citation (art. 2, II, 3°) ; une demande portant sur la contestation, devant le président de la juridiction ou son délégataire, de la vérification par le secrétariat de la juridiction des dépens dus au titre d'une instance (art. 2, II, 4°).
L'article 3 du décret précise que le montant de la CJE est établi en fonction de la « capacité contributive de la partie demanderesse, de sa qualité de personne physique ou morale et du montant de la valeur totale des prétentions formées par elle dans l'acte introductif d'instance ». Pour une personne morale, le montant de la contribution est de 3 % du montant de la valeur totale des prétentions figurant dans

l'acte introductif d'instance, dans la limite d'un maximum de 50 000 € lorsque le montant du chiffre d'affaires annuel moyen sur les trois dernières années est supérieur à 50 millions d'euros et inférieur ou égal à 1 500 millions d'euros et que le montant du bénéfice annuel moyen sur les trois dernières années excède 3 millions d'euros.
Le montant est augmenté à 5 % du montant de la valeur totale des prétentions figurant dans l'acte introductif d'instance dans la limite d'un maximum de 100 000 € lorsque le montant du chiffre d'affaires annuel moyen sur les trois dernières années est supérieur à 1 500 millions d'euros et que le montant du bénéfice annuel moyen sur les trois dernières années excède 0 €.
Enfin, en vertu de l'article 7 I du décret, le défaut de paiement de la CJE est sanctionné par une irrecevabilité qui « peut être prononcée, même d'office ».

B • Le transfert des compétences civiles du juge des libertés et de la détention (JLD) à un magistrat du siège du tribunal judiciaire

Poursuivant un objectif de recentrage du rôle du JLD sur la matière pénale, l'article 44 de la loi n° 2023-1059 vient transférer les compétences civiles du JLD au profit d'un magistrat du siège du tribunal judiciaire. Le JLD voit donc se réduire sa compétence tirée de la protection des libertés individuelles. Il sera dès lors plus un JD qu'un JLD, concentré sur la détention pénale. Les compétences ainsi transférées concernent les procédures de rétention administrative des étrangers mais également les procédures de soins psychiatriques sans consentement. Dans sa décision n° 2023-855 DC, le Conseil constitutionnel a déclaré ce transfert de compétences conforme à la Constitution en raison de la garantie d'indépendance et de celle d'impartialité attachées au statut des magistrats du siège (Cons. const. 16 nov. 2023, n° 2023-855 DC, pt. 120). L'entrée en vigueur de l'article 44 doit être fixée par décret du Conseil d'État mais doit intervenir au plus tard le 1er novembre 2024 (art. 60, IX, de la loi).
Le juge du magistrat du siège à qui incombera le traitement de ce contentieux hautement technique et très spécialisé devra nécessairement recevoir une formation *ad hoc*, sur laquelle la loi ne se prononce pas.

C • Création de pôles spécialisés en matière de violences intrafamiliales au sein des tribunaux judiciaires et des cours d'appel

Même si cette création ne résulte pas directement des dispositions de la loi d'orientation n° 2023-1059 du 20 novembre 2023, elle est issue d'un texte, certes de portée normative inférieure, mais quasi concomitant (décret n° 2023-1077 du 23 novembre 2023 et circulaire publiée le 8 décembre 2023) et l'idée même de cette création entretient un lien étroit avec la loi d'orientation puisqu'elle avait été ajoutée au rapport annexé à la loi par un amendement du gouvernement, venant créer un point 2.4.4. intitulé « Institutionnaliser au sein des tribunaux judiciaires des pôles spécialisés en matière de lutte contre les violences intrafamiliales ». Rappelons que cet amendement au rapport annexé était lui-même issu du rapport *Plan Rouge Vif – Améliorer le traitement judiciaire des violences intrafamiliales*, remis au Gouvernement le 22 mai 2023 par la sénatrice Dominique Vérien et la députée Émilie Chandler, lequel avait pour objet de traiter spécifiquement la question de la lutte contre les violences intrafamiliales par les tribunaux judiciaires, en fixant un cadre réglementaire adapté, permettant la modélisation d'une organisation uniforme, à visée opérationnelle.

La section 7 du chapitre II du titre I du livre II de la partie réglementaire du code de l'organisation judiciaire est modifiée, l'article R. 212-62 créé ainsi une sous-section 2 intitulée « Pôle spécialisé en matière de violences intrafamiliales », contenant les articles R. 212-62-1 à R. 212-62-2.-I. Le présent décret est entré en vigueur le 1er janvier 2024 (art. 6).
Aux termes du très riche article R. 212-62-1 du Code de l'organisation judiciaire :
« Dans chaque tribunal judiciaire est institué un pôle spécialisé en matière de violences intrafamiliales, composé de magistrats du siège et du parquet appelés à connaître de faits de violences intrafamiliales, ainsi que de directeurs des services de greffe judiciaires, de greffiers, de juristes assistants et d'agents contractuels de catégorie A.
Un magistrat du siège et un magistrat du parquet coordonnent respectivement pour le siège et le parquet les activités du pôle.
Les magistrats coordonnateurs sont désignés respectivement par le président du tribunal judiciaire et le procureur de la République près cette juridiction, après avis respectivement de l'assemblée générale des magistrats du siège et de l'assemblée générale des magistrats du parquet. Il est mis fin à leurs fonctions et pourvu à leur remplacement dans les mêmes formes.
Les magistrats coordonnateurs concourent, chacun pour ce qui le concerne, en concertation avec les autres membres du pôle, à l'élaboration, à la mise en œuvre, au suivi et à l'évaluation des mesures et actions en matière de violences intrafamiliales. Ils participent, en lien avec le coordonnateur régional de formation, à la définition d'actions de formation continue déconcentrée adaptées aux besoins des membres du pôle. Ils veillent au partage, au sein du pôle, des informations nécessaires à l'exercice de ses missions, dans le respect des dispositions du code de procédure pénale.
Le magistrat coordonnateur du siège veille à la mise en place des circuits de traitement appropriés par les services du siège, civils et pénaux, appelés à connaître de faits de violences intrafamiliales. Il adresse au président du tribunal judiciaire toutes propositions d'amélioration des dispositifs de prévention, détection, traitement, suivi et évaluation de faits de cette nature et de protection des victimes.
Le magistrat coordonnateur du parquet veille à la mise en place des circuits de traitement appropriés par les services du parquet appelés à intervenir en matière de violences intrafamiliales, en lien avec leurs différents partenaires. Il adresse au procureur de la République toutes propositions d'amélioration des dispositifs de prévention, détection, traitement, suivi et évaluation des faits de cette nature et de protection des victimes.
Les magistrats coordonnateurs dressent périodiquement le bilan de l'activité du pôle qu'ils présentent ensemble à l'assemblée générale des magistrats du siège et du parquet, ainsi qu'à l'assemblée plénière des magistrats et des fonctionnaires. Le président du tribunal judiciaire et le procureur de la République près ce tribunal présentent ensemble l'activité du pôle au conseil de juridiction, au moins une fois par an.
Les coordonnateurs et les membres du pôle bénéficient d'une formation spécifique en matière de violences intrafamiliales. »
Le but est de créer un pôle unique civil et pénal au sein de chaque tribunal judiciaire et cour d'appel pour répondre au constat d'un trop grand cloisonnement des différents services et acteurs juridictionnels pénaux et civils intervenant dans le traitement des situations de violences intrafamiliales. Ce pôle bénéficie d'un comité de pilotage dont les missions sont de définir les actions coordonnées à mettre en œuvre pour concourir à la lutte contre les violences intrafamiliales ; de piloter la mise en œuvre, le suivi et l'évaluation des dispositifs de lutte contre les violences intrafamiliales ; de contribuer à déterminer les moyens à mettre en œuvre pour le traitement des procédures judiciaires de violences intrafamiliales ; de faire toutes propositions visant à l'amélioration du traitement des violences intrafamiliales ; et de partager les informations nécessaires à l'exercice de ses missions.

II • La poursuite de l'œuvre de dématérialisation et de déjudiciarisation de la justice

La nouvelle loi insère plusieurs dispositions en ce sens en son chapitre 2, pourtant dédié aux « diverses dispositions portant modernisations processuelles et relatives aux professions du droit », et particulièrement aux articles 45 à 47.

La loi créée ainsi à l'article 45 un portail électronique qui « permet l'envoi et la réception des actes de procédure, des pièces, avis, avertissements ou convocations et des rapports par les administrateurs, les mandataires judiciaires ». Certainement, la disposition la plus importante à ce titre concerne la modification en profondeur de la procédure de saisie des rémunérations. Est désormais au centre du processus le commissaire de justice et des registres dématérialisés vont être créés.

Apparu dans le prolongement des « États généraux de la justice » (Rapport Sauvé, juill. 2022) et faisant partie des propositions qui ont été formulées, en juillet 2022, par le bureau de la Chambre nationale des commissaires de justice au garde des Sceaux, le dispositif, qui faisait l'objet de l'article 17 initial du projet de loi a été supprimé lors de la première lecture par l'Assemblée nationale puis a été ensuite rajouté par le Sénat à l'article 47. Elle figurera désormais à l'article 3252-1 du Code du travail et à l'article L. 212-2 du Code des procédures civiles d'exécution.

Le législateur prête trois buts à la réforme : « Rendre plus attractifs les investissements étrangers en France », « assurer pleinement le droit à l'exécution » (Arrêt *Hornsby c/ Grèce*, CEDH 19 mars 1997, nº 18357/91) et « simplifier le recouvrement pour le créancier économies de 4,9 M € en masse salariale et de 4,2 M € en frais de notification ».

La réforme sera applicable à compter d'une date qui sera fixée par décret et, au plus tard, au 1er juillet 2025. Ses dispositions seront applicables immédiatement aux procédures en cours à cette date, que la saisie ait ou non déjà fait l'objet d'une autorisation par le juge de l'exécution (JEX). Quatre décrets d'application devraient sortir en 2025, un décret sur la procédure, un autre sur les tarifs, un troisième sur la formation et le dernier sur le registre.

On peut résumer ce nouveau mécanisme selon le schéma ci-dessous :

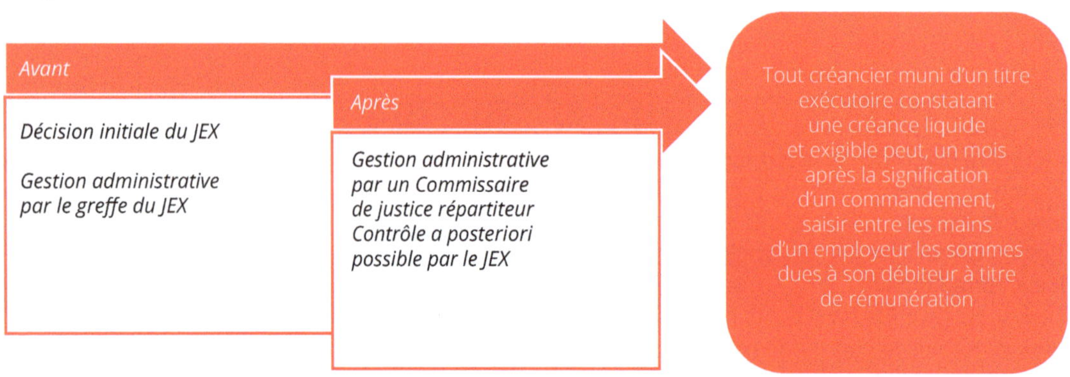

On présentera rapidement la procédure globale divisée en 5 étapes (A), le commissaire de justice répartiteur (B), nouvel acteur clé du mécanisme de déjudiciarisation et le registre dématérialisé *ad hoc* (C).

A • Les 5 étapes procédurales

La première étape consiste en une délivrance au débiteur d'un commandement de payer, assorti d'un délai suspensif d'un mois. S'ensuit une deuxième phase éventuelle de contestation par le débiteur de la validité de la mesure devant le JEX ou la conclusion d'un accord avec le créancier sur les modalités de paiement. Le mécanisme intègre en troisième phase une éventuelle suspension de la procédure de saisie des rémunérations. Celle-ci n'opère pas en cas de contestation sauf lorsqu'elle est formée dans le mois suivant la signification du commandement. Elle ne joue qu'en cas de procès-verbal d'accord conclu entre le débiteur et le créancier sur les modalités de paiement de la dette avant la signification du procès-verbal de saisie. Toutefois, il convient de préciser que la saisie reprendra à l'initiative du créancier en cas de non-respect par le débiteur de l'accord ou en cas de signification au premier créancier saisissant d'un acte d'intervention.
Vient ensuite, dans un quatrième temps la mise en œuvre de la saisie par la délivrance d'un procès-verbal de saisie des rémunérations par le commissaire de justice répartiteur à l'employeur du débiteur, dans les trois mois suivant la délivrance du commandement. L'employeur est ainsi enfin saisi et tenu de déclarer au créancier saisissant l'existence de mesures de saisie antérieures.

B • Le commissaire de justice répartiteur

À la demande du créancier, un commissaire de justice répartiteur sera désigné, dans les conditions définies par décret en Conseil d'État, parmi ceux figurant sur la liste diffusée par la chambre nationale des commissaires de justice.
Son identité et ses coordonnées seront portées à la connaissance du tiers saisi et du débiteur. Elles seront mentionnées dans le registre numérique des saisies des rémunérations. Cette nouvelle fonction est chargée de recevoir les versements effectués par l'employeur (C. pr. exéc., art. L. 212-12), de les reverser au créancier saisissant et de répartir les fonds en cas de pluralité de créanciers.

C • Le registre dématérialisé *ad hoc*

La loi crée également un registre numérique des saisies des rémunérations, tenu sous la responsabilité de la Chambre nationale des commissaires de justice. Il est visé à l'article L. 212-7 du Code des procédures civiles d'exécution et dont le régime sera précisé par décret en Conseil d'État.
Trois objectifs lui sont assignés :

– le traitement des informations nécessaires à l'identification des commissaires de justice répartiteurs, des débiteurs saisis, des créanciers saisissants et des employeurs tiers saisis ;

– la conservation et la mise à disposition des informations nécessaires à l'identification du premier créancier saisissant, du débiteur saisi et du commissaire de justice répartiteur ;

– la transmission au ministre de la Justice, à titre gratuit, les données statistiques et un rapport annuel relatif à la mise en œuvre de la procédure de saisie des rémunérations.

III • La réorganisation du travail à travers l'équipe autour du magistrat

Tenant compte du rapport Lottin sur la structuration des équipes autour du magistrat (Lottin D., *Rapport sur la structuration des équipes juridictionnelles pluridisciplinaires*, rapport au ministre de la Justice, sept. 2022), la loi de programmation entend rompre l'isolement des magistrats et instaurer une équipe autour de lui. Il s'agit de moderniser les méthodes de travail du magistrat en créant, à l'article 37, une équipe pour le décharger de ses tâches non essentielles et lui permettre de se concentrer sur son office. L'équipe permettra également de donner un avenir aux contractuels et de revaloriser le rôle des greffiers. C'est ainsi qu'en parallèle de cette loi, et faisant suite à une très large mobilisation de la profession, le décret n° 2023-996 du 27 octobre 2023 (https://www.legifrance.gouv.fr/jorf/id/JORFTEXT000048275210) a revalorisé la grille indiciaire du corps des greffiers des services judiciaires et des emplois de greffiers fonctionnels en créant notamment un corps de débouché de catégorie A pour 3 200 greffiers.
L'équipe, dont la mission est d'assurer une collaboration permanente entre les magistrats de l'ordre judiciaire et des personnels spécialement formés et recrutés, sera constituée non seulement des greffiers mais également d'une nouvelle fonction créée dans la loi : celle d'attaché de justice (A), et par la fonction d'assistant spécialisé (B), dont le statut est par ailleurs complété. Pris en application de la loi n° 2023-1059 du 20 novembre 2023 d'orientation et de programmation du ministère de la Justice 2023-2027, un décret n° 2024-965 du 30 octobre 2024 relatif aux attachés de justice et aux assistants spécialisés précise les conditions de nomination, de formation, de rattachement et de licenciement, ainsi que le serment, de ces professionnels qui composeront désormais l'équipe autour du juge. Il est entré en vigueur le 1er novembre 2024.

A • Les attachés de justice

Les articles L. 123-4 et suivant du Code de l'organisation judiciaire régissent désormais cette nouvelle fonction, en précisant tant les conditions d'accès que les rôles qui leur sont impartis.

1 • Conditions d'accès

Aux termes de l'article L. 123-4. – I., les attachés de justice ont la qualité de fonctionnaire ou d'agent contractuel. Lorsqu'ils ont la qualité d'agent contractuel, ils doivent être titulaires d'un diplôme sanctionnant une formation juridique au moins égale à quatre années d'études supérieures après le baccalauréat et sont recrutés en application des articles L. 332-2 ou L. 332-3 du Code général de la fonction publique. Ils doivent prêter serment.

2 • Rôle

Aux termes du même article, les attachés de justice sont attachés à « des fonctions d'assistance, d'aide à la décision et de soutien à l'activité administrative ainsi qu'à la mise en œuvre des politiques publiques ». Sous la responsabilité des magistrats, ils participent au traitement des procédures sans pouvoir toutefois recevoir de délégation de signature, sous réserve de quelques cas particuliers en matière pénale et civile. Ils peuvent assister aux audiences et accéder au dossier ainsi qu'assister au délibéré.

B • Les assistants spécialisés

Aux termes de l'article L. 123-5 I, les assistants spécialisés, fonctionnaire ou agent contractuel ayant prêté serment, sont nommés afin de « participer au traitement de procédures relevant de contentieux techniques ou spécifiques conduites sous la responsabilité de magistrats du siège ou du parquet des tribunaux judiciaires ». Ils peuvent, dans ce cadre, accéder au dossier de la procédure. Les documents de synthèse ou d'analyse qu'ils remettent aux magistrats peuvent être versés au dossier.

La concentration des moyens : derniers états d'une jurisprudence complexe

La charge procédurale de concentration des moyens est issue de l'arrêt d'Assemblée plénière en date du 7 juillet 2006, plus connu sous le nom d'arrêt *Cesareo* (Cass., ass. plén., 7 juill. 2006, *Bull. ass. plén.*, n° 8, rapp. Charruault, avis Benmakhlouf, *BICC* 15 oct. 2006, n° 648, p. 37, *D.* 2006. 2135, note L. Weiller, *JCP* 2007, II, p. 10070, note G. Wiederkehr, et 2007, I, p. 183, n° 15, obs. S. Amrani-Mekki, *RTD civ.* 2006. 825, obs. crit. Perrot, *Dr. et proc.*, nov.-déc. 2006, p. 348, obs. N. Fricéro, *Procédures* 2006, n° 201, obs. R. Perrot). L'arrêt, imposant au demandeur de concentrer ses moyens dès l'instance initiale, a été un séisme dans la procédure civile française. Il y a eu en effet un « avant » et un « après » l'arrêt *Cesareo*. Ce dernier a été en effet étoffé par une abondante jurisprudence, de sorte qu'on parle désormais non plus « d'arrêt *Cesareo* » mais de « jurisprudence *Cesareo* ». La question de la concentration des moyens est très commentée par la doctrine et au moins deux thèses y ont même été consacrées (A. Marque, *Le principe de concentration et le procès civil*, M. Nicod [dir.], Toulouse I Capitole, 2017 ; M. Plissonnier, *Concentration et procès civil*, S.-Amrani-Mekki [dir.], Th. Paris Nanterre, 2021).

Pourtant, avant cet arrêt, le concept procédural de regroupement des moyens ou des prétentions existait déjà, mais de façon simplement ponctuelle et parcellaire. Le Code de procédure civile imposait déjà, à l'article 74, de présenter de façon groupée toutes les exceptions de procédure à opposer in *limine litis* à une demande. En outre, l'obligation de concentrer les demandes à l'occasion du même procès, qui traduit un seuil d'exigence procédurale supérieur à l'obligation de concentration des moyens, était déjà reconnue en droit positif dans différents domaines, notamment en procédure prud'homale (C. trav., art. R. 1452-6) et en procédure de partage (C. pr. civ., art. 1374).

Le principe de concentration des moyens a été consacré par les législateurs voisins, en Italie (Codice civile, art. 2909) et adopté pour certaines procédures communautaires (Règl. de procédure CJCE, art. 40, § 1). Afin de rationaliser l'instance et le procès civil, le rapport Magendie I (J.-C. Magendie [dir.], *Célérité et qualité de la justice. La gestion du temps dans le procès*, La Documentation française, 2004, p. 44 s.) proposait d'ailleurs de consacrer le principe dans le Code de procédure civile en insérant un alinéa 2 à l'article 753, rédigé en ces termes : « Aucun fait, moyen de droit et aucune preuve ne sera plus recevable de la part du demandeur après l'assignation, à moins qu'ils ne soient provoqués par les conclusions en réponse du défendeur ou qu'un motif légitime ne justifie que le demandeur ne les ait fournis antérieurement ».

Le législateur n'a pas entériné cette proposition et c'est finalement la jurisprudence qui a fait œuvre législative en imposant aux parties de présenter dès l'instance initiale tous les moyens qu'elles estiment de nature à fonder leur demande (Cass., as. plén., 7 juill. 2006, *Cesareo*, préc. ; Civ. 1re, 24 sept. 2009, *JCP* 2009, n° 401 ; Com. 20 oct. 2009, n° 08-15.891, inédit ; Civ. 2e, 19 nov. 2009, n° 08-19.459, inédit ; Civ. 3e, 20 janv. 2010, *Bull. civ.* III, n° 17 ; Civ. 1re, 25 févr. 2010, n° 09-11.537, inédit) ou leur défense (Com. 20 févr. 2007, *Bull. civ.* IV, n° 49 ; Civ. 3e, 13 févr. 2008, *Bull. civ.* III, n° 28 ; Civ. 1re, 1er juill. 2010, n° 09-10.364, *Bull. civ.* I). La jurisprudence arrime le principe de concentration à l'autorité de la chose jugée puisqu'à défaut d'avoir concentré ses moyens dès l'instance initiale, le plaideur voit la deuxième demande, formée après le prononcé du jugement entre les mêmes parties et ayant le même objet et la même cause, frappée d'irrecevabilité en raison de l'autorité de la chose jugée (C. civ., art. 1351).

Le principe de concentration des moyens nécessite d'être explicité : son contenu et les critiques dont il fait l'objet seront développés (I) ainsi que son domaine d'application (II) et les incertitudes s'étant faites jour en jurisprudence sur le domaine de la concentration, limitée en principe aux moyens, mais parfois étendue aux demandes.

I • Contenu, bien-fondé et critiques du principe de concentration des moyens

Le principe de concentration n'est pas un concept autonome mais rattaché au concept d'autorité de chose jugée. Afin de rationaliser le procès, l'arrêt *Cesareo* a imposé une nouvelle définition de l'identité de cause (A) et a corrélativement alourdi la charge procédurale des parties dans le procès (B). C'est un principe critiqué par la doctrine mais jugé conforme aux principes européens du procès équitable (C).

A • La redéfinition de l'identité de cause à l'aune de l'impératif de rationalisation

1 • La redéfinition de l'identité de cause

Avant l'arrêt *Cesareo*, l'identité de cause était assimilée à l'identité de fondement juridique. Une modification du fondement juridique de la demande permettait d'échapper à la fin de non-recevoir tirée de l'autorité de chose jugée et chaque moyen de droit constituait une cause nouvelle. Ainsi, ne se heurtait pas à l'autorité de chose jugée une deuxième demande en nullité du contrat sur vice du consentement alors que la première demande était fondée sur la résolution ou la lésion. Désormais, la cause n'est plus assimilée au fondement juridique et devient un ensemble complexe qui prend en compte l'exigence de concentration des moyens juridiques et le comportement diligent des parties. Dans l'affaire *Cesareo*, le litige portait sur le paiement d'une somme d'argent, réclamé une première fois sans succès sur le fondement de la créance de salaire différé, puis une seconde fois sur le fondement de l'enrichissement sans cause. Les juges du fond avaient déclaré cette seconde demande irrecevable, se heurtant à la chose jugée car « la cause est la même, dès lors que les demandes successives tendent à obtenir une même indemnisation au titre du travail fourni pendant la même période, seul différant le moyen invoqué ». Le pourvoi dirigé contre cet arrêt soutenait au contraire qu'il n'y avait identité de cause que « si les demandes successives sont fondées sur le même texte ou le même principe ». L'arrêt *Cesareo* rejette le pourvoi par substitution de motifs : « il incombe au demandeur de présenter dès l'instance relative à la première demande l'ensemble des moyens qu'il estime de nature à fonder celle-ci ; qu'ayant constaté que, comme la demande originaire, la demande dont elle était saisie, formée entre les mêmes parties, tendait à obtenir paiement d'une somme d'argent à titre de rémunération d'un travail prétendument effectué sans contrepartie financière, la cour d'appel en a exactement déduit que Gilbert Y… ne pouvait être admis à contester l'identité de cause des deux demandes en invoquant un fondement juridique qu'il s'était abstenu de soulever en temps utile, de sorte que la demande se heurtait à la chose précédemment jugée relativement à la même contestation ».

La notion de cause est utilisée en procédure civile à deux fins : afin d'apprécier l'étendue de l'autorité de la chose jugée et également l'office du juge. Avant le revirement, la notion de cause n'était pas perçue de la même façon dans les deux cas : la cause de la demande était purement factuelle lorsqu'elle visait à déterminer l'office du juge ; elle pouvait être un élément de fait ou de droit lorsqu'elle était une composante de la notion d'autorité de chose jugée. En redéfinissant la cause, élément constitutif de l'autorité de chose jugée, l'arrêt *Cesareo* a unifié la notion de cause en en faisant un pur élément de fait.

2 • L'impératif de rationalisation du procès

Le principe de concentration interdit de reprendre à la base un procès perdu sur un nouveau fondement et condamne les stratégies procédurales malicieuses et les comportements dilatoires qui consistent à garder en réserve certains arguments de manière à pouvoir intenter un autre procès si le premier n'aboutit pas. « Tout doit donc être prévu pour que le débat soit utile, pour qu'il aille au fond des choses, pour que le litige soit examiné *ab initio* sous toutes ses facettes et dans tous ses recoins » (rapport Magendie, p. 46). En verrouillant les contentieux indéfinis et en évitant l'instrumentalisation du juge, le principe de concentration obéit à un objectif clair de rationalisation du procès mais tend aussi à moraliser le procès et replacer les parties en son cœur, à les responsabiliser, raffermissant ainsi le principe dispositif. En empêchant les parties de dévoiler tardivement les moyens utiles, dans le but d'entraver ou de gêner la défense les parties et en leur imposant à l'inverse d'exposer leurs prétentions dans un temps raisonnable, le principe concourt également à assurer l'efficience du principe de contradiction (C. pr. civ., art. 14) et du délai raisonnable (Conv. EDH, art. 6 § 1). En responsabilisant les parties, le principe fait peser sur elles une charge procédurale lourde.

B • L'alourdissement consécutif de la charge procédurale des parties

Le principe de concentration impose aux parties, demandeur comme défendeur (v. *infra*, II) de se placer, « dès l'instance relative à la première demande » sur les différents fondements juridiques permettant d'atteindre le résultat concret recherché : le gain du procès. Cela suppose en amont une réflexion approfondie sur les fondements envisageables de l'action, surtout lorsque, par exemple dans un litige portant sur une vente, il existe plusieurs fondements juridiques permettant d'obtenir le même résultat ou un résultat voisin (l'anéantissement du contrat de vente peut ainsi être obtenu par une nullité pour défaut de cause, pour vice du consentement, par un dol, par la résolution pour défaut d'obligation d'information, par la rescision pour lésion…). Afin de ne rien oublier, et de ne pas voir engager sa responsabilité, l'avocat peut avoir certainement tendance à multiplier les fondements invoqués, ce qui créé peut-être un nouveau contentieux là où on avait voulu en éliminer un autre. Il serait alors judicieux pour lui de classer ses différents moyens par ordre de pertinence en présentant des moyens principaux et subsidiaires.

Le plaideur n'a plus droit à l'erreur : il doit énoncer dans ses conclusions tous les fondements possibles pour obtenir gain de cause, sinon, il est sanctionné de ne pas les avoir soulevés en temps utile par l'irrecevabilité de la seconde demande présentée sur un nouveau fondement juridique. Le juge de première instance n'est pas tenu de venir à son secours en proposant une qualification plus adéquate car depuis un arrêt d'assemblée plénière du 21 décembre 2007 dit Dauvin (Cass., ass. plén., 21 déc. 2007, nº 06-11.343, *Bull. ass. plén.* 2007, nº 10), il n'a pas l'obligation de changer la dénomination ou le fondement juridique des demandes des parties. Il n'a donc pas l'obligation de relever d'office un moyen plus approprié, fût-il de pur droit. Si un plaideur intente une nouvelle demande sur un fondement juridique différent, son adversaire ne manquera pas de soulever cette fin de non-recevoir et il peut le faire en tout état de cause. S'il s'en abstenait, rappelons que le juge a la faculté de relever d'office ce moyen de défense procédural (C. pr. civ., art. 125, al. 2).

C • Un principe critiqué mais conforme aux principes européens du procès équitable (Conv. EDH, art 6 § 1)

Si le principe de concentration répond bien à son objectif de régulation des flux judiciaires, il ne semble pas suffisamment protéger la loyauté des débats et l'intérêt des plaideurs. Le rapport Magendie I avait soutenu que ce principe renforcerait le principe de la contradiction. Des auteurs ont émis l'opinion contraire.

1 • La création *contra legem* d'une forclusion pour autorité de chose non jugée

C'est à une extension du champ de l'autorité de la chose jugée, tant dans son contenu que sa sanction, que conduit le principe de concentration, en heurtant le texte de l'article 1355 du Code civil et en le réécrivant. L'autorité de la chose jugée ne concerne plus seulement ce qui a été jugé, mais se trouve étendue à ce qui aurait dû ou aurait pu être jugé. On a pu même parler « d'autorité de chose non jugée » (S. Guinchard, « L'autorité de la chose qui n'a pas été jugée à l'épreuve des nouveaux principes directeurs du procès civil » *in Mélanges G. Wiederkehr*, Dalloz, 2009, p. 379 s. 13). L'irrecevabilité liée à cette autorité de chose non jugée joue comme une forclusion, contre les intérêts du plaideur.
Afin de conserver simultanément l'objectif de rationalisation assigné à cette nouvelle charge procédurale et l'intérêt des justiciables, il a été proposé en doctrine de maintenir cette obligation de concentration mais en assortissant son non-respect par une sanction autonome, dissociée du concept d'autorité de chose jugée (N. Fricéro, « Le fabuleux destin de l'autorité de la chose jugée », *in Mélanges en l'honneur de J.-F. Burgelin, Principes de justice*, 2008, Dalloz, p. 199 s. ; v. également L. Cadiet, « Autorité de la chose jugée : de la jurisprudence vers les codes », *in Quatre-vingts ans de JCP* hors-série 2007, p. 17 ; A. Marque, *Le principe de concentration et le procès civil* [dir. M. Nicod], Th. Université Toulouse Capitole, 2017, not. n° 16, n°s 56 s., 314 ; rapport Molfessis/Agostini, *Chantiers de la justice*, 15 janv. 2018, spéc. proposition 13, https://www.vie-publique.fr/rapport/37123-chantiers-de-la-justice, comm. C. Bléry, *D. actu.* 7 févr. 2018, *JCP* 2018, suppl. au n° 13, 11, p. 45).

2 • La limitation de l'accessibilité au juge

Le principe de concentration lui-même ainsi que son application absolue et extrémiste pourraient conduire à limiter l'accès des justiciables au tribunal. Toutefois, dans son arrêt *Barras c/ France*, la Cour européenne des droits de l'Homme a pu juger le principe conforme à l'article 6 § 1 de la Conv. EDH.

a) Entrave à l'accès au juge, intrinsèque au principe de concentration des moyens ?

La concentration des moyens au cours d'une même instance limite tant directement qu'indirectement le droit d'accès au juge (v. *contra* A. Lacabarats, « Autorité de la chose jugée au civil : la concentration des moyens au cours d'une même instance et le droit d'accès au juge », *Just. et cass.* 2008. 116). L'absence de droit à l'erreur en cas d'omission d'un moyen de droit peut constituer directement une entrave substantielle au droit à un tribunal. Ne pas soulever un moyen de droit équivaut en effet à y renoncer et à être privé du regard du juge de première instance sur cet aspect du droit.

Indirectement, le principe de concentration appliqué à la procédure sans représentation obligatoire, en général orale, fait peser une trop lourde charge procédurale à des non-spécialistes, profanes du droit, à qui l'on impose de présenter tous les fondements juridiques possibles pour faire droit ou échec à la demande. À l'impossible, nul n'est tenu et la procédure sans représentation obligatoire devient alors une vaste hypocrisie, le recours à l'avocat étant plus que conseillé.

b) La conformité de la concentration des moyens : l'arrêt CEDH *Barras c/ France*

Avant la CEDH, la CJCE avait déjà été saisie dès 2007 de la question de la concentration des moyens à travers une question préjudicielle posée par un juge italien sur l'application de l'article 2909 du Code civil italien, lequel consacre le principe de concentration des moyens sanctionné par l'irrecevabilité de l'autorité de la chose jugée. La CJCE s'était alors montrée hostile au principe de concentration des moyens entraînant une autorité de chose non jugée (v. CJCE, gr. ch., 18 juill. 2007, *Luccini*, aff. C-119/05 : *Europe 2007*, comm. 235, obs. D. Simon). Elle avait en effet répondu que « le droit communautaire s'oppose à l'application d'une disposition du droit national visant à consacrer le principe de l'autorité de la chose jugée telle que l'article 2909 du Code civil italien, en tant que son application fait obstacle à la récupération d'une aide d'État octroyée en violation du droit communautaire, et dont l'incompatibilité avec le marché commun a été constatée par une décision de la Commission des Communautés européennes devenue définitive ».

Dans un contexte tout autre, le principe de concentration a reçu un accueil favorable de la CEDH dans un arrêt rendu le 9 avril 2015 (CEDH, sect. V, 9 avr. 2015, *Barras c/ France*, req. n° 12686/10). Cette décision est toutefois très critiquée par la doctrine processualiste française (v. A. Donnier, « De la conformité du principe de concentration des moyens à la Convention européenne des droits de l'homme, entre doute et perplexité », *Gaz. Pal.* 2015, n° 163-164, p. 15-18 ; C. Bléry, *JCP* 2015, p. 1111-1115).

Il s'agissait d'un litige opposant des gardiens salariés d'une ferme au cessionnaire de cette dernière. Les premiers avaient été autorisés par leur employeur, à la fin de leur contrat, à demeurer à titre gracieux, leur vie durant, dans le logement mis à leur disposition. Le cessionnaire de la ferme, petit-fils de l'ancien employeur qui les avait gratifiés, décida de mettre un terme au prêt à usage dont bénéficiaient les gardiens retraités. La procédure devant la CEDH a clôturé une longue procédure devant les juridictions internes, émaillée de rebondissements. En effet, le refus des gardiens de quitter les lieux après cinquante années d'occupation avait contraint le nouveau propriétaire à les assigner en expulsion, expulsion finalement refusée en appel, non suivi de cassation. Mais le propriétaire réassigna les anciens gardiens après avoir pris connaissance d'un revirement de jurisprudence qui autorisait désormais la résiliation à tout moment d'un prêt à usage à durée indéterminée, si le prêteur usait d'un préavis raisonnable. La demande fut toutefois déclarée irrecevable en appel en raison de l'autorité de chose jugée attachée au précédent arrêt rendu par la même juridiction et la Cour de cassation confirma, soulignant qu'en « l'absence de faits nouveaux venus modifier la situation ainsi antérieurement reconnue en justice, et sans encourir les griefs de violation de l'article 6, § 1, de la Convention (...) et de l'article 1 du protocole additionnel n° 1 ». La Cour de Strasbourg, saisie sur ces deux fondements, prononça une décision d'irrecevabilité pour requête manifestement mal fondée en application de l'article 35 § 3 (a) et 4 de la Convention (§ 32). Aux § 27 à 29, la Cour rappelle tout d'abord que le droit d'accès aux tribunaux, garanti par l'article 6 § 1, n'est pas absolu ; il se prête à des limitations implicitement admises car il appelle, de par sa nature même, une réglementation par l'État, réglementation qui peut varier dans le temps et dans l'espace en fonction des besoins et des ressources de la communauté et des individus. Elle constate ensuite qu'il résulte de l'article 1351 du Code civil (devenu art. 1355 du même Code) que la chose jugée par un jugement antérieur ne fait autorité à l'égard d'une nouvelle demande que si elle est fondée sur la même cause et qu'il y a en plus identité de parties et d'objet. La jurisprudence antérieure au 7 juillet 2006 en déduisait que l'autorité de la chose jugée ne faisait pas obstacle au renouvellement d'une demande formée à l'encontre d'un même défendeur pour le même objet mais sur un fondement juridique différent. L'arrêt de la Cour de cassation du 7 juillet 2006 pose le « principe de la concentration des moyens », selon lequel le demandeur est tenu de présenter dès l'instance relative à la première demande l'ensemble des moyens qu'il estime de nature à fonder celle-ci. Il ne peut donc contester l'identité de cause entre une seconde demande et la première pour échapper à l'autorité de la chose jugée en invoquant un fondement juridique qu'il s'était abstenu de soulever dans le cadre de sa première demande. La cour relève ensuite que le principe de la concentration des moyens « tend à assurer une bonne administration de la justice en ce qu'il vise à réduire le risque de manœuvres dilatoires et à favoriser un jugement dans un délai raisonnable. La limitation au droit d'accès à un tribunal qu'il opère s'inscrit donc dans un objectif légitime ». Elle relève *in fine* au § 30 qu'il « s'agit certes d'une condition impossible à remplir lorsque le fondement juridique d'une seconde demande repose sur une modification du droit positif postérieure à l'examen de la première demande : par définition, le demandeur se trouvait dans l'impossibilité de soulever ce fondement dans le cadre de sa première demande. Cela ne préjuge cependant pas de la question de savoir si un demandeur débouté de son action par une décision devenue irrévocable peut invoquer un changement ultérieur de l'état du droit pour saisir à nouveau un tribunal de sa demande. La Cour conclut au § 31 que contrairement à ce qu'affirme le requérant, il n'a pas été empêché de bénéficier du revirement de jurisprudence opéré par l'arrêt de la Cour de cassation du 3 février 2004 – qui reconnaît au prêteur le droit de mettre fin unilatéralement à un prêt à usage à durée indéterminée – du fait de l'application du principe de la concentration des moyens. Il ressort en effet du dossier que sa seconde demande, introduite devant le tribunal de grande instance de Lisieux le 28 janvier 2005, n'était pas fondée sur ce droit nouvellement reconnu au prêteur mais, comme dans le cadre de la première procédure, sur un défaut d'entretien qu'il imputait aux occupants ».

II • Domaine du principe de concentration

Depuis sa création en 2006, le principe de concentration des moyens a connu un bel essor. Seront successivement exposés l'extension du principe (A), ses limites (B) et les déviances auxquelles il a pu mener : l'exigence d'une concentration des demandes (C).

A • L'extension du principe

Le champ d'application du principe est large, visant le demandeur comme le défendeur ainsi que toutes les juridictions, étatiques comme arbitrales.

1 • Domaine étendu quant aux parties

Le principe de concentration des moyens s'impose tant au demandeur qu'au défendeur. Le fameux arrêt *Cesareo* avait commencé par contraindre le seul demandeur, tenu de présenter dès l'instance initiale tous les moyens qu'il estimait de nature à fonder sa demande. Cette obligation a été ensuite étendue au défendeur et aux moyens de défense : dès la première instance, « le défendeur a l'obligation de présenter l'ensemble des moyens qu'(il) estimait de nature à faire échec à la demande » (Com. 20 févr. 2007, préc. ; Civ. 3e, 13 févr. 2008, préc. ; Civ. 1re, 1er juill. 2010, préc.). Ces moyens à présenter en temps utile peuvent concerner tant des défenses au fond que des demandes reconventionnelles et ils doivent être de nature à justifier le rejet total ou même partiel de la demande (arrêt du 1er juill. 2010, préc.). À défaut, le défendeur initial qui, après avoir perdu le procès en première instance, intenterait une action contre le demandeur initial sur un autre fondement juridique que celui présenté initialement en défense est irrecevable en raison de l'autorité de la chose jugée (C. pr. civ., art. 122). La demande est considérée comme formée entre les mêmes parties, ayant le même objet et la même cause. Ainsi, poursuivis en exécution de leurs engagements de caution, des débiteurs qui n'avaient développé lors de l'instance initiale que des contestations relatives à la validité et à la portée de ces engagements sans faire valoir que la banque avait engagé sa responsabilité civile à leur égard et devait être condamnée à leur payer des dommages-intérêts qui viendraient en compensation avec les condamnations prononcées à leur encontre, ont vu leur demande en responsabilité civile déclarée irrecevable sur le fondement de l'autorité de chose jugée (arrêt du 1er juill. 2010, préc.).

2 • Domaine étendu quant aux juridictions

Le principe s'impose devant toutes les juridictions, qu'elles soient étatiques ou arbitrales, et même entre juridictions civiles et pénales.

a) L'application généralisée à la procédure civile étatique

Le principe est applicable aussi bien en première instance qu'en appel. Le rapport Magendie II (J.-C. Magendie [dir.], *Célérité et qualité de la justice devant la cour d'appel,* La Documentation française, 2008, p. 46 à 49) souhaitait étendre ce principe à l'instance d'appel et ses propositions ont été pour partie entérinées dans la réforme de la procédure d'appel du 12 décembre 2009.

L'impératif de concentration des moyens vaut également pour la procédure écrite mais aussi la procédure orale. Il peut donc sanctionner des litigants novices et profanes du droit qui n'auraient pas utilisé les services d'un avocat.

La jurisprudence postérieure a même consacré le principe au sein d'une même instance (Civ. 2e, 11 avr. 2019, n° 17-31785, *Gaz. Pal.* 23 juill. 2019, p. 40, obs. S. Amrani-Mekki), dans le cadre d'une instance en cours lorsqu'un jugement mixte a été rendu. Ainsi, une prétention rejetée, en l'espèce la nullité d'un congé pour insanité d'esprit, ne peut être présentée à nouveau sur un autre fondement (congé non délivré à l'ensemble des indivisaires).

Par ailleurs, une concentration particulièrement poussée est consacrée devant le juge de l'exécution lors de l'audience d'orientation en saisie immobilière (C. pr. exéc., art. R. 311-5). L'article dispose : « À peine d'irrecevabilité prononcée d'office, aucune contestation ni aucune demande incidente ne peut, sauf dispositions contraires, être formée après l'audience d'orientation prévue à l'article R. 322-15 à moins qu'elle porte sur les actes de procédure postérieurs à celle-ci. Dans ce cas, la contestation ou la demande incidente est formée dans un délai de quinze jours à compter de la notification de l'acte. ». Cette disposition a déjà été jugée conforme à l'article 6 § 1 de la Conv. EDH (Civ. 2e, 17 nov. 2011, n° 10-26.784 F-P+B). Dans deux arrêts de 2022, la Cour de cassation a précisé la portée de cette obligation textuelle de concentration, qui ne peut porter que sur des demandes qui entrent dans les attributions du juge de l'exécution (COJ, art. L. 213-6).

Dans l'espèce ayant donné lieu à l'arrêt du 20 octobre 2022 (Civ. 2e, 20 oct. 2022, n° 21-11.783 F-B, comm. A. Le Roux, « Concentration des moyens en saisie immobilière : précisions », *Le Quotidien*, nov. 2022), une saisie immobilière avait été effectuée par une banque. Postérieurement à la vente, la débitrice saisit le tribunal de grande instance au fond d'une action en responsabilité pour manquements de la banque à ses obligations d'information et de mise en garde lors de la souscription des prêts immobiliers. Le TGI, tout comme la cour d'appel, déclare l'action irrecevable en vertu de l'autorité de la chose jugée attachée au jugement d'orientation. La deuxième chambre civile de la Cour de cassation casse au triple visa des articles 1355 du Code civil, L. 213-6, alinéas 1, 2, 3 et 4 du Code de l'organisation judiciaire et R. 311-5 du Code des procédures civiles d'exécution, annule en toutes ses dispositions l'arrêt du 8 décembre 2020 et renvoie l'affaire devant la cour d'appel de Lyon autrement composée. La Cour énonce que « la demande formée par le débiteur à l'encontre du créancier poursuivant devant un juge du fond après l'audience d'orientation prévue à l'article R. 322-15 du code des procédures civiles d'exécution ne peut être déclarée irrecevable par application de la règle énoncée à l'article R. 311-5 du même Code ou de l'autorité de la chose jugée du jugement d'orientation que si le juge de l'exécution, précédemment saisi de la procédure de saisie immobilière, était compétent pour en connaître ». Or, selon la Cour de cassation, la demande de dommages-intérêts résultant d'une faute de la banque n'est pas considérée comme une contestation de la procédure de saisie immobilière. Le juge de l'exécution ne pouvant prononcer que ces condamnations visées aux articles L. 121-2 et 3 du Code des procédures civiles d'exécution, il ne pouvait en connaître. Dès lors, aucune concentration ne pouvait être demandée.

Dans un arrêt en date du 8 décembre 2022 (Civ. 2e, 8 déc. 2022, no 21-11.409, *RDBF* 2023, comm. 52, par S. Piédelièvre), la deuxième chambre civile a appliqué strictement le principe de l'article R. 311-5 du Code des procédures civiles d'exécution. À l'audience d'orientation, les parties avaient discuté de la prescription au regard des dispositions des articles 2224, 2231 et 2244 du Code civil et L. 110-4 du Code de commerce. Le JEX avait ordonné la vente forcée de l'immeuble saisi. En appel, le créancier a invoqué pour la première fois le moyen tiré de ce que la relation des parties était soumise au droit luxembourgeois et, de ce que sa créance était soumise à la prescription décennale édictée par l'article 189 du Code de commerce luxembourgeois. L'arrêt d'appel avait considéré que l'évocation à hauteur d'appel de la prescription applicable par référence au droit luxembourgeois était recevable, ne constituant pas un moyen nouveau, puisque la prescription avait été envisagée au cours de l'audience d'orientation. La Cour de cassation casse : l'invocation du droit luxembourgeois est bien une contestation soulevée après l'audience d'orientation, elle porte sur des actes de la procédure de saisie immobilière antérieure à cette audience.

b) L'extension à la procédure arbitrale

Depuis 2008, la Cour de cassation a étendu le principe de concentration à la procédure arbitrale, en rejetant comme irrecevable les demandes (et non plus les seuls moyens : v. sur ce point *supra*, II, C) non formées en temps utile devant la juridiction arbitrale et présentées ensuite dans une procédure judiciaire étatique (Civ. 1re, 28 mai 2008, *Bull. civ.* I, no 153 ; *D.* 2008. *AJ* 1629, note X. Delpech, *JCP* 2008, act. no 411, note J. Béguin ; *RTD civ.* 2008. 551, obs. R. Perrot ; *JCP* 2008, II, p. 10157, note G. Chabot, et 2008, II, p. 10170, note G. Bolard ; *RLDA* 2008, no 30, p. 47, obs. J. Raymard, *Rev. arb.* 2008. 461, note L. Weiller).

c) L'application entre les juridictions pénales et civiles

La Cour de cassation va loin en étendant l'autorité de la chose jugée du pénal au civil (Civ. 2e, 25 oct. 2007, *Bull. civ.* I, no 241). L'obligation de concentration des moyens joue y compris lorsque l'action civile est exercée devant les juridictions pénales. La Cour de cassation a déclaré irrecevable une nouvelle action exercée devant les tribunaux civils en responsabilité contractuelle lorsque le prévenu avait été relaxé en correctionnel pour infraction pénale non intentionnelle et lorsque l'action civile exercée dans cette même instance pénale et fondée sur la responsabilité délictuelle du prévenu avait été rejetée. Toutefois, on le verra plus tard dans les limites, le principe de concentration entre les instances civiles et pénales ne joue pas en application de l'article 470-1 du Code de procédure pénale (v. *infra*, B, 2, c).

B • Les limites à l'application du principe de concentration

L'obligation de concentration des moyens est d'application générale. Pendant longtemps, seules des limites temporelles faisaient échec à son principe. Désormais, on dénombre trois limites substantielles permettant au plaideur de présenter dans une procédure ultérieure des moyens nouveaux.

1 • Limites temporelles

Malgré l'obligation de concentrer ses moyens, il demeure toujours possible de présenter dans une nouvelle instance un moyen nouveau fondé sur l'existence d'un droit né postérieurement à l'instance précédente.

Dès 2010, la jurisprudence avait nuancé l'obligation de concentration en posant que « s'il incombe aux parties de présenter, dès l'instance relative à la première demande, l'ensemble des moyens qu'elles estiment de nature à fonder celles-ci, elles peuvent toutefois présenter de nouvelles demandes, au cours d'une instance ultérieure, dès lors que celles-ci sont fondées sur l'existence d'un droit né après la décision rendue à l'issue de l'instance initiale » (Civ. 2e, 10 juin 2010, n° 09-67.172, inédit). De façon classique, l'autorité de la chose jugée ne peut être opposée lorsque des événements postérieurs sont venus modifier la situation antérieurement reconnue en justice (Civ. 2e, 6 mai 2010, *Bull. civ.* II, n° 88, *Procédures* 2010, obs. J. Junillon) et le principe de concentration ne remet pas en cause cette jurisprudence traditionnelle. Pour faire échec à la fin de non-recevoir liée à l'autorité de chose jugée qu'opposaient les créanciers poursuivants, une partie a soutenu que sa demande de déchéance des intérêts conventionnels était fondée sur l'existence d'un droit né après la décision rendue à l'issue de l'instance initiale et a obtenu gain de cause.

2 • Limites substantielles

Le domaine d'application du principe de concentration des moyens quant aux parties et aux juridictions est très étendu. On dénombre cependant quelques cas où ce principe est exclu, dont certains viennent d'être mis au jour par la jurisprudence.

a) La mise à l'écart de la jurisprudence *Cesareo* en QPC : la possibilité de présenter un moyen d'inconstitutionnalité séparément et à toute hauteur de procédure

Le moyen d'inconstitutionnalité de la loi n'a pas à être présenté avec les moyens classiques et soulevé en temps utile : il met en échec l'obligation de concentration plaideur puisqu'il peut être soulevé pour la première fois en cause d'appel ou « pour la première fois en cassation, à l'occasion d'une instance devant le Conseil d'État ou la Cour de cassation » (Ord. n° 58-1067, 7 nov. 1958, art. 23-1 et 23-5) et doit être présenté « dans un écrit distinct et motivé » (C. pr. civ., art. 126-2). Un auteur a alors parlé à propos de la question prioritaire de constitutionnalité de « politique anti-*Cesareo* » (C. Bléry, « Question prioritaire de constitutionnalité, jurisprudence *Cesareo* et office du juge : l'impossible conciliation », *Procédures* 2010. Alerte 18).

b) La mise à l'écart de la jurisprudence *Cesareo* afin d'assurer l'effectivité de la protection communautaire des consommateurs contre les clauses abusives

Cette exclusion de la jurisprudence *Cesareo* a été posée par la chambre commerciale de la Cour de cassation le 8 février 2023 (Com. 8 févr. 2023, *JCP* act. 386, note M. Behar-Touchais). Faits assez classiques pour une décision qui ne l'est pas (!) : moyennant des sûretés réelles immobilières, une banque consent un prêt à un particulier pour l'achat de sa résidence principale. Impayé du débiteur, mise en œuvre de la clause de déchéance du terme du prêt, puis liquidation judiciaire du débiteur et admission de la créance de la banque au passif et enfin délivrance par la banque d'un commandement de payer valant saisie immobilière au débiteur et assignation à l'audience d'orientation devant le juge de l'exécution, afin que soit ordonnée la vente forcée de l'immeuble. C'est dans ce contexte que le débiteur soutient devant le juge de l'exécution que la créance de la banque n'était pas liquide et exigible, au motif que la clause d'exigibilité anticipée stipulée dans chacun des prêts était abusive, au sens des articles L. 212-1 et R. 212-1 du Code de la consommation. L'arrêt d'appel rejette cette défense en se fondant sur l'autorité de la chose jugée à l'égard du débiteur des décisions d'admission des créances. La Cour relève que le débiteur a été convoqué et était présent à l'audience du juge-commissaire pour qu'il soit statué sur ses contestations, a été présent en la même qualité devant le juge de l'exécution statuant en saisie immobilière et n'a formulé aucune observation concernant la première créance et qu'il n'a pas davantage contesté la seconde. Au § 26, la Cour de cassation censure : « après avoir constaté que, dans ses décisions d'admission, le juge-commissaire n'avait pas examiné, à la demande du débiteur ou d'office, le caractère abusif de la clause d'exigibilité anticipée des prêts notariés fondant la saisie immobilière litigieuse, il appartenait donc au juge de l'exécution, saisi d'une contestation formée sur ce point pour la première fois devant lui par le débiteur lors de l'audience d'orientation, de procéder à cet examen ».

Il était donc question ici de l'office du juge de l'exécution au regard des clauses abusives.

Or, l'office du juge en cette matière est dérogatoire, afin d'assurer l'effectivité du droit de l'Union européenne et la protection des consommateurs européens. Ainsi, la CJCE a très tôt admis le devoir du juge de relever d'office les dispositions de la directive 93/13/CEE sur les clauses abusives (CJCE, 4 juin 2009, *Pannon*, aff. C-243/08, *JCP* 2009, p. 336, note G. Paisant ; *D.* 2009. 2312, note G. Poissonnier ; *D.* 2010. 169, obs. N. Fricero ; *D.* 2010. 790, obs. H. Aubry, E. Poillot et N. Sauphanor-Brouillaud ; *RTD civ.* 2009. 684, obs. P. Remy-Corlay ; *RTD com.* 2009. 794, obs. D. Legeais). La jurisprudence française a modifié l'office du juge en 2017, en imposant au juge français de relever d'office les règles d'ordre public du droit de l'Union européenne (Cass., ch. mixte, 7 juill. 2017, n° 15-25.651 ; Communiqué C. cass, note M. Bacache ; *JCP* 2017, p. 926, note Ch. Quézel-Ambrunaz ; *JCP* 2017, p. 1174, n° 4, obs. Ph. Stoffel-Munck ; *RTD civ.* 2017. 872, obs. P. Jourdain ; *RTD civ.* 2017. 882, obs. P.-Y. Gautier ; *RTD civ.* 2017. 829, obs. L. Usunier ; *D.* 2017. 1800). Le code de la consommation contient par ailleurs une disposition obligeant le juge français à écarter « d'office, après avoir recueilli les observations des parties, l'application d'une clause dont le caractère abusif ressort des éléments du débat » (C. consom., art. R. 632-1).

En outre, la CJUE a eu déjà l'occasion de retenir à deux reprises que l'autorité de la chose jugée ne fait pas obstacle à ce que le juge national soit tenu d'apprécier, sur la demande des parties ou d'office, le caractère éventuellement abusif d'une clause, même au stade d'une mesure d'exécution forcée, dès lors que cet examen n'a pas déjà été effectué à l'occasion du précédent contrôle juridictionnel ayant abouti à la décision revêtue de l'autorité de la chose jugée (CJUE 26 janv. 2017, *Banco Primus,* aff. C-421/14 ; CJUE 17 mai 2022, *Ibercaja Banco*, aff. C-600/19 ; CJUE 17 mai 2022, *SPV Project 503 Srl et Banco di Desio e della Brianza e.a.*, aff. C-693/19 et C-831/19).

Dans cet arrêt en date du 8 février 2023, la chambre commerciale de la Cour de cassation a donc repris le principe posé par la CJUE. Toutefois, l'exclusion de la jurisprudence *Cesareo* ne joue que s'il existe bien un moyen propre au droit de l'Union et si le juge n'a pas déjà tranché la question du caractère abusif de la clause. Hors ces conditions, la jurisprudence *Cesareo* reprend son empire.

c) La mise à l'écart de la jurisprudence *Cesareo* afin de maintenir la faculté de choix offerte à la victime à l'article 470-1 du Code de procédure pénale

On rappelle que, en cas de relaxe décidée par le juge pénal quant à l'incrimination d'infraction non intentionnelle, malgré le dessaisissement de ce dernier, la victime partie civile dispose d'une option pour exercer une action en responsabilité civile indemnitaire : elle peut agir soit devant le juge civil, soit

devant le même juge pénal, qui bénéficie, en ce cas, d'une prorogation de compétence. L'option résulte des termes même de l'article 470-1 du Code de procédure pénale.
Or, lorsque la victime n'use pas de cette faculté de solliciter le juge pénal d'une indemnisation de ses préjudices civils, sa demande devant le juge civil est-elle nécessairement irrecevable comme méconnaissant l'exigence de concentration des moyens devant le juge pénal ? La deuxième chambre civile de la Cour de cassation s'était déjà prononcée par la négative en 2018 et, 2019 (Civ. 2e, 15 nov. 2018, no 17-18.656 ; Civ. 2e, 6 déc. 2018, no 17-27.086 ; Civ. 2e, 6 juin 2019, no 18-15.738 F-D). En 2023 (Cass., ass. plén., 14 avr. 2023, *Mme C., veuve V. et a. c/ Sté de gestion du Normandy-Sogenor et a.*, no 21-13.516, *AJ Pénal* 2023. 231, note A. Botton ; *D. actu.* 17 mai 2023, note M. Barba ; *JCP* 2023, act. 633, note L. Saenko, *JCP* 2023, doctr. 650, no 2, note L. Mayer ; *Procédures* 2023, comm. 161, note Y. Strickler), l'Assemblée plénière de la Cour de cassation a posé que lorsque la partie civile ne sollicite pas l'application de l'article 470-1 du Code de procédure pénale permettant de proroger la compétence du juge pénal pour statuer sur l'indemnisation de la victime en cas de relaxe, il ne peut lui être opposé la concentration des moyens devant le juge civil. En effet, selon l'Assemblée plénière, la fonction de l'article 470-1 est de garantir le droit effectif de la victime d'une infraction à obtenir une indemnisation (pt. 9). Dès lors, son utilisation est libre et sa non-utilisation ne peut être reprochée à la victime.

C • Concentration des moyens ou concentration des demandes ?

La Cour de cassation glisse parfois vers une concentration des demandes et non plus des seuls moyens. C'est à une véritable synthèse par récapitulation dans le temps des différentes prétentions et moyens exprimés dans les diverses conclusions, à laquelle sont parfois soumis les plaideurs. L'exigence est beaucoup plus poussée que l'exigence initiale dans l'arrêt *Cesareo*. Sur ce point, une divergence avait pu initialement être notée au sein des chambres de la Cour de cassation (E. Jeuland, « Concentration des demandes : un conflit latent entre des chambres de la Cour de cassation », *JCP* 2010, p. 1052). Dans un premier temps, on avait pu croire à un schisme entre les chambres. La chambre commerciale avait pu opter, sans le dire expressément, pour une concentration des demandes, puisqu'elle interdisait à la caution d'invoquer dans une nouvelle instance la perte du bénéfice de subrogation par la faute de la banque, afin de pouvoir compenser sa dette avec la créance de réparation (Com. 25 oct. 2011, no 10-21.383, *D.* 2011. 2735, obs. V. Avena-Robardet) car il appartenait à la caution, notamment par une demande reconventionnelle, « de présenter dès l'instance initiale l'ensemble des moyens qu'elle estimait de nature à justifier le rejet total ou partiel de la demande ». La chambre commerciale rejoignait alors la première chambre civile. Devant cette chambre, des débiteurs poursuivis en exécution de leurs engagements de caution et qui n'avaient développé, lors de l'instance initiale, que des contestations relatives à la validité et à la portée de ces engagements, sans faire valoir que la banque avait engagé sa responsabilité civile à leur égard, et devait être condamnée à leur payer des dommages-intérêts qui viendraient en compensation avec les condamnations prononcées à leur encontre, ont vu leur demande en responsabilité civile déclarée irrecevable sur le fondement de l'autorité de chose jugée (v. par ex. Civ. 1re, 1er juill. 2010, *Bull. civ.* I, no 150). Or, la deuxième chambre civile en restait à l'exigence d'une concentration de moyens, affirmant que « s'il incombe au demandeur de présenter dès l'instance relative à la première demande l'ensemble des moyens qu'il estime de nature à fonder celle-ci, il n'est pas tenu de présenter dans la même instance toutes les demandes fondées sur les mêmes faits » (Civ. 2e, 26 mai 2011, no 10-16.735, *JCP* 2011, note 861, Y.-M. Serinet, *D.* 2011. 1566, obs. V. Avena-Robardet, *RTD civ.* 2011. 593, obs. R. Perrot ; et avant, Civ. 2e, 23 sept. 2010, *Bull. civ.* II, no 157. V. plus

récemment, Civ. 2e, 19 mai 2022, no 20-21.585, *JCP* 2022, p. 875, note M. Mignot, « Concentration des moyens et des prétentions : le grand désordre ! »). La troisième chambre civile partageait cette conception restrictive de la concentration en décidant de son côté que « l'action en résiliation, qui a pour effet de mettre à néant le contrat de bail, ne tend pas aux mêmes fins que la demande tendant à l'application de clauses de ce contrat, qui le laisse subsister » (par ex. Civ. 3e, 20 janv. 2010, no 09-65.272, *D.* 2011. 472, obs. S. Amrani Mekki et B. Fauvarque-Cosson ; *AJDI* 2010. 404 *Bull. civ.* III, no 145).
L'état de la jurisprudence est en réalité plus complexe car les divisions existent au sein d'une même chambre. L'admission explicite d'une telle concentration des demandes est rare (v. néanmoins Civ. 1re, 28 mai 2008, no 07-13.266, *Bull. civ.* I, no 153 ; *Rev. arb.* 2008, p. 461, note L. Weiller ; *JCP* 2008, I, p. 164, no 3, obs. Ch. Seraglini ; *JCP* 2008, II, p. 10170, note G. Bolard ; *RDC* 2008, p. 1143, obs. O. Deshayes ; *LPA* 3 oct. 2008, no PA200819901, p. 3, obs. Th. Clay ; *RTD civ.* 2008. 551, note R. Perrot ; *RTD com.* 2010. 535, note É. Loquin). La Cour affirme donc le plus souvent clairement que « s'il incombe au demandeur de présenter dès l'instance relative à la première demande l'ensemble des moyens qu'il estime de nature à fonder celle-ci, il n'est pas tenu de présenter dans la même instance toutes les demandes fondées sur les mêmes faits » (Civ. 2e, 15 déc. 2022, no 21-16.007). Toutefois, l'admission d'une concentration des demandes revient parfois de façon masquée, pour répondre à un besoin d'économie procédurale. Les juges reprochent ainsi au défendeur, plus volontiers un emprunteur ou une caution, de ne pas avoir développé en première instance, par le biais d'une demande reconventionnelle, toutes les prétentions qu'il pourrait développer ensuite comme demandeur au cours d'une instance future (v. par ex. Civ. 2e, 19 mai 2022, no 21-13.062 ; Civ. 2e, 27 févr. 2020, no 18-23.972 ; Civ. 2e, 27 févr. 2020, no 18-23.370).

Le nouveau paysage français des modes alternatifs de résolution des différends (MARD) : entre obligation et faculté du recours amiable

« La médiation n'est pas encore dans la culture française qui en appelle d'abord au juge » a pu dire Chantal Arens, alors première présidente de la Cour de cassation dans une interview donnée au Figaro le 28 février 2021. Le premier réflexe en France reste pour l'instant judiciaire et non amiable. Le modèle régalien de justice français est le fruit d'une histoire, à laquelle pourtant l'idée même de règlement amiable des différends n'a pas été étrangère mais voilée par un « phénomène à éclipses », selon l'expression du Doyen Guinchard (S. Guinchard [dir.] *et alii*, 2015, *Droit processuel : droits fondamentaux du procès*, 8e éd., Dalloz, p. 1386). La remise en cause de la monarchie et du pouvoir accordé aux parlements de l'Ancien Régime s'est ainsi traduite par l'introduction de moyens de résoudre les conflits sans recourir au juge. Les méthodes préconisées par les révolutionnaires étaient alors l'arbitrage et la conciliation. « Mauvais arrangement vaut mieux que bon procès » a pu dire Balzac dans les *Illusions perdues*.
Dans la période moderne, dans un contexte sociétal et judiciaire bien différent, les modes alternatifs de règlement des différends (MARD), inspirés des *ADR* d'outre-Atlantique (*Alternative dispute resolution*), ont vu le jour en 2007 et pris de la vigueur en raison notamment d'un « besoin d'une réponse de proximité aux conflits du quotidien » et d'une « surcharge grandissante des juges d'instance sous le poids du contentieux de la consommation ». Par la loi nº 95-125 du 8 février 1995 *relative à l'organisation des juridictions et à la procédure civile, pénale et administrative*, avait déjà été créée la médiation, d'inspiration canadienne. Le processus de médiation sera remis à l'honneur législatif par les lois du 4 mars 2002 sur l'autorité parentale et du 26 mai 2004 portant réforme au divorce. C'est véritablement le rapport Guinchard (S. Guinchard, *L'ambition raisonnée d'une justice apaisée*, La Documentation française, 2008, p. 23) qui, en 2008, instiguera un nouveau souffle en faveur des modes amiables, en préconisant la mise en œuvre d'une méthode encore inconnue en France : la procédure participative, inspirée là encore du droit collaboratif d'Amérique du Nord. La loi nº 2010-1609 du 22 décembre 2010 *relative à l'exécution des décisions de justice, aux conditions d'exercice de certaines professions réglementées et aux experts judiciaires*, a ainsi donné naissance aux articles 2062 à 2068 du Code civil, relatifs à la convention de procédure participative.
Outil de pacification sociétale comme outil de rationalisation de la justice utilisé afin de réguler et résorber le flux des affaires, les MARD ont très tôt attiré l'attention du législateur français. Le recours aux MARD n'étant pas naturel en France, le législateur a été conduit dans un premier temps à les créer et les réglementer puis, dans un deuxième temps, à les rendre incitatifs et enfin, dans un troisième temps, à les rendre obligatoires, – paradoxe pour un mode alternatif amiable, *a priori* d'essence spontanée. Le décret nº 2015-282 du 11 mars 2015 *relatif à la simplification de la procédure civile, à la communication électronique et à la résolution amiable des différends*, rendra obligatoire la recherche d'une solution négociée avant l'introduction de toute instance en matière civile. Ces dispositions seront par

ailleurs confirmées et précisées les années suivantes, à l'occasion de la mise en vigueur successive des lois n° 2016-1547 du 18 novembre 2016 de modernisation de la justice du XXIe siècle et n° 2019-222 du 23 mars 2019 de programmation 2018-2022 et de réforme pour la justice, mais également les décrets n° 2019-1333 du 11 décembre 2019 et n° 2022-245 du 25 février 2022 qui, respectivement, donneront naissance et compléteront l'article 750-1 du Code de procédure civile retenant à « peine d'irrecevabilité que le juge peut relever d'office », un préalable de tentative de conciliation, de médiation ou de procédure participative avant l'introduction de toute instance.

Le législateur français impose ainsi de recourir préalablement à un MARD pour un litige d'une valeur inférieure ou égale à 5 000 euros ou pour divers litiges de voisinage (C. pr. civ., art. 750-1). Cache-misère à la cote mal taillée (v. C. Bléry, « Décret du 11 octobre 2021 : la procédure civile à (tout) petits pas », *D. actu.* 19 oct. 2021), le dispositif est doublement paradoxal. Son principe revient ainsi à obliger les justiciables à l'amiable ; les modalités imprécises de l'amiable génèrent par ailleurs du contentieux. Le succès des MARD en France, notamment l'implémentation de la convention de procédure participative, reste assez limité. La chancellerie insuffle toutefois une « politique de l'amiable », qui passe notamment par l'assurance d'un revenu satisfaisant à ceux qui les pratiquent. C'est ainsi que le décret n° 2023-1299 du 28 décembre 2023, dont les dispositions sont entrées en vigueur le 1er janvier 2024 et sont applicables aux missions pour lesquelles l'admission à l'aide juridictionnelle est prononcée à compter de cette date, revalorise la rétribution des avocats au titre de l'aide juridictionnelle dans le cadre de certains MARD (médiation judiciaire, pourparlers transactionnels, procédure participative et audience d'homologation) et garantit un minimum de rétribution pour les médiateurs intervenant au titre de l'aide juridictionnelle. Avant mai 2023, le paysage des MARD était constitué de la conciliation, la médiation, la procédure participative et l'arbitrage (I). Puis, le décret n° 2023-357 du 11 mai 2023 *relatif à la tentative préalable obligatoire de médiation, de conciliation ou de procédure participative en matière civile* a réintroduit l'article 750-1, annulé par le Conseil d'État, imposant l'amiable pour les petits litiges (II). Enfin, le décret n° 2023-686 du 29 juillet 2023 *portant mesures favorisant le règlement amiable des litiges devant le tribunal judiciaire* a ajouté deux nouveaux modes amiables, l'audience de règlement amiable et la césure du procès (III), précisés dans une circulaire du 17 octobre 2023 sur l'amiable (v. C. Bléry, « La politique publique de l'amiable : après les décrets, la circulaire », 1re et 2e partie, *D. actu.* 14 nov. 2023).

I • Les MARD classiques du droit français : conciliation, médiation, procédure participative et arbitrage

Il convient de distinguer les MARD qui, pour leur réalisation (hors apposition de la force exécutoire), peuvent se dispenser du juge (A), de l'arbitrage, qui fait appel à un juge privé (B).

A • Les MARD ou la justice réalisée *ab initio* sans aucun juge

L'article 1528 du Code de procédure civile dispose : « Les parties à un différend peuvent, à leur initiative et dans les conditions prévues par le présent livre, tenter de le résoudre de façon amiable avec

l'assistance d'un médiateur, d'un conciliateur de justice ou, dans le cadre d'une procédure participative, de leurs avocats ».
Seront étudiées successivement la médiation et la conciliation (1), et la convention de procédure participative (2).

1 • La médiation et la conciliation

La médiation et la conciliation sont deux MARD à la fois judiciaires (C. pr. civ., art. 131-1) et extrajudiciaires (C. pr. civ., art. 1530).
Elles peuvent être initiées par le juge et même réalisées par lui, s'agissant de la seule conciliation. En effet, aux termes de l'article 21 du Code de procédure civile, il entre dans l'office du juge de concilier les parties. Elles peuvent également être extrajudiciaires, initiées par les parties elles-mêmes, aux termes d'une clause. La médiation et la conciliation conventionnelles sont définies légalement comme « tout processus structuré, par lequel deux ou plusieurs parties tentent de parvenir à un accord, en dehors de toute procédure judiciaire en vue de la résolution amiable de leurs différends, avec l'aide d'un tiers choisi par elles qui accomplit sa mission avec impartialité, compétence et diligence » (C. pr. civ., art. 1530).
La médiation a étendu son empire, permise désormais en cassation (v. rapport de 2021 : https://www.courdecassation.fr/toutes-les-actualites/2021/07/07/la-mediation-devant-la-cour-de-cassation ; décret n° 2022-245 du 25 février 2022 favorisant le recours à la médiation, portant application de la loi pour la confiance dans l'institution judiciaire et modifiant diverses dispositions) et s'est modernisée, la modalité en ligne ayant été ouverte, permise et réglementée par la loi Belloubet et des décrets postérieurs. L'article 4 de la loi Belloubet n° 2019-222 du 23 mars 2019 a ainsi inséré les articles 4-1 à 4-7 à la loi J21 n° 2016-1547 du 18 novembre 2016, réglementant des services en ligne, de conciliation ou de médiation (art. 4-1), d'arbitrage (art. 4-2) ou d'aide à la saisine des juridictions (art. 4-4). Ces services en ligne de médiation, de conciliation et d'arbitrage peuvent faire l'objet d'une certification délivrée par un organisme accrédité dans des conditions fixées par le décret en Conseil d'État évoqué (L. préc., art. 4-7, al. 1er et 2).
La clause de médiation ou de conciliation n'est régie par aucune loi générale. Les articles 1531 à 1541 du Code de procédure civile ne sont relatifs qu'aux conditions exigées pour être conciliateur ou médiateur, aux pouvoirs de ce dernier ainsi qu'à l'homologation de l'accord. En outre, la loi n° 2005-67 du 28 janvier 2005, qui effectivement limite l'utilisation de cette clause, ne concerne que le rapport de consommation. Il ressort que la clause de conciliation est placée sous le sceau de la liberté contractuelle, tempérée par le régime jurisprudentiel initié par l'arrêt fondateur du 14 février 2003, dit « Saint-Valentin » (Cass., ch. mixte, 14 févr. 2003, nos 00-19.423 et 00-19.424, *Bull. ch. mixte* n° 1, p. 1, *LPA* 12 mars 2003, p. 13, note L. Bernheim, *Procédures* 2003. Comm. 96, obs. H. Croze, *BICC* 1er mai 2003, avis Benmakhlouf, rapp. Bailly, *D.* 2003. 1386, note P. Ancel et M. Cottin, *RTD civ.* 2003. 349, obs. R. Perrot, *Rev. arb.* 2003. 403, note C. Jarrosson).
D'irréductibles constantes de la clause peuvent être décrites. La clause de médiation ou de conciliation met à la charge de ses signataires tout d'abord une obligation de résultat à deux visages : une obligation de faire, consistant à assister et mettre en place la médiation ou la conciliation, obligation qui a son corollaire, ne pas s'adresser directement au juge, obligation de ne pas faire. La clause contient également une obligation de moyens : les parties doivent tout mettre en œuvre pour parvenir à un accord, sans, bien sûr, y être obligées.
La clause est en principe valable. Aux termes de l'arrêt Saint Valentin, « (…) licite, la clause d'un contrat instituant une procédure de conciliation obligatoire et préalable à la saisine du juge… ». Toutefois une clause qui ne se contenterait pas de prévoir un préalable de conciliation entre les parties mais qui obligerait le consommateur à « passer exclusivement par un mode alternatif de règlement des litiges » est

présumée abusive (clause grise contenant une présomption simple) dans le rapport de consommation (C. consom., art. R. 212-2, 10 °).

La saisine du tribunal avant toute tentative de médiation ou de conciliation est sanctionnée par une fin de non-recevoir de la demande en justice. L'arrêt fondateur de 2003 pose ainsi : « il résulte des articles 122 et 124 du Code de procédure civile que les fins de non-recevoir ne sont pas limitativement énumérées ; que, licite, la clause d'un contrat instituant une procédure de conciliation obligatoire et préalable à la saisine du juge, dont la mise en œuvre suspend jusqu'à son issue le cours de la prescription, constitue une fin de non-recevoir qui s'impose au juge si les parties l'invoquent ». Il s'agit ainsi d'une fin de non-recevoir d'ordre privé (v. également Civ. 2e, 12 sept. 2024, n° 21-14.946 F-B), appliquant l'irrecevabilité de la demande pour une absence de mise en œuvre de la procédure de conciliation préalablement à l'instance au fond alors que la clause avait été respectée avant la saisine d'un juge des référés. Le régime de la fin de non-recevoir s'applique à la clause de conciliation. La jurisprudence postérieure a indiqué que l'irrecevabilité liée à l'existence d'une telle clause pouvait être soulevée en tout état de cause (C. pr. civ., art. 123), même pour la première fois en appel (Com. 22 févr. 2005, *Procédures* 2005, comm. 120, *RTD civ.* 2005. 450, obs. R. Perrot, *JCP* 2005, I, p. 183, obs. Th. Clay). La jurisprudence a en outre, dans un premier temps, appliqué à cette clause l'article 126 du Code de procédure civile, permettant la régularisation de la fin de non-recevoir en cours d'instance. La Cour de cassation est revenue sur sa position en 2014 dans un arrêt de chambre mixte, estimant qu'il s'agit d'une irrégularité par nature impossible à régulariser (Cass., ch. mixte, 12 déc. 2014, n° 13-19.684 P+B+R+I).

La grande différence entre conciliation et médiation réside dans leur coût : si la conciliation est gratuite, la médiation est en principe payante.

2 • La procédure participative

Entérinant la proposition 47 du rapport Guinchard, elle-même inspirée du droit participatif canadien, la loi n° 2010-1609 du 22 décembre 2010 *relative à l'exécution des décisions de justice, aux conditions d'exercice de certaines professions réglementées et aux experts judiciaires*, dite loi « Béteille », a instauré la convention de procédure participative : « convention par laquelle les parties à un différend qui n'a pas encore donné lieu à la saisine d'un juge ou d'un arbitre s'engagent à œuvrer conjointement et de bonne foi à la résolution amiable de leur différend ou à la mise en état de leur litige » (C. civ., art. 2062). La procédure participative est régie, dans ses grands principes, aux articles 2062 et suivant du Code civil et, pour la procédure, aux articles 1542 à 1546-2 du Code de procédure civile.

Depuis sa création, le législateur n'a eu de cesse que d'encourager le recours à ce type de MARD. La loi Macron n° 2015-990 du 6 août 2015 a ainsi élargi l'utilisation de la convention de procédure participative devant les Conseils de Prud'hommes. La loi n° 2016-1547 du 18 novembre 2016 *de modernisation de la justice du XXIe siècle*, dite loi « J21 », a encore étendu son utilisation même lorsque le juge est déjà saisi du litige, afin de « délocaliser » par une telle convention des actes de mise en état du litige (C. pr. civ., art. 2062 al. 1). La procédure participative peut ainsi être utilisée à deux fins : trouver un accord au litige ou simplement mettre l'affaire en état d'être jugée (C. pr. civ., art. 1546-1). La politique de l'amiable insufflée par la Chancellerie entend promouvoir la procédure participative, laissée en jachère par la pratique depuis sa création. On notera ainsi que le décret n° 2023-1299 du 28 décembre 2023 revalorise de 50 % la rétribution des procédures participatives qui aboutissent à un accord total. En outre et surtout, le décret n° 2023-1391 du 29 décembre 2023, *portant simplification de la procédure d'appel en matière civile* généralise en appel l'invitation à conclure une convention de procédure participative de mise en état (C. pr. civ., nouv. art. 915-3). L'article 914-1 du Code de procédure civile récompense quant à lui ce recours effectif à la procédure participative de mise en état par l'obtention d'une fixation prioritaire de l'affaire.

a) Les conditions de validité de la convention de procédure participative

La procédure participative est ouverte aux personnes physiques comme morales. Elle s'étend aux droits disponibles (C. civ., art. 2064) ainsi qu'au divorce et à la séparation de corps (C. civ., art. 2067). Elle pourrait par exemple être utilisée en matière commerciale, sauf pour les procédures collectives, domaine où les droits sont indisponibles et où il existe déjà des procédures à but de conciliation, institutionnalisées devant le tribunal de commerce. Depuis la loi Macron du 6 août 2015, elle peut être utilisée en matière prud'homale.

La convention de procédure participative est un contrat solennel qui doit être écrit à peine de nullité et qui comporte également, sous peine de la même sanction, quatre mentions obligatoires, prévues aux articles 2063 du Code civil et 1545 du Code de procédure civile. Il s'agit d'y inscrire l'objet du litige, les pièces et informations nécessaires à la résolution du différend et les modalités de leur échange (C. civ., art. 2063) ainsi que les noms, prénoms et adresses des parties et de leurs avocats. La convention ne peut être passée en outre qu'après que le litige est né mais avant que le litige ne soit confié à un arbitre ou un tribunal étatique.

L'exclusion conventionnelle des tribunaux étatiques au profit d'une procédure participative est pleinement valable, à condition de respecter les prescriptions légales. Un nouveau cas légal d'irrecevabilité et de fin de non-recevoir a été créé à l'article 2065, alinéa 1er, du Code civil : « Tant qu'elle est en cours, la convention rend irrecevable tout recours au juge pour qu'il statue sur le litige ». L'interdiction faite aux parties de saisir le juge durant la négociation cède toutefois en cas d'urgence (mesures provisoires ou conservatoires : C. civ., art. 2065, al. 2).

La convention de procédure participative valable s'applique entre les parties et fait naître la procédure conventionnelle, éventuellement suivie de la procédure judiciaire.

b) La procédure conventionnelle

Aux termes de l'article 1543 du Code de procédure civile, la procédure participative conventionnelle « se déroule selon une procédure conventionnelle de recherche d'un accord et se poursuit, le cas échéant, par une procédure aux fins de jugement ».

Le déroulement de cette procédure se fait sous la houlette des avocats, qui donnent une feuille de route procédurale utile aux parties afin qu'elles puissent rechercher « conjointement un accord pour mettre un terme à leur différend » (C. pr. civ., art. 1544). La convention de procédure participative doit préciser les pièces et informations nécessaires à la résolution du différend et les modalités de leur échange (C. civ., art. 2063, 3°), cette communication prenant la forme d'écritures et de pièces transmises par l'intermédiaire des avocats, un bordereau de pièces étant établi lorsqu'une pièce est communiquée (C. pr. civ., art. 1545).

Les avocats instruisent l'affaire durant cette procédure conventionnelle. Il est ainsi possible de recourir à un technicien afin d'établir un rapport sur une mission conventionnellement déterminée, lequel rapport pourra être produit en justice. L'article 1554 du Code de procédure civile pose en effet que le rapport « a valeur de rapport d'expertise judiciaire ».

La procédure conventionnelle peut prendre fin normalement, à l'échéance, à l'arrivée du terme choisi par les parties (C. pr. civ., art. 1555 1°) ou de façon heureuse, par la conclusion d'un accord mettant fin totalement ou partiellement au litige (C. pr. civ., art. 1555 3°). Comme tout contrat, la convention de procédure participative s'éteint par résiliation par l'inexécution par l'une des parties de la convention (C. pr. civ., art. 1555). Sa résiliation anticipée peut également être sollicitée par les parties. C'est enfin la saisine du juge, dans le cadre d'une procédure participative aux fins de mise en état, aux fins de statuer sur un incident qui éteint la procédure, sauf si la saisine émane de l'ensemble des parties.

B • La justice réalisée en MARD par un juge privé : l'arbitrage

Le droit de l'arbitrage a été réformé par le décret n° 2011-48 du 13 janvier 2011, en vigueur depuis le 1er mai 2011. Pour l'essentiel, le décret avait entériné des jurisprudences opportunes de la Cour de cassation en arbitrage interne et international, assoupli les règles relatives au compromis d'arbitrage et à la notification des sentences arbitrales et unifié le régime juridique de la clause compromissoire et du compromis d'arbitrage en les englobant au sein d'une même définition : la convention d'arbitrage (C. pr. civ., art. 1442).
Ainsi, selon cet article, « La convention d'arbitrage prend la forme d'une clause compromissoire ou d'un compromis. La clause compromissoire est la convention par laquelle les parties à un ou plusieurs contrats s'engagent à soumettre à l'arbitrage les litiges qui pourraient naître relativement à ce ou à ces contrats. Le compromis est la convention par laquelle les parties à un litige né soumettent celui-ci à l'arbitrage. »
Le régime de la clause compromissoire a été revu dans le sens de la souplesse. La protection contre la conclusion de cette clause y est plus éclairée. Le fait qu'une des parties n'a pas contracté dans le cadre de son activité professionnelle est sanctionné, non par la nullité de la clause comme avant 2011, mais par l'inopposabilité (C. civ., art. 2061, al. 2). En outre, il est expressément précisé que la clause « doit être acceptée par la partie à laquelle on l'oppose, à moins que celle-ci n'ait succédé aux droits et obligations de la partie qui l'a initialement acceptée ».
On renverra pour plus de détails à la fiche 33, dédiée à l'arbitrage.

II • Le préalable obligatoire de conciliation et les tribulations de l'article 750-1 du Code de procédure civile

L'article 750-1 (et ses tribulations) a fait parler de lui en 2022, 2023 ! À son égard, certains auteurs ont pu parler d'« extraordinaires histoires » (G. Maugain, « L'extraordinaire histoire de l'article 750-1 du Code de procédure civile : le rétablissement », *D. actu.* 23 mai 2023) ou de « légistique de rattrapage » (S. Pierre-Maurice, « Retour sur les décrets de procédure 2021-2022 : d'une "légistique de rattrapage" à une "légistique rattrapée" », *Lexbase* 13 janvier 2013, n° Lexbase : N3896BZC).
À vouloir personnifier cet article, on pourrait en effet scinder son existence réglementaire en deux étapes, la première, de sa naissance à sa mort (A), et la seconde, plus extraordinaire en effet, celle de sa résurrection (B).

A • Naissance, vie et mort de l'article

Depuis son application, le 1er janvier 2021, le texte de l'article 750-1 du Code de procédure civile, a, en l'espace de deux ans, connu une histoire tourmentée. Annoncé à l'article 4 de la loi n° 2016-1547 du 18 novembre 2016, créé par le décret Belloubet n° 2019-1333 du 11 décembre 2019, l'article s'est vu adjoindre, non en son sein mais à l'article 820 du Code procédure civile y faisant renvoi, une précision par l'article 2 du décret du 11 octobre 2021 : « La demande en justice peut être formée aux fins de tentative préalable de conciliation hors les cas dans lesquels le premier alinéa de l'article 750-1 s'applique ». Les plaideurs, dans le silence du texte de l'article 750-1 sur l'interruption de la prescription, s'étaient saisis de l'article 820 du Code de procédure civile comme d'un sauveur. Le décret du 11 octobre 2021 condamne le procédé. Les plaideurs obligés à l'amiable ne sont donc plus protégés contre le cours de la prescription. Puis, le décret nº 2021-1729 du 25 février 2022 a apporté deux pierres à l'édifice en étendant l'obligation aux MARD aux troubles anormaux de voisinage (outre certains litiges de voisinage listés et les litiges inférieurs à 5 000 euros), sans toutefois apporter de définition claire à la notion employée, puis en ajoutant une cinquième cause de dispense à cette obligation (la tentative vaine d'engager une procédure simplifiée de recouvrement des petites créances). Ledit édifice s'est finalement écroulé par l'intervention du Conseil d'État. Le contrôle de légalité du décret nº 2019-1333 du 11 décembre 2019 opéré par le Conseil d'État le 22 septembre 2022 a donné lieu à trois annulations pour l'avenir, dont celle de l'article 750-1 du Code de procédure civile (v. CE, ch. réunies, 22 sept. 2022, req. nº 436939 : *JCP* 2022, act. 1186, obs. S. Amrani Mekki ; *Procédures* 2022, repère 10, obs. H. Croze ; *Procédures* 2022, comm. 239, note R. Laffly ; *D. actu.* 3 et 4 oct. 2022, note M. Barba). L'annulation du décret nº 2019-1333 du 11 décembre 2019 pour excès de pouvoir avait, on le rappelle, été sollicitée par deux requêtes distinctes, émanant de différentes instances de la profession d'avocats (le Conseil national des barreaux, la Conférence des bâtonniers, l'Ordre des avocats au barreau de Paris, l'Association des avocats conseils d'entreprises, la Confédération nationale des avocats et la Fédération nationale des unions de jeunes avocats (nº 436939) le Syndicat des avocats de France) et du Syndicat de la magistrature (nº 437002). Les dispositions critiquées comme les griefs étaient multiples : imprécision des textes, méconnaissance du principe de clarté et d'intelligibilité de la norme, erreur manifeste d'appréciation, égalité devant la justice, atteinte à la liberté contractuelle, droit au droit d'exercer un recours effectif (v. CE, pt 38). Finalement, sur les nombreuses dispositions du décret attaqué, trois textes seulement ont été annulés : l'article 750-1 sur le préalable de MARD obligatoire, les articles 901 et 933 du Code de procédure civile, sur le formalisme par renvoi non sélectif de la déclaration d'appel et l'article 55 I et II du décret.

Le Conseil d'État a sanctionné l'imprécision du texte de l'article 750-1 du Code de procédure civile, des dispenses du recours obligatoire au préalable de MARD et particulièrement des modalités et délais selon lesquels l'indisponibilité des conciliateurs pourra être regardée comme établie. L'imprécision heurte le recours effectif devant une juridiction (CE, nºs 42, 43).

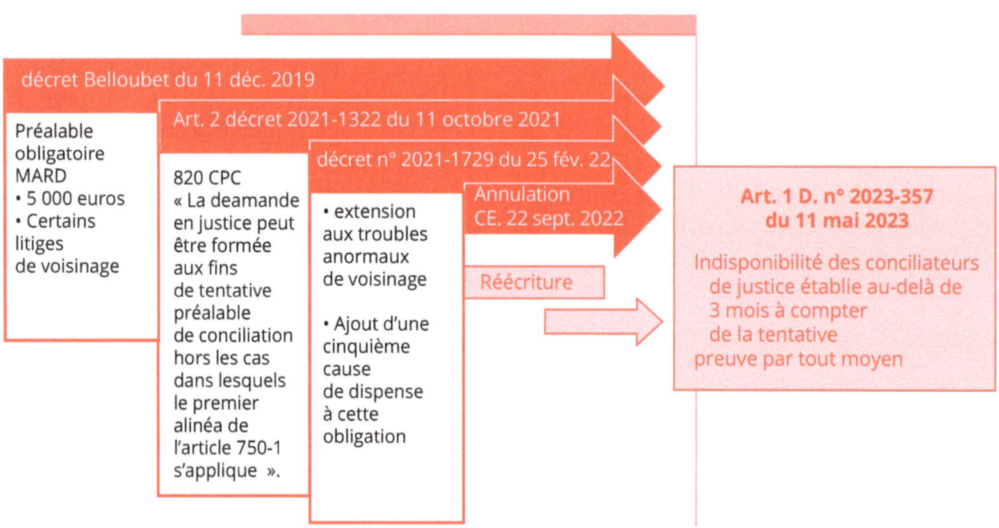

B • Résurrection de l'article, revu et corrigé

L'absence de préalable obligatoire pour les petits litiges aura duré du 22 septembre 2022 au 1er octobre 2023, soit presque un an, le temps qu'il a fallu au pouvoir réglementaire pour réécrire le texte en conformité avec les exigences posées par le Conseil d'État.

L'article premier du décret nº 2023-357 du 11 mai 2023 *relatif à la tentative préalable obligatoire de médiation, de conciliation ou de procédure participative en matière civile* a redonné vie à l'article 750-1 du Code de procédure civile, en ajoutant des précisions à son alinéa 2, 3°, s'agissant de l'indisponibilité des conciliateurs comme cause de dispense du préalable amiable. Le nouveau texte fixe ainsi à 3 mois le délai au-delà duquel l'indisponibilité de conciliateurs de justice pourra être regardée comme établie pour dispenser les parties de l'obligation préalable de tentative de résolution amiable du litige et précise également les modalités selon lesquelles la preuve peut en être établie : « par tout moyen ».

L'article 4 du même décret pose que la disposition de l'article premier est applicable « aux instances introduites à compter du 1er octobre 2023 ».

L'article 750-1 est donc à nouveau applicable. Affirmation du principe de proportionnalité procédurale, il oblige, pour résoudre les petits litiges, à recourir aux modes amiables avant d'aller voir le juge.

Aux yeux du législateur (pouvoir réglementaire), ces « petits litiges » pour lesquels le préalable amiable est imposé sont définis de deux façons, tout d'abord par leur valeur : il s'agit des litiges faibles dans leur montant (inférieur à 5 000 euros), ensuite par leur nature, il s'agit alors de litiges qui ne présentent pas d'intérêt juridique majeur, qui se présentent essentiellement dans les rapports de voisinage. Sont visés, quel que soit le montant de la demande les concernant, les litiges pour trouble anormal de voisinage, les litiges en bornage (COJ, art. R. 211-3-4) ou encore les actions relatives à la distance prescrite pour les plantations ou l'élagage d'arbres ou de haies (COJ, art. R. 211-3-8 1°), les contestations relatives à l'établissement et à l'exercice des servitudes rurales et les actions relatives au curage des fossés et canaux servant à l'irrigation des propriétés ou au mouvement des usines et moulins (COJ, art. R. 211-3-8).

La résolution d'un de ces litiges implique alors pour le demandeur de ne pas saisir dans un premier temps le juge, sous peine d'irrecevabilité de la demande que le juge peut prononcer d'office, mais de diligenter une procédure amiable choisie par les parties entre la conciliation, la médiation ou la procédure participative. Le règlement par arbitrage n'est pas prévu au titre des alternatives. C'est la tentative qui est obligatoire et non, bien sûr, la réelle obtention d'un accord.

Le texte, dans son second alinéa, prévoit toutefois cinq cas où les plaideurs sont dispensés de ce préalable obligatoire aux MARD :

1° Si l'une des parties au moins sollicite l'homologation d'un accord ;

2° Lorsque l'exercice d'un recours préalable est imposé auprès de l'auteur de la décision ;

3° Si l'absence de recours à l'un des modes de résolution amiable mentionnés au premier alinéa est justifiée par un motif légitime tenant soit à l'urgence manifeste, soit aux circonstances de l'espèce rendant impossible une telle tentative ou nécessitant qu'une décision soit rendue non contradictoirement, soit à l'indisponibilité de conciliateurs de justice entraînant l'organisation de la première réunion de conciliation dans un délai supérieur à trois mois à compter de la saisine d'un conciliateur ; le demandeur justifie par tout moyen de la saisine et de ses suites ;

4° Si le juge ou l'autorité administrative doit, en application d'une disposition particulière, procéder à une tentative préalable de conciliation ;

5° Si le créancier a vainement engagé une procédure simplifiée de recouvrement des petites créances, conformément à l'article L. 125-1 du Code des procédures civiles d'exécution.

III • L'adjonction de deux nouveaux modes amiables inspirés des droits étrangers : la césure et l'audience de règlement amiable (ARA)

Le décret 2023-686 du 29 juillet 2023 portant mesures favorisant le règlement amiable des litiges devant le tribunal judiciaire a créé deux modes amiables volontaires : l'audience de règlement amiable ainsi que la césure. Une circulaire du 17 octobre 2023 est venue préciser certains points. Le décret nº 2023-1299 du 28 décembre 2023 vient quant à lui clarifier la rédaction du barème relatif à l'audience de règlement amiable et à la césure du procès. Enfin, le décret nº 2024-673 du 3 juillet 2024 portant diverses mesures de simplification de la procédure civile et relatif aux professions réglementées, dit « Magicobus I », a étendu le recours à l'ARA devant le tribunal de commerce (C. pr. civ., art. 860-2, al. 2) et a expressément permis le règlement amiable des litiges en matière de bail commercial (C. com., art. R. 145-29-1).
Les deux nouveaux modes ont en commun d'avoir été inspirés par les droits étrangers : les conférences de règlement amiable québécoises ont inspiré l'ARA tandis que la césure a été copiée du droit néerlandais. En outre, contrairement aux autres modes, ils permettent de rencontrer un juge dès le début de mise en œuvre du processus amiable, ce qui formalise et sécurise le recours à l'amiable en conservant le cadre traditionnel du juge. La circulaire (v. p. 8) parle à cet égard d'un « îlot amiable en marge de la procédure contentieuse ». Enfin, leur utilisation serait de nature, selon le ministère, « à diviser par deux l'ensemble des délais de justice d'ici 2027 ». Le décret est entré en application depuis le 1er novembre 2023, pour les instances initiées postérieurement à cette date. Le rapport des Ambassadeurs de l'Amiable rendu en juin 2024 a indiqué que les deux nouveaux MARD avaient bénéficié d'un accueil favorable et que l'ARA semblait avoir plus de succès que la césure (p. 41). Il a inséré des fiches pratiques pour chaque MARD. Par ailleurs, la CEPEJ (Commission européenne pour l'efficacité de la justice) a souligné l'effort de la France dans la mise en place d'une politique de l'amiable (CEPEJ https://www.coe.int/fr/web/cepej/individual-country-profiles5).

A • L'audience de règlement amiable

1 • Le principe de la dissociation du juge conciliateur et du juge de jugement

Par ce nouveau MARD, régi aux articles 774-1 et suivant du Code de procédure civile, l'office conciliatoire du juge est considérablement remanié. En effet, en prenant le contre-pied de l'article 21 du Code de procédure civile, les fonctions judiciaires de conciliation et de jugement y sont nettement distinguées et séparées, placées sur deux têtes distinctes. « Juge qui ne siège pas dans la formation de jugement » aux termes du même article, le juge conciliateur ne fait que concilier, alors que le juge de jugement, saisi de l'affaire, juge, sans interférer sur l'autre phase.
Lors de l'audience d'orientation, le décret ouvre ainsi la possibilité au juge, d'office (mais après avoir recueilli l'accord des parties) ou à la demande des parties, de désigner un juge chargé de présider l'audience de règlement amiable auquel il revient d'en définir les modalités. Ce MARD est réservé, comme classiquement à la résolution des litiges dont les parties ont la libre disposition (C. pr. civ., art. 774-1). Ce juge conciliateur peut être un magistrat honoraire ou à titre temporaire. Ce processus peut intervenir en procédure orale comme écrite. L'article 785 du Code de procédure civile est modifié et ajoute la possibilité pour le juge de la mise en état (JME) de désigner un juge pour présider

l'Audience de règlement amiable conformément à l'article 750-2, auquel il renvoie. Concrètement, lors de l'audience d'orientation, le juge, que ce soit le président du tribunal judiciaire, le juge des contentieux de la protection ou même un juge des référés (C. pr. civ., art. 836-2) décide de convoquer les parties à une audience de règlement amiable. Cette décision s'analyse en une mesure d'administration judiciaire, insusceptible de recours. Elle ne dessaisit pas le juge. Aux termes de l'article 774-3 du Code de procédure civile, « les parties sont convoquées à l'audience de règlement amiable, à la diligence du greffe, par tout moyen ».

2 • Le déroulement de l'audience de règlement amiable

Aux termes de l'article 774-2 du Code de procédure civile, « l'audience de règlement amiable a pour finalité la résolution amiable du différend entre les parties, par la confrontation équilibrée de leurs points de vue, l'évaluation de leurs besoins, positions et intérêts respectifs, ainsi que la compréhension des principes juridiques applicables au litige ».

En principe, les parties doivent y comparaître en personne (art. 774-3). Les parties peuvent être assistées dans ce processus par les personnes énumérées à l'article 762 du Code de procédure civile, dont un avocat.

L'audience est confidentielle : elle se tient en chambre du conseil et « tout ce qui est dit, écrit ou fait au cours de l'audience de règlement amiable, par le juge et par les parties, est confidentiel ». Ce principe est tenu en échec dans quatre cas : en cas d'accord des parties pour renoncer à la confidentialité, en cas de décision du juge, en présence de raisons impérieuses d'ordre public ou de motifs liés à la protection de l'intérêt supérieur de l'enfant ou à l'intégrité physique ou psychologique de la personne et, enfin, lorsque la révélation de l'existence ou la divulgation du contenu de l'accord qui en est issu est nécessaire pour sa mise en œuvre ou son exécution.

La circulaire préconise en outre « de ne pas dépasser une journée » pour mettre en œuvre l'ARA.

Enfin, le juge chargé de l'audience de règlement amiable dispose d'une grande marge de manœuvre. Il peut prendre connaissance des conclusions et des pièces échangées par les parties. Il peut procéder aux constatations, évaluations, appréciations ou reconstitutions qu'il estime nécessaires, en se transportant si besoin sur les lieux. Il détermine les conditions dans lesquelles l'audience se tient. Il peut décider d'entendre les parties séparément. Il peut décider de mettre fin à la confidentialité des échanges.

3 • L'issue de l'audience

À l'issue de l'audience, les parties peuvent demander au juge chargé de l'audience de règlement amiable, assisté du greffier, de constater leur accord, total ou partiel, dans les conditions de l'article 130 et du premier alinéa de l'article 131 (C. pr. civ., art. 774-4). Le juge conciliateur informe le juge saisi du litige qu'il est mis fin à l'audience de règlement amiable et lui transmet, le cas échéant, le procès-verbal d'accord.

En cas d'échec de la mesure ou d'absence de signature d'un procès-verbal de conciliation, les parties sont renvoyées devant le juge saisi.

B • La césure du procès

La césure fait l'objet du chapitre 2 du décret du 29 juillet 2023 et des articles 798 à 807-3 du Code de procédure civile. Ce nouveau MARD facultatif a pu être utilisé dès le 1er novembre 2023 dans le cadre des instances nouvelles initiées à cette date, qui utilisent la procédure écrite ordinaire devant le tribunal judiciaire. L'idée est de gagner du temps en divisant les matières à trancher et en permettant aux parties

de ne faire trancher, dans un premier temps, que certaines prétentions, qui feront l'objet d'une clôture partielle. Pour les autres, séparables des précédentes, la mise en état se poursuit et les parties peuvent recourir à une médiation ou une conciliation pour les résoudre. La circulaire du 17 octobre 2023 indique que le juge tranchera « les points nodaux du litige afin de permettre (aux parties) de résoudre les points subséquents via un MARD ». Il y est dit aussi que la décision de clôture partielle est une mesure d'administration judiciaire que le juge de la mise en état prend « en opportunité ».
Plus précisément, il appartient à l'ensemble des parties constituées (et non au juge d'office, contrairement à l'ARA), de demander au JME, par acte de procédure contresigné par avocat, de prononcer la clôture partielle de l'instruction afin qu'il soit statué au fond sur les prétentions que les parties auront déterminées. La clôture devra intervenir à une date aussi proche que possible des plaidoiries. Si le JME ordonne la clôture partielle, la formation de jugement est saisie des seules prétentions qui font l'objet de la césure et statue par un jugement partiel. Ce jugement est susceptible d'appel immédiat, soumis à la procédure de l'article 905 du Code de procédure civile devenu article 906 depuis le décret n° 2023-1391 du 29 décembre 2023, *portant simplification de la procédure d'appel en matière civile*, en vigueur le 1er septembre 2024.
Le décret innove donc en créant une nouvelle catégorie de jugement, le « jugement partiel ». Lorsque le JME fait droit à la demande des parties de procéder à une césure du procès, il ordonne, selon les termes de l'article 807-1, alinéa 3, du Code de procédure civile, la clôture partielle de l'instruction et renvoie l'affaire devant le juge du fond, à qui il incombera d'émettre un jugement partiel sur l'affaire. Le jugement partiel n'est ni un jugement avant dire droit, en ce sens qu'il emporte bel et bien l'existence d'une décision au fond, ni un jugement mixte, dans la mesure où il n'est pas ici question d'assortir la décision d'une mesure d'instruction ou d'une mesure provisoire. La saisine du juge est bien épuisée une fois la décision partielle rendue. Le jugement partiel se rapproche davantage d'un jugement au fond classique, sauf qu'il ne porte pas sur l'ensemble du litige.

Quoi de neuf en procédure d'appel ?

La procédure d'appel n'a pas été épargnée par la fièvre réformatrice réglementaire. Plusieurs réformes majeures ont émaillé ces vingt dernières années.

En premier lieu, le décret n° 2009-1524 du 9 décembre 2009 *relatif à la procédure d'appel avec représentation obligatoire en matière civile*, entrée en vigueur le 1er janvier 2011, a apporté d'importantes innovations. Ayant repris certaines des propositions formulées dans le rapport *Célérité et qualité de la justice devant la cour d'appel*, déposé le 24 mai 2008 par un groupe de travail présidé par M. Magendie, alors premier président de la cour d'appel de Paris, ce décret avait pour objectif essentiel d'accélérer le cours de l'instance d'appel (v. not. sur ce point, C. pr. civ., art. 908, 909 et 910). Un décret n° 2010-1647 du 28 décembre 2010 *modifiant la procédure d'appel avec représentation obligatoire en matière civile* a ensuite modifié certaines des dispositions du décret de 2009, pour en gommer les imperfections. Par ailleurs, la procédure d'appel avec représentation obligatoire a été étendue aux recours dirigés contre les jugements des conseils de prud'hommes (décr. n° 2016-660 du 20 mai 2016 *relatif à la justice prud'homale et au traitement judiciaire du contentieux du travail*, art. 29). En deuxième lieu, la loi n° 2011-94 du 25 janvier 2011 portant réforme de la représentation devant les cours d'appel a consacré la disparition de la profession d'avoué près les cours d'appel au profit des avocats du ressort de la cour qui assurent désormais, depuis le 1er janvier 2012, la représentation des parties à l'instance d'appel, sous réserve, en matière sociale, de la possibilité reconnue aux défenseurs syndicaux d'assurer la représentation d'une partie à l'instance d'appel (C. trav., art. R. 1461-1). Plus récemment, le décret du 6 mai 2017, n° 2017-891 *relatif aux exceptions d'incompétence et à l'appel en matière civile*, applicable aux appels interjetés à compter du 1er septembre 2017 (v. décr. n° 2017-1227 du 2 août 2017 modifiant les modalités d'entrée en vigueur du décr. n° 2017-891 du 6 mai 2017 *relatif aux exceptions d'incompétence et à l'appel en matière civile*) a notamment supprimé l'appel général en imposant aux parties de préciser, « à peine de nullité », les chefs du jugement expressément critiqués, modifié les délais pour conclure, posé un principe de concentration des appels et des demandes et exigé une meilleure structuration des conclusions.

Le décret n° 2022-245 du 25 février *2022 favorisant le recours à la médiation, portant application de la loi pour la confiance dans l'institution judiciaire* et modifiant diverses dispositions, a complété l'article 901, alinéa 1er du Code de procédure civile relatif à la forme de la déclaration d'appel. Il y a été dit que cette dernière pouvait désormais comporter « le cas échéant » une annexe. La portée de cet ajout était incertaine (v. *infra*, fiche 29, I A). Le décret n° 2023-1391 du 29 décembre 2023, portant simplification de la procédure d'appel en matière civile, a supprimé la locution adverbiale (v. *infra*, fiche 29, I B). Retour au point de départ.

L'article 4 du décret n° 2023-686 du 29 juillet 2023 portant mesures favorisant le règlement amiable des litiges devant le tribunal judiciaire (en vigueur le 31 juill. 2023) a quant à lui élargi le domaine de l'appel ordinaire à bref délai à l'appel du jugement partiel de césure, régi à l'article 807-2 du Code de procédure civile (C. pr. civ., art. 905, 6°).

Enfin et surtout, est intervenu en toute fin d'année 2023, publié au *JO* le dernier jour de 2023, le décret n° 2023-1391 du 29 décembre 2023, portant simplification de la procédure d'appel en matière civile (v. les premiers commentaires : Ch. Lhermitte, « Réforme de la procédure d'appel : vous vouliez de la simplification ? vous aurez de la lisibilité », *Lexbase Droit privé,* n° 969, 11 janv. 2024 ; M. Barba et R. Laffly, « "Simplification" de la procédure d'appel en matière civile », Dossier *D. actu.* 29-31 janv. 2024). À la simple lecture de la notice légistique, on se rend compte de la richesse de contenu de cette dernière livrée réglementaire : « Le décret restructure la sous-section 1 de la section I du chapitre Ier du sous-titre Ier du titre VI du livre II du Code de procédure civile, relative à la procédure ordinaire avec

représentation obligatoire devant la cour d'appel. Il opère un partage clair entre les dispositions qui relèvent de la procédure à bref délai et celles qui relèvent de la procédure avec mise en état. Il procède, en outre, à l'autonomisation des dispositions relatives à la procédure d'appel en supprimant, notamment, les renvois aux dispositions applicables au tribunal judiciaire. Il clarifie le contenu de la déclaration d'appel et assouplit le formalisme de l'appel en permettant l'extension du périmètre de l'effet dévolutif dans les premières conclusions. Il augmente à deux mois les délais pour conclure dans la procédure à bref délai et permet l'augmentation par le magistrat compétent de l'ensemble des délais pour conclure dans les procédures avec mise en état et à bref délai. Il définit les pouvoirs du président de la chambre saisie ou du magistrat désigné par le premier président dans la procédure à bref délai et clarifie ceux du conseiller de la mise en état. Il crée une invitation systématique des parties à conclure une convention de procédure participative aux fins de mise en état en appel. Il redéfinit le périmètre de l'effet dévolutif de l'appel en supprimant le critère de l'indivisibilité de l'objet du litige. »
On signalera en outre opportunément que **le décret est entré en vigueur le 1er septembre 2024** et est applicable aux instances d'appel et aux instances consécutives à un renvoi après cassation introduites à compter de cette date.
Face à cette abondante réglementation, la jurisprudence quant à elle, n'est pas en reste. Elle a été très active ces deux dernières années pour préciser certains points, inédits ou non, de la procédure d'appel. On envisagera dans un premier temps de façon très générale les grandes dispositions du décret (I), (en renvoyant, sur le formalisme à de plus amples détails à la fiche 29). Les éclairages jurisprudentiels récents qui n'ont été ni consacrés ni combattus par le décret (hors problème du formalisme de l'appel, traité de façon autonome dans la fiche 29), seront précisés dans un second temps (II).

I • Vue générale sur la nouvelle procédure d'appel consacrée par le décret n° 2023-1391 du 29 décembre 2023

Le nouveau décret porte-t-il bien son nom ? A-t-il satisfait l'objectif réglementaire assigné dans son titre même ? Tel n'est pas l'avis de la doctrine, dans ses premiers commentaires du décret. Un auteur déplore : « Ce ne sera pas pour cette fois… et probablement pas pour les fois d'après, non plus, la simplicité ou la simplification étant un mythe qui continuera de nourrir les conversations » (Ch. Lhermitte, « Réforme de la procédure d'appel : vous vouliez de la simplification ? vous aurez de la lisibilité », art. préc.), tandis que d'autres considèrent qu'« il faut toujours se méfier d'un texte dit de simplification. Le titre cache souvent la forêt. Ce décret n'échappe pas à la règle et si le procédé n'était pas paru ironique, le terme de simplification eut mérité *a minima* de figurer entre guillemets » (M. Barba et R. Laffly, « "Simplification" de la procédure d'appel en matière civile – Épisode 1 : la déclaration d'appel », art. préc.). Il est en effet fréquent que le décret impose des charges aux plaideurs sans les assortir de sanction précise (v. *infra*, fiche 29).
Oscillant entre consécration et changement (A), le nouveau décret « appel » a le mérite d'autonomiser la procédure d'appel par rapport à la procédure de première instance (B) et de mieux définir les pouvoirs du magistrat chargé d'instruire l'affaire (C), à savoir le conseiller de la mise en état pour la procédure ordinaire avec mise en état et le président de chambre pour la procédure ordinaire à bref délai. Il modifie ensuite notablement les dispositions sur la déclaration et les conclusions d'appel (D) ainsi que certains délais (E).

A • Entre consécration en changement

La remarque vaut tant pour la forme que le fond.

1• Forme, structure et numérotation

Le texte restructure la sous-section 1 de la section I du chapitre Ier du sous-titre Ier du Titre VI du Livre II du Code de procédure civile relative à la procédure ordinaire avec représentation obligatoire devant la cour d'appel. Désormais, la *summa divisio* au sein de cette procédure d'appel ordinaire (avec ministère d'avocat obligatoire) est la procédure avec mise en état (C. pr. civ., art. 907 à 914-5) et son antithèse, la procédure ordinaire à bref délai (C. pr. civ., art. 906 à 906-5). La plupart des articles demeurent, tant sur la forme que sur le fond, inchangée.

Ce toilettage structurel amène inévitablement à des modifications de numérotation. Ainsi, la procédure à bref délai, autrement appelée par les praticiens « procédure de l'article 905 » passe à l'article 906 et suivants. De même, l'obligation de présenter l'ensemble des conclusions d'appel sous peine d'irrecevabilité se trouve désormais à l'article 915-2, alinéa 2 au lieu de l'article 910-4 initial. L'irrecevabilité de l'appel après une caducité ou une irrecevabilité, initialement prévue à l'article 911-1 du Code de procédure civile, est à chercher à l'article 916… Les étudiants composant pour l'épreuve du CRFPA, tout comme les praticiens et universitaires, seront contraints à une nouvelle gymnastique.

2• Paradigmes de l'instance d'appel

Le nouveau décret introduit trois nouveaux paradigmes dans l'instance d'appel. Tout d'abord, il fait de cette instance une instance autonome de la première instance (v. *infra*, B.). Ensuite, il initie une déjudiciarisation de l'appel en créant une invitation systématique des parties à conclure une convention de procédure participative aux fins de mise en état, récompensée par la fixation prioritaire de l'affaire, y compris en cas d'échec du processus amiable (C. pr. civ., nouv. art. 915-3 et 914-1). Enfin et surtout, le périmètre de l'effet dévolutif est redéfini : plus évolutif, ne reposant plus seulement sur la déclaration d'appel dans laquelle il serait figé mais pouvant être complété dans les premières conclusions (à travers le dispositif).

Ces trois nouveaux paradigmes innervent les principales modifications techniques apportées par le décret, que le tableau suivant récapitule, en distinguant entre confirmation, extension, abandon de la règle antérieure et création d'une règle nouvelle.

Confirmation de la règle antérieure	Abandon de la règle antérieure	Extension de la règle antérieure	Création de règle nouvelle
Consécration de la jurisprudence sur l'effet dévolutif en procédure sans représentation obligatoire : la déclaration d'appel qui ne mentionne pas les chefs critiqués opère dévolution pour le tout **C. pr. civ., art. 933 6°**	Suppression de l'exception d'indivisibilité **C. pr. civ., nouv. art. 562, art. 901**	Extension de la procédure à bref délai à l'ordonnance de protection **C. pr. civ., art. 906 7°**	Création de procédures sans audience **C. pr. civ., art. 906-5** pour le bref délai et **art. 914-5** pour la procédure avec mise en état

Confirmation de la règle antérieure	Abandon de la règle antérieure	Extension de la règle antérieure	Création de règle nouvelle
Reprise des textes antérieurs et clarification de la passerelle entre procédure ordinaire à bref délai et avec mise en état La lecture combinée des **art. 905 et 778** est simplifiée par **l'art. 906-4, al. 2**, ajoutant l'exigence que les parties aient déjà conclu	Abandon de la jurisprudence antérieure sur la limitation du déféré sur renvoi de cassation Le jeu combiné des **art. 906-3 et 1037-1** étend le déféré, contrairement à **Civ. 2e, 5 oct. 2023, n° 22-16.906 F.-B.**		Invitation systématique à une convention de procédure participative à fin de mise en état **C. pr. civ., art. 905 al. 2 et 914-1**
Reprise des textes antérieurs L'irrecevabilité de l'appel après une caducité ou une irrecevabilité **C. pr. civ., art. 911-1** repris à **l'art. 916**, sans modification	Abandon du figement de l'effet dévolutif dans la déclaration d'appel L'effet dévolutif peut être complété dans les premières conclusions **C. pr. civ., art. 915-2, al. 1**		

B • Autonomisation de la procédure d'appel

Ouvrant droit à une instance distincte, la procédure d'appel n'était pourtant pas envisagée de façon autonome par le législateur. À au moins deux égards, la procédure d'appel était ainsi définie en référence à la procédure de première instance. Le nouveau décret s'attelle à considérer en soi la procédure d'appel en gommant ces références à la première instance. Ainsi, en premier lieu, l'objet de l'appel mentionné à l'article 901 du Code de procédure civile est désormais propre et « tend à l'infirmation ou à l'annulation » du jugement, sans mention des articles 56 et 57 du même Code, visant la première instance. De même, à l'article 933 nouveau, relatif à la procédure sans représentation obligatoire, est supprimée la référence à l'article 54 du même Code. Il en découle un allongement des deux articles afin d'ajouter les mentions relatives à l'identification des personnes physiques ou morales.
En second lieu, les pouvoirs du conseiller de la mise en état étaient auparavant définis en contemplation de ceux du juge de la mise en état (C. pr. civ., art. 907), ce qui n'était pas sans créer des problèmes d'interprétation en jurisprudence (v. *infra*, C). Désormais, les nouveaux articles 913 à 913-8 du Code de procédure civile définissent directement et sans renvoi les pouvoirs du conseiller de la mise en état.

C • Les pouvoirs du conseiller de la mise en état (CME)

On l'a dit, jusqu'au décret n° 2023-1391 du 29 décembre 2023, la procédure d'appel de droit commun obéissait à des règles similaires à celles applicables à la procédure devant le tribunal judiciaire, le conseiller de la mise en état (CME) se substituant au juge de la mise en état. La compétence du CME était donc envisagée par un renvoi exprès aux attributions du juge de la mise en état (C. pr. civ., art. 907), lequel dispose de certaines compétences exclusives (C. pr. civ., art. 771, devenu art. 789).

Le CME se voyait toutefois reconnaître des pouvoirs plus étendus que ceux du juge de la mise en état puisqu'il est, à compter de sa désignation et jusqu'à son dessaisissement, seul compétent pour prononcer la caducité ou la nullité de la déclaration d'appel, pour déclarer l'appel irrecevable et pour déclarer les conclusions irrecevables en application des articles 909, 910 et 930-1 du Code de procédure civile. Les parties ne sont plus recevables à invoquer la caducité ou l'irrecevabilité après son dessaisissement, à moins que leur cause ne survienne ou ne soit révélée postérieurement (C. pr. civ., art. 914, al. 1er).

Néanmoins, depuis l'entrée en vigueur du décret du 6 mai 2017, des difficultés s'étaient faites jour pour répartir les compétences entre le CME et la cour elle-même. Tout d'abord, qui peut relever d'office l'irrecevabilité de l'appel ? Ensuite, le CME peut-il intervenir si les conclusions ne lui sont pas adressées ? Enfin, les incidents relevant en principe du pouvoir exclusif du CME peuvent-ils être relevés d'office par la cour ? On envisagera ces trois problèmes après avoir précisé les pouvoirs du CME en application du décret nº 2023-1391 du 29 décembre 2023, lequel y répond en partie.

1• Les nouveaux pouvoirs du CME en application du décret n° 2023-1391 du 29 décembre 2023

Comme auparavant, le CME « a pour mission de veiller au déroulement loyal de la procédure, spécialement à la ponctualité de l'échange des conclusions et de la communication des pièces » (C. pr. civ., art. 913). Il détient classiquement des pouvoirs d'injonction, de communication de pièces, d'homologation de transaction, de jonction et de disjonction.

S'agissant non des actes de recherche de la vérité mais du contentieux périphérique, le décret se contente de reprendre, à l'article 913-5 1° nouveau, les pouvoirs exclusifs du CME pour prononcer la caducité. Il y est en revanche apporté des précisions bienvenues sur la nature des exceptions de procédure, des incidents et des irrecevabilités qu'il peut déclarer. Il s'agit des « exceptions de procédure relatives à la procédure d'appel » et des « incidents mettant fin à l'instance d'appel ». En outre, relèvent de son pouvoir seules les fins de non-recevoir purement procédurales et relatives à la procédure d'appel, désormais listées pour plus de commodité et pour éviter tout problème d'interprétation. Il en est ainsi :

- de l'irrecevabilité de l'appel ;
- de l'irrecevabilité des conclusions d'appel en raison :
  * du défaut, par l'intimé, de remise de ses conclusions au greffe dans le délai requis (3 mois à compter de la notification des conclusions de l'appelant) (C. pr. civ., art. 909 nouv.) ;
  * du défaut d'avoir formé appel incident ou d'être intervenu dans le même délai (C. pr. civ., art. 910 nouv.) ;
- de l'irrecevabilité des actes de procédure non remis par voie électronique : (C. pr. civ., art. 930-1 nouv.).

Autre changement, le déféré est étendu à toutes les ordonnances du CME, à l'article 913-8 du Code de procédure civile. Ce dernier doit être utilisé comme auparavant dans un délai de 15 jours à compter de la date de l'ordonnance.

On conclura en précisant que les pouvoirs du président de chambre, intervenant entre autres pour l'instruction en procédure ordinaire sans mise en état, ont été également clarifiés et étendus par le décret « appel ». Ils ressortent désormais d'une désignation par liste, tirée du nouvel article 906-3 du Code de procédure civile.

Ainsi, comme antérieurement (Civ. 3e, 4 mars 2021, nº 19-12.564 F-P), il connaît à titre exclusif des incidents prévus à l'article 906-3 du Code de procédure civile ; il statue sur la caducité de la déclaration d'appel (C. pr. civ., art. 906-3 2° nouv.) et l'irrecevabilité des conclusions et des actes de procédure (C. pr. civ., art. 906-3 3° nouv.).

Désormais, il connaît de l'irrecevabilité de l'appel et des interventions en appel (C. pr. civ., art. 906-3 1° nouv.), des incidents mettant fin à l'instance (C. pr. civ., art. 906-3 4° nouv.), notamment la péremption ou le désistement ; il peut révoquer la clôture de l'instruction en cas de cause grave (le nouvel art. 906-4 al. 1er renvoyant au nouvel art. 914-4). Contrairement au CME (C. pr. civ., art. 906-3 4° nouv.), il ne peut prononcer la jonction ou disjonction d'instance.

2• Qui peut relever d'office l'irrecevabilité de l'appel ?

Comme indiqué plus haut, le décret n° 2023-1391 du 29 décembre 2023 a clarifié les pouvoirs du CME, résolvant par là-même les difficultés de répartition de pouvoirs entre lui et la Cour. Ces dernières méritent néanmoins d'être rappelées afin de mieux apprécier l'apport du décret.

Les difficultés antérieures valaient autant pour le relevé d'office du caractère nouveau des prétentions (C. pr. civ., art. 564) que pour celui concernant la caducité de l'appel en cas de violation de l'obligation de présenter l'ensemble les prétentions sur le fond dès les conclusions (C. pr. civ., art. 910-4, al. 2, nouv. art. 915-2 al. 2).

Avant le décret, il avait été jugé que « la cour d'appel peut, d'office, relever la fin de non-recevoir tirée de l'irrecevabilité de l'appel ou la caducité de celui-ci » (Civ. 2e, 16 oct. 2014, n° 13-24.575, *Bull. civ.* II, n° 216 ; Civ. 2e, 28 sept. 2017, n° 16-23.497).

Un avis n° 21-70.006 du 3 juin 2021 rendu par la 2e chambre civile a retenu que le conseiller de la mise en état « ne peut connaître ni des fins de non-recevoir qui ont été tranchées par le juge de la mise en état, ou par le tribunal, ni de celles qui, bien que n'ayant pas été tranchées en première instance, auraient pour conséquence, si elles étaient accueillies, de remettre en cause ce qui a été jugé au fond par le premier juge ». Une distinction semble ainsi avoir été mise en place entre les fins de non-recevoir ne remettant pas en cause ce qui avait été jugé en première instance et les autres. Se posait alors la question de savoir à quelle catégorie appartenaient les irrecevabilités des articles 564 et 910-4 du Code de procédure civile. Relevaient-elles bien de la compétence du CME, par analogie à la compétence du JME, dès lors que l'article 789, 6° du Code de procédure civile, qui donne compétence au juge de la mise en état pour statuer sur les fins de non-recevoir, vaut aussi pour le CME, l'article 907 du même Code y renvoyant ? Certains auteurs le pensaient (v. s'agissant C. pr. civ., art. 564, v. Th. Le Bars, *D. actu.* 7 juill. 2022).

Pourtant, dans un second avis datant du 11 octobre 2022 (Civ. 2e, 11 oct. 2022, n° 22-70.010, *JCP* 2022, act. 1185, obs. P. Gerbay ; *D. actu.* 18 oct. 2022, obs. R. Laffly), la 2e chambre civile de la Cour de cassation estime que c'est à la Cour de connaître les fins de non-recevoir de l'article 564 du Code de procédure civile et de l'article 910-4 du même Code : « Le conseiller de la mise en état est un magistrat de la cour d'appel chargé de l'instruction de l'appel. Conformément à l'article L. 311-1 du Code de l'organisation judiciaire, la cour d'appel est, quant à elle, compétente pour connaître des décisions rendues en premier ressort et statuer souverainement sur le fond des affaires. Il en résulte que la cour d'appel est compétente pour statuer sur des fins de non-recevoir relevant de l'appel, celles touchant à la procédure d'appel étant de la compétence du conseiller de la mise en état. Or, l'examen des fins de non-recevoir édictées aux articles 564 et 910-4 du Code de procédure civile, relatives pour la première à l'interdiction de soumettre des prétentions nouvelles en appel et pour la seconde à l'obligation de présenter dès les premières conclusions l'ensemble des prétentions sur le fond relatives aux conclusions, relève de l'appel et non de la procédure d'appel ».

Une nouvelle distinction, extrêmement subtile a été mise en place entre les fins de non-recevoir relevant de l'appel (de la compétence de la Cour) et celles relevant de la procédure d'appel (de la compétence du CME).

Dans un arrêt du 21 décembre 2023 (Civ. 2e, 21 déc. 2023, n° 21-25.108, F.-B., *D. actu.* 15 janv. 2024, obs. M. Barba), la 2e chambre civile a appliqué les critères posés dans l'avis, retenant que la cour d'appel était seule compétente pour connaître des fins de non-recevoir tirées de la tardiveté d'une

demande en appel (C. pr. civ., art. 564 et 910-4). Elle a en outre ajouté que ces textes ne consacraient qu'une « simple faculté de relever d'office la fin de non-recevoir, qui n'est pas d'ordre public ».
Quel est l'apport du décret sur ce point ? On rappelle (v. *supra*, 1.) que le décret a listé de façon limitative les pouvoirs du CME relatifs aux irrecevabilités. Or, ne figurent à l'article 913-5 nouveau ni les irrecevabilités relatives aux demandes nouvelles ni celles relatives à l'obligation de concentration des prétentions sur le fond dès les conclusions (C. pr. civ., art. 910-4, al. 2, nouv. art. 915-2, al. 2). On en conclut que la connaissance de ces irrecevabilités relève de la Cour et non du CME, ce qui revient à la solution jurisprudentielle antérieure mais s'impose plus clairement.

3 • Le CME peut-il intervenir si les conclusions ne lui sont pas adressées ?

La Cour de cassation a retenu que le conseiller de la mise en état n'est saisi que par les conclusions qui lui sont expressément adressées (Civ. 2e, 12 mai 2016, nº 14-25.054). Cette solution rigoureuse, qui impose aux parties de dissocier nettement le jeu d'écritures qu'elles adressent au conseiller de la mise en état de celui qu'elles destinent à la Cour est, depuis l'entrée en vigueur du décret du 6 mai 2017, expressément imposée par l'article 914 du Code de procédure civile, devenu l'article 913-5, dernier alinéa. Dans un arrêt du 18 janvier 2024 (Civ. 2e, 18 janv. 2024, nº 21-25.336), la Cour a transposé cette solution à la procédure à bref délai, au profit du président de chambre, anticipant le nouvel article 906-3 dernier alinéa du Code de procédure civile, disposant que le président de chambre sera saisi par « conclusions spécialement adressées ».
L'inverse est-il vrai ? Qu'en est-il des conclusions au fond adressées au CME au lieu d'être adressées à la Cour, malgré l'indication « plaise à la cour » ? Sont-elles irrecevables pour défaut de formalisme ? Un arrêt de 2022 de la 2e chambre civile (Civ. 2e, 20 oct. 2022, nº 21-15.942) considère que la cour d'appel saisie des conclusions comportant toutes les exigences requises, « quand bien même elles comportaient une référence erronée au conseiller de la mise en état », ne pouvait les déclarer irrecevables. Le nouveau décret est muet sur ce point.

4 • Les incidents relevant en principe du pouvoir exclusif du CME peuvent-ils être relevés d'office par la cour ?

La chambre sociale a récemment répondu par l'affirmative (Soc. 9 nov. 2022, nº 20-22.685) : « Cette restriction ne fait pas obstacle à la faculté pour la cour d'appel de relever d'office la fin de non-recevoir tirée de l'irrecevabilité des conclusions de l'intimé », fondée sur l'article 909 du Code de procédure civile. Là encore, le nouveau décret est muet sur ce point.

D • La déclaration d'appel et les conclusions

On se contentera ici de l'essentiel car ces points seront développés dans la fiche 29 sur le formalisme de l'appel.

1 • La déclaration d'appel

Sans revenir ce qui a été dit sur l'autonomisation de la procédure d'appel (v. *supra*, I. B), la déclaration d'appel doit indiquer l'objet de l'appel : infirmer ou annuler le jugement, et doit mentionner les chefs du « dispositif » du jugement (C. pr. civ., nouv. art. 901).
L'effet dévolutif attaché à la déclaration d'appel est resté identique en procédure sans représentation obligatoire, la dévolution opérant pour le tout même en cas d'omission des chefs du jugement critiqués

dans la déclaration d'appel, le nouvel article 933, alinéa 6 du Code de procédure civile codifiant ainsi la jurisprudence de la 2e chambre civile de la Cour de cassation (Civ. 2e, 9 sept. 2021, no 20-13.662 FS-B+R ; Civ. 2e, 29 sept. 2022, no 21-23.456 FS-B ; v. *infra*, fiche 29, spéc. I. A 2). Il n'en va toutefois pas de même en procédure avec représentation obligatoire. Le décret supprime tout d'abord de l'article 901 4° du Code de procédure civile (devenu art. 901 7°) l'exception d'indivisibilité, qui permettait de conserver l'effet dévolutif d'un appel pour lequel la déclaration avait omis d'indiquer les chefs du jugement expressément critiqués auxquels l'appel était limité. Ensuite, le nouvel article 915-2 du Code de procédure civile, commun à la procédure ordinaire avec et sans mise en état, permet à l'appelant principal de « compléter, retrancher ou rectifier, dans le dispositif de ses premières conclusions remises dans les délais prévus au premier alinéa de l'article 906-2 et à l'article 908, les chefs du dispositif du jugement critiqués mentionnés dans la déclaration d'appel ».

2 • Les conclusions en appel

Le décret codifie l'obligation procédurale des parties à l'appel de prévoir, dans les conclusions d'appel, « un dispositif dans lequel l'appelant indique s'il demande l'annulation ou l'infirmation du jugement » (C. pr. civ., nouv. art. 954), confirmant ainsi la jurisprudence de la 2e chambre civile (Civ. 2e, 17 sept. 2020, no 18-23.626 FS-P+B+I ; Civ. 2e, 1er juill. 2021, no 20-10.694 F-B. ; Civ. 2e, 4 nov. 2021, no 20-15.757 F-B).
En revanche, le même décret abandonne la solution souple de la 2e chambre civile qui posait que l'appelant pouvait se contenter de demander à la cour d'appel d'« infirmer le jugement en toutes ses dispositions » (Civ. 2e, 3 mars 2022, no 20-20.017). Désormais, aux termes du nouvel article 915-2, l'appelant doit dresser une liste des chefs du dispositif du jugement critiqués.

E • Les délais

Dans les procédures d'appel avec mise en état, si les délais pour signifier la déclaration d'appel et pour conclure demeurent inchangés, restant respectivement d'un mois et de trois mois, on notera la possibilité nouvelle, prévue à l'alinéa 2 de l'article 911 du Code de procédure civile, de les réduire et de les allonger (v. sur les détails du formalisme des délais d'appel, *infra*, fiche 29, III).
Les délais sont en revanche modifiés pour les procédures d'appel à bref délai comme pour les procédures de renvoi de cassation, précisément inspirées des procédures à bref délai. Le tableau ci-joint récapitule les changements, tous à la hausse :

Domaine de la procédure d'appel impacté par le changement	Nature du délai impacté	Ancien délai	Nouveau délai
Procédure ordinaire à bref délai	Signification ou notification de la déclaration d'appel (point de départ identique : réception de l'avis de fixation par le greffe)	10 jours **C. pr. civ., art. 905-1, al. 1er**	20 jours **C. pr. civ., nouv. art. 906-1 al. 1er**
	Remise au greffe des conclusions	1 mois **C. pr. civ., art. 905-2**	2 mois **C. pr. civ., nouv. art. 906-2 al. 1er**

Domaine de la procédure d'appel impacté par le changement	Nature du délai impacté	Ancien délai	Nouveau délai
Renvoi en cassation	Notification de la déclaration de saisine (point de départ identique : date de la déclaration de saisine)	10 jours **C. pr. civ., art. 1037-1**	20 jours **C. pr. civ., nouv. art. 1037-1**
	Notification des conclusions	2 mois **C. pr. civ., art. 1037-1, al. 3**	2 mois plus un délai supplémentaire d'1 mois **C. pr. civ., art. 1037-1, al. 5**, renvoyant à l'**art. 906-2**

II • Les éclairages jurisprudentiels récents en procédure d'appel

Ils ont principalement porté sur la notion de demandes nouvelles en appel (A), la composition paritaire de la cour d'appel (B) et surtout la portée de la péremption en appel (C).

A • Des nouvelles sur les demandes nouvelles en appel

Oscillant entre voie de réformation et voie d'achèvement du litige, le Code de procédure civile, en son article 564, pose une interdiction de principe de présenter des prétentions nouvelles en appel et il entre désormais dans l'office du juge de relever l'irrecevabilité d'une telle nouveauté (art. 564, introduit par le décr. n° 2009-1524 du 9 déc. 2009).

Cependant, l'interdiction demeure circonscrite, tant en raison de l'étroitesse de la notion de prétentions nouvelles, que de l'existence de nombreuses exceptions au principe. L'article 566 du Code de procédure civile indique en effet que les parties ne peuvent ajouter aux prétentions soumises aux premiers juges que « les demandes qui en sont l'accessoire, la conséquence ou le complément nécessaire ».

L'article suivant d'ajouter que « ne sont pas nouvelles les prétentions qui tendent aux mêmes fins que celles soumises aux premiers juges même si leur fondement est différent ».

Or, il peut être délicat de déterminer en quoi des demandes non présentées devant les premiers juges et adressées à la cour d'appel tendent aux mêmes fins que celles présentées en première instance, et ce alors même qu'elles n'ont pas le même fondement. Une appréciation de plus en plus libérale de la Cour de cassation semble se dégager avec, pour critère de l'identité de fins, l'identité du résultat concret pour le demandeur. Ainsi, il a pu être jugé que la demande en annulation d'une stipulation d'intérêt avec substitution du taux légal tendait aux mêmes fins que celle en déchéance du droit aux intérêts, dès lors qu'elle vise à priver le prêteur de son droit à des intérêts (Civ. 1re, 7 sept. 2022, n° 21-16.646 B, *JCP* 2022, act. 1223, « Contribution à la définition de ce que n'est pas une demande nouvelle en cause d'appel », obs. C. Tirvaudey ; *D. actu.* 23 sept. 2022, obs. R. Laffly, « Être ou ne pas être une demande nouvelle en cause d'appel »).

Il entre dans l'office du juge de s'assurer de l'identité de finalité des demandes initiales et nouvellement présentées. Ainsi, la 2e chambre a-t-elle retenu (Civ. 2e, 9 nov. 2023, nº 22-17.388 F-B., *D. actu.* 21 déc. 2023, par Ch. Lhermitte) que la cour d'appel doit, avant de les déclarer irrecevables comme nouvelles, « s'assurer que les demandes ne sont pas l'accessoire, la conséquence ou le complément nécessaire de celles présentées devant le premier juge ou ne tendent pas aux mêmes fins que ces dernières ». Il s'agissait en l'espèce de demandes subsidiaires en liquidation d'une astreinte provisoire pour une période complémentaire et en fixation d'une astreinte définitive. Si le caractère accessoire de ces demandes n'était pas présent en l'espèce (on parle non du caractère de l'astreinte accessoire à une condamnation mais du caractère accessoire de l'astreinte définitive en contemplation de la liquidation de l'astreinte provisoire), il semble que les deux demandes tendaient aux mêmes fins (parvenir à une exécution spontanée du jugement) et que la fixation d'une astreinte définitive était la conséquence de la liquidation d'une astreinte provisoire.

B • Les affres de la composition paritaire de la cour d'appel

La composition de la Cour d'appel suit les règles classiques de l'imparité, sous peine d'encourir la sanction non moins classique de la nullité de l'arrêt rendu. Sur les fondements de l'article L. 121-2 du Code de l'organisation judiciaire, et des articles 430, 447, 458 et 459 du Code de procédure civile, a ainsi été annulé l'arrêt qui a été rendu par une cour composée, lors des débats, de quatre magistrats.
Cette irrégularité pouvait-elle être corrigée ? Non spécifique à la procédure d'appel, l'article 459 du Code de procédure civile dispose que l'omission ou l'inexactitude d'une mention destinée à établir la régularité du jugement ne peut entraîner la nullité de celui-ci s'il est établi par les pièces de la procédure, par le registre d'audience ou par tout autre moyen que les prescriptions légales ont été en fait, observées. Or, en l'espèce, le président de chambre signataire de l'arrêt attaqué avait adressé la copie du courriel à l'avocat du défendeur au pourvoi. Dans son arrêt du 23 juin 2022 (v. Civ. 2e, 23 juin 2022, nº 21-11.399 B, *JCP* 2022, act. 1051, comm. N. Fricéro, « Un courriel du président de la juridiction peut-il *a posteriori* régulariser la composition de la cour d'appel lors du délibéré ? »), la Cour ne considère pas cette preuve extrinsèque postérieure au délibéré comme efficiente, retenant seulement que « le dossier de procédure ne permet pas de constater que trois magistrats seulement ont délibéré de l'affaire » (point 6).

C• La péremption en appel

Dans quatre arrêts du 7 mars 2024 publiés au *Bulletin* (nºs 21-19.475, 21-19.761, 21-20.719, 21-23.230) et rendus sous le septuple visa des articles 6, § 1, de la Convention de sauvegarde des droits de l'homme et des libertés fondamentales et 2, 386, 908, 909, 910-4 et 912 du Code de procédure civile, la deuxième chambre civile de la Cour de cassation a opéré un revirement de jurisprudence en retenant désormais qu'en appel avec représentation obligatoire, en circuit long, une fois que les parties ont accompli toutes les charges procédurales leur incombant, la péremption ne court plus à leur encontre, sauf si le conseiller de la mise en état fixe un calendrier ou leur enjoint d'accomplir une diligence particulière.
En l'espèce, chaque partie avait conclu dans le délai imparti par le conseiller de la mise en état mais aucune n'avait sollicité la clôture et la fixation auprès du conseiller de la mise en état. La péremption n'avait dès lors pas pu être interrompue, un nouveau délai n'avait pas pu commencer à courir (sur le principe : Civ. 2e, 1er févr. 2018, nº 16-17.618, *D. actu.* 23 févr. 2018, obs. R. Laffly ; *D.* 2019. 555,

obs. N. Fricero ; *AJ fam.* 2018. 262, obs. M. Jean ; *Gaz. Pal.* 15 mai 2018, n° 17, p. 71, note L. Raschel). La péremption avait donc pleinement produit son effet et le conseiller de la mise en état l'avait alors constaté, conformément à la jurisprudence constante. En effet, à défaut de cette sollicitation, la péremption courrait à compter de la dernière diligence interruptive, souvent, à compter des conclusions de l'intimé.

Il ressort donc de la nouvelle solution que la péremption ne court plus à l'encontre des parties si ces dernières ont accompli toutes les charges procédurales leur incombant ; il ressort en outre qu'elles ne sont plus tenues de demander au CME de clôturer et fixer. Enfin, le revirement est, selon la Cour, « immédiatement applicable en ce qu'il assouplit les conditions de l'accès au juge » (§ 19).

Textes législatifs essentiels

C. pr. civ., art. 901.
C. pr. civ., art. 954.
C. pr. civ., art. 906-1.
C. pr. civ., art. 913.
C. pr. civ., art. 906-2.
C. pr. civ., art. 1037-1.
Convention européenne de sauvegarde des droits de l'homme et des libertés fondamentales, art. 6 § 1.
Décret nº 2023-1391 du 29 décembre 2023.

Jurisprudences essentielles

Civ. 2e, 7 mars 2024, nos 21-19.475, 21-19.761, 21-20.719, 21-23.230 FS-B.

Bibliographie

D. d'Ambra, *Droit et pratique de l'appel 2024-2025*, 5e éd., Dalloz, coll. « Dalloz référence », 2024.
M. Barba et R. Laffly, « Simplification » de la procédure d'appel en matière civile », *D. actu.* 1er févr. 2024.
N. Gerbay, « Le décret nº 2023-1393 du 29 décembre 2023 portant simplification de la procédure d'appel en matière civile : nouveautés et points de vigilance », *Procédures* 2024, étude 1.
J. Jourdan-Marques, « Chronique d'arbitrage : l'influence du décret du 29 décembre 2023 sur l'exercice des voies de recours », *D. actu.* 12 janv. 2024.
K. Leclere Vue et L. Veyre, « Réforme de la procédure d'appel en matière civile : explication de texte », *D.* 2024. 362.
Ch. Lhermitte, « Réforme de la procédure d'appel : vous vouliez de la simplification ? vous aurez de la lisibilité », *Lexbase Droit privé,* 11 janv. 2024, nº 969.

Le formalisme en appel : entre exigence, didactisme et souplesse

L'instance d'appel est introduite par déclaration au greffe de la cour d'appel, effectuée par un avocat (C. pr. civ., art. 901). Cette déclaration, qui vaut demande d'inscription au rôle, doit intervenir dans un délai d'un mois, courant à compter de la signification de la décision de première instance. L'article 38 du décret du 19 décembre 1991 prévoit que la demande d'aide juridictionnelle déposée dans le délai d'appel l'interrompt. Un nouveau délai d'un mois commencera à courir à compter de la notification de la décision du bureau d'aide juridictionnelle. Par application de l'article 930-1 du Code de procédure civile, cette déclaration est déposée par voie électronique à moins qu'une cause étrangère impose le recours au support papier (tel est le cas lorsqu'une panne informatique de 3 jours due à la défectuosité d'une Livebox rend impossible l'accès à Internet, v. Civ. 2e, 10 juin 2021, n° 20-10.522).

À peine de nullité, cette déclaration d'appel contient : « outre les mentions prescrites par l'article 57, et à peine de nullité : 1° La constitution de l'avocat de l'appelant ; 2° L'indication de la décision attaquée ; 3° L'indication de la cour devant laquelle l'appel est porté » (C. pr. civ., art. 901). Le décret du 29 décembre 2023 (v. *supra*, fiche 28) a gommé toute référence à la première instance dans l'énoncé des mentions obligatoires de la déclaration et a modifié la rédaction de l'article 901.

Par ailleurs, depuis le 1er septembre 2017, l'appelant est tenu, sous la même sanction, d'indiquer dans sa déclaration d'appel « les chefs du jugement expressément critiqués auxquels l'appel est limité » (C. pr. civ., art. 901, 4° ; nouv. C. pr. civ., art. 901, 7°). Il n'en va autrement que si l'appel « tend à l'annulation du jugement ou si l'objet du litige est indivisible » (C. pr. civ., art. 901, 4°). On rappelle que le décret n° 2023-1391 du 29 décembre 2023 (v. *supra*, fiche 28, I) a supprimé l'exception d'indivisibilité.

Une fois la déclaration enregistrée, l'article 902 du Code de procédure civile prévoit un dispositif pour informer les intimés de ce qu'un appel a été interjeté contre eux. Le greffier doit adresser un exemplaire de la déclaration d'appel à chacun des intimés, par lettre simple, avec l'indication de l'obligation de constituer avocat. En principe, à réception de cette lettre, l'intimé constitue avocat, celui-ci dénonce sa constitution aux autres parties par notification entre avocats (C. pr. civ., art. 960) puis en remet une copie au greffe (C. pr. civ., art. 903). Dans ce cas, l'instance est liée. À défaut, si la lettre adressée par le greffe à l'intimé est retournée par l'administration des postes ou, plus généralement, si l'intimé ne constitue pas avocat dans le délai d'un mois, le greffier en avise l'avocat de l'appelant qui doit alors, dans le mois suivant cet avis, signifier sa déclaration d'appel (C. pr. civ., art. 902). Faute de signification de la déclaration d'appel dans le délai d'un mois courant à compter de l'avis adressé par le greffe, le conseiller de la mise en état relèvera d'office la caducité de la déclaration. Si l'intimé constitue avocat après l'avis du greffe, mais avant la signification de la déclaration, l'appelant doit procéder par voie de notification à l'avocat.

On le voit, le formalisme est présent à toutes les étapes de l'instance d'appel, de la déclaration aux conclusions, en passant par le respect des nombreux délais. Les exigences de formalisme sont telles qu'une charte générale de présentation des écritures, élaborée par un groupe de travail qui s'est réuni à plusieurs reprises pendant un an et comprenant des avocats, magistrats, premiers présidents de cour d'appel, et présidents de tribunaux judiciaires a été publiée sur le site de la Cour de cassation le 30 janvier 2023. Une trame des conclusions d'appel y a été proposée : il s'agit d'un guide non contraignant de bonnes pratiques, mis à la disposition des avocats et pouvant servir de base à la signature de pro-

tocoles locaux avec les juridictions (https://www.courdecassation.fr/toutes-les-actualites/2023/01/30/la-charte-de-presentation-des-ecritures-signee-la-cour-de).
Quel est l'apport du décret quant au formalisme ? Il est impossible d'y voir une ligne directrice unique. Le tableau suivant dresse une brève synthèse des nouvelles dispositions, entre alourdissement, neutralité et allègement formalistes.

Alourdissement formaliste	Neutralité formaliste	Allègement formaliste
Exigence dans la déclaration d'appel de « l'objet de l'appel » en ce qu'il tend à l'infirmation ou à l'annulation du jugement. **C. pr. civ., nouv. art. 901 6°** *Contra* : Civ. 2e, 25 mai 2023, n° 21-15.842, *D. actu. 22 juin 2023, obs. V. Roulet ; 14 sept. 2023, n° 20-18.169, D. actu. 29 sept. 2023, obs. R. Laffly ; D.* 2023. 1653 ; *AJ fam.* 2023. 480, obs. F. Eudier	Possibilité de compléter la déclaration d'appel par le dispositif des premières conclusions. **C. pr. civ., nouv. art. 901 7° ; 915-2 al. 2** Il s'agit de compléter de la mention des chefs de jugement critiqués afin de bénéficier de l'effet dévolutif. Certes, il y a allégement de la déclaration mais on observe en contrepartie un alourdissement des premières conclusions (l'appelant ne peut plus se contenter de demander à la cour d'appel d'« infirmer le jugement en toutes ses dispositions », comme le permettait la jurisprudence antérieure (Civ. 2e, 3 mars 2022, n° 20-20.017), ce qui revient à une neutralité formaliste.	Délais doublés pour signifier la déclaration d'appel et conclure en procédure à bref délai. **C. pr. civ., nouv. art. 906-1, al. 1er, 906-2 al. 1er**
Extension au litige indivisible du formalisme de la déclaration d'appel devant contenir « les chefs du dispositif du jugement expressément critiqués auxquels l'appel est limité ». La seule exception qui demeure est si l'appel tend à l'annulation du jugement. **C. pr. civ., nouv. art. 901 6°** *Contra* **art. 901 4°**	Délais identiques en procédure avec mise en état. **C. pr. civ., art. 908 et 902, al. 3** Effet dévolutif en procédure sans représentation obligatoire. La dévolution opère pour le tout même en cas d'omission des chefs du jugement critiqués dans la déclaration d'appel. **C. pr. civ., nouv. art. 933, al. 6**, confirmant Civ. 2e, 9 sept. 2021, n° 20-13.662, FS-B+R ; Civ. 2e, 29 sept. 2022, FS-B, n° 21-23.456.	Utilisation de l'annexe de la déclaration d'appel sans nécessité particulière **C. pr. civ., nouv. art. 901** *Contra* **C. pr. civ., art. 901** (mais jurisprudence déjà en ce sens).

L'idée d'une pédagogie du formalisme a fait son chemin. Pour autant, la procédure d'appel demeure rationalisée, en témoigne le formalisme de la déclaration d'appel (I), des conclusions en appel (II) et l'édiction de nombreux délais en appel (III). La procédure d'appel oscille toutefois entre formalisme exigeant et formalisme allégé, ceci afin d'échapper aux critiques de la CEDH sur le formalisme excessif, obstacle au droit au juge (Conv. EDH, art. 6 § 1) (IV).

I • Le formalisme de la déclaration d'appel

La déclaration d'appel doit contenir à peine de nullité certaines mentions obligatoires (C. pr. civ., art. 901 ; v. *supra*), dont celle relative aux « chefs du jugement expressément critiqués auxquels l'appel est limité » (4° devenu 7°), sachant que cette dernière précision nécessite parfois l'utilisation, en plus de la déclaration, d'une annexe. La récente jurisprudence a indiqué les sanctions du défaut de précision de ces chefs de jugement dans la déclaration d'appel (A) ainsi que la portée de ladite annexe (B). Le décret n° 2023-1391 du 29 décembre 2023 a apporté de profondes modifications au formalisme de l'appel (C).

A • Les sanctions de l'absence de chefs de jugement critiqués dans la déclaration d'appel

Depuis le 1er septembre 2017, date d'application du décret n° 2017-891 du 6 mai 2017, l'appelant a l'obligation d'indiquer dans sa déclaration d'appel « les chefs du jugement expressément critiqués ». Cette obligation ressort tant de l'article 901 4° du Code de procédure civile, portant sur le formalisme de la déclaration d'appel, que de l'article 562 du même Code, relatif à l'effet dévolutif de l'appel. L'absence des chefs de jugement dans la déclaration d'appel est donc sanctionnée doublement à ces deux titres : par une nullité de la déclaration d'appel et par l'absence d'effet dévolutif de l'appel.

Dans les deux cas, la sanction est inopérante lorsque l'appel tend à l'annulation du jugement ou si l'objet du litige est indivisible. Ainsi, en ce cas, malgré l'absence de précision des chefs de jugements, la déclaration d'appel est régulière et la dévolution s'opérera pour le tout.

La portée des sanctions et de leur limite a été précisée par la jurisprudence récente. Le décret du 29 décembre 2023 revient notamment sur l'exception d'indivisibilité et l'effet dévolutif en général.

1 • La sanction de la nullité de la déclaration d'appel

S'agissant tout d'abord de la nullité (C. pr. civ., art. 901 4°), la deuxième chambre civile de la Cour de cassation a indiqué dans un avis que la nullité encourue est une nullité pour vice de forme (C. pr. civ., art. 114), dès lors subordonnée à la caractérisation d'un grief (Civ. 2e, avis, 20 déc. 2017, nos 17019, 17020 et 17021). En procédure d'appel sans représentation obligatoire, l'article 933 du Code de procédure civile ne prévoit pas de nullité, contrairement à l'article 901, applicable dans les procédures d'appel avec représentation obligatoire.

Selon un arrêt émanant de la même chambre (Civ. 2e, 30 juin 2022, n° 21-12.720 F-B), cette nullité peut être régularisée mais uniquement par une nouvelle déclaration d'appel dans le délai imparti à l'appelant pour conclure. « Alors qu'à la suite d'une première déclaration d'appel qui ne mentionnait pas les chefs de dispositif critiqués, une nouvelle déclaration d'appel a été adressée au greffe le même jour, dans le délai d'appel, par le réseau virtuel privé avocat, comportant les mentions énumérées à l'article 901 du code de procédure civile, dont l'indication des chefs de dispositif expressément critiqués, et se suffisant ainsi à elle-même, la cour d'appel a violé les textes susvisés » (Civ. 2e, 12 janv. 2023, n° 21-14.731 NP ; Civ. 2e, 14 avr. 2022, n° 20-22.497 NP ; Civ. 2e, 19 mai 2022, n° 21-12.267 NP ; Civ. 2e, 14 sept. 2023, n° 21-22.783 P, *D.* 2023. 1654 ; *AJ fam.* 2023. 480, obs. F. Eudier).

2 • La sanction de l'absence d'effet dévolutif

S'agissant ensuite de l'absence d'effet dévolutif (C. pr. civ., art. 562), la jurisprudence a précisé que, pour une déclaration d'appel tendant à la réformation du jugement sans avoir mentionné les chefs de jugement qui sont critiqués, l'effet dévolutif n'opérait pas, quand bien même la nullité de la déclaration d'appel n'aurait pas été sollicitée par l'intimé (Civ. 2e, 2 juill. 2020, no 19-16.954).
À dire vrai, le formalisme et sa sanction afférente d'absence d'effet dévolutif ne jouent à plein, selon la jurisprudence, qu'en cas de procédure d'appel avec représentation obligatoire, et ce, bien que le texte semblât applicable à tout type d'appel. Lorsque le code n'impose pas le recours obligatoire à l'avocat (procédure sans représentation obligatoire), les règles sont assouplies, afin de prévenir une condamnation de la CEDH pour formalisme excessif. La Cour de cassation s'est dit en effet consciente qu'un « tel degré d'exigence dans les formalités à accomplir par l'appelant en matière de procédure sans représentation obligatoire constituerait une charge procédurale excessive ». Elle a ainsi posé, en 2022, « qu'en matière de procédure sans représentation obligatoire, la déclaration d'appel qui mentionne que l'appel tend à la réformation de la décision déférée à la cour d'appel, en omettant d'indiquer les chefs du jugement critiqués, doit s'entendre comme déférant à la connaissance de la cour d'appel l'ensemble des chefs de ce jugement » (Civ. 2e, 30 juin 2022, no 21-15.003 F-B). Un arrêt postérieur de la même chambre a précisé que la solution ainsi prise s'appliquait également dans le cas où l'appelant en procédure non obligatoire était néanmoins représenté par un avocat : en cas d'omission dans la déclaration d'appel des chefs de jugement critiqués, la dévolution s'opère pour le tout « y compris lorsque les parties ont choisi d'être assistées ou représentées par un avocat » (Civ. 2e, 29 sept. 2022, no 21-23.456 FS-B).

3 • L'exception commune d'indivisibilité

S'agissant enfin de l'exception commune d'indivisibilité, la deuxième chambre civile de la Cour de cassation semble avoir ajouté une condition de formalisme aux deux textes, ceci, afin de pouvoir contrôler la réalité de l'indivisibilité de l'objet du litige, trop souvent utilisée par les avocats sans justification ni consistance, par pur opportunisme, afin d'échapper à la sanction. Dans deux arrêts du 9 juin 2022 (Civ. 2e, 9 juin 2022, nos 21-11.401 et 20-20.936 ; *Procédures* 2022, comm. 191, note S. Amrani-Mekki), la Cour impose ainsi « si l'appelant n'est pas tenu de mentionner dans la déclaration d'appel un ou plusieurs des chefs de dispositif du jugement qu'il critique lorsqu'il entend se prévaloir de l'indivisibilité de l'objet du litige, il n'en doit pas moins se référer, dans la déclaration, à cette indivisibilité ».
Concernant l'indivisibilité du litige, la Cour de cassation (Civ. 2e, 9 juin 2022, no 20-15.827, *Procédures* 2022, comm. 192, note R. Laffly ; *Gaz. Pal.* 25 oct. 2022, p. 60, F. Guerre ; *D. actu.* 5 juill. 2022, Ch. Lhermitte) a précisé que « l'indivisibilité du litige nécessite l'impossibilité d'exécuter simultanément plusieurs chefs de dispositifs de jugements dans un même litige ». Elle a cassé pour défaut de base légale, l'arrêt d'appel qui a déclaré les conclusions recevables à l'égard de l'appelant incident mais aussi de l'appelant principal en raison de l'indivisibilité de l'objet du litige « sans caractériser l'impossibilité d'exécuter simultanément plusieurs chefs de dispositifs ». L'indivisibilité du litige peut ainsi contourner l'irrecevabilité des conclusions tardives à l'égard de l'un des appelants.

4 • L'apport du décret no 2023-1391 du 29 décembre 2023

Le décret no 2023-1391 du 29 décembre 2023 ne remet pas en cause les **solutions relatives à la nullité** (v. *supra*, 1). On peut toutefois s'interroger sur la portée de l'insertion « sans préjudice du premier alinéa de l'article 915-2 » dans l'article 901, 7°. Il faut raisonnablement comprendre que cette nullité de forme peut être régularisée par l'inscription des chefs du dispositif du jugement critiqués dans le dispositif des premières conclusions de l'appelant. Ce rattrapage ne pourra toutefois opérer qu'à deux conditions concernant les conclusions : d'abord, que les chefs omis dans la déclaration d'appel apparaissent au dispositif des conclusions (s'ils apparaissaient ailleurs, l'effet dévolutif ne pourrait jouer) ; ensuite, que les conclusions soient remises dans les délais : deux mois à compter de l'avis de fixation de l'affaire, en procédure à bref délai (nouv. art. 906-2, al. 1) et trois mois à compter de la déclaration d'appel, en procédure avec mise en état (nouv. art. 908). Là encore, des conclusions tardives, bien que contenant les précisions sur les chefs critiqués, ne pourraient venir compléter efficacement la déclaration d'appel.

Pour autant, l'insertion consacre-t-elle un cas unique de régularisation ? Le dispositif jurisprudentiel antérieur est-il maintenu ? Rappelons qu'il permettait de régulariser par une seconde déclaration d'appel présentée dans les délais pour conclure. Selon Ch. Lhermitte, le législateur n'interdit pas la déclaration d'appel rectificative mais souhaiterait qu'elle tombe en désuétude (v. art. préc., spéc. IV, A. 1). MM. Barba et Laffly soutiennent la même idée (v. préc., Épisode 4). D'autres sont plus nuancés (J. Jourdan Marques, « Chronique d'arbitrage : l'influence du décret du 29 décembre 2023 sur l'exercice des voies de recours », *D. actu.* 12 janv. 2024).

En outre, on rappelle que le **décret a supprimé l'exception d'indivisibilité** (v. *supra*, fiche 28, I), de sorte que, face à un litige indivisible ou divisible, l'appelant doit viser les chefs de jugement pour que l'effet dévolutif joue, sauf lorsqu'il demande l'annulation du jugement, auquel cas, l'effet dévolutif opère pour le tout.

L'effet dévolutif est surtout modifié par le nouveau décret en ce qu'il n'a plus comme siège exclusif la déclaration d'appel. En ce qui concerne les chefs du dispositif du jugement critiqués, la déclaration peut être complétée, retranchée ou rectifiée dans le dispositif des premières conclusions de l'appelant, à condition qu'elles soient remises dans les délais prévus au premier alinéa de l'article 906-2 et à l'article 908. La règle vaut pour la nullité comme pour l'effet dévolutif, le nouvel article 901, 7°, faisant ainsi renvoi au nouvel article 915-2 et à l'article 562 du Code de procédure civile ayant été modifié en conséquence.

En revanche, nous l'avons déjà signalé, **l'effet dévolutif est toujours conçu de façon souple en procédure sans représentation obligatoire**, ce, pour lutter contre le formalisme excessif condamné par la Cour européenne de Strasbourg. La dévolution opère pour le tout même en cas d'omission des chefs du jugement critiqués dans la déclaration d'appel. Le nouvel article 933, alinéa 6, rejoint la jurisprudence de la deuxième chambre civile (Civ. 2e, 9 sept. 2021, n° 20-13.662 FS-B+R ; Civ. 2e, 29 sept. 2022, n° 21-23.456 FS-B).

B • La saga de l'annexe à la déclaration d'appel

Là où la technique ne suit pas la réforme ! Nous l'avons dit, depuis la réforme de l'appel issue du décret n° 2017-891 du 6 mai 2017 *relatif aux exceptions d'incompétence et à l'appel en matière civile*, les plaideurs doivent indiquer dans leur déclaration d'appel l'ensemble des chefs de jugements critiqués. Or, de longues explications en ce sens dans la déclaration elle-même étaient souvent impossibles en raison d'un plafonnement de cette dernière à 4 080 caractères sur la plate-forme e-Barreau. D'où une pratique inventive développée par les avocats de continuer la présentation des chefs de jugements critiqués dans une annexe à la déclaration d'appel. Mais la pratique s'est avérée rapidement déviante, utilisée systématiquement alors même que le quota n'était pas dépassé. La deuxième chambre civile de la Cour de cassation a alors entendu contenir la pratique à la stricte nécessité, en en limitant le recours aux seuls « cas d'empêchement technique » (Civ. 2e, 13 janv. 2022, n° 20-17.516 FS-B).

Le décret n° 2022-245 du 25 février 2022 (d'application de la loi sur la confiance dans l'institution judiciaire) a quant à lui modifié l'article 901 du Code de procédure civile en ajoutant que « la déclaration d'appel est faite par acte, comportant le cas échéant une annexe ». La portée de la précision sur « le cas échéant » était assez peu claire. Aussi la deuxième chambre civile fut elle amenée à rendre un avis le 8 juillet 2022 (Cass., avis, 8 juill. 2022, FS-B, n° 22-70.005) où elle a indiqué qu'une « interprétation téléologique du décret aboutit à considérer que cet ajout vise à permettre l'usage de l'annexe, même en l'absence d'empêchement technique », de sorte « qu'une déclaration d'appel à laquelle est jointe une annexe comportant les chefs de dispositif du jugement critiqués constitue l'acte d'appel conforme aux exigences de l'article 901 du Code de procédure civile, dans sa nouvelle rédaction et ce, même en l'absence d'empêchement technique ». Il a été également indiqué que « sont immédiatement applicables aux instances en cours pour les déclarations d'appel qui ont été formées antérieurement à l'entrée en vigueur de ces deux textes réglementaires, pour autant qu'elles n'ont pas été annulées par une ordonnance du magistrat compétent qui n'a pas fait l'objet d'un déféré dans le délai requis, ou par l'arrêt d'une cour d'appel statuant sur déféré ».

La Cour de cassation s'est donc ralliée à son propre avis, admettant l'utilisation de l'annexe pour développer les chefs de jugement critiqués sans réelle nécessité (Civ. 2e, 8 juill. 2022, n° 22-70.005 P, *D. actu.* 30 août 2022, obs. R. Laffly ; *D.* 2022. 1498, note M. Barba ; *AJ fam.* 2022. 496, obs. D. D'Ambra).

Ensuite, dans un arrêt du 12 janvier 2023 (Civ. 2e, 12 janv. 2023, n° 21-16.804 FS-B), la deuxième chambre civile de la Cour de cassation a précisé que le décret du 25 février 2022 s'applique aux instances en cours devant la cour d'appel, mais pas aux instances qui se sont achevées par une décision de la cour d'appel avant cette date et qui ont ensuite fait l'objet d'un pourvoi en cassation. Toujours selon l'avis, le décret précité, et son arrêté du même jour, « sont immédiatement applicables aux instances en cours pour les déclarations d'appel qui ont été formées antérieurement à l'entrée en vigueur de ces deux textes réglementaires, pour autant qu'elles n'ont pas été annulées par une ordonnance du magistrat compétent qui n'a pas fait l'objet d'un déféré dans le délai requis, ou par l'arrêt d'une cour d'appel statuant sur déféré ».

L'arrêt du 26 octobre 2023 (Civ. 2e, 26 oct. 2023, n° 22-16.185 F-B, *D. actu.* 27 nov. 2023, par Ch. Lhermitte) a ensuite décidé que « la déclaration d'appel à laquelle était jointe une annexe comportant les chefs de dispositif du jugement critiqués constitue l'acte d'appel » et opère dévolution des chefs contenus dans l'annexe.

Depuis le décret n° 2023-1391 du 29 décembre 2023, *portant simplification de la procédure d'appel en matière civile*, l'article 901 permet toujours, dans sa nouvelle rédaction, à la déclaration d'appel de comporter une annexe, mais sans démonstration préalable d'une contrainte technique. La locution adverbiale « le cas échéant » a en effet disparu de la rédaction.

C'est une décision de la Cour EDH de radiation, qui semble clore la saga jurisprudentielle (CEDH, 3 oct. 2024, n° 33851/23, *D. actu.* 20 nov. 2024, obs. R. Laffly). Tout part d'arrêts de la Cour d'appel d'Aix-en-Provence, qui, face à des chefs critiqués des jugements qui ne figuraient pas dans le corps même des déclarations d'appel mais dans la seule annexe à la déclaration d'appel, avaient jugé que l'article 901 du Code de procédure civile ne permettait pas de joindre une annexe à une déclaration d'appel. Les conseillers d'appel avaient dès lors considéré qu'ils n'avaient pas été valablement saisis d'une demande. L'appelant ainsi évincé a saisi la Cour de cassation, qui, dans un arrêt du 8 juin 2023, avait rejeté le pourvoi. Il s'est alors dirigé vers la Cour EDH, où la procédure n'est pas allée jusqu'à son terme puisque, après l'échec d'un règlement amiable, le gouvernement français a proposé de prononcer une déclaration unilatérale en vue de régler les questions soulevées par le grief avancé par la société requérante et a invité la Cour à rayer la requête du rôle, conformément à l'article 37 de la Convention européenne, ce qu'elle a fait dans cette décision. Le gouvernement français a ainsi reconnu qu'« en jugeant que l'effet dévolutif des appels formés par la requérante n'avait pu opérer alors que l'intégralité des actes d'appel permettait de comprendre quels étaient les chefs de jugement critiqués, les juridictions internes ont fait preuve d'un formalisme excessif constituant une atteinte disproportionnée au droit d'accès au juge garanti par l'article 6 § 1 de la Convention ».

C• Le nouveau formalisme de l'objet de l'appel

L'article 901 du Code de procédure civile contient désormais une mention obligatoire supplémentaire. En effet, son 6° indique que l'acte d'appel doit comporter « l'objet de l'appel en ce qu'il tend à l'infirmation ou à l'annulation du jugement ».

Il s'agit d'un alourdissement du formalisme en ce sens où, auparavant, pareille mention n'existait pas dans le code et la jurisprudence avait refusé de la consacrer (Civ. 2e, 25 mai 2023, no 21-15.842, *D. actu.* 22 juin 2023, obs. V. Roulet ; Civ. 2e, 14 sept. 2023, no 20-18.169, *D. actu.* 29 sept. 2023, obs. R. Laffly ; *D.* 2023. 1653 ; *AJ fam.* 2023. 480, obs. F. Eudier).

Quelle sanction infliger à une déclaration d'appel qui ne mentionnerait pas l'objet de l'appel ? Si la question se pose, c'est que le texte n'est pas clair. Certes, la première phrase de l'article 901 pose que « la déclaration d'appel, qui peut comporter une annexe, est faite par un acte contenant à peine de nullité ». La sanction devrait être une nullité pour vice de forme, supposant la démonstration d'un grief (C. pr. civ., art. 114). Cette dernière pourrait-elle s'accompagner de la sanction de l'absence d'effet dévolutif, voire être remplacée par cette dernière ? La doctrine s'interroge (v. Ch. Lhermitte, art. préc., spéc. I., A, *in fine* ; M. Barba et R. Laffly, préc., « épisode 4 » ; J. Jourdan Marques, « Chronique d'arbitrage : l'influence du décret du 29 décembre 2023 sur l'exercice des voies de recours », *D. actu.* 12 janv. 2024). Ce dernier auteur penche pour la reprise de la sanction déjà prévue en cas d'absence de cette mention dans les conclusions : « lorsque l'appelant ne demande dans le dispositif de ses conclusions ni l'infirmation ni l'annulation du jugement, la cour d'appel ne peut que confirmer le jugement ». Comme le font remarquer d'autres auteurs, « la première décision de la deuxième chambre civile devra être surveillée de près » (v. M. Barba et R. Laffly, préc.).

II • Le formalisme des conclusions d'appel

Le formalisme afférent aux conclusions d'appel concerne tant leur rédaction que leur remise.

S'agissant tout d'abord de leur rédaction, l'article 954 du Code de procédure civile dispose que : « Les conclusions d'appel contiennent, en en-tête, les indications prévues à l'article 961. Elles doivent formuler expressément les prétentions des parties et les moyens de fait et de droit sur lesquels chacune de ces prétentions est fondée avec indication pour chaque prétention des pièces invoquées et de leur numérotation. Un bordereau récapitulatif des pièces est annexé. Les conclusions comprennent distinctement un exposé des faits et de la procédure, l'énoncé des chefs de jugement critiqués, une discussion des prétentions et des moyens ainsi qu'un dispositif récapitulant les prétentions. »

S'agissant ensuite de la remise des conclusions, le principe veut que, comme tout acte de procédure, elles soient remises par voie électronique, à peine d'irrecevabilité relevée d'office, sauf existence d'une cause étrangère, permettant la remise sur support papier (C. pr. civ., art. 930-1). Toutefois, aux termes de l'article 930-2, la remise par voie électronique ne s'applique pas au défenseur syndical, qui peut établir des actes de procédure sur support papier et les remettre au greffe ou lui adresser par lettre recommandée avec demande d'avis de réception. À ce régime dérogatoire général est apportée une exception particulière à l'article 930-3, concernant les seules « notifications entre un avocat et un défenseur syndical », à l'instar des conclusions. Ces dernières « sont effectuées par lettre recommandée avec demande d'avis de réception ou par voie de signification » et non par remise. Le décret de 2023 a maintenu tel quel ces deux articles. Qu'advient-il alors des conclusions du défenseur syndical remises en main propre à l'avocat de l'intimé contre récépissé, en méconnaissance de la règle posée à l'article 930-3 ? Au triple visa des articles 930-3, 114 du Code de procédure civile et de l'article 6, § 1, de la Conv. EDH, la deuxième chambre civile de la Cour de cassation a très récemment rejeté la sanction de la caducité pour considérer qu'il s'agissait d'« une irrégularité de forme qui n'est susceptible d'être sanctionnée que par la nullité de forme sur démonstration d'un grief » (Civ. 2e, 23 nov. 2023, no 21-22.913 F-B, *D. actu.* 6 déc. 2023, par R. Laffly).

Un autre problème s'est posé récemment en jurisprudence : celui de l'absence de renvoi aux pièces produites dans les conclusions. Dans un arrêt de la deuxième chambre civile du 28 novembre 2024 (no 22-16.664 F-B, *D. actu.* 8 janv. 2025, par R. Laffly), la Cour de cassation a décidé que l'absence de renvoi des conclusions aux pièces produites, qui ne fait l'objet d'aucune sanction, ne dispense pas la cour d'appel de son obligation d'examiner les pièces régulièrement versées aux débats et clairement identifiées dans les écritures prises au soutien des prétentions, sauf à priver une partie du droit à l'accès à un tribunal consacré par l'article 6, § 1, de la Convention européenne des droits de l'homme et des libertés fondamentales.

On reviendra ici uniquement sur la rédaction des conclusions, la jurisprudence ayant apporté des éclairages sur l'indication des moyens (A) et le dispositif des conclusions de l'appelant (B), dans le sens de la souplesse, alors que le décret no 2023-1391 du 29 décembre 2023 vient quant à lui alourdir le formalisme des conclusions (C).

A • L'indication des moyens de fait et de droit dans les conclusions

La deuxième chambre civile de la Cour de cassation a retenu que ces dispositions « n'exigent pas que les prétentions et les moyens contenus dans les conclusions d'appel figurent formellement sous un paragraphe intitulé "discussion", l'important étant que « ces éléments apparaissent de manière claire et lisible dans le corps des conclusions » (Civ. 2e, 8 sept. 2022, no 21-12.736, *JCP* 2022, act. 1193, obs. N. Gerbay). Le formalisme est donc éclairé.

Le décret de 2023 ne revient pas sur ce point.

B • Le dispositif des conclusions de l'appelant

Avant le décret de 2023, la Cour de cassation avait déjà indiqué à plusieurs reprises qu'à défaut de précision de l'infirmation ou de l'annulation du jugement dans les conclusions, la cour d'appel ne peut que confirmer le jugement (Civ. 2e, 17 sept. 2020, no 18-23.626 FS-P+B+I ; Civ. 2e, 1er juill. 2021, no 20-10.694). La méconnaissance de cette exigence pouvait également être sanctionnée par la caducité de la déclaration d'appel. Cette sanction pouvait être prononcée, à la demande d'une partie, soit par le CME, soit par la cour d'appel statuant sur déféré (Civ. 2e, 29 sept. 2022, no 21-14.681 F-B).

Toutefois, le formalisme n'allait pas au-delà : la Cour de cassation avait posé que l'appelant n'était pas tenu de reprendre dans le dispositif les chefs de jugement dont il demandait l'infirmation (Civ. 2e, 3 mars 2022, no 20-20.017 F-B).

Or, le décret du 29 décembre 2023 condamne cette souplesse en réécrivant l'article 954 du Code de procédure civile, qui dispose désormais que « les conclusions comprennent […] un dispositif dans lequel l'appelant indique s'il demande l'annulation ou l'infirmation du jugement », sans toutefois préciser la sanction en cas de méconnaissance de la règle. Selon des auteurs, il s'agira de la même sanction qu'auparavant, « l'option entre la confirmation du jugement et la caducité de la déclaration d'appel » (Ch. Lhermitte préc., spéc. II. A ; J. Jourdan-Marques, préc.).

C • La nouvelle exigence des chefs de jugement critiqués

Le décret du 29 décembre 2023 impose désormais, au nouvel article 954 du Code de procédure civile, que « les conclusions comprennent […] un dispositif dans lequel l'appelant […] énonce, s'il conclut à l'infirmation, les chefs du dispositif du jugement critiqués ». On rappelle que les premières conclusions d'appel prises en ce sens pourront servir à compléter une déclaration d'appel lacunaire et faire jouer l'effet dévolutif. Mais la règle peut devenir un piège car, dans une autre hypothèse, elle oblige l'appelant à réitérer dans les conclusions les chefs du dispositif du jugement critiqués déjà présentés dans la déclaration d'appel. En effet, l'article 915-2 du Code de procédure civile indique que si l'appelant principal peut effectivement compléter sa déclaration d'appel par le dispositif des premières conclusions, il peut également la « retrancher ou (la) rectifier », avec la conséquence précisée *in fine* que « la cour est saisie des chefs du dispositif du jugement ainsi déterminés et de ceux qui en dépendent ». Il est encore difficile d'analyser la portée de l'expression « chefs du dispositif du jugement ainsi déterminés » : s'agit-il des chefs déterminés par les seules conclusions ou en tenant compte de la déclaration et des conclusions ? La sanction de l'absence de ces chefs de jugement critiqués dans le dispositif des conclusions n'est pas précisée mais il semble que ce soit l'absence d'effet dévolutif (v. en ce sens Ch. Lhermitte, *ibid.*, J. Jourdan Marques, préc.).
Pour MM. Barba et Laffly, « Épisode 4 », préc. : « S'agissant de l'exigence de l'indication des chefs de jugement critiqués au dispositif des conclusions d'appel, on évolue en terre inconnue. Trois sont finalement envisageables : le défaut d'effet dévolutif, la confirmation du jugement ou la caducité de la déclaration d'appel ».

III • Les délais d'appel et leur sanction

Des délais stricts enserrent l'intégralité de la procédure d'appel (v. *supra*, fiche 28, spéc. I, E).
Au départ, le greffier transmet le dossier au premier président de la cour d'appel (C. pr. civ., art. 904-1 ; nouv. art. 905), qui désigne la chambre à laquelle l'affaire est distribuée, qui détermine alors si l'affaire empruntera la procédure dérogatoire de l'article 905 du Code de procédure civile ou celle de droit commun avec mise en état (C. pr. civ., art. 907 ; nouv. art. 907 à 914-5).
Dans les procédures d'appel avec mise en état, le délai pour signifier la déclaration d'appel est d'un mois (C. pr. civ., art. 902, al. 3) et celui pour conclure, de trois mois (C. pr. civ., art. 908). Le décret les a maintenus tels quels, sans d'ailleurs modifier la numérotation des articles les consacrant. On notera toutefois la possibilité nouvelle, prévue à l'alinéa 2 de l'article 911 du Code de procédure civile, de les réduire et de les allonger.
La procédure dérogatoire de l'actuel article 905 du Code de procédure civile s'applique lorsque l'affaire présente un caractère d'urgence, est en état d'être jugée, ou encore est relative à une ordonnance

de référé, un jugement rendu selon la procédure accélérée au fond, à une ordonnance du JME lorsque ces dernières sont susceptibles d'appel ou encore, depuis le nouveau décret, les ordonnances de protection (nouv. C. pr. civ., art. 906, 7°). En ces cas, le président de la chambre saisie, d'office ou à la demande d'une partie, fixe les jours et heures auxquels l'affaire sera appelée à bref délai.

Ce sont ces procédures à bref délai qui sont les plus sujettes à modifications réglementaires. Ainsi, depuis l'entrée en vigueur du décret du 6 mai 2017 (appels interjetés à compter du 1er sept. 2017), les procédures à brefs délais sont enfermées dans des délais extrêmement stricts et ne sont plus abandonnées au bon vouloir du président de la chambre. L'article 905-1 prévoit que « l'appelant signifie la déclaration d'appel dans les dix jours de la réception de l'avis de fixation qui lui est adressé par le greffe à peine de caducité de la déclaration d'appel relevée d'office par le président de la chambre ou le magistrat désigné par le premier président ; cependant, si, entre-temps, l'intimé a constitué avocat avant la signification de la déclaration d'appel, il est procédé par voie de notification à son avocat ». En application de l'article 905-1, la Cour de cassation avait toutefois considéré à plusieurs reprises, dans un avis et trois arrêts du même jour, que cette notification était dépourvue d'objet lorsque l'avocat avait été constitué par la partie intimée (Civ. 2e, avis no 15010, 12 juill. 2018, no 18-70.008 ; Civ. 2e, 14 nov. 2019, no 18-22.167 F-P+B+I ; Civ. 2e, 14 nov. 2019, no 18-21.104 F-D ; Civ. 2e, 14 nov. 2019, no 18-22.811 F-D). La caducité n'était pas encourue.

L'article 905-2 impose par ailleurs de remettre les conclusions au greffe dans un délai d'un mois.

Le nouveau décret du 20 décembre 2023, applicable aux instances d'appel initiées depuis le 1er septembre 2024 (v. fiche 28) confère plus de temps à l'avocat et aux plaideurs pour effectuer ces actes, en allongeant du double ces délais, le délai de signification de la déclaration d'appel passant de dix jours à vingt jours (nouv. C. pr. civ., art. 906-1, al. 1er) ; le délai de remise au greffe des conclusions, d'un mois à deux mois (nouv. C. pr. civ., art. 906-2, al. 1er). En outre, à l'instar du CME en procédure avec mise en état, le président de chambre, en bref délai, peut réduire et allonger ces délais (C. pr. civ., nouv. 906-2, al. 6).

L'article 905-2, alinéa 1er, devenu 906-2, alinéa 1er, dispose « qu'à peine de caducité de la déclaration d'appel, relevée d'office par ordonnance du président de la chambre saisie ou du magistrat désigné par le premier président, l'appelant dispose d'un délai d'un mois (deux mois dans le nouveau texte) à compter de la réception de l'avis de fixation de l'affaire à bref délai pour remettre ses conclusions au greffe ». Quelle est la teneur des pouvoirs du président de chambre et ceux de la Cour d'appel en la matière ? Imaginons que l'intimé n'ait pas répondu aux conclusions de l'appelant dans le délai d'un mois et qu'au lieu de saisir le président aux fins d'irrecevabilité des conclusions adverses, l'appelant soulève cette fin de non-recevoir devant la cour d'appel. Un récent arrêt de la Cour de cassation (Civ. 2e, 21 déc. 2023, no 21-25.887 F-B, *D. actu.* 5 févr. 2024, Ch. Lhermitte) a précisé que « selon l'article 905-2 du Code de procédure civile, le président de chambre saisie ou le magistrat désigné par le premier président statue sur la fin de non-recevoir tirée de l'irrecevabilité des conclusions déposées tardivement par l'intimé. Si les parties ne sont plus recevables à l'invoquer après le dessaisissement de ce magistrat, à moins que sa cause ne survienne ou ne soit révélée postérieurement, cette restriction ne fait pas obstacle à la faculté pour la cour d'appel de relever d'office cette fin de non-recevoir ». La Cour d'appel peut donc mais n'a pas l'obligation de se saisir d'office de cette irrecevabilité.

Enfin, le nouvel article 902, alinéa 3, du Code de procédure civile maintient par ailleurs l'obligation de notifier la déclaration d'appel à l'avocat constitué entretemps dépourvue de la sanction de caducité : « Si l'intimé constitue avocat avant la signification de la déclaration d'appel, il est procédé par voie de notification à son avocat ».

En outre, et sans modification, « à peine de nullité, l'acte de signification indique à l'intimé que, faute pour lui de constituer avocat dans un délai de quinze jours à compter de celle-ci, il s'expose à ce qu'un arrêt soit rendu contre lui sur les seuls éléments fournis par son adversaire et que, faute de conclure

dans le délai mentionné l'article 905-2, il s'expose à ce que ses écritures soient déclarées d'office irrecevables » (C. pr. civ., art. 902, al. 4 ; nouv. art. 902, al. 5).
Sous l'empire des dispositions antérieures au décret du 29 décembre 2023, la Cour de cassation a eu l'occasion de préciser qu'en vertu de l'article 905-2 du Code de procédure civile, « lorsque l'intimé ne conclut pas dans le délai requis à compter de la notification des conclusions d'appel principal, il ne peut valablement conclure, à l'occasion d'un appel incident ultérieurement formé par une autre partie, qu'à l'égard de cette dernière et non à l'égard de l'auteur de l'appel principal » (Civ. 2e, 9 juin 2022, no 20-15.827, *Procédures* 2022, comm. 192, note R. Laffly ; *Gaz. Pal.* 25 oct. 2022, p. 60, F. Guerre ; *D. actu.* 5 juill. 2022, Ch. Lhermitte).
On peut avancer que le formalisme est éclairé en ce sens où la sanction de la fermeture de la possibilité de réitération d'un appel dans les hypothèses d'irrecevabilité et de caducité listées par l'article 911-1, alinéa 3, du Code de procédure civile (numérotation inchangée après le décret de 2023) n'a pas à s'appliquer à des cas non visés par ce texte. Tel est le cas de la caducité prononcée sur le fondement des articles 85, 922 et 930-1 du Code de procédure civile, relative à l'appel d'un jugement statuant exclusivement sur la compétence (Civ. 2e, 19 mai 2022, no 21-10.422, *JCP* 2022, p. 904, note V. Orif ; *Gaz. Pal.* 26 juill. 2022, p. 53, F. Guerre).
De même et enfin, le formalisme n'est ni absolu ni excessif dans la mesure où les sanctions énoncées ne s'appliquent pas en force majeure. Le décret de fin 2023 ne fait que consacrer la solution antérieure de l'actuel article 910-3, toutefois dans deux articles distincts, dont l'un correspond à la procédure à bref délai (C. pr. civ., art. 906-2) et l'autre, à la procédure avec mise en état (C. pr. civ., art. 911). Nouveauté sans en être une, le décret définit la force majeure à ces mêmes articles comme une « circonstance non imputable au fait de la partie et qui revêt pour elle un caractère insurmontable », en entérinant mot pour mot la définition jurisprudentielle de la deuxième chambre civile de la Cour de cassation (Civ. 2e, 25 mars 2021, no 20-10.654 F-P, spéc. pt. 6).

IV • Formalisme excessif et procédure d'appel

Le formalisme excessif constitue, selon la Cour EDH, une entrave au droit au juge et est condamnable sur le fondement de l'article 6, § 1 de la Convention de sauvegarde des droits de l'homme et des libertés fondamentales. La conformité de la procédure d'appel au droit au procès équitable est une longue histoire, ravivée par l'invocation fréquente des plaideurs de la violation de l'article, le visa assez systémique de l'article 6, § 1 de la Conv. EDH dans les arrêts de la Cour de cassation (v. S Amrani-Mekki, *Procédures* oct. 2024, no 30) et la retentissante affaire *Lucas c/ France*, ayant condamné la France pour formalisme excessif dans l'utilisation de la procédure électronique.
De plus en plus, la Cour de cassation retient des solutions souples afin de prévenir un formalisme excessif. Ainsi, du maintien de l'effet dévolutif en procédure sans représentation obligatoire, pour une déclaration d'appel omettant d'indiquer les chefs du jugement critiqués (Civ. 2e, 30 juin 2022, no 21-15.003 F-B). Ainsi également du problème concernant des conclusions au fond adressées au CME au lieu d'être adressées à la cour d'appel. La deuxième chambre civile considère que la cour d'appel saisie des conclusions qui « quand bien même elles comportaient une référence erronée au conseiller de la mise en état », ne pouvait les déclarer irrecevables (Civ. 2e, 20 oct. 2022, no 21-15.942 F-B). Un auteur a ainsi pu soutenir que l'excès de formalisme « est une soupape de sécurité difficile à manier non seulement pour les plaideurs qui s'en plaignent, mais aussi pour les juges internes qui doivent l'éviter. Il contribue en outre à remettre en cause les notions de procédure civile » (C. Bléry,

« Le formalisme excessif de la procédure civile dématérialisée : une soupape de sécurité mais pas la panacée », *in Procédure civile sans frontières, Mélanges en l'honneur de Natalie Fricero*, Dalloz, 2024, p. 25, spéc. n° 17).
Ainsi, le leitmotiv de la jurisprudence récente de la Cour de cassation est de prévenir les excès du formalisme, dont l'un des terrains fertiles est celui de la communication par voie électronique (A) et qui foisonnent aussi dans la procédure civile classique (B).

A • Procédure électronique et formalisme excessif

Un arrêt de la CEDH a condamné la France (1), obligeant la Cour de cassation à une veille constante afin de neutraliser les potentiels excès de formalisme (2).

1• L'affaire *X. Lucas c/ France*

Alors qu'en France les critiques doctrinales pleuvent sur les défaillances de la procédure électronique (v. not. H. Croze, « Appel – Communication électronique procédurale : le vrai scandale », *Procédures* avril 2022, Repère 4 ; C. Bléry, « Le droit en décadence ?, L'exemple de la procédure civile, entre légistique défaillante et numérique envahissant… », *D. actu.* 9 mars 2022 ; R. Laffly, « Pas de droit, pas de RPVA », *Procédures* juin 2022, comm. 141), la CEDH a condamné la France pour avoir exigé l'application de la procédure électronique pour une procédure d'annulation d'une sentence arbitrale auprès d'une cour d'appel (CEDH 9 juin 2022, *Xavier Lucas c/ France*, req. n° 15567/20, *JCP* 2022, actu. 785, obs. L. Milano ; *JCP* 2022, p. 832, obs. O. Boudeville et L. Monjeaud ; *Procédures* 2022, comm. 202, note N. Fricero ; *Gaz. Pal.* 25 oct. 2022, p. 56, obs. M. Plissonnier ; *Lexbase Hebdo Droit privé*, n° 913, note M. Dochy ; *Gaz. Pal.* 26 juill. 2022, p. 34, édito S. Amrani Mekki, *D.* 2022. 2330, obs. Th. Clay ; *AJDA* 2022. 1190 ; *AJ fam.* 2022. 353, obs. F. Eudier ; *Dalloz IP/IT* 2022. 352, obs. E. Nalbant). La France vient d'ailleurs d'être à nouveau condamnée par la Cour européenne des droits de l'homme pour excès de formalisme en procédure civile, concernant cette fois, le pourvoi en cassation (CEDH 21 nov. 2024, *Justine c/ France*, n° 78664/17, *D. actu.* 3 déc. 2024, obs. A. Victoroff ; *AJDA* 2024. 2198). La Cour de cassation a commis un excès de formalisme en déclarant irrecevable le pourvoi du requérant qui avait annexé un mauvais jugement de première instance et n'avait corrigé son erreur que postérieurement au délai de dépôt du mémoire ampliatif.
Pour en revenir à l'affaire *Lucas c/ France*, l'avocat rédige par papier la demande d'annulation de la sentence arbitrale et l'envoie au greffe par voie postale. « Il aurait dû être remis par voie dématérialisée ! » s'écrie alors l'avocat adverse, arguant de l'irrecevabilité de l'acte de son confrère. Voilà le point de départ d'une longue procédure, que l'arrêt de la CEDH vient d'achever.
Le CME jugea que le recours litigieux devait en principe être transmis par voie électronique mais que le requérant justifiait d'une cause étrangère empêchant une telle transmission et déclara son recours recevable. Cette ordonnance fit l'objet d'un déféré et la cour d'appel conclut également à la recevabilité du recours en annulation du requérant. Elle releva que ni l'arrêté du 30 mars 2011, pris pour l'application de l'article 930-1 du Code de procédure civile, ni la convention conclue le 10 janvier 2013 entre la cour d'appel de Douai et les dix barreaux de son ressort n'avaient prévu d'inclure le recours en annulation d'une sentence arbitrale dans le champ de la communication électronique obligatoire. La cour d'appel releva que le formulaire informatique mis en ligne ne permettait pas de saisir la nature de ce recours et la qualité des parties sous leurs dénominations juridiques exactes. Elle en déduisit qu'il n'y avait pas lieu de reprocher au requérant de n'avoir pas remis son recours par voie électronique. Toutefois, la Cour de cassation prononça la cassation sans renvoi de cet arrêt.

Le requérant saisit la CEDH sur le fondement de l'article 6 § 1 de la Conv. EDH, soutenant que la Cour de cassation avait porté une atteinte disproportionnée à son droit d'accès à un tribunal en jugeant que son recours en annulation aurait dû être remis par voie électronique et en prononçant une cassation sans renvoi, alors qu'un tel recours ne pouvait être effectivement saisi sur la plateforme e-Barreau.
Dans un premier temps, la CEDH s'adonne à une analyse fine du Code de procédure civile français, portant sur l'applicabilité des textes relatifs à la procédure électronique au cas spécifique des recours offerts contre une sentence arbitrale, et rejoint l'analyse de la Cour de cassation française. La Cour relève ainsi que l'article 1495 du code précité est une disposition propre aux recours ouverts contre une sentence arbitrale. Elle prévoit que ceux-ci doivent être formés conformément aux exigences de l'article 930-1 du même Code, qui est une disposition commune à l'ensemble des procédures avec représentation obligatoire devant la cour d'appel. Or celle-ci impose explicitement une transmission des actes de procédure par voie électronique. Elle reconnaît, comme le fait valoir le requérant, que ni l'arrêté ni la convention locale de procédure n'ont expressément prévu l'application de la communication électronique au recours en annulation contre une sentence arbitrale. La Cour relève cependant que l'article 930-1, alinéa 5, ne renvoie à un arrêté d'application que pour la définition des modalités techniques des échanges électroniques. Elle souligne en outre que, ni cet arrêté d'application ni la convention locale de procédure précitée ne pouvaient complètement modifier le champ d'application de la communication électronique devant les cours d'appel tel qu'il est défini par les dispositions du code. Dans ces conditions, la Cour ne voit pas de raison sérieuse de s'écarter de la conclusion à laquelle est parvenue la Cour de cassation. La circonstance qu'il s'agisse de la première application, par la Cour de cassation, de cette combinaison de textes n'entache la restriction litigieuse d'aucune imprévisibilité ni d'aucun arbitraire à l'égard du requérant, dont la Cour rappelle qu'il était représenté par un avocat.
Dans un second temps, toujours moyennant une analyse fine et fouillée tant des textes que de leur application *in concreto*, la Cour conclut que le requérant ne peut être tenu pour responsable de l'erreur procédurale en cause. Elle fonde cette solution sur le constat d'une certaine inadéquation pratique entre l'exigence de la procédure électronique pour l'action en annulation de la sentence arbitrale et l'inadaptation des formulaires à cette hypothèse, ayant pu justifier une rédaction papier de l'acte. Elle relève que l'avocat n'a « pas agi avec une particulière imprudence en présentant son recours sur papier alors même que l'article 930-1 alinéa 2 du Code de procédure civile pouvait sembler l'autoriser à titre exceptionnel ». Elle relève d'ailleurs que le CME a suivi ce raisonnement en cours d'instance.
Dans un troisième temps, la Cour, menant un raisonnement *in concreto*, considère qu'il y a eu excès de formalisme et violation du droit d'accès au juge, tout en précisant « qu'il ne lui appartient pas de remettre pas en cause le raisonnement juridique suivi par la Cour de cassation ». En faisant prévaloir le principe de l'obligation de communiquer par voie électronique pour saisir la cour d'appel sans prendre en compte les obstacles pratiques auxquels s'était heurté le requérant pour la respecter, la Cour de cassation a fait preuve d'un formalisme que la garantie de la sécurité juridique et de la bonne administration de la justice n'imposait pas et qui doit, dès lors, être regardé comme excessif. Le requérant s'est vu imposer une charge disproportionnée qui rompt le juste équilibre entre, d'une part, le souci légitime d'assurer le respect des conditions formelles pour saisir les juridictions et, d'autre part, le droit d'accès au juge.

2 • L'appel électronique contre une ordonnance du premier président

Un arrêt du 28 novembre 2024 (Civ. 2e, 28 nov. 2024, no 21-13.648 F-B, *D. actu.* 16 déc. 2024, obs. C. Bléry) s'est prononcé sur la recevabilité de l'appel lorsqu'une requête aux fins d'autorisation d'assigner à jour fixe avait été déposée sur support papier devant le premier président de la cour d'appel. La Cour retient que l'article 2 de l'arrêté du 20 mai 2020 relatif à la communication par voie électronique

(CPVE) en matière civile devant la cour d'appel est applicable, non seulement aux procédures devant la cour d'appel, mais également devant son premier président mais que sa méconnaissance ne saurait avoir pour effet de rendre l'appel irrecevable, une telle conséquence étant disproportionnée au regard du but poursuivi.

B • Procédure classique et formalisme excessif

La Cour de cassation a tout d'abord rejeté l'excès de formalisme en procédure d'appel à bref délai, concernant les observations demandées par le président de chambre et adressées par erreur à la cour d'appel. Selon la deuxième chambre civile de la Cour de cassation, l'exigence de conclusions qui lui sont spécialement adressées ne s'analyse pas en un formalisme excessif prohibé par l'article 6, § 1, de la Convention de sauvegarde des droits de l'homme et des libertés fondamentales. (Civ. 2e, 18 janv. 2024, no 21-25.236 FS-B).

En revanche, a été **censuré pour formalisme excessif** l'arrêt d'appel qui confirme le jugement aux seuls motifs que le dispositif des conclusions de l'appelant, contenant une demande de réformation du jugement, s'adresse en réalité au tribunal et que la cour s'est considérée comme saisie d'aucune demande (Civ. 2e, 3 oct. 2024, no 22-16.223 F-B, *D. actu.* 23 oct., obs. R. Laffly).

Dans un arrêt du 12 décembre 2024, la deuxième chambre civile a encore censuré une cour d'appel pour formalisme excessif, concernant la procédure d'assignation à jour fixe. En l'espèce, après avoir été autorisé judiciairement à le faire, l'appelant assigne les intimés au jour fixé et joint à son assignation une copie non signée de l'ordonnance autorisant l'appel à jour fixe. L'intimé relève cette carence par une fin de non-recevoir, qui est accueillie par la cour d'appel. L'appelant se pourvoit en cassation et, au visa des articles 85, alinéa 2, et 920, alinéas 1 et 2, du Code de procédure civile, et article 6, § 1, de la Convention des droits de l'homme, la Cour de cassation fait droit au pourvoi. Elle énonce au § 11 que « saisie d'une fin de non-recevoir soulevée par l'intimé tirée de ce que la copie de l'ordonnance jointe à l'assignation n'est pas signée, la cour d'appel est tenue de vérifier sa concordance par rapport à l'exemplaire de cette ordonnance signée et datée qui doit figurer au dossier de la procédure en vertu de l'article 918 du Code de procédure civile. C'est seulement à défaut d'intégrité de la copie de l'ordonnance jointe à l'assignation que la sanction de l'irrecevabilité est encourue et toute autre interprétation relèverait d'un formalisme excessif ».

Textes législatifs essentiels

C. pr. civ., art. 901.
C. pr. civ., art. 954.
Convention européenne de sauvegarde des droits de l'homme et des libertés fondamentales, art. 6 § 1.
Décret n° 2023-1391 du 29 décembre 2023.

Jurisprudences essentielles

CEDH 9 juin 2022, *Xavier Lucas c/ France*, req. n° 15567/20, *JCP* 2022, actu. 785, obs. L. Milano ; *JCP* 2022, p. 832, obs. O. Boudeville et L. Monjeaud ; *Procédures* 2022, comm. 202, note N. Fricero ; *Gaz. Pal.* 25 oct. 2022, p. 56, obs. M. Plissonnier ; *Lexbase Hebdo Droit privé*, n° 913, note M. Dochy ; *Gaz. Pal.* 26 juill. 2022, p. 34, édito S. Amrani Mekki, *D.* 2022. 2330, obs. Th. Clay ; *AJDA* 2022. 1190 ; *AJ fam.* 2022. 353, obs. F. Eudier ; *Dalloz* IP/IT 2022. 352, obs. E. Nalbant
Civ. 2e, 26 oct. 2023, n° 22-16.185 F-B, *D. actu.* 27 nov. 2023, par Ch. Lhermitte
Civ. 2e, 18 janv. 2024, n° 21-25.236
CEDH 3 oct. 2024, n° 33851/23
CEDH 21 nov. 2024, *Justine c/ France*, n° 78664/17, *D. actu*. 3 déc. 2024, obs. A. Victoroff ; *AJDA* 2024. 2198
Civ. 2e, 12 déc. 2024, n° 22-11.816 F-B

Bibliographie

D. d'Ambra, *Droit et pratique de l'appel 2024-2025*, 5e éd, Dalloz, coll. « Dalloz référence », 2024.
C. Bléry, « Le formalisme excessif de la procédure civile dématérialisée : une soupape de sécurité mais pas la panacée », in *Procédure civile sans frontières, Mélanges en l'honneur de Natalie Fricero*, Dalloz, 2024, p. 25.

L'accélération des procédures

Le Code de procédure civile a toujours été sensible à l'idée que certains litiges devaient pouvoir être tranchés rapidement. Il y a donc toujours eu des dispositions propres à accélérer la résolution de certains litiges. Notamment, est ainsi prévue la possibilité d'assigner son adversaire à jour fixe lorsque l'urgence le commande (C. pr. civ., art. 840). Surtout, depuis quelques années, les procédures de référé, réputées se dérouler rapidement, ont pris une importance croissante (R. Perrot, « L'évolution du référé », in *Mélanges offerts à Pierre Hébraud*, Université des Sciences sociales de Toulouse, 1981, p. 645).

Ces différentes procédures qui assurent une résolution rapide de certains litiges ne doivent cependant pas dissimuler le mouvement, plus large, imprimé à l'ensemble des procédures en faveur d'un objectif de célérité procédurale.

Plusieurs rapports ont été commandés pour effectuer des propositions propres à accélérer le temps du procès. Le premier, intitulé *Célérité et qualité de la justice. La gestion du temps dans le procès*, réalisé sous la direction de Jean-Claude Magendie, a émis un certain nombre de propositions dont certaines ont été reprises par le décret nº 2005-1678 du 28 décembre 2005 *relatif à la procédure civile, à certaines procédures d'exécution et à la procédure de changement de nom*. Le second, intitulé *Célérité et qualité de la justice devant la cour d'appel*, également réalisé sous la direction de Jean-Claude Magendie, a abouti à la réforme de la procédure d'appel avec représentation obligatoire réalisée par le décret nº 2009-1524 du 9 décembre 2009 et dont les dispositions sont entrées en vigueur le 1er janvier 2011. Ce décret a notamment imposé des délais stricts à chacune des parties pour conclure. Le décret nº 2008-484 du 22 mai 2008 *relatif à la procédure devant la Cour de cassation* a réduit, dans un même esprit, les délais de dépôt des mémoires ampliatifs et des mémoires en défense devant la Cour de cassation. Plus près de nous, enfin, de nombreux aspects de la loi nº 2019-222 du 23 mars 2019 et de son décret d'application du 11 décembre 2019 *réformant la procédure civile* ont eu pour objectifs affichés de favoriser une justice plus « rapide » (avec, notamment, la transformation numérique, la promotion de la mise en état conventionnelle ou la simplification des exceptions d'incompétences).

Ces différentes réformes ont été accompagnées d'évolutions jurisprudentielles, guidées par l'objectif de contenir l'augmentation du contentieux.

Toute la difficulté de ces évolutions est de concilier l'accélération du cours de la justice sans sacrifier les exigences d'une bonne justice, laquelle passe par le respect d'un certain nombre de principes fondamentaux comme, par exemple, le principe du contradictoire. Or, permettre aux parties de prendre connaissance des arguments de leur adversaire afin de pouvoir, le cas échéant, y répondre suppose du temps. L'accélération de la procédure ne doit pas devenir une quête effrénée de raccourcissement des délais, mais parvenir à un équilibre entre célérité et qualité de la justice.

I • Accélération de la procédure et déroulement de l'instance

A • Accélération négociée

Négociés par les acteurs du procès eux-mêmes, les instruments favorisant l'accélération de la procédure ont davantage de chances d'être effectifs. À cet égard, il convient de distinguer deux formes de négociation, l'une individuelle, l'autre collective.

La première, d'ordre individuel, est à l'œuvre dans de multiples règles de procédure. Le recours à certains dispositifs propres à accélérer le cours de la procédure est ainsi subordonné à l'acceptation des parties. Parce que les parties ont donné leur accord, l'accélération de la procédure présente, par hypothèse, une plus grande efficacité, aucune d'elles n'ayant intérêt à multiplier les manœuvres dilatoires. Les avantages de cette négociation individuelle en constituent également le principal inconvénient. Sa mise en place suppose en effet de recueillir préalablement l'accord de chacune des parties.

Il en était ainsi, par exemple, lorsque le juge mettait en place un calendrier de procédure tant en procédure écrite qu'orale. Traditionnellement, pour être mis en place le calendrier de procédure devait être accepté par les avocats. Depuis l'entrée en vigueur du décret n° 2017-892 du 6 mai 2017 *portant diverses mesures de modernisation et de simplification de la procédure civile*, entré en vigueur le 11 mai 2017, seul leur « avis » est exigé (C. pr. civ., art. 781, al. 3). En ce qui concerne la procédure orale, les rédacteurs du décret du 6 mai 2017 sont venus limiter l'accord des avocats aux « conditions de communication de leurs prétentions, moyens et pièces » ; s'agissant des délais, l'article 446-2 du Code de procédure civile n'exige plus que leur « avis ». D'un autre côté, le décret du 11 décembre 2019 a offert aux plaideurs la possibilité d'opter pour une mise en état conventionnelle à travers la signature d'une convention de procédure participative (C. civ., art. 2062 s. ; C. pr. civ., art. 1542 s.). En outre, le décret n° 2023-1391 du 29 décembre 2023, *portant simplification de la procédure d'appel en matière civile* généralise en appel l'invitation à conclure une convention de procédure participative de mise en état (nouv. C. pr. civ., art. 915-3). L'article 914-1 du Code de procédure civile récompense quant à lui ce recours effectif à la procédure participative de mise en état par l'obtention d'une fixation prioritaire de l'affaire. La volonté des parties est donc encore loin d'être inefficace pour l'accélération procédurale.

À ce titre, il convient également d'évoquer la possibilité qu'elles ont de renoncer aux débats oraux devant le tribunal judiciaire (COJ, art. L. 212-5-1). Lorsque les parties ont donné leur accord pour qu'une procédure écrite se déroule sans audience, le président déclare l'instruction close lors de l'audience d'orientation et fixe la date pour le dépôt des dossiers au greffe de la chambre (C. pr. civ., art. 778). Lorsque les parties ont donné leur accord pour qu'une procédure orale se déroule sans audience, le juge organise les échanges entre les parties et celles-ci formulent leurs prétentions et leurs moyens par écrit (C. pr. civ., art. 828 et 843).

C'est une logique similaire qui est à l'œuvre dans le développement de la communication par voie électronique, qui, en principe, suppose l'accord des parties. La communication électronique permet en effet de porter plus rapidement à la connaissance des autres parties les actes de procédure. L'article 748-1 du Code de procédure civile permet d'effectuer par voie électronique les envois, remises et notifications des actes, pièces, avis, avertissements, convocations, rapports, procès-verbaux, ainsi que des copies et expéditions revêtues de la formule exécutoire des décisions juridictionnelles. Ici encore, la sécurité des communications, qui assure le respect du principe du contradictoire, paraît préservée, puisque trois garde-fous sont prévus.

Premièrement, l'article 748-2 du Code de procédure civile impose de recueillir l'accord exprès du destinataire de l'acte. Le décret n° 2015-282 du 11 mars 2015 a assoupli ce dispositif en prévoyant que « vaut consentement [...] l'adhésion par un auxiliaire de justice, assistant ou représentant une partie, à un réseau de communication électronique ».	Deuxièmement, les envois, remises et notifications donnent lieu à un avis électronique de réception (C. pr. civ., art. 748-3).	Troisièmement, il demeure toujours possible de demander la délivrance, sur support papier, de l'expédition d'un jugement revêtu de la formule exécutoire (C. pr. civ., art. 748-5). La communication électronique est par ailleurs obligatoire dans la procédure d'appel. Le décret n° 2009-1524 du 9 décembre 2009 prévoit qu'à peine d'irrecevabilité, les actes de procédure seront remis à la juridiction par voie électronique (C. pr. civ., art. 930-1).

La seconde négociation est collective. C'est ainsi que sont régulièrement conclus entre les représentants des barreaux et ceux des juridictions des protocoles de procédure destinés à normaliser les rapports qu'entretiennent les professionnels. Ces accords collectifs préviennent certaines difficultés procédurales et contribuent ainsi à assurer un traitement des litiges dans un délai raisonnable. Il est significatif que le protocole relatif à la communication électronique, conclu le 11 juillet 2012 entre le barreau de Paris et le tribunal de grande instance de Paris, ait notamment pour objectif « de définir les bonnes pratiques et de développer la communication électronique pour assurer le bon déroulement de la procédure devant le tribunal, dans le respect du principe de la contradiction et du droit à un jugement dans un délai raisonnable ».

B • Accélération imposée

Parce que la justice est un service public, certaines règles destinées à assurer la célérité de la procédure doivent être imposées aux parties. On doit à cet égard noter l'équilibre qui est réalisé dans les principes directeurs entre les articles 2 et 3 du Code de procédure civile. Si l'article 2 prévoit que « les parties conduisent l'instance sous les charges qui leur incombent », l'article 3 tempère la maîtrise du cours de l'instance ainsi conférée aux parties en rappelant que « le juge veille au bon déroulement de l'instance ; il a le pouvoir d'impartir les délais et d'ordonner les mesures nécessaires ». Traduction concrète de l'équilibre ainsi réalisé, l'Assemblée plénière de la Cour de cassation a ainsi jugé qu'« après avoir énoncé qu'au cas où les parties considèrent de leur intérêt d'éviter ou de différer une solution judiciaire, elles ont la possibilité de suspendre le cours de l'instance en formant une demande conjointe de radiation, laquelle s'impose alors au juge, l'arrêt retient à bon droit [...] que la délibération du conseil de l'ordre est contraire aux dispositions réglementaires en vigueur en ce qu'elle tend à faire admettre que les juridictions se trouveraient liées par les demandes de renvoi présentées par les représentants des parties » (Cass., ass. plén., 24 nov. 1989, n° 88-18.188, *Bull. ass. plén.*, n° 3). Le fait que la justice soit un service public justifie que la loi ou le juge impose aux parties certaines obligations pour accélérer le cours de l'instance.
Cette accélération est d'abord celle du rythme propre à chaque instance.
Le Code de procédure civile a prévu quelques garde-fous destinés à éviter que les parties ne se désintéressent du sort de leur affaire. Lorsqu'aucune des parties n'accomplit de diligences pendant deux ans, l'une d'elles peut solliciter du juge qu'il constate la péremption de l'instance (C. pr. civ., art. 386). Si la péremption était traditionnellement un moyen d'intérêt privé, le nouvel article 388, alinéa 2, du

Code de procédure civile, issu du décret du 6 mai 2017, est venu reconnaître au juge le pouvoir, après avoir invité les parties à présenter leurs observations, de la constater d'office. Lorsqu'une seule des parties n'accomplit pas les actes de procédure dans les délais qui lui sont impartis, le juge de la mise en état peut, d'office ou à la demande de l'adversaire, prononcer la clôture unilatérale de l'instruction (C. pr. civ., art. 800, al. 1er). Afin de préserver le principe du contradictoire et de permettre au plaideur de répliquer à des demandes ou à des moyens nouveaux, l'ordonnance de clôture partielle doit être rétractée, d'office ou lorsque le juge de la mise en état est saisi de conclusions à cette fin. Il en va de même en cas de cause grave et dûment justifiée (C. pr. civ., art. 800, al. 2).

L'originalité des réformes procédurales contemporaines réside surtout dans l'instauration de délais couperets aux termes desquels les parties sont tenues de conclure. Devant la Cour de cassation, le décret nº 2008-484 du 22 mai 2008 *relatif à la procédure devant la Cour de cassation* a ainsi réduit à quatre mois le délai dont dispose le demandeur pour déposer son mémoire ampliatif (C. pr. civ., art. 978), alors qu'il bénéficiait de cinq mois auparavant, et à deux mois celui dont bénéficie le défendeur pour y répondre (C. pr. civ., art. 982), se substituant au délai de trois mois antérieur. Dans le même esprit, le décret nº 2009-1524 du 9 décembre 2009 *relatif à la procédure d'appel avec représentation obligatoire en matière civile* a introduit des délais obligatoires dans la procédure avec représentation obligatoire devant la cour d'appel. Depuis le 1er janvier 2011, l'appelant dispose de trois mois pour conclure à peine de caducité de la déclaration d'appel relevée d'office par le conseiller de la mise en état (C. pr. civ., art. 908). Par ailleurs, l'intimé disposait depuis cette date, à peine d'irrecevabilité relevée d'office, d'un délai de deux mois à compter de la notification des conclusions de l'appelant pour conclure et, le cas échéant, former appel incident (C. pr. civ., art. 909). Ce délai a été porté à trois mois pas le décret du 6 mai 2017 qui a cherché à harmoniser les délais offerts aux différentes parties à l'instance d'appel (nouvel article 909 applicable aux appels interjetés à compter du 1er sept. 2017). Toujours dans ce souci d'uniformisation, l'intimé à un appel incident ou à un appel provoqué dispose, dorénavant, à peine d'irrecevabilité, d'un délai de trois mois à compter de la notification qui lui est faite pour conclure. L'intervenant forcé dispose, sous la même sanction, d'un délai de trois mois pour conclure (C. pr. civ., art. 910). En outre, le décret nº 2023-1391 du 29 décembre 2023, portant simplification de la procédure d'appel en matière civile a maintenu ces délais en procédure avec mise en état mais a allongé les délais en procédure à bref délai, le délai de signification de la déclaration d'appel passant de dix jours à vingt jours (nouv., C. pr. civ., art. 906-1, al. 1er) ; le délai de remise au greffe des conclusions, d'un mois à deux mois (nouv., C. pr. civ., art. 906-2, al. 1er, v. fiches 28 et 29). Depuis le 1er janvier 2011, ce sont donc toutes les parties à l'instance d'appel qui se voient imposer des délais pour conclure sous peine, selon leur qualité procédurale, de caducité de la déclaration d'appel ou d'irrecevabilité de leurs conclusions. Ces sanctions ne peuvent être écartées, par le président de la chambre ou le conseiller de la mise en état, qu'en cas de force majeure (C. pr. civ., art. 910-3 ; nouv., C. pr. civ., art. 906-2 et 911).

À ces obligations calendaires s'ajoute, depuis l'entrée en vigueur du décret du 6 mai 2017, le fait que l'article 910-4 (devenu art. 913-5, 2°, avec le décret du 29 déc. 2023) vienne imposer, à peine d'irrecevabilité relevée d'office, aux parties de présenter, « dès les conclusions mentionnées aux articles 905-2, 908 à 910, l'ensemble de leurs prétentions sur le fond. L'irrecevabilité peut également être invoquée par la partie contre laquelle sont formées des prétentions ultérieures ». Seules restent recevables les prétentions destinées à répliquer aux conclusions et pièces adverses ou à faire juger les questions nées postérieurement aux premières conclusions, de l'intervention d'un tiers ou de la survenance ou de la révélation d'un fait. Ce faisant, le texte introduit un principe de concentration des demandes en cause d'appel qui ne laisse plus, sauf les hypothèses visées par l'article 910-4 (devenu art. 913-5, 2°, avec le décret du 29 déc. 2023), aux parties que la possibilité de présenter de nouveaux moyens et de nouvelles preuves à l'appui des leurs prétentions sur le fond et ce jusqu'à l'ordonnance de clôture (v. déjà en ce sens : Cass., avis, 21 janv. 2013, nº 12-00.018, *Bull. avis*, nº 3).

Après la première phase de mise en état contraignante, la procédure reprend donc un aspect plus traditionnel avec d'éventuels échanges de conclusions ou de pièces jusqu'à l'ordonnance de clôture. Il évite ainsi aux parties d'avoir à concentrer l'ensemble de leurs moyens dès leur premier jeu d'écritures.

Le décret du 6 mai 2017 a réformé la procédure à bref délai en imposant des délais de nature à accélérer cette procédure qui n'était brève qu'en théorie (C. pr. civ., art. 905-1 et 905-2). Signe que le pouvoir réglementaire avance et puis recule en matière de procédure d'appel, le décret n° 2023-1391 du 29 décembre 2023, *portant simplification de la procédure d'appel en matière civile* vient de doubler ces délais (nouv. art. 906-1, al. 1er et 906-2, al. 1er).

Les décrets du 11 décembre 2019 et du 27 novembre 2020 avaient réduit le délai de placement en première instance : la copie de l'assignation devait être remise dans le délai de deux mois – et non plus quatre – lorsque la communication de la date d'audience par la juridiction était réalisée par voie électronique, et ce à peine de caducité constatée d'office (C. pr. civ., anc. art. 754). Ce délai de placement, dont l'efficacité pouvait être discutée depuis la généralisation de l'assignation « à date », a finalement été supprimé par le décret du 11 octobre 2021. En revanche, dès lors que la date de l'audience a été communiquée plus de quinze jours à l'avance, la remise doit nécessairement être effectuée au moins quinze jours avant cette date.

Au titre des règles susceptibles d'accélérer le déroulement de l'instance, il convient d'ajouter la procédure de passerelle du référé au fond, s'il n'y a pas lieu à référé. La passerelle qui existait devant le tribunal de grande instance – devenu tribunal judiciaire – a été généralisée devant les autres juridictions (C. pr. civ., art. 837 pour le tribunal judiciaire, 873-1 pour le tribunal de commerce et 896 pour le tribunal paritaire des baux ruraux). Ceci évite un nouveau délai d'introduction de l'instance. Le juge, tenu de respecter le principe du contradictoire, doit cependant veiller à ce que le défendeur dispose d'un temps suffisant pour sa défense.

L'obligation devant le tribunal judiciaire et la cour d'appel de rédiger des conclusions récapitulatives participe également de ce mouvement. Cette obligation traduit la volonté de diminuer le travail des magistrats en leur évitant de chercher dans de multiples jeux de conclusions les moyens des parties. La sanction est sévère : une présomption d'abandon des moyens non repris. Plus encore, depuis le 1er janvier 2011, les conclusions d'appel doivent récapituler les prétentions des parties sous forme de dispositif. Toute prétention insérée dans la discussion, mais non reprise au dispositif, est donc réputée abandonnée (C. pr. civ., art. 954). Ce formalisme a été étendu aux procédures de première instance le 1er janvier 2020 (C. pr. civ., art. 768). L'idée est là encore de faire gagner du temps au magistrat dans la lecture des conclusions.

II • Accélération de la procédure et dénouement de l'instance

A • Accélération de la procédure et jugement

L'accélération de la procédure peut aussi se faire au stade du jugement en simplifiant son prononcé ou en renforçant son efficacité.

Ainsi, le décret n° 2004-836 du 20 août 2004 *portant modification de la procédure civile* a admis que le jugement soit prononcé par mise à disposition au greffe (C. pr. civ., art. 450). Cela n'interdit pas la publicité de la décision rendue dès lors que toute personne peut y avoir accès, ce qui explique d'ailleurs que cette règle ait été reconnue conforme aux dispositions de l'article 6 § 1 de la Convention européenne de sauvegarde des droits de l'homme et des libertés fondamentales (Civ. 3e, 31 oct. 2006, nº 05-19.956, *Bull. civ.* III, nº 214). Cela étant, derrière les mots, il faut bien reconnaître qu'il n'y a plus de « prononcé » de la décision, ce qui permet de gagner un temps précieux.

Mais, c'est surtout l'efficacité du jugement qui a été renforcée au cours de ces dernières années. L'exemple le plus emblématique, et dont les conséquences pratiques sont incontestablement les plus importantes, découle de la nouvelle conception de l'autorité de chose jugée et, plus particulièrement, de l'identité de cause. Dans l'arrêt *Cesareo* du 7 juillet 2006, l'Assemblée plénière de la Cour de cassation a ainsi imposé au demandeur de concentrer l'ensemble des moyens de nature à fonder sa demande lors du premier procès (Cass., ass. plén., 7 juill. 2006, nº 04-10.672, *Bull. ass. plén.*, nº 8 ; v. fiche 26), solution qu'elle a rapidement étendue au défendeur (Civ. 2e, 20 mars 2014, nº 13-14.738, *Bull. civ.* II, nº 73). Cette nouvelle conception de la notion de cause assure une meilleure gestion des flux procéduraux et participe ainsi de l'accélération du cours de la justice en évitant qu'un même litige ne soit à nouveau soumis aux juges avec, pour seule modification, le fondement juridique. Pour rester compatible avec le droit d'accès à un juge, cette nouvelle conception de la notion d'autorité de chose jugée ne doit toutefois pas conduire à imposer à un plaideur de concentrer l'ensemble de ses demandes en justice (*cf. infra*, fiche 32 « Les conditions de l'autorité de la chose jugée »).

L'instauration d'un principe d'exécution provisoire de droit pour les décisions de première instance (C. pr. civ., art. 514), opérée par le décret du 11 décembre 2019, participe également de ce souci d'efficacité des jugements. S'il ne fait pas de doute que cette évolution favorise une exécution plus rapide des décisions de justice, elle risque de décourager de potentiels appelants dont les arguments pourraient être légitimes. Comme en matière d'autorité de chose jugée, le choix a été de fait de privilégier la célérité de la justice plutôt que l'accès à la justice.

D'autres évolutions sont possibles afin d'assurer la célérité de la procédure. Le rapport Magendie relatif à la procédure d'appel proposait, par exemple, de raccourcir le temps du délibéré (J.-Cl. Magendie [dir.], *Célérité et qualité de la justice. La gestion du temps dans le procès*, La Documentation française, 2004, p. 93 s.).

B • Accélération de la procédure et ouverture des voies de recours

L'accélération de la procédure peut aussi se faire en réglementant les voies de recours. Il est d'abord possible de les simplifier. Par exemple, pour les exceptions d'incompétence au sein d'un même tribunal judiciaire, le décret du 11 décembre 2019 permet d'écarter la lourde voie de l'appel au profit d'un simple renvoi devant le juge compétent avant la première audience par mention au dossier (C. pr. civ., art. 82-1).

Il est ensuite possible de limiter l'exercice même des recours. Une première voie consiste à prendre en considération le sérieux des moyens invoqués. Emblématique à cet égard était la procédure de non-admission des pourvois mise en place devant la Cour de cassation qui assurait une fonction de filtrage imposée par le nombre de pourvois. Le décret nº 2014-1338 du 6 novembre 2014 a supprimé cette procédure pour prévoir qu'une formation restreinte de la Cour de cassation peut « décide[r] qu'il n'y a pas lieu de statuer par une décision spécialement motivée lorsque le pourvoi est irrecevable ou lorsqu'il n'est manifestement pas de nature à entraîner la cassation » (C. pr. civ., art. 1014).

La limitation des voies de recours concerne essentiellement l'appel. L'appel est ainsi fermé dans certaines matières ou lorsque l'intérêt litigieux est jugé trop peu important. Il est également parfois retardé avec le jugement sur le fond ce qui, en pratique, peut conduire, dans certains cas, à faire perdre tout

intérêt à l'appel. Ainsi, il a été jugé que le jugement qui ordonne une expertise et condamne au versement d'une provision n'est pas susceptible d'un recours immédiat, mais seulement d'un appel avec le jugement sur le fond (Cass., ch. mixte, 25 oct. 2004, n° 03-14.219, *Bull. ch. mixte*, n° 3). Il est exact que la décision qui ordonne le paiement d'une provision ne tranche pas une partie du principal. Pour autant, un appel ne présente plus d'intérêt lorsque la décision au fond a été rendue. Surtout, la solution étonne lorsqu'on la compare avec les dispositions de l'article 776 du Code de procédure civile qui permettent, dans le cas où la provision a été ordonnée par un juge de la mise en état, de former un appel immédiat. On s'explique ainsi difficilement qu'il en aille différemment selon que la provision est allouée par le juge de la mise en état ou par la formation collégiale du tribunal.
Pour éviter que cette fermeture des voies de recours ne heurte des principes fondamentaux du procès, la jurisprudence en a tempéré la rigueur. Elle a ainsi admis qu'en cas d'excès de pouvoir, une voie de recours normalement fermée soit restaurée. Lorsqu'existe un excès de pouvoir, le droit à un recours prime alors sur les considérations d'accélération des procès (recours-nullité qui peut être, selon les cas, un appel ou un pourvoi-nullité). Il y a excès de pouvoir lorsque le juge méconnaît l'étendue de son pouvoir de juger (Civ. 1re, 20 févr. 2007, n° 06-13.134, *Bull. civ.* I, n° 61). Cette notion fonctionnelle est cependant appréciée strictement par la Cour de cassation qui a ainsi jugé que ne constituaient un excès de pouvoir ni la violation du principe du contradictoire (Cass., ch. mixte, 28 janv. 2005, n° 02-19.153, *Bull. ch. mixte*, n° 1), ni l'atteinte à la loyauté des débats ou à l'article 6 § 1 de la Convention européenne de sauvegarde des droits de l'homme et des libertés fondamentales (Com. 8 mars 2011, n° 09-71.764, *Bull. civ.* IV, n° 35). Dans un arrêt du 16 juin 2009, la Chambre commerciale a certes pu estimer que la violation du principe du contradictoire peut constituer un excès de pouvoir (Com. 16 juin 2009, n° 08-13.565, *Bull. civ.* IV, n° 82). Mais dans l'espèce en cause, le débiteur en liquidation judiciaire n'avait pas même été appelé à la procédure, de sorte qu'en découlait une violation de l'article 14 du Code de procédure civile.

Textes législatifs essentiels

C. pr. civ., art. 748-1 et s., 781, 799, 840 et s., 834 et s., 900 et s., et 986.
Convention européenne de sauvegarde des droits de l'homme et des libertés fondamentales, art. 6 § 1.
Décret n° 2009-1524 du 9 décembre 2009 *relatif à la procédure d'appel avec représentation obligatoire en matière civile.*
Décret n° 2019-1333 du 11 décembre 2019 *réformant la procédure civile.*

Jurisprudences essentielles

Cass., ass. plén., 7 juill. 2006, *Cesareo*, n° 04-10.672, *Bull. ass. plén.*, n° 8.
CEDH 3 févr. 2009, *Poelmans c/ Belgique*, req. n° 44807/06.
Civ. 2e, 20 mars 2014, n° 13-14.738, *Bull. civ.* II, n° 73.

Bibliographie

D. Cholet, *La célérité de la procédure en droit processuel*, G. Giudicelli-Delage (préf.), LGDJ, coll. « Thèses – Bibliothèque de droit privé », 2006.
J.-Cl. Magendie (dir.), *Célérité et qualité de la justice. La gestion du temps dans le procès*, La Documentation française, 2004.
J.-Cl. Magendie (dir.), *Célérité et qualité de la justice devant la cour d'appel*, La Documentation française, 2008.
S. Amrani-Mekki, « Le principe de célérité », *RFAP* 2008/125, p. 43.
B. Deparis, « Mise en état et délai raisonnable des procédures civiles », *Gaz. Pal.* 11-13 déc. 2005, p. 2.
B. Hémery, « Le délai raisonnable de jugement : naissance d'une notion », *Justice et cassation. Rev. avocats aux conseils*, 2007. 76.
G. Wiederkehr, « L'accélération des procédures et les mesures provisoires », *RID comp.* 1998, p. 449.

Le pouvoir d'office du juge dans l'application de la règle de droit

Le pouvoir d'office du juge est abordé par le Code de procédure civile dans ses dispositions liminaires (titre 1 du livre Ier), aussi bien dans les principes directeurs du procès que dans le chapitre II traitant des règles spécifiques à la matière gracieuse.
Parmi tous les pouvoirs dont dispose le juge, le relevé d'office est celui qu'il peut exercer de sa propre initiative, sans avoir été préalablement sollicité par une partie. Dès lors qu'il met l'accent sur le rôle actif du juge, alors que les parties restent passives, ce type de pouvoir a une connotation inquisitoriale. Cela ne signifie pour autant pas que la procédure civile soit inquisitoire, pas plus d'ailleurs qu'elle n'est accusatoire : ces deux conceptions, spécifiques au procès pénal, ne peuvent en effet être transposées au procès civil qui n'est pas mené au nom de la société contre un individu, dont on ne peut attendre aucune coopération, mais vise à protéger les intérêts des particuliers. En revanche, cet aspect inquisitoire du pouvoir d'office du juge traduit la volonté des rédacteurs du Code de procédure civile de conférer aux magistrats des moyens suffisants pour leur permettre, d'une part, d'assurer un bon fonctionnement du service public de la justice, et d'autre part, de déterminer les éléments du procès pour donner à la question qui leur est soumise une solution conforme au droit.

I • Le domaine du pouvoir d'office du juge

A • Le principe

1 • Difficultés

L'article 12 du Code de procédure civile prévoit que « le juge tranche le litige conformément aux règles qui lui sont applicables. Il doit donner ou restituer leur exacte qualification aux faits et actes litigieux sans s'arrêter à la dénomination que les parties en auraient proposée ». Le juge n'est donc pas tenu par la compréhension qu'ont les parties de la règle qu'elles invoquent. Depuis quelque temps, les évolutions jurisprudentielles tendent à renforcer le rôle des parties au détriment de celui du juge. Pour trancher le litige, le juge n'est pas tenu d'appliquer les règles de droit invoquées par les parties, mais uniquement celles qui sont applicables au litige. Si les parties n'ont émis que des prétentions en fait, sans invoquer de règle de droit à leur soutien, le juge doit qualifier les faits, puis rejeter la demande ou y faire droit, par application de la règle de droit appropriée. En l'absence de tout fondement juridique invoqué par les parties, il lui appartient en effet d'« examiner les faits, sous tous leurs aspects juridiques, conformément aux règles de droit qui leur sont applicables » (Civ. 3e, 13 déc. 2011, n° 10-18.037, inédit ; Soc. 28 sept. 2010, n°s 09-41.276 et 09-41.512, inédit ; Civ. 2e, 10 déc. 2009, n° 08-21.158, inédit). S'il est permis aux parties de ne formuler leurs prétentions qu'en fait, il faut cependant garder à l'esprit que de nombreuses règles leur imposent désormais de formuler les moyens de droit qu'elles invoquent ; il en va notamment ainsi lorsque l'instance est introduite par voie d'assignation (C. pr. civ., art. 56) ou encore pour l'ensemble des écritures déposées devant le tribunal judiciaire et la cour d'appel (C. pr. civ., art. 768 et 954).

Aussi, la question centrale porte sur le point de savoir s'il appartient au juge de relever d'office les règles de droit ou s'il s'agit à son égard d'une simple faculté et, en d'autres termes, s'il est tenu de substituer au fondement juridique invoqué par les parties celui qu'il estime adéquat. Les termes de l'article 12, alinéa 1er, tendent à incliner vers l'affirmative. L'emploi de l'indicatif conduit en effet à faire du relevé d'office des moyens de droit un véritable devoir du juge. La conséquence d'une telle analyse est qu'il serait alors possible de lui reprocher de ne pas avoir soulevé, de sa propre initiative, les règles de droit applicables au litige. On pressent aussitôt le risque d'une telle solution qui, poussée à son paroxysme, risquerait d'imposer au juge une charge titanesque.

C'est ce qui explique sans doute que, pendant longtemps, la jurisprudence soit demeurée très incertaine et difficile à systématiser. Les diverses chambres de la Cour de cassation adoptaient en effet des solutions hétéroclites.

Pour la première chambre civile	Le juge avait l'obligation de requalifier ou de relever d'office un moyen lorsque, ce faisant, il ne tenait compte que de faits spécialement invoqués par les parties (Civ. 1re, 16 févr. 1988). En revanche, s'il devait s'attacher à des faits non expressément invoqués par les parties, cette obligation devenait une simple faculté (Civ. 1re, 20 févr. 2006 ; 20 sept. 2006 ; 30 janv. 2007). Enfin, en présence d'une règle destinée à protéger une partie (ordre public de protection), le juge perdait tout pouvoir de requalification ou de soulever d'office un moyen, puisque c'était à la personne protégée par une telle règle de s'en prévaloir (Civ. 1re, 16 mars 2004).
Pour la deuxième chambre civile	Les solutions étaient plus contrastées. La majorité des décisions considéraient que le pouvoir du juge consistait en une simple faculté, sauf moyen d'ordre public ou lorsque le texte l'imposait expressément (v. par ex. Civ. 2e, 2 déc. 1992 ; 10 mars 1993). Certains arrêts cependant allaient dans le sens d'une obligation pour le juge (Civ. 2e, 13 janv. 1993).
Pour la troisième chambre civile	Lorsque les parties n'avaient pas précisé le fondement de leur demande, la requalification ou le relevé d'office était obligatoire (Civ. 3e, 27 juin 2006) ; à l'inverse, il était facultatif lorsque le fondement juridique était fourni par les parties (Civ. 3e, 8 nov. 2006).
Pour la chambre commerciale	Elle avait statué dans le sens d'une simple faculté pour le juge de relever un moyen mélangé de fait et de droit (Com. 14 nov. 1995).
Pour la chambre sociale	La chambre sociale retenant une obligation pour le juge en présence de faits spécialement invoqués devant lui (Soc. 20 févr. 1996) et, à défaut, une simple faculté (Soc. 25 oct. 1990).
Pour une chambre mixte	Enfin, une chambre mixte, amenée à statuer sur la question dans un arrêt en date du 21 février 2003, s'était prononcée en faveur d'une obligation pour le juge de requalifier des faits spécialement invoqués devant lui.

La doctrine majoritaire s'accordait, quant à elle, pour reconnaître que le critère de l'obligation du juge devrait résider dans le caractère du moyen en cause (moyens de pur droit ou moyens mélangés de fait et de droit). Le juge aurait ainsi été tenu de relever d'office les moyens de pur droit, c'est-à-dire ceux dont l'application découlait exclusivement des faits que les parties avaient spécialement allégués au soutien de leurs prétentions au sens de l'article 7 du Code de procédure civile. Cette opinion pouvait d'ailleurs s'inspirer des dispositions de l'ancien alinéa 3 de l'article 12 du Code de procédure civile prévoyant que « le juge peut relever d'office les moyens de pur droit quel que soit le fondement juridique invoqué par les parties » et qui, bien qu'annulé en Conseil d'État (CE, ass., 12 oct. 1979, *Rassemblement des nouveaux avocats de France*, req. n° 01875, *Lebon* 371), n'en a pas moins continué de garder une autorité officieuse.

2 • Assemblée plénière

Ces incertitudes ont définitivement été tranchées dans un arrêt rendu en Assemblée plénière le 21 décembre 2007 dans lequel la Cour de cassation a affirmé que « si, parmi les principes directeurs du procès, l'article 12 du code de procédure civile oblige le juge à donner ou restituer leur exacte qualification aux faits et actes litigieux invoqués par les parties au soutien de leurs prétentions, il ne lui fait pas obligation, sauf règles particulières, de changer la dénomination ou le fondement juridique de leurs demandes » (Cass., ass. plén., 21 déc. 2007, n° 06-11.343, *Bull. ass. plén.*, n° 10). En rappelant que l'article 12 « oblige le juge à donner ou restituer leur exacte qualification aux faits et actes litigieux invoqués par les parties au soutien de leurs prétentions », la Cour de cassation délimite clairement aux faits spécialement invoqués par les parties le champ de l'obligation imposée au juge de qualifier ou de requalifier. Autrement dit, dès lors que certains faits sont expressément invoqués, le juge a l'obligation de les qualifier juridiquement si les parties l'ont omis et l'obligation de les requalifier en présence d'une dénomination erronée.

Il est communément admis que les *faits invoqués par les parties au soutien de leurs prétentions* sont les faits desquels les parties ont, dans leurs écritures, tiré des conséquences juridiques. Ces faits s'opposent donc aux faits qualifiés *d'adventices*, auxquels les parties ont fait référence sans pour autant s'en prévaloir expressément sur le plan du droit. Trois types de faits doivent donc être distingués :

– les faits spécialement invoqués par les parties ;

– les faits *adventices* ;

– et les faits qui ne sont pas dans le débat, c'est-à-dire ceux auxquels les parties ne font aucune référence et sur lesquels le juge ne peut en aucun cas fonder sa décision (C. pr. civ., art. 7, al. 1er).

Vis-à-vis de l'article 12 du Code de procédure civile selon lequel « [le juge] doit donner ou restituer leur exacte qualification aux faits et actes litigieux sans s'arrêter à la dénomination que les parties en auraient proposée », la formule de la Cour de cassation se révèle particulièrement limpide. En effet, cet attendu limite clairement le champ de l'obligation du juge aux seuls cas où les parties n'ont pas qualifié des faits auxquels elles entendaient pourtant faire produire des conséquences juridiques (ce qui renvoie à l'hypothèse dans laquelle le juge *donne* leur exacte qualification aux faits et actes litigieux) et où elles se sont trompées en qualifiant ces faits (ce qui renvoie à l'hypothèse dans laquelle le juge *restitue* leur exacte qualification aux faits et actes litigieux).

L'obligation de qualification/requalification imposée au juge par l'article 12, alinéa 2, se trouve ainsi clairement limitée par l'Assemblée plénière à l'hypothèse dans laquelle les parties ont donné une assise factuelle à leurs prétentions.

Après avoir précisé le champ d'application de l'obligation de l'article 12 du Code de procédure civile, l'Assemblée plénière vient immédiatement en nuancer la portée : ce texte ne va pas jusqu'à imposer au juge de « changer la dénomination ou le fondement juridique des demandes [des parties], sauf règles particulières ». Claire au premier abord, cette formule se révèle à l'analyse susceptible de recevoir deux interprétations.

Il est tout d'abord possible d'y voir une dissociation opérée par la Cour de cassation entre la qualification ou la requalification et le relevé d'office de moyens de droit : le juge serait tenu de procéder à la première opération mais disposerait, dans tous les cas, d'une simple faculté à l'égard de la deuxième. Ce ne serait donc pas, comme le propose la doctrine majoritaire, le caractère du moyen en cause (de pur droit ou mélangé de fait et de droit) qui déterminerait l'étendue de l'office du juge mais la nature de ce moyen (qualification ou simple substitution de la règle appliquée). Cette interprétation de la décision commentée conduit alors à affirmer que si le juge a toujours l'obligation de qualifier (lorsque les parties se sont abstenues de qualifier juridiquement leurs prétentions) ou de requalifier (lorsque les parties ont proposé une qualification inappropriée) les faits et actes litigieux, il n'a jamais le devoir de relever d'office un moyen de droit, mais dispose en la matière d'une simple faculté et ce, même en présence d'un moyen de pur droit.

Toutefois, une telle approche de la solution se heurte à deux obstacles importants. D'une part, il est dit que le juge n'a pas l'obligation de modifier « la dénomination des demandes » des parties. Or, si l'on comprend que le « fondement juridique » renvoie à la règle de droit dont l'application est requise, c'est-à-dire au moyen de droit susceptible d'être relevé, on voit mal en revanche ce qui pourrait distinguer la « dénomination » de la demande d'une partie de la qualification qu'elle propose des « faits et actes litigieux ». Autrement dit, limiter la portée de la deuxième partie de l'attendu au seul relevé d'office d'un moyen de droit aboutit à une contradiction. D'autre part, l'opération de qualification n'est jamais effectuée pour elle-même mais pour déterminer un régime juridique applicable ; admettre que la Haute juridiction ait entendu dissocier les processus de qualification et de substitution de la règle de droit reviendrait à affirmer qu'il est possible pour le juge de requalifier les prétentions des parties sans relever d'office le moyen de droit afférent à la nouvelle qualification. De ce point de vue, la solution se révélerait ici encore contradictoire.

C'est pourquoi, il convient de se ranger à une seconde interprétation en vertu de laquelle si le juge est tenu de qualifier ou requalifier les faits et actes litigieux, tels qu'invoqués par les parties, il n'a pas, en revanche, l'obligation d'examiner ces faits et actes sous l'ensemble des qualifications possibles ou de rechercher la totalité des moyens qui auraient pu être soulevés.

Cette solution dissocie ainsi la requalification des faits et actes litigieux, qui constitue un devoir pour le juge, et le relevé d'office d'une règle de droit, qui ne procède que d'une simple faculté. Cette solution a été réaffirmée à plusieurs reprises (v. par ex. : Soc. 5 oct. 2016, n° 15-17.970, inédit), par exemple, pour rappeler que le juge n'est pas tenu de rechercher si la demande fondée sur les seules dispositions de l'article 1384, alinéa 5, du Code civil (relative à la responsabilité des commettants du fait de leurs préposés) pouvait être accueillie sur le fondement des troubles anormaux du voisinage ou la responsabilité délictuelle pour faute (Civ. 2e, 17 déc. 2009, n° 08-70.326, inédit).

Cette solution rigoureuse pour les plaideurs peut se réclamer d'un argument textuel puisque l'article 620, alinéa 2, du Code de procédure civile prévoit que la Cour de cassation « peut, sauf disposition contraire, casser la décision attaquée en relevant d'office un moyen de pur droit ». La Cour de cassation n'étant pas tenue de soulever d'office un moyen de pur droit, il paraîtrait difficilement explicable que les juges du fond y soient tenus. Elle peut également se prévaloir d'arguments de politique judiciaire résidant dans la nécessité de maîtriser les flux proceduraux. Il y aurait en effet un risque d'augmentation du contentieux si l'on faisait obligation aux juges de soulever d'office des moyens nouveaux, puisqu'il serait alors possible de leur reprocher, notamment au soutien d'un pourvoi en cassation, de ne pas avoir soulevé tel ou tel moyen de droit que les parties n'avaient pourtant pas jugé bon de lui soumettre. La seule réserve que pose la Cour de cassation dans l'arrêt du 21 décembre 2007 tient à l'existence de dispositions particulières contraires, lesquelles seront signalées dans les exceptions au principe (v. *infra,* I, B, « Les exceptions »).

Pour autant, la distinction établie par l'Assemblée plénière n'est pas sans susciter quelques critiques, l'application d'une nouvelle règle de droit procédant nécessairement d'une requalification préalable des faits. Requalifier un fait de défectuosité, appelé vice caché par le plaideur, en un défaut de délivrance conforme, relève de la même nature que le relevé d'office de la règle tirée du défaut de délivrance conforme. À cet égard, en obligeant le juge à requalifier les faits sans pour autant le contraindre à relever d'office la règle de droit applicable, la Cour de cassation l'oblige à se rendre au milieu du gué, mais non à achever la traversée. Et la solution apparaît d'autant plus rigoureuse alors « qu'il incombe au demandeur de présenter dès l'instance relative à la première demande l'ensemble des moyens qu'il estime de nature à fonder celle-ci » (Cass., ass. plén., 7 juill. 2006, n° 04-10.672, *Bull. ass. plén.*, n° 8). De la combinaison de ces deux solutions, il résulte qu'à défaut pour le plaideur d'invoquer l'ensemble des moyens de droit qu'il estime de nature à fonder sa prétention, dans le cadre du premier procès, l'autorité de chose jugée lui interdira de renouveler son procès. En résulte un nouvel équilibre entre les charges des parties et l'office du juge faisant peser davantage de charges sur les parties. Le juge a désormais davantage pour mission d'arbitrer entre deux prétentions, que de dire le droit. Ces évolutions rapprochent le procès civil d'un modèle accusatoire.

B • Les exceptions

Quelle que soit l'interprétation retenue de l'arrêt de l'Assemblée plénière, il faut relever que la Cour de cassation réserve l'hypothèse de « *règles particulières* » venant encadrer l'office du juge en lui interdisant de relever d'office un moyen ou, à l'inverse, en renforçant son obligation en lui imposant de relever un moyen indépendamment de la question de la qualification.

1 • Les défenses procédurales

a) Les fins de non-recevoir

À l'égard des fins de non-recevoir, la conduite du juge est dictée par l'article 125 du Code de procédure civile qui prévoit, en son premier alinéa, que « les fins de non-recevoir doivent être relevées d'office lorsqu'elles ont un caractère d'ordre public, notamment lorsqu'elles résultent de l'inobservation des délais dans lesquels doivent être exercées les voies de recours ou de l'absence d'ouverture d'une voie de recours ». Seules doivent donc être soulevées d'office par le juge les fins de non-recevoir qui ont un caractère d'ordre public. C'est en application de ce texte que la Cour de cassation jugeait, avant la suppression du contredit par le décret du 6 mai 2017, par exemple, que l'appel exercé en lieu et place d'un contredit était constitutif d'une fin de non-recevoir que le juge devait relever d'office (Civ. 2e, 15 nov. 1995, no 93-16.133, *Bull. civ.* II, no 275). C'est ce même texte qui a conduit la Cour de cassation à censurer l'arrêt d'une cour d'appel qui, saisie sur renvoi après cassation, avait fait droit à la demande d'opposition formée par une partie qui avait pourtant comparu devant la juridiction dont la décision avait été cassée, alors même qu'elle aurait dû relever d'office la fin de non-recevoir d'ordre public tirée de l'absence de cette voie de recours (Civ. 2e, 19 févr. 2015, no 13-25.728, *Bull. civ.* II, no 36). On doit encore noter qu'il a été retenu que le juge doit relever d'office « la fin de non-recevoir tirée de l'inobservation de la règle d'ordre public investissant la Cour d'appel de Paris du pouvoir juridictionnel exclusif de statuer sur les contredits formés contre les décisions rendues dans les litiges relatifs à l'application de l'article L. 442-6 du Code de commerce » (Com. 20 oct. 2015, no 14-15.851).
La difficulté se concentre autour de la détermination des fins de non-recevoir qui présentent un caractère d'ordre public, cette dernière notion étant davantage fonctionnelle que conceptuelle. La question s'est notamment posée à la suite de la modification de l'article 564 du Code de procédure civile par le décret no 2009-1524 du 9 décembre 2009 qui dispose désormais qu'« à peine d'irrecevabilité relevée d'office, les parties ne peuvent soumettre à la cour de nouvelles prétentions si ce n'est pour opposer compensation, faire écarter les prétentions adverses ou faire juger les questions nées de l'intervention d'un tiers, ou de la survenance ou de la révélation d'un fait ». La Cour de cassation a jugé que l'article 564 ne conférait au juge que la simple faculté de relever d'office la fin de non-recevoir tirée de la nouveauté d'une demande en cause d'appel (Civ. 2e, 10 janv. 2013, no 12-11.667, *Bull. civ.* II, no 1 ; 8 janv. 2015, no 13-28.336, inédit ; Civ. 2e, 21 déc. 2023, no 21-25.108 F-B, *D. actu.* 15 janv. 2024, obs. M. Barba).
Rappelons que le décret no 2024-673 du 3 juillet 2024 portant diverses mesures de simplification de la procédure civile et relatif aux professions réglementées (*JO* 5 juill.), dit « Magicobus », a entendu rationaliser le traitement des fins de non-recevoir. Le nouvel article 125 alinéa 3 du Code de procédure civile dispose ainsi : « Lorsqu'une fin de non-recevoir nécessite que soit tranchée au préalable une question de fond, le juge statue sur cette question de fond et sur cette fin de non-recevoir dans le même jugement, mais par des dispositions distinctes. Sa décision a l'autorité de la chose jugée relativement à la question de fond et à la fin de non-recevoir. »
Il est ensuite certaines fins de non-recevoir que le juge peut relever d'office sans toutefois y être obligé. Il s'agit, précise l'alinéa 2 de l'article 125 du Code de procédure civile, de la fin de non-recevoir tirée

du défaut d'intérêt, du défaut de qualité ou de la chose jugée. Ainsi, la Cour de cassation a-t-elle pu juger que pouvait être relevée d'office la fin de non-recevoir tirée du défaut de qualité du liquidateur judiciaire après la clôture de la liquidation (Civ. 2e, 4 févr. 2016, no 14-28.153, inédit).

Dans toutes les autres hypothèses, lorsque la fin de non-recevoir n'est pas d'ordre public, le juge n'a ni l'obligation, ni même le pouvoir de la soulever d'office. Il appartient alors aux parties de saisir le juge de ce moyen procédural. Il en va, par exemple, ainsi des fins de non-recevoir tirées de la prescription (v. C. civ., art. 2247 ; Civ. 2e, 28 mai 2009, no 08-12.293, inédit).

b) Les exceptions de procédure

À l'égard des exceptions de procédure, le principe est que le juge ne peut pas les soulever d'office, mais il y a quelques hypothèses dans lesquelles il peut ou doit le faire…

Ainsi, aux termes de l'article 120, alinéa 1er, du Code de procédure civile : « *Les exceptions de nullité fondées sur l'inobservation des règles de fond relatives aux actes de procédure doivent être relevées d'office lorsqu'elles ont un caractère d'ordre public.* » Les hypothèses visées par ce texte se réduisent au seul défaut de pouvoir d'un représentant de l'État ou d'une collectivité publique. En revanche, la Cour de cassation juge que ne revêtent un caractère d'ordre public ni le défaut de pouvoir d'une personne figurant au procès comme représentant d'une personne morale (Com. 14 déc. 2010, no 09-71.712, *Bull. civ.* IV, no 205), ni le défaut de pouvoir de l'avocat d'agir en justice (Civ. 1re, 19 sept. 2007, no 06-17.408, *Bull. civ.* I, no 274).

Il existe encore quelques exceptions d'incompétence que le juge doit relever d'office. Il en est d'abord ainsi en matière d'injonction de payer (C. pr. civ., art. 1406) ou de nationalité (C. pr. civ., art. 1038). Il faut également mentionner l'obligation faite au juge de se déclarer d'office incompétent lorsque les demandes relèvent de la compétence du juge de l'exécution (C. pr. exéc., art. R. 121-1).

Dans quelques hypothèses également, le juge n'est tenu que d'une faculté de relever d'office la règle de droit applicable. Selon l'article 120, alinéa 2, du Code de procédure civile : « *Le juge peut relever d'office la nullité pour défaut de capacité d'ester en justice.* » De même, en cas de litispendance, le juge saisi en second peut se dessaisir au profit du premier (C. pr. civ., art. 100).

Les articles 76 et 77 du Code de procédure civile prévoient également un certain nombre d'hypothèses dans lesquelles le juge peut relever d'office son incompétence.

Article 76	Article 77
L'article 76, alinéa 1er, prévoit ainsi que le juge du premier degré peut relever d'office son incompétence d'attribution dans deux cas : « en cas de violation d'une règle de compétence d'attribution lorsque cette règle est d'ordre public ou lorsque le défendeur ne comparaît pas », ce qui englobe notamment tous les cas dans lesquels une règle attribue compétence exclusive à une juridiction pour connaître de certaines demandes. La cour d'appel et la Cour de cassation n'ont ce pouvoir « que si l'affaire relève de la compétence d'une juridiction répressive ou administrative ou échappe à la connaissance de la juridiction française » (C. pr. civ., art. 76, al. 2).	Pour la compétence territoriale, l'article 77 du Code de procédure civile confère au juge, de quelque degré qu'il soit, des pouvoirs différents selon qu'il statue en matière contentieuse ou gracieuse : en matière gracieuse, il lui est toujours possible de relever d'office son incompétence, alors qu'en matière contentieuse, le juge n'a ce pouvoir que dans trois cas : – si le défendeur ne comparaît pas ; – dans les litiges relatifs à l'état des personnes ; – ou dans les hypothèses où la loi attribue compétence exclusive à une autre juridiction.

Enfin, le décret du 11 décembre 2019 prévoit un dernier cas très particulier : les questions de compétence au sein d'un même tribunal judiciaire peuvent désormais être réglées d'office par le juge par simple mention au dossier (C. pr. civ., art. 82-1).

2 • Le droit substantiel

Le principe posé par l'assemblée plénière en 2007 connaît des limites et des exceptions tirées du droit substantiel.

a) Limites

Les limites tiennent à la possibilité pour les parties de cantonner l'office du juge.

Elles ont, tout d'abord, la possibilité, en vertu d'un accord exprès, de lier le juge sur les règles de droit et sur les qualifications applicables dès lors qu'elles ont la libre disposition de leurs droits (C. pr. civ., art. 12, al. 3).

Ensuite, les parties peuvent donner, en vertu d'un accord exprès, mission au juge de statuer en tant qu'amiable compositeur, c'est-à-dire en équité et non plus en droit, dès lors que le litige est né et qu'elles ont la libre disposition de leurs droits (C. pr. civ., art. 12, al. 4).

Ces dispositions sont peu appliquées en pratique. Elles ont en revanche le mérite théorique de montrer que les parties ne sont pas exclues du droit, puisqu'elles ont la possibilité de lier le juge par un cadre juridique impératif.

b) Exceptions

En premier lieu, le juge doit appliquer d'office la règle de conflit de loi (Civ. 1re, 11 oct. 1988, nº 87-11.198, *Bull. civ.* I, nº 278 ; Civ. 1re, 18 oct. 1988, nº 86-16.631, *Bull. civ.* I, nº 293), dès lors, tout du moins, que les droits des parties sont indisponibles (Civ. 1re, 26 mai 1999, nº 96-16.361, *Bull. civ.* I, nº 172). En second lieu, « si le juge n'a pas, sauf règles particulières, l'obligation de changer le fondement juridique des demandes, il est tenu, lorsque les faits dont il est saisi le justifient, de faire application des règles d'ordre public issues du droit de l'Union européenne, telle la responsabilité du fait des produits défectueux, même si le demandeur ne les a pas invoquées ». Cette motivation résulte d'un arrêt de chambre mixte de 2017 (Cass., ch. mixte, 7 juill. 2017, n° 15-25.651 P, *D. actu.* 18 juill. 2017, obs. Th. de Ravel d'Esclapon, note M. Bacache ; *ibid.* 2018. 35, obs. P. Brun, O. Gout et C. Quézel-Ambrunaz ; *ibid.* 583, obs. H. Aubry, E. Poillot et N. Sauphanor-Brouillaud ; *RTD civ.* 2017. 829, obs. L. Usunier ; *ibid.* 872, obs. P. Jourdain ; *ibid.* 882, obs. P.-Y. Gautier ; *RTD eur.* 2018. 341, obs. A. Jeauneau ; *BICC* 15 janv. 2018, p. 7 et la note ; *JCP* 2017, p. 926, note C. Quézel-Ambrunaz ; *ibid.*, p. 1355, obs. R. Libchaber ; *Gaz. Pal.* 10 oct. 2017, p. 30, note N. Blanc ; *ibid.* 31 oct. 2017, p. 65, note N. Hoffschir ; *ibid.* 23 janv. 2018, p. 28, note Berger ; *Procédures* 2017, n° 227, note Y. Strickler ; *CCC* 2017, n° 219, note L. Leveneur).

Ensuite, la jurisprudence a imposé aux juges du fond de relever d'office les dispositions de la loi du 5 juillet 1985 (accidents de la circulation) lorsqu'elles ont vocation à s'appliquer. C'est la nature d'ordre public de cette loi qui donne aux règles qu'elle pose un caractère particulier dans lequel l'obligation de relever d'office trouve sa source (V. Civ. 2e, 20 janv. 2000, nº 98-13.871, inédit, *RCA* 2000, nº 118 ; Civ. 2e, 5 juill. 2018, nº 17-19.738 F-P+B). Enfin, c'est essentiellement en droit de la consommation que se concentre l'obligation de relever d'office des règles de droit.

La Cour de justice de l'Union européenne a en effet imposé au juge de relever d'office le caractère abusif des clauses contenues dans un contrat de consommation, dès lors qu'il dispose des éléments de fait et de droit nécessaires (CJUE 4 juin 2009, *Pannon GSM,* aff. C-243/08, point 32 ; CJUE 6 oct. 2009, *Asturcom Telecomunicaciones,* aff. C-40/08, point 32). Cette exigence a été prise en compte et la loi du 17 mars 2014 a ajouté un alinéa 2 à l'article L. 141-4 du Code de la consommation, devenu l'article R. 632-1, précisant que le juge « écarte d'office, après avoir recueilli les observations des parties, l'application d'une clause dont le caractère abusif ressort des éléments du débat ». Alors qu'elle jugeait auparavant, conformément aux textes alors applicables, que le juge disposait d'une simple faculté de relever d'office les dispositions d'ordre public du Code de la consommation (Civ. 1re, 22 janv. 2009,

n° 05-20.176), la Cour de cassation retient désormais que le juge est tenu d'office d'apprécier le caractère abusif des clauses contractuelles (Civ. 1re, 12 mai 2016, n° 14-24.698, *Bull. civ.* V, n° 111 ; Civ. 1re, 1er oct. 2014, n° 13-21.801). La CJUE et la Cour de cassation posent que l'autorité de la chose jugée ne fait pas obstacle à ce que le juge national soit tenu d'apprécier, sur la demande des parties ou d'office, le caractère éventuellement abusif d'une clause, même au stade d'une mesure d'exécution forcée, dès lors que cet examen n'a pas déjà été effectué à l'occasion du précédent contrôle juridictionnel ayant abouti à la décision revêtue de l'autorité de la chose jugée (CJUE 26 janv. 2017, *Banco Primus*, aff. C-421/14 ; CJUE 17 mai 2022, *Ibercaja Banco*, aff. C-600/19 ; CJUE 17 mai 2022, *SPV Project 503 Srl et Banco di Desio e della Brianza e.a*, aff. C-693/19 et C-831/19 ; Com. 8 févr. 2023, n° 21-17.763, *JCP* 386, note M. Behar-Touchais).
Pour autant, la Cour de justice a une approche plus extensive de l'étendue de cette obligation qu'elle ne cantonne pas aux seules clauses abusives (v. par ex. à propos d'une obligation d'information : CJUE 21 avr. 2016, *Radlinger*, aff. C-377/14, point 71). En outre, la juridiction européenne a laissé entrevoir l'idée que le juge pourrait être tenu d'ordonner d'office des mesures d'instruction lorsqu'il ne dispose pas des éléments de fait suffisants (CJUE 9 nov. 2010, *VB Pénzügyi Lízing Zrtpoint*, aff. C-137/08, point 56).

II • Les garanties offertes aux parties dans l'utilisation des pouvoirs d'office

Le juge ne peut exercer ses pouvoirs d'office qu'en respectant les principes directeurs du procès. À cet égard, il ne peut, en soulevant un moyen de droit, ni méconnaître l'objet du litige (C. pr. civ., art. 5), ni fonder sa décision sur des faits étrangers aux débats (C. pr. civ., art. 7, al. 1er), étant toutefois précisé, s'agissant de ces derniers, qu'il importe peu que les parties les aient spécialement invoqués au soutien de leurs prétentions (C. pr. civ., art. 7, al. 2).
Surtout, le juge est tenu de respecter le principe du contradictoire lorsqu'il met en œuvre ses pouvoirs d'office. L'alinéa 3 de l'article 16 du Code de procédure civile dispose ainsi qu'« il ne peut fonder sa décision sur les moyens qu'il a relevés d'office sans avoir au préalable invité les parties à présenter leurs observations ». L'article 16, alinéa 3, pose donc une obligation absolue à l'égard du juge : quel que soit le moyen soulevé d'office, le juge doit le soumettre à la discussion des parties. On doit d'ailleurs se rappeler que dans la décision *Rassemblement des nouveaux avocats de France,* le Conseil d'État avait estimé qu'en laissant au juge la possibilité de soulever d'office un moyen de pur droit, sans être tenu de respecter le principe du contradictoire, les articles 12, alinéa 3, et 16, alinéa 1er, du Code de procédure civile méconnaissaient les garanties essentielles des justiciables résidant, notamment, dans le principe d'égalité des citoyens devant la justice et le caractère contradictoire de la procédure (CE, ass., 12 oct. 1979, *Rassemblement des nouveaux avocats de France*, req. n° 01875, *Lebon* 371). Dans le même sens, la Cour de justice de l'Union européenne a pu juger que lorsque le juge relève d'office le caractère abusif d'une clause, il est tenu d'en informer les parties au litige et de les inviter à en débattre contradictoirement (CJUE 21 févr. 2013, *Banif Plus Bank Zrt c/ Épx C*, aff. C-472/11, point 31). C'est également ce que prévoit l'article R. 632-1 du Code de la consommation.
Nombreuses sont, à cet égard, les décisions de cassation rendues au visa de l'article 16, car le juge ne s'est pas conformé à ce principe directeur du procès. C'est en effet bien souvent au cours des délibérés, dans le calme de son cabinet, que le juge découvre un moyen de droit auquel les parties n'avaient pas

songé. Il doit alors rouvrir les débats et inviter les parties à présenter leurs observations sur le moyen ainsi relevé d'office (Civ. 2e, 29 janv. 2015, no 14-12.331, *Bull. civ.* II, no 17). Il est vrai que la rigueur de ce principe est toutefois tempérée par le fait que lorsque la procédure est orale, les moyens soulevés d'office par le juge sont réputés avoir été débattus contradictoirement devant lui (Soc. 1er févr. 2017, no 15-24.310 ; Civ. 1re, 10 sept. 2015, no 14-22.223 ; Civ. 2e, 13 févr. 2014, no 13-12.211, *Bull. civ.* II, no 42 ; Soc. 16 févr. 1977, no 75-14.740, *Bull. civ.* V, no 126), si bien qu'il est alors difficile de rapporter la preuve du caractère non contradictoire de la procédure, sauf à ce que le jugement indique que les parties ont simplement repris les moyens développés dans leurs conclusions et que ces dernières ne comportaient pas le moyen sur lequel le juge s'est fondé (Soc. 13 janv. 2015, no 13-16.995, inédit). Cette présomption ne s'appliquera pas lorsqu'une des parties n'était pas présente à l'audience (Civ. 2e, 22 oct. 2020, no 19-15.985).

Le principe du contradictoire souffre toutefois de quelques limites car il est des hypothèses dans lesquelles le juge n'est pas tenu d'inviter les parties à présenter leurs observations, même s'il soulève une règle qu'elles n'avaient pas invoquée. On doit à cet égard distinguer quatre hypothèses dans lesquelles il est permis au juge de ne pas respecter ce principe directeur du procès.

Première situation	En raison de leur nature, le relevé d'office des moyens d'ordre public tirés de la violation des droits de la défense n'a pas à être soumis à la discussion des parties (Civ. 2e, 20 mars 1991, no 89-20.210 *Bull. civ.* II, no 92 ; Civ. 2e, 15 mai 2008, no 07-17.763, *Bull. civ.* II, no 116 ; Civ. 1re, 11 juill. 2006, no 04-14.368, inédit). Cette solution permet au juge d'écarter les pièces ou conclusions produites après le prononcé de l'ordonnance de clôture, sans avoir à inviter les parties à s'expliquer, ni, le cas échéant, à rouvrir les débats.
Deuxième situation	Le juge n'est pas tenu de provoquer la discussion des parties lorsque celles-ci ont déjà été en mesure de débattre contradictoirement du moyen qu'il relève d'office (Civ. 2e, 5 juin 2014, no 13-19.920, *Bull. civ.* II, no 130). Il en va également ainsi de l'ensemble des moyens qui se trouvaient dans la cause (Civ. 1re, 21 févr. 2006, no 03-12.004, *Bull. civ.* I, no 86), l'idée étant que le juge n'est pas tenu de provoquer la discussion des parties sur un moyen qu'elles avaient implicitement soulevé dans leurs conclusions.
Troisième situation	Lorsqu'il est statué sur les suites d'une précédente décision passée en force de chose jugée, le juge qui retient cette chose jugée pour rejeter des moyens tendant à la remettre en cause n'a pas à provoquer les explications des parties (Civ. 2e, 24 mars 2015, no 14-20.132 ; Civ. 2e, 10 mars 1993, no 91-18.678, *Bull. civ.* II, no 93).
Quatrième situation	Lorsque les parties n'ont formulé leurs prétentions qu'en fait, sans invoquer le moindre fondement juridique, la Cour de cassation retient que le juge ne soulève aucun moyen d'office lorsqu'il restitue à cette demande le fondement juridique qui lui est applicable (Civ. 3e, 17 déc. 2013, no 12-23.636, inédit ; Civ. 2e, 4 juill. 2007, no 06-13.645, inédit ; Civ. 3e, 28 mai 1986, no 85-11.402, *Bull. civ.* III, no 82). Cette dernière jurisprudence est évidemment critiquable car le fait que le juge, en l'absence de tout fondement juridique invoqué par les parties, soit tenu d'examiner le litige sous tous ses aspects ne devrait avoir aucune incidence sur la nécessité de respecter le principe du contradictoire. La nécessité de relever d'office les règles de droit applicables ne devrait pas exclure le principe du contradictoire.

Textes législatifs essentiels

C. pr. civ., art. 10, 12, 16, 92, 93, 120, 125.

C. consom., art. R. 632-1.

Jurisprudences essentielles

Civ. 3e, 28 mai 1986, n° 85-11.402, *Bull. civ.* III, n° 82.
Cass., ass. plén., 21 déc. 2007, n° 06-11.343, *Bull. ass. plén.*, n° 10 ; *BBIC* 15 avr. 2008, p. 18, rapp. D. Loriferne, avis R. de Gouttes.
CJCE 4 juin 2009, *Pannon GSM*, aff. C-243/08.
CJCE 6 oct. 2009, *Asturcom Telecomunicaciones*, aff. C-40/08.
Civ. 2e, 29 janv. 2015, n° 14-12.331, *Bull. civ.* II, n° 17.
CJUE 21 avr. 2016, *Radlinger*, aff. C-377/14.
Civ. 1re, 12 mai 2016, n° 14-24.698, *Bull. civ.* V, n° 111.
Cass., ch. mixte, 7 juill. 2017, n° 15-25.651 P.
Com. 8 févr. 2023, n° 21-17.763, *JCP*, act. 386.

Bibliographie

C. Bléry, « Concentration des demandes et office du juge : une nouvelle donne au sein des principes directeurs du procès ? Du renouvellement des rôles du juge et des parties quant au droit lors d'un procès », in *Mélanges dédiés à la mémoire du Doyen Jacques Héron*, Lextenso, 2008, p. 111.
C. Bléry, « Office du juge : entre activité exigée et passivité permise – Réflexions à partir de la jurisprudence récente sur l'article 12 du Code de procédure civile », *Procédures* 2012, étude 6.
O. Deshayes, « L'office du juge à la recherche de sens (à propos de l'arrêt d'assemblée plénière du 21 décembre 2007) », *D.* 2008. 1102.
S. Guinchard, « L'autorité de la chose qui n'a pas été jugée à l'épreuve des nouveaux principes directeurs du procès civil et de la simple faculté pour le juge de "changer le fondement juridique des demandes" », in *Mélanges en l'honneur du Doyen Georges Wiederkehr*, Dalloz, 2009, p. 279.
Th. Le Bars, « De la théorie des charges de la preuve et de l'allégation à la théorie globale des risques processuels », in *Mélanges en l'honneur du Professeur Gilles Goubeaux*, Dalloz/LGDJ, 2009, p. 319-329, spéc. p. 324-326.
H. Motulsky, « La cause de la demande dans la délimitation de l'office du juge », *D.* 1964, chron. XXXIV, p. 235-246.
Y.-M. Serinet, « L'intensité de l'office du juge et les concours d'actions dans la vente : une clarification décisive ? », *RDC* 2008, p. 435.

Les conditions de l'autorité de la chose jugée

L'autorité de chose jugée a pour fonction première d'offrir aux justiciables la certitude de pouvoir, à terme, obtenir une décision de justice qui a la même force de vérité que la loi. C'est l'effet dit positif de l'autorité de la chose jugée. Surtout, la fonction essentielle de l'autorité de la chose jugée est d'interdire qu'un même procès ne soit indéfiniment renouvelé. Sous cet aspect, l'effet de l'autorité de la chose jugée est dit négatif, pour souligner que les parties ne peuvent plus, sous réserve des voies de recours, renouveler leurs demandes dans un nouveau procès.
Plus particulièrement, l'autorité de la chose jugée ne s'oppose à la recevabilité d'une nouvelle action que s'il y a identité d'objet, de cause et de parties. C'est la règle de la triple identité qui était posée à l'article 1351 du Code civil de 1804, devenu l'article 1355 depuis l'entrée en vigueur de la réforme du droit des obligations (ord. 10 févr. 2016). La compréhension des conditions de l'autorité de la chose jugée, notamment de l'identité de cause, a été profondément modifiée en 2006 par l'arrêt *Cesareo* (Cass., ass. plén., 7 juill. 2006, n° 04-10.672, *Bull. ass. plén.*, n° 3, v. fiche 27). Depuis, la Cour de cassation reste régulièrement saisie de moyens tirés de l'autorité de la chose jugée.

I • L'identité de parties

L'autorité de chose jugée n'est que relative. C'est dire qu'elle ne joue qu'entre les personnes ayant été parties ou représentées à l'instance. Pour que celles-ci se voient opposer l'autorité de chose jugée, il faut qu'elles se présentent dans la nouvelle instance avec la même qualité. Par exemple, une personne agissant comme tuteur, puis en son nom propre, n'agit pas en la même qualité. La notion d'identité de partie est entendue à la fois comme la qualité processuelle et comme le titre juridique que la partie invoque à l'appui de sa demande.
Une action qui ne concerne pas les mêmes parties ne peut pas être déclarée irrecevable sur le fondement de l'autorité de la chose jugée, quand bien même elle porterait atteinte à la substance d'une première décision. La Cour de cassation a confirmé une telle analyse (Civ. 1re, 20 mars 2013, n° 11-26.241, *Bull. civ.* I, n° 41). En l'espèce, une première décision avait autorisé le liquidateur d'une personne à céder ses biens immobiliers indivis. Dans une autre procédure, un créancier d'un autre coïndivisaire avait assigné tous les indivisaires pour que soient réalisés le partage et la licitation des mêmes biens immobiliers. La cour d'appel y avait fait droit, privant de toute portée la première décision rendue. Le liquidateur reprochait à cette décision de méconnaître l'autorité de la chose jugée de la première décision. La critique était faible : il ne pouvait y avoir violation de l'autorité de la chose jugée, puisque les procédures n'avaient pas le même objet et ne concernaient pas les mêmes parties. Il s'agissait davantage d'une question d'opposabilité de la première décision. En effet, tout jugement est opposable aux tiers, c'est-à-dire qu'ils doivent tenir compte de ce qui a été jugé. Si cette opposabilité leur cause préjudice, les tiers peuvent la contester au moyen d'une tierce opposition. Mais la question n'avait pas été posée en ces termes à la Cour de cassation.

Il peut y avoir identité de parties au sens de l'article 1355 du Code civil, si la partie impliquée dans le second procès était seulement représentée dans le premier. Or, la notion de représentation est entendue largement par la jurisprudence qui, en droit processuel, l'étend à toutes les hypothèses dans lesquelles existe une communauté d'intérêt entre plusieurs parties.
L'autorité de chose jugée lie les ayants cause universels ou à titre universel des parties, de même que leurs ayants cause à titre particulier. Mais, à la différence de la représentation en droit commun, la jurisprudence décide aussi que ce qui a été jugé contre une personne lie ses créanciers chirographaires. De même, un jugement rendu contre un débiteur solidaire lie ses codébiteurs (Com. 25 nov. 2008, n° 07-14.583, *Bull. civ.* IV, n° 199) ; celui rendu contre un débiteur principal lie ses cautions solidaires (Civ. 1re, 29 mars 1978, n° 76-14.767, *Bull. civ.* I, n° 125) ; celui rendu à l'encontre d'un mari lie son épouse mariée sous le régime de la communauté (Civ. 2e, 21 janv. 2010, n° 08-17.707, *Bull. civ.* II, n° 14). La notion de représentation apparaît ainsi si étendue qu'elle comporte une dimension assez fictive. L'ensemble des parties liées par une communauté d'intérêts peut se voir opposer les effets du jugement, sans pour autant bénéficier de la tierce opposition qui constitue la voie de recours réservée aux tiers.

II • L'identité d'objet

L'objet de la demande, c'est la chose demandée au juge, l'avantage économique ou social qu'entend obtenir une partie. L'impossibilité d'agir à nouveau suppose d'abord qu'une décision de justice ait déjà tranché la prétention nouvellement portée devant un juge.
La Cour de cassation est venue affirmer que « s'il incombe au demandeur de présenter dès l'instance relative à la première demande l'ensemble des moyens qu'il estime de nature à fonder celle-ci, il n'est pas tenu de formuler dans la même instance toutes les prétentions fondées sur les mêmes faits » (Civ. 1re, 7 déc. 2016, n° 16-12.216, *Bull. civ.* I, n° 246). Ce faisant, la Cour de cassation cantonne la charge de la concentration des moyens dans de justes limites. Ont ainsi été jugées comme ayant des objets distincts l'action en exécution du contrat d'assurance et celle en paiement de dommages et intérêts pour manquement d'une société d'assurance à son obligation de conseil (Civ. 2e, 10 nov. 2010, n° 09-14.948, *Bull. civ.* II, n° 181), la demande en nullité de la vente pour dol et la demande en réduction du prix de la vente par les victimes de ce dol (Civ. 3e, 11 janv. 2012, *Bull. civ. III,* n° 4), la demande de suppression de la prestation compensatoire et celle tendant à sa réduction (Civ. 2e, 20 mai 2010, n° 09-67.662, *Bull. civ.* II, n° 97), la demande tendant à obtenir l'interdiction de la diffusion d'une circulaire et celle aux fins de réparation du fait de cette diffusion (Com. 11 juin 2013, n° 12-18.526, *Bull. civ.* IV, n° 97) ou encore la demande en nullité d'une association syndicale, dont l'une des conséquences aurait été la révision des charges, et la demande en révision des charges (Civ. 3e, 22 janv. 2014, n° 12-22.275, *Bull. civ.* III, n° 8). La Cour de cassation a encore pu retenir que le juge qui prononce une condamnation *in solidum* ne statue pas sur l'appel en garantie exercé par l'un des codébiteurs condamnés à l'encontre d'un autre ni ne préjuge de la manière dont la contribution à la dette entre tous les codébiteurs condamnés devra s'effectuer, de sorte qu'aucune irrecevabilité d'une demande de remboursement d'un codébiteur ne saurait donc être tirée de l'autorité de la chose jugée du jugement ayant prononcé sa responsabilité (Civ. 2e, 11 avr. 2013, n° 11-24.428, *Bull. civ.* II, n° 82).

III • L'identité de cause

L'identité de cause était, traditionnellement, selon la jurisprudence, l'identité de fondement juridique. Par exemple, un plaideur qui agissait sur le fondement de l'article 1240 du Code civil pouvait ensuite agir sur celui de l'article 1242. À cet égard, la Cour de cassation avait notamment pu juger « qu'ayant constaté que, lors de la première procédure, la juridiction saisie n'avait tranché que la question de la réalité et de la validité du consentement, la cour d'appel a exactement décidé que la demande [...], en ce qu'elle tendait à faire prononcer la nullité de la vente en se fondant exclusivement sur le défaut de prix réel et sérieux, ne portait pas atteinte à l'autorité de chose jugée » (Cass., ass. plén., 3 juin 1994, n° 92-12.157, *Bull. ass. plén.*, n° 4).

Cette conception classique de la cause a été profondément remise en question par un arrêt d'assemblée plénière du 7 juillet 2006, dit *Cesareo,* aux termes duquel la Cour de cassation a décidé qu'« il incombe au demandeur de présenter, dès l'instance relative à la première demande, l'ensemble des moyens qu'il estime de nature à fonder sa demande » (Cass., ass. plén., 7 juill. 2006, n° 04-10.672, *Bull. ass. plén.,* n° 8). Dorénavant, le demandeur doit soulever l'ensemble des moyens, de droit comme de fait, de nature à fonder sa demande dès le premier procès (v. fiche 26). Comme l'a énoncé la Cour de cassation, « s'expose à une fin de non-recevoir tirée de la chose jugée le demandeur qui s'abstient de soulever, dès l'instance initiale, un moyen destiné à fonder sa demande et ce, sans justifier d'un fait juridique nouveau de nature à écarter l'autorité de la chose jugée attachée à la décision rendue » (Civ. 2e, 20 mars 2014, n° 13-14.738, *Bull. civ.* II, n° 73).

La conséquence principale qui découle de cette solution est que l'autorité de chose jugée, attachée à la décision qui a statué sur une demande, fait obstacle à ce qu'elle soit à nouveau soumise à un juge en invoquant un fondement juridique différent. Les faits de l'arrêt *Cesareo* sont à cet égard parfaitement révélateurs.

À l'occasion d'un litige successoral, un héritier, demandeur, se prétendant titulaire d'une créance de salaire différé pour avoir travaillé sans rémunération au service du défunt, avait assigné son frère en paiement d'une somme d'argent. Le demandeur avait été débouté, au motif que l'activité professionnelle n'avait pas été exercée au sein d'une exploitation agricole. C'est alors qu'il formula de nouveau cette demande à l'occasion d'un second procès, en la fondant cette fois sur l'enrichissement sans cause. Dans la conception classique qui identifiait la cause au fondement juridique, la seconde demande aurait dû être déclarée recevable. Pourtant, l'assemblée plénière l'a déclarée irrecevable au motif que le demandeur ne pouvait être admis à contester l'identité de cause des deux demandes en invoquant un fondement juridique qu'il s'était abstenu de soulever en temps utile. Comme l'a énoncé depuis lors la Cour de cassation « la seule différence de fondement juridique entre deux demandes ayant le même objet [...] est insuffisante à écarter la fin de non-recevoir tirée de l'autorité de la chose jugée » (Civ. 1re, 12 avr. 2012, n° 11-14.123, *Bull. civ.* I, n° 89). Réaffirmée à plusieurs reprises (Civ. 2e, 24 sept. 2015, n° 14-20.009, *Bull. civ.* II, n° 221 ; Com. 12 mai 2015, n° 14-16.208, *Bull. civ.* IV, n° 75), cette solution contraignant le demandeur à concentrer ses moyens, dès l'instance relative à la première demande, a été jugée conforme à l'article 6 § 1 de la Convention européenne de sauvegarde des droits de l'homme et des libertés fondamentales (CEDH 9 avr. 2015, *Barras c/ France*, req. n° 12686/10).

La Cour de cassation est venue préciser que l'autorité de chose jugée ne faisait pas obstacle à ce que le plaideur saisisse le juge de la même demande, lorsqu'un fait juridique nouveau est venu modifier la situation antérieurement reconnue en justice (Civ. 2e, 6 mai 2010, n° 09-14.737, *Bull. civ.* II, n° 88). Techniquement, en présence d'un fait juridique nouveau, il n'y a plus d'identité de cause entre les deux demandes. La cause au sens de l'article 1355 du Code civil se définit désormais comme le fait juridique. Pour pouvoir introduire une nouvelle demande, il convient donc de faire la preuve soit d'un événement postérieur à la décision rendue, soit de la révélation postérieure d'un événement préexistant à cette décision. Cette notion de fait juridique nouveau est appréciée étroitement par la Cour de cassation. Ainsi, a-t-elle jugé que la notion de fait juridique nouveau ne comprenait pas les éventuels revirements de jurisprudence (Civ. 2e, 5 févr. 2009, nº 08-10.679, *Bull. civ.* II, nº 33). En outre, le caractère nouveau du fait ne peut résulter de ce que la partie qui l'invoque a négligé d'accomplir une diligence en temps utile (Civ. 1re, 19 sept. 2018, nº 17-22.678).

Cette jurisprudence oblige les plaideurs à présenter, « dès l'instance relative à la première demande », tous les moyens de nature à fonder leur demande (Civ. 1re, 9 janv. 2019, nº 18-11.734). S'ils ne le font pas, leur nouvelle demande serait irrecevable à raison de l'autorité de la chose jugée. L'objectif de la Cour de cassation est d'éviter que le demandeur ne décline, au cours de plusieurs procès, les différents fondements juridiques qui pourraient permettre de justifier ses prétentions. Ce principe de *concentration des moyens* constitue ainsi une nouvelle charge processuelle imposée aux parties. Deux arrêts récents illustrent une tendance de la Cour de cassation à pousser la logique de la concentration relativement loin. Dans le premier arrêt, elle a imposé la concentration des moyens aux demandes présentées au cours de la même instance, en soutenant que « dans une même instance, une prétention rejetée ne peut être présentée à nouveau sur un autre fondement » (Civ. 2e, 11 avr. 2019, nº 17-31.785). Dans le second, elle l'a imposé aux défendeurs en affirmant qu'ils étaient tenus de présenter, dès la première instance, « l'ensemble des moyens qu'ils estimaient de nature à justifier le rejet total ou partiel de la demande de leur adversaire », de sorte qu'il leur est interdit de présenter ce moyen sous forme de demande au cours d'une nouvelle instance (Civ. 2e, 27 févr. 2020, nº 18-23.972).

Le principe de concentration des moyens est à mettre en perspective avec l'arrêt rendu en assemblée plénière le 21 décembre 2007 concernant l'office du juge (Cass., ass. plén., 21 déc. 2007, nº 06-11.343, *Bull. ass. plén.*, nº 10 v. fiche 31), dans lequel la Cour de cassation est venue affirmer que « si, parmi les principes directeurs du procès, l'article 12 du nouveau code de procédure civile oblige le juge à donner ou restituer leur exacte qualification aux faits et actes litigieux invoqués par les parties au soutien de leurs prétentions, il ne lui fait pas obligation, sauf règles particulières, de changer la dénomination ou le fondement juridique de leurs demandes ». Une lecture stricte de cette solution impose de retenir que :

– le juge a l'obligation de qualifier, requalifier ou relever d'office un moyen lorsque les parties ont invoqué des faits sans les qualifier ou se sont trompées en les qualifiant, puisqu'il doit déterminer la règle de droit applicable et satisfaire ainsi l'exigence de l'article 12, alinéa 1er ; ou s'il existe une disposition particulière qui le lui impose (v. par exemple, C. pr. civ., art. 120 et 125) ;

– le juge n'a que la faculté de qualifier, requalifier ou relever d'office un moyen lorsque les parties ont invoqué des faits en les qualifiant, puisque l'article 12 du Code de procédure civile ne lui fait pas obligation de se substituer aux parties en recherchant l'ensemble des qualifications et des moyens qui auraient pu être appliqués au litige ; ou si les parties n'ont pas spécialement invoqué de faits à l'appui de leurs prétentions, puisque dans ce cas, le juge dispose d'une simple faculté d'aller chercher les faits dits *adventices* (présents dans le débat, mais non expressément invoqués par les parties) en vertu de l'article 7, alinéa 2, du Code de procédure civile.

La concentration des moyens suppose que soit possible une éventuelle évolution du litige en cause d'appel. C'est pourquoi les parties continuent de pouvoir faire valoir des moyens nouveaux en appel (C. pr. civ., art. 563) et certaines demandes, notamment, reconventionnelles (C. pr. civ., art. 564 et 567).

L'obligation de concentration des moyens a été bilatéralisée et s'impose donc au défendeur. La Cour de cassation jugeant qu'*il lui incombe* « de présenter, dès l'instance relative à la première demande, l'ensemble des moyens qu'il estime de nature à justifier son rejet total ou partiel » (Civ. 1re, 12 mai 2016, nº 15-13.435, *Bull. civ.* V, nº 107 ; Civ. 2e, 20 mars 2014, nº 13-14.738, *Bull. civ.* II, nº 73 ; v. égal. : Com. 20 févr. 2007, nº 05-18.322, *Bull. civ.* IV, nº 49). L'application de ce principe de concentration

des moyens au défendeur suppose de distinguer précisément le moyen de la demande reconventionnelle, laquelle est définie par l'article 64 du Code de procédure civile comme « *la demande par laquelle le défendeur originaire prétend obtenir un avantage autre que le simple rejet de la prétention de son adversaire* ».
Or, une telle distinction n'est guère aisée dès lors qu'elle dépend essentiellement des conséquences qu'entend tirer en justice la partie qui s'en prévaut. Par exemple, s'agissant d'une nullité, elle sera qualifiée de moyen de défense si le défendeur la soulève afin de faire obstacle aux demandes formées contre lui, mais elle se mue en demande reconventionnelle s'il sollicite, en outre, les restitutions qui en sont la conséquence (Cass., ass. plén., 22 avr. 2011, n° 09-16.008, *Bull. ass. plén.*, n° 4).
La subtilité de cette distinction ne pouvait manquer de soulever des difficultés lors de son croisement avec le principe de concentration des moyens. Ainsi, dans un arrêt du 1er juillet 2010, la première chambre civile de la Cour de cassation a jugé que des cautions assignées en paiement auraient dû soulever, lors du premier procès, les demandes tirées de la mise en œuvre de la responsabilité civile de l'établissement de crédit (Civ. 1re, 1er juill. 2010, n° 09-10.364, *Bull. civ.* I, n° 150). Elle a donc considéré que le défendeur devait invoquer, dès la première instance, non seulement ses moyens, mais aussi ses demandes reconventionnelles. Allant encore plus loin, la première chambre civile a énoncé « qu'il incombe au demandeur de présenter dans la même instance toutes les demandes fondées sur la même cause et qu'il ne peut invoquer dans une instance postérieure un fondement juridique qu'il s'était abstenu de soulever en temps utile » (Civ. 1re, 28 mai 2008, n° 07-13.266, *Bull. civ.* I, n° 153). C'était imposer un nouveau principe de concentration des demandes qui méconnaissait pourtant la notion même d'autorité de chose jugée qui ne s'attache qu'à ce que le juge a tranché dans le dispositif de sa décision (Cass., ass. plén., 13 mars 2009, n° 08-16.033, *Bull. ass. plén.*, n° 3). Aussi la deuxième chambre civile de la Cour de cassation a-t-elle toujours tenté d'éviter que le principe de concentration des moyens ne dégénère en un principe de concentration des demandes en rappelant que « s'il incombe au demandeur de présenter dès l'instance relative à la première demande l'ensemble des moyens qu'il estime de nature à fonder celle-ci, il n'est pas tenu de présenter dans les mêmes instances toutes les demandes fondées sur les mêmes faits » (Civ. 2e, 26 mai 2011, n° 10-16.735, *Bull. civ.* II, n° 117 ; v. égal. : Civ. 3e, 11 janv. 2012, n° 10-23.141, *Bull. civ.* III, n° 4). Dès lors, le défendeur qui n'a pas formé de demande reconventionnelle au cours d'un premier procès se trouve recevable à la faire valoir dans une instance ultérieure, que ce soit à titre principal ou à titre reconventionnel, puisqu'elle n'a pas été tranchée par une décision passée en force de chose jugée. Cette solution a été reprise par la première chambre civile de la Cour de cassation (Civ. 1re, 12 mai 2016, nos 15-16.743 et 15-18.595).
La concentration des moyens impose donc aux parties et à leurs conseils d'envisager, dès l'instance relative à la première demande, l'ensemble des arguments susceptibles de fonder le rejet de la demande formulée à leur encontre. Sur les développements récents de cette thématique, v. fiche 26.

L'autre justice contentieuse : l'arbitrage, justice privée

L'arbitrage est un mode alternatif de règlement des conflits (v. fiche 27, spéc. I. A), par lequel des parties conviennent, d'un commun accord, de soumettre leur différend à un tribunal arbitral composé de juges privés dotés du pouvoir de *jurisdictio* mais non de *l'imperium*, et qui rendent une sentence qui s'impose aux parties.

Le droit de l'arbitrage a été réformé par le décret n° 2011-48 du 13 janvier 2011, en vigueur depuis le 1er mai 2011.

Issu de l'article 25 de la loi n° 2024-537 du 13 juin 2024, applicable à une date fixée par décret en Conseil d'État, et au plus tard le premier jour du douzième mois suivant la promulgation de cette loi, l'article L. 311-16-1 COJ donne une compétence exclusive à la cour d'appel de Paris pour certains recours en arbitrage international. Cette dernière connaît ainsi : « 1° Des recours en annulation des sentences rendues en matière d'arbitrage international, dans les cas et les conditions prévus par le code de procédure civile ; 2° Des recours contre une décision qui statue sur une demande de reconnaissance ou d'exequatur d'une sentence rendue en matière d'arbitrage international, dans les cas et les conditions prévus par le même Code ».

Les grands principes de l'arbitrage contenus dans le Code de procédure civile et le Code civil seront évoqués dans cette fiche. Pour l'actualité jurisprudentielle, nous renvoyons à des chroniques spécialisées.

Les arbitres peuvent être saisis de deux manières : soit par compromis (C. pr. civ., art. 1442), une fois le litige né et même au cours d'une instance déjà engagée devant une juridiction (C. pr. civ., art. 1446), soit avant la naissance de toute contestation, c'est-à-dire au moment où les parties entrent en relations contractuelles, en insérant une clause compromissoire dans le contrat qu'elles concluent. Définie à l'article 1442 du Code de procédure civile, « la clause compromissoire est la convention par laquelle les parties à un contrat s'engagent à soumettre à l'arbitrage les litiges qui pourraient naître relativement à ce contrat ».

L'exclusion de la compétence étatique au profit de celle du tribunal arbitral est en principe licite.

Toutefois, seule une convention d'arbitrage imposant le recours à l'arbitrage exclut la compétence étatique. Si la clause stipule au contraire que « chaque partie peut choisir de recourir à l'arbitrage ou à une action devant la cour du lieu du siège de l'acheteur », elle offre deux voies alternatives aux parties et n'oblige pas les parties à se soumettre à un arbitrage en cas de différend. Le tribunal étatique reste compétent (v. Civ. 1re, 12 juin 2013, n° 12-22.656).

Les conditions spécifiques pour être arbitre sont peu nombreuses. Il faut et il suffit d'être « une personne physique jouissant du plein exercice de ses droits » (C. pr. civ., art. 1450) et être impartial (C. pr. civ., art. 1456). La qualité d'arbitre n'est pas associée à une profession judiciaire en particulier.

Seront distinguées les conditions d'admission des conventions d'arbitrage de la procédure d'arbitrage.

I • Conditions d'admission des conventions d'arbitrage

Les conventions d'arbitrage doivent répondre à des conditions de fond et de forme.

A • Conditions de fond

Sont exigées des conditions tenant compte à la qualité des parties au contrat ainsi que des conditions tenant à la nature du litige.

1 • Conditions tenant à la qualité des parties au contrat

Une règle particulière est édictée pour la seule clause compromissoire. Celle-ci peut-elle être passée hors du cadre professionnel ? Une évolution législative de la solution et de l'article 2061 du Code civil est ici notable.

La loi NRE n° 2001-420 du 15 mai 2001 a permis ces clauses dans le cadre de toute activité professionnelle, même civile, alors que les textes antérieurs en limitaient la validité aux cas où elles étaient stipulées dans des engagements commerciaux à l'égard des deux parties. Sont donc valables de telles clauses stipulées entre un commerçant et un agriculteur, un artisan ou un membre d'une profession libérale lorsqu'elles concernent leur activité professionnelle. *A contrario*, lorsqu'une telle clause était conclue entre un commerçant et un consommateur, un particulier ou un professionnel n'agissant pas pour les besoins de sa profession, elle était nulle, conformément à la jurisprudence antérieure.

Or, pour ce dernier cas, la loi n° 2016-1547 du 18 novembre 2016 *de modernisation de la justice du XXIe siècle* a modifié la sanction : désormais, lorsque l'une des parties n'a pas contracté dans le cadre de son activité professionnelle, la clause demeure valable mais ne peut être opposée à cette partie.

À l'égard des consommateurs, une telle clause est également présumée abusive (présomption simple) sur le fondement de l'article R. 212-2, 10° du Code de la consommation, lequel dispose qu'est réputée non écrite la clause qui vise à « supprimer ou entraver l'exercice d'actions en justice ou des voies de recours par le consommateur, notamment en obligeant le consommateur à saisir exclusivement une juridiction d'arbitrage non couverte par des dispositions légales ou à passer exclusivement par un mode alternatif de règlement des litiges ».

2 • Conditions tenant à la nature des litiges

L'article 2059 du Code civil énonce que la condition pour pouvoir compromettre est d'avoir la libre disposition de ses droits. L'article suivant précise qu'il est interdit de compromettre « sur les questions d'état et de capacité des personnes, sur celles relatives au divorce et à la séparation de corps ou sur les contestations intéressant les collectivités publiques et les établissements publics et plus généralement dans toutes les matières qui intéressent l'ordre public ».

La convention d'arbitrage est mentionnée dans le dernier alinéa de l'article L. 721-3 du Code de commerce : « Toutefois, les parties peuvent, au moment où elles contractent, convenir de soumettre à l'arbitrage les contestations ci-dessus énumérées ». On peut en conclure qu'il est possible de soustraire de la compétence du tribunal de commerce au profit de l'arbitre toutes les contestations énoncées à l'article L. 721-3 : sont donc visées les contestations relatives aux engagements entre commerçants, les contestations relatives aux sociétés commerciales et celles relatives aux actes de commerce entre toutes

personnes. Toutefois, le même alinéa précise que « par exception, lorsque le cautionnement d'une dette commerciale n'a pas été souscrit dans le cadre de l'activité professionnelle de la caution, la clause compromissoire ne peut être opposée à celle-ci ».
Il faut également en déduire que, pour les autres chefs de compétence du tribunal de commerce, non prévus par l'article L. 721-3, la juridiction étatique est exclusivement compétente. Il est notamment impossible de se soustraire de la compétence du tribunal de commerce en matière de procédures collectives.

B • Conditions de forme

Un écrit est tout d'abord exigé, à peine de nullité (C. Pr. civ., art. 1443). La clause compromissoire doit être stipulée dans le contrat lui-même ou dans un document extérieur s'y référant. Il peut s'agir par exemple des statuts d'une société (Montpellier 12 nov. 2002, *JCP E* 2003, p. 660) ou d'un règlement intérieur d'une société coopérative de commerçants détaillants (Civ. 1re, 11 juill. 2006, no 04-14.950, *Bull. civ.* I, no 364, *D.* 2006. Pan. 3026, obs. Th. Clay, *RTD com.* 2006. 773, obs. E. Loquin, *JCP* 2006, p. 2092, note J.-P. Legros). L'article 1443 du Code de procédure civile précise que la convention d'arbitrage « peut résulter d'un échange d'écrits ou d'un document auquel il est fait référence dans la convention principale ». Cet écrit doit avoir été conclu avant ou concomitamment à la convention, mais non postérieurement si le document n'a pas donné lieu à réponse du contractant. Il est en effet précisé à l'article 2061, alinéa 1, du Code de procédure civile que « la clause compromissoire doit avoir été acceptée par la partie à laquelle on l'oppose, à moins que celle-ci n'ait succédé aux droits et obligations de la partie qui l'a initialement acceptée ».
Concernant le seul compromis, l'objet du litige doit être déterminé à peine de nullité (C. pr. civ., art. 1445).
Enfin, la clause doit désigner le ou les arbitres choisis, ou du moins prévoir les modalités de leur désignation (C. pr. civ., art. 1444). La sanction n'est toutefois pas la nullité. C'est le juge d'appui (v. *infra*, II, A, 6) qui procédera aux nominations.
La clause compromissoire, bien que ne constituant qu'une convention accessoire à un contrat principal, a été reconnue autonome. Consacrant la jurisprudence, l'article 1447 du Code de procédure civile dispose ainsi : « La convention d'arbitrage est indépendante du contrat auquel elle se rapporte. Elle n'est pas affectée par l'inefficacité de celui-ci. Lorsqu'elle est nulle, la clause compromissoire est réputée non écrite. »
Régulière, valable et opposable, la convention d'arbitrage s'applique *inter partes*. Elle n'oblige que ceux qui en ont convenu et leurs ayants droit, à la suite d'une transmission par cession de créance, subrogation, tel l'assureur ou le cessionnaire dans un contrat translatif de propriété. Elle est en principe inopposable aux tiers, ainsi au liquidateur de société, non partie au contrat stipulant ladite clause ou au commissaire à l'exécution du plan agissant au nom et dans l'intérêt collectif des créanciers.
De même, aux termes de l'article 1448 du Code de procédure civile, « lorsqu'un litige relevant d'une convention d'arbitrage est porté devant une juridiction de l'État, celle-ci se déclare incompétente sauf si le tribunal arbitral n'est pas encore saisi et si la convention d'arbitrage est manifestement nulle ou manifestement inapplicable. La juridiction de l'État ne peut relever d'office son incompétence. Toute stipulation contraire au présent article est réputée non écrite ». Mais c'est déjà ici aborder la procédure arbitrale.

II • Procédure arbitrale

L'instance arbitrale et la sentence seront étudiées successivement.

A • L'instance arbitrale

1 • La saisine du tribunal arbitral

Aux termes de l'article 1456 du Code de procédure civile, le tribunal arbitral, composé d'un ou plusieurs arbitres en nombre impair « est constitué lorsque le ou les arbitres ont accepté la mission qui leur est confiée. À cette date, il est saisi du litige ».
La convention d'arbitrage fixe en principe la durée de la mission du tribunal arbitral. En cas de silence du contrat, cette dernière est limitée à six mois à compter de sa saisine (C. pr. civ., art. 1463), le délai légal ou conventionnel pouvant être prorogé par accord des parties ou, à défaut, par le juge d'appui. Dès lors, il appartient à l'arbitre de poursuivre sa mission jusqu'au terme de celle-ci à moins qu'il justifie d'un empêchement ou d'une cause légitime d'abstention ou de démission. Par ailleurs, l'arbitre ne peut être révoqué que du consentement unanime des parties (C. pr. civ., art. 1458).
Aux termes de l'article 1462 du Code de procédure civile « le litige est soumis au tribunal arbitral soit conjointement par les parties, soit par la partie la plus diligente ». Aucune forme n'est prévue par la loi en ce sens.

2 • Les règles applicables à l'instance

Le principe, posé à l'article 1464, alinéa 1, du Code de procédure civile, est que le tribunal arbitral détermine la procédure arbitrale sans être tenu de suivre les règles établies pour les tribunaux étatiques.
Il est apporté, dans la même disposition, deux exceptions à ce principe, supplétif de volonté des parties.
En premier lieu, les parties ont pu valablement prévoir d'autres règles.
En second lieu, l'instance arbitrale demeure soumise à l'essentiel des principes directeurs du procès civil étatique. L'alinéa 3 de l'article 1464 vise précisément les principes « énoncés aux articles 4 à 10, au premier alinéa de l'article 11, aux deuxième et troisième alinéas de l'article 12 et aux articles 13 à 21, 23 et 23-1 ». Les parties sont ainsi tenues de prêter leur concours à l'arbitrage. L'arbitre doit donner ou restituer leur exacte qualification aux faits et actes litigieux sans s'arrêter à la dénomination que les parties en auraient proposée. Il ne peut changer la dénomination ou le fondement juridique lorsque les parties, en vertu d'un accord exprès et pour les droits dont elles ont la libre disposition, l'ont lié par les qualifications et points de droit auxquels elles entendent limiter le débat. Non inclus expressément dans la liste de l'article 1464, l'alinéa 4 de l'article 12 est repris dans sa teneur à l'article 1478, lequel dispose que « le tribunal arbitral tranche le litige conformément aux règles de droit, à moins que les parties lui aient confié la mission de statuer en amiable composition ».
Par ailleurs, l'arbitre peut inviter les parties à fournir les explications de droit qu'il estime nécessaires à la solution du litige. Il peut entendre les parties. Il peut les concilier.
L'instance arbitrale est en outre soumise au principe de la contradiction, imposé aux parties entre elles comme au juge envers les parties (v. C. Kessedjan, « Principe de la contradiction et arbitrage », *Rev. arb.* 1995. 381 ; G. Bolard, « Le principe de contradiction dans l'instance arbitrale »,

note sous Paris 25 nov. 1997, *Rev. arb.* 1998. 684 ; Paris 10 nov. 1989, 25 et 31 janv. 1990, *Rev. arb.* 1991. 649, obs. J. Pellerin ; Paris 21 janv. 1997, *Rev. arb.* 1997. 429, obs. Y. Derains). Les parties et les arbitres agissent avec célérité et loyauté dans la conduite de la procédure. Notamment, la partie qui, en connaissance de cause et sans motif légitime, s'abstient d'invoquer en temps utile une irrégularité devant le tribunal arbitral, est réputée avoir renoncé à s'en prévaloir (C. pr. civ., art. 1466).

Enfin, sous réserve des obligations légales et à moins que les parties n'en disposent autrement, la procédure arbitrale est soumise au principe de confidentialité.

3 • Le principe compétence-compétence

Aux termes de l'article 1465 du Code de procédure civile, lequel consacre une jurisprudence antérieure à 2011, « le tribunal arbitral est seul compétent pour statuer sur les contestations relatives à son pouvoir juridictionnel ». Le tribunal étatique n'a donc pas ce pouvoir. Il ne pourrait donc pas procéder à un contrôle de la clause d'arbitrage avant le contrôle effectué par l'arbitre, sauf en cas de nullité manifeste ou d'inapplicabilité manifeste (Civ. 1re, 7 juin 2006, n° 03-12.034, *Bull. civ.* I, n° 287 ; *D.* 2006. IR 1701 ; *JCP E* 2006, p. 2146, obs. Seraglini ; *JDI* 2006, p. 1384, note Mourre).

On rappelle que l'article 1448 du Code de procédure civile dispose : « Lorsqu'un litige relevant d'une convention d'arbitrage est porté devant une juridiction de l'État, celle-ci se déclare incompétente sauf si le tribunal arbitral n'est pas encore saisi et si la convention d'arbitrage est manifestement nulle ou manifestement inapplicable ». La Cour de cassation a posé que « le caractère manifeste de la nullité ou de l'inapplicabilité de la clause [était] seul de nature à faire obstacle à la compétence prioritaire des arbitres pour statuer sur l'existence, la validité et l'étendue de la convention d'arbitrage » (Com. 23 avr. 2013, n° 12-12.101, *Bull. civ.* IV, n° 67 ; *RTD civ.* 2013. 605, obs. Barbier). A été jugée manifestement inapplicable une clause d'arbitrage dont il était impossible de vérifier l'existence et le contenu au vu des seuls documents produits en l'état : une simple photocopie du seul recto du connaissement, ainsi que l'exemplaire des conditions générales, en photocopie, ne comportant aucun élément d'identification de son éditeur et de sa date (Com. 6 nov. 2013, n° 11-18.709). La Cour de cassation a en revanche écarté l'inapplication manifeste d'une clause compromissoire en raison de l'existence d'un ensemble contractuel (Civ. 1re, 9 juill. 2014, n° 13-17.495).

4 • L'instruction et les mesures provisoires

« Le tribunal arbitral procède aux actes d'instruction nécessaires à moins que les parties ne l'autorisent à commettre l'un de ses membres. Le tribunal arbitral peut entendre toute personne. Cette audition a lieu sans prestation de serment. Si une partie détient un élément de preuve, le tribunal arbitral peut lui enjoindre de le produire selon les modalités qu'il détermine et au besoin à peine d'astreinte » (C. pr. civ., art. 1467).

« Par ailleurs, le tribunal arbitral peut ordonner aux parties, dans les conditions qu'il détermine et au besoin à peine d'astreinte, toute mesure conservatoire ou provisoire qu'il juge opportune. Le tribunal arbitral peut modifier ou compléter la mesure provisoire ou conservatoire qu'il a ordonnée. Toutefois, la juridiction de l'État est seule compétente pour ordonner des saisies conservatoires et sûretés judiciaires » (C. pr. civ., art. 1468).

Enfin si l'inscription de faux portée par voie principale doit l'être devant le tribunal judiciaire par une demande comme en matière de référé, le tribunal arbitral a le pouvoir de trancher l'incident de vérification d'écriture ou de faux, sauf volontés contraires des parties (C. pr. civ., art. 1469, 1470).

5 • Incidents d'instance et fin de l'instance

Les articles 1471 et suivant du Code de procédure civile régissent les incidents d'instance (interruption, suspension, révocation de sursis ou abrégement du délai) et renvoient, pour l'essentiel aux règles applicables aux juridictions étatiques, s'agissant des causes comme des conséquences.
L'interruption ou la suspension de l'instance ne dessaisit pas le tribunal arbitral. Le tribunal arbitral peut inviter les parties à lui faire part de leurs initiatives en vue de reprendre l'instance ou de mettre un terme aux causes d'interruption ou de suspension. En cas de carence des parties, il peut mettre fin à l'instance. L'instance reprend son cours en l'état où elle se trouvait au moment où elle a été interrompue ou suspendue lorsque les causes de son interruption ou de sa suspension cessent d'exister.
Aux termes des articles 1476 et 1477 du Code de procédure civile, « le tribunal arbitral fixe la date à laquelle le délibéré sera prononcé. Au cours du délibéré, aucune demande ne peut être formée, aucun moyen soulevé et aucune pièce produite, si ce n'est à la demande du tribunal arbitral ». L'expiration du délai d'arbitrage entraîne la fin de l'instance arbitrale.

6 • Le juge d'appui

Le système du recours subsidiaire au juge étatique, auxiliaire du tribunal arbitral en cas de difficultés diverses avait été créé par la jurisprudence et avalisé par le Code de procédure civile (anc. art. 1444) puis a été consacré par la réforme de l'arbitrage de 2011, qui a institutionnalisé le juge d'appui (C. pr. civ., art. 1459, 1460, 1457, 1456, 1454, 1455, 1452 et 1463, al. 2). Le « juge d'appui est saisi soit par une partie, soit par le tribunal arbitral ou l'un de ses membres » (C. pr. civ., art. 1460). La procédure devant le juge d'appui est dérogatoire : elle relève de la procédure accélérée au fond (C. pr. civ., art. 839) et l'ordonnance rendue (appelée « jugement » à l'article 1460), est en principe insusceptible de recours.
Le rôle du juge d'appui est important (v. Th. Clay, « L'appui du juge à l'arbitrage », *Cah. arb.* 2011. 331) : initialement réservé aux difficultés de constitution du tribunal, il concerne désormais toute difficulté relative à un événement postérieur à la constitution du tribunal arbitral. Ainsi, le juge d'appui peut statuer aussi bien sur les incidents relatifs au remplacement d'un arbitre en raison de son décès ou de sa démission que sur les différends qui naissent des motifs invoqués par l'arbitre qui ne poursuit pas sa mission jusqu'à son terme (C. pr. civ., art. 1457) ou encore sur ceux qui ont pour objet la révocation de l'arbitre (C. pr. civ., art. 1458) ou son remplacement (C. pr. civ., art. 1473, al. 2).
Le juge d'appui est en principe le président du tribunal judiciaire (C. pr. civ., art. 1459 al. 1). « Toutefois, si la convention d'arbitrage le prévoit expressément, le président du tribunal de commerce est compétent pour connaître des demandes formées en application des articles 1451 à 1454. Dans ce cas, il peut faire application de l'article 1455 » poursuit l'article 1459, alinéa 2, du Code de procédure civile. L'article est clair : pour que le président du tribunal de commerce soit juge d'appui, les parties doivent l'avoir expressément prévu au contrat d'arbitrage.

B • La sentence arbitrale

1 • Le formalisme de la sentence

Avant de rendre une sentence signée par tous les arbitres, à la majorité des voix, le tribunal arbitral délibère secrètement (C. pr. civ., art. 1479).
Le formalisme de la sentence est plus réduit que le formalisme d'un jugement étatique (comp., C. pr. civ., art. 458 s. et 1481). La sentence contient l'indication des noms, prénoms ou dénomination

des parties ainsi que de leur domicile ou siège social ; le cas échéant, du nom des avocats ou de toute personne ayant représenté ou assisté les parties ; du nom des arbitres qui l'ont rendue, de sa date et du lieu où la sentence a été rendue.
Toutefois, comme devant la justice étatique, les irrégularités ne sont pas toutes des causes de nullité. N'entraînent nullité que « les dispositions de l'article 1480, celles de l'article 1481 relatives au nom des arbitres et à la date de la sentence et celles de l'article 1482 concernant la motivation de la sentence » (C. pr. civ., art. 1483).
Et encore, comme en matière de jugement, la volonté du législateur est l'évitement de la nullité, si bien que les présomptions de régularité s'appliquent (comp., C. pr. civ., art. 1483, al. 2 et 459) : « l'omission ou l'inexactitude d'une mention destinée à établir la régularité de la sentence ne peut entraîner la nullité de celle-ci s'il est établi, par les pièces de la procédure ou par tout autre moyen, que les prescriptions légales ont été, en fait, observées. »

2 • La structure de la sentence

La structure de la sentence est globalement similaire à celle d'un jugement rendu par un tribunal étatique, à ceci près qu'elle ne contient pas de formule exécutoire, l'arbitre disposant de la *jurisdictio* mais non de l'*imperium*, du pouvoir de contrainte, de recourir à la force publique. Celui qui bénéficie d'une sentence arbitrale favorable et qui se heurte à un refus d'exécution de son adversaire doit donc solliciter le juge étatique aux fins d'*exequatur*, procédure nécessaire pour imposer l'exécution forcée. Le juge compétent est le tribunal judiciaire statuant à juge unique dans le ressort duquel la sentence a été rendue (COJ, art. R. 212-8 2°). Sans remettre en cause le fond de ce qui a été jugé, le juge étatique contrôle la nature de la sentence arbitrale et la conformité de la décision avec l'ordre public. En cas de contrôle positif, le juge appose une mention d'exequatur sur la minute de la sentence. La procédure de l'exequatur est prévue aux articles 1487 du Code de procédure civile.
La sentence arbitrale expose succinctement les prétentions respectives des parties et leurs moyens puis la motivation (C. pr. civ., art. 1482).

3 • Les effets de la sentence

Les effets sont présentés aux articles 1484 et suivant du Code de procédure civile. « La sentence arbitrale a, dès qu'elle est rendue, l'autorité de la chose jugée relativement à la contestation qu'elle tranche. » « La sentence dessaisit le tribunal arbitral de la contestation qu'elle tranche. » « Toutefois, à la demande d'une partie, le tribunal arbitral peut interpréter la sentence, réparer les erreurs et omissions matérielles qui l'affectent ou la compléter lorsqu'il a omis de statuer sur un chef de demande. Il statue après avoir entendu les parties ou celles-ci appelées ». La procédure de rectification est prévue à l'article 1486.
La sentence est notifiée par voie de signification à moins que les parties en conviennent autrement.
La sentence peut être assortie de l'exécution provisoire. En cas d'absence d'exécution spontanée par une partie, la sentence ne peut bénéficier d'une exécution forcée qu'après avoir été exequaturée par le juge étatique.

4 • Les recours contre la sentence arbitrale

L'adage d'ancien droit « voies de nullité n'ont lieu contre les jugements », repris à l'article 460 du Code de procédure civile signifie qu'il est impossible d'intenter une action autonome en nullité du jugement comme on pourrait procéder en nullité d'un contrat. « La nullité d'un jugement ne peut être demandée que par les voies de recours prévues par la loi ». Or, la nature purement contractuelle de l'arbitrage impose des principes inverses : la sentence est susceptible d'un recours autonome en nullité mais pas, en principe, d'un appel. Le décret nº 2023-1391 du 29 décembre 2023, *portant simplification de la procédure d'appel en matière civile* (v. *supra*, fiche 28) s'applique à l'arbitrage. Rappelons qu'aux termes de son article 16, le décret entre en vigueur le 1er septembre 2024 et est « applicable aux instances d'appel introduites à compter de cette date et aux instances reprises devant la cour d'appel à la suite d'un renvoi après cassation lorsque la juridiction de renvoi est saisie à compter de cette même date ». Il en ressort en matière d'arbitrage que tout recours, en annulation, en appel de l'ordonnance d'exequatur, en appel d'une sentence arbitrale ou encore en renvoi après cassation, qui serait exercé à partir du 1er septembre 2024 sera soumis au nouveau dispositif et à la nouvelle numérotation (v. *supra*, fiches 28 et 29).

a) Le recours en nullité

Ce recours est régi aux articles 1491 et suivant du Code de procédure civile. Sur le principe, « la sentence peut toujours faire l'objet d'un recours en annulation à moins que la voie de l'appel ne soit ouverte conformément à l'accord des parties. Toute stipulation contraire est réputée non écrite. » Il est donc impossible de cumuler appel et recours en annulation.

Ce principe général doit en réalité composer avec l'existence de causes réduites d'annulation, au nombre de six, se résumant aux irrégularités de la procédure arbitrale ou de la sentence elle-même. Aux termes de l'article 1492 du Code de procédure civile, « le recours en annulation n'est ouvert que si : le tribunal arbitral s'est déclaré à tort compétent ou incompétent ; ou [qu'il] a été irrégulièrement constitué ; ou [qu'il] a statué sans se conformer à la mission qui lui avait été confiée ; ou [encore que] le principe de la contradiction n'a pas été respecté ; ou [que] la sentence est contraire à l'ordre public ; ou [enfin que] la sentence n'est pas motivée ou n'indique pas la date à laquelle elle a été rendue ou le nom du ou des arbitres qui l'ont rendue ou ne comporte pas la ou les signatures requises ou n'a pas été rendue à la majorité des voix ».

La partie qui souhaite obtenir la nullité de la sentence doit porter sa demande « devant la cour d'appel dans le ressort de laquelle la sentence a été rendue », dès le prononcé de la sentence et avant le mois de la notification de la sentence (C. pr. civ., art. 1494). La demande ne doit pas nécessairement être présentée par voie électronique (v. CEDH 9 juin 2022, *Xavier Lucas c/ France*, req. nº 15567/20, fiche 29). La partie devra suivre la procédure d'appel avec représentation obligatoire visée aux articles 900 et suivant du Code de procédure civile. L'exécution de la sentence est suspendue par le délai d'exercice du recours ou le recours lui-même (C. pr. civ., art. 1496). Une exécution provisoire de la sentence est toutefois possible du premier président statuant en référé ou, dès qu'il est saisi, le conseiller de la mise en état (C. pr. civ., art. 1497).

Enfin, « lorsque la juridiction annule la sentence arbitrale, elle statue sur le fond dans les limites de la mission de l'arbitre, sauf volonté contraire des parties » (C. pr. civ., art. 1493).

b) L'appel

Lorsque la convention d'arbitrage a été conclue après le 1er mai 2011, date d'application de la réforme de l'arbitrage, le principe est l'impossibilité de l'appel. L'article 1489 est toutefois supplétif de volonté des parties et il reste loisible à ces dernières de prévoir au contrat l'appel, ce qui exclura l'action autonome en nullité (C. pr. civ., art. 1491).

L'appel de la sentence aura alors les mêmes fonctions que l'appel des jugements étatiques : il tend à la réformation ou à l'annulation de la sentence. Il doit être présenté à la cour d'appel selon la même procédure que celle décrite pour le recours en annulation. La cour statue en droit ou en amiable composition dans les limites de la mission du tribunal arbitral.

Loyauté et déloyauté de la preuve devant le juge civil : le changement de cap

Idem est non esse aut non probari. C'est la même chose de ne pas avoir de droit et de ne pouvoir le prouver. La preuve juridique constitue l'instrument qui assure la recherche sinon de *la* vérité, du moins d'*une* vérité. La vérité judiciaire a en effet toujours paru constituer une vérité de second rang au regard de la vérité scientifique qui conserve la réputation d'être plus objective du fait de la liberté qui est laissée aux scientifiques pour démontrer les propositions qu'ils avancent. Sans doute un tel constat mérite-t-il d'être nuancé, mais il possède l'incontestable vertu de mettre en exergue les entraves qui pèsent sur le juge pour se forger une conviction.

En application de l'article 1353 du Code civil, qui prévoit que : « Celui qui réclame l'exécution d'une obligation doit la prouver », la charge de la preuve repose en principe sur le demandeur. Cette règle se justifie aisément. C'est à celui qui élève une prétention de rapporter la preuve des allégations nécessaires à son succès. Faisant écho à l'article 1353, l'article 9 du Code de procédure civile précise ainsi qu'« il incombe à chaque partie de prouver conformément à la loi les faits nécessaires au succès de sa prétention ». De cette règle, il découle que la preuve constitue d'abord une charge pour les parties. Cette charge prolonge celle, prévue par l'article 6 du Code de procédure civile, imposant aux parties d'alléguer les faits nécessaires au succès de leurs prétentions. Cette charge probatoire est cependant tempérée par l'éventuelle intervention spontanée du juge civil dans la recherche des preuves. L'article 10 du Code de procédure civile lui offre en effet le pouvoir d'ordonner d'office toutes les mesures d'instruction légalement admissibles. Si le texte reconnaît au juge le pouvoir d'ordonner une mesure d'instruction de sa propre initiative, les principes directeurs restent muets sur la possibilité pour les parties de solliciter une telle mesure. Cette question ne soulève cependant aucune difficulté et le juge peut ordonner une mesure d'instruction à la demande de l'une des parties, ce que l'article 143 du Code de procédure civile rappelle d'ailleurs expressément. Le régime de la production forcée de pièces diffère quelque peu de celles des mesures d'instruction. À la différence des mesures d'instruction, le juge ne dispose pas du pouvoir d'ordonner d'office la production d'une pièce détenue par une partie ou un tiers. Il doit être saisi d'une demande en ce sens et en apprécie discrétionnairement l'opportunité (Civ. 2e, 13 nov. 2015, nº 14-24.173, inédit ; Civ. 1re, 14 nov. 2001, nº 99-12.735, inédit). L'article 11, alinéa 2, du Code de procédure civile prévoit en effet que : « Si une partie détient un élément de preuve, le juge peut, à la requête de l'autre partie, lui enjoindre de le produire. » Cet alinéa rompt avec le principe traditionnel selon lequel *nemo tenetur contra se edere* (v. par ex. Civ. 2e, 1er juill. 1966, *Bull. civ.* II, nº 727). Une partie peut ainsi être contrainte de produire une pièce qui va à l'encontre de la thèse qu'elle défend. Il y a là un prolongement de l'article 10 du Code civil qui prévoit que : « Chacun est tenu d'apporter son concours à la justice en vue de la manifestation de la vérité. »

En raison de l'encadrement des moyens de preuve par le droit, mais encore du temps réduit qui est à sa disposition pour examiner chaque litige, le juge civil ne dispose pas de tous les moyens nécessaires pour dégager *la* vérité et doit donc, le plus souvent, se contenter de simples vraisemblances.

Cet aspect de la preuve civile était parfaitement illustré par le principe de loyauté dans l'administration de la preuve, dont l'application imposait au juge d'écarter certains éléments de preuve, malgré tout l'intérêt qu'ils pouvaient présenter pour la manifestation de la vérité. En justice, tous

les moyens n'étaient donc pas bons pour dévoiler la vérité. Ainsi, même si l'élément de preuve avait été régulièrement versé aux débats, il pouvait être jugé inadmissible en raison de son caractère illicite. Le droit, qui entoure la recherche des preuves d'une connotation morale, refusait d'admettre à titre de preuve des éléments qui avaient été recueillis de manière moralement répréhensible. En matière de divorce, on trouve une illustration textuelle de cette interdiction à l'article 259-1 du Code civil qui interdit qu'un époux établisse la faute de son conjoint grâce à « un élément de preuve qu'il aurait obtenu par violence ou par fraude ». En marge des textes, c'est le principe de loyauté dans l'administration de la preuve qui entourait la recherche des preuves d'une certaine probité et contribuait ainsi à « réduire la vérité au silence » (E. Baraduc-Bénabent, « Le droit de la preuve vu par l'avocat : "la loyauté dans la recherche des preuves" », *LPA* 28 oct. 2004, n° 216, p. 35-37). L'assemblée plénière, le 7 janvier 2011, avait ainsi consacré « le principe de loyauté dans l'administration de la preuve » en retenant que « la justice doit être rendue loyalement au vu de preuves recueillies et produites d'une manière qui ne porte pas atteinte à sa dignité et à sa crédibilité » et déclarant « irrecevable la production d'une preuve recueillie à l'insu de la personne ou obtenue par une manœuvre ou un stratagème ».
Il n'échappera à personne qu'en 2025, l'imparfait s'impose afin d'évoquer l'irrecevabilité, en matière civile, des preuves obtenues par déloyauté. En effet, dans un arrêt d'assemblée plénière du 22 décembre 2023, la Cour de cassation a opéré un revirement de jurisprudence, mettant en balance la loyauté de la preuve avec le droit à la preuve, qu'elle infère de l'article 6, § 1 de la Convention européenne de sauvegarde des droits de l'homme et des libertés fondamentales (Conv. EDH).
Afin de mieux comprendre le principe, les conditions et la portée de ce revirement (II), on rappellera en préliminaire l'ancien régime que l'assemblée plénière a entendu abattre, celui de l'irrecevabilité de la preuve déloyale (I).

I • L'ancien régime : portée et fondement de l'irrecevabilité

A • Portée de l'irrecevabilité

1 • L'irrecevabilité du mode de preuve déloyal

Selon le dictionnaire d'Émile Littré, est loyal « *ce qui obéit aux lois de l'honneur et de la probité* ». La notion de déloyauté se prête cependant difficilement aux contours rigides d'une définition précise, et c'est au travers de ses manifestations positives que l'on en saisit le mieux le sens.
De façon constante, les chambres civiles de la Cour de cassation, sur le fondement de l'article 9 du Code de procédure civile et des articles 6 et 8 de la Conv. EDH prohibaient l'utilisation, à titre de preuve, d'enregistrements de conversations téléphoniques ou vidéos réalisés à l'insu de leur auteur, en raison de leur caractère déloyal (Soc. 29 janv. 2008, n° 06-45.814, inédit ; Com. 25 févr. 2003, n° 01-02.913, inédit ; Civ. 2e, 7 oct. 2004, n° 03-12.653, *Bull. civ.* II, n° 447). Cette solution avait été répétée en assemblée plénière dans une importante décision rendue le 7 janvier 2011. Au visa des articles 9 du Code de procédure civile et 6 § 1 de la Conv. EDH, mais également du « principe de loyauté dans l'administration de la preuve », la Cour de cassation affirme que « *l'enregistrement d'une communication téléphonique réalisé à l'insu de l'auteur des propos tenus constitue un*

procédé déloyal rendant irrecevable sa production à titre de preuve » (Cass., ass. plén., 7 janv. 2011, n°s 09-14.316 et 09-14.667, *Bull. ass. plén.*, n° 1). Peu importe à cet égard que la communication ne porte pas atteinte au droit au respect de la vie privée. Quel que soit le contenu de l'enregistrement, c'est la déloyauté du procédé mis en œuvre pour l'obtenir qui justifie son irrecevabilité. Les images filmées par une caméra dissimulée des salariés (Soc. 20 nov. 1991, n° 88-43.120, *Bull. civ.* V, n° 519), les comptes rendus d'une filature organisée (Soc. 22 mai 1995, n° 93-44.078, *Bull. civ.* V, n° 101 ; Soc. 4 févr. 1998, n° 95-43.421, *Bull. civ.* V, n° 64) ou encore les pièces obtenues grâce à une ordonnance sur requête ayant été rétractée (Com. 6 déc. 2016, n° 15-18.088, inédit) ne pourraient pas davantage être produits en justice. La Cour de cassation fait d'ailleurs parfois montre d'exigence.

Ainsi un employeur qui soupçonnait un de ses salariés d'aller travailler au restaurant tenu par son épouse pendant son temps de travail avait demandé à d'autres salariés d'aller déjeuner audit restaurant. Le procédé était-il déloyal, sachant qu'un restaurant est un lieu ouvert au public ? La Cour de cassation répond par l'affirmative dès lors qu'ils s'étaient présentés comme des clients et qu'ils n'avaient pas révélé leur qualité et le but de leur visite (Soc. 18 mars 2008, n° 06-45.093, *Bull. civ.* V, n° 64). Illustrant encore cette sévérité, la Cour de cassation avait jugé que le principe de loyauté dans l'administration de la preuve « *commandait que la personne qui assiste l'huissier instrumentaire lors de l'établissement d'un procès-verbal de constat soit indépendante de la partie requérante* » (Civ. 1re, 25 janv. 2017, n° 15-25.210, *Bull. civ.* I, n° 20).

C'est l'existence d'un stratagème, mis en place à l'insu de celui auquel la preuve sera opposée, qui caractérise la déloyauté. Il faut cependant garder à l'esprit que la loyauté constitue un principe à géométrie variable qui peut jouer plus ou moins intensément à l'égard des parties au procès. On doit, à cet égard, comparer les solutions présentées ci-dessus avec la jurisprudence qui admet, qu'« un salarié, lorsque cela est strictement nécessaire à l'exercice des droits de sa défense dans le litige l'opposant à son employeur, puisse produire en justice des documents dont il a eu connaissance à l'occasion de ses fonctions » (Soc. 2 déc. 1998, n° 96-44.258, *Bull. civ.* V, n° 535 ; Soc. 30 juin 2004, n°s 02-41.720 et 02-41.771, *Bull. civ.* V, n° 187).

Lorsque la collecte d'un élément de preuve n'est pas le fruit d'un stratagème, la déloyauté s'efface. Il a ainsi été jugé que « si l'enregistrement d'une conversation téléphonique privée, effectué à l'insu de l'auteur des propos invoqués, est un procédé déloyal rendant irrecevable en justice la preuve ainsi obtenue, il n'en est pas de même de l'utilisation par le destinataire de messages écrits téléphoniquement adressés, dits SMS, dont l'auteur ne peut ignorer qu'ils sont enregistrés par l'appareil récepteur » (Soc. 23 mai 2007, n° 06-43.209, *Bull. civ.* V, n° 85 ; v. égal. Com. 10 févr. 2015, n° 13-14.779, *Bull. civ.* II, n° 20). Un minimessage étant conservé dans la mémoire de l'appareil téléphonique, aucune déloyauté n'est caractérisée, car l'auteur du message ne peut ignorer que ce dernier peut être sauvegardé par le destinataire. De la même manière, un message vocal enregistré sur un répondeur téléphonique ou un courriel ne peuvent être considérés comme des procédés déloyaux, car celui qui les émet sait, ou est censé savoir, que le contenu du message sera conservé par l'appareil (Soc. 6 févr. 2013, n° 11-23.738, *Bull. civ.* V, n° 31). L'employeur qui avertit les salariés que leurs communications téléphoniques seront écoutées ou enregistrées n'est pas davantage déloyal (Soc. 14 mars 2000, n° 98-42.090, *Bull. civ.* V, n° 101). La jurisprudence estime même qu'une enquête sur des faits de harcèlement moral, menée à l'insu du salarié mis en cause, mais avec l'accord des représentants du personnel, ne doit pas être considérée comme un mode de preuve déloyal (Soc. 17 mars 2021, n° 18-25.597).

Ceci ne signifie pas qu'un mode de preuve loyal sera toujours recevable car la légalité à laquelle se réfère l'article 9 du Code de procédure civile dépasse la déloyauté du procédé.

2 • L'irrecevabilité possible d'un mode de preuve loyal

Du respect du principe de loyauté dans l'administration de la preuve ne découle pas nécessairement la recevabilité des éléments produits. D'autres règles peuvent en effet justifier que l'élément soit écarté. Ainsi, si un système de vidéosurveillance de la clientèle, non dissimulé aux salariés, ne peut être considéré comme déloyal, il pourrait néanmoins être jugé illicite si les dispositions spécifiques du droit du travail n'ont pas été respectées. L'article L. 2312-38, alinéa 3, du Code du travail prévoit notamment que le comité social et économique « est informé et consulté, préalablement à la décision de mise en œuvre dans l'entreprise, sur les moyens ou les techniques permettant un contrôle de l'activité des salariés ». Le mode de preuve obtenu grâce à des appareils de surveillance placés dans l'entreprise sans que le comité d'entreprise ait préalablement été informé et consulté doit être déclaré irrecevable (Soc. 7 juin 2006, n° 04-43.866, *Bull. civ.* V, n° 206). Ce devoir d'information et de consultation cesse toutefois lorsque les caméras sont placées dans des « entrepôts ou autres locaux de rangement dans lesquels les salariés ne travaillent pas » (Soc. 31 janv. 2001, n° 98-44.290, *Bull. civ.* V, n° 28).

De même, le droit au respect de la vie privée, que protègent l'article 9 du Code civil (« Chacun a droit au respect de sa vie privée ») et l'article 8 de la Convention européenne de sauvegarde des droits de l'homme et des libertés fondamentales (« Toute personne a droit au respect de sa vie privée et familiale, de son domicile et de sa correspondance »), peut faire échec à la recevabilité d'éléments de preuve pourtant obtenus loyalement. L'arrêt *Nikon* rendu par la chambre sociale de la Cour de cassation le 2 octobre 2001 en constitue une parfaite illustration. La société Nikon avait engagé un ingénieur, mis à sa disposition du matériel informatique et interdit au salarié de s'en servir à des fins non professionnelles. Après avoir découvert sur l'ordinateur du salarié l'existence d'un fichier intitulé « personnel », dans lequel figuraient des messages établissant l'existence d'une activité parallèle du salarié, la société décide de le licencier pour faute grave. La Cour de cassation a rejeté la preuve de l'activité parallèle du salarié, car elle avait été obtenue en violation du respect de la vie privée du salarié qui implique le secret des correspondances. La Haute juridiction reconnaît ainsi l'existence d'une vie privée au travail, à laquelle l'employeur avait porté atteinte en consultant les fichiers personnels contenus dans l'ordinateur de son salarié. Sans qu'il soit nécessaire de s'interroger sur la loyauté du procédé de preuve, celui-ci fut écarté au fondement des articles 8 de la Convention européenne de sauvegarde des droits de l'homme et des libertés fondamentales et 9 du Code civil (Soc. 2 oct. 2001, n° 99-42.942, *Bull. civ.* V, n° 291 ; v. égal. Cass., ch. mixte, 18 mai 2007, n° 05-40.803, *Bull. ch. mixte*, n° 3). On rappellera d'ailleurs qu'en matière sociale, l'article L. 1121-1 du Code du travail dispose que : « Nul ne peut apporter aux droits des personnes et aux libertés individuelles et collectives de restrictions qui ne seraient pas justifiées par la nature de la tâche à accomplir ni proportionnées au but recherché. »

Cette rigueur était toutefois tempérée par l'émergence progressive d'un droit fondamental à la preuve, que la Cour de cassation a expressément consacré au fondement de l'article 6 § 1 de la Convention européenne de sauvegarde des droits de l'homme et des libertés fondamentales (Civ. 1re, 5 avr. 2012, n° 11-14.177, *Bull. civ.* I, n° 85) et qui a vu sa substance et sa portée s'accroître (v. *infra*, II). Et, auparavant, la Cour de cassation avait déjà pu admettre qu'un élément de preuve portant atteinte à la vie privée pouvait être versé aux débats, dès lors qu'était « caractérisée la nécessité de la production litigieuse quant aux besoins de la défense et sa proportionnalité au but recherché » (Civ. 1re, 16 oct. 2008, n° 07-15.778, *Bull. civ.* I, n° 230). L'atteinte au respect dû à la vie privée tirée de la production en justice d'un élément de preuve peut ainsi être admise, dès lors qu'elle reste proportionnée au regard des intérêts antinomiques en présence (Soc. 9 nov. 2016, n° 15-10.203, *Bull. civ.* IX, n° 209 ; v. *a contrario* en cas de disproportion : Civ. 1re, 25 févr. 2016, n° 15-12.403), balance des intérêts qu'il appartient même au juge saisi d'une demande de preuve en référé d'effectuer (Soc. 16 nov. 2016, nº 15-17.163, inédit). C'est ainsi que la Cour de cassation a admis que l'employeur pouvait solliciter une mesure d'instruction destinée à lui donner connaissance des messages personnels émis et reçus par le salarié (Soc. 23 mai 2007, nº 05-17.818, *Bull. civ.* V, nº 84). C'est ainsi, également, qu'elle a jugé recevable des informations extraites d'un compte Facebook, lorsque la publication litigieuse a été spontanément communiquée à l'employeur par un courriel d'une autre salariée de l'entreprise autorisée à accéder comme « amie » sur le compte privé de la défenderesse (Soc. 30 sept. 2020, nº 19-12.058). En revanche, elle a jugé que le droit à la preuve ne saurait faire obstacle à l'intangibilité du secret professionnel du notaire (Civ. 1re, 4 juin 2014, nº 12-21.244, *Bull. civ.* I, nº 101), solution qui aurait pu logiquement pouvoir être transposée au secret professionnel de l'avocat (v. Règlement Intérieur National de la profession d'avocat [RIN], art. 2 et 3). Toutefois, peu avant le revirement sur la preuve déloyale, la première chambre civile de la Cour de cassation a décidé, dans un arrêt rendu sous le triple visa de l'article 6 § 1 de la Conv. EDH, de l'article 145 du Code de procédure civile et du statut des avocats (article 66-5, alinéa 1, de la loi nº 71-1130 du 31 décembre 1971 et 4 du décret nº 2005-790 du 12 juillet 2005) que « le secret professionnel de l'avocat ne constitue pas en lui-même un obstacle à l'application des dispositions de l'article 145 du Code de procédure civile dès lors que les mesures d'instruction sollicitées, destinées à établir la faute de l'avocat, sont indispensables à l'exercice du droit à la preuve du requérant, proportionnées aux intérêts antinomiques en présence et mises en œuvre avec des garanties adéquates » (Civ. 1re, 6 déc. 2023, nº 22-19.285 P). La première chambre civile a ainsi appliqué la même recette adoptée pour le secret des affaires par la deuxième chambre civile plus de vingt ans plus tôt (Civ. 2e, 7 janv. 1999, nº 95-21.934, *Bull. civ.* II, nº 4 ; *BJS* juin 1999, p. 666, nº 6, note F.-X. Lucas). De la même façon a-t-il été jugé que le secret bancaire n'est pas un obstacle à l'admission de mesures probatoires *in futurum* : « le secret bancaire n'est pas absolu et cède devant le droit à la preuve dès lors que sa levée est indispensable à la solution du litige » (Civ. 2e, 21 déc. 2023, nºs 21-25.382 et 21-25.725, Inédit, § 17).

B • Les fondements de l'irrecevabilité

1 • Fondements textuels

La recherche du fondement textuel du principe de loyauté est assez vaine. Si la solution tenant dans l'irrecevabilité des modes de preuve déloyaux est constante, ses fondements sont en revanche plus incertains.

De manière générale, la loyauté ne trouve d'assise que dans quelques dispositions éparses. Ainsi, l'ancien article 763, alinéa 2, devenu l'article 780, alinéa 2 du Code de procédure civile, précise simplement que le juge de la mise en état « a mission de veiller au déroulement loyal de la procédure ». En matière d'arbitrage, on doit encore noter que l'article 1464, alinéa 3 du Code de procédure civile indique que : « Les parties et les arbitres agissent avec célérité et loyauté dans la conduite de la procédure. » Mais aucune disposition n'érige la loyauté en tant que principe directeur du procès civil.

C'est la jurisprudence qui détermine, au cas par cas, ce qu'est un mode de preuve loyal ou non. L'exigence de loyauté est donc une création prétorienne. Pour imposer cette exigence, la jurisprudence s'est principalement fondée sur l'article 9 du Code de procédure civile qui précise que chacune des parties doit prouver les faits nécessaires au succès de ses prétentions « conformément à la loi ». La Cour de cassation vise également fréquemment l'article 6 de la Convention européenne de sauvegarde des droits de l'homme et des libertés fondamentales qui précise que chacun a droit à un procès équitable. Cet article ne contient littéralement aucune disposition relative à la preuve. Si un tel lien entre la loyauté et la notion de procès équitable n'est pas impossible à opérer, la version

anglaise de la Convention comportant le terme *fair*, qui signifie loyal, et non pas *equity*, qui signifie équité, cela ne relève pas de l'évidence. Et la Cour européenne des droits de l'homme a d'ailleurs affirmé qu'elle ne saurait exclure par principe et *in abstracto* l'admissibilité d'une preuve recueillie de manière illégale (CEDH 12 juill. 1988, *Schenk c/ Suisse,* req. nº 10862/84) et que « dans les litiges opposant des intérêts privés, "l'égalité des armes" implique l'obligation d'offrir à chaque partie une possibilité raisonnable de présenter sa cause – y compris ses preuves – dans des conditions qui ne la placent pas dans une situation de net désavantage par rapport à son adversaire » (CEDH 27 oct. 1993, *Dombo Beheer c/ Pays-Bas,* req. nº 14448/88).
C'est donc en marge des textes qu'il convenait de rechercher les fondements de la loyauté dans l'administration de la preuve.

2 • Fondement substantiel

Pour affirmer son attachement au principe de loyauté, la Cour de cassation a, dans l'arrêt d'assemblée plénière du 7 janvier 2011, expressément visé « *le principe de loyauté dans l'administration de la preuve* » (Cass., ass. plén., 7 janv. 2011, nºs 09-14.316 et 09-14.667, *Bull. ass. plén.*, nº 1). En marge des sources textuelles, la Cour de cassation a ainsi érigé la loyauté dans l'administration de la preuve en principe de droit privé qui, conformément à sa nature, va proroger ou, au contraire, évincer l'application des normes textuelles et, en l'occurrence, celles relatives à l'admissibilité des modes de preuve.
La consécration de ce principe a rappelé que la recherche de la vérité ne justifiait pas l'emploi de tous les moyens, car elle n'est pas la seule fin de la justice. Tout système juridique vise également à préserver la paix sociale. Respecter les personnes humaines en rejetant les moyens de preuve basés sur des provocations, des mensonges, de la malice ou des stratagèmes participe à l'évidence au respect de cet objectif. Mais à trop axer sur le maintien d'une loyauté dans la preuve, il ne faudrait pas encourager le développement de comportements illégaux, qu'aucun ne pourrait prouver sans contrevenir au principe de loyauté dans l'administration de la preuve. La malléabilité de la notion de loyauté permet à la jurisprudence de tempérer sa rigueur afin de laisser à chaque partie la possibilité de prouver les faits nécessaires au succès de ses prétentions. En droit social, la loyauté dans l'administration de la preuve ne fait pas obstacle à ce que le salarié produise en justice les éléments dont il a eu connaissance à l'occasion de ses fonctions (Soc. 2 déc. 1998, nº 96-44.258, *Bull. civ.* V, nº 535 ; Soc. 30 juin 2004, nºs 02-41.720 et 02-41.771, *Bull. civ.* V, nº 187). On peut certes s'émouvoir qu'un principe général du droit cède ainsi face à la nécessité de faire la preuve. Mais, cela permet d'éviter qu'il ne fasse systématiquement obstacle à l'exercice du droit à la preuve dont dispose chaque individu. Pour établir les faits nécessaires au succès de ses prétentions, chacune des parties peut d'ailleurs, avant tout procès, lorsqu'un effet de surprise est nécessaire, solliciter du juge le prononcé d'une mesure d'instruction sur requête (v. par ex. Civ. 2e, 5 mai 2011, nº 10-20.439, inédit). L'adversaire n'est alors pas appelé et, pour faire valoir ses arguments, pourra simplement exercer un référé rétractation. Même si elle ne doit pas servir à la mise en place d'un stratagème (Civ. 2e, 26 sept. 2013, nº 12-23.387, inédit), l'intervention du juge avant tout procès assure ainsi à chacune des parties la possibilité de se ménager les éléments de preuve nécessaires à la préservation de ses droits.
C'est la recherche de cet équilibre entre la nécessité d'entourer la collecte des preuves d'une certaine probité et celle de laisser à chaque partie une possibilité raisonnable d'établir ses prétentions qui a pu guider la jurisprudence jusqu'au revirement de 2023.

II • Le nouveau régime apporté par l'arrêt de revirement d'assemblée plénière du 22 décembre 2023

Deux affaires rendues le même jour (nos 20-20.648 et 21-11.330) ont conduit à la saisine de l'assemblée plénière, dont une a permis le revirement (no 20-20.648). Dans ces deux affaires, un employeur avait utilisé dans un procès au fond une preuve déloyale afin de justifier le licenciement d'un salarié, soit en produisant des transcriptions d'enregistrements clandestins (no 20-20.648) soit en se fondant sur les propos tenus sur le compte Facebook du salarié, rapportés par un autre salarié ayant utilisé son poste informatique (no 21-11.330). Dans les deux cas, la cour d'appel saisie avait, conformément à la jurisprudence constante, écarté comme irrecevable la preuve offerte par l'employeur parce qu'elle avait été obtenue de manière déloyale. Dans le conflit ouvert entre le droit à la preuve et le principe de loyauté dans l'administration de la preuve, le principe de loyauté l'emportait en matière civile, du moins jusqu'aux deux arrêts jumeaux d'assemblée plénière, dont le premier a changé la donne. En revanche, dans la deuxième affaire (no 21-11.330), la Cour de cassation considère que les juges n'avaient pas à s'interroger sur la valeur de la preuve provenant de la messagerie Facebook en appliquant une jurisprudence constante de la chambre sociale qui retient que les propos échangés par le salarié avec l'un de ses collègues sur la messagerie Facebook constituent une conversation privée qui n'avait pas vocation à être rendue publique et ne pouvait s'analyser, en l'absence d'autres éléments, en un manquement du salarié aux obligations découlant de son contrat de travail.
Cet arrêt de revirement no 20-20.648 peut être qualifié de grand arrêt de la jurisprudence civile. Il y a en effet certains signes, de forme et de fond, qui ne trompent pas. Tout d'abord signalons que l'arrêt a été rendu par l'assemblée plénière, formation la plus solennelle de la Cour de cassation, composée de dix-neuf juges judiciaires et a été retransmis en direct sur le site de la Cour. Ensuite, le siglage des arrêts mis en place dans sa dernière mouture depuis le 15 juin 2021 annonce ici une forte valeur normative, l'arrêt étant estampillé B (arrêts publiés au *Bulletin des arrêts de la Cour de cassation*) + R (arrêts qui sont publiés et commentés dans le Rapport annuel d'activité de la Cour de cassation), à quoi s'ajoute la lettre C, annonçant que les décisions ont fait l'objet d'un communiqué de presse, réservé aux arrêts à portée normative importante et susceptibles d'avoir une grande incidence sur la vie quotidienne des citoyens. En outre, la motivation enrichie de l'arrêt, réservée aux arrêts de revirement, doit être notée. Treize paragraphes sur les 21 y sont consacrés, citant et analysant la jurisprudence de la CEDH et la jurisprudence pénale. Notons en outre que l'arrêt a été pris sur le double visa des articles 6, § 1, de la Convention de sauvegarde des droits de l'homme et des libertés fondamentales et 9 du Code de procédure civile. Enfin et surtout, on doit évidemment prêter attention au contenu de l'arrêt : l'édiction d'une solution de principe à portée générale. Désormais, dans le procès civil, la déloyauté de la preuve ne s'oppose plus, en soi, à son administration. La Cour pose : « Dans un procès civil, l'illicéité ou la déloyauté dans l'obtention ou la production d'un moyen de preuve ne conduit pas nécessairement à l'écarter des débats. Le juge doit, lorsque cela lui est demandé, apprécier si une telle preuve porte une atteinte au caractère équitable de la procédure dans son ensemble, en mettant en balance le droit à la preuve et les droits antinomiques en présence, le droit à la preuve pouvant justifier la production d'éléments portant atteinte à d'autres droits à condition que cette production soit indispensable à son exercice et que l'atteinte soit strictement proportionnée au but poursuivi ». La déloyauté de la preuve ne s'oppose donc plus, en soi, à son administration. Solution de compromis (A) et solution unitaire (B) caractérisent la nouvelle règle.

A • Une solution de compromis : la primauté, sous conditions, du droit à la preuve sur la loyauté de la preuve

1 • L'inspiration européenne

La Cour de cassation admet que des moyens de preuve déloyaux peuvent être présentés au juge dès lors qu'ils sont indispensables à l'exercice des droits du justiciable. Toutefois, la prise en compte de ces preuves ne doit pas porter une atteinte disproportionnée aux droits fondamentaux de la partie adverse (vie privée, égalité des armes, etc.).

Cette solution constitue un revirement de jurisprudence. Elle s'inspire de la jurisprudence de la Cour européenne des droits de l'homme, qui n'exige pas le principe de loyauté de la preuve. Elle répond à la nécessité de ne pas priver un justiciable de la possibilité de faire la preuve de ses droits, lorsque la seule preuve disponible pour lui suppose, pour son obtention, une atteinte aux droits de la partie adverse.

Le principe de loyauté dans l'administration de la preuve admis en 2011 conduit à entraver la preuve de certains faits qui, au nom de cette moralité probatoire mais au mépris du droit à la preuve, ne peuvent être établis. La Cour met alors en balance la loyauté de la preuve avec le droit à la preuve qu'elle infère de l'article 6, § 1 de la Conv. EDH (sur l'importance du droit à la preuve, v. Civ. 1re, 6 déc. 2023, nº 22-19.285, préc.).

2 • Les limites de la primauté

La décision de la cour d'appel, qui avait écarté les enregistrements clandestins au motif qu'ils avaient été obtenus de manière déloyale, est censurée. L'affaire est renvoyée devant une autre cour d'appel. Celle-ci devra vérifier, d'une part, que les enregistrements étaient indispensables pour prouver la faute grave du salarié, d'autre part, que l'utilisation de ces enregistrements réalisés à l'insu du salarié ne porte pas une atteinte disproportionnée à ses droits fondamentaux.

Appliquant ce nouveau principe, un arrêt de la Chambre sociale du 10 juillet 2024 (Soc. 10 juill. 2024, nº 23-14.900 F-B), précise l'office du juge. Une salariée contestait son licenciement en prétendant avoir subi un harcèlement moral, qu'elle prouvait par la retranscription d'un enregistrement de l'employeur réalisé à son insu lors d'un entretien au cours duquel il avait exercé des pressions et l'avait menacée de licenciement si elle n'acceptait pas de conclure une rupture conventionnelle. La cour d'appel avait rejeté cet enregistrement comme irrecevable, considérant que la salariée avait d'autres moyens de prouver la réalité du harcèlement subi et qu'un tel enregistrement clandestin était contraire au principe de la loyauté dans l'administration de la preuve et portait une atteinte disproportionnée au respect de la vie personnelle de l'employeur. La Chambre sociale casse en estimant que la preuve aurait dû être examinée sous l'angle de la proportionnalité et de son caractère indispensable.

La nouvelle règle est susceptible de s'appliquer dans tous les domaines où la preuve est libre : en droit social, comme dans ces deux arrêts, mais aussi en droit commercial ou encore en droit administratif. L'unité de la solution réside également en ce qu'elle est la même en matière pénale et pour la preuve illicite.

B • Une solution unitaire : le ralliement à la solution pénale et à la règle sur la preuve illicite

La Cour de cassation fonde en partie son revirement sur l'observation des règles en matière pénale. En cette matière, parce que la recherche de la vérité judiciaire est traditionnellement considérée comme

plus impérieuse qu'en matière civile, l'administration d'une preuve déloyale est admise (Cass., ass. plén., 9 déc. 2019, nº 18-86.767). Désormais, la règle est unique en matière civile et pénale.
En outre, l'assemblée plénière a souligné « la difficulté de tracer une frontière claire entre les preuves déloyales et les preuves illicites ». Or, le traitement de la preuve illicite différait de celui de la preuve déloyale. Dans le premier cas, le juge devait et doit toujours vérifier la proportionnalité de l'atteinte portée aux droits de la personne à l'encontre de laquelle elle est administrée alors que, dans le second, le juge ne pouvait que prononcer l'irrecevabilité. La Cour de cassation, dans son arrêt de fin 2023, applique les deux conditions cumulatives tirées du régime de la preuve illicite : la preuve illicite doit être indispensable à l'exercice du droit à la preuve et l'atteinte portée à la vie privée doit être proportionnée aux intérêts antinomiques en présence (Soc. 30 sept. 2020, nº 19-12.058 ; Civ. 1re, 5 avr. 2012, nº 11-14.177). La déloyauté de la preuve n'est donc plus un principe absolu écartant le droit à la preuve, il n'est plus qu'un élément parmi d'autres à prendre en compte dans l'exercice du contrôle de proportionnalité.
Unité mais casuistique ? Il faut toutefois nuancer l'idée d'une totale uniformité de solution. Le contrôle de proportionnalité auquel se livreront désormais les juges du fond amènera certainement des solutions contrastées : ici une preuve déloyale acceptée, là, la même preuve rejetée car elle ne constituait pas l'unique mode de preuve disponible ou car l'atteinte au droit à la vie privée ou à un autre droit fondamental a été jugée disproportionnée.

Textes législatifs essentiels

C. civ., art. 9 et 1353.
C. pr. civ., art. 9, 10 et 11.
Conv. EDH, art. 6 § 1 et 8.

Jurisprudences essentielles

Soc. 20 nov. 1991, n° 88-43.120, *Bull. civ.* V, n° 519 ; *D.* 1992. 73, concl. Y. Chauvy ; *Dr. soc.* 1992. 28, rapp. P. Waquet.
CEDH 27 oct. 1993, *Dombo Beheer c/ Pays-Bas*, req. n° 14448/88.
Soc. 22 mai 1995, n° 93-44.078, *Bull. civ.* V, n° 101 ; *RJS* 7/95, p. 489, concl. Y. Chauvy.
Soc. 2 oct. 2001, *Nikon*, n° 99-42.942, *Bull. civ.* V, n° 291.
Civ. 2e, 7 oct. 2004, n° 03-12.653 : *D.* 2005. 122, note P. Bonfils ; *ibid.* 2643, obs. A. Lepage, L. Marino et C. Bigot ; *AJ pénal* 2005. 30, obs. C. S. Enderlin ; *RTD civ.* 2005. 135, obs. J. Mestre et B. Fages
Soc. 23 mai 2007, n° 05-17.818, *Bull. civ.* V, n° 84.
Soc. 23 mai 2007, n° 06-43.209, *Bull. civ.* V, n° 85.
Cass., ass. plén., 7 janv. 2011, nos 09-14.316 et 09-14.667, *Bull. ass. plén.*, n° 1, *D.* 2011. 562, obs. E. Chevrier, note F. Fourment ; *ibid.* 618, chron. V. Vigneau ; *ibid.* 2891, obs. P. Delebecque, J.-D. Bretzner et I. Gelbard-Le Dauphin ; *RTD civ.* 2011. 127, obs. B. Fages ; *ibid.* 383, obs. P. Théry ; *RTD eur.* 2012. 526, obs. F. Zampini.
Civ. 1re, 5 avr. 2012, n° 11-14.177, *Bull. civ.* I, n° 85, *D.* 2012. 1596, note G. Lardeux ; *ibid.* 2826, obs. P. Delebecque, J.-D. Bretzner et I. Darret-Courgeon ; *ibid.* 2013. 269, obs. N. Fricero ; *ibid.* 457, obs. E. Dreyer ; *RTD civ.* 2012. 506, obs. J. Hauser.
Civ. 1re, 25 févr. 2016, n° 15-12.403, *Bull. civ* II, n° 48.
Civ. 1re, 25 janv. 2017, n° 15-25.210, *Bull. civ.* I, n° 20.
Cass., ass. plén., 9 déc. 2019, n° 18-86.767 : *D.* 2019. 2413, et les obs. ; *ibid.* 2021. 207, obs. J.-D. Bretzner et A. Aynès ; *AJ pénal* 2020. 88, obs. C. Ambroise-Castérot ; *RSC* 2020. 103, obs. P.-J. Delage
Soc. 30 sept. 2020, n° 19-12.058, *D.* 2020. 2383, note C. Golhen ; *ibid.* 2312, obs. S. Vernac et Y. Ferkane ; *ibid.* 2021. 207, obs. J.-D. Bretzner et A. Aynès ; *JA* 2021, n° 632, p. 38, étude M. Julien et J.-F. Paulin ; *Dr. soc.* 2021. 14, étude P. Adam ; *RDT* 2020. 753, obs. T. Kahn dit Cohen ; *ibid.* 764, obs. C. Lhomond ; *Dalloz IP/IT* 2021. 56, obs. G. Haas et M. Torelli ; Légipresse 2020. 528 et les obs. ; *ibid.* 2021. 57, étude G. Loiseau ; *Rev. prat. rec.* 2021. 31, chron. S. Dorol.
Civ. 1re, 6 déc. 2023, n° 22-19.285 : *DAE*, 15 janv. 2024, note Merryl Hervieu, *D.* 2023. 2197.
Cass., ass. plén., 22 déc. 2023, n° 20-20.648 B+R, *D. actu.* 2024, obs. N. Hoffschir, *RCJPP* n° 1, obs. M-P. Mourre.

Bibliographie

A. Aynès et X. Vuitton, *Droit de la preuve. Principes et mise en œuvre processuelle*, 2e éd., LexisNexis, coll. « Droit & Professionnels », 2017.
A. Bergeaud, *Le droit à la preuve*, préf. J.-C. Saint-Pau, LGDJ, 2010.
M.-E. Boursier, *Le principe de loyauté en droit processuel*, préf. S. Guinchard, Dalloz, coll. « Nouvelle Bibliothèque de Thèses », vol. 23, 2003.
É. Vergès, G. Vial et O. Leclerc, *Droit de la preuve*, 2e éd., PUF, coll. « Thémis droit », 2022.
G. Goubeaux, « Le droit à la preuve », *in* C. Perelman et P. Foriers (dir.), *La preuve en droit*, Bruylant, 1981, p. 277.
G. Lardeux, « Le droit à la preuve : tentative de systématisation », *RTD civ.* 2017. 1.

La compétence matérielle du juge de l'exécution

Créé par la loi du 9 juillet 1991, constituant en soi une nouvelle juridiction de l'ordre judiciaire, le juge de l'exécution, juge unique, est en principe le président du tribunal judiciaire (COJ, art. L. 213-5, al. 1er) ou son délégataire (COJ, art. L. 213-5, al. 2). Toute idée de collégialité n'a pas pour autant été gommée des textes : le juge de l'exécution peut en effet toujours décider de renvoyer une affaire dont il est saisi à la formation collégiale du tribunal judiciaire (COJ, art. L. 213-7, al. 1er).
Si la procédure devant le juge de l'exécution reste relativement classique, les règles présidant à sa compétence sont, elles, dérogatoires. Ainsi, à l'exception des articles 481-1 et 484 à 492 relatifs à la procédure accélérée au fond et à la procédure de référé, expressément exclus par l'article R. 121-5 du Code des procédures civiles d'exécution, toutes les dispositions communes du livre Ier du Code de procédure civile ont vocation à s'appliquer. Des règles particulières sont prévues aux articles R. 121-6 à R. 121-24, R. 151-1 à R. 151-4 et R. 442-2 à R. 442-4 du Code des procédures civiles d'exécution qui instituent deux types de procédure devant le juge de l'exécution : la procédure sur requête et la procédure ordinaire, sur lesquelles nous ne reviendrons pas.
Les règles dérogatoires de compétence prévues aux articles R. 121-1 à R. 121-4 se caractérisent par la diversité des règles de compétence territoriale et l'exclusivité des règles de compétence matérielle (v. Ph. Hoonakker, S. Hazoug, N. Pierre, S. Pierre-Maurice, *Procédures civiles d'exécution*, 13e éd., Larcier, coll. « Paradigme », juill. 2024, spéc., no 151).
S'agissant tout d'abord de la compétence territoriale, l'alinéa 1er de l'article R. 121-2 du Code des procédures civiles d'exécution pose le principe d'une option de compétence offerte au demandeur entre le juge de l'exécution du lieu où demeure le débiteur et celui du lieu d'exécution de la mesure. La disposition ne joue toutefois que sous réserve de dispositions contraires. C'est notamment l'hypothèse du débiteur demeurant à l'étranger ou dont le domicile est inconnu. Dans ces cas, l'alinéa 2 de l'article R. 121-2 prévoit logiquement la seule compétence du juge du lieu d'exécution de la mesure. Il existe encore bien d'autres dispositions dérogatoires qui sont tellement nombreuses qu'elles réduisent à néant le principe posé. Par exemple, en saisie des créances de sommes d'agent, l'article R. 211-10 du Code dispose que : « Les contestations sont portées devant le juge de l'exécution du lieu où demeure le débiteur ». En outre, « la saisie immobilière est poursuivie devant le juge de l'exécution du tribunal judiciaire dans le ressort duquel est situé l'immeuble saisi » (C. pr. exéc., art. R. 311-2) ; les contestations relatives à l'expulsion sont portées devant le juge de l'exécution du lieu de la situation de l'immeuble (C. pr. exéc., article R. 442-1).
À cette diversité des règles de compétence territoriale s'oppose l'exclusivité de la compétence matérielle. À l'origine de la compétence matérielle du juge de l'exécution figurent deux principes des procédures civiles d'exécution :

– la déjudiciarisation des procédures civiles d'exécution, qui a permis de revaloriser le titre exécutoire en évitant un recours systématique au juge, sans pour autant compromettre les intérêts du débiteur qui pourra toujours le saisir en cas de difficultés ;

– la centralisation du contentieux de l'exécution entre les mains d'une seule juridiction, qui a permis de mettre fin à la dispersion passée de ce contentieux, dans l'intérêt de toutes les parties.

Conformément à l'objectif de centralisation du contentieux de l'exécution, le juge de l'exécution a été investi de chefs de compétence exclusive soumis à un régime largement dérogatoire au droit commun. Il faut rappeler sur ce point qu'en vertu de l'article 76 du Code de procédure civile (v. Fiche 31, I. B1 b), un juge ne peut soulever d'office son incompétence matérielle (ou d'attribution) qu'en cas de violation d'une règle d'ordre public ou lorsque le débiteur ne comparaît pas. En revanche, pour la compétence matérielle du juge de l'exécution, le juge de l'exécution peut toujours relever d'office son incompétence (C. pr. exéc., art. R. 121-1, al. 3), peu importe donc la nature de la règle de compétence méconnue, ce qui permet à ce juge de se concentrer sur les chefs de compétence qui lui sont spécialement attribués en refusant de connaître de tout autre contentieux. En outre, tout autre juge doit soulever d'office son incompétence. Cette règle inscrite à l'alinéa 1er de l'article R. 121-1 du Code des procédures civiles d'exécution est d'application générale et concerne tous les chefs de compétence du juge de l'exécution.

Le juge de l'exécution a ainsi gagné en compétence avec la saisie immobilière et la saisie des rémunérations du travail. Toutefois, s'agissant de cette dernière, le juge de l'exécution n'a plus vocation à intervenir en amont de la procédure, en application de la réforme issue de l'article 47 de la loi nº 2023-1059 du 20 novembre 2023, d'orientation et de programmation du ministère de la Justice 2023-2027, en vigueur au plus tard le 1er juillet 2025 (V. Fiche 25, II). Sa saisine sur requête est en effet supprimée et remplacée par la signification d'un commandement de payer et le juge de l'exécution n'interviendra éventuellement qu'en aval, sur recours (C. pr. exéc., nouv. art. L. 212-4). Échappe au principe de concentration de sa compétence l'autorisation des mesures conservatoires, qui est parfois partagée avec le président du tribunal de commerce (C. pr. exéc., art. R. 511-3). Ainsi, aux termes des articles L. 511-3 du Code des procédures civiles d'exécution et L. 721-7 du Code de commerce, le président du tribunal de commerce peut aussi autoriser une mesure conservatoire si les deux conditions suivantes sont remplies : la créance invoquée doit relever de la compétence de la juridiction commerciale ; et la demande doit être présentée « avant tout procès », c'est-à-dire avant l'engagement de toute procédure en recouvrement devant le tribunal, qu'il s'agisse d'une procédure au fond ou en référé. Lorsque ces deux conditions sont remplies, la compétence du juge de l'exécution est partagée, ce qui signifie que le créancier dispose d'une option de compétence entre ces deux juridictions. À défaut, seul le juge de l'exécution est compétent et le président du tribunal de commerce, comme tout autre juge, doit se déclarer d'office incompétent.

Sous cette réserve, le contentieux de l'exécution relève désormais de la compétence exclusive et impérative du juge de l'exécution. C'est l'article L. 213-6 du Code de l'organisation judiciaire qui constitue le chef de la compétence matérielle du juge de l'exécution. Il dispose :

« Le juge de l'exécution connaît, de manière exclusive, des difficultés relatives aux titres exécutoires et des contestations qui s'élèvent à l'occasion de l'exécution forcée, même si elles portent sur le fond du droit à moins qu'elles n'échappent à la compétence des juridictions de l'ordre judiciaire.

Dans les mêmes conditions, il autorise les mesures conservatoires et connaît des contestations relatives à leur mise en œuvre.

Le juge de l'exécution connaît, sous la même réserve, de la procédure de saisie immobilière, des contestations qui s'élèvent à l'occasion de celle-ci et des demandes nées de cette procédure ou s'y rapportant directement, même si elles portent sur le fond du droit ainsi que de la procédure de distribution qui en découle.

Il connaît, sous la même réserve, des demandes en réparation fondées sur l'exécution ou l'inexécution dommageables des mesures d'exécution forcée ou des mesures conservatoires.

Il connaît de la saisie des rémunérations, à l'exception des demandes ou moyens de défense échappant à la compétence des juridictions de l'ordre judiciaire.

Le juge de l'exécution exerce également les compétences particulières qui lui sont dévolues par le code des procédures civiles d'exécution ».

Il ressort de ce très riche article L. 213-6, véritable inventaire à la Prévert, trois types d'attributions dévolues au juge de l'exécution : le chef de compétence qui a suscité la jurisprudence la plus abondante

est celui portant sur les difficultés relatives aux titres exécutoires (I) ; les attributions dans le contrôle et la conduite de l'exécution (II) et enfin des attributions en périphérie de l'exécution (III).
Ce faisant, on avait tout dit ou presque sur la compétence d'attribution du juge de l'exécution jusqu'à l'arrivée d'une décision sur QPC du Conseil constitutionnel (Cons. const. 17 nov. 2023, nº 2023-1068 QPC, point 14), qui a censuré les mots « des contestations qui s'élèvent à l'occasion de l'exécution forcée », employés au premier alinéa de l'article L. 213-6 du Code de l'organisation judiciaire, comme contraires à la Constitution, et de l'instabilité politique de la France qui a suivi, empêchant ainsi toute réécriture législative du texte dans les temps (*v. infra* II. A). Certains ont pu alors parler de « mort du JEX », une mort néanmoins à relativiser (v. C. Bléry, C. Roth, « La mort du JEX : une annonce tout à fait exagérée », *D. actu.* 17 déc. 2024) puisque, d'une part, les autres attributions n'ont en principe pas été retoquées et, d'autre part, la béance de la compétence du juge de l'exécution n'est que provisoire, en attendant une réécriture du texte conforme aux exigences constitutionnelles.

I • Les difficultés relatives aux titres exécutoires

Ce chef de compétence est prévu à l'alinéa 1er de l'article L. 213-6 du Code de l'organisation judiciaire, qui est ainsi rédigé : « Le juge de l'exécution connaît, de manière exclusive, des difficultés relatives aux titres exécutoires et des contestations qui s'élèvent à l'occasion de l'exécution forcée, même si elles portent sur le fond du droit à moins qu'elles n'échappent à la compétence des juridictions de l'ordre judiciaire ». Il n'a pas été directement visé par l'annulation du Conseil constitutionnel, qui ne concernait que les mots « des contestations qui s'élèvent à l'occasion de l'exécution forcée » (v. Cons. const. 17 nov. 2023, nº 2023-1068 QPC, *Procédures*, janvier 2024, nº 1, comm. nº 7, obs. R. Laher, v. *infra* II. A 2.) mais la direction des affaires civiles et du sceau (DACS) considère que ce chef de compétence, privé d'autonomie par rapport au chef de compétence annulé, est également concerné par l'annulation, ce que contestent néanmoins certains auteurs (C. Bléry, C. Roth, « La mort du JEX : une annonce tout à fait exagérée », art préc.). Une incertitude très inconfortable pèse donc sur cette compétence.
Seront néanmoins rappelées les conditions encadrant cette compétence : une limite *ratione temporis* (A) et des limites *ratione materiae* (B)

A • La limite *ratione temporis*

Dans un avis du 16 juin 1995 (Civ. 2e, 16 juin 1995, nº 09-50.008, avis, *Bull. civ.*, avis nº 9 ; *RTD civ.* 1995. 691, obs. R. Perrot), la Cour de cassation a estimé, à propos d'un acte notarié, que le juge de l'exécution ne peut connaître d'une difficulté relative à un titre exécutoire « qu'à l'occasion de contestations portant sur les mesures d'exécution forcée engagées ou opérées sur le fondement de ce titre ». Elle a donc décidé qu'une exécution forcée doit être en cours pour saisir le juge de l'exécution d'une difficulté relative au titre exécutoire qui sert de fondement aux poursuites. Cet avis a ensuite été fidèlement appliqué par la deuxième chambre civile, tant à propos de décisions judiciaires (Civ. 2e, 11 juin 1997, nº 94-18.263, *Bull. civ.* II, nº 183) que d'actes notariés (Civ. 2e, 9 juill. 1997, nº 94-16.194, *Bull. civ.* II, nº 227). Cette solution a été étendue aux hypothèses où une difficulté relative à un titre exécutoire s'élève « à l'occasion des mesures conservatoires » (Civ. 2e, 31 janv. 2013, nº 11-26.992, *Dr. et pr.*, 2013, p. 114, obs. F. Vinckel). Le juge de l'exécution n'est compétent que lorsqu'a été déjà mise en œuvre une mesure conservatoire.

Ce chef de compétence débute donc par le premier acte d'exécution forcée pratiquée sur le fondement du titre exécutoire en cause. À défaut d'exécution forcée déjà en cours, cette compétence revient au juge de droit commun (Civ. 2e, 16 déc. 1998, n° 96-18.255, *Bull. civ.* II, n° 301 ; *Gaz. Pal.* 1999, somm., p. 596, obs. M. Véron).

B • Les limites *ratione materiae*

La compétence du juge de l'exécution est limitée en ce qu'il ne peut connaître en principe des questions de fond (1) et qu'il ne peut remettre en cause les titres exécutoires judiciaires (2).

1• Impossibilité de principe de connaître des questions de fond

Selon l'article L. 213-6 du Code de l'organisation judiciaire, si le juge de l'exécution peut connaître de questions de fond, c'est qu'il s'agit que de questions de fond incidentes, et encore pas toutes.
Ainsi, par exemple, le juge de l'exécution ne pourrait être saisi d'une demande en résolution d'un bail et/ou en expulsion d'un occupant sans droit ni titre d'un immeuble ou encore tendant à la condamnation d'une banque pour manquement à son devoir d'information et de mise en garde (Civ. 2e, 20 oct. 2022, n° 21-11.783, *Procédures*, 2023, n° 1, comm. 11, C. Laporte).
L'article L. 213-6, alinéa 1er du Code de l'organisation judiciaire écarte lui-même les questions de fond incidentes qui échappent à la compétence des juridictions de l'ordre judiciaire. Si une telle question est soulevée par une difficulté relative à un titre exécutoire, le juge de l'exécution ne peut la trancher lui-même, il doit surseoir à statuer (Civ. 2e, 14 oct. 1999, n° 97-19.189, *Bull. civ.* II, n° 156).
Par ailleurs et surtout, il faut tenir compte de l'interdiction de « connaître de demandes tendant à remettre en cause le titre dans son principe ou dans la validité des droits et obligations qu'il constate » que la Cour de cassation avait posée en principe par son avis du 16 juin 1995 (v. *infra*, 2).
Les questions de fond ne peuvent relever de la compétence du juge de l'exécution, à titre principal, que sur le fondement d'un texte exprès. Il s'ensuit qu'il ne peut délivrer lui-même un titre exécutoire « hors les cas prévus par la loi » (Civ. 2e, 25 sept. 2014, n° 13-20561 F-P+B, *D.* 2015. 521, obs. H. Adida-Canac, T. Vasseur et E. De Leiris, *RTD civ.* 2015. 192, obs. [crit.] Ph. Théry). Il peut ainsi statuer, par voie d'injonction, sur la remise d'un bien meuble corporel (C. pr. exéc., art. R. 222-11). Sous ces réserves exceptionnelles, le juge de l'exécution ne peut connaître que de questions de fond incidentes.

2 • Impossibilité de remettre en cause les titres exécutoires judiciaires

L'interdiction de remettre en cause le titre exécutoire a été formulée par la Cour de cassation dans un avis du 16 juin 1995 (Civ. 2e, 16 juin 1995, n° 09-50.008, avis, *Bull. civ.*, avis n° 9 ; *RTD civ.* 1995. 691, obs. R. Perrot), à propos d'un acte notarié. Elle a donc été fidèlement appliquée, dans un premier temps, à ces titres exécutoires jusqu'à ce que la Cour de cassation opère un revirement en décidant que le juge de l'exécution peut connaître de la validité de l'acte notarié invoqué à l'appui d'une mesure d'exécution forcée (Civ. 2e, 18 juin 2009, n° 08-10.843, *Bull. civ.* II, n° 165 ; *D.* 2009. 1768, obs. V. Avena-Robardet ; *Procédures*, 2009, comm. n° 273, obs. R. Perrot ; *Dr. et pr.* 2009, p. 281, obs. C. Lefort : à propos d'un acte notarié dont la nullité pour dol était invoquée par le débiteur au soutien de sa contestation de la saisie-attribution pratiquée).
Le revirement opéré par la Cour de cassation pose la question de l'intangibilité des autres titres exécutoires. Il s'agit d'abord des accords auxquels un juge a conféré force exécutoire par leur homologation.

Par un arrêt rendu le 28 septembre 2017 (Civ. 2e, 28 sept. 2017, nº 16-19.184, *Dr. et pr.* 2017, p. 256, obs. Gorchs-Gelzer, *D.* 2018. 1226, obs. A. Leborgne ; *Gaz. Pal.* 2018, p. 1671, obs. J.-J. Ansault), la deuxième chambre civile a jugé que « l'homologation d'un accord transactionnel qui a pour seul effet de lui conférer force exécutoire ne fait pas obstacle à une contestation de la validité de cet accord devant le juge de l'exécution ». Il devrait en aller de même pour les titres émis directement par les commissaires de justice en matière de chèques impayés, la procédure de recouvrement des petites créances et pour les accords contresignés par avocats et revêtus de la formule exécutoire par le greffe (V. Ph. Hoonakker, S. Hazoug, N. Pierre, S. Pierre-Maurice, *Procédures civiles d'exécution*, 13e éd., Larcier, coll. « Paradigme », juill. 2024, nº 162).
Cette possibilité de remettre en cause le titre exécutoire ne joue pas pour les jugements (a), sauf exception (b).

a) Principe de l'intangibilité du titre exécutoire judiciaire

La limitation dans la compétence du juge de l'exécution posée par l'avis du 16 juin 1995 (Civ. 2e, 16 juin 1995, nº 09-50.008, avis, *Bull. civ.* avis nº 9 ; *RTD civ.* 1995. 691, obs. R. Perrot) est imposée par **l'autorité de chose jugée** et déclinée à l'alinéa 2 de l'article R. 121-1 du Code des procédures civiles d'exécution, qui prévoit que « le juge de l'exécution ne peut ni modifier le dispositif de la décision de justice qui sert de fondement aux poursuites, ni en suspendre l'exécution [...] ».
La portée exacte de cette limitation est toutefois assez malaisée. Elle n'empêche pas le juge de l'exécution de se prononcer sur l'efficacité du titre exécutoire invoqué à l'appui des poursuites. D'autre part, et surtout, toute modification et toute suspension ne sont pas systématiquement prohibées.
S'agissant de l'efficacité du titre, la Cour de cassation a décidé que « le juge de l'exécution est compétent pour dire si un acte constitue un titre exécutoire au sens de l'article 3 de la loi du 9 juillet 1991 et s'il porte une obligation susceptible d'exécution » (Civ. 1re, 4 juill. 2007, nos 05-16.605 et 05-16.586, *Bull. civ.*, nº 252). Il lui incombe de vérifier que toutes les conditions posées sont remplies, qu'elles soient propres au titre invoqué ou communes à tous les titres exécutoires. En particulier, il doit se prononcer sur l'existence et l'étendue de l'exécution provisoire dont peut être assorti un jugement ou une sentence arbitrale. De même, il peut connaître de toutes les circonstances postérieures au jugement de nature à remettre en cause son efficacité, sans porter atteinte à l'autorité de la chose jugée. On peut citer notamment la caducité, la prescription ayant couru après le jugement, un paiement, une novation ou encore une compensation.
S'agissant de la modification, elle est seulement prohibée lorsqu'elle conduirait le juge de l'exécution à méconnaître l'autorité de la chose jugée. C'est la raison pour laquelle il est admis que le juge de l'exécution peut toujours interpréter le jugement invoqué à l'appui des poursuites (Civ. 2e, 9 juill. 1997, nº 94-18.320, *Bull. civ.* II, nº 226 ; *RTD civ.* 1997. 998, obs. R. Perrot), à condition de ne pas méconnaître l'autorité de chose jugée attachée à la décision interprétée.
S'agissant de la suspension, comme le juge de l'exécution est le garant de l'effectivité du droit à l'exécution, elle est logiquement exclue par l'article R. 121-1 du Code des procédures civiles d'exécution. Ainsi, un juge de l'exécution ne saurait arrêter l'exécution provisoire attachée au jugement invoqué à l'appui des poursuites ou autoriser la consignation des sommes auxquelles une partie a été condamnée en attendant l'issue du pourvoi en cassation qui a été formé (Civ. 2e, 16 oct. 2003, n° 01-02.245, *Bull. civ.*, II, nº 308 ; *Gaz. Pal.*, 2004, somm. et note, p. 1386, obs. C. Brenner). Par dérogation, le juge de l'exécution est expressément autorisé à accorder des délais de grâce conformément aux règles de droit commun, dès l'instant où l'exécution forcée est en cours (V. *infra*, III).
Cette impossibilité de remettre en cause la décision de justice servant de fondement aux poursuites souffre néanmoins une exception : le juge de l'exécution voit son office étendu afin de protéger les consommateurs contre les clauses abusives.

b) Exception à l'intangibilité du titre exécutoire judiciaire : l'office du juge de l'exécution en clauses abusives

Lorsqu'il est saisi d'une contestation relative à une créance, le juge de l'exécution est ainsi tenu, même en présence d'une décision revêtue de l'autorité de chose jugée sur le montant de la créance, d'examiner d'office si les clauses insérées dans le contrat conclu entre le professionnel et le non-professionnel ou consommateur ne revêtent pas un caractère abusif (v. S. Piédelièvre, « Juge de l'exécution et clause abusive », *RDBF*, sept.-oct. 2024, comm. 121).

La chambre commerciale du 8 février 2023 (Com. 8 févr. 2023, n° 21.17.763) a posé que le juge de l'exécution peut se livrer à l'examen du caractère abusif d'une clause en dépit de l'autorité de chose jugée attachée à la décision d'admission de la créance au passif d'une procédure collective, sauf lorsqu'il ressort de l'ensemble de la décision que le juge s'est livré à cet examen (ce qui n'était pas le cas en l'espèce), faisant ainsi échec, devant le juge de l'exécution, au principe de concentration des moyens posée par l'arrêt *Cesareo* en 2006 (v. fiche 26). En outre, un arrêt de la deuxième chambre civile de la Cour de cassation du 13 avril 2023 (Civ. 2e, 13 avr. 2023, no 21-14.540, *Procédures*, 2023, comm. no 172, obs. R. Laher, *Gaz. Pal.* 2023, no 25, p. 37, obs. L. Lauvergnat) est venu doublement limiter ce nouveau contrôle, tant pratiquement que juridiquement. Tout d'abord, l'obligation du juge de l'exécution n'est possible que si ce dernier dispose des éléments de fait et de droit pouvant lui permettre d'examiner la clause litigieuse. Ensuite, le juge de l'exécution n'a pas à revenir sur ce qui a été tranché, afin de ne pas heurter le principe d'autorité de chose jugée : il n'a donc pas à exercer son contrôle sur les clauses abusives si ce dernier a déjà été effectué dans la décision servant de base aux poursuites. Enfin, les juges du fond ayant rencontré des difficultés quant à l'application concrète de cette solution, un juge de l'exécution du tribunal judiciaire de Paris a saisi la Cour de cassation d'une demande d'avis, ce qui a permis à la deuxième chambre civile d'apporter trois précisions (Civ. 2e, 11 juill. 2024, no 24-70.001, avis). Tout d'abord, il est indiqué que le juge de l'exécution peut constater, dans le dispositif de sa décision, le caractère réputé non écrit d'une clause abusive. L'affirmation est curieuse puisque la jurisprudence européenne et la Cour de cassation depuis 2023 imposent une obligation et non une faculté de réputer non écrite une clause abusive au sein d'un contrat de consommation. Il est ensuite ajouté que le juge de l'exécution, qui répute non écrite une clause abusive, ne peut ni annuler le titre exécutoire ni le modifier. Il ne peut pas non plus statuer sur une demande en paiement, hors les cas prévus par la loi. Enfin, le juge de l'exécution doit néanmoins tirer toutes les conséquences du caractère réputé non écrit de la clause, comme nous l'apprend la troisième réponse de l'avis. Le juge de l'exécution doit ainsi recalculer le montant de la créance cause de la saisie, ce qui peut, le cas échéant, déboucher sur une mainlevée de celle-ci (dans l'hypothèse où le montant de la créance serait réduit à néant). L'interdiction prévue par l'article R. 121-1 est ainsi contournée.

II • Les attributions dans le contrôle de l'exécution

Il revient au juge de l'exécution de contrôler les mesures, qu'il s'agisse de mesures d'exécution forcée ou de mesures conservatoires. Ce contrôle s'exerce à deux niveaux : en amont, au niveau de leur mise en œuvre qui peut susciter toutes sortes de contestations (A) et, en aval, où leurs conséquences dommageables peuvent fonder des demandes en réparation (B).

A • Les contestations à l'occasion de l'exécution forcée : la compétence retoquée

1 • Un chef de compétence apparemment sans histoire

Ce chef de compétence est prévu à l'alinéa 1er de l'article L. 213-6 du Code de l'organisation judiciaire pour les mesures d'exécution forcée et à l'alinéa 2 pour les mesures conservatoires. Il porte sur toutes les contestations qui peuvent s'élever à l'occasion de la mise en œuvre de ces mesures. Il peut donc conduire, selon les cas, à la nullité ou à la caducité des mesures querellées et, corrélativement, à leur mainlevée. La sanction applicable dépend de la contestation élevée, qui peut porter sur la forme ou sur le fond.

Sur la forme, le juge de l'exécution connaît du respect de toutes les règles de mise en œuvre de la mesure pratiquée, sanctionnée tantôt par la nullité, tantôt par la caducité : délais, forme et contenu des actes, notification, dénonciation…

Au fond, il connaît de toutes les conditions de validité des mesures, nécessairement sanctionnées par la nullité. Il s'agit essentiellement de la créance-cause et de la saisissabilité ou de la propriété des biens saisis. À cette occasion, le juge de l'exécution peut trancher toutes les questions de fond qui se posent, à moins qu'elles n'échappent à la compétence des juridictions de l'ordre judiciaire.

2 • Une compétence spéciale retoquée dans le contexte de la saisie des droits incorporels

En réponse à une question prioritaire de constitutionnalité renvoyée par la Cour de cassation (Civ. 2e, 12 sept. 2023, no 23-12.267, *Procédures* 2023, comm. 292, obs. R. Laher), le Conseil constitutionnel (Cons. const. 17 nov. 2023, no 2023-1068 QPC, point 14) a dû examiner les dispositions relatives à la vente par adjudication des droits incorporels saisis. Il a alors estimé que le montant de la mise à prix est unilatéralement fixé par le créancier et, point plus étonnant, que le juge de l'exécution n'est pas compétent pour connaître de la contestation d'un tel montant. Le Conseil a constaté l'absence de disposition permettant à un débiteur de former une contestation devant le juge judiciaire. C'est alors au regard des « conséquences significatives » de cette carence pour le débiteur, qu'il en est déduit que l'article L. 213-6 du Code de l'organisation judiciaire et les articles L. 231-1 et L. 233-1 du Code des procédures civiles d'exécution sont « entachées d'incompétence négative dans des conditions affectant le droit à un recours juridictionnel effectif » tel qu'il résulte de l'article 16 de la Déclaration de 1789. Pour le Conseil constitutionnel, le législateur aurait dû prévoir une voie de recours. En son absence, les mots « des contestations qui s'élèvent à l'occasion de l'exécution forcée », employés au premier alinéa de l'article L. 213-6 du Code de l'organisation judiciaire, sont jugés contraires à la Constitution. Toutefois, prenant en considération les « conséquences manifestement excessives » qu'engendrerait une abrogation immédiate, cette abrogation a été reportée au 1er décembre 2024. Durant la période courant de la décision du Conseil constitutionnel au 1er décembre, date butoir fixé par lui, le Conseil a prévu au point 18 que le « débiteur est recevable à contester le montant de la mise à prix pour l'adjudication des droits incorporels saisis devant le juge de l'exécution dans les conditions prévues par le premier alinéa de l'article L. 213-6 du Code de l'organisation judiciaire ». Ce principe a été ainsi appliqué par la Cour de cassation dans un arrêt du 4 juillet 2024 (Civ. 2e, 4 juill. 2024, no 23-12.267).

Le projet de loi de simplification de la vie économique, dans son article 28, visait à remédier à l'inconstitutionnalité constatée en ajoutant, au sein du Code des procédures civiles d'exécution, des dispositions permettant au débiteur, en cas d'insuffisance manifeste du montant de la mise à prix, de saisir le juge de l'exécution afin que soit fixée une mise à prix en rapport avec la valeur vénale des droits incorporels et des conditions du marché. La dissolution de l'Assemblée nationale et la période d'instabilité politique qui a suivi n'ont pas permis au législateur de combler le vide. Néanmoins, deux dépêches en date du 28 novembre 2024 et du 5 décembre 2024 indiquent que le juge de l'exécution ne sera plus compétent à compter du 1er décembre 2024 pour statuer sur les contestations qui s'élèvent à l'occasion de l'exécution forcée d'un titre exécutoire. Ces contestations entrent donc dans la compétence du tribunal judiciaire, en vertu de sa compétence de droit commun (COJ, art. L. 211-3 ; v. Crim. 4 déc. 2024, n° 23-84028 *D. actu.* 17 décembre 2024, par M. Slimani) et ces affaires ne seront pas soumises à la procédure écrite ordinaire mais à un juge unique. Ce régime est transitoire jusqu'à l'adoption d'une loi modificative.

3 • Le devenir de la compétence générale du juge de l'exécution

Dans ses deux dépêches et la circulaire, la direction des affaires civiles et du sceau (DACS) a indiqué une interprétation extensive de l'inconstitutionnalité des mots du texte de l'article L. 213-6, alinéa 1er du Code de l'organisation judiciaire. Certains auteurs présentent une analyse différente (C. Bléry, C. Roth, « La mort du JEX : une annonce tout à fait exagérée », art. préc.).

Ce qui est certain, c'est que la compétence du juge de l'exécution est maintenue pour les contestations qui sont contenues dans des textes autonomes et distincts de l'article L. 213-6, alinéa 1er du Code de l'organisation judiciaire. Ainsi, pour les contestations relatives à l'exécution forcée immobilière, prévues à l'article L. 213-6, alinéa 3 du Code ; la compétence en saisie des rémunérations (jusqu'au 1er juillet 2025), prévue à l'article L. 213-6, alinéa 5 ; les contestations relatives aux mesures conservatoires (art. L. 213-6, al. 2) et les demandes en réparation (art. L. 213-6, al. 4).

En revanche, une **incertitude** pèse sur la compétence du juge de l'exécution relative aux « difficultés relatives aux titres exécutoires » (al. 1er) et aux contestations qui s'élèveraient à l'occasion de l'exercice des compétences particulières dévolues au JEX par le code des procédures civiles d'exécution (al. 6). En effet, si la DACS affirme que l'abrogation issue de la décision QPC rejaillit sur la connaissance des difficultés relatives aux titres exécutoires, qui « n'est pas autonome », mais « liée à la mise en œuvre d'une mesure d'exécution forcée », les auteurs précités proposent une analyse contrastée. Ils développent l'idée selon laquelle le premier alinéa du texte n'est pas de valeur supérieure aux autres et ne conditionne pas leur existence et que, « si le Conseil constitutionnel avait voulu vider de toute sa substance l'alinéa 1er de l'article L. 213-6, il l'aurait abrogé dans toutes ses prévisions » (v. C. Bléry et C. Roth, « La mort du JEX : une annonce tout à fait exagérée », art. préc.). Le problème est complexe car il semblerait, en ce début 2025, que certains juges de l'exécution entrent en résistance et maintiennent leur compétence. En outre, beaucoup de compétences particulières du juge de l'exécution sont prévues par des textes législatifs spéciaux et autonomes, qui demeurent donc hors de portée de l'annulation pour inconstitutionnalité. Ainsi, selon ces auteurs, « les dispositions réglementaires relatives aux saisies-vente, aux saisies-attributions, aux paiements directs, aux saisies appréhension, aux saisies des rémunérations, et d'autres encore, ne sont pas privées de base légale, parce que leur base légale est constituée par des textes législatifs encore en vigueur, dont la substance et la rédaction sont différentes de la partie du texte de l'article L. 213-6 objet de la déclaration d'inconstitutionnalité » (nº 23). On citera encore la compétence concernant l'astreinte, prévue à l'article L. 131-1 du Code des procédures civiles d'exécution.

B • Les demandes en réparation

Les demandes en réparation attribuées au juge de l'exécution sont celles qui sont fondées sur l'exécution ou l'inexécution dommageable des mesures d'exécution forcée ou des mesures conservatoires, selon l'article L. 213-6, alinéa 4 du Code de l'organisation judiciaire. Elles intéressent donc le contentieux de la responsabilité civile de l'exécution. Leur application implique de distinguer selon la personne poursuivie.

Le juge de l'exécution est certainement compétent pour connaître des demandes en réparation dirigées à l'encontre du débiteur à raison de l'inexécution dommageable. À ce titre, il peut le condamner à des dommages et intérêts en cas de résistance abusive (C. pr. exéc., art. L. 121-3). De même, il est compétent pour statuer sur de telles demandes dirigées contre le créancier à raison de l'exécution dommageable d'une mesure d'exécution. Il en est ainsi d'une demande dirigée par un preneur expulsé contre un bailleur (Civ. 3e, 5 janv. 2012, no 10-12.741, *RJDA* 2012, no 645).
La deuxième chambre civile a admis la compétence du juge de l'exécution pour connaître d'une action en responsabilité dirigée par le débiteur contre l'huissier de justice instrumentaire « sur le fondement du droit commun » (Civ. 2e, 24 juin 1998, no 96-22.851, *Bull. civ.* II, no 222) en excluant ensuite de cette compétence la demande en réparation formée par le créancier car elle était fondée « sur l'exécution fautive du mandat » qu'il a donné à l'huissier de justice (Civ. 2e, 21 févr. 2008, no 07-10.417, *Bull. civ.* II, no 43 ; *Procédures*, 2008, comm. no 267, obs. R. Perrot ; *RTD civ.* 2008. 546, obs. Ph. Théry).

III • Les attributions à la périphérie de l'exécution

Le juge de l'exécution est compétent en amont de l'exécution en matière d'astreinte (A) et en aval (B) pour accorder des délais de grâce ou statuer sur la majoration des intérêts légaux.

A • La compétence en astreinte

En amont, le juge de l'exécution est compétent pour prononcer une astreinte, qui n'est pas *stricto sensu* une mesure d'exécution forcée mais une mesure comminatoire judiciaire. Cette compétence n'est pourtant que subsidiaire, car la compétence de principe revient au juge qui ordonne l'exécution d'une obligation de faire ou de ne pas faire. Ce n'est donc qu'à défaut qu'il peut assortir d'une astreinte une décision rendue par un autre juge (C. pr. exéc., art. L. 131-1).
Il est compétent aussi pour la liquider. Dans ce cas, sa compétence est de principe car le juge ayant prononcé l'astreinte n'est compétent que s'il s'en est expressément réservé le pouvoir ou s'il reste saisi (C. pr. exéc., art. L. 131-3). De plus, ces règles de compétence sont impératives pour tout juge saisi à tort, y compris le juge de l'exécution, le cas échéant (C. pr. exéc., art. R. 131-2).

B • La compétence en délais de grâce et majoration des intérêts légaux

En aval, le juge de l'exécution est compétent pour accorder des délais de grâce, bien qu'il partage cette attribution avec deux autres juridictions, selon les règles prévues par l'article 510 du Code de procédure civile. La compétence de principe revient à la juridiction qui prononce la condamnation. Ce n'est donc qu'à défaut que ces délais de grâce pourront être sollicités postérieurement, du juge des référés ou du juge de l'exécution, selon les critères suivants :

– le juge des référés est compétent en cas d'urgence ;

– le juge de l'exécution est seul compétent après la signification du commandement ou de l'acte de saisie ou à compter de l'audience de conciliation tenue en matière de saisie des rémunérations du travail.

Ainsi, après le prononcé de la condamnation, la répartition de compétence se fait autour de l'exécution forcée : dès lors qu'elle est engagée, seul le juge de l'exécution est compétent.
En aval, le juge de l'exécution est aussi compétent pour statuer sur la majoration des **intérêts légaux**. Selon l'article L. 313-3 du Code monétaire et financier, ces derniers, en cas de condamnation pécuniaire, sont majorés de cinq points à l'expiration d'un délai de deux mois courant à compter du jour où la décision de justice est devenue exécutoire. Toutefois, à la demande du débiteur ou même du créancier, le juge de l'exécution peut, en considération de la situation du débiteur, exonérer celui-ci de cette majoration ou en réduire le montant. Il dispose, à ce titre, d'un pouvoir souverain d'appréciation qui lui permet notamment d'accorder une exonération totale, y compris pour la période antérieure à sa saisine.

Textes essentiels

COJ, art. L. 213-6.
C. pr. exéc., art. L. 511-3.
C. pr. exéc., art. R. 121-1 à 6.
C. com., art. L. 721-7.
Dépêches ministérielles du 29 novembre et 5 décembre 2024.
Circulaire CIV/06/24 du 28 novembre 2024.

Jurisprudences essentielles

Civ. 2e, 16 juin 1995, no 09-50.008, avis, *Bull. civ.*, avis no 9 ; *RTD civ.* 1995. 691, obs. R. Perrot.
Com. 8 févr. 2023, no 21-17.763.
Civ. 2e, 13 avr. 2023, no 21-14.540, *Procédures*, 2023, comm. no 172, obs. R. Laher, *Gaz. Pal.* 2023, no 25, p. 37, obs. L. Lauvergnat.
Cons. const. 17 nov. 2023, no 2023-1068 QPC, *D. actu*. 21 nov. 2023, obs. F. Kieffer ; *D.* 2023. 2050 ; *ibid*. 2024. 1301, obs. A. Leborgne et J.-D. Pellier ; *RTD civ.* 2024. 727, obs. N. Cayrol ; *Procédures* 2024. Comm. 7, obs. R. Laher ; *JCP N* 2023, act. 1189 ; *JCP* 2023, act. 1326 ; *Gaz. Pal*. 2024, no 10, p. 5, note C. Brenner.
Civ. 2e, 4 juill. 2024, no 23-12.267.
Civ. 2e, 11 juill. 2024, no 24-70.001, avis.

Bibliographie

Ph. Hoonakker, S. Hazoug, N. Pierre, S. Pierre-Maurice, *Procédures civiles d'exécution*, 13e éd., Larcier, coll. « Paradigme », juill. 2024.
C. Bléry, C. Roth, « La mort du JEX : une annonce tout à fait exagérée », *D. actu.* 17 déc. 2024.
C. Brenner, « Acrobaties constitutionnelles », *Gaz. Pal.* 19 mars 2024, p. 5.
T. Goujon-Bethan, « L'autorité de chose jugée de la décision d'admission à l'épreuve des clauses abusives : la rhétorique de l'exception », *Gaz. Pal*. 19 sept. 2023, p. 44.
R. Laher, « Inconstitutionnalité de l'impossibilité de contester la mise à prix », *Procédures*, janv. 2024, comm. 7.
S. Piédelièvre, « Juge de l'exécution et clause abusive », *RDBF*, sept.-oct. 2024, comm. 121.
Ph. Soustelle, « Le retour de la compétence du juge des référés pour octroyer un délai de grâce », *D.* 1999, doctr., p. 517.

PROCÉDURE CIVILE

Exercices et annales corrigés

Consultation

SUJET

« On ne choisit pas ses voisins »
« Chaque homme a un meilleur ennemi »
Il semble bien que ces deux adages reçoivent une application cumulative en la malheureuse personne de M. Martin Cisive, retraité résidant à Strasbourg. Il est plus qu'évident que son voisin, Luca Rie lui aussi propriétaire de sa maison, a une dent contre lui.
Pendant la dernière coupe du monde (déc. 2022), Luca Rie, supporter averti des Bleus, a cru bon de rentabiliser son achat d'il y a huit ans, un vuvuzela*, en le faisant claironner dans son jardin fréquemment et à des heures tardives, et parfois, derrière la porte de son voisin et sous ses fenêtres. M. Martin Cisive a passé cette coupe du monde dans un stress intense et dit avoir perdu de l'acuité auditive. En 2023, M. Rie a continué ses mauvaises pratiques à chaque match de championnat national et plus généralement tous les soirs des week-ends. M. Martin Cisive souhaite aujourd'hui agir en justice en réparation de ses préjudices en réclamant 15 000 euros à son voisin, à titre de dommages-intérêts afin de réparer les troubles anormaux du voisinage qu'il subit (vous ne développerez pas au fond cette notion). Aujourd'hui, 27 novembre 2023, il a préparé un projet d'assignation qu'il vous soumet et qu'il compte présenter rapidement. Y apparaissent son nom, profession, domicile et nationalité ainsi que le nom et domicile de son voisin, adversaire.
*corne d'environ 70 centimètres de long qui produit un son assourdissant, popularisée dans les années 1990 par les supporters des clubs de football de Soweto en Afrique du Sud, et très répandue pendant la coupe du monde au Brésil en 2014.

Après avoir lu soigneusement l'énoncé, vous répondrez aux 8 questions suivantes dans l'ordre, de façon étayée, méthodique et précise.

1. Qualifiez l'action en justice envisagée par M. Cisive. Quelle conséquence procédurale en tirer ? (**2 points**).
2. Par quelle(s) procédure(s) M. Cisive peut-il faire établir le volume sonore anormal de son voisin ? (**3 points**)
3. M. Martin Cisive peut-il directement agir en justice ? (**3 points**)
4. Le cas échéant, devant quels juges matériellement et territorialement compétent doit-il présenter sa demande au fond en indemnisation ? (**2 points**)
5. Le cas échéant, M. Cisive doit-il prendre avocat ? (**2 points**)
6. Que pensez-vous en l'état de son projet d'assignation ? (**2 points**)
7. Le juge a-t-il la possibilité de réduire d'emblée la demande de dommages-intérêts de M. Cisive, qui paraît disproportionnée à son préjudice ? Doit-il nécessairement accorder 15 000 euros ? (**2 points**)
8. Imaginons que, dans un jugement rendu le 27 février 2024, signifié le 28 février, le juge a accordé 3 000 euros de dommages-intérêts à M. Cisive. Ce dernier peut-il faire appel ? Si oui, jusque quand ? Quelles seraient les conséquences d'une déclaration d'appel formée par voie électronique, en application des règles de la procédure ordinaire avec représentation obligatoire, dans laquelle l'avocat aurait formé par erreur une déclaration d'appel total et aurait omis d'énoncer les chefs du jugement critiqués ? (**4 points**)

ENJEUX DU SUJET

Ce sujet est synthétique et pose des questions tant sur la première instance, le préalable de MARD, que sur l'appel. Il suppose de maîtriser les décisions jurisprudentielles récentes (sur l'appel) et le décret du 11 mai 2023 ayant réécrit l'article 750-1 du Code de procédure civile, applicable aux instances initiées à compter du 1er octobre 2023. En revanche, le jugement ayant été signifié le 28 février 2023, l'appel intenté restera soumis à la réglementation actuelle, antérieure au nouveau décret sur l'appel, en date du 29 décembre 2023, applicable à compter du 1er septembre 2024. Les réponses à apporter font l'objet de solutions certaines. Contrairement aux autres sujets, celui-ci, par ses nombreuses questions précises, invite les étudiants à y répondre directement, sans autre plan. Il serait encore possible de distinguer entre I, la première instance, et II, l'instance d'appel, mais la division apparaît très artificielle et surtout, le sujet demande expressément de répondre aux questions dans l'ordre. Le rappel des faits est nécessairement réduit, sauf à répéter toutes les questions posées et se contenter de recopier le libellé. Ce rappel caractérisera brièvement le litige et présentera le plan, fondé sur les réponses aux questions posées (le titre devant être précis sur la solution à retenir).

CORRIGÉ

Rappel des faits

Un conflit de voisinage a éclaté entre deux voisins, propriétaires strasbourgeois, en raison de l'utilisation répétée et excessive, par l'un d'eux, d'un engin sonore. Un des voisins, invoquant une perte d'audition, souhaite intenter une action indemnitaire fondée sur les troubles anormaux du voisinage, à hauteur de 15 000 euros de dommages-intérêts. Il s'agit d'une action personnelle et mobilière que le voisin victime devra présenter devant le tribunal judiciaire de Strasbourg, par le biais d'un avocat, dont le ministère est obligatoire en ce cas. Pour autant, avant d'agir en justice, il doit respecter le préalable amiable de l'article 750-1 du Code de procédure civile. Si celui-ci échoue, il est à noter que l'assignation qu'il projette de présenter est irrégulière mais non annulable. Il pourrait également utiliser la procédure sur requête (C. pr. civ., art. 145) afin de faire établir le volume sonore anormal. Enfin, il s'interroge sur les suites de la procédure en appel.

I • L'action personnelle et mobilière et la prescription quinquennale

L'énoncé retient que la victime souhaite « agir en justice en réparation de ses préjudices en réclamant 15 000 euros à son voisin, à titre de dommages-intérêts » au titre du trouble anormal du voisinage. Ce dernier est défini comme une nuisance qui, au regard de sa durée et de sa gravité, excède les inconvénients normaux du voisinage. En l'espèce, sans développer plus longuement (l'énoncé invitant à ne pas traiter cette question), on peut dire qu'il s'agit d'une nuisance sonore intense, répétée, grave et excessive par rapport aux contraintes attendues de voisinage, constituant un trouble anormal du voisinage. Cette action envisagée est personnelle et mobilière (A), déclenchant la prescription quinquennale (B).

A • Une action personnelle et mobilière

Longtemps rattachée à la faute délictuelle, la théorie des troubles anormaux du voisinage dispose désormais d'un fondement autonome, la Cour de cassation visant « le principe suivant lequel nul ne doit causer à autrui un trouble anormal de voisinage » (Civ. 2e, 19 nov. 1986, n° 84-16.379). Ce régime de responsabilité est « objectif », ne reposant pas sur la preuve d'un comportement fautif de l'auteur du dommage.
Même si une partie de la doctrine est favorable à la nature réelle de l'action fondée sur les troubles anormaux du voisinage (J. Carbonnier, *Droit civil. Les biens*, t. 3, 19e éd., 2000, PUF, coll. « Thémis/ Droit privé », p. 279, n° 172 ; A. Sériaux, *Droit des obligations*, 2e éd., 1992, PUF « Droit fondamental », p. 444, n° 125 ; R. Libchaber, « Le droit de propriété, un modèle pour la réparation des troubles du voisinage », *in Mélanges C. Mouly*, t. 1, Litec, 1998, p. 421), la Cour de cassation a clairement affirmé qu'il s'agit d'une action en responsabilité civile extra-contractuelle et non d'une action réelle immobilière (Civ. 2e, 13 sept. 2018, no 17-22.474, *D. actu.* 18 oct. 2018, obs. N. Kilgus ; *D.* 2018. 1806 ; *AJDI* 2019. 470, obs. N. Le Rudulier ; *RTD civ.* 2018. 948, obs. W. Dross ; Civ. 3e, 16 mars 2022, no 18-23.954 FS-B). C'est une action indemnitaire extra-contractuelle, soit une action portant sur une créance de réparation. C'est donc une action personnelle et mobilière, une action portant sur une somme d'argent étant toujours considérée comme mobilière.

B • La prescription quinquennale

Pour une action diligentée antérieurement à la réforme de la prescription de 2008, la Cour de cassation avait déjà retenu que « l'action pour troubles anormaux de voisinage constitue une action en responsabilité extracontractuelle et non une action immobilière réelle et qu'ainsi qualifiée, une telle action était soumise à la prescription de dix années aux termes de l'article 2270-1 du Code civil dans sa rédaction antérieure à la loi [...] du 17 juin 2008 » (Civ. 2e, 13 sept. 2018, no 17-22.474).
Certains auteurs avaient alors proposé de nuancer la solution en distinguant selon que le trouble est réel, ou personnel, la prescription quinquennale ne devant s'appliquer que dans ce dernier cas. La jurisprudence n'a pas entériné cette position.
L'« action personnelle ou mobilière » (ici les deux critères sont présents) est une matrice procédurale emportant l'application de la prescription de droit commun, 5 ans à compter du point de départ flottant constitué par le « jour où le titulaire d'un droit a connu ou aurait dû connaître les faits lui permettant de l'exercer » (C. civ., art. 2224). Par une décision en date du 6 avril 2023 (Civ. 3e, 6 avr. 2023, n° 22-12.928), la Cour de cassation a précisé que le point de départ de la prescription quinquennale de l'action fondée sur un trouble anormal du voisinage court à compter de la réalisation du dommage ou de la date à laquelle il est révélé à la victime sans qu'il soit besoin d'attendre l'établissement de la réalité du dommage par expertise ou autre mode de preuve. Ici, M. Cisive va certainement obtenir du juge par voie d'ordonnance sur requête un constat de commissaire de justice afin d'établir le volume sonore (v. *infra*, II). Le point de départ de la prescription ne court pas du jour des résultats de ce constat mais bien du jour de l'apparition du trouble. Ici, le *dies a quo* est caractérisé par l'apparition des premières gênes liées au bruit produit par le voisin. M. Cisive a donc 5 ans à compter de décembre 2022 pour agir en justice, soit jusqu'à décembre 2027.

II • La requête probatoire *in futurum* (C. pr. civ., art. 145) pour faire établir le volume sonore anormal de son voisin

Avant d'aller en justice ou d'opter pour un MARD afin de résoudre son litige (v. *infra*, III), M. Cisive aurait intérêt à préparer ses éléments probatoires, afin de ne pas être débouté pour absence de preuve. « Pas de preuve, pas de droit » dit l'adage. M. Cisive a besoin d'établir le volume sonore anormal lié à l'utilisation intempestive du vuvuzela. C'est en effet à celui qui a la charge d'alléguer les faits de les fonder et de prouver, conformément à la loi, les faits nécessaires au succès de sa prétention (C. pr. civ., art. 6 et 9). La stratégie pré contentieuse à suivre est de solliciter du juge une mesure probatoire *in futurum*, avant tout procès (C. pr. civ., art. 145), afin de préconstituer les preuves d'un trouble anormal du voisinage. M. Cisive peut solliciter du président du TJ de Strasbourg de l'autoriser à faire, par le biais d'un commissaire de justice, un constat du volume sonore car il remplit les conditions posées à l'article 145 du Code de procédure civile.

A • La présentation d'une requête unilatérale devant le président du tribunal judiciaire de Strasbourg

Le texte de l'article 145 du Code de procédure civile pose la possibilité d'agir « sur requête ou en référé ». Laissant entendre que les deux procédures sont équivalentes, l'affirmation est trompeuse et dès 1985, la jurisprudence a considéré que le référé devait être utilisé afin de respecter le principe de la contradiction et que la requête ne pouvait l'être que subsidiairement, en cas de besoin (Civ. 2e, 5 juin 1985, no 83-14.268 P ; Civ. 2e, 8 sept. 2011, no 10-25.403 P, *D. actu.* 29 janv. 2011, obs. C. Fleuriot ; *D.* 2012. 244, obs. N. Fricero ; Civ. 2e, 30 janv. 2003, no 01-01.128 P, *D.* 2003. 604 ; Civ. 2e, 23 nov. 1994, no 92-17.774 P). La mesure sollicitée, un constat de volume sonore, suppose, pour son efficacité, d'être réalisée par surprise, sans prévenir l'adversaire, qui, s'il est prévenu, évitera de reproduire les comportements visés par le constat. En ce sens, le besoin de surprendre l'adversaire est une circonstance traditionnellement admise par la jurisprudence pour pouvoir utiliser la requête. En vue de l'établissement du volume sonore des troubles, le référé pourrait toutefois suffire, par exemple pour établir un volume sonore anormal émanant d'une usine. L'industriel propriétaire prévenu par l'assignation en référé ne cessera pas la production pour échapper à l'expertise ! Le contexte économique maintient au référé, bien que contradictoire, toute son efficacité. Ici, au contraire, le voisin évitera certainement d'utiliser son engin sonore au moment de l'expertise en cas de référé. Rien ne l'oblige à maintenir son activité. Le référé est donc contre-productif. Ce faisant, la motivation est concrète, appuyée sur des faits circonstanciés et non des affirmations de principe, conformément aux exigences de la jurisprudence (Civ. 2e, 5 juin 1985, *RTD civ.* 1986. 404, obs. J. Normand).

M. Cisive devra, par l'intermédiaire d'un avocat (C. pr. civ., art. 846), présenter une requête en double exemplaire (C. pr. civ., art. 494) au président du tribunal judiciaire de Strasbourg ou son délégataire.

En effet, la compétence d'attribution sur requête est calquée sur celle du fond, à ceci près que la compétence appartient au président de la juridiction compétente au fond. Or, en l'espèce, le litige est civil portant sur une somme supérieure à 10 000 euros. Comme le tribunal judiciaire aurait été compétent pour statuer sur le fond de cette affaire (v. *infra*, question IV), c'est son président qui est compétent pour recevoir la requête. En outre, en matière de requêtes préventives probatoires (C. pr. civ., art. 145), la jurisprudence a octroyé au requérant une option de compétence territoriale, entre le président du tribunal susceptible de connaître de l'instance au fond ou celui du tribunal dans le ressort duquel les mesures d'instruction *in futurum* sollicitées doivent, même partiellement, être exécutées (Civ. 2e, 15 oct. 2015, nos 14-17.564 et 14-25.654). Ici, les deux localisations conduisent à Strasbourg. Il ressort donc que le président du TJ de Strasbourg est seul compétent pour recevoir et connaître de la requête de M. Cisive.

B • La réunion des conditions posées par l'article 145 du Code de procédure civile

La jurisprudence a posé que la condition d'urgence n'a pas à être respectée dans ce type de procédure (Cass., ch. mixte, 7 mai 1982, trois arrêts, *D.* 1982. 541). Il reste à envisager si les conditions positives posées par le texte de l'article 145 du Code de procédure civile sont réunies en l'espèce. Elles le sont. On rappelle que l'article 145 du Code de procédure civile dispose que : « S'il existe un motif légitime de conserver ou d'établir avant tout procès la preuve de faits dont pourrait dépendre la solution d'un litige, les mesures d'instruction légalement admissibles peuvent être ordonnées à la demande de tout intéressé, sur requête ou en référé. » La condition temporelle « avant tout procès », dont le contenu a été précisé (Civ. 2e, 26 oct. 2023, no 21-18.619 FS-B) est en l'espèce remplie car on déduit du libellé qu'encore aucune action en justice n'a été intentée. M. Cisive a-t-il un motif légitime de « conserver ou établir avant tout procès la preuve de faits dont pourrait dépendre la solution d'un litige éventuel » ? Encore faut-il définir le motif légitime au sens où la jurisprudence l'entend. D'une part, le litige, pour lequel doivent être exploités les faits à rechercher, doit être éventuel mais non hypothétique, c'est-à-dire qu'il doit exister des raisons suffisantes de penser qu'un litige pourrait naître, les faits doivent prêter à contestation. Les troubles anormaux du voisinage allégués peuvent être étayés dans les faits avec l'énoncé factuel des dates et durée des troubles. D'autre part, le fondement et l'objet du litige futur doivent être perceptibles et déterminables. En l'espèce, le fondement de l'action au fond envisagée est suffisamment déterminé : il s'agit d'une action en responsabilité extracontractuelle pour troubles anormaux du voisinage. De plus, les faits à prouver doivent avoir une incidence sur la solution du litige. Le requérant ne doit en effet pas déjà posséder des preuves suffisantes au succès de sa prétention, ce qui, à défaut d'éléments contraires donnés dans le libellé, semble être le cas. En revanche, l'exigence d'un motif légitime n'implique pas que soit démontré le bien-fondé de l'action en vue de laquelle la mesure d'instruction est sollicitée (Civ. 2e, 4 nov. 2021, no 21-14.023 P). Le motif légitime de l'article 145 du Code de procédure civile ne suppose pas de la juridiction de statuer au vu des conditions de mise en œuvre de l'action et ne doit pas prendre en considération le débat de fond que le demandeur pourrait être amené à engager (Civ. 2e, 19 janv. 2023, no 21-21.265 FS-B). En l'espèce M. Cisive sollicite un constat de volume sonore afin de mesurer l'intensité des troubles subis. Cet élément probatoire qu'il vise à obtenir est en lien direct avec l'action sollicitée au fond, en indemnisation du trouble anormal de voisinage. C'est bien afin de constituer une preuve que la requête est présentée.

Enfin, il doit établir le caractère légalement admissible de la mesure d'instruction sollicitée. À ce titre, cette dernière ne doit porter atteinte ni aux droits fondamentaux ni au droit de la preuve. Le constat projeté n'est évidemment pas susceptible de heurter l'intégrité physique ou morale du voisin.

M. Cisive peut donc faire établir le volume sonore par constat *in futurum*.

III • L'irrecevabilité d'une action immédiate en justice et l'obligation au préalable amiable

Avant son annulation par le Conseil d'État le 22 septembre 2022 pour imprécision des motifs d'indisponibilité du conciliateur, l'article 750-1 du Code de procédure civile imposait une tentative de règlement amiable pour certains petits litiges et disposait comme suit : « À peine d'irrecevabilité le juge peut prononcer d'office, la demande en justice doit être précédée, au choix des parties, d'une tentative de conciliation menée par un conciliateur de justice, d'une tentative de médiation ou d'une tentative de procédure participative, lorsqu'elle tend au paiement d'une somme n'excédant pas 5 000 euros ou lorsqu'elle est relative à l'une des actions mentionnées aux articles R. 211-3-4 et R. 211-3-8 du Code de l'organisation judiciaire ou à un trouble anormal du voisinage.
Les parties sont dispensées de l'obligation mentionnée au premier alinéa dans les cas suivants :
1° Si l'une des parties au moins sollicite l'homologation d'un accord ;
2° Lorsque l'exercice d'un recours préalable est imposé auprès de l'auteur de la décision ;
3° Si l'absence de recours à l'un des modes de résolution amiable mentionnés au premier alinéa est justifiée par un motif légitime tenant soit à l'urgence manifeste soit aux circonstances de l'espèce rendant impossible une telle tentative ou nécessitant qu'une décision soit rendue non contradictoirement soit à l'indisponibilité de conciliateurs de justice entraînant l'organisation de la première réunion de conciliation dans un délai manifestement excessif au regard de la nature et des enjeux du litige ;
4° Si le juge ou l'autorité administrative doit, en application d'une disposition particulière, procéder à une tentative préalable de conciliation. »
Bien que la cause d'annulation ne portât que sur les dispenses de recours préalable à l'amiable, l'article 750-1 du Code de procédure a été annulé en son entier mais avec effet non rétroactif, uniquement pour les nouvelles procédures intentées à compter du 22 septembre 2022 et ce, jusqu'à l'entrée en vigueur du décret du 11 mai 2023 qui a réintroduit l'article 750-1 réécrit, soit le lendemain de sa publication, le 1er octobre 2023.
M. Cisive envisage le 27 novembre 2023 d'initier une action en justice, soit postérieurement après l'entrée en vigueur du nouveau décret. L'article 750-1 était potentiellement applicable aux instances initiées après le 1er octobre. L'était-il effectivement pour le litige en cause ?
Le préalable de conciliation, médiation ou procédure participative, n'est obligatoire que pour les litiges inférieurs à 5 000 euros, ce qui n'est pas le cas du présent litige, dont le montant est fixé par le futur demandeur à 15 000 euros, ou pour certains litiges visés (bornage, distance des plantations…), litiges exclus en l'espèce, et enfin, pour les litiges en trouble anormal du voisinage. Le litige en réparation des troubles sonores en fait partie. À ce titre et quel que soit le montant du litige, un préalable de MARD est obligatoire. Toute demande en justice initiée sans avoir respecté cette tentative amiable serait irrecevable et le juge peut relever cette irrecevabilité d'office (C. pr. civ., art. 750-1). Les parties ont le choix du MARD entre la conciliation, la médiation et la procédure participative.

IV • La compétence du tribunal judiciaire de Strasbourg

M. Cisive doit, avec son voisin, mettre en œuvre un MARD, en initier la procédure et tenter de trouver un accord amiable sans bien sûr y être tenu. En cas d'échec de la tentative amiable, celui qui se prétend victime, M. Cisive, pourra alors saisir le juge, en l'espèce, le tribunal judiciaire (A) de Strasbourg (B).

A • La compétence du tribunal judiciaire

La demande en réparation est une demande civile émise par une personne civile contre une autre personne civile, les deux voisins personnes physiques. Il s'agit donc d'un litige civil relevant des juridictions civiles. Depuis la loi n° 2019-222 du 23 mars 2019 *de programmation 2018-2022 et de réforme pour la justice*, en vigueur depuis le 1er janvier 2020, bien qu'il n'existe plus qu'un seul tribunal civil, le tribunal judiciaire, la compétence de ce dernier est concurrente avec celle de deux formations nouvelles qui en dépendent : le juge des contentieux de la protection et la chambre de proximité. Il convient donc de vérifier si le litige de M. Cisive relève de l'une ou l'autre de ces formations du TJ. Tout d'abord, notre litige ne relève pas de la compétence du juge des contentieux de la protection. Spéciale et limitative, cette dernière compétence prévue aux articles L. 213-4-2 à 7 du Code de l'organisation judiciaire est uniquement déterminée en fonction de la matière des litiges. Ce juge unique connaît ainsi des tutelles des majeurs, « des actions tendant à l'expulsion des personnes qui occupent aux fins d'habitation des immeubles bâtis sans droit ni titre, des actions dont un contrat de louage d'immeubles à usage d'habitation ou un contrat portant sur l'occupation d'un logement est l'objet, la cause ou l'occasion, des actions relatives au crédit à la consommation, des actions relatives à l'inscription et à la radiation sur le fichier national recensant les informations sur les incidents de paiement caractérisés liés aux crédits accordés aux personnes physiques pour des besoins non professionnels, ainsi que des mesures de traitement des situations de surendettement des particuliers et de la procédure de rétablissement personnel ». Dans cette liste, il n'est aucunement mention de l'action en trouble anormal du voisinage et cette dernière n'est pas susceptible d'épouser le moule des actions visées. Il faut donc conclure que la demande de M. Cisive ne relève pas de la compétence du juge des contentieux et de la protection.

La demande ne peut pas davantage revenir à la chambre de proximité. Aux termes de l'article L. 212-8 du Code de l'organisation judiciaire, « le tribunal judiciaire peut comprendre, en dehors de son siège, des chambres de proximité dénommées "tribunaux de proximité", dont le siège et le ressort ainsi que les compétences matérielles sont fixées par décret. Ces chambres peuvent se voir attribuer, dans les limites de leur ressort, des compétences matérielles supplémentaires, par une décision conjointe du premier président de la cour d'appel et du procureur général près cette cour, après avis des chefs de juridiction et consultation du conseil de juridiction concernés ».

Il ressort de ce texte qu'une chambre de proximité ne peut être créée qu'en dehors du siège (de la ville) du tribunal judiciaire. Or, les deux litigants sont domiciliés à Strasbourg où il existe un tribunal judiciaire. Il ne peut donc y avoir de chambre déléguée, ce qui résout le problème d'une éventuelle compétence concurrente.

On signale en outre, que, même dans l'hypothèse contraire, la demande ne pourrait être portée devant la chambre de proximité, dont les compétences sont fixées conformément aux tableaux IV-II et IV-III annexés au Code de l'organisation judiciaire (COJ, art. D. 212-19-1) et sont réparties en 63 chefs de compétence, dont, au 1°, les « actions personnelles ou mobilières jusqu'à la valeur de 10 000 euros et demandes indéterminées qui ont pour origine l'exécution d'une obligation dont le montant n'excède pas 10 000 euros, en matière civile ». La demande dont le montant est de 15 000 euros n'entre pas dans les champs d'application du texte, pas davantage que les autres. Le tribunal judiciaire est donc compétent.

B • La compétence territoriale de Strasbourg

En outre, la compétence territoriale de principe de l'article 42 du Code de procédure civile, tribunal du domicile du défendeur s'applique, soit le tribunal judiciaire de Strasbourg. D'ailleurs, le litige portant sur une action personnelle entre voisins, aucune autre localisation n'apparaît, pour éventuellement être utilisée à titre optionnel.

V • Le ministère d'avocat obligatoire

M. Cisive devra constituer avocat, ainsi que son adversaire en défense, en application des articles 760 et 761 du Code de procédure civile. Le premier de ces articles pose l'obligation de principe de recourir à un avocat devant le tribunal judiciaire. Le second contient plusieurs dispenses à cette obligation :
« 1° Dans les matières relevant de la compétence du juge des contentieux de la protection ;
2° Dans les matières relatives à l'électorat, à l'éligibilité et à la régularité des opérations électorales devant le tribunal de commerce
3° À l'exclusion des matières relevant de la compétence exclusive du tribunal judiciaire, lorsque la demande porte sur un montant inférieur ou égal à 10 000 euros ou a pour objet une demande indéterminée ayant pour origine l'exécution d'une obligation dont le montant n'excède pas 10 000 euros.
Dans les matières relevant de la compétence exclusive du tribunal judiciaire qui ne sont pas dispensées du ministère d'avocat, les parties sont tenues de constituer avocat quel que soit le montant sur lequel porte la demande.
L'État, les départements, les régions, les communes et les établissements publics peuvent se faire représenter ou assister par un fonctionnaire ou un agent de leur administration. »
Le litige de voisinage, dont la demande (déterminée) est fixée à 15 000 euros, ne relevant ni de la compétence du juge des contentieux de la protection, comme vu précédemment à la question 4., ni d'une compétence exclusive du TJ (COJ, art. R 211-3-26 : « État des personnes ; Annulation des actes d'état civil ; Successions ; Amendes civiles encourues par les officiers de l'état civil ; Actions immobilières pétitoires ; Récompenses industrielles ; Dissolution des associations ; Sauvegarde, redressement judiciaire et liquidation judiciaire lorsque le débiteur n'exerce ni une activité commerciale ni une activité artisanale ; Assurance contre les accidents et les maladies professionnelles des personnes non salariées en agriculture ; Droits d'enregistrement, taxe de publicité foncière, droits de timbre et contributions indirectes et taxes assimilées à ces droits, taxes ou contributions ; Baux commerciaux à l'exception des contestations relatives à la fixation du prix du bail révisé ou renouvelé, baux professionnels et conventions d'occupation précaire en matière commerciale ; Inscription de faux contre les actes authentiques ; Actions civiles pour diffamation ou pour injures publiques ou non publiques, verbales ou écrites ; Contestations concernant le paiement, la garantie ou le remboursement des créances de toute nature recouvrées par l'administration des douanes et les autres affaires de douanes, dans les cas et conditions prévus au code des douanes. ») ni d'une demande inférieure à 10 000 euros, le demandeur doit constituer avocat.

VI • L'assignation irrégulière mais non annulable

Aux termes de l'article 750 du Code de procédure civile, la demande devant le tribunal judiciaire est formée par assignation ou par une requête lorsque le montant de la demande n'excède pas 5 000 euros, lorsqu'elle est formée aux fins de tentative préalable de conciliation ou lorsque la loi ou le règlement le prévoit. En l'espèce, la demande se montant à 15 000 euros, l'assignation était le seul acte introductif de l'instance régulier. M. Cisive, en cas d'échec du règlement amiable, aura raison de l'utiliser.
Par ailleurs, le projet d'assignation présenté par M. Cisive indique entre autres ses noms, profession, domicile, ainsi que les noms et domicile du défendeur. L'assignation devant le tribunal judiciaire doit contenir des mentions obligatoires issues de quatre textes, l'article 648 du Code de procédure civile,

texte général sur les actes de commissaire de justice, les articles 54 et 56 du Code de procédure civile, propre au formalisme de la demande initiale et de l'assignation, et l'article 752, relatif au formalisme de l'assignation devant le TJ.

Or, selon l'article 648 du Code de procédure civile :

« Tout acte d'huissier de justice indique, indépendamment des mentions prescrites par ailleurs :

1. Sa date ;

2. a) Si le requérant est une personne physique : ses nom, prénoms, profession, domicile, nationalité, date et lieu de naissance ;

b) Si le requérant est une personne morale : sa forme, sa dénomination, son siège social et l'organe qui la représente légalement.

3. Les nom, prénoms, demeure et signature de l'huissier de justice ;

4. Si l'acte doit être signifié, les nom et domicile du destinataire, ou, s'il s'agit d'une personne morale, sa dénomination et son siège social.

Ces mentions sont prescrites à peine de nullité. »

Il apparaît que le projet d'assignation, régulier quant à l'identification du défendeur, est irrégulier concernant celle du demandeur : les mentions prescrites à peine de nullité relatives à son prénom et sa date et lieu de naissance font défaut. L'assignation est ainsi atteinte d'une irrégularité pour vice de forme, régie par l'article 114 du Code de procédure civile. En effet, il ne peut pas s'agir d'un vice de fond : la Cour de cassation considère que la liste visée à l'article 117 du code est limitative (depuis Cass., ch. mixte, 7 juill. 2006, n° 03-20.026). Cette liste était relative au défaut de capacité d'ester en justice, au défaut de pouvoir d'une partie ou d'une personne figurant au procès comme représentant soit d'une personne morale, soit d'une personne atteinte d'une incapacité d'exercice ainsi qu'au défaut de capacité ou de pouvoir d'une personne assurant la représentation d'une partie en justice. Or, les mentions descriptives de l'article 648 du Code de procédure civile ne font pas partie des cas prévus à l'article 117 du même Code.

L'avocat adverse devra soulever la nullité de l'assignation pour vice de forme *in limine litis*, avant toute défense au fond ou fin de non-recevoir (C. pr. civ., art. 112). Il devra justifier d'un texte pour obtenir le prononcé de la nullité (ici C. pr. civ., art. 648) mais surtout d'un grief (C. pr. civ., art. 114, al. 2). Ce dernier revient souvent à alléguer *in concreto* d'une entrave aux droits de la défense. Or, en l'espèce, l'omission du prénom et de la date et lieu de naissance du demandeur rend l'assignation certes irrégulière mais pas annulable. On voit mal comment le défendeur pourrait se prévaloir de cette omission d'éléments mineurs pour dire que sa défense a été désorganisée, ce, d'autant qu'il s'agit d'un litige de voisinage et qu'il est tout à fait possible d'identifier le voisin malgré le défaut de ces éléments de son état civil. Le projet d'assignation est sur ce point irrégulier mais pas pour autant annulable, faute de grief à soulever.

VII • L'office du juge quant à la demande

Aux termes d'une jurisprudence ancienne et constante, il n'entre pas dans les pouvoirs du juge de contrôler en amont, au titre de la recevabilité de la demande, le montant de cette dernière pour vérifier si elle est en adéquation avec les faits allégués et le montant de dommages-intérêts sollicités. Le juge ne peut donc déclarer irrecevable la demande sur ce motif si par ailleurs le demandeur dispose bien d'un intérêt à agir, est dans les délais de prescription et n'a pas déjà été jugé pour le même litige entre les mêmes parties pour la même cause et le même objet (C. pr. civ., art. 122). En revanche, il entre dans les pouvoirs du juge contentieux d'apprécier l'étendue des dommages-intérêts demandés. Il n'est donc pas tenu, dans son jugement, d'accorder le maximum demandé par M. Cisive.

VIII • L'instance d'appel

Le libellé indique que dans un jugement rendu le 27 février 2024, signifié le 28 février, M. Cisive s'est vu accorder 3 000 euros de dommages-intérêts sur les 15 000 demandés. Il souhaite faire appel. Il apparaît que son appel est pleinement recevable (A) et que le défaut de formalisme lié à la présentation d'un appel total peut être régularisé (B).

A • La recevabilité de l'appel

Tout d'abord, M. Cisive a bien été partie en première instance. Ensuite, « L'intérêt est à la mesure de la succombance ». L'appelant n'a intérêt à interjeter appel que dans la mesure où il n'a pas eu gain de cause en première instance. La jurisprudence est peu exigeante puisqu'elle ouvre la voie d'appel lorsque la succombance n'est que partielle. C'est le cas de M. Cisive qui, malgré une déclaration de responsabilité de son adversaire, n'a pas obtenu les 15 000 euros demandés. Par ailleurs, il ne semble pas avoir renoncé à la voie d'appel (C. pr. civ., art. 556 à 558). Enfin, la demande de 15 000 euros excède le taux de ressort de 5 000 euros (COJ, art. R. 211-3-24), ouvrant le droit à l'appel.
M. Cisive a un mois pour interjeter appel (C. pr. civ., art. 538), à compter de la signification du jugement (C. pr. civ., art. 528). Les articles 641 et 642 du même Code précisent les modes de calcul du délai d'appel. S'agissant d'un délai qui est exprimé en mois, le jour de la notification est pris en compte dans le calcul du délai (ici le 28 février), lequel expire le jour du dernier mois ou de la dernière année qui porte le même quantième que le jour de l'acte. En l'espèce, M. Cisive a jusqu'au jeudi 28 mars 2024, minuit, pour interjeter appel. La déclaration d'appel doit être remise par voie électronique à peine d'irrecevabilité pouvant être prononcée d'office (C. pr. civ., art. 930-1).

B • La régularisation du défaut de formalisme de l'appel

La déclaration d'appel doit être présentée au plus tard le 28 février 2024. À cette date, le décret n° 2023-1391 du 29 décembre 2023, portant simplification de la procédure d'appel en matière civile n'est pas encore entré en vigueur. On rappelle qu'il entrera en vigueur le 1er septembre 2024 et sera applicable aux instances d'appel et aux instances consécutives à un renvoi après cassation introduites à compter de cette date. Dès lors, ce sont les dispositions actuelles sur l'appel, tirées du décret n° 2017-891 du 6 mai 2017, *relatif aux exceptions d'incompétence et à l'appel en matière civile*, qui s'appliquent.
L'omission par M. Cisive, dans la déclaration d'appel, des chefs de jugement critiqués encourt deux types de sanction (1) mais la régularisation est possible (2).

1 • Les sanctions

S'agissant des conséquences d'une déclaration dans laquelle l'avocat aurait formé par erreur une déclaration d'appel total et aurait omis d'énoncer les chefs du jugement critiqués, on rappelle qu'avant le décret n° 2017-891 du 6 mai 2017, il était fréquent que la déclaration d'appel fasse mention d'un « appel général » ou d'un « appel total », afin de signifier que l'appelant n'entendait pas limiter l'appel à certains chefs du jugement mais souhaitait que l'effet dévolutif s'opère pour le tout. Même en l'absence d'une telle mention, l'appel général était d'ailleurs de principe, sauf précision contraire dans la déclaration d'appel. Seulement, depuis le décret n° 2017-891 du 6 mai 2017, l'article 901 du Code de procédure civile indique que la déclaration d'appel doit, à peine de nullité, contenir « les chefs du jugement expressément critiqués auxquels l'appel est limité, sauf si l'appel tend à l'annulation du jugement ou si l'objet du litige est indivisible ». L'appel « total » ne subsiste donc, aujourd'hui, qu'à titre d'exception dans ces deux dernières situations.

En l'espèce, aux termes du libellé du sujet, l'appel interjeté ne semble pas tendre à l'annulation du jugement, mais on ne sait pas si l'objet du litige est divisible ou indivisible. Dans l'hypothèse où l'objet du litige était indivisible, la déclaration d'appel serait alors parfaitement régulière. En revanche, dans celle où l'objet du litige serait divisible, l'avocat aurait dû mentionner les chefs du jugement expressément critiqués. Une telle absence est sanctionnée doublement, tant par une nullité de forme que par une absence d'effet dévolutif.

a) La déclaration d'appel annulable

Tout d'abord, sa déclaration est irrégulière. Le manquement à l'article 901 4° du Code de procédure civile est sanctionné par une nullité pour vice de forme (C. pr. civ., art. 114), dès lors subordonnée à la caractérisation d'un grief (Civ. 2e, 20 déc. 2017, avis nos 17019, 17020 et 17021). Selon l'article 112 du Code de procédure civile, « la nullité des actes de procédure peut être invoquée au fur et à mesure de leur accomplissement ; mais elle est couverte si celui qui l'invoque a, postérieurement à l'acte critiqué, fait valoir des défenses au fond ou opposé une fin de non-recevoir sans soulever la nullité ». Le deuxième alinéa de l'article 114 du même Code ajoute que « la nullité ne peut être prononcée qu'à charge pour l'adversaire qui l'invoque de prouver le grief que lui cause l'irrégularité, même lorsqu'il s'agit d'une formalité substantielle ou d'ordre public ».

En l'espèce, l'avocat adverse pourrait soulever une exception de nullité devant la cour d'appel mais elle ne pourra prospérer que s'il le fait avant toute défense au fond ou fin de non-recevoir et s'il démontre l'existence d'un préjudice. Il pourrait, en particulier, soutenir que la seule mention de la « réformation de l'ordonnance » ou de « l'appel total » désorganise l'exercice de la contradiction.

L'article 2241 du Code civil dispose que « la demande en justice, même en référé, interrompt le délai de prescription ainsi que le délai de forclusion » et qu'il en va de même « lorsqu'elle est portée devant une juridiction incompétente ou lorsque l'acte de saisine de la juridiction est annulé par l'effet d'un vice de procédure ». À ce sujet, la Cour de cassation a précisé qu'une déclaration d'appel, même entachée d'un vice de procédure, interrompait le délai d'appel de sorte que la régularisation de l'acte restait possible même après l'expiration du délai initial (Civ. 2e, 1er juin 2017, no 16-14.300). En l'espèce, même si l'annulation de la déclaration d'appel est prononcée, le délai d'appel – qui est un délai de forclusion – a été interrompu. L'avocat de l'appelant, M. Cisive, pourra donc légitimement réaliser une nouvelle déclaration dans le mois suivant la dernière décision rendue sur la nullité de la déclaration d'appel (v. *infra*, 2). Stratégiquement, l'avocat de l'intimé n'a donc pas grand intérêt à invoquer une telle nullité.

b) L'absence d'effet dévolutif de la déclaration d'appel

Selon l'article 562 du Code de procédure civile, « l'appel défère à la cour la connaissance des chefs de jugement qu'il critique expressément et de ceux qui en dépendent » ; la dévolution ne s'opérant pour le tout que « lorsque l'appel tend à l'annulation du jugement ou si l'objet du litige est indivisible ». La Cour de cassation a déduit de cette règle que lorsque la déclaration d'appel tend à la réformation du jugement sans mentionner les chefs de jugement qui sont critiqués, l'effet dévolutif n'opère pas, quand bien même la nullité de la déclaration n'aurait pas été sollicitée par l'intimé (Civ. 2e, 2 juill. 2020, no 19-16.954). Cette solution ne s'applique toutefois pas en procédure ordinaire sans représentation obligatoire, où la dévolution opère pour le tout même en cas d'omission des chefs du jugement critiqués dans la déclaration d'appel (Civ. 2e, 9 sept. 2021, no 20-13.662 FS-B+R ; Civ. 2e, 29 sept. 2022, no 21-23.456 FS-B). Or, ici, l'énoncé du sujet précise bien que nous sommes « en procédure ordinaire avec représentation obligatoire ». En l'espèce, la mention « appel total » ne peut donc entraîner aucun effet dévolutif et la Cour pourra décider qu'elle « n'est par suite saisie d'aucune demande » (Civ. 2e, 30 janv. 2020, no 18-22.528).

2 • Régularisation

La Cour de cassation a eu l'occasion de préciser que la nullité prévue par l'article 901 du Code de procédure civile était une nullité pour vice de forme qui, en application de l'article 115 du Code de procédure civile, « est couverte par la régularisation ultérieure de l'acte si aucune forclusion n'est intervenue et si la régularisation ne laisse subsister aucun grief » (Civ. 2e, 20 déc. 2017, nos 17-70.034, 17-70.035 et 17-70.036). En particulier, cette nullité peut être couverte par une nouvelle déclaration d'appel qui devra, cependant, intervenir avant l'expiration du délai imparti à l'appelant pour conclure conformément aux articles 910-4 et 954 du Code de procédure civile (Civ. 2e, 20 déc. 2017, préc.). L'article 908 précise que ce délai, en procédure ordinaire, est de trois mois « à compter de la déclaration d'appel pour remettre ses conclusions au greffe ».

En l'espèce, le jugement a été signifié le 28 février 2024. C'est à cette date que nous nous plaçons pour corriger le cas. Or, l'énoncé ne donne aucune indication sur la date de la déclaration d'appel. On sait néanmoins, en appliquant les articles 528 et 538 du Code de procédure civile, que l'appelant a jusqu'au 28 mars pour ce faire (v. démonstration, *supra*). Dès lors, au maximum, l'avocat de l'appelant aura trois mois à compter du 28 mars pour conclure et également, pendant ce délai, pour corriger son erreur par le biais d'une nouvelle déclaration d'appel, qui cette fois, comportera bien l'énoncé des chefs de jugement critiqués. Après le 28 juin 2024, le délai sera dépassé et aucune régularisation ne sera plus possible.

Actualisation des solutions

Si le jugement avait été signifié en septembre, avec une déclaration d'appel postérieure au 1er septembre 2024, le décret no 2023-1391 du 29 décembre 2023 était applicable. En sus d'imposer une nouvelle numérotation des articles (901 7° au lieu de 901 4°), le décret modifie les solutions du cas dans le sens où la nullité et l'absence d'effet dévolutif peuvent toujours être régularisées dans le même délai mais par la présentation des chefs de jugement critiqués dans le dispositif des premières conclusions de l'appelant (nouv. art. 915-2 al. 1). Il existe une incertitude quant au maintien du dispositif jurisprudentiel antérieur reposant sur la régularisation de la première déclaration d'appel dépourvue des chefs critiqués de jugement par une seconde déclaration d'appel, présentée dans le délai pour conclure. La doctrine y étant favorable et en l'absence de jurisprudence, l'étudiant, après avoir présenté l'incertitude, devra conclure à l'existence de deux régularisations possibles.

En outre, on rappelle que le décret a supprimé l'exception d'indivisibilité, de sorte qu'il n'est pas besoin de s'interroger sur ce point afin de savoir si la déclaration est régulière et emporte effet dévolutif.

Consultation

Sujet de l'examen national 2024

SUJET

I. Madame Académix, retraitée âgée de 66 ans, a eu besoin d'argent pour financer des travaux dans son appartement et a fait deux emprunts successifs à son neveu, Monsieur Sympathique, le premier en 2022 d'un montant de 15 000 euros, le second en 2023 d'un montant de 10 000 euros et elle a signé deux reconnaissances de dettes. Malheureusement, elle n'a pas pu rembourser aux échéances prévues en dépit des nombreuses demandes de son neveu. Elle a été condamnée par un jugement du tribunal judiciaire de Rennes rendu le lundi 29 avril 2024 à payer à Monsieur Sympathique, la somme de 15 000 euros pour le premier emprunt, 10 000 euros pour le second, ainsi que la somme de 2 000 euros au titre des intérêts échus, et 2 500 euros au titre de l'article 700 du Code de procédure civile et aux entiers dépens de l'instance. Le jugement lui a été signifié par remise à personne par commissaire de justice le lundi 6 mai 2024. Madame Académix a constitué maître Bigdata, avocat au barreau de Rennes, pour qu'il fasse appel du jugement. Elle vous expose les actes que maître Bigdata a accomplis et vous consulte pour connaître sa situation procédurale.

Maître Bigdata a envoyé au greffe de la cour d'appel de Rennes, par communication électronique, une déclaration d'appel le mardi 4 juin 2024. Il l'a rédigée ainsi : Objet de l'appel : « Critique de tous les chefs du jugement rendu le 29 avril 2024 par le tribunal judiciaire de Rennes et de la condamnation à 2 500 euros au titre de l'article 700 du Code de procédure civile ». Plus tard, se rendant compte qu'il avait oublié de formuler expressément les chefs du dispositif du jugement, il envoie un message au greffe de la cour d'appel le mercredi 12 juin 2024 : « veuillez trouver ci-joint le fichier PDF listant les chefs du dispositif du jugement » et joint le fichier à son message, lequel détaille précisément tous les chefs critiqués omis (condamnation à la somme de 15 000 euros pour le 1er emprunt, 10 000 euros pour le second, ainsi que la somme de 2 000 euros au titre des intérêts échus, et aux entiers dépens de l'instance).

a) Inquiète, Madame Académix vous interroge, le 2 septembre 2024, pour vérifier que ses intérêts ont bien été protégés.

b) Votre réponse changerait-elle si la déclaration d'appel était faite le jeudi 5 septembre 2024 dans les mêmes termes (en supposant dans ce cas pour les besoins du raisonnement que le jugement du 29 avril 2024 n'a jamais été signifié), avec un message et un fichier PDF envoyés au greffe de la cour d'appel le lendemain, le vendredi 6 septembre 2024, et que Madame Académix vous consultait le lundi 9 septembre 2024 ? (10 points)

II. Madame Académix vous expose que, dans le cadre d'un conflit issu d'un trouble de voisinage, elle a signé le 12 janvier 2024 une transaction avec Monsieur Gagnant son voisin, dans laquelle elle s'engage à dédommager le préjudice de ce dernier pour un montant de 8 000 euros, payable en quatre mensualités de 2 000 euros chacune, à compter du 1er avril 2024 ; Monsieur Gagnant se contente de renoncer à toute action en justice à propos de ce trouble de voisinage et d'accorder ces délais de paiement. Sur requête de Monsieur Gagnant, cette transaction a été homologuée par un jugement du tribunal judiciaire de Rennes le 12 février 2024. Ce jugement d'homologation indique dans son dispositif « Par ces motifs, Homologuons la transaction intervenue entre Madame Académix et Monsieur Gagnant, signée le 12 janvier 2024, annexée au présent jugement ».

Madame Académix n'a réglé que la première mensualité de 2 000 euros le 1er avril 2024, puis a cessé de payer Monsieur Gagnant. Après la dernière échéance impayée du 1er juillet, ce dernier la met en demeure, le 5 juillet, de payer sous 15 jours l'intégralité des sommes restant dues. Puis, devant le silence et l'inaction de Madame Académix, il saisit Monsieur Diligent, commissaire de justice, pour qu'il effectue une saisie attribution sur le compte que Madame Académix détient à la banque CASH. Le commissaire de justice effectue directement la saisie en signifiant un acte de saisie au tiers saisi, la Banque CASH, le lundi 19 août 2024, et en dénonçant la saisie à Madame Académix le lundi 2 septembre 2024.
Madame Académix souhaite trouver les moyens pour empêcher la poursuite de cette saisie. Elle entend saisir le juge de l'exécution pour lui demander de statuer sur la régularité de la saisie attribution. Elle vous indique en outre qu'elle entend invoquer un déséquilibre qu'elle estime important dans les concessions consenties dans cette transaction homologuée et vous demande si elle dispose d'un moyen procédural à cet effet (vous ne devez pas développer de moyens tenant à la nullité de la transaction, hors programme de procédure). Comment analysez-vous sa situation procédurale ? (10 points)

Actualisation des solutions

La deuxième partie du cas pratique portant sur les recours contre la saisie-attribution devant le juge de l'exécution nécessite d'apporter une précision sur le raisonnement si le recours devait être porté après le 1er décembre 2024. Il s'agit ici de prendre en compte la décision d'annulation du Conseil constitutionnel (Cons. const. 17 nov. 2023, n° 2023-1068 QPC, point 14), qui a censuré les mots « des contestations qui s'élèvent à l'occasion de l'exécution forcée », employés au premier alinéa de l'article L. 213-6 du COJ, comme contraires à la Constitution (v. fiche 35).

CORRIGÉ

Rappel des faits

Une personne civile emprunteuse auprès d'une autre personne civile a été condamnée par un tribunal judiciaire à payer la somme de 15 000 euros pour un premier emprunt, 10 000 euros pour le second, ainsi que la somme de 2 000 euros au titre des intérêts échus, 2 500 euros au titre de l'article 700 du Code de procédure civile et aux entiers dépens de l'instance. Le jugement lui a été signifié le 6 mai 2024. Le perdant en première instance a constitué avocat pour faire appel du jugement. Le 4 juin 2024, son avocat a envoyé électroniquement au greffe de la cour d'appel compétente une déclaration d'appel générale, sans formuler expressément les chefs du dispositif du jugement puis a tenté de régulariser en envoyant une semaine plus tard au greffe le fichier PDF des chefs de dispositifs critiqués omis. L'appelant s'interroge alors sur les possibilités de régularisation de la déclaration (I). En outre, cette même personne, débitrice d'une somme envers son voisin, avec qui elle a conclu une transaction homologuée, s'est vue dénoncer une saisie-attribution, pratiquée dans les mains de son banquier. Elle va pouvoir contester devant le juge de l'exécution l'irrégularité de la saisie-attribution ainsi que solliciter l'annulation de la transaction, titre exécutoire à l'origine de la saisie (II).

I • La régularisation de la déclaration d'appel (10 points)

A • La régularisation sous l'empire du décret du 6 mai 2017

Sans précision contraire, la procédure d'appel envisagée est avec représentation obligatoire. L'avocat de l'appelant a présenté une déclaration le 4 juin 2024, soit trois mois avant la date d'application (au 1er septembre 2024) du décret n° 2023-1391 du 29 décembre 2023, modifiant notamment les règles de l'effet dévolutif en appel. Le nouveau régime de l'appel n'était donc pas applicable.

Or, depuis le 1er septembre 2017, date d'application du décret n° 2017-891 du 6 mai 2017, l'appelant a l'obligation d'indiquer dans sa déclaration d'appel « les chefs du jugement expressément critiqués ». Cette obligation ressort tant de l'article 901 4° du Code de procédure civile, portant sur le formalisme de la déclaration d'appel, que de l'article 562 du même Code, relatif à l'effet dévolutif de l'appel.

En l'espèce, il apparaît que l'avocat de l'appelant a présenté une demande générale en omettant de préciser « les chefs du jugement expressément critiqués ».

L'absence des chefs de jugement dans la déclaration d'appel est doublement sanctionnée : par une nullité pour vice de forme de la déclaration d'appel (Civ. 2e, avis, 20 déc. 2017, nos 17019, 17020 et 17021) et par l'absence d'effet dévolutif de l'appel, ceci, quand bien même la nullité de la déclaration d'appel n'aurait pas été sollicitée par l'intimé (Civ. 2e, 2 juill. 2020, n° 19-16.954). Ces deux sanctions ne sont toutefois pas encourues en procédure sans représentation obligatoire (Civ. 2e, 30 juin 2022, n° 21-15.003 F-B), ce qu'exclut le cas.

Les sanctions sont en outre inopérantes lorsque l'appel tend à l'annulation du jugement ou si l'objet du litige est indivisible. Ainsi, en ce cas, malgré l'absence de précision des chefs de jugements, la déclaration d'appel est régulière et la dévolution s'opérera pour le tout. En l'espèce, aux termes du libellé du sujet, l'appel interjeté tend à la réformation du jugement : « Critique de tous les chefs du jugement rendu le 29 avril 2024 par le tribunal judiciaire de Rennes et de la condamnation à 2 500 euros au titre de l'article 700 du Code de procédure civile ». En outre, dans l'hypothèse où l'objet du litige était indivisible, la déclaration d'appel serait alors parfaitement régulière. En revanche, dans celle où l'objet du litige serait divisible, l'avocat aurait dû mentionner les chefs du jugement expressément critiqués. En l'espèce, aucune divisibilité n'est à relever, de sorte que les deux sanctions étaient encourues, sauf à l'avocat de pouvoir régulariser sa déclaration d'appel.

Précisément, l'avocat de l'appelant a voulu régulariser en envoyant postérieurement au greffe un fichier annexe, sans pour autant faire de seconde déclaration d'appel. Or, selon la jurisprudence constante, la seule possibilité de régulariser est de présenter une nouvelle déclaration d'appel dans le délai imparti à l'appelant pour conclure (3 mois à compter de la déclaration d'appel : C. pr. civ., art. 908 ; Civ. 2e, 19 nov. 2020, n° 19-13.642 ; Civ. 2e, 12 janv. 2023, n° 21-14.731 NP ; Civ. 2e, 14 avr. 2022, n° 20-22.497 NP ; Civ. 2e, 19 mai 2022, n° 21-12.267 NP ; Civ. 2e, 14 sept. 2023, n° 21-22.783 P, *D.* 2023. 1654 ; *AJ fam.* 2023. 480, obs. F. Eudier). L'envoi d'un document postérieur qui n'est pas une déclaration d'appel ne vaut pas régularisation selon la Cour de cassation (Civ. 2e, 30 juin 2022, n° 21-12.720 F-B). L'envoi au greffe du PDF le 12 juin 2024 ne peut régulariser l'appel irrégulier.

Toutefois, rien n'est perdu puisque l'appelante vous consulte le 2 septembre et dispose jusqu'au 4 septembre pour présenter une nouvelle déclaration d'appel. Le délai de 3 mois prévu par l'article 908 du Code de procédure civile est calculé conformément aux articles 641 et suivants. Il court à compter de la déclaration d'appel. Le délai étant exprimé en mois, le *dies a quo* est le 4 juin 2024 et le *dies ad quem* sera le 4 septembre à minuit. Il est donc possible à l'avocat de présenter à nouveau une nouvelle déclaration d'appel conforme aux exigences de l'article 901, 4° du Code de procédure civile.

B • La régularisation sous l'empire du décret n° 2023-1391 du 29 décembre 2023 (4 points)

La déclaration d'appel aurait été faite le jeudi 5 septembre 2024 dans les mêmes termes, soit postérieurement au 1er septembre, que le décret n° 2023-1391 du 29 décembre 2023 aurait trouvé application, avec un changement majeur sur les modalités de régularisation. Si le nouvel 901, 7° du Code de procédure civile impose toujours la mention des « chefs du dispositif du jugement expressément critiqués » et si la double sanction est conservée, le décret a supprimé l'exception d'indivisibilité, de sorte qu'il n'est pas besoin de s'interroger sur ce point afin de savoir si la déclaration est régulière et emporte effet dévolutif. Surtout, le nouvel article 915-2, alinéa 1er du Code précise que l'appelant principal peut compléter, retrancher ou rectifier les chefs du dispositif du jugement critiqués non mentionnés dans la déclaration d'appel, dans le dispositif de ses premières conclusions, remises dans les délais prévus à l'article 908 du Code. L'avocat a donc pu compléter jusqu'au 4 septembre sa déclaration d'appel dans ses premières conclusions. La possibilité de régulariser par une nouvelle déclaration d'appel dans le même délai ne semble pas avoir été exclue, de sorte qu'il semble possible à l'avocat d'y recourir également.

II • La procédure de saisie-attribution (10 points)

Afin d'empêcher la poursuite de la mesure d'exécution, le débiteur qui s'est vu dénoncer une saisie-attribution peut faire valoir devant le juge de l'exécution tant l'irrégularité de la procédure préliminaire (A) que l'annulation de la transaction (B).

A • L'irrégularité de la procédure préliminaire

1 • L'annulation de la saisie pour irrégularité de la signification préalable à la saisie (4 points)

Visée aux articles L. et R. 162-1, L. 211-1 à L. 211-5 et R. 211-1 à R. 211-23 du Code des procédures civiles d'exécution, la saisie-attribution est la procédure d'exécution par laquelle un créancier (le saisissant) muni d'un titre exécutoire, se fait attribuer en paiement de ce qui lui est dû, tout ou partie des sommes dont son débiteur (saisi) est lui-même créancier ou détenteur vis-à-vis d'autrui (tiers saisi). C'est une procédure dirigée contre le tiers saisi et non contre le débiteur mais ce dernier est ensuite informé de la procédure et pourra élever une contestation. La procédure se déroule en 3 temps. Elle commence directement par l'acte de saisie-attribution, dirigé contre le tiers saisi, ici la banque détentrice, qui, concomitamment ou presque, doit déclarer au commissaire de justice l'étendue de sa dette envers le débiteur saisi, lequel est informé de la saisie.
En l'espèce, conformément à l'article L. 211-1 du Code des procédures civiles d'exécution, la saisie-attribution porte bien sur une créance cause monétaire (une somme d'argent d'un montant de 8 000 euros, payable en quatre mensualités de 2 000 euros chacune, à compter du 1er avril 2024), qui n'est pas une créance de rémunération du travail. On notera enfin qu'une créance à exécution successive peut être saisie.

Comme les autres mesures d'exécution forcée, la saisie-attribution ne peut être diligentée qu'en présence d'un titre exécutoire (C. pr. exéc., art. L. 211-1), dont la liste est dressée à l'article L. 111-3 du Code des procédures civiles d'exécution. Ici, une transaction homologuée par le juge compétent (C. pr. civ., art. 1567) constitue un titre exécutoire (C. pr. exéc., art. L. 111-3-1°, visant « les accords auxquels ces juridictions ont conféré la force exécutoire »). Toutefois, conformément à l'article 503 du Code de procédure civile, un titre exécutoire ne peut être mis à exécution forcée qu'après avoir été notifié à celui auquel on l'oppose. Le texte prévoit cependant une exception : l'exécution volontaire peut dispenser de notification. Le cas exclut une telle hypothèse, visant « le silence et l'inaction » du débiteur. Il convient dès lors d'appliquer le principe de la notification.
Or, on retient des faits de l'espèce que le commissaire de justice a directement procédé à la saisie sans notifier le titre exécutoire au débiteur. Le commissaire de justice devait signifier le jugement d'homologation rendu à la requête d'une partie. La Cour de cassation a en effet énoncé que « n'étant pas dissociable de la transaction à laquelle elle confère force exécutoire, l'ordonnance d'homologation doit, lorsqu'elle a été rendue à la requête de cette seule partie, être notifiée, conformément aux dispositions de l'article 503 du Code de procédure civile, à la partie contre laquelle l'exécution est poursuivie » (Civ. 2e, 26 oct. 2023, no 21-19.844, *Bull. civ.* no 8). Le débiteur peut donc demander l'annulation de la saisie au juge de l'exécution. Il peut également solliciter la caducité de la saisie.

2 • La caducité de la saisie pour dénonciation tardive de la saisie attribution au débiteur (4 points)

Troisième phase de la procédure de saisie-attribution, la dénonciation de la saisie est un acte que le commissaire de justice peut déléguer à un clerc assermenté selon la jurisprudence. Elle contient des mentions obligatoires à peine de nullité et doit intervenir dans un délai de 8 jours à compter de la signification de la saisie (C. pr. exéc., art. R. 211-3), sous peine de caducité de la saisie. Or, la saisie a été effectuée le 19 août 2024 et la dénonciation le 2 septembre 2024, soit plus de huit jours après. Le débiteur peut solliciter la caducité de la saisie sur le fondement de l'article R. 211-3 du Code des procédures civiles d'exécution.

3 • La compétence du juge de l'exécution (bonus)

Le libellé du sujet précise que le débiteur « entend saisir le juge de l'exécution » sans précision de temps. Il s'agit de s'interroger sur la compétence territoriale mais surtout matérielle du juge de l'exécution. Aux termes de l'article R. 211-10 du Code des procédures civiles d'exécution, qui constitue le fondement autonome de la compétence du juge de l'exécution pour connaître des contestations en saisie-attribution, il s'agit du « juge de l'exécution du lieu où demeure le débiteur ». Quelle qu'ait été la date de présentation du recours, le 2 septembre 2024, date où le cas a été soumis, ou virtuellement, après le 1er décembre 2024, la décision d'annulation du Conseil constitutionnel (Cons. const. 17 nov. 2023, no 2023-1068 QPC, point 14), qui a déclaré contraires à la Constitution les mots « des contestations qui s'élèvent à l'occasion de l'exécution forcée », employés au premier alinéa de l'article L. 213-6 du Code de l'organisation judiciaire lui est sans incidence. On rappelle que cette abrogation a été reportée par le Conseil constitutionnel au 1er décembre 2024, que durant la période courant de la décision du Conseil constitutionnel à cette date butoir, le « débiteur est recevable à contester le montant de la mise à prix pour l'adjudication des droits incorporels saisis devant le juge de l'exécution dans les conditions prévues par le premier alinéa de l'article L. 213-6 du Code de l'organisation judiciaire » (conseil, point 18, appliqué par Civ. 2e, 4 juill. 2024, no 23-12.267). Un recours présenté en l'espèce entre le 2 septembre et le 1er décembre 2024 pouvait être porté devant le juge de l'exécution. Pour un recours intenté postérieurement, sans modification législative intervenue, les deux dépêches de la direction des Affaires civiles et du Sceau (DACS) en date du 28 novembre 2024 et du 5 décembre 2024 et la circulaire du 28 novembre 2024 indiquent que le juge de l'exécution ne sera plus compétent à compter du 1er décembre pour statuer sur les contestations qui s'élèvent à l'occasion de l'exécution forcée d'un titre exécutoire (COJ, art. L. 213-6, al. 1), que les contestations prévues par l'article entrent dans la compétence du tribunal judiciaire, en vertu de sa compétence de droit commun (COJ, art. L. 211-3) et sont soumises à la procédure écrite ordinaire. Ce régime est transitoire jusqu'à l'adoption d'une loi (de simplification de la vie économique). En l'espèce, les contestations contre la procédure de saisie-attribution sont prévues à un autre texte, ce qui met à l'abri le recours d'une incompétence du juge de l'exécution.

B • L'annulation de la transaction (4 points)

Lors de la contestation de la saisie attribution, le débiteur peut demander au juge de l'exécution, compétent tant *rationae temporis* (1) que *rationae materiae* (2), d'annuler la transaction sur le fondement de l'article 2044 du Code civil, notamment pour absence de concessions réciproques (ce qui ne sera pas développé car ce point ne relève pas du champ de la procédure).

1 • Compétence du JEX *rationae temporis*

Cette compétence pour annuler le titre exécutoire de transaction est tirée de l'article L. 213-6, alinéa 1 du Code de l'organisation judiciaire, et précisément, il s'agit de la compétence pour statuer sur « les difficultés des titres exécutoires ». Le cas ayant été soumis le 2 septembre, le problème se pose différemment en fonction du moment de la présentation du recours.

Si le recours devant le juge de l'exécution est présenté entre le 2 septembre 2024 et le 1er décembre 2024, date butoir fixée par le Conseil constitutionnel dans sa décision d'annulation (v. *supra*, II A), il l'est devant un juge compétent (Cons. const. 17 nov. 2023, n° 2023-1068 QPC, point 18 ; Civ. 2e, 4 juill. 2024, n° 23-12.267).

En revanche, s'il est présenté postérieurement, il existe une incertitude sur la compétence d'attribution du juge de l'exécution. Dans ses deux dépêches, la DACS a en effet indiqué une interprétation extensive de l'inconstitutionnalité des mots du texte de l'article L. 213-6, alinéa 1 du Code de l'organisation judiciaire en affirmant que l'abrogation issue de la décision QPC rejaillit sur la connaissance des difficultés relatives aux titres exécutoires, qui « n'est pas autonome », mais « liée à la mise en œuvre d'une mesure d'exécution forcée ». C'est vrai qu'à l'issue de l'annulation, et, sans intervention législative postérieure, l'article se lit désormais : « Le juge de l'exécution connaît, de manière exclusive, des difficultés relatives aux titres exécutoires et, même si elles portent sur le fond du droit à moins qu'elles n'échappent à la compétence des juridictions de l'ordre judiciaire. » Certains auteurs présentent une analyse différente : « si le Conseil constitutionnel avait voulu vider de toute sa substance l'alinéa 1er de l'article L. 213-6, il l'aurait abrogé dans toutes ses prévisions » (C. Bléry, C. Roth, « La mort du JEX : une annonce tout à fait exagérée », *D. actu.* 17 déc. 2024). Certes, l'abrogation ne concerne que les mots « des contestations qui s'élèvent à l'occasion de l'exécution forcée » et non ceux relatifs « aux difficultés relatives aux titres exécutoires », mais le même alinéa est visé et l'alinéa 1 de l'article L. 213-6 peut sembler indivisible. En outre, l'annulation du titre exécutoire de transaction n'est spécialement prévue à aucune autre disposition, contrairement à l'hypothèse précédente, de sorte que, sauf régularisation législative postérieure, il paraît plus conforme de saisir le tribunal judiciaire en procédure ordinaire.

2 • Pouvoirs du JEX *rationae materiae*

En principe, au titre de l'article L. 213-6, alinéa 1 du Code de l'organisation judiciaire, si le juge de l'exécution ne peut remettre en cause l'intangibilité d'un titre exécutoire judiciaire en raison de l'autorité de chose jugée (Civ. 2e, 16 juin 1995, no 09-50.008, avis, *Bull. civ.*, avis no 9 ; *RTD civ.* 1995. 691, obs. R. Perrot), sauf pour relever le caractère abusif d'une clause (Com. 8 févr. 2023, no 21-17.763 ; Civ. 2e, 13 avr. 2023, no 21-14.540 ; Civ. 2e, 11 juill. 2024, no 24-70.001, avis), il lui est tout à fait permis d'annuler un titre exécutoire qui n'est pas un jugement. Il peut ainsi annuler une transaction même après son homologation (Civ. 2e, 28 sept. 2017, no 16-19.184 : « l'homologation d'un accord transactionnel qui a pour seul effet de lui conférer la force exécutoire ne fait pas obstacle à une contestation de la validité de cet accord devant le juge de l'exécution »).

Le débiteur est donc fondé à solliciter du juge de l'exécution la nullité de la transaction, même après le jugement d'homologation.

Précisions liminaires sur le corrigé des annales

Les deux annales proposées (sujets 2021 et 2018) sont corrigées en tenant compte des dates contenues dans l'énoncé et des textes de loi ou de la jurisprudence applicables à ces dates. Toutefois, en cas de changement majeur des solutions intervenu depuis, un encart figure en fin de correction afin d'indiquer les solutions applicables aujourd'hui et éventuellement demain.

Consultation

Sujet de l'examen national 2021

SUJET

Maître DILIGENT, jeune avocat au Barreau de RENNES, est en proie au doute. Il sollicite votre avis sur plusieurs points.

I. (10 points) (*Vous vous placerez à la date du 6 avril 2021*)

Il a initié à la demande de Madame SIMONE, retraitée demeurant à RENNES, une procédure en recouvrement de créance devant le tribunal judiciaire de RENNES (chambre de proximité).

Madame SIMONE a prêté à un ami Monsieur JEAN, lui aussi retraité demeurant à RENNES, la somme de 4 000 € pour lui permettre de faire face à des travaux de réparation dans sa propriété.

Monsieur JEAN lui a signé une reconnaissance de dette aux termes d'un acte sous seing privé en date du 12 janvier 2020 et s'est engagé à rembourser la totalité de la somme le 12 juillet 2020 au plus tard.

Malheureusement il n'en a rien fait et en dépit des réclamations amiables verbales qu'elle lui a adressées en août, puis en septembre 2020, Madame SIMONE n'a pas été désintéressée.

À sa requête Maître DILIGENT a donc fait délivrer à la personne de Monsieur JEAN le 4 janvier 2021 une assignation à comparaître devant le tribunal judiciaire de RENNES à l'audience du 7 avril 2021 pour obtenir sa condamnation au paiement de la somme de 4 000 €, de celle de 400 € à titre de dommages et intérêts et de celle de 800 € au visa de l'article 700 du Code de procédure civile outre les dépens.

Monsieur JEAN a fait choix d'un Conseil en la personne de Maître LOYAL qui a notifié à Maître DILIGENT le 25 mars 2021 ses conclusions en défense :

Il a opposé à Maître DILIGENT l'irrecevabilité de la demande en se fondant sur l'article 750-1 du Code de procédure civile arguant du fait que Madame SIMONE n'avait jamais tenté de conciliation, de médiation ou de procédure participative.

a – Maître DILIGENT s'interroge :

Le recours préalable à un mode amiable était-il obligatoire au regard du montant de la demande ? **(2 points)**

b – À réception des conclusions de Maître LOYAL, Maître DILIGENT a demandé à Madame SIMONE de contacter un conciliateur de justice, ce qu'elle a fait. Celui-ci a invité les parties à se présenter devant lui le 1er avril 2021.

Que pourra-t-il tirer de cette situation à l'audience du 7 avril 2021 ? **(4 points)**
c – Poursuivant son questionnement, Maître DILIGENT se demande s'il n'aurait pas dû saisir le tribunal judiciaire d'une demande aux fins de tentative de conciliation (article 820 du Code de procédure civile) pour éviter le préalable d'une tentative de médiation ou de conciliation ou de procédure participative.
Qu'en pensez-vous ? **(4 points)**
II. (10 points) (*Vous vous placerez à la date du 3 mai 2021*)
Aux termes d'une ordonnance de référé rendue par le président du tribunal judiciaire de RENNES le 19 mars 2021 signifiée le 22 mars 2021, Monsieur GEORGES a été condamné à payer à Madame JOSÉPHINE la somme provisionnelle de 15 000 € et celle de 1 500 € au visa de l'article 700 du Code de procédure civile, outre les dépens.
À la demande de Monsieur GEORGES, Maître DILIGENT a interjeté appel le 30 mars devant la cour d'appel de RENNES. Il a reçu le 9 avril 2021 un avis de fixation de l'affaire pour l'audience du 15 juillet 2021.
Le 14 avril 2021, il a reçu notification de la constitution de Maître ARTHUR dans l'intérêt de Madame JOSÉPHINE, constitution que Maître ARTHUR a remis le même jour au greffe de la cour d'appel.
Reprenant l'examen du dossier, Maître DILIGENT s'est aperçu qu'il a omis de signifier la déclaration d'appel à l'intimée Madame JOSÉPHINE dans les dix jours de la réception de l'avis de fixation et qu'il n'a notifié la déclaration d'appel à Maître ARTHUR, avocat de l'intimée, que le vendredi 30 avril 2021.
Quelles peuvent être les conséquences procédurales de ces omissions ?

ENJEUX DU SUJET

Le sujet de 2021 (ici expurgé d'une question) aura posé des difficultés à de nombreux candidats. En effet, il supposait de maîtriser la jurisprudence et les réformes les plus récentes mais également divers débats doctrinaux ; certaines solutions étant encore incertaines. Il supposait aussi d'envisager toutes les hypothèses lorsque plusieurs solutions étaient possibles. Heureusement, sa rédaction était assez aérée et les questions à traiter étaient clairement formulées à travers un plan bien structuré, dont il convenait très simplement de reprendre la trame pour y répondre méthodiquement. Il est ici aisé de distinguer la procédure devant le tribunal judiciaire de celle devant la cour d'appel.

Précision relative à la situation sanitaire

« La Commission nationale de l'examen d'accès au CRFPA indique que, **pour la session 2021, les sujets devront être traités en faisant abstraction des dispositions contenues dans les lois n° 2020-290 du 23 mars 2020 "d'urgence pour faire face à l'épidémie de Covid-19" et n° 2020-1379 du 14 novembre 2020 "autorisant la prorogation de l'état d'urgence sanitaire et portant diverses mesures de gestion de la crise sanitaire", des dispositions prises sur le fondement de ces lois ainsi que, plus généralement, de toutes dispositions légales ou réglementaires temporaires adoptées depuis le mois de mars 2020 en réaction à l'épidémie de Covid-19. »**

CORRIGÉ

Rappel des faits

Une créancière a prêté la somme de 4 000 euros à son débiteur. Le 12 janvier 2020, ce dernier signe une reconnaissance de dette sous la forme d'un acte sous seing privé par lequel il s'engage à rembourser la totalité de la somme le 12 juillet 2020 au plus tard. Malgré ses réclamations amiables verbales adressées en août et en septembre 2020, la prêteuse n'a pas été désintéressée. Elle mandate un avocat qui, à sa demande, fait signifier une assignation à son débiteur le 4 janvier 2021. Il y est indiqué qu'il devra comparaître devant le tribunal judiciaire de Rennes à l'audience du 7 avril 2021. La créancière demande sa condamnation au paiement de la somme de 4 000 euros, de celle de 400 euros à titre de dommages et intérêts et de celle de 800 euros au visa de l'article 700 du Code de procédure civile, outre les dépens. L'avocat du débiteur a notifié à son confrère ses conclusions en défense le 25 mars 2021 afin de lui opposer l'irrecevabilité de la demande pour non-respect du préalable obligatoire de tentative de résolution amiable du différend. La demanderesse contacte alors un conciliateur de justice qui invite les parties à se présenter devant lui le 1er avril 2021.
Parallèlement, une autre créancière obtient la condamnation d'un autre débiteur par une ordonnance de référé rendue par le président du tribunal judiciaire de Rennes le 19 mars 2021. L'ordonnance, qui prévoit le paiement de la somme provisionnelle de 15 000 euros et de celle de 1 500 euros au visa de l'article 700 du Code de procédure civile, outre les dépens, est signifiée le 22 mars 2021. Le débiteur mandate son avocat pour qu'il interjette appel ; ce qui est fait le 30 mars 2021. Ce dernier reçoit un avis de fixation de l'affaire le 9 avril 2021 pour l'audience du 15 juillet 2021. Le 14 avril 2021, la constitution d'avocat de l'intimée est remise au greffe de la cour d'appel et notifiée à l'avocat de l'appelant. Ce dernier, qui n'a pas signifié la déclaration d'appel à l'intimée, se contente de la notifier à son avocat le vendredi 30 avril 2021.

I • Le préalable obligatoire de conciliation devant le tribunal judiciaire

Pris en application de la loi n° 2019-222 du 23 mars 2019 *de programmation 2018-2022 et de réforme pour la justice*, le décret n° 2019-1333 du 11 décembre 2019 a imposé aux parties de tenter de résoudre à l'amiable leur différend préalablement à la saisine du tribunal judiciaire pour certains contentieux.
Le 6 avril 2021, l'avocat de la créancière s'interroge sur le caractère obligatoire de la tentative de résolution amiable au regard du montant de la demande (A), sur les conséquences de la mise en œuvre d'une conciliation conventionnelle au cours de l'instance (B) et sur celles d'une saisine du tribunal judiciaire aux fins de tentative de conciliation (C).

A • Le montant de la demande

Selon l'article 750-1 du Code de procédure civile, « à peine d'irrecevabilité que le juge peut prononcer d'office, la demande en justice doit être précédée, au choix des parties, d'une tentative de conciliation menée par un conciliateur de justice, d'une tentative de médiation ou d'une tentative de procédure participative, lorsqu'elle tend au paiement d'une somme n'excédant pas 5 000 euros ou lorsqu'elle est relative à l'une des actions mentionnées aux articles R. 211-3-4 et R. 211-3-8 du Code de l'organisation judiciaire ». La règle figure également dans la nouvelle rédaction de la loi nº 2016-1547 du 18 novembre 2016 *de modernisation de la justice du XXIe siècle*.

Malheureusement, aucune règle spécifique n'est prévue pour calculer le montant de la demande. Faute de mieux, il semble possible d'appliquer l'article 35 du Code de procédure civile. Certes, cette disposition a initialement été prévue pour régler les questions de taux de compétence et de taux de ressort mais l'article 761 du Code de procédure civile y fait aujourd'hui référence pour celui de la représentation obligatoire par avocat si bien que son domaine d'application s'est élargi. Quoi qu'il en soit, l'article 35 dudit Code opère une distinction :

– « lorsque plusieurs prétentions fondées sur des faits différents et non connexes sont émises par un demandeur contre le même adversaire et réunies en une même instance, la compétence et le taux du ressort sont déterminés par la nature et la valeur de chaque prétention considérée isolément » ;

– « lorsque les prétentions réunies sont fondées sur les mêmes faits ou sont connexes, la compétence et le taux du ressort sont déterminés par la valeur totale de ces prétentions ».

La Cour de cassation a ainsi pu juger que cette dernière règle s'appliquait pour une demande en paiement de travaux assortie d'une demande en dommages-intérêts (Civ. 3e, 8 mai 1978, nº 76-12.547). En revanche, elle considère que la demande formée au titre de l'article 700 du Code de procédure civile ne constitue pas une prétention dont la valeur doit être prise en compte dans l'évaluation du montant de la demande (Civ. 3e, 6 janv. 1981, nº 79-10.651).

En l'espèce, la demande formulée concerne le paiement de la somme de 4 000 euros, celle de 400 euros à titre de dommages et intérêts (en réparation du préjudice résultant de l'inexécution de la reconnaissance de dette), et de celle de 800 euros au titre de l'article 700 du Code de procédure civile, en plus des dépens. Si l'article 35 du Code de procédure civile trouve à s'appliquer, les deux premières sommes devraient donc pouvoir s'additionner car elles sont fondées sur les mêmes faits. En revanche, la somme demandée sur le fondement de l'article 700 ne devrait en aucune façon être prise en compte.

Outre la jurisprudence relative à l'article 35 du Code de procédure civile, il paraît quelque peu irrationnel d'imposer aux parties de trouver un accord préalable sur des frais irrépétibles pour un procès que l'on espère éviter et dont on ignore encore qui en sortira vainqueur. Pour les mêmes raisons, mais aussi car leur montant même est inconnu au stade de l'introduction de l'instance, les dépens sont exclus du calcul.

En définitive, seules la demande en paiement de la somme de 4 000 euros et de celle de 400 euros à titre de dommages et intérêts passent pour devoir s'additionner. La somme de 4 400 euros étant inférieure au montant prévu par l'article 750-1 du Code de procédure civile (pour rappel, 5 000 euros), la créancière est bien soumise à l'obligation de tentative préalable de résolution amiable du différend.

B • La tentative de conciliation conventionnelle

L'article 750-1 du Code de procédure civile prévoit que le défaut de recours préalable à un mode amiable de résolution des différends, dans les hypothèses qu'il envisage, est sanctionné d'une « irrecevabilité que le juge peut prononcer d'office ». Il ajoute que les parties sont dispensées d'un tel recours « si l'une des parties au moins sollicite l'homologation d'un accord » ; « lorsque l'exercice d'un recours préalable est imposé auprès de l'auteur de la décision » ; « si l'absence de recours à l'un des modes de résolution amiable mentionnés au premier alinéa est justifiée par un motif légitime tenant soit à l'urgence manifeste soit aux circonstances de l'espèce rendant impossible une telle tentative ou nécessitant qu'une décision soit rendue non contradictoirement soit à l'indisponibilité de conciliateurs de justice entraînant l'organisation de la première réunion de conciliation dans un délai manifestement excessif au regard de la nature et des enjeux du litige » ; « si le juge ou l'autorité administrative doit, en application d'une disposition particulière, procéder à une tentative préalable de conciliation ».

En l'espèce, la créancière a formulé des réclamations amiables verbales aux mois d'août et de septembre 2020 ; démarches utiles mais qui ne sauraient être assimilées à une conciliation, une médiation, ou une procédure participative. De plus, l'affaire ne semble correspondre à aucune des hypothèses de dispense. Celle-ci s'expose donc à voir sa demande déclarée irrecevable.

Selon l'article 122 du Code de procédure civile, « constitue une fin de non-recevoir tout moyen qui tend à faire déclarer l'adversaire irrecevable en sa demande, sans examen au fond, pour défaut de droit d'agir, tel le défaut de qualité, le défaut d'intérêt, la prescription, le délai préfix, la chose jugée ». L'article 126 du même Code ajoute que « dans le cas où la situation donnant lieu à fin de non-recevoir est susceptible d'être régularisée, l'irrecevabilité sera écartée si sa cause a disparu au moment où le juge statue ».

La jurisprudence ne s'est pas encore prononcée sur le cas où une tentative de conciliation est réalisée au cours d'une instance introduite en violation de l'obligation prévue par l'article 750-1 du Code de procédure civile. Cependant, un parallèle pourrait être opéré avec les clauses contractuelles de « conciliation » obligatoire. En la matière, la jurisprudence considère que la situation donnant lieu à la fin de non-recevoir tirée du défaut de mise en œuvre d'une telle clause n'est pas susceptible d'être régularisée par la mise en œuvre de la clause en cours d'instance (Cass., ch. mixte, 12 déc. 2014, n° 13-19.684 ; Civ. 3e, 16 nov. 2017, n° 16-24.642). La logique voudrait que la même solution s'applique aux tentatives de résolution amiable imposées par la loi mais rien n'est certain.

En l'espèce, la créancière a contacté un conciliateur de justice après avoir assigné son débiteur et les parties ont été invitées à se présenter devant lui le 1er avril, soit en cours d'instance. Malgré cette chronologie, cette conciliation peut toujours être regardée comme conventionnelle ce qui semble répondre aux exigences de l'article 750-1 du Code de procédure civile concernant le choix du mode amiable par les parties. Seulement, au regard des incertitudes du droit positif, deux situations doivent être envisagées :

– soit la situation n'est pas regardée comme susceptible d'être régularisée et la créancière sera irrecevable en sa demande malgré la tentative de conciliation. Si celle-ci n'aboutit pas, elle pourra assigner à nouveau son débiteur ;

– soit la situation est regardée comme susceptible d'être régularisée et la créancière pourra démontrer au juge, lors de l'audience du 7 avril 2021, que la cause de l'irrecevabilité a disparu grâce à la tentative de conciliation réalisée le 1er avril 2021 afin qu'il écarte la sanction.

C • La tentative de conciliation judiciaire

À la date du 6 avril 2021, le premier alinéa de l'article 820 du Code de procédure civile dispose que « la demande aux fins de tentative préalable de conciliation est formée par requête faite, remise ou adressée au greffe ». Cette procédure, qui existait auparavant devant le tribunal d'instance saisi par simple déclaration (C. pr. civ., anc. art. 830), offre au demandeur la possibilité de solliciter du juge une tentative préalable de conciliation, qu'il pourra, le cas échéant, déléguer à un conciliateur de justice en vertu de l'article 821 du même Code.

En l'espèce, l'avocat de la créancière se demande s'il n'aurait pas dû saisir le tribunal judiciaire d'une demande aux fins de tentative de conciliation pour éviter le préalable obligatoire imposé par l'article 750-1 du Code de procédure civile. Il est vrai qu'il s'agit d'une pratique relativement courante depuis l'entrée en vigueur du décret n° 2019-1333 du 11 décembre 2019, le 1er janvier 2021. Il est vrai, aussi, qu'elle n'est pas complètement saugrenue : à quoi bon imposer le recours à un mode amiable préalablement à la saisine du juge si l'objectif de cette saisine est, précisément, de recourir à un mode amiable ?

Cependant, même si cet usage n'est pas expressément interdit par les textes, sa légalité interroge. D'abord, parce que la demande formée par requête aux fins de tentative préalable de conciliation devrait *a priori*, et malgré ses particularités, être considérée comme une « demande en justice ». En effet, l'article 818 du Code de procédure civile, applicable à toutes les procédures orales ordinaires, emploie directement cette expression. L'article 750-1 qui, rappelons-le, vise la « demande en justice », devrait donc trouver à s'appliquer.

Ensuite, parce que ce dernier article impose de précéder la demande d'une « tentative de conciliation menée par un conciliateur de justice, d'une tentative de médiation ou d'une tentative de procédure participative ». Or, l'article 820 du Code de procédure civile vise, prioritairement, une conciliation menée par un juge – même s'il peut, le cas échéant, déléguer cette mission à un conciliateur de justice. En toute hypothèse, il s'agit donc bien d'une conciliation judiciaire et non d'une conciliation conventionnelle comme envisagée par l'article 750-1 du Code de procédure civile.

Enfin, l'on pourrait invoquer l'esprit de la réforme de 2019. Qu'on l'approuve ou qu'on le désapprouve, l'objectif de déjudiciarisation porté par l'article 750-1 paraît mal se conjuguer avec le maintien pratique d'une telle exception.

En attendant des précisions réglementaires ou jurisprudentielles, l'avocat devrait donc conseiller à sa cliente d'effectuer une tentative de conciliation conventionnelle devant un conciliateur de justice, une tentative de médiation ou une tentative de procédure participative avant de déposer une requête aux fins de tentative préalable de conciliation devant le tribunal judiciaire.

Actualisation des solutions

Il est à noter que l'article 750-1 applicable à la session de septembre 2021 a vu son contenu élargi depuis, visant en outre les litiges du voisinage depuis le décret n° 2021-1729 du 25 février 2022 et ayant ajouté une cinquième cause de dispense à cette obligation (la tentative vaine d'engager une procédure simplifiée de recouvrement des petites créances)... Ceci n'a pas d'impact direct sur la solution du cas dont les faits se seraient produits en 2024, sauf à intégrer l'extension dans la présentation de l'article et les hypothèses auquel il s'applique et à envisager le cas de dispense supplémentaire, ici pour l'exclure.

En revanche, si l'étudiant avait à repasser cette épreuve en 2024, soit après la date du 1er octobre 2023, où l'article 750-1 était à nouveau applicable (v. sujet 1), il ne pourrait retenir la même solution relative à la conciliation judiciaire. En effet, depuis la session de septembre 2021, le décret n° 2021-1322 du 11 octobre 2021 *relatif à la procédure d'injonction de payer, aux décisions en matière de contestation des honoraires d'avocat et modifiant diverses dispositions de procédure civile* a tranché la question. L'article 820 du Code de procédure civile dispose désormais que « la demande en justice peut être formée aux fins de tentative préalable de conciliation hors les cas dans lesquels le premier alinéa de l'article 750-1 s'applique ». Autrement dit, il n'est plus possible de déposer une demande aux fins de tentative préalable de conciliation devant le tribunal judiciaire lorsqu'elle tend au paiement d'une somme n'excédant pas 5 000 euros ou lorsqu'elle est relative à l'une des actions mentionnées aux articles R. 211-3-4 et R. 211-3-8 du Code de l'organisation judiciaire. Les parties ont donc l'obligation de faire précéder leur action contentieuse d'une tentative de conciliation menée par un conciliateur de justice, d'une tentative de médiation ou d'une tentative de procédure participative.

II • L'absence de caducité pour tardiveté de la notification de la déclaration d'appel

Le 3 mai 2021, l'avocat de l'appelant s'interroge sur les conséquences de l'absence de notification de la déclaration d'appel à l'avocat de l'intimée dans les dix jours de la réception de l'avis de fixation. Il apparaît que la sanction de caducité n'est pas encourue.

Selon l'article 905 du Code de procédure civile, « le président de la chambre saisie, d'office ou à la demande d'une partie, fixe les jours et heures auxquels l'affaire sera appelée à bref délai au jour indiqué, lorsque l'appel [...] est relatif à une ordonnance de référé ».

En l'espèce, l'appel concernait une ordonnance de référé. Le régime procédural applicable est donc celui de la procédure à bref délai.

Selon l'article 905-1 du même Code, « lorsque l'affaire est fixée à bref délai par le président de la chambre, l'appelant signifie la déclaration d'appel dans les dix jours de la réception de l'avis de fixation qui lui est adressé par le greffe à peine de caducité de la déclaration d'appel relevée d'office par le président de la chambre ou le magistrat désigné par le premier président ». La caducité peut se définir comme le sort qui frappe l'acte caduc ; un état de non-valeur auquel se trouve réduit un acte initialement valable du fait que la condition à laquelle était suspendue sa pleine efficacité vient à manquer par l'effet d'un événement postérieur.

Concernant la computation des délais en jour, l'article 641 du Code de procédure civile indique que « celui de l'acte, de l'événement, de la décision ou de la notification qui le fait courir ne compte pas ». L'article 642 ajoute que « tout délai expire le dernier jour à vingt-quatre heures ».

En l'espèce, l'avis de fixation ayant été reçu le vendredi 9 avril 2021, le délai de dix jours expirait le lundi 19 avril 2021 à vingt-quatre heures. Puisqu'aucune signification de la déclaration d'appel à l'intimée n'a été réalisée avant cette date, celle-ci s'expose, en principe, à être frappée de caducité.

Toutefois, par exception, l'article 905-1 du Code de procédure civile indique que « si, entre-temps, l'intimé a constitué avocat avant signification de la déclaration d'appel, il est procédé par voie de notification à son avocat ».

En l'espèce, l'avocat de l'appelant a reçu notification de la constitution de l'avocat de l'intimée le 14 avril 2021, soit avant la date d'expiration du délai de dix jours. L'exception trouve donc à s'appliquer.

Néanmoins, il n'a notifié la déclaration d'appel à son confrère que le vendredi 30 avril 2021, soit bien après l'expiration dudit délai.

Dans un avis du 12 juillet 2018, la Cour de cassation a estimé que, contrairement à l'obligation de signification à l'intimé, l'obligation de notifier à l'avocat constitué dans les dix jours de la réception de l'avis de fixation n'est pas prescrite à peine de caducité (Civ. 2e, avis, 12 juill. 2018, n° 18-70.008). Cette position a même été confirmée par un arrêt du 2 juillet 2020 (Civ. 2e, 2 juill. 2020, n° 19-16.336).

Dès lors, la déclaration d'appel notifiée tardivement par l'avocat de l'appelant n'encourt aucun risque de caducité.

Actualisation des solutions

Si l'instance d'appel avait été introduite à compter du 1er septembre 2024, le décret nº 2023-1391 du 29 décembre 2023 était applicable. En sus d'imposer une nouvelle numérotation des articles (notamment pour le bref délai : l'article 905 devient l'article 906 ; l'article 905-1, l'article 906-1), le décret apporte quelques modifications ou précisions sans pour autant que les solutions du cas, pour une application en avril 2025 (le cas initial visait les dates du 9 avril 2021, du 14 avril 2021 et du 30 avril 2021), en sortent modifiées.

Ainsi, le délai pour notifier la déclaration d'appel en procédure à bref délai passe de 10 à 20 jours (nouv. art. 906-1) à compter de la réception de l'avis de fixation par le greffe. En outre, le nouvel article 902, alinéa 3 du Code de procédure civile maintient l'obligation de notifier la déclaration d'appel à l'avocat constitué entre-temps, dépourvue de la sanction de caducité.

Exemple pour le même cas en 2025 :

En l'espèce, l'avis de fixation ayant été reçu le mercredi 9 avril 2025, le délai de vingt jours expirait le mardi 29 avril 2025 à vingt-quatre heures. Puisqu'aucune signification de la déclaration d'appel à l'intimée n'a été réalisée avant cette date, celle-ci s'expose, en principe, à être frappée de caducité.

Toutefois, par exception, l'article 906-1, alinéa 2 nouveau du Code de procédure civile indique que « si l'intimé constitue avocat avant la signification de la déclaration d'appel, il est procédé par voie de notification à son avocat ».

En l'espèce, l'avocat de l'appelant a reçu notification de la constitution de l'avocat de l'intimée le 14 avril 2025, soit avant la date d'expiration du délai de vingt jours. L'exception trouve donc à s'appliquer. Néanmoins, il n'a notifié la déclaration d'appel à son confrère que le mercredi 30 avril 2025, soit un jour après l'expiration dudit délai.

Dans un avis du 12 juillet 2018, la Cour de cassation a estimé que, contrairement à l'obligation de signification à l'intimé, l'obligation de notifier à l'avocat constitué dans les dix jours de la réception de l'avis de fixation n'est pas prescrite à peine de caducité. Le nouvel article 906-1, alinéa 2 semble avoir reconduit cette solution. La caducité n'est donc pas encourue.

Consultation

Sujet de l'examen national 2018

SUJET

Madame Z a acquis pour y habiter avec sa famille une maison sise en plein centre de la ville de Douai, suivant acte notarié auquel est annexé le diagnostic de repérage d'amiante établi par la société anonyme « Bureau V », acte publié le 16 janvier 2015. Suspectant la présence d'amiante sur les cloisons et doublages des murs, non relevée dans le diagnostic, elle fait faire une expertise extrajudiciaire par un expert non judiciaire, Monsieur Lessachant : celui-ci indique dans son rapport que les murs de la villa sont amiantés, ce qu'il a vérifié grâce à la méthode dite « par sondages sonores » relative au repérage de matériaux et produits susceptibles de contenir de l'amiante dans les immeubles bâtis et par des grattages ponctuels au niveau des extrémités de papiers peints, ce que le « Bureau V » n'avait pas effectué (le repérage ne portait que sur les parties rendues visibles et accessibles lors de la visite).
Madame Z constitue maître Dupont du barreau de Douai qui fait régulièrement délivrer par un huissier de justice au représentant légal de la société « Bureau V » une assignation à comparaître devant le tribunal de grande instance de Douai sur le fondement de l'article 1240 du Code civil, en paiement de 45 000 € de dommages et intérêts pour la réparation du préjudice subi (c'est le montant des travaux de désamiantage de la villa), le 16 novembre 2015 (la signification est faite à personne). L'affaire est enrôlée le 26 novembre 2015. Le « Bureau V » constitue maître Bigdata du barreau de Douai.
Le juge de la mise en état est désigné et le greffe en a avisé les avocats (C. pr. civ., art. 762). Le 6 janvier 2016, à la demande de Madame Z, le juge de la mise en état rend une ordonnance de désignation d'un expert judiciaire afin de déterminer si le « Bureau V » a bien recouru aux méthodes de diagnostic imposées par les normes en vigueur. Madame Z consigne au greffe la somme de 8 000 € en paiement de la provision à valoir sur la rémunération de l'expert le 12 février 2016. L'expert convoque les deux parties par lettre RAR et avise les avocats : une réunion se tient le 12 avril 2016 en présence des parties et des avocats et Maître Bigdata envoie des observations à l'expert le 13 avril 2016. Malheureusement, Madame Z est victime d'un accident de la circulation et décède le 1er mai 2016. Son fils unique, Monsieur Yves Z, qui suivait les affaires de sa mère, notifie le décès au représentant légal de la société « Bureau V » et à l'avocat Bigdata le 1er juin 2016. Monsieur Yves Z constitue le même avocat que sa défunte mère, Maître Dupont, qui notifie des conclusions à Maître Bigdata et effectue une reprise d'instance le jeudi 1er septembre 2016, puis reste dans l'attente du dépôt du pré-rapport d'expertise et de conclusions en réponse de Maître Bigdata.
Le jeudi 6 septembre 2018, Maître Bigdata vous consulte. Il vous précise qu'il est resté dans l'attente du pré-rapport d'expertise et n'a pas réagi à la reprise d'instance. Le pré-rapport lui a été notifié par l'expert le mercredi 29 août 2018 et il n'y a pas encore répondu (ce pré-rapport est très défavorable à son client la société « Bureau V »). Il vous consulte parce qu'il voudrait pouvoir mettre fin à cette procédure.
(10 points)
Le dirigeant de la société « Bureau V », Monsieur Victor V. vous consulte pour une affaire personnelle. Il a été condamné par jugement du tribunal d'instance de Douai à rembourser un crédit à la

consommation d'un montant de 5 500 €. L'établissement de crédit a fait une saisie attribution sur son compte en banque, parce qu'il n'a pas exécuté le jugement qui lui a été régulièrement signifié. Victor V. a contesté la saisie devant le juge de l'exécution en opposant la nullité de l'acte de saisie : le juge de l'exécution, par jugement du 18 avril 2018, a jugé que la saisie est régulière, et ce jugement lui a été notifié par le greffe le 25 avril 2018. Maître Bigdata, constitué par Monsieur Victor V., a fait une déclaration d'appel contre ce jugement le 30 avril 2018 par voie électronique devant la cour d'appel de Douai ; il n'est pas spécialiste de la procédure d'appel, mais critique expressément les différents chefs du jugement dans sa déclaration d'appel. Il reçoit le 10 mai 2018 du greffe un avis selon lequel le président a fixé l'affaire à bref délai à l'audience du 25 octobre 2018. Maître Bigdata pense donc disposer de plusieurs mois pour accomplir les actes de procédure, et il remet ses conclusions au greffe de la cour d'appel par voie électronique dès qu'il rentre de ses vacances le 2 juillet 2018 et les notifie le même jour à l'avocat de l'établissement de crédit intimé (cet avocat s'est constitué le 15 mai 2018 pour l'intimé).
Monsieur Victor V. a des inquiétudes sur l'issue de cette procédure d'appel et vous consulte pour avoir votre point de vue.
(10 points)

ENJEUX DU SUJET

Ce sujet n'est pas d'une complexité insurmontable. Il impose néanmoins une très bonne connaissance de la matière et une certaine dextérité dans l'usage du Code de procédure civile, car les points qu'il aborde sont à la fois techniques et circonscrits. En outre, le caractère prolixe de sa rédaction et l'absence de questions ciblées obligent à bien savoir repérer ce qui doit être discuté juridiquement et ce qu'il n'est pas nécessaire d'aborder.

CORRIGÉ

Rappel des faits

Dans le cadre d'un contentieux immobilier, un individu fait assigner une société sur le fondement de l'article 1240 du Code civil le 16 novembre 2015. L'affaire est enrôlée le 26 novembre 2015. Le 6 janvier 2016, sur sollicitation du demandeur, le juge de la mise en état désigne un expert judiciaire. À la suite d'une convocation régulièrement réalisée par l'expert, une réunion se tient le 12 avril 2016 en présence des parties et des avocats. Le 1er mai 2016, le demandeur décède. Son fils unique en notifie l'information au représentant légal de la société défenderesse et à son avocat le 1er juin 2016. L'héritier reprend le même avocat que le défunt. Il notifie des conclusions à l'avocat du défendeur et effectue une reprise d'instance le 1er septembre 2016, puis reste dans l'attente du dépôt du pré-rapport d'expertise et des conclusions en réponse. Un pré-rapport, très favorable au demandeur, est finalement notifié à l'avocat du défendeur par l'expert le 29 août 2018. Ce dernier s'interroge sur la possibilité de « mettre fin à cette procédure ».
Le dirigeant de la société défenderesse a, par ailleurs, été condamné au remboursement d'un crédit à la consommation d'un montant de 5 500 euros. Estimant nulle une saisie-attribution réalisée par son créancier sur son compte en banque, il porte l'affaire devant le juge de l'exécution qui, le 18 avril 2018, déclare la procédure régulière. Ce jugement est notifié au demandeur par le greffe le 25 avril 2018. Son avocat réalise une déclaration d'appel contre ladite décision le 30 avril 2018 par voie électronique. Il y critique expressément les différents chefs du jugement. Le 10 mai 2018, l'avocat reçoit du greffe

un avis selon lequel le président a fixé l'affaire à bref délai à l'audience du 25 octobre 2018. Préférant attendre la fin de ses vacances, il remet ses conclusions au greffe par voie électronique le 2 juillet 2018 et les notifie le même jour à l'avocat du créancier, qui s'était constitué le 15 mai 2018 pour l'intimé. L'appelant s'interroge sur « l'issue de cette procédure d'appel ».

Pour répondre aux questions que se posent le dirigeant de la société et son avocat le 6 septembre 2018, il convient de distinguer l'hypothèse d'une péremption d'instance (I) de celle d'une caducité de la déclaration d'appel (II).

I • Sur la péremption d'instance

Selon l'article 385 du Code de procédure civile, « l'instance s'éteint à titre principal par l'effet de la péremption, du désistement d'instance ou de la caducité d'une citation ».

En l'espèce, l'avocat du défendeur nous indique vouloir mettre fin à la procédure en cours, ce qui paraît correspondre aux conséquences d'une extinction de l'instance. Une étude rapide du dossier laissant croire à l'hypothèse d'une péremption, il faut d'abord vérifier son existence (A) avant de préciser son prononcé (B).

A • L'existence de la péremption

L'article 386 du Code de procédure civile affirme que « l'instance est périmée lorsqu'aucune des parties n'accomplit de diligence pendant deux ans ». En d'autres termes, la péremption peut se définir comme la sanction de la négligence du demandeur qui se désintéresse du procès pendant un délai de deux ans. La péremption suppose donc la conjonction de deux éléments : l'absence de diligence (1) et l'écoulement d'un délai de deux ans (2). Dans notre affaire, cela revenait à s'interroger, d'une part, sur le caractère interruptif de la notification du pré-rapport par l'expert judiciaire et, d'autre part, sur la computation du délai de deux ans depuis le dernier acte interruptif.

1 • L'absence de diligence

Les diligences consistent en tout acte de nature à faire avancer la procédure ou à faire progresser l'affaire (Civ. 2e, 8 nov. 2001, n° 99-20.159). Il importe peu que l'acte soit directement envisagé par le Code de procédure civile ou même qu'il soit ou non affecté d'une irrégularité de forme ayant causé un grief à l'adversaire (Civ. 1re, 14 févr. 2006, n° 05-14.757). En revanche, comme le précise bien l'article 386 du Code de procédure civile, les diligences doivent émaner d'une des parties, demandeur ou défendeur. Il est, certes, indifférent que l'acte provienne de la partie à laquelle la péremption est opposée dès lors que l'impulsion est personnelle (Civ. 2e, 28 juin 2012, n° 11-17.873), mais la jurisprudence est très stricte sur ce point : la diligence interruptive ne peut pas provenir d'un tiers, même impliqué dans une instance comme peut l'être un expert judiciaire. À ce sujet, la deuxième chambre civile de la Cour de cassation a pu affirmer que « le dépôt de son rapport par l'expert ne constitue pas une diligence au sens de l'article 386 » (Civ. 2e, 5 avr. 1993, n° 91-19.976).

En l'espèce, l'expert a notifié à l'avocat du défendeur un pré-rapport d'expertise le 29 août 2018. Cette notification est réalisée afin de permettre aux parties de présenter leurs remarques avant que l'expert ne délivre son rapport définitif. Bien qu'utile en pratique, cet acte n'émane pas d'une partie mais de l'expert. La jurisprudence ayant déjà considéré qu'un rapport d'expertise ne constituait pas une diligence, il est fort probable que la notification d'un simple pré-rapport, réalisée le 29 août 2018, ne soit pas non plus considérée comme interruptive de péremption.

2 • Le délai de deux ans

Puisque la notification du pré-rapport ne paraît pas avoir interrompu le délai de péremption, il est nécessaire de déterminer son *dies a quo*, c'est-à-dire la date à laquelle ce délai a commencé à courir. D'après l'article 640 du Code de procédure civile, « lorsqu'un acte ou une formalité doit être accompli avant l'expiration d'un délai, celui-ci a pour origine la date de l'acte, de l'événement, de la décision ou de la notification qui le fait courir ». En matière de péremption d'instance, le délai commence à courir au jour de la naissance de l'instance qui devrait s'entendre du jour de la mise au rôle de l'assignation (Civ. 2e, 29 févr. 1984, no 82-16.113).

En l'espèce, l'assignation a été délivrée le 16 novembre 2015 et l'affaire a été enrôlée le 26 novembre 2015. On pourrait donc croire que le délai doit être calculé à partir de cette deuxième date. Cependant, le demandeur est décédé le 1er mai 2016.

Le premier alinéa de l'article 392 du Code de procédure civile dispose que « l'interruption de l'instance emporte celle du délai de péremption ». Or, l'article 370 nous enseigne que le décès d'une partie, dans le cas où l'action est transmissible, interrompt l'instance à compter de la notification qui en est faite à l'autre partie. Cette notification est d'importance, puisqu'en son absence, l'instance est maintenue et le délai de péremption continue de courir (Civ. 2e, 18 janv. 1984, no 82-12.443). Une fois la notification réalisée, l'instance est interrompue jusqu'à la reprise de l'instance (Civ. 2e, 5 avr. 1993, no 91-18.734). Si l'action n'est pas transmissible, en revanche, le décès entraîne automatiquement l'extinction de l'instance (C. pr. civ., art. 384). Tel est le cas dans les hypothèses où le décès provoque la disparition de l'objet du litige, comme en matière de droit au respect de la vie privée (Civ. 1re, 14 déc. 1999, no 97-15.756) ou de demande en divorce (Civ. 1re, 13 avr. 1992, *Bull. civ.* I, no 123).

En l'espèce, l'action était transmissible puisqu'elle visait à engager la responsabilité civile délictuelle du défendeur sur le fondement de l'article 1240 du Code civil. L'instance avait été interrompue le 1er juin 2016, date à laquelle l'héritier avait notifié l'information du décès au défendeur et à son avocat. À cette date, le délai de péremption avait donc été interrompu. Par la suite, l'avocat du demandeur initial et de son ayant droit a notifié des conclusions à l'avocat de son adversaire et effectué une reprise d'instance, soit le jeudi 1er septembre 2016. Il est ensuite resté dans l'attente du dépôt du pré-rapport d'expertise et des conclusions en réponse. En l'absence de réaction de son adversaire, et puisque la notification du pré-rapport par l'expert ne semble pas interruptive de péremption, le délai de deux ans a donc recommencé à courir le 1er septembre 2016.

Selon le deuxième alinéa de l'article 641 du Code de procédure civile, « lorsqu'un délai est exprimé en […] années, ce délai expire le jour […] de la dernière année qui porte le même quantième que le jour de l'acte, de l'événement, de la décision ou de la notification qui fait courir le délai ». L'article 642 ajoute que « tout délai expire le dernier jour à vingt-quatre heures » et que celui « qui expirerait normalement un samedi, un dimanche ou un jour férié ou chômé est prorogé jusqu'au premier jour ouvrable suivant ».

En l'espèce, le *dies a quo* est le 1er septembre 2016. Le délai de péremption étant de deux ans, il paraît expirer le 1er septembre 2018. Toutefois, comme il s'agit d'un samedi, l'expiration du délai doit être reportée au premier jour ouvrable suivant : le lundi 3 septembre 2018 à vingt-quatre heures. Le jeudi 6 septembre 2018, date de la consultation, l'instance est donc périmée.

B • Le prononcé de la péremption

Pour véritablement mettre fin à la procédure, la péremption doit être demandée par l'une quelconque des parties et constatée judiciairement (C. pr. civ., art. 387). L'article 388 du Code de procédure civile précise que « la péremption doit, à peine d'irrecevabilité, être demandée avant tout autre moyen » et qu'elle est de droit. Le juge de la mise en état est parfaitement compétent pour traiter de la question (C. pr. civ., art. 769 anc., 787 nouv.), mais il doit être saisi par des conclusions qui lui sont spécialement adressées (C. pr. civ., art. 772-1 anc., 791 nouv.). La péremption étant de droit, le juge de la mise en état ne dispose d'aucun pouvoir d'appréciation s'il constate que la péremption est acquise (Civ. 2e, 13 janv. 2000, no 98-10.709).
En l'espèce, il appartient à l'avocat de l'héritier d'adresser de nouvelles conclusions spécialement au juge de la mise en état et distinctes de celles notifiées le 1er septembre 2016, afin de soulever la péremption de l'instance. Il doit le faire avant de soulever tout nouvel autre moyen sachant, qu'en défense, le moyen s'entend largement comme les raisons que le plaideur oppose aux prétentions de son adversaire pour les faire rejeter comme irrégulières, irrecevables ou mal fondées (Civ. 2e, 12 janv. 1994, no 92-11.295).
Les conséquences de la péremption de l'instance sont très énergiques : elle emporte extinction de l'instance « sans qu'on puisse jamais opposer aucun des actes de la procédure périmée ou s'en prévaloir » (C. pr. civ., art. 389). La jurisprudence considère, néanmoins, que « les éléments d'un rapport d'expertise déposé au cours d'une instance, fût-elle atteinte par la péremption, peuvent être retenus à titre de renseignement et utilisés comme tels par le nouvel expert auquel il ne saurait être fait grief de ne pas avoir accompli personnellement sa mission » (Civ. 2e, 7 nov. 2002, no 01-03.352). Et, surtout, comme le rappelle l'article 389 du Code de procédure civile, la péremption n'éteint pas l'action. Cette dernière nuance explique notamment que le mécanisme de la péremption demeure conforme au droit au procès équitable (Civ. 2e, 16 déc. 2016, no 15-26.083).
En l'espèce, si l'extinction de l'instance est retenue par le juge de la mise en état, les parties ne pourront plus ni opposer, ni se prévaloir des actes de procédure postérieurs à l'assignation du 16 novembre 2015. L'ayant droit devrait cependant pouvoir réintroduire une nouvelle instance contre la société qu'il estime responsable du préjudice du défunt et, le cas échéant, transmettre le pré-rapport d'expertise au nouvel expert à titre de simple renseignement.

II • Sur la caducité de la déclaration d'appel

Le juge de l'exécution a été créé par la loi du 9 juillet 1991 afin de centraliser, autant que possible, le contentieux de l'exécution forcée entre les mains d'une seule autorité. Ce contentieux particulier nécessitant des règles particulières, un décret d'application du 31 juillet 1992 est venu les préciser. Depuis le 1er juin 2012, ces textes ont été codifiés au sein du Code des procédures civiles d'exécution. Conformément au droit commun, l'article R. 121-19 du Code des procédures civiles d'exécution énonce que les décisions du juge de l'exécution sont susceptibles d'appel, sauf en cas de dispositions contraires ou s'il s'agit d'une mesure d'administration judiciaire. En revanche, le délai d'appel n'est pas d'un mois, comme pour l'appel en matière contentieuse (C. pr. civ., art. 538), mais de quinze jours à compter de la notification de la décision (C. pr. exéc., art. R. 121-20). Autre spécificité : la décision rendue par le juge de l'exécution n'est pas signifiée mais notifiée aux parties elles-mêmes par le greffe, au moyen d'une lettre recommandée avec demande d'avis de réception. Une copie de la décision est envoyée le même jour par lettre simple aux parties et à l'huissier de justice (C. pr. exéc., art. R. 121-15). En l'espèce, il est indiqué que la décision a bien été notifiée par le greffe le 25 avril 2018, mais l'appel a-t-il été réalisé dans le délai de quinze jours, comme l'impose le Code des procédures civiles d'exécution ? Aux termes du premier alinéa de l'article 641, lorsqu'un délai est exprimé en jours, celui de l'acte, de l'événement, de la décision ou de la notification qui le fait courir ne compte pas. Si le *dies a quo* n'est pas compris dans le délai, celui-ci débute donc le jour suivant la date de la notification de la décision, soit le 26 avril 2018, et le *dies ad quem* se trouve être le 10 mai. En formant sa déclaration d'appel le 30 avril 2018 par voie électronique, donc cinq jours après la notification réalisée par le greffe, l'appelant a pleinement respecté le délai de quinze jours. Au vrai, le problème qui se posait était moins celui du respect du délai pour former appel que celui d'autres obligations procédurales de l'appelant sanctionnées par la caducité de la déclaration d'appel.

La caducité peut se définir comme le sort qui frappe l'acte caduc ; un état de non-valeur auquel se trouve réduit un acte initialement valable du fait que la condition à laquelle était suspendue sa pleine efficacité vient à manquer par l'effet d'un événement postérieur.

En l'espèce, le dirigeant de la société s'interroge sur l'issue de la procédure d'appel qu'il a engagée contre son créancier. Une étude rapide du dossier laissant croire à l'hypothèse d'une caducité de la déclaration d'appel, il faut d'abord vérifier son existence (A) avant de se pencher sur son prononcé (B).

A • L'existence de la caducité

L'article R. 121-20 du Code des procédures civiles d'exécution, dont la rédaction a été modifiée par le décret n° 2017-891 du 6 mai 2017, dispose que : « L'appel d'une décision du juge de l'exécution est formé, instruit et jugé selon les règles applicables à la procédure prévue à l'article 905 du Code de procédure civile ou à la procédure à jour fixe. »

En l'espèce, l'avis du greffe reçu le 10 mai 2018 précise que le président a fixé l'affaire à bref délai, ce qui correspond à la procédure prévue aux articles 905 et suivant du Code de procédure civile.

Poursuivant l'objectif de célérité du décret « Magendie » (décr. n° 2009-1524 du 9 déc. 2009), le décret n° 2017-891 du 6 mai 2017 a notamment consacré une procédure à bref délai qui, comme son nom le laisse supposer, est encadrée par des délais très courts.

L'article 905-1 du Code de procédure civile impose à l'appelant de signifier « la déclaration d'appel dans les dix jours de la réception de l'avis de fixation qui lui est adressé par le greffe à peine de caducité de la déclaration d'appel ». Toutefois, selon ce même article, « si, entre-temps, l'intimé a constitué avocat avant signification de la déclaration d'appel », l'appelant procède par voie de notification à son avocat.

En l'espèce, l'avis de fixation a été reçu par l'appelant le 10 mai 2018 et l'intimé a constitué avocat le 15 mai 2018, soit cinq jours après ladite réception. La constitution d'avocat a donc eu lieu « entre-temps », autrement dit, avant le 21 mai 2018, dernier jour du délai prorogé (le 20 mai 2018 tombant un dimanche). La voie de la notification de l'avis à l'auxiliaire de justice devait être choisie. Seulement, si cette notification prévue par l'article 905-1 du Code de procédure civile a bien été réalisée, elle ne l'a été que le 2 juillet 2018, soit plus d'un mois après la fin dudit délai. Fallait-il pour autant sanctionner cette irrégularité par une caducité de la déclaration d'appel ?

De prime abord, on pourrait le penser puisque la sanction est explicitement prévue par l'article 905-1 du Code de procédure civile pour l'absence de signification à l'intimé. Mais à bien lire l'article en question, on se rend compte que le doute est permis s'agissant de sanctionner l'absence de notification à l'avocat adverse. Heureusement, un avis récent de la Cour de cassation est venu préciser la question : « cette déclaration d'appel à l'intimé », écrit-elle, « tend à remédier au défaut de constitution de ce dernier à la suite de ce premier avis du greffe, en vue de garantir le respect du principe de la contradiction, exigeant que l'intimé ne puisse être jugé qu'après avoir été entendu ou appelé. L'acte de signification de la déclaration d'appel rappelle donc que l'intimé qui ne constitue pas dans les quinze jours suivant cet acte s'expose à ce qu'un arrêt soit rendu contre lui sur les seuls éléments fournis par son adversaire. Une fois que l'intimé a constitué un avocat, cet objectif recherché par la signification de la déclaration d'appel est atteint ». En conséquence, l'article 905-1 du Code de procédure civile doit être interprété en ce sens que « l'obligation faite à l'appelant de notifier la déclaration d'appel à l'avocat que l'intimé a préalablement constitué, dans le délai de dix jours de la réception de l'avis de fixation adressé par le greffe, n'est pas prescrite à peine de caducité de cette déclaration d'appel » (Civ. 2e, avis, 12 juill. 2018, n° 18-70.008).

En l'espèce, la déclaration d'appel ne risque pas d'être déclarée caduque sur le fondement de l'article 905-1 du Code de procédure civile.

L'article 905-2 du Code de procédure civile impose également à l'appelant de remettre ses conclusions au greffe dans un délai d'un mois à compter de la réception de l'avis de fixation de l'affaire à bref délai. En outre, le deuxième alinéa de l'article 641 précise que si un délai est exprimé en mois, ce délai expire le jour du dernier mois qui porte le même quantième que le jour de l'acte, de l'événement, de la décision ou de la notification qui fait courir le délai. L'article 642 énonce que le délai qui expirerait normalement un samedi, un dimanche ou un jour férié ou chômé est prorogé jusqu'au premier jour ouvrable suivant.

En l'espèce, le délai auquel l'appelant était soumis pour déposer ses conclusions commençait à courir le 10 mai 2018, date de réception de l'avis en question. Ce délai devait théoriquement expirer le 10 juin 2018, mais puisque cette date correspond à un dimanche, l'appelant avait jusqu'au 11 juin 2018 pour agir. Cependant, l'appelant ayant déposé ses conclusions le 2 juillet 2018, cette prorogation importe peu : le dépôt est tardif et la déclaration d'appel encourt la caducité sur le fondement de l'article 905-2 du Code de procédure civile.

B • Le prononcé de la caducité

La caducité de la déclaration d'appel sanctionne le non-respect de formalités importantes qui touchent essentiellement au respect de la contradiction. En conséquence, elles peuvent être relevées d'office par le conseiller de la mise en état qui doit alors solliciter les observations écrites des parties (C. pr. civ., art. 911-1). Si l'ordonnance prononce la caducité, celle-ci ne pourra pas être rapportée. Ces dispositions ont été jugées conformes au droit au procès équitable (CEDH 3 juill. 2012, *Radeva c/ Bulgarie, req.* n° 13577/05). En cas de force majeure, le conseiller de la mise en état ou, en procédure à bref délai, le président de chambre peut écarter la caducité de la déclaration d'appel (C. pr. civ., art. 910-3).

En l'espèce, si l'intimé ne soulève pas lui-même la caducité, le président de chambre pourra donc le faire d'office. L'appelant pourra éventuellement évoquer un cas de force majeure pour éviter la sanction mais, en toute hypothèse, les vacances de l'avocat ne peuvent constituer un tel événement.

Pour l'appelant, les conséquences de la caducité de la déclaration d'appel sont des plus importantes : en principe, l'instance d'appel est éteinte (C. pr. civ., art. 385) et la partie dont la déclaration d'appel est sanctionnée n'est plus recevable à former un appel principal contre le même jugement et à l'égard de la même partie.

En l'espèce, l'instance d'appel risque donc de s'éteindre avec l'ordonnance constatant la caducité de la citation. Le dirigeant de la société ne pourrait donc plus contester la saisie-attribution réalisée par son créancier. Il ne lui resterait alors plus qu'à se retourner contre son avocat, dont la nonchalance semble constitutive d'une faute professionnelle ayant entraîné la perte d'une chance de gagner son procès. Pour être réparable, la jurisprudence impose qu'une telle perte soit réelle et sérieuse (Civ. 1re, 2 avr. 2009, nº 08-12.848). Dans notre affaire, l'était-elle seulement ? L'appelant ne le précise pas et l'on ne peut donc trancher avec certitude cette dernière question.

Actualisation des solutions

Si l'instance d'appel avait été introduite à compter du 1er septembre 2024, le décret n° 2023-1391 du 29 décembre 2023 était applicable. En sus d'imposer une nouvelle numérotation des articles (notamment pour le bref délai : l'article 905 devient l'article 906 ; l'article 905-1, l'article 906-1 ; l'article 911-1 devient l'article 913-5 ; l'article 910-3 devient l'article 906-2), le décret apporte quelques modifications ou précisions qui auraient impacté la conclusion en faveur de la caducité.

Tout d'abord, la solution serait reprise concernant les pouvoirs du président de chambre, qui statue sur la caducité de la déclaration d'appel (C. pr. civ., nouv. art. 906-3 2°). On notera d'ailleurs qu'il en aurait été de même pour le CME : le prononcé de la caducité de la déclaration d'appel ressort expressément du nouvel art. 913-5 1° du Code de procédure civile. De même, les solutions sur la notification entre-temps sont reconduites sans caducité à l'article 902, alinéa 3. En revanche, pour une application en 2025, le délai de remise au greffe des conclusions en procédure à bref délai passe d'un mois à deux mois (C. pr. civ., nouv. art. 906-2, al. 1er). En outre, à l'instar du conseiller de la mise en état en procédure avec mise en état le président de chambre, en bref délai, peut réduire et allonger ces délais (C. pr. civ., nouv. art. 906-2, al. 6). Transposée en 2025, la remise des conclusions n'était pas tardive, l'échéance étant le 10 juillet 2025.

TABLE DES MATIÈRES

FSC
www.fsc.org
MIXTE
Papier | Pour une gestion forestière responsable
FSC® C108412

Composé par Nord -Compo
724055 (I) - OSB AH 90g - NC (LC)
Achevé d'imprimer par CPI Bussière en avril 2025
Dépôt légal : avril 2025
N° d'impression : 2083643

Imprimé en France